庆祝改革开放40周年
“百城百县百企”调研丛书

改革开放与中国县域发展

（中　卷）

本书编写组

社会科学文献出版社
SOCIAL SCIENCES ACADEMIC PRESS (CHINA)

改革开放与中国县域发展

目录

CONTENTS

上卷

中 卷

下　卷

改革开放与中国县域发展

GAIGEKAIFANG

江苏吴江

JIANGSU WUJIANG

新发展理念引领“苏南发展新模式”

中国社会科学院办公厅

吴江，20世纪30年代，因著名社会学家费孝通先生在其江村（即开弦弓村）进行经济社会调查并写出《江村经济》而闻名于世；80年代，又乘改革开放的春风，执“苏南模式”之牛耳，开风气之先。进入新时代，又在贯彻新发展理念、推动高质量发展方面先行探索。

改革开放40年来，吴江立足实际、锐意创新，成功闯出了一条以市场化改革为方向、以产业转型升级为引擎、以城乡一体化发展为载体的“吴江创新发展之路”。总结吴江的发展经验，既是对“苏南模式”创新发展的梳理，更是为中国特色社会主义进入新时代后，总结沿海“先富”地区贯彻新发展理念，推动高质量发展的做法与实践，形成可复制、可推广的经验。

在改革开放40周年之际，根据中央宣传部统一部署，中国社会科学院启动全国“百县（区、市）大调研”。在院长、党组书记谢伏瞻同志带领下，本调研组一行9人于2018年6~7月间到吴江进行调研，很有感触和收获。一叶知秋，管中窥豹，吴江40年的发展变革，是中国改革开放40年沧桑巨变的一个缩影。

本次调查采用了文献法、座谈会法、观察法和问卷法等研究方法。调研组走访了亨通集团、恒力集团等10余家企业；调研了盛泽镇、齐心村等10多个特色镇村；考察了社会治理联动中心、太湖生态保护区、太湖雪蚕桑文化园等社会、生态、文化建设项目；召开了10余场座谈会；按照社会学抽样原则共发放问卷2640份，问卷回收审核检验后得到合格问卷2278份，其中城市社区问卷835份，农村社区问卷824份，企业家创新精神调查问卷619份。

一、吴江概况

（一）自然风貌和历史文化

吴江现为江苏省苏州市辖区，为亚热带季风海洋性气候，南连浙江，东邻上海，西濒太湖，为长江三角洲中心腹地，京杭大运河纵贯南北，太浦河横穿东西。区域面积1176平方公里，其中水（域）面积267平方公里，占全区总面积的22.7%。吴江区下辖8个镇，国家级吴江经济技术开发区与同里镇、省级汾湖高新区与黎里镇、省级吴江高新技术产业园区（筹）与盛泽镇、太湖新城（省级东太湖生态旅游度假区）与松陵镇实行“区镇合一”发展。

吴江于公元909年建县，1992年撤县设市，2012年撤市设区，是享誉全国的“鱼米之乡”和“丝绸之府”。吴江文化秉承了吴越传统，长期以来，受浙江的“鸡毛换糖”经商文化、苏州的“家园林”文化、上海的新潮文化等影响，养成了含蓄、坚韧、平静、亲和的民风和勤勉诚信的业风。吴江人既有积极进取、追赶潮流的奋斗精神，又兼有居壶中天地、不与世争锋芒的静思心态。在现代化过程中，吴江文化孕育了一大批社会英才，著名社会学家费孝通，南社爱国诗人柳亚子、陈去病，“两弹一星”功勋科学家、院士程开甲，都出生在吴江。2017年吴江籍两院院士共有9位。这些国家英才为吴江文化增添了璀璨的现代科技元素。

（二）改革开放40年经济社会发展成就

经过改革开放40年的发展，吴江经济社会发展取得了翻天覆地的变化，从过去桨声船影里的传统“鱼米之乡”，发展成为一座经济高度发达、社会和谐公平、生活富足便利、环境美丽乐居的现代化城区，是中国区域率先实行现代化的一个样本。

2017 年，吴江实现地区生产总值 1789 亿元，人均生产总值已超过 3 万美元，分别是 1978 年的 526.6 倍、447.9 倍；全区实现一般公共预算收入 183.5 亿元。2017 年，城乡居民人均可支配收入分别达到 58830 元、29754 元，城镇化率达到 80.0%。城镇登记失业率保持在 1.82% 低位运行。吴江位列全国综合实力百强区第 8 位，全国工业百强县区第 18 名，在苏州市排名第一、江苏省排名第五，[①] 其盛泽镇位列全国千强镇第 10 位。经济社会的快速发展，吸引了众多外来人口来吴江创业。2017 年，吴江总人口 183 万人，其中户籍人口 83.3 万人，而外来人口达到 99.7 万人。

在经济增长的同时，吴江围绕以人民为中心的发展理念，全面推动城乡一体化高质量发展、加快基层治理创新、不断增强人民福祉。在教育方面，吴江区推进集团化办学，2017 年末，全区各类学校总数达到 195 所，在校学生数为 17.4 万人，教职员工数为 1.1 万人，生师比达到 15.7 : 1；在卫生事业方面，吴江努力推进医联体建设，努力优化健康资源，2017 年末，医院床位数共计 5921 张，卫生技术人员数为 7226 名，按地区实有总人口计算，每万人床位数和每万人卫生人员数分别达到 32.4、39.5。人均期望寿命达到 82.6 岁（2015 年末）。吴江积极发展养老事业，每千名老人拥有养老床位达到 40 张，镇（区）居家养老服务中心、社区（村）居家养老服务站实现全覆盖。

生态环境建设和基层社会治理创新取得巨大成就。吴江通过开展环太湖生态区建设，集合产业生态化整治、村镇绿色改造，走出了人与自然协调发展之路。吴江区不断创新基层参与，大力推进社会治理的智能化、专业化，城乡居民的公共服务满意度保持高水平，全区实有人口万人发案数保持全市最低。

① 中国信息通信研究院：《中国工业百强县（市）、百强区发展报告》，搜狐网，http://www.sohu.com/a/210513813_119562，2018 年 7 月 7 日。

吴江区先后荣获中国人居环境奖、国家生态市、全国生态文明建设试点城市等称号。“吴风越韵，精诚致远”的城市精神得到弘扬，城乡日趋一体化，城乡公交、文化卫生等公共服务体系和社会保障制度日趋完善，就业充分，社会和谐，“乐居”成为这个城区的标签。

二、“苏南模式”的形成与转型

20 世纪 80 年代，费孝通调研和总结了吴江县农村工业化与小城镇发展的经验，提出了“苏南模式”,“苏南模式”与“温州模式”、“珠江模式”、“闽江模式”并称为地方改革开放的最具代表性“模式”。

（一）“苏南模式”的形成（20 世纪 70 年代末期至 90 年代中期）

在传统计划经济体制时期，吴江县经济增长动力长期不足。第一，劳动生产率难以提高。1949～1975 年，全县人口数量从 48 万人增长至 70 万人，增长了近 1.5 倍，但非农业人口的占比从 16.9% 下降为 9.17%。吴江自古“六分耕地四分水”，农业人口的人均耕地仅为 1.57 亩（1976 年）。在农业技术没有明显进步的情况下，农业人口的增长抑制了劳动生产率的提高，农村出现了剩余劳动力，农民增收缺乏基础条件。1962～1975 年，开弦弓村某生产队平均产出从 0.63 元 / 劳动日缓慢增长至 0.66 元 / 劳动日。[①] 第二，资本积累不足抑制了经济增长潜力。在土地资源有限的情况下，资本投资缺乏足够的承载空间。1962～1975 年，吴江县全社会固定资产投资额从 91 万元增加至 154 万元，年均增长率仅为 4.13%。第三，全要素生产效率提升缓慢。在“以粮为纲”的指导思想下，吴江县的集体副业和家庭副业都受到了严重限制。非农部门的萎缩造成了社会分工单一化和逆城市化，技术进步迟缓。

① 数据来源于《开弦弓村志》，南京：江苏人民出版社，2015。

增长动力不足导致人均生产总值和人均收入增长缓慢。1949～1975 年的 20 余年间，吴江县人均生产总值从 157 元增长至 368 元，年均复合增长率仅为 3.33%；职工年平均工资从 407 元增加至 453 元；1962～1975 年，农民人均纯收入从 112 元，仅增长为 125 元，几乎陷于停滞。1961 年，开弦弓村的人均收入仅为 80 多元，到 1976 年，人均收入也仅为 120 余元。

图 1　吴江人均生产总值

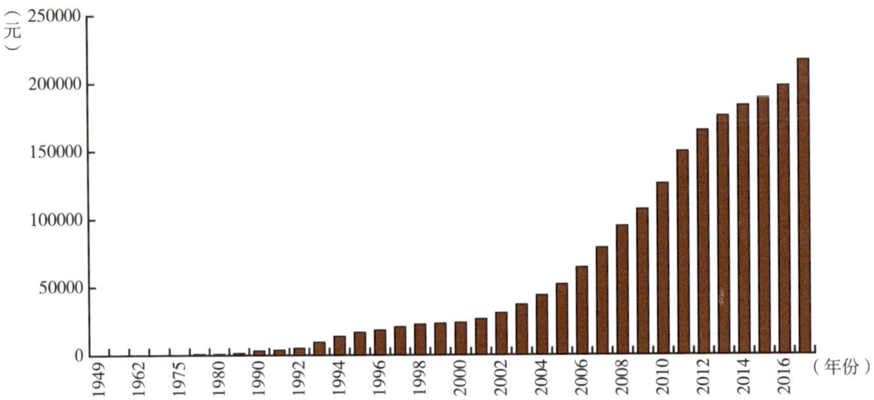

改革开放天地宽，幸福生活靠实干。20 世纪 70 年代末 80 年代初，吴江村社工业在计划经济体制的缝隙中蹒跚起步，发展壮大，正是吴江人民在党领导下靠勤劳双手创造美好生活的大胆探索。

1. 以改革和企业家精神为动力的现代化之路

改革开放初期“苏南模式”的形成，主要来自两股动力的交汇。

一是自上而下的市场化改革，激发了社会的创新活力。1978 年，党的十一届三中全会后，党中央审时度势，推出了发展农业生产的一系列“放活”政策，包括：社员自留地、家庭副业和集市贸易是社会主义经济的必要补充部分，任何人不得乱加干涉；积极发展农村社队工副业。[①]1983 年政社不分

① 参见《中国共产党第十一届中央委员会第三次全体会议公报》（一九七八年十二月二十二日通过）。

的人民公社制度逐渐瓦解，家庭联产承包责任制广泛推广，土地所有权和使用权相对分离；基层乡镇政府要根据生产的需要和群众的意愿，逐步建立经济组织。中央促进农村商品经济的重大改革，打破了限制农村工业化的制度束缚，激活了孕育在广大农村地区的发展潜能。1984 年和 1985 年的中央一号文件，进一步推动了农村经济体制改革，[①]明确“由自给半自给经济向较大规模商品生产转化，是发展我国社会主义农村经济不可逾越的必然过程”。之后，我国实施了一系列帮助农民扩大生产、提高效益的政策，乡镇企业的发展驶入快车道。[②]

二是自下而上的企业家创新，开辟了市场化改革的可行路径。在初生但又不够完善的市场环境下，如何创造乡镇企业发展所需的条件？吴江的实践与做法，主要体现为如下几个方面。

首先，找准需求缺口，补齐经济发展“短板”。依靠原有基础，为满足市场之所需，依靠村社副业，逐步发展出轻纺工业和手工业企业，奠定了吴江经济起飞的基础。例如，早在 20 世纪 20 年代，开弦弓村就办有丝绸加工企业。1978 年初，该村再次筹集资金，购买织机，重新创办丝织厂，扩大了生产。

其次，搞活企业经营机制，培育企业家精神。县乡两级政府坚持“无农不稳，无工不富”的原则，创新社队工业企业经营机制，积极发挥在农村的退休工人、下乡知识青年、下放干部的专业技能和联系城市的中介功能，提升乡镇企业的技术水平和管理能力。“草根工业”的发展壮大，还培育了吴江企业家群体。经过市场化的启蒙和洗礼，这批跟市场经济共同成长的“草根”企业家，成为吴江经济腾飞的中流砥柱。

---

① 参见《中共中央关于一九八四年农村工作的通知》（一九八四年一月一日中发〔1984〕1 号）、《中共中央、国务院关于进一步活跃农村经济的十项政策》（一九八五年一月一日中发〔1985〕1 号）。

② 从 1958 年成立人民公社到 1983 年底，中国的乡村工业是由人民公社或生产队所有和经营，一般称为“社队工业”。到 1984 年底，全国 9 万余个人民公社改建为乡（镇）政府，90 多万个生产大队改建为村民委员会，“社队工业”相应地改称为“乡镇企业”。

再次，立足吴江发展吴江，跳出吴江发展吴江。利用靠近全国最大的工业城市上海，以及毗邻苏州、无锡、常州、南京和杭州等大中城市的区位优势，主动对接大中城市的资源，积聚工业生产所需的技术、设备、订单和市场，通过跨区域生产协作、产学研合作（“周末工程师”）、联合经营、产业链延伸等方式，推动城市工业向县乡转移，培育出了通信电缆、机械装备、化工、建材等当时的新兴产业。

最后，地方政府弥补市场失灵，形成了和谐的政企合作关系。在“分灶吃饭”的财政体制下，乡镇企业是乡镇政府重要的经济支柱，是支持农业生产、改善乡村面貌、发展社会事业的主要资金来源。吴江地方政府为支持工业发展，逐步完善与产业发展相配套的交通、能源基础设施，委派能人到乡镇企业任职，并推动地方分散的技术、管理、流通、金融等农业服务体系转型为支撑工业发展的服务体系。

2. 以乡镇企业发展为引擎的农村工业化创举

改革开放前，吴江经济潜在增长率难以实现，人均收入陷于停滞，人民生活水平改善缓慢。

1956年底，经过社会主义改造后，吴江逐步形成了公私合营、国营、集体、个体等多种经济性质的工业（手工业）。在集体工业中，又逐渐形成县属集体、乡镇村（街道）集体工业。在第四个“五年计划”时期（1971～1975年），吴江县农村地区利用集体积累的小量资金，创办了一些初级的小型手工作坊式社队企业。在全盘计划的经济体制下，社队企业的生产经营受到原材料、能源、市场、分配制度等束缚，生产时起时落，销售时好时坏。到20世纪60、70年代，大中城市的工业生产受到较大影响，商品供求缺口较大，而农村局势相对稳定，工业设备、技术、产能开始向农村地区转移。吴江依托靠近大中城市的区位优势，开始承接城市的产业转移。

十一届三中全会后，市场逐步放开，社队工业成了振兴农村经济的主力军。吴江县社队企业如雨后春笋创办起来，一时间“处处点火，村村冒烟”，“无村不厂，无村不工”。在“计划本子”之外的社队企业，迅速推进与大中城市的企业及县属骨干企业的合作，加快了技术设备改造步伐，推行多种形式的经济责任制。1980 年，推行了“五定一赔奖”制度，[①]1983 年开始推行承包责任制，1984 年全县社（队）镇工业企业实行“一包三改”，[②]扩大企业自主权，使乡镇企业中实际存在的“铁饭碗”“大锅饭”和干部终身制问题开始得到解决。1986 年，全县落实经营承包责任制的乡镇企业占总数的 99% 以上，1987 年推行厂长任期目标责任制，以考核企业经济效益为主，兼顾国家、集体和个人三者利益。20 世纪 90 年代后，全县乡镇工业企业都实行了“生产要素承包，资产滚动增值”经营承包责任制、集体承包户和租赁制等，提升了企业经济激励。

体制机制的放活，对乡镇企业的发展立竿见影，吴江由此踏上了一条以农村工业化为起点的社会主义现代化道路。

1978 年，吴江社队工业企业达到 1402 家，年产值达 12766.92 万元，首次突破亿元大关，是 1976 年农村社队工业总产值的 3 倍。1984 年，乡镇企业数量达到 2283 家，在 1978 年的基础上新增了 2/3。企业的行业分布，也从过去农业初级产品的加工制造业，拓展至机械、电子、冶金、化工和建材等行业。到 1997 年底，五大支柱产业在全县乡镇工业经济中的比重已达到 80%。

吴江乡镇企业的突飞猛进，推动了产业结构的升级，促进了吴江经济社会的快速发展。

第一，产业结构调整步伐加快。1978 年，吴江工业总产值仅为 41509 万元，是农业总产值的 1.57 倍。到 1994 年，工业总产值增长至 345.4 亿元，比 1978 年增长了 80 余倍，是农业总产值的 15 倍。1978 年，全县三次产业增加值占国内生产总值的比重为 45.4∶36.0∶18.6，仍然是典型的农业经济。到 1994 年，三次产业比调整为 13.4∶60.6∶26.0，第一产业占比显著下降，第二产业占比接近 2/3，工业化驱动的结构调整特征十分明显。第二产业的

---

① 即定产量、质量、产值、成本、利润，超奖减赔。

② 即全面实行经济承包合同制，改干部任免制为聘用制、选举制，改固定工资制为浮动制，改工人录用制为合同制。

发展，还带动了第三产业的兴起，从事经营商业、饮食服务业、运输业和建筑业的农民人数迅速增加。农村工业化将吴江从一个“鱼米之乡”，转变为工业化新城。

第二，推动了所有制结构的调整。1975 年，吴江有社（队）镇工业企业 626 家，年产值 3367 万元。1978 年，全县有社（队）镇工业企业 1402 家，年产值 12767 万元，是 1975 年的 3.8 倍。1990 年，乡镇工业占全县工业的比重达到 71.4%。1992 年，邓小平同志南方谈话发表后，吴江乡镇企业迎来了新一轮大发展，一批龙头骨干企业迅速做大做强，如恒力、盛虹、亨通、鹰翔等企业在全国都获得了较高的知名度。1997 年，全市组建 79 家乡镇企业集团，乡镇大企业占吴江乡镇企业资产的 50%，实现利润 60% 左右。多种所有制共同发展，提升了市场竞争水平，促进了社会主义市场经济制度的发展。

第三，形成了“一镇一品”的产业特色布局。农村工业化还促进了产业集聚发展，在改革开放初期形成了丝绸纺织和通讯电缆两大支柱产业。各乡镇积极发展特色产业，金家坝的彩钢板、菀坪的缝纫机、横扇的羊毛衫、黎里的日用化工、七都的铜加工、莘塔的电梯、桃源的服装等在周边地区乃至全国累积了一定的地域知名度，形成了“一镇一品”的产业特色。

专栏一 改革初期的吴江县盛泽镇

1978 年改革开放后，盛泽镇的村办丝织厂遍布全镇各村，形成了中国鹰翔集团、江苏艺龙集团等一批全国知名的企业。1986 年 10 月，东方丝绸市场应运而生，形成了纺织产业的专业贸易市场。该镇连续 6 年被评为全国乡镇企业出口创汇“五强”乡镇，真丝绸出口量占到全国的 1/6，成为国内主要的丝绸出口基地。1990 年，盛泽镇、村两级乡镇工业总产值达 10.42 亿元，位居当年全国 5 万余个乡镇之首。

第四，促进了外向型经济发展。吴江产业转型升级创造了巨大的资源集聚能力，提升了吴江的开发开放水平。1990 年，全县进出口总额仅为 320 万美元。五年后，全市进出口总额飞速增长至 52700 万美元，增长了近 165 倍。尤其是吴江纺织产品出口比重不断提高，外向度较高，较早融入国际市场，技术结构和产品档次不断提升，产品具有很强的国际竞争力。外向型发展还拓展了吴江企业的国际化经营视野。

3. 以小城镇复兴为载体的城乡一体化发展模式

在改革开放之前，粮、棉、油等主要农产品均实行国家统购统销，农村副业在“以粮为纲”的指导思想下被限制发展，个体私营经济经过社会主义改造后趋于消失。传统承载商品流通功能的小城镇逐渐衰弱：全县人口总量增长的同时，小城镇人口却出现了下降。1949～1975 年，全县总人口数量增长了 48%，非农人口数量却下降了 24%。

改革开放后，在乡镇企业和社会分工发展的带动下，农村剩余劳动力就地转移，使得介于城市和农村之间的小城镇复兴，成为市场经济条件下城乡一体化发展的新起点。

乡镇企业的发展带动了用工需求，吴江县当地农民为提高收入水平，出现了“离土不离乡”的职住关系，即在不改变居住地和户籍地的情况下，就近在镇上或乡镇企业从事季节性非农业工作，改变了农民被束缚在土地上的生产生活方式，农民“以工补农、以工养农”，促进了城镇工商业的繁荣，促进了人口的城镇化。

从全县范围看，小城镇是这一时期城乡一体化的主要载体。20 世纪 80 年代初，费孝通对吴江县十来个小城镇的历史和现状做了调查，总结了小城镇的五种类型，反映了这一时期吴江小城镇发展的基本状况。[①] 第一种类型是以震泽镇为代表的农村经济中心，其主要特点是农副产品和工业品在这里集散，作为商品流通的中转站，能够将周边的乡村连成一个区域市场。第二

① 参见费孝通《各具特色的吴江小城镇》，《瞭望周刊》1984 年第 2 期。

种类型是以盛泽镇为代表的纺织工业中心小城镇。第三种类型是地方政府所在地的行政中心松陵镇。第四种类型是以消费、休闲和旅游为文化中心的同里镇。第五种类型是地方交通枢纽的平望镇。除行政中心和文化中心外，其他小城镇都是因“草根”工业的发展而兴。

各个小城镇围绕当地特色产业延伸产业链，拓展本地分工网络，是小城镇发展的重要驱动力。小城镇与工业布局之间的关系呈现“一镇一品”的特点，不同产业的组织方式存在差异，造成了所在乡镇的城镇化水平有高有低。城乡一体化发展以满足产业发展所需的基础设施和公共服务为先导，在“离土不离乡”的模式下，小城镇的发展以乡镇企业吸收本地农村剩余劳动力为主，[①]在快速发展中城乡基本公共服务和生活水平差距保持在相对较低的水平。

大量乡镇企业发轫于计划经济时代的社队工业，导致小城镇的发展格局与农村工业布局相互交错，城乡一体化发展既受到乡镇企业发展的驱动，又受到乡镇企业发展特点的制约。为统筹城乡建设，吴江县政府于 1989 年完成了首部《吴江县域城镇体系规划》的编制，根据各镇的自然条件、现状实际、发展规模、建设速度等，确定了城镇性质、规模、用地布局、功能分区及近期建设规划项目等。1996 年吴江市政府完成《吴江市城市总体规划》（1995–2010 年），除松陵、盛泽外，其余 21 个镇编制镇域规划和镇总体规划，确定了 5 个中心镇，16 个一般镇。在城市建设中，不断完善供水排水、供气供电设施，注重人居环境质量的提高，加强城市管理。

概言之，吴江等苏南地区以乡镇企业为发端，以农村工业化为引擎，带动城乡经济社会繁荣的发展经验，被学界称为“苏南模式”，是苏南地区改革开放 40 年取得辉煌成就的历史起点。

---

① 直到 1990 年，在吴江县办理暂住证的流动人口为 17362 人，占全县总人口的比例为 2%。

（二）“苏南模式”的转型（20世纪90年代中期至十八大前）

1992年，邓小平同志发表南方谈话，提出了“社会主义市场经济”等重要论断。同年10月，党的十四大明确提出建立社会主义市场经济体制，加快经济改革步伐，进一步扩大对外开放。同年，国务院正式批复设立上海浦东新区。

吴江等苏南地区乡镇企业经历了初创期的突飞猛进，进入20世纪90年代后，日渐难以适应完善社会主义市场经济体制的要求，所有制和企业治理的深层次问题暴露了出来。不改革，没有出路；改革，就要对原有“苏南模式”进行变革。在新的发展阶段，吴江以坚定的改革决心，挺立开放的潮头，实现了“苏南模式”的成功转型。

1. 以企业改革改制为发展的新动力

20世纪90年代中期，吴江民营工业企业以两种组织形式为主：一是以家庭作坊为主的个体工业户，集中在丝绸织造、羊毛衫编织、铜字加工、禽蛋加工等中低技术产业；二是戴了“红帽子”的租赁承包（俗称“一脚踢”）企业，即对外挂集体企业牌子，而实际上由私人承担全部经营收益与风险。到90年代后期，村办“一脚踢”企业占60%，已经成为乡镇企业的主要形式。

从全国范围看，20世纪90年代中期，全国中低端产品供给短缺的问题得到了很大缓解，一些行业甚至出现了产能过剩，全国国有企业和集体企业亏损面不断扩大。吴江一度兴旺的集体企业也出现了连年亏损，与“一脚踢”企业，特别是与红红火火的民营企业形成了鲜明对比。

在市场经济条件下，不同所有制企业的充分竞争，使集体所有制企业产权不明、政企不分、权责不清等深层次问题暴露出来。以集体所有制乡镇企业为发端的农村工业化发展道路，也出现了新情况、新问题。乡镇企业所有制结构单一，投资主体单一，吸引民间投资能力弱，工业发展后劲不足；盈利能力不强，利润增长停滞，亏损面增加，创造就业遇到瓶颈，经济社会负担日益加剧；产权关系不清晰，监督考核体制不健全，存在“人人有份、人人不问”的现象；乡镇企业不是独立的经营主体，企业收益被过多用于集体分配，积累与消费的矛盾日益突出；村镇以及上级干部的“政绩”与乡镇企业经营业绩挂钩，给企业下达的年度任务层层加码，政企激励不相容，与临近的浙江民营经济的体制机制存在较大差距。90 年代，吴江的工业总产值和全社会固定资产投资额的增速放缓（见图 2），与 80 年代的迅猛增长形成了鲜明对比。以吴江乡镇企业的样板村——开弦弓村——为例，该村集体企业经历了 80 年代的兴盛期后，从 90 年代中期起开始走下坡路。1997 年，村里的骨干企业丝织厂固定资产为 317.4 万元，负债却高达 396.8 万元，陷入资不抵债的境地，黯然停产；村级经济共负债 960 万元。

图 2　吴江工业总产值与全社会固定资产投资额

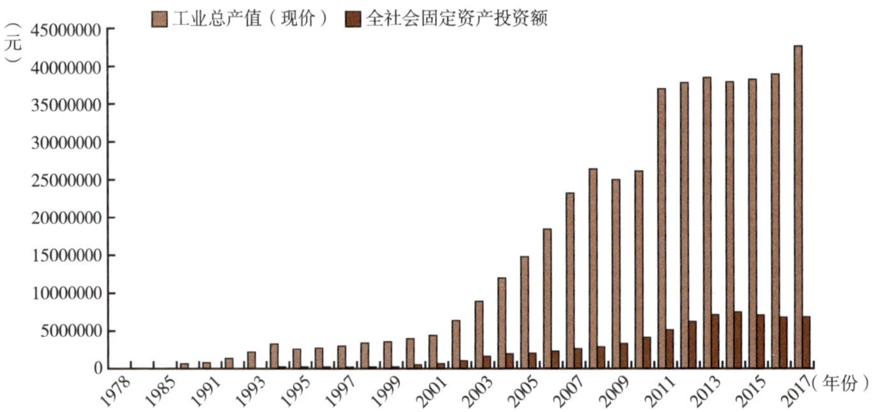

问渠那得清如许，为有源头活水来。“苏南模式”的活力来自不断解放思想，持续深化改革开放。吴江从实际出发，学习借鉴其他地区的发展经验，于 20 世纪 90 年代中后期，全面实施了乡镇企业改革改制。

吴江曾探索过多种乡镇企业改革方式，实行股份合作制便是主要形式之一。部分企业实行股份合作制后，吸引个体企业、外资企业等入股，筹集了一定的社会资金，暂时缓解了经营压力。但是，股份合作制不触及产权制度，企业所有权仍然被控制在集体经济的代表——乡（镇）、村集体领导及其代理人——手中，企业经营思维和治理结构没有发生根本性变化。而且，股份合作制本身是一个矛盾体：合作制实行的是“一人一票”的决策原则，而股份制实行的是“一股一票”的决策原则。这些问题与矛盾，导致股份合作制只是乡镇企业改制的一种过渡形式。

为深化产权改革，吴江市委市政府于 1997 年 10 月下发了《关于深化乡镇企业产权制度改革的意见》，正式启动乡镇企业的改制工作。至 2000 年底，吴江用时三年，按照集体资产“能降则降，能退则退”的原则，实施了分配转股、技改扩股、现金增股等多项集体资本置换方案。产权制度改革着力解决政企不分、产权不明的问题，理清了乡镇政府与乡镇企业的产权关系，让企业真正成为市场经济中的经营主体。改革后，绝大部分乡镇企业实际上变更为民营企业和民资控股的有限责任公司，催生了一大批市场主体。据当时吴江市委农工部的一次调查，截至 1999 年，全市完成乡镇企业产权制度改革 1721 家，占乡镇企业总数的 96.3%，涉及资产 134.27 亿元，占乡镇企业总资产的 84%。其中，总资产在 3000 万元以上的大中型企业改制 37 家，占企业总数的 86%；6 家企业改制为股份有限公司，135 家企业改制成集体参股的有限责任公司，27 家企业组成股份合作制企业，594 家企业转让拍卖，875 家小微企业变更为个人租赁集体厂房、土地、用电设施等不动产经营，84 家企业实施破产。到 2000 年，全市累计完成产权改制乡镇企业 1768 家，涉及总资产 152.95 亿元，分别占全市总量的 98.9% 和 95.7%。改制企业中，80% 的企业变更了工商登记，成为真正的市场经济主体。

乡镇企业所有制改革的“红利”，在多方面得到体现。改制企业的盈利水平明显上升。2000 年，轻装上阵的吴江个体私营企业在企业总量稳定的情况下，利润较上年增长 34%，有效遏制了企业亏损面恶化的趋势，鼓励和带动了社会资本。据统计，2000 年，吴江市吸引了 23.76 亿元的非集体资金，不仅显著增加了企业的资本量，还优化了企业投资结构和产权结构。深化了劳动市场和用工关系改革。基本完成产权改革后，吴江又用五年时间（2001～2005 年）全面推进乡镇企业职工劳动关系的置换工作，基本解决了集体企业老职工与民营企业的劳动关系问题。经过产权及配套改革，以乡镇企业为主体的“苏南模式”的内涵已经发生了质变，民营企业成为吴江经济发展的微观主体。进入21世纪，吴江的工业总产值和全社会固定资产投资额增速加快（见图2），焕发出强劲的发展动力。

专栏二 恒力集团

1994年，集团创始人收购镇办企业原吴江化纤织造厂，成为吴江第一批民营企业家。企业重点发展前道（网络、整经），以销售原料外发织机加工方式发展生产，企业规模不断扩张。1997～2001年，吴江化纤织造厂有限公司新建三分厂和宏建分厂。2002年，江苏恒力化纤有限公司正式挂牌成立，企业进入规模化、集团化发展阶段。2003年，恒力集团成立，加快多元化发展步伐，成长为以石化、聚酯新材料、纺织为主业，贸易、金融、热电等多元化发展的国际型企业。集团现拥有全球单体产能最大的PTA工厂之一、全球最大的功能性纤维生产基地和织造企业之一，员工6万多人，建有国家“企业技术中心”，企业竞争力和产品品牌价值均列国际行业前列。2017年，集团总营收3079亿元，现位列世界500强第235位、中国企业500强第60位、中国民营企业500强第10位、中国制造业企业500强第21位，连续五年列中国长丝织造行业竞争力第1位。

吴江深化体制改革，是“苏南模式”的自我革新。在深化改革带来的诸多变化中，首要的是重新调整政府与市场的关系。在传统的“苏南模式”中，改革开放初期的乡镇政府通过管理乡镇集体企业，直接参与经济活动。随着绝大多数集体企业改革为民营企业，基层政府从直接的经济管理中退出，转向规划引导和政策服务，以更好地发挥市场在资源配置中的基础性作用。吴江民营经济企业数量多、活力强、集聚度高、产业链完整等特点更加突出。一批优秀的企业管理者经过改制，转变为民营企业家，如顾云奎、徐关祥、姚德荣、崔根良、缪汉根、王友林、宋七棣等，他们所体现出的敢为人先、精明勤勉、吃苦耐劳的企业家精神，引领吴江民营企业不断走向辉煌。

专栏三 亨通集团

1991 年，七都乡政府决定吴江乳胶厂转产成立七都通信电缆厂，由崔根良任法人代表。1992 年，工厂与邮电部武汉邮电科学院合资成立长江光缆联合公司，填补了华东地区光缆项目的空白。1993 年，工厂大规模引进国外生产设备，当年实现产销量翻两番，一举跃进全国同行前列。1994 年，企业被国家统计局评为“全国 500 家最大乡镇企业”（第 154 位），被苏州市政府评为“苏州市百强乡镇企业”（第 16 位）。集团经历了规模化扩张阶段（1996～1999 年），产业扩张及布局阶段（2000～2006 年），以及多元化与国际化并举阶段（2007 年以来），已发展成为服务于光纤光网、电力电网、大数据互联网、新能源新材料和金融投资等领域的国家创新型企业，拥有全资及控股公司 70 家，上市公司 3 家，在全国 13 省市和海外 9 个国家地区设立研发产业基地，是中国光纤光网、电力电网领域的系统集成商与网络服务商，占国内光纤网络市场的 25%、全球市场的 15%，被国际权威分析机构 CRU 和亚太光通信委员会评为全球光纤通信前 3 强，连续 15 年跻身中国企业 500 强、中国民企 100 强。

2. 以民营经济和外资经济为双轮驱动的增长方式

上海浦东新区的开发开放为苏南地区带来了外向型发展的重大机遇。除生产要素、技术和知识的溢出效应外，上海浦东新区对苏南地区的深远影响在于开发区模式的示范效应。20 世纪 90 年代后，苏南地区加快项目进园区的步伐，通过加大招商引资力度，优化营商环境，吸引了一大批台资、港资、欧美企业入驻，带来了先进的技术、管理和雄厚的资金，推进了吴江产业结构升级。1999年，吴江经过前期探索，在苏南地区率先放开了对个体私营经济的政策限制，提出引进外资、启动民资和搞好改制的“三资（制）”。吴江还紧抓对外贸易“发展新品”“培育基地”“用好进出口经营权”，充分发挥贸易、“三资”企业、自营出口企业“三路大军”的作用，发展自营进出口队伍，扩大自营进出口总量。在扩大规模的同时，吴江还要求新办“三资”企业把质量放在第一位，强化与国际大财团、大公司、大企业的合作，把利用外资与改善基础设施、发展农业、兴办第三产业结合起来。

图3　1998～2005年吴江企业数量变化情况

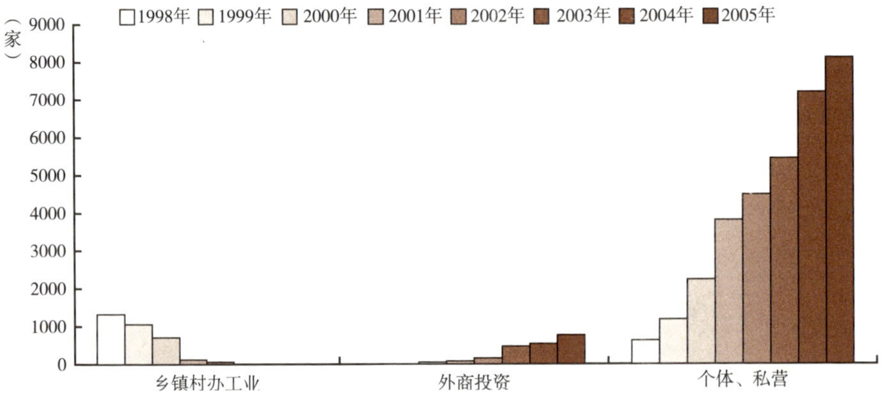

资料来源：《吴江市志（1986~2005）》上册，第337页。

在民营经济和外资经济的双轮推动下，吴江产业转型升级“量质并举”，工业化水平不断提高。

第一，新兴产业发展壮大。到2012年，吴江规模以上新兴产业实现产值1419亿元，增长11%，占规模以上工业比重47%，产业结构高端化趋势尤为明显。其中，新型平板显示、新材料产业分别完成产值402亿元和443亿元，保持增长趋势；智能电网产业势头强劲，实现产值306亿元，增长25%；高端装备制造业实现产值88亿元，增长11%。聚能硅业在希腊投资2.5亿欧元，建设115兆瓦欧洲最大的太阳能发电站群。吴江还举办了文化产业投资推介会暨文化产品展示会，重点扶持优势文化产业项目发展，完成投资 27 亿元，主营业务收入 318 亿元，实现文化产业增加值 79 亿元，占全区 GDP 的比重为 6%。吴江经济技术开发区荣膺国家新型工业化产业示范基地和省级 LED 特色产业园。

第二，主导产业巩固提升。2012 年，吴江纺织、光电缆和装备制造业产值分别增长 2%、12% 和 2.5%。恒力、盛虹等龙头企业牢牢占据高端纤维领域制高点，14 家企业跻身中国纺织服装企业 500 强；光电缆行业增长较快，亨通集团荣登当年中国电子元件百强企业榜首；电梯行业继续保持 20% 以上的增速，总投资 15 亿元的康力电梯产业园开工建设；为苹果、三星等配套的电子信息产业发展较好，传统电子产品行情保持平稳。6 家企业进入 2012 中国民营企业 500 强。新增注册商标 2000 件、中国驰名商标 1 件、省著名商标 8 件，“盛泽织造”成为全省首件著名集体商标，企业参与制定国标、行标 6 项。

第三，创新引领发展明显增强。2012 年，高新技术产业实现产值 1485 亿元，增长 4.2%，占规上工业比重 48.5%。新认定高新技术企业 39 家、高新技术产品 175 项、国家重点新产品 7 项。新增省企业院士工作站 1 家、省工程技术研究中心 10 家、省外资研发机构 3 家。全年专利申请量 3.6 万件，其中发明专利 2119 件。新增国家“千人计划” 4 人、省“双创人才计划” 6 人、市“姑苏人才计划”12 人，新评定科技领军人才 68 人。实施“名校优生”引才工程，本地企业引进优秀毕业生 508 名。恒力化纤、科林集团两家企业技术中心被认定为国家级企业技术中心，盛虹集团获批国家技术创新示范企业，5 家企业入选省百强民营科技企业。盛泽纺织科技创业园晋升省级科技企业孵化器，中国绸都网、吴江纺织科技中心获评国家中小企业公共服务示范平台，清华大学苏州汽车研究院（吴江）研发基地建设进展顺利。吴江连续三年蝉联“福布斯”中国大陆县级城市创新指数第一。

第四，服务业实现新跨越。2012 年，吴江实现服务业增加值 543 亿元，占 GDP 比重 40.5%。3 家省级服务业集聚区列入省十大产业领域、百个服务业重大项目、千亿元社会投资重点集聚区提升计划。二、三产业融合发展取得新进展，38 家制造业企业分离发展服务业。滨湖新城总部经济区首批有 11 家企业入驻。接待境内外游客 1530 万人次，旅游总收入 150 亿元，分别增长 15% 和 20%。新增创投机构 3 家，累计 44 家，注册资金 56.8 亿元。辖区银行本外币年末贷款余额 1635 亿元，新增贷款 345 亿元。中国东方丝绸市场荣获全国诚信示范市场称号，吴江农村商业银行上榜中国服务业 500 强。

概言之，所有制改革和对外开放，为吴江迈向更高水平的工业化注入了活力，不仅巩固了吴江一直作为改革开放的“领头雁”地位，而且助推了吴江成为全省民营经济的“领头羊”。

3. 以“区镇合一”为抓手的城乡统筹发展

在工业化起步阶段，吴江乡镇企业分散在村镇，“低、小、散、乱”的特征突出，占用了大量农村土地，缺乏规模经济和范围经济，对生态环境的损害日积月累，缺乏有效治理手段。伴随着产业升级和全方位的招商引资，工业园区化、集群化发展成为大势所趋。

吴江实行“区镇合一”的管理体制改革，统筹经济社会发展。进入 21 世纪，经过三轮较大范围的区划调整和行政机构改革，吴江将原来的 23 个镇逐步整合为 8 个镇和 1 个国家级经济技术开发区、1 个省级高新区、1 个省级高新技术产业园区（筹）、1 个省级旅游度假区。针对开发区和行政区不断重叠，权责不匹配日益突出的问题，吴江进行了经济发达镇管理体制改革的探索，通过区镇党政机构整合，完善经济建设以区为主、社会建设以镇为主的区镇合一发展体制。一是逐步精简管理机构。汾湖高新区（黎里镇）、吴江高新区（盛泽镇）、太湖新城（松陵镇）和吴江经济技术开发区（同里镇）先行先试“两块牌子、一套班子”的管理体制，缓解了开发区与行政区职责权限不到位、不对称、机构编制膨胀等问题，成为全省“区镇合一”建制最多和改革最到位的区域。目前，四个镇（区）财政收入占全区比重超过 70%，集聚了全区约 65% 的户籍人口和绝大多数外来暂住人口。二是推动经济发展与乡镇建设能力的再平衡。实行“区镇合一”管理体制机制，有效解决了经济发达镇责大权小、经济开发区行政权和经济权分离的问题，提高了经济发达地区乡镇城镇建设的能力，加强了公共服务和有效管理，进一步提升了区的发展影响力和镇的发展驱动力。

专栏四 吴江市经济技术开发区

1992年，在邓小平南方谈话精神的指引下，吴江市委、市政府借鉴周边地区经济开发区的成功经验，结合实际建立吴江市经济技术开发区，为吴江构建起首个拓展外向型经济发展的平台。1993年11月，吴江经济开发区成为首批13个省级开发区之一，确立了“基础先行、服务配套、项目为本、滚动发展”的思路。1995年，开发区吸引了首批台资电子信息企业集中落户，“以台引台”带动了吴江电子信息产业的集聚发展。至2000年底，吴江开发区电子资讯产业园初具规模。2006年以后，吴江市委、市政府调整开发区的产业布局和发展方向，招商引资向欧美转移，并瞄准机械装备的龙头企业，精密机械、汽车配件、新材料、新能源、软件开发等产业逐步集聚成规模。

开发区发展和实行“区镇合一”的管理体制后，吴江超越了小城镇的局限，有效推进了城乡一体化。

第一，以开发区为载体，推动产业与城市品位联动升级。开发区是吴江电子信息产业、装备制造产业等支柱产业，以及新材料、新能源、生物医药和高端民生消费品等新兴产业的集聚区。吴江的高新技术企业主要集中在吴江经济技术开发区、汾湖高新区、太湖新城和吴江高新区四大片区。吴江依托开发区，发展了科技企业孵化器，启动跨境电商产业园和智能装备产业园建设。吴江还整合了同里古镇、同里国家湿地公园和国家级现代农业示范区的文化及生态资源，实现了从传统观光旅游向休闲度假养生游转型。开发区已经成为推动吴江新经济的重要载体，对吴江城市品位的提升具有重要的作用。

第二，完善开发区，推动城乡一体发展。一是抓规划统筹。优化区域空间布局、产业布局和城市功能布局，积极推进“三集中”，开展了城市总体规划和各专项规划的编制及修编工作。不断完善城乡基础设施建设，内联外拓的交通路网及农村水、电、气、信息化等的建设。完善城乡公交体系，行政村公交覆盖率达 100%。加快农民集居和进城步伐，规划建设了一批公寓房动迁安置小区，累计建成安置房 155 万平方米。二是抓机制创新。深化农村“三大合作”改革，组建社区股份合作社、土地股份合作社、专业合作社、家庭农场。创新土地使用制度，利用农村建设用地减少与城镇建设用地增加相挂钩政策，实现农民换股进城、换保进城、换房进城。探索农村集体经济发展新路径，投资建设社区商业区、邻里中心、商贸城等载体，发展村级物业经济。三是抓社会事业。每年投入 20 亿元左右，推进惠民实事工程，提升教育、医疗、卫生、养老、社保等公共服务均等化水平。

第三，探索创新基层治理。一是创新农村社区运行模式。实施村与社区资源整合，搭建新型社区五级管理体制（社区管理委员会、社区居委会、社区工作站、社区居民组长、社区网络员），实行“一站式”服务。二是加强基层党建品牌建设。强化区域党建工作站建设，探索打造了“百姓说事”“三全六服务、温暖千万家”等一批党建品牌。创新创优做好两新组织党建工作，推进党的组织覆盖和工作覆盖。三是完善丰富社区服务品牌。提升社区自治功能，深化推广“一社一品”，如富土社区“邻里一家亲”、雅辉社区的“二元六分治理模式”等。四是创新综合执法机制改革。设置综合执法大队，完成“大联动”平台建设，强化城市精细化、系统化、常态化管理力度。

第四，探索“新吴江人”社会服务新模式。随着工业化和城镇化的快速推进，不断增长的用工需求吸引了外来人口的流入。据统计，1990 年，吴江办理了暂住证的流动人口不足 1.8 万人，与本地人口的比值为 2%；1995 年增长至 6.52 万人，2005 年剧增至 39.2 万人，与本地人口的比值达到 1/3，而且呈现不断增长的趋势。“新吴江人”已经成为吴江经济社会发展中一支不可或缺的力量，同时也对地方政府的社会管理提出了新的要求。吴江采取了一系列有效措施：一是整合政府资源。从2006年开始，根据外来人口向开发区集中、择城郊结合部聚居的特点，整合原有社区和村级联防队资源，在城郊结合部设立服务站，配置专职协管员，划片包干，加强流动人口统计和服务工作。二是动员社会力量。根据外来人口集中在第二产业的特点，依托用工企业实行“员工之家”管理，对“新吴江人”进行日常管理，2005年覆盖15余万“新吴江人”。吴江还重新规划了闲置厂房、办公楼等，建立“社会性民工公寓”，低标准收取住宿费，并开设杂货店、浴室、阅览室、娱乐休闲设施等辅助设施，实行联户委托管理。三是不断推进市民化。一些社区制定新吴江人的意见反馈表，及时了解新吴江人的状况以及对社区建设的意见。针对“新吴江人”不断增长的子女教育需求，逐步加大子弟入学规模，丰富校园生活，帮助子弟更好地融入“第二故乡”。

概言之，20世纪90年代后，吴江以乡镇企业改革改制为开端，坚持民资、外资双轮驱动，成功促进了“苏南模式”的升级，以产业体系高端化驱动的工业化，带动了以开发区为载体的城乡一体化发展模式。

三、新发展理念引领“苏南发展新模式”

党的十八大以来，以习近平同志为核心的党中央提出创新、协调、绿色、开放、共享的新发展理念。党的十九大报告指出，我国社会主要矛盾已经转化为人民日益增长的美好生活需要和不平衡不充分的发展之间的矛盾，我国经济已由高速增长阶段转向高质量发展阶段，要建设现代化经济体系，努力实现更高质量、更有效率、更加公平、更可持续的发展。

新时代、新矛盾、新理念、新方略，吴江作为我国沿海“先富”地区，继续发扬敢为天下先的改革精神和担当精神，重点打造“八大标杆”，即打造集成式改革标杆、民营经济发展标杆、智能工业发展标杆、环太湖产城旅融合标杆、江南水乡标杆、丝绸文化传承与发展标杆、共建共享共治善治标杆、智慧城市标杆等。

通过调研，我们认为，吴江正在赋予新时代“苏南模式”新的内涵：以创新、协调、绿色、开放、共享发展理念为指导，以非公经济主导的现代化产业体系建设为经济发展基础，以产城融合与长三角一体化发展为空间发展载体，以共建共享共治善治为社会发展目标的高质量创新发展之路。

（一）坚持创新发展理念，引领非公经济主导的现代化产业体系建设

吴江为深入贯彻创新发展理念，以集成式改革的制度创新为推动高质量发展的第一动力，立足“先进制造业立区、现代服务业兴区”，以民营经济和外资经济为主导，打造更具活力的创新生态系统，以推进工业智能化和绿色化，培育“新地标”企业为抓手，使创新成为吴江高质量发展最鲜明的特征。

1. 整体推进集成式改革

2017 年，吴江以“五个一改革”为基础，在苏州大市范围内，率先推进以“七大集成”“八大任务”为主要内容的系统化集成式改革，具体包括通过“一张蓝图管发展”促进规划集成、“一枚公章管审批”促进审批集成、“一个号码管服务”促进服务集成、“一张网格管治理”促进治理集成、“一支队伍管执法”促进执法集成、“一套体系管评价”促进考评集成、“一类政策促转型”促进政策集成等七大集成式改革；积极推进编制权责“大清单”、构建管理“大网格”、加快共享“大数据”、建设政务“大平台”、稳妥实施“大执法”、推进高效“大监管”、完善绩效“大评价”、构建区域“大生态”等八大任务落实。通过改革集成，目前，全区在社会治理大联动方面已经打通了“一个号码管服务”“一支队伍管执法”“一张网格管治理”三项改革内容，将其全部落实到网格之中。

2. 打造更具活力的创新生态系统

一是更加突出企业创新主体地位，大力培育发展高新技术企业，支持企

业增强自主研发能力，落实鼓励企业创新的普惠机制。二是推动产业向中高端升级，打造智能制造先行示范区，抢占产业发展制高点，争创沪苏产业创新合作区。三是提升多层次创新载体能级，建强建优创新发展载体，推进创新研发平台建设，大力提升孵化器发展质效。四是以人才优先促创新发展，加快创新人才集聚，强化紧缺人才开发，优化人才生根服务。五是优化金融资本供给，扩大科技信贷风险补偿资金池和天使投资风险资金池，大力推动创新型企业进军资本市场，充分发挥产业基金助推功能。六是促进创新资源开放共享，促进企业创新国际化，推进产学研协同创新，凸显知识产权价值导向。七是加大工作机制创新力度，健全创新发展推进机制，加快创新服务市场化，优先保障创新企业发展。八是合力构建“大创新”格局，完善创新管理体制，营造创新文化氛围，改进创新评价体系。为强化落实，吴江还将24项工作任务进行了分解，明确责任部门。

3. 探索工业智能化的吴江模式

吴江因农村工业化而兴，因产业升级而强。新时代，吴江重点解决工业企业大而不强、创新能力不足、资源要素压力不断突出的问题。为此，吴江探索发展智能工业，率先布局智能设计、智能生产、智能装备、企业资源计划管理、供应链管理和生产性电子商务等六大关键环节。从2014年起，吴江立足发展需求，高标准布局智能工业体系。一是政府引导与市场主导相结合。出台《关于加快全区智能工业发展的实施意见》，制订智能工业发展三年滚动计划，编印《吴江智能工业在行动》在全区宣传推广。以市场需求为导向，突出企业主体地位，帮助骨干企业打造智能化改造示范点，并形成行业性“最佳实践”，加快企业推广。二是供给侧与需求侧同时发力。引导企业加快关键技术突破，在重点行业打造示范性解决方案。引导企业对标，实施智能工业“155”计划[①]，推进示范企业、试点企业、行动企业梯队建设。一批龙头企业的智能化解决方案成为行业标杆，一批重点领域的技术实现突

① 力争培育100家示范企业、500家试点企业，带动5000家行动企业。

破；全区工业机器人密度达 80 台 / 每万名工人，是全国平均水平的 1.6 倍；已培育示范、试点企业 600 多家；建成 31 家省级示范智能车间，数量居江苏省县市（区）前列；累计获得 9 个“中国制造 2025”项目，走在全国区级单位前列。吴江企业通过智能工业技改，产品质量效益得到明显提升，产能普遍增加 30% 以上，用工普遍减少 30% 以上，效益普遍增长 50% 左右。三是结合实际情况，提出了智能工业的“三步走”战略：2015～2017 年为 1.0 阶段，围绕产品生命周期，建设智能车间，确立先发优势；2017～2020 年为 2.0 阶段，立足价值链全过程，发展智能工厂，创建智能制造示范区；“十四五”期间为 3.0 阶段，实施智能制造腾飞计划，让智能制造走出工厂围墙，实现与社会融合，发展智慧经济，建设智慧生态圈。吴江发展智能工业的创新实践，为江苏乃至国家智能制造的发展提供一个可行的“范本”。

4. 培育和发展绿色产业

高标准推进纺织循环经济产业园。以打造全国纺织第一镇标杆为目标，深化盛泽镇国家级新型城镇化综合试点改革，引导城市要素、公共资源向新城集聚，以新型工业园和纺织循环经济产业园建设为契机，加快质量安全示范、市场采购贸易、智慧市场等建设，不断引领纺织品专业市场发展。到 2020 年，战略性新兴产业产值超 300 亿元，环保设备产业、装备制造产业以及科创园初具规模，基本建成技术先进的纺织印染高端区、纺织行业循环经济示范区，建成物流中心、污水处理厂，加快印染企业入园步伐。

5. 培育“新地标”企业

围绕节能环保、新一代信息技术、生物、高端装备制造、新材料和新能源汽车等战略性新兴产业发展和新业态、新模式应用，在促进中小企业“专精特性”发展的基础上，打造了一批主营业务突出，竞争力强、成长性好，专注于细分市场的“隐形冠军”，培育成为“新地标”的企业集群。动态跟踪培育亿元以上企业 60 家，从支持企业创新发展，鼓励升级改造，深化两化融合，引导“专精特性”，鼓励资本扩张，强化品质提升等方面采取了相应的措施。

（二）坚持协调发展理念，促进区域一体化与完善社会治理

1. 融入苏州接轨上海

改革开放40年，吴江经济社会发展的历次重大转型，与其不断摸索在大城市群发展中的定位密不可分。在“苏南模式”形成时期，吴江集聚利用上海、苏州的技术、装备、人才、资本，推动了乡镇企业的发展。在“苏南模式”转型时期，吴江学习借鉴上海、苏州的开发区建设经验，不断提高对外开放水平，成功实现了工业化提速和城乡一体化发展。

进入新时代后，长三角一体化发展步伐加快。吴江在区域协调发展中，更加突出与大城市群联动发展，加速融入苏州主城、对接上海。一是以基础设施对接为先导。吴江连接苏州主城的轨道交通4号线已全线开通运行，还将实施8条轨道交通规划。争取与上海轨道交通17号线对接，推动上海交通网络向吴江区延伸辐射，加快形成与上海产业融合互补的发展格局。二是以区域一体化发展为重点。吴江加快融入苏州步伐，以太湖新城和吴江开发区为主城区，与苏州市区协调互补、同城化发展。积极推进与上海青浦、嘉善构建长三角一体化合作试验区。开展“上海专家吴江行”活动，全面承接上海高端资源和要素溢出，加快融入上海大都市圈。三是以生态保护一体化为亮点。吴江启动太浦河沪湖生态科技走廊建设，系统实施一系列区域水生态、水资源及水环境的修复与恢复工程，恢复太浦河生态活力，推进太浦河流域产业结构转型升级，打造江南水乡生态样板区。四是以沪吴居民“同城待遇”为目标。吴江深化与上海在教育、医疗、文化、养老等领域的全方位合作。

2. 规划引领区镇协调发展

古代吴江基本沿京杭大运河发展，新中国成立以后吴江从沿河发展向沿路发展过渡。到20世纪90年代，发展模式从沿路点状发展向连线和连片发展。从“十五”到“十二五”，吴江形成了“双主双辅、双轴双廊”“四沿”“一核四片”等空间发展战略。

“十三五”时期，吴江区强化规划引领和区域统筹，实施产城融合发展，优化形成“一核引领、二区带动、三带并进”的空间发展布局。一是把太湖

新城（松陵镇）打造成创新发展的“新引擎”，引领吴江现代服务业兴区，把吴江开发区（同里镇）打造成全区开发开放的“火车头”，引领吴江先进制造业立区。二是把汾湖高新区（黎里镇）打造成苏州城区接轨上海的“样板区”，形成东部城市副中心，把吴江高新区（盛泽镇）打造成全区转型升级的“增长极”，形成南部城市副中心，形成汾湖高新区和吴江高新区两大城市副中心。三是加快东部产业带崛起，推动西部产业带绿色发展，促进南部产业带转型升级。四是强化四个中心镇建设发展，确定平望镇以“经济强镇、文化立镇”，加强震泽镇丝绸文化产业带建设，打造七都镇现代化滨湖精致生态小镇，全面建设桃源镇，打造工贸与生态休闲旅游双轮并行的现代化桃花源。

3. 资源合理流动助推城乡要素一体化

土地管理制度创新是城乡要素一体化进程中的核心问题。吴江创新体制机制，主要通过“三集中”“三置换”“三大合作”等形式，推动土地节约利用，优化城乡土地资源大配置。所谓“三集中”，就是推动工业企业向规划区集中、农业用地向规模经营集中、农民居住向新型社区集中；所谓“三置换”，就是农民持股进城、持保进城、持房进城；所谓“三大合作”，就是农村社区股份合作、土地股份合作、专业股份合作。

目前，全区有各类农民专业合作社 293 家，带动农户 5 万余户；共组建社区股份合作社 257 家，涉及农户 18 万户 62.43 万人，实现了“户户持股份，人人是股东”的改革目标；累计组建土地股份合作社 167 家，入股总面积 35.61 万亩，亩均分配收益约 850 元，入股面积和收益分配均处于全国领先。全区 90% 以上的企业集中在园区，土地规模经营面积超过 90%。近年来，面对建设用地规模达 56.04 万亩，开发强度接近 29% 的现实，吴江专门制定出台政策促进内部挖潜，鼓励区内土地指标有偿交易，鼓励村、镇通过盘活存量土地、低效用地，通过有偿交易平台，用于优质项目、优势板块的更好发展。目前，全区土地指标内部交易价格达 170 万 / 亩，其中 20 万 / 亩直接奖励给所在村，70 万 / 亩用于规划空间指标，60 万 / 亩用于建设用地指标，20万/亩用于耕地占补平衡指标。

4. 不断推进基层社会治理创新

吴江的基层社会治理创新始发于1984年成立的吴江县综合治理社会治安领导小组，到2014年镇（街道）和村（社区）全部建成"五位一体"综合治理中心，2018年实施智慧城市管理，吴江的基层社会治理创新逐步迈向社会治理的社会化、法治化、智能化、专业化。

（1）德法融合形成社会化治理系统

从自治协商到人民调解。从2012年起，随着外来人口的快速增长，吴江区盛泽镇与流入人口相对集中的安徽金寨、霍邱和河南固始三地合作建立社会管理工作站，联合流入人群的自治力量参与社会治理，吸收外来社区骨干参与社会事务调解、社会秩序维护。截至2014年，区、镇、村三级自治人民调解组织全面建立并实体化运作，建立专业调委会7个，个人品牌调解工作室3个，各类专、兼职人民调解员2000多名，为基层社会治理创新建立了良好的自治基础。

德法融合，营造良好氛围。经过基层广泛实践，吴江总结并深化了"1+8+X"三级法治联创，积极推进法制宣传，提升社会主体的法律意识和水平，推进平安法治融合共建，取得突出效果。2017年全区万人发案率全苏州市最低，公众安全感和法治建设满意度分别达97%和98.5%。

创建镇域综合执法体制。2017年建立了服务管理自然人的基层网格巡查体系。2018年又建立了针对工业企业管理和服务的专业网格巡查体系。专业网格巡查体系科学配置专业网格巡查、监管部门、综合执法部门的职责权限，建立预防、监管、执法良性互动的机制，并将企业履行主体责任情况纳入企业信用和综合评价体系，形成了完整的企业行为监管评价体系。基层巡查与专业巡查无缝对接，为吴江社会治理联动机制全领域覆盖、系统化建构提供了技术保障。

（2）应用信息技术助推社会治理智能化

2015年以来，吴江在社会化、法治化治理基础上，利用信息技术，建成联动指挥平台，促进社会治理模式向智能化转型。

吴江的智能化治理体现在搭建了“1+2+N”智能化支撑体系。“1”是指区级网格化联动指挥平台，是社会治理的“神经中枢”；“2”是指综合执法、专业网格巡查监督管理两个子平台；“N”是指基层网格工作人员、专业网格巡查人员的手持终端、区级部门的业务系统、各区镇拓展开发的子系统。网格案（事）件的流转、处置等按工单标准化处置程序线上进行，形成完整的业务流闭环和信息流回路。按照“全要素网格”的要求，建立全区统一的社会治理基础信息资源池。加强社会治理基础数据分析、研判，及时发现社会治理的苗头性问题并化解在萌芽状态。

智能化治理有力推动了传统“街道—居委会”层级化管理模式向扁平一体化系统治理模式的转变。

（3）提高智慧服务专业化水平

以打造“智慧城市标杆”为目标，吴江全面提升城市运行和管理的智慧化、便捷化水平。截至 2018 年 5 月，新建成的云计算智慧服务平台已有 43 个部门、127 个业务系统上云运行；大数据平台已归集 48 家单位、8000 多万条数据，数据共享率达 90.6%；智慧吴江综合服务平台面向市民开放应用，实现政府决策科学化、社会治理精准化、公共服务高效化。吴江通过引进与城市发展理念相匹配的智慧产业，形成满足居民生产、生活的智慧应用和感知体系，提升全区智慧管理能力和服务水平。

（4）以党建为统领，形成多元参与的共治格局

吴江创新实施了“融入式党建”，突出政治功能，推动党的建设融入发展、融入民生、融入区域、融入群众，“融入式党建”获评全国基层党建创新优秀案例。全面实施“五个先锋行动”，推广“行动支部”工作法，把基层党支部设置在重大项目、新兴产业、创新平台、富民载体、社会治理网格等经济社会最活跃的经络上。在全区各领域基层党组织中推行“双亮一考三服务”，开展党建“微融入”，引领基层社会治理创新。

深化网格化社会治理党建“微融入”行动，建立健全网格志愿者与网格

巡查员的对接、联动工作机制，创建网格化志愿服务品牌。制定经营、管理、服务、工业四类企业的社会治理主体责任清单，完善企业信息主动报送机制和出租户房屋出租情况报送机制。

吴江网格化社会治理联动机制，通过社会治理力量下沉、关口前移、集成作战，形成了扁平化、全流程、大闭环的社会治理架构，实现了社会治理从末端治理向前端治理的转变，从单一的行政管理向综合施策、共建共享的现代治理转变。

5. 以先进文化引领特色传统文化创新型发展

吴江立足悠长久远的历史和勤勉诚信的民风，通过保护传承丝绸文化、运河文化、古镇文化，以先进社会主义文化为引领，推动特色传统文化创造性转化，不断形成吴江可持续发展的文化体系。

（1）传承优秀文化基因

吴江通过保护各类非物质文化遗产和传统技艺，加强民间技艺、乡风民俗的挖掘、保护、传承和利用，培养乡村技能人才；通过积极推进古镇联合申遗，加大遗存古镇古村保护开发力度，因地制宜挖掘镇村资源禀赋，把水乡优秀农耕文化融入现代乡村生产生活，并注入运河文化、太湖文化新时代内涵。在基层实践中，吴江注重以当代乡贤为优秀文化传承核心，建立农村道德评议机制，破除封建迷信，抵制不良风俗，遏制陈规陋习，营造相互关爱、互帮互助的良好乡风。

（2）践行社会主义核心价值观

吴江在推动基层传统文化向现代精神文明转型的过程中，十分注意把社会主义核心价值观融入精神文明建设全过程。其中的重要抓手是充分发挥基层各类宣传载体和文明馆、廊阵的引领作用，在乡村深入开展乡风文明宣传教育，持续提高农民自我教育、自我管理、自我服务的道德素质；在城镇全面加强公民道德建设，优化志愿服务体系，凝聚居民向上向善的精神力量，同时推动文明镇（村）、文明家庭等建设活动开展，在整体上提高社会文明程度。

（3）建立健全公共文化服务体系

吴江积极强化公共文化设施建设，全面整合图书馆 / 室、文体站、文化广场、农家书屋、文化信息共享工程基层服务点在内的多种公共文化资源，不断创新公共文化服务机制，不断满足人民群众对美好生活的新需求；同时拓展“区域文化联动”，推进外来务工者的文化融入。

（4）打造特色文化品牌

吴江尊重群众的首创精神，充分发挥企业家的创新作用，在改革发展大潮中不断解放思想，学习先进经验，追赶先进技术，保持思想文化的先进性。一是立足传统产业的文化优势，发挥绸都名镇、丝绸小镇、旗袍小镇的优势，整合资源，打造集生产、展示、体验、交易、创意等于一体的丝绸产业文化。二是不断解放思想，发扬企业家创新精神，保持地区社会活力和经济创造力。

企业家创新精神调查显示，近 5 年来，吴江的总体企业创新精神活力指数为 3.39（最高测度为 5），其中，企业产品（服务）创新活力指数为 3.43，企业风险进取活力指数为 3.34，企业战略更新活力指数为 3.39；不同规模企业创新精神活力不同，微型企业为 3.28，小型企业为 3.30，中型企业为 3.64，大型企业为 3.80，表现出企业规模越大，创新精神活力越强；高新技术企业的创新精神活力为 3.81，显著高于非高新技术企业的 3.28。

（三）坚持绿色发展理念，推进生态环境治理与美丽村镇建设

1. 践行“两山理念”，不断强化生态环境治理

绿水青山就是金山银山。习近平新时代中国特色社会主义思想深刻阐述了生态文明建设的重要意义。吴江坚持以绿色发展理念为指导，全面推动环境生态治理，不断增强群众的环境获得感。

（1）全面治水、治气、治土壤，补偿生态环境历史欠账

党的十八大以来，吴江加快实施水、大气、土壤污染防治三大行动。治水方面，实行工业污水、农业面源污水和生活污水“三水同治”。工业污水

重点抓中水回用，关键是淘汰低端耗水设备。全区已累计淘汰喷水织机4.53万台，每天减少废水产生量约15万吨。到2019年末，计划再压降低端喷水织机10万台，工业中水回用率达到100%。农业面源污水重点抓清理整治，关键措施是对畜禽养殖场的综合整治，全区整体划片为禁养区和保护区。至2017年末，禁养区和太湖一级保护区221家规模畜禽养殖场全部关闭，限养区296家规模畜禽养殖场综合整治全部完成。生活污水重点落实纳管截污，全面完善各区镇污水处理设施及配套管网建设，确保生活污水处理设施全覆盖。为偿还水污染历史欠账，十余年来，吴江区共计投入各级各类资金60多亿元，先后完成了东太湖综合整治工程、“三网”整治拆除工程、中小河流治理重点项目、“畅流活水”工程等一大批水环境治理项目，全区重点河流湖泊水质保持稳定趋好。

治气方面，吴江先后启动了10蒸吨和35蒸吨燃煤锅炉的整治，同时全面加大VOC有机废气治理、PM2.5压降力度。截至2018年6月，所有涂层企业全部实现实时在线监测，确保排放达标。治土方面，吴江制订了土壤污染治理与修复规划和土壤污染防治行动计划，有计划按步骤推进，确保成效。在具体行动中，坚持问题导向，重点开展土壤污染源头整治，共排查出“散乱污”企业9395家，全部纳入整治计划，确保每一家排放合格。

（2）以生态文明建设为根本任务，走出人与自然协调的永续发展之路

生态文明建设的关键是维护好产业、环境和生态的相互依存关系：一是走产业生态化发展之路。吴江坚持走集约、绿色、低碳发展之路，推动产业和生态融合发展。吴江加大对印染、喷织、化工、火电等特色和基础行业的专项整治，使其能够符合大气生态规制要求；坚决关停高耗能、高污染企业，彻底清除此类企业对大气环境的污染之害，全区PM2.5年均浓度2017年比2013年基准数下降27个百分点。二是走生态产业化之路。如建成总投资约8.89亿元、年处理垃圾量为60万吨的生活垃圾焚烧发电厂，城区主要有害垃圾百分之百实现无害化处理。三是走环境生态化发展之路。全区城区绿化覆盖率达到42.5%。8个区镇都建成至少一个生态公园，总面积超5万

亩。震泽镇、七都镇成为苏州市美丽城镇建设的首批示范试点。同里肖甸湖湿地公园成功创建“国家级湿地公园”。通过全面治理和补偿，特别是通过建立产业生态化等机制、落实“河（湖）长制”等制度，吴江的生态环境治理取得了巨大成绩，全区2600多条河道、320余个大小湖泊恢复自然生态。

2. 以人民福祉为导向，不断加强美丽村镇建设

美丽村镇建设是美丽中国的地方版。2013年至2016年，吴江累计投入5亿多元，从10村试点到“百村示范千村整治”计划，积极开展美丽乡村建设，共获得国家级“美丽乡村”创建示范点1个（同里镇北联村）、省级“美丽乡村”称号6个（隐读村、农创村、齐心村、众安桥村、溪港村、严慕村）、苏州市“美丽村庄”示范点16个、省市两级“三星级康居乡村”称号118个。美丽乡村建设和城镇升级改造、城市生态建设以及特色小镇建设交相辉映，共同塑造了美丽吴江。

吴江的美丽乡村建设采取了地域文化和现代产业相融合的思路，坚持水乡传统和功能适用的原则，取得了良好效果。主要做法为：一是把握“以用为本”原则，注重整体规划和设计。吴江把美村建设作为为民办事，改善农村环境的实事工程，对照全国、省、市各级“美丽村庄”和“三星级康居乡村”建设标准进行设计，注重基础环境生态化提升和水、电、路、灯配套，同时推进广场、球场、书场、菜场、市场等村民公共活动和健身空间建设，体现出功能性项目为主、景观性项目为辅的建设理念，基础设施、功能设施建设投入占比在90%以上。二是沿袭水乡传统，传承苏式文化元素，因地制宜，还原“水墨江南”风情。2014年，吴江区选出大中小40套苏式房型，供村民建房参考。选取16个有条件的自然村庄进行试点建设，突出苏式文化元素，传承吴江历史文化和“千年水天堂”的灵魂。在乡村建设中，吴江以“水环境”治理为重点，由区镇两级承担设施投入，实施农村生活污水处理和“畅流活水”工程，打造出“水清、流畅、岸美”的水美乡村。三是固本强基，突出产业开发，坚持“富民化”。按照“美中见富”的思路，结合美村项目建设，突出“一村一品”“一村一业”的特色培育富美乡村。例如，众安桥

村结合长漾湿地公园建设，与2015年“美丽村庄”齐心村一起打造乡村湿地旅游产业，并逐步向周边村庄延伸，围绕“长漾湿地”形成乡村湿地旅游带；联丰村结合“美丽村庄”环境风貌提升，引入农业大户，配套桔园、桃园、葡萄园等农业采摘项目建设，推进“特色田园乡村+旅游”工程建设，发展成具有吴江特色的农旅融合精品线路。

吴江的小镇建设也颇具特色。蚕桑丝绸、水乡运河等特色文化资源造就了同里、黎里、震泽三个中国历史文化名镇。十八大以来，吴江进一步发掘古镇同里的退思园、吴江丝绸的宋锦、苏南运河的古纤道三个世界文化遗产，因地制宜推动城镇在传承特色古韵基础上的有机更新，相继培育出丝绸小镇、新能源小镇、金融小镇等特色小镇。配合全面实施老旧小区、棚户区改造，布局城镇生态建设，一个个具有“小桥流水、临街枕河、粉墙黛瓦”风格的江南民居特色城镇点缀在吴江的水乡大地。

3.创建工业资源集约利用平台

2013年，吴江建立了工业企业资源集约利用信息系统，并围绕“亩均产出论英雄”，先后出台了《吴江区工业企业综合评价分类实施办法（试行）》和《推进吴江区资源要素差别化配置改革的实施意见（试行）》。目前，已经建成了包括企业基本情况、用地、用能、产出、排放五大主要内容的数据平台。按照综合评价分类实施办法，所有企业分为A、B、C、D四档。在资源配置方面，优先保障A类和B类企业，而C类和D类企业将受到限制或是禁止准入。同时，资源配置价格也将相应提高，以市场化手段来倒逼落后产能淘汰或是加快转型，有力推进了供给侧结构性改革。下一步，吴江还将纳入资源集约利用信息系统的企业范围，扩展到全区服务业企业。依托平台大数据，进一步健全以亩均效益为核心的企业综合评价机制、以资源要素差别化政策为重点的激励退出机制、以大数据为支撑的预测决策机制，积极探索实施水、电、气等能源税费差别化征收办法。

目前全区已有19219家企业进入统计范围，涉及全区工业用地超过15万亩，累计关闭不达标企业200多家，通过各种方式盘活土地存量2万多亩。电子信息、丝绸纺织等传统产业呈现用工减少，产能、效益、品质等明显提升的良好态势，新材料、智能电网、物联网、高端装备制造等新兴产业快速发展。智能工业的发展为地方经济提质增效注入了源源不断的新动力。2014～2016年，吴江工业总产值增长率一直徘徊在低增长水平。2017年，工业总产值呈现两位数增长，工业增加值率由18%上升至21%，规上企业利润总额增长率达40%，工业企业亩均税收比2016年同期提高20%。

（四）坚持开放发展理念，积极参与“一带一路”建设

1. 积极参与“一带一路”建设

中央提出“一带一路”倡议后，吴江民营企业纷纷加快“走出去”步伐，形成了领跑江苏境外投资的第一梯队。截至2017年6月，已有30家吴江企业在“一带一路”沿线的12个国家设立了38家境外企业或办事机构，中方协议投资金额高达14.28亿美元，从投资金额的分布看，“一带一路”沿线国家占吴江企业对外投资总金额的67.01%。

吴江作为丝绸之路重要的产品原产地，以既传统又现代的方式参与“一带一路”建设。吴江自古享有“丝绸之府”的美誉，有着四千多年的丝绸纺织历史，是丝绸之路重要的产品原产地。吴江丝绸企业抓住“一带一路”建设机遇，2014年出口贸易额达31.18亿美元，已与哈萨克斯坦、吉尔吉斯斯坦、巴基斯坦、土耳其等十余个沿线国家增进贸易往来。吴江与中国旗袍协会联手，大力拓展丝绸产业链，实现向多元化、中高端的价值攀升，加快丝绸产业转型升级和“走出去”步伐。

吴江还提升了支持企业“走出去”的服务能力。出台《吴江检验检疫局助推民营企业“走出去”十大举措》等措施，为企业及时提供进口国家和地区检验检测、检疫和认证等法律法规的培训和指导；与吴江海关合作建立“关检合作示范区”，推进关检合作“一次申报”“一次放行”，全力缩短口岸通关时间，给企业提供便利。盛泽中国东方丝绸市场组织企业培训，发布对外贸易中的最新信息，提高产品质量检验检疫服务能力，整合了商务、检验检

疫、海关、经信等 8 家成员单位的政策资源，联合中国东方丝绸市场协会、盛泽织造商会两个行业协会共同参与，服务吴江丝绸纺织企业“走出去”。

2. 创新传统工艺的国际化发展

苏州宋锦是与南京云锦、四川蜀锦齐名的中国三大名锦之一。近代以来，宋锦生产逐步衰落，专业人才和技术资料散失，传统宋锦面临人亡技绝之危。近年来，吴江丝绸企业创新应用电脑剑杆织机制织宋锦面料，并将宋锦箱包、宋锦家纺等首创产品推向市场，提高了宋锦的影响力，复兴了传统文化和工艺。吴江制造的宋锦，已经作为 2014 年北京 APEC 峰会、2016 年杭州 G20 峰会、2018 青岛上合组织峰会的国礼，成为吴江走向国际优秀文化的载体。目前，宋锦已经发展出服装、披肩、桌旗等日常生活用品，以及箱包、钱包、笔记本等文化创意用品和宋锦艺术品。吴江制作的真丝画，也多次走出国门，在国际化中得到了传承和发展。

3. 提升企业的国际化经营水平

十几年来，吴江亨通集团业务遍及“一带一路”沿线国家。从 2013 年至今，亨通已在“一带一路”沿线布局 20 个销售网点，沿线国家贸易覆盖率达 59%，与“一带一路”沿线国家贸易额在海外营收中的占比高达 49%。先后斥资 1.52 亿元和 3.72 亿元人民币，收购了印尼最大的综合线缆上市企业 VOKSEL 和南非阿伯代尔集团。通过“走出去”，亨通集团成功迈入世界通信光缆前三强，成为世界光纤互联网领域的中国国家品牌。永鼎股份有限公司牵头，和中缆通达电气成套有限公司、福建火电组成联合体，与孟加拉电网有限公司签订了“孟加拉全国输配电网升级、扩建、改造”项目的谅解备忘录。

（五）坚持共享发展理念，促进吴江社会和谐

1. 坚持统一规划引领，突出基础设施先行

“一张蓝图绘到底”，吴江全面落实城乡共享发展的首要措施是坚持统一规划引领，突出基础设施先行，即通过高水平的功能性统一规划，重点抓城

乡交通和基础设施一体化建设，为全区居民的共享发展打下坚实基础。

（1）突出目标引领，打造经济社会发展功能性服务平台

为整体推进经济社会可持续发展，吴江制定并实施“十三五”期间总投资达2953亿元的“555计划”，计划主要包括推进苏州湾科技城、新型半导体产业园、纺织循环经济产业园、智能装备产业园、物流科技园5大平台建设，抓好富民增收、公共服务、美丽镇村、重大交通、平安法治5项民生工程，打造生态文明、智慧城市、创新创业、人文休闲、政务服务5大发展高地。

“555计划”是吴江全面共享发展的战略方案，集合了城乡经济融合发展、城乡社会协调发展、城乡公共服务一体发展的理念和方案，成为引领吴江永续发展的功能性平台，为吴江实现新时代具有吴江特色的“八大标杆”目标打下良好基础。

（2）交通发展先行，建设城乡一体化基础设施

吴江加强共享基础设施建设，实施路、电、水、气、信息、环保等“六网”进村入户工程，投入40多亿元完善城乡一体的供电网络，区域供水工程日供水达到60万吨，天然气管网覆盖城镇规划区内的农民集中居住点，城乡水电气网一体建成。

吴江地处三省市交界腹地，交通设施先行是必然。吴江境内苏嘉杭高速、常嘉高速、227省道、沪苏浙高速、318国道穿行，轨道交通4号线连接苏州城区，规划中的沪苏湖和通苏嘉两条高铁将十字交汇于辖区。乡村实现路有所达。全区建设县道332公里、乡道603公里、专用公路34公里、村道1142公里，249个行政村实现村村通公路，各区镇均可10分钟内上高速。2017年，城区居民公交出行分担率达到26.37%、公交车辆万人拥有16.49标台，初步实现现代化指标要求；全区所有行政村实现村村通公交，镇村公交通达率继续保持100%。

2. 创新统筹平台服务，不断缩小城乡收入差距

2017年底，吴江城镇居民人均可支配收入为58830元，农村居民人均

纯收入为 29754 元，城乡居民人均收入倍差 1.98，比全国平均水平 2.71 低 0.74。从表 1 可以看出，自 2012 年以来，吴江的城乡收入差距呈现逐步缩小的趋势。

表 1　吴江城乡人均收入差距

（单位：元，倍）

类别	2012	2013	2014	2015	2016	2017
人均可支配收入（城镇）	39758	43439	46740	50499	54321	58830
人均纯收入（农村）	19277	21436	23411	25413	27448	29754
收入倍差	2.062	2.026	1.996	1.987	1.979	1.977

资料来源：吴江历年统计年鉴。

在城镇对生产要素和财富的卷入不断加速的市场结构下，如何保持乡村经济同步发展？吴江的具体经验是，通过城乡经济一体化发展，将农业资本、农村资源、农民的人力资本纳入城镇统一生产平台和网络，农民从中获得市场化的要素分配，从而稳步提高农村居民收入，不断缩小城乡收入差距。

吴江缩小城乡收入差距的具体做法是：一是建立镇级和区级“资本 – 项目”统筹平台，通过项目发展带动薄弱村的收入增长。2016 年和 2017 年，区级平台运作三期项目，向 50 个薄弱村分红超过 4000 万元；镇级平台吸纳村级投资 8 亿多元，投资回报率超过 8%。二是通过多元化发展，提升村级投资的资本化水平，不断强化农民的要素分配收入。从原来建设标准厂房、集宿楼、店面房的初级资本，到相继建成 8 家规模农贸市场、12 个农村宴会厅礼堂、17 个村级污水处理站、1 个工业水厂、1 个美食街项目的新型服务型设施，村级经济的业态更加丰富。三是对薄弱村直接进行经济帮扶。每个村的支出补助从 2015 年的 40 万元增加到 2017 年的 50 万元；省、市、区公益事业财政奖补项目均向薄弱村倾斜；薄弱村物业建设予以“面积减半、补贴加倍”的支持政策；向薄弱村提供最高10万元50%的贷款利息贴息；采取发展激励措施，薄弱村前五名按照第一名25万元、5万元一档递减落实；另外还有结对帮扶、清单减负等措施。四是建立生态补偿政策，增加农民收入。全区水稻田、水源地、公益林、生态养殖、国家湿地、蚕桑补贴6项生态补贴到村区级资金1亿元以上。

吴江的居民收入倍增计划发挥了重要作用，其中的关键措施是突出农民、企业一线职工、中低收入者和困难家庭“四个群体”增收，拓宽就业、创业、投资、社保和帮扶“五大增收渠道”，有效缩小包括城乡居民在内的各类群体收入差距。

3. 着力推动基本公共服务均等化、标准化，全面夯实社会基础

2017年9月，吴江出台《“十三五”时期基层基本公共服务配置标准》，其中60%的服务项目超过省市的相关标准，用于民生事业方面的支出占财政支出比重超过75%；以均等化为目标进行基本公共服务升级，对乡镇、建制村、城市社区、自然村、居住小区5个功能单位，明确服务项目和配置主体，涵盖义务教育、医疗卫生、养老服务等11个基本公共服务领域。

（1）努力实现学有所教、病有所医、老有所养和弱有所扶

全区兴办各级各类全日制学校（幼儿园）152所，组建了3个紧密型、18个协作型、17个帮扶型教育集团；引进北外苏州附校、苏州中学苏州湾学校等一批优质民办学校，优化吴江教育的生态结构。全区义务教育阶段适龄儿童入学率、巩固率保持100%，残疾儿童少年毛入学率100%，高中阶段毛入学率保持100%，普职比1∶1.1。

2009年国家启动新医改工作以来，吴江不断完善三级医疗服务体系，各级各类医疗卫生机构达到416个，床位数5651张；构建了以社会医疗保险制度为基础、社会医疗救助为补充、大病保险为辅助、“双特”再救助为扩展的“四位一体”医疗救助体系，截至2017年末，职工和居民医疗保险参保合计达到107万人。另外，吴江积极推动优质医疗资源向下延伸、向基层覆盖。

吴江建立起统筹城乡、覆盖全民、不断完善的养老保障制度体系。截至2017年末，企业职工养老保险参保75万人，居民养老保险参保12.5万人，另有8.77万人享受征地农民基本生活保障；建成区、镇、村（社区）三级居家养老服务网络，71个社区、249个村实现居家养老服务全覆盖；建有养老机构31家，养老机构床位数8803张，基本形成以“居家为基础、社区为依托、机构为补充”的“9064”养老服务格局，累计服务老年人数3.93万人，占老年人总数的16.7%，超过“9064”格局中10%的服务比例线，说明养老服务已经延伸到了家庭。

吴江基本建立起以城乡低保、低保边缘、困难残疾人救助和特困人员供养为主，以医疗救助、住房救助、教育救助、临时救助等专项救助为辅的城乡一体化新型社会救助体系。截至2017年末，全区共有2977户（次）家庭获得廉租住房租赁补贴保障，327户家庭通过了经济适用住房审批。另外，积极推行精细精准救助，对5167户特困人员、城乡低保人员、低保边缘困难对象实施“一户一档一策”工作。2017年单人户低保年收入达到16000元，低保边缘户平均也得到15000元帮助。

全区250个行政村全面建成集便民服务、综合治理、文体活动、日间照料、卫生服务等“五位一体”的便民服务中心。“村村通上公交车、家家喝上太湖水、人人一张市民卡”成为吴江基本公共服务均等化、城乡一体发展的标志。

（2）不断完善农村服务设施

问卷调查表明，在提供城乡社区居民评价的社区再就业服务、最低生活保障服务、残疾人社会救助服务、幼儿教育服务、流动人口管理与服务、社区矫正服务、社区公共安全维护、社区居家养老服务、社区医疗卫生服务、体育健身设施、公共文化设施、供排水服务、水电气费用收缴、物业管理服务、家政服务、邮政/快递代收、社区民警服务、社区保安服务、社区消防设施、社区技防（防爆防盗）设施、社区治安环境、社区绿化、社区保洁（垃圾清运）、社区照明（路灯、楼道灯）、社区车辆停放、网络电信服务等26

项公共服务中，除了社区再就业服务、社区消防设施、社区技防（防爆防盗）设施三项不存在显著性差异之外，其余各项农村社区居民的评价显著高于城市社区居民。农村社区居民对残疾人社会救助服务的评价得分最高，为4.59，对社区车辆停放服务的评价得分最低，为4.31。

为什么农村居民对多数社区公共服务的评价高于城市居民，这可能是因为农村的社区公共服务是从无到有的阶段，所以受到广泛好评，并不代表真正的服务水平高于城市，但确实反映了农村社区公共服务在向城市看齐。

4. 以市场性融入为先导，不断推进外来人口市民化

2017年末，吴江总人口183万人，其中户籍人口83.3万人，流动人口99.7万人，流动人口占吴江总人口的54.5%。十八大以来，流动人口每年保持5%～6%的增长率。外来人口服务是个重要课题。吴江探索出了市场性融入、公共服务包容与体制性接纳的模式。

（1）放手新市民的市场性融入

吴江是民营企业和外资企业占多数市场份额的地区，人力资源要素多半来自外来务工人员或者说是新市民。市场是新市民作为生产要素最客观、最平等、最有效的配置机制，吴江发挥市场对人力资源配置的决定性作用，激活了新市民的市场融入机制，不断吸引外来劳动力来吴江工作、创业，扎根吴江。

在汇聚国际国内人才方面，吴江制定实施了人才创新“55352”工程，全力打造九大人才计划，来自区域外的国家“千人计划”、省“双创人才”“双创博士”、姑苏创新创业领军人才等高端人才加速集聚，成为吴江新市民的靓丽风景线。

平等看待新市民是吴江人的主流意识。其中，政府自身的人才选择和机关作风具有引领作用。在各类、各级机关中，非吴江籍人士来自五湖四海，占据了一半以上岗位，保证了全区采取开放、平等的人力资源和人才策略。

（2）促进新市民的公共服务包容

工作在同一个场所，实现了市场性融入；生活在同一片蓝天下，需要服

务设施共享，吴江适时推动了新市民公共服务包容，覆盖新市民的物质生活和精神生活的主要方面。例如，吴江通过拓展“区域文化联动”，推进农民工文化融入。“区域文化联动”从最初的太湖湖畔联动，范围逐步扩展到多省市参与，构筑了以“区域文化联动”为主线，拉动全区各层面农民工文化服务的网络状全区域体系，越来越多的外来务工人员和新市民从中获得文化和精神的支持及帮助。

（3）推动新市民的制度性接纳

2014 年，吴江出台了《吴江区新市民积分管理办法》及相关文件，为从体制上接纳新市民打开了制度大门。从 2016 年开始，吴江对新市民正式开启了积分入学、积分入医、积分入户制度，推动新市民的制度性接纳。

2016 年和 2017 年，积分入学申请数分别达到 4286 例、4676 例，两年各有 3965 例和 4238 例获准，准入率都在 90% 以上；申请进入城乡居民医疗保险的人数分别为 158 人和 202 人，分别有 120 人和 150 获得医疗准入卡，准入率在 75% 左右；申请入户者分别为 179 例和 254 例，分别有 71 例和 100 例获准加入本地户籍，准入率都接近 40%。

四、思考与体会

从改革开放 40 年吴江经济社会发展的沧桑巨变，看“苏南模式”的创新发展，一条脉络清晰可见：“苏南模式”的形成，发轫于改革开放的伟大创举；“苏南模式”的转型，得益于改革开放的深入推进；“苏南模式”的升华，受惠于改革开放的全面深化。吴江从一个落后地区飞跃发展成为现代化城区，是我国 40 年改革开放取得巨大成就的重要缩影，是坚持和发展中国特色社会主义的生动实践，是中国特色社会主义道路、理论、制度和文化具有强大生命力的有力佐证，是坚持和完善社会主义市场经济体制的成功探索，是中国特色社会主义现代化发展道路和模式的地方样板，是中国共产党领导人民群众进行伟大创造的丰硕成果。

体会之一：吴江实践和“苏南模式”创新发展表明，必须坚持和完善社会主义基本经济制度，坚持“两个毫不动摇”，坚持市场化的改革方向，使市场在资源配置中起决定性作用，更好地发挥政府作用，促进社会主义市场经济持续健康发展。

40年来，吴江地区通过先发展集体所有的乡镇企业，进一步推进集体所有制企业的产权改革，将集体所有制企业大多转成民营企业，最终形成以非公有制经济主导的混合所有制经济结构。我国改革开放40年，从传统的计划经济体制逐步过渡到市场在资源配置中起决定性作用，更好地发挥政府作用的中国特色社会主义市场经济体制。这期间，既包括通过深化国有企业改革将国有企业推向市场，也包括在市场中成长起来的大量个体民营企业以及通过开放引入的外资企业。改革开放40年中国经济增长的奇迹，正是公有制经济和非公有制经济两类市场主体的共同发展造就的。总结改革开放40年的历史经验，坚持“两个毫不动摇”无疑是十分重要的一条。“苏南模式”的创新发展，就是对此的很好注解。

“苏南模式”最初依靠发展乡镇企业来发展经济，走的是一条先工业化，再市场化的发展路径；“温州模式”则通过发展个体私营企业，通过市场化来促进工业化。虽然两种路径的形成各有其历史原因，但殊途同归，最终都会是市场化和工业化的结合。改革开放后我国之所以能够推进高速的工业化进程，是与市场化进程密不可分的，市场经济给中国工业化进程提供了很好的体制机制基础。

“苏南模式”是我国“毫不动摇鼓励、支持和引导非公有制经济发展”的一个成功样板。习近平总书记反复强调，公有制经济和非公有制经济都是社会主义市场经济的重要组成部分，非公有制经济在我国经济社会发展中的地位和作用没有变，我们鼓励、支持、引导非公有制经济发展的方针政策没有变，我们致力于为非公有制经济发展营造良好环境和提供更多机会的方针政策没有变。正是在党的政策支持引导下，改革开放40年来我国非公有制经济发展取得了伟大成就。截至2017年6月，我国民营企业已达2497万户，非公有制经济税收贡献超过 50%，国民生产总值、固定资产投资、对外直接投资均超过 60%，高新技术企业占比超过 70%，城镇就业超过 80%，对新增就业贡献达到 90%。可以看出，非公有制经济在稳定增长、促进创新、增加就业、改善民生等各方面都发挥了十分重要的作用。

在发展社会主义市场经济过程中，如何处理好市场这只“无形之手”和政府这只“有形之手”的关系，是一个重大的理论和实践问题。吴江发展表明，“苏南模式”很好地体现了“使市场在资源配置中起决定性作用，更好地发挥政府作用”的社会主义市场经济体制的基本特征。一方面，政府逐渐从不该管、管不了、管不好的竞争性领域退出，让各类市场主体在充分竞争中发展；另一方面，政府又并非“无为而治”，在推进基础设施建设、营造服务环境、维护市场公平竞争规则秩序、强化市场监管等方面发挥重要作用。

体会之二：吴江实践和“苏南模式”创新发展表明，必须坚持新型工业化、信息化、城镇化、农业现代化同步发展，以城市群为主体构建大中小城市和小城镇协调发展的城镇格局，走中国特色的社会主义现代化发展道路。

吴江在 40 年的时间里，从传统的江南“鱼米之乡”，发展成为现代化新城的巨变表明，现代化是一连串事件：传统的工业化道路必然会遇到资源环境的瓶颈，必须推进工业化与信息化的同步发展，走新型工业化道路；工业化的不断提高，城市型社会取代乡村型社会，必然要求工业化与城镇化良性互动；真正实现人的城镇化，必须以农业现代化为依托，把推动新型城镇化与实施乡村振兴战略结合起来；新型工业化、信息化为农业生产、流通方式的现代化带来技术、设备、市场和分工网络等，形成内生增长动力。

“郡县治，天下安”。吴江一个区县的现代化道路尚如此，我国作为一个人口和经济大国，建设社会主义现代化强国应该坚持“四化同步”。必须依靠科技进步，抢抓新一轮技术革命和产业变革的机会窗口，促进新一代信息技术与实体经济结合，推动工业智能化，以更高水平的工业化引领经济社会发展；必须完善社会主义市场经济制度，促进城乡市场一体化，提高资源要素的配置效率；推进户籍制度改革，创新城乡社会管理体制，加速外来人口市民化和基本公共服务均衡化、标准化，增强消费升级对供给侧结构性改革的拉动作用；推进农业经营体制创新，促进农业的资本深化和技术进步，增强乡村振兴的内生动力；建立财力和事权相匹配的财政体制，协调经济发展与社会建设能力。

工业园区在吴江发展中发挥了重要作用，这也是“苏南模式”的一个典型特征，工业园区成为中国工业化要素集聚的重要空间载体，这构成了中国特色新型工业化道路的一个重要内容。

吴江的发展为我国城市群建设提供了有益的探索。从国际上看，城市群发展主要有两大模式：一种是核心城市带动的城市群，如以纽约为中心的美国东北部大西洋沿岸城市群，以洛杉矶为中心的美国西南部太平洋沿岸城市群，以东京为中心的日本太平洋沿岸城市群，以伦敦为中心的英国伦敦城市群等，其共同特点是有一个超大核心城市，并以极强的带动辐射功能影响着城市群中的每一座城市；另一种是中心城市齐头并进的城市群，如德国莱茵—鲁尔城市群，北美五大湖城市群，其特点是多个中心城市平衡发展，各司其职，但缺少一个核心城市带动。

在我国，长三角城市群，以上海为中心城市，汇集沪江浙皖等地 26 座城市，是中国经济最发达、城镇集聚度最高的城市化地区，是中国最大的经济圈，其经济总量相当于全国的 20%。除上海这一中心城市外，该区域内一批城市经济社会综合实力强劲，为长三角城市群带来丰富性和层次感的县域经济，极具竞争力。

吴江作为长三角城市群的一员，其星罗棋布的小城镇的建设和发展，极具特色。20 世纪 80～90 年代，费孝通先生总结吴江的经验，曾提出“小城镇，大问题”的著名观点。后来特别是 20 世纪末 21 世纪初，小城镇因产业低端集中度弱、生态环境污染、土地利用不节约集约、吸纳农村转移人口能力下降而被诟病，一定意义上这也构成了“苏南模式”转型的重要压力和动力。我们看到，进入新世纪、新时代，吴江通过“倒逼式”改革与创新，破解资源环境约束、产业“小散乱”和功能不健全的瓶颈，小城镇不仅没有衰落，反而实现了“凤凰涅槃”般的浴火重生，主要经验和做法是：其一，工业入园区，建立产业集群化发展体系；其二，坚持继承与创新相统一，统筹各城镇特色产业和功能布局，注重挖掘不同城镇传统优势产业和文化底蕴，延伸产业链，打造特色文化产业品牌；其三，坚持资源环境硬约束，充分利用市场化机制，坚决淘汰落后产能，大力推进生态修复；其四，统筹规划和公共设施建设，避免各城镇单打独斗或重复建设。吴江的实践表明，小城镇在城市群发展中并非无足轻重的小角色，既是缓解“大城市病”、构建多层次立体化城市群协调发展格局的重要节点，又是新型工业化、信息化、城镇化、农业现代化同步发展的重要载体。

体会之三：吴江的实践和“苏南模式”创新发展表明，必须坚持解放思想、实事求是、与时俱进、求真务实，坚持发展是第一要务，贯彻新发展理念，积极推进高质量发展。

中国改革开放40年，是不断解放思想、一切从实际出发大胆探索的40年，是扭住发展第一要务不放松、不断开辟发展新天地的40年。从真理标准大讨论、党的十一届三中全会，到设立经济特区和沿海开放城市，到开发开放浦东，再到设立雄安新区；从全盘计划经济到计划经济为主、市场调节为辅，到有计划的商品经济，到社会主义市场经济体制，再到“使市场在资源配置中起决定性作用，更好发挥政府作用”；从封闭半封闭到全面开放，到加入WTO、深度参与经济全球化，再到提出“一带一路”倡议、推动构建人类命运共同体；从一个经济落后国家到世界第二大经济体；这一切，是十一届三中全会以来党的基本路线的伟大胜利。

40年来，从吴江一个局部，看我国经济社会的巨变，离不开思想解放的强大力量，离不开对发展第一要务的坚持。1978年，邓小平同志领导和支持真理标准大讨论，突破了“两个凡是”的禁锢，推动了全党全国的思想解放，确立了以经济建设为中心，实行改革开放的方针。正是通过思想解放，才有了吴江农村工业化和乡镇企业茁壮成长的宏观环境，才有了改革开放初期“富民优先”的“苏南模式”。1992 年，邓小平同志发表南方谈话，扫除了改革开放前进道路上的思想障碍，吴江也摆脱了“姓资姓社”的思想束缚，通过深化产权改革，促进多种所有制共同发展，以“苏南模式”的成功转型夯实了长期发展的体制基础。

吴江以生动的实践证明，只有坚持解放思想，坚持发展是第一要务，充分利用国内国际两个市场两种资源，我国才能从僵化的计划经济体制转变为充满活力的社会主义市场经济体制，才能从封闭半封闭的经济体发展为推动全球经济增长的动力源、维持全球经济可持续性的稳定器和压舱石。近年来，吴江作为我国“先富”地区，贯彻新发展理念，探索了一条符合区情的高质量发展之路。

体会之四：吴江的实践和“苏南模式”创新表明，必须坚持以人民为中心，坚持发展为了人民，发展依靠人民，发展成果人民共享，充分发挥基层和群众的首创精神，依靠人民创造历史伟业。

40 年来，吴江的发展历程表明，无论是改革开放初期冲破人民公社旧体制，敢闯敢试发展社队企业的农民，还是顶着“走资本主义的帽子”创办乡镇企业的农村能人；无论是敢为人先，勇于实践，锐意进取的新老民营企业家，还是积极、主动自我革新，虚心向“对手”学习，创造性地完善营商环境的地方干部，都是波澜壮阔的改革开放大潮中的弄潮儿。总结起来，改革开放在认识和实践上的每一次突破、每一新生事物的出现、每一经验的积累，无不体现了人民作为国家主人和真正英雄推动历史前进的强大力量。

面向未来，在夺取全面建成小康社会伟大胜利的基础上，把我国建设成为富强民主文明和谐美丽的社会主义现代化强国，仍然要把以人民为中心的发展思想体现在经济社会发展各个环节，做到老百姓关心什么、期盼什么，改革就要抓住什么、推进什么，通过改革为人民群众带来更多获得感，通过改革激发人民群众的首创精神，才能为改革开放注入无穷的生机和动力。

改革开放

与中国县域发展

GAIGEKAIFANG

江苏张家港

JIANGSU ZHANGJIAGANG

高质量协调发展的县域样本

中国社会科学院新闻与传播研究所

今天，站在改革开放40周年的时间节点上，回望张家港市成长发展的来路，我们惊讶于它的奔跑速度。这个1962年才设立的行政区划、1986年才撤县建市的年轻城市，40年来平均经济增长速度达到18.7%，高于同期全国平均数9个百分点，地区生产总值由1978年的3.2亿元增至2017年的2606亿元，经济总量翻了近10番，2005至2018年连续13年稳居全国县域经济百强榜前三名。

今天，站在改革开放40周年的时间节点上，回望张家港市成长发展的来路，我们更惊讶于它全面协调发展的综合能力。在经济高速发展的同时，昔日这块被称为“苏南边角料”的“穷沙洲”已经发展成为环境优美、人民安居乐业的花园式城市。40年来，张家港市先后荣获联合国人居奖、全国文明城市、国家生态园林城市、国家卫生城市、全国文化先进市、村民自治国家级试点、首批全国农村治理实验区、首批全国社会工作服务示范区等两百多项国家级荣誉称号。

可以说，张家港市的成长发展是我国改革开放40年的一个缩影，是县级行政区划高质量协调发展的一个样本。

一、基本情况与成就

张家港市位于长江下游南岸，江苏省东南部。长江岸线将其境内陆地分为南北两部分，北滨长江，与南通、靖江隔江相望；南近太湖，与苏州、无锡陆上相邻；东连常熟、太仓，距上海98公里；西接江阴、常州，距南京200公里，是沿海和长江两大经济开发带交汇处的一座新兴的国际化、现代化港口工业城市。全市总面积986.73平方公里，差不多是上海的1/7。其中，陆地面积791.05平方公里，长江水域面积195.68平方公里。

溯之历史，张家港市这片热土是由长江流沙堆积成陆地发展而来的。这块土地上的文化遗存可以追溯至8000年前的东山村遗址。过去，这里分属常熟和江阴，1962年在此设立沙洲县，由常熟划出14个公社和1个国营农场、江阴划出9个公社，合并而成，隶属苏州地区。1986年经国务院批准，沙洲撤县设市，以长江沿岸的天然良港——张家港为其市名。张家港市由此开始了闻名天下之旅。目前，张家港市隶属于苏州市，下辖8镇2区，8个镇是金港镇（保税区）、杨舍镇（经开区）、锦丰镇（冶金工业园）、塘桥镇、乐余镇、凤凰镇、南丰镇、大新镇，两个区是常阴沙现代农业示范园区和双山岛旅游度假区，市政府设在杨舍镇。

截至2017年年末，张家港市的常住人口为125.78万人，其中城镇人口85.69万人，农村人口40.09万人，城镇化率达到68.13%，保持了持续增长的态势。

改革开放40年来，从实施"以港兴市"[①]"三超一争"[②]"协调张家港"[③]，再到新时代实施"四大路径"、建设"四个港城"[④]、高水平全面建成小康社会，

① 全称为"以港兴市、以市促港"发展战略。1986年沙洲县撤县建市，设立张家港市，江苏省政府批复同意张家港市的城市性质为新兴的港口及工业城市。

② 于1992年提出，即工业超常熟，外贸超吴江，城建超昆山，样样工作争第一。

③ 于2008年提出，即更好地整合各类资源，协调推进经济、政治、文化、社会和生态建设，为全市科学发展注入新的活力和动力。

④ 即围绕聚焦转型、创新驱动、绿色发展、文明引领"四大路径"，全力打造实力港城、活力港城、美丽港城、人文港城"四个港城"。

张家港市把握住了历史机遇，上下同心协力，从长江岸边的沙洲小县跨越式成长为现代工业化强市，并且在多个领域全面推进、协调发展。

（一）经济发展重质重量，产业结构不断优化

改革开放以来，张家港市创新发展，经济总量和地方财政不断增长。2017 年，张家港市地区生产总值达到 2606 亿元（见图 1），地方公共财政预算收入达到 210 亿元，与撤县设市的 1986 年相比，分别增长了 180.9 倍和 110.5 倍。如今的张家港市，每两天就能创造出相当于 1986 年全市的经济总量，每三天就能创造出 1986 年全市财政收入的总量。不仅经济规模，而且人均水平也位居全国前列，2017 年全市人均 GDP 为 21 万元，居民人均可支配收入 4.9 万元。

图 1　张家港市 1978～2017 年地区生产总值

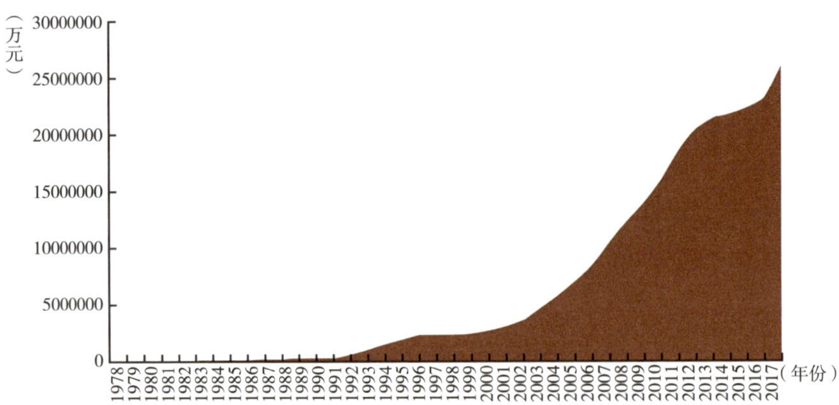

党的十八大以来，张家港市着力推进产业结构调整，成为服务经济、新兴产业、高新技术产业提升最快的时期。截至 2017 年，服务业占比 46.4%（较 1986 年提高近 32 个百分点），高新技术产业产值占比 23.2%；科技进步贡献率 53.2%，万人发明专利拥有量达到 36.2 件。

（1）传统产业加速转型。张家港市深入实施“先进制造业领跑计划”，世界 500 强的沙钢建成国内首条工业化超薄轧钢项目，永钢加快推动钢产品

“普转优、优转特”[①]；不断优化沿江化工行业布局，整体关停东沙化工区，努力打造国内最好、国际一流的扬子江化工园。

（2）新兴产业不断扩大。全市新兴产业产值占比达 45.8%。其中，新材料产业产值占苏州的 1/3、江苏省的 1/10，成为拉动经济高质量发展的重要引擎。明星新材料企业康得新入选“全球最具创新力企业”。

（3）服务业态日趋优化。金融保险、服务外包、软件动漫等高端服务业壮大发展，有 6 家服务企业入选全国 500 强，位居全省县（市）首位。口岸吞吐量 2.9 亿吨，保持全国县域口岸吞吐量第一位。专业市场成交额 4539 亿元，其中线上交易占据“半壁江山”。

（4）创新动能充分释放。张家港市妥善实施企业科技创新积分管理，累积自主培育国家“千人（万人）计划”人才 18 名。创新设立张家港产业资本中心，30 家入驻企业注册资本共 105 亿元。全市社会研发投入占 GDP 比重达 2.83%，实现全国科技进步先进市“七连冠”。

（二）城乡一体化，推动民生各业全面提升

张家港市始终坚持以人为本的原则，把城乡一体化作为主攻方向。人居环境城乡一体整治、文明创建城乡一体开展、社区服务城乡一体推进，让城乡居民共享共惠城市发展带来的物质红利、精神红利和生态红利。永联村的“4 个 98%”就是其中一个典型例证：98% 的村民实现了城镇化集中居住，98% 的土地实现了集中流转，98% 的劳动力实现了就地就业、离土不离乡，98% 的农民享受到比普通城里人更优越的福利和社保待遇。

（1）社会保障领域。全市每万人拥有持证社工达到 16.6 人，每万人登记社会组织达到 10.8 个。每千名老人拥有各类养老床位 52 张，提前超额完成省定目标。特困家庭劳动就业率达到 99.2%，城镇登记失业率控制在 2% 以内。

① 即钢铁行业调整品种结构，由生产普通钢转为生产优质钢，由生产优质钢转为生产特种钢。

低保标准提高到 875 元 / 月，特困人员供养标准提高到 1.47 万元 / 年。

（2）教育事业领域。全市 100% 公办幼儿园建成苏州市级以上优质标准的幼儿园，100% 公办高中建成省四星级以上高中。学前三年教育毛入园率、义务教育巩固率达 100%，高中阶段毛入学率达 99.68%，高等教育毛入学率达 71.65%。张家港先后获得全国首批义务教育发展基本均衡县市、全国首批基础教育先进市等诸多荣誉，在 2017 年江苏省教育现代化监测中，综合得分 91.64 分，位居全省首位。

（3）文化建设领域。张家港率先在全国探索“网格化公共文化服务”，其“一中心、双总分、数字化”公共文化服务模式被文化部专报刊发向全国推荐。张家港连续 14 年成功举办“中国・长江文化艺术节”，近 4 年内共有 11 个项目入选国家艺术基金资助项目名录，是全国唯一齐获牡丹奖和戏剧梅花奖的县级市。3 家单位入选第七批全国重点文物保护单位，成功创建“中国曲艺名城”“中国小戏小品之乡”等。

（4）环境治理领域。全市建立以绿色发展为导向的管控制度，以环境质量为核心的考核体系，以精简高效为宗旨的执法体系，以多元共治为方向的综治格局，以制度创新为重点的工作机制。省考重点断面水质达标率 100%。连续实施四轮环保整治工程，累计投资近百亿元，关停淘汰落后产能企业 600 多家，置换土地 2.4 万亩。2017 年，市区 PM2.5 年均值较 2013 年下降 37.7%，创历年新低。

（5）生态宜居领域。2017 年，张家港城镇绿化面积覆盖率达 38.8%，林木覆盖率达 20%，空气质量优良天数比例达到 70%，建设生态河道 51 条。经开区获批建设国家生态工业园区，再制造示范基地成为国家循环化改造示范试点园区，并高标准通过国际卫生港口、国家卫生城市、国家卫生镇及省级卫生村的复核验收。

（三）贯穿始终，特色鲜明的“张家港精神”

改革开放 40 年来，张家港市的飞速发展堪称奇迹，张家港人是怎么做到的？在调研中，我们反复提出这个问题，得到的答案是：因为有“张家港精神”！

“团结拼搏、负重奋进、自加压力、敢于争先”的“张家港精神”是张家港市发展的精神动力，形成了张家港特色鲜明的“四部曲”。第一步，穷则思变。改革开放初期，张家港逢山开路、遇水架桥，走出一条“乡镇企业异军突起”的探索发展之路。第二步，中流击水。邓小平同志发表“南方谈话”之后，张家港敏锐地抓住了机会，审时度势、乘势而上，走出了一条“两手抓两手硬”的协调发展之路。第三步，勇立潮头。进入21世纪，张家港厚植优势、增创特色，走出了一条“勇争一流、勇创唯一”的率先发展之路。第四步，立足新时代。张家港不忘初心，保持定力，走出了一条“勇当排头兵、敢为先行者”的高质量发展之路。

在“张家港精神”的引领下，市委、市政府打造了一批过硬的干部队伍，坚决突出担当作为导向，深入探索“鼓励激励、容错纠错、能上能下”三项机制，并于2017年在全省率先制定出台干部干事创业容错免责、激励干部担当作为系列举措，创新开展“担当作为好单位”“担当作为好干部”的评选工作。杨舍镇农联村党委书记赵建军就表示，农联正在积极投入资本市场运作，进行私募股权基金投资，这些机制就是为改革壮胆，为创新壮胆。领导有担当，基层就会做得更起劲。

党的十八大以来，张家港供给侧结构性改革持续深化，制定出台“1+3”系列[①]政策实施细则，扎实推进“三优三保”[②]和村级工业用地整合优化，“多规合一”、新型城镇化等试点稳步实施。市本级和保税区行政审批局挂牌成

① 即聚焦转型创新驱动的“1+3”政策：从产业发展、科技创新、人才引进培养等方面推出新政“套餐”，具体包括《中共张家港市委张家港市人民政府关于实施聚焦转型创新驱动行动计划的决定》《张家港市先进制造产业领跑计划实施意见》《张家港市创新驱动能力提升计划实施意见》《张家港市人才引领智汇港城计划实施意见》。

② 2015年1月，为促进土地空间优化配置和土地资源集约利用，提升生态环境水平，经江苏省政府批准，苏州市启动实施“三优三保”行动，即以优化建设用地空间布局保障发展，以优化农业用地结构布局保护耕地，以优化镇村居住用地布局保护权益。

立，成为全省唯一在市本级和开发区同步开展改革试点的县级市。“放管服”改革有力有序，投资项目“全链条”集中审批深度推进，“双随机、一公开”[①]监管试点获国务院通报表扬；“强镇扩权”[②]试点继续走在全省前列。保税区成为国家首个“互联网+”智慧用电示范园区；保税港区获批全国首家非自贸区同业联合担保改革试点。

总体来看，张家港市在着力发展经济、增加民生福祉的同时，在经济发展、政治创新、社会治理、文化建设和生态文明五个方面形成了高质量协调发展的良好局面。

二、高质量协调发展的张家港经验与特色做法

“五位一体”总体布局，是以习近平同志为核心的党中央对“实现什么样的发展、怎样发展”这一历史性重大战略问题的科学回答。张家港市在高质量协调发展方面的特色做法，为转型中的城镇一体化建设提供了可资借鉴的经验。

（一）经济建设：以“三大两强”为特色的城乡统筹发展路径

21世纪以来，张家港全市综合实力长期位居全国百强县（市）前三名，以全国万分之一的土地面积，创造了近千分之四的GDP和千分之一的公共财政预算收入。截至2017年年底，张家港自主培育和引进世界500强企业56家，拥有入库税收超10亿元企业4家，超5000万元企业92家，19家境内上市公司总市值近3000亿元。城乡居民人均可支配收入分别达5.92万

① 即在监管过程中随机抽取检查对象，随机选派执法检查人员，抽查情况及查处结果及时向社会公开。

② 即在不涉及行政区划层级调整的情况下，将一部分属于县（市）的经济社会管理权通过适当的途径赋予乡镇一级政府，为乡镇政府切实履行应尽的职能奠定基础，从而推动整个县域经济社会又好又快发展。

元和 3.02 万元（见图 2），是全国城乡收入差距最小的地区之一；居民恩格尔系数 28.4%，低于 30%，达到世界富裕国家水平；人均 GDP 3.07 万美元，超过韩国和台湾地区的水平；村均稳定性收入达 960 万元，其中超千万的村 39 个，形成江苏全省最大的强村群体。目前，张家港已形成以“三大两强”为特色的经济发展格局，而这主要归功于城乡统筹的发展路径。

图 2　张家港市城乡居民可支配收入（2000～2017 年）

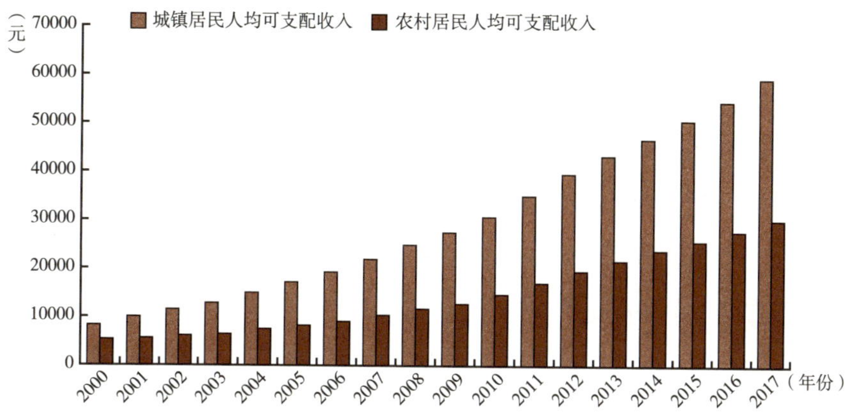

1.“三大两强”：张家港经济发展的创新特色

“三大”指的是大产业、大企业、大港口。大产业：持续推进转型升级、创新发展，打造新材料、新能源、高端装备三个千亿元级新兴产业集群。大企业：全市规模以上工业企业 1088 家，工业总产值近 5000 亿元（2017 年 4993 亿）；销售额超百亿元的工业企业 9 家，超 10 亿元的企业 100 家。大港口：口岸货物吞吐量 2.9 亿吨，居全国县域口岸首位；外贸运量 6154 万吨，为长江沿线最大外贸商港，进出口总额 2180 亿元。

“两强”即先进制造业和现代物流业发展强劲。先进制造业：形成以光学膜等为支柱的新材料，以 LED、锂电池、氢能源等为主体的新能源，以智能装备、再制造等为代表的高端装备等新兴产业发展格局。现代物流业：依托制造业实力、港口功能、保税政策等，培育形成钢铁物流、化工品交易中心、大宗商品结算中心三大千亿元级专业市场；拥有江苏唯一的汽车整车平行进口口岸；名贵木材进口全国第一，全市专业市场成交额4500亿元，其中线上交易占一半。

2. 经济转型：两次飞跃后的精准创新模式探索

张家港经济的发展也经历了改革开放过程中的经济结构转型阵痛，努力在农业与工业、内部与外部之间寻找平衡发展的道路，主要做法如下。

（1）从“农转工”到“内转外”的两次飞跃。第一次飞跃，从“农”到“工”。改革开放之初，张家港的社队工业、乡镇企业遍地开花、欣欣向荣，被《人民日报》总结为“小鸡吃米、粒粒下肚”，这也是张家港发展的“第一桶金”。农村多种经营奠定了勤劳致富的基础，成为“全国大寨县”；立足紧邻上海、苏州、无锡的区位优势，大办社队工业，抓住城市下放工人、本地小手工业等基础条件，创造性推进了以“五小”（小农机、小纺织、小轻工、小建材、小水泥）为主的社队工业发展，为乡镇工业发展奠定了基础，成为“苏南模式”的贡献者。1979～1991年，全市乡镇工业总产值年递增30.79%。1984年，全国第一所县办大学——沙洲工学院应运而生，开创县办高等教育的先河。学院建成后，85%以上的毕业生都在本地企事业单位就业或自主创业。

第二次飞跃，从“内”转“外”。1992年邓小平同志“南方谈话”发表后，张家港将“市场经济不让人，不争不抢是庸人，错过时机是罪人”的理念落到实处，抢抓上海浦东和江苏沿江开发机遇，大力实施以港兴市战略，加快发展外向型经济，全力拼抢沿江码头和保税区建设，160天建成了当时长江流域最大的万吨化工码头；9个月基本建成保税区，当年年底实现封关运营。组建江苏全省第一家享有进出口经营权的县级外贸集团——国泰集团；全面推进乡镇集体企业改革，加快培育扶持一批规模企业，沙钢、永钢、澳洋等一批企业集团迅速成长。由此，张家港经济从内向型转向外向型发展模式。

（2）从“一拥而上”的粗放型发展到聚焦产业链、整合创新链的精准发展。改革开放之初，包括张家港的招商干部在内的苏南地区干部，蹲守在上海虹桥机场堵截客商，各地纷纷用超低的地价和“超国民待遇”的政策吸引外资。但是后来的实践表明，“一拥而上”“血拼政策”的粗放型发展路子已经走不通了。与国内许多村镇一样，张家港的经济在进入 21 世纪也显现了村镇工业“分散、低效、高耗、污染”等缺陷，原先的“亮点”成为现实的“痛点”，尤其是张家港的土地开发强度已经超过了国际警戒线，发展空间日趋收窄。

在此情况下，张家港通过大力实施村级工业用地整合优化，累计“腾笼换鸟”土地面积 2.9 万余亩，其中 70% 以上用于发展新兴产业和服务业。张家港深入实施“先进制造产业领跑计划”，沙钢建成国内首条工业化超薄带项目，成功参与东北特钢重组，并积极布局新兴产业。2016 年，张家港设立 100 亿元“市政府产业投资基金”、45 亿元“产业资本发展母基金”、3 亿元“新兴产业引导基金”，成立了产业资本中心，拓展“资本 + 创新”的项目库。目前，香港招商局资本、深圳松禾资本等一批知名投资机构已先后入驻，依托全市 3000 亿元上市资本的优势，开启了从资本合作到导入项目落地、孵化、培育乃至合作并购的全流程模式。2017 年，张家港市政府与康得新签订了总投资 1800 亿元的“两园一城”项目，即碳纤维航空复合材料产业园、先进高分子材料产业园、康得新未来城。以资本为纽带，以项目为中心，很多项目按照产业发展的规律，正在“自动”向张家港归集。

1978～2017 年，张家港三大产业占比变化情况如图 3 所示。

图 3　张家港三大产业占比变化情况（1978～2017 年）

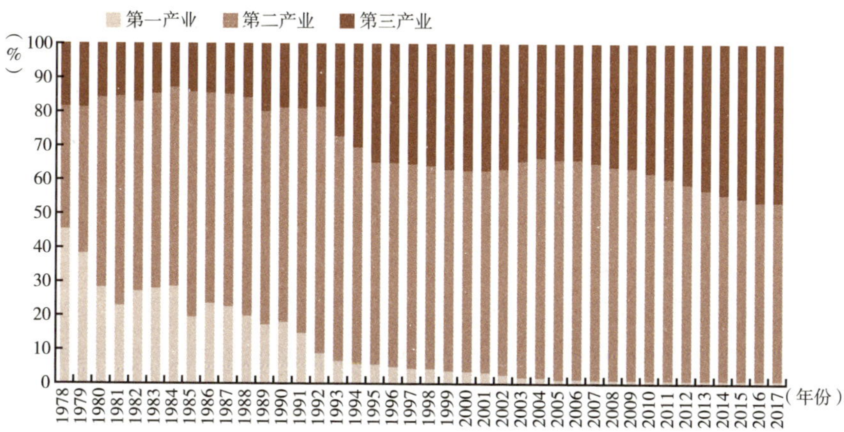

（二）政治建设：基层党建引领社会改革与服务需求

如何进一步推进经济体制改革，在保持经济健康稳定发展的同时，维持社会和谐安定、推进环境质量的同步提高、全面实现小康目标，是当前和今后一段时间所面临的重要任务，也是发挥好基层党建促进社会发展功能必须面对的新课题。

1. 解放思想，强化党建的引领作用

针对新型社会组织形态快速发展，党员和群众组织多元性、社会流动性的特征，张家港地方党委着重加强和改进基层党建工作，充分发挥基层党组织的政治引领和凝心聚力作用。

（1）党建引领乡村振兴。在张家港，先进社区党组织建设的共同做法就是将党建作为加强沟通、统一思想、同步行动、形成合力的一种途径。永联村党委牵头成立了永联区域党建工作领导小组，由村党委一名副书记任组长，各党组织主要负责人任组员，每季度召开区域党建工作会议，讨论区域党建现状、问题，共同协商解决途径。花园村充分利用区域内的党建资源，深化“五心惠民”党建品牌，也即“同心花园”区域联席会、“民心课堂”民生大讲、“爱心小组”志愿服务队、“暖心邮路”党员先锋岗和“真心娘舅”流动党小组。长江社区则以“五维”党建引领乡村振兴，即一个好政策、一位好书记、一支好队伍、一条好路子、一套好机制。

（2）党建引领社区精准扶贫。张家港组织部门坚持目标导向、问题导向，统筹推进各领域基层党建工作，以提升组织力为目标，农村党建大力推进“抓党建促脱贫攻坚”。常北社区结合自身实际，制定了精准扶贫实施方案，根据扶贫对象的致贫致困原因的多样性，通过引导社保所、社会事业办、卫计办、妇联、团委等部门资源、要素向贫困户聚集，确保精准脱贫工作落到实处。

（3）探索推行基层党建“书记项目”制度。为进一步落实“书记抓、抓书记”基层党建工作责任制，张家港市借鉴抓经济项目的办法推行基层党建“书记项目”，市委组织部要求各地各单位在“书记项目”的选题上，要

以基层服务型党组织建设为重点，坚持围绕中心、服务大局，结合实际选好项目。县（市、区）、镇（街道）两级党（工）委书记侧重从破解热点、难点问题、完善体制机制、解决投入保障等方面选题；市直单位党委书记侧重从探索机关党建新形式、行业系统党建新路子、直接联系服务群众的体制机制等方面选题。在市委层面建立市委常委包挂联系基层党建“书记项目”制度，由市委书记带头、其他常委共同参与，包挂联系区镇“实施根须活力工程，强化党组织政治功能”等 10 个“书记项目”。市委常委重点做好审定项目方案、督导推进项目、跟踪项目反馈、听取总结汇报四项工作，层层抓好责任传导，加强直接指导服务。

（4）严字当头，狠抓党员干部的廉政建设。针对基层党建责任分解考核难问题，张家港市出台了《党（工）委书记基层党建工作责任审计实施办法》，运用审计理念，借鉴审计方式，对市委直属党（工）委书记抓基层党建工作进行责任审计，推动基层党建责任刚性落实。

调研发现，“审计指标”以“责任清单”“激励清单”“负面清单”三份清单为核心，在条目式明晰列出基层党（工）委书记抓党建职责内容的基础上，对三份清单进行综合研判、逐项分析。一方面，将可量化的党建工作指标细化为 16 类 40 项定量考核标准；另一方面，对其他适合定性分析的党建清单，分解出 20 项 50 个定性审计要点，力求审计标准科学合理。在实施审计的过程中，组织部门注重实证资料和实地查看，通过线上（依托“智慧党建”平台，基层上传考核资料）线下（采取实地走访、听取汇报、民主测评、查阅资料等），进行全方位审计，确保审计结果客观真实。

同时，张家港市采取年度审计和离任审计相结合的方式，每年为党（工）委书记出具“年度党建责任审计报告”，并要求对审计报告中提出的问题及时整改。在党（工）委书记离任时，与“三责联审”同步开展党建责任审计，并出具“任期审计报告”，作为所在单位评先创优以及个人表彰奖励、提拔使用的参考。

2. 实施系统化管理，提升党组织的组织力

张家港市委通过顶层设计，把探索“开放式党建”工作作为长期工作来抓。这种富有创新性的党建模式，打破了时空的界限和党组织间的壁垒，使党组织由“自成一体”向开放融合转变。

（1）实施“沿江党建带”模式，扩大党建辐射力。针对沿江岸线长、涉外企业多、党建基础薄弱的实际情况，张家港市委组织部有效链接边检、海关、海事等涉外条线单位的资源，建立政治引领力更强、服务半径更广、辐射效应更大的“沿江党建带联盟”，覆盖和服务 62 家沿江企业。张家港在解决党建全区域覆盖的难题上走出了一条自己的路子。根据单位相邻、行业相近原则，在全市划分 112 个党建区域，以企业集群、产业园区、综合商圈等“两新”组织集聚区域为重点，先行先试，大胆探索，因地制宜建立了 41 个实体型区域党建工作站，并面向社会公开招聘 41 名专职党务工作者，兜底覆盖 12000 家“两新”组织。同时推动建立“联盟型 + 功能型”组织网络，将全市 631 家行业单位有效嵌入区域架构，打造住建局“虹筑之家”、民营医院“红领 YI 家”、公益组织“先锋益友”等 20 多个工作载体。推动行业资源融入区域，有效填补了外资企业、新经济及新业态领域的党建真空，形成了目标同向、资源共享、互促共进的非公“集群党建”新模式。

（2）网格化管理，开展系统化党建。近年来，张家港市通过创新组织设置方式，构建起“区域化为经，网络化为纬”的开放式组织架构，在下活一盘棋的同时织紧织密“一张网”，深入推进党建引领社会治理网格化工作。全面实施党建网格与综治、民政、安监等网格多网融合、一网联动，探索和尝试把支部建到网络上，实现一网格一党组织。配套建立网格活力指数、星级网络考评、干部直联网格等制度，通过网格化大数据指挥平台，有效推动“支部建在网格、党员作用发挥、党心民心凝聚”的网格化基层治理新模式。切实做到党建和网格化工作同步谋划、党组织和基础网格同步设置、党组织负责人和网格长同步配备、党建工作与网格内事务同步推进。

（三）社会建设：以制度建设为导向，网格化治理彰显成效

城市的快速发展离不开高效有序的社会治理。张家港在“全力打造社会治理创新先进城市”的目标下，以人为本，重视基层社会治理，形成了多元共治的立体化特色。

1. 实施新市民积分管理，解决流动人口同城化待遇

张家港市流动人口达60余万人，超过户籍人口的2/3。2012年出台了《关于加快新市民同城化待遇步伐的实施意见》《张家港市新市民积分管理暂行办法》等，探索流动人口服务管理新模式，对推动解决流动人口同城化待遇问题做出了有益的探索和尝试。

（1）把握三大重点，推进流动人口同城待遇，在入户、入学和医疗方面给予相应的优惠政策。①突破户口准入条件，每年安排定量的入户指标。积分符合要求，本人、配偶和未成年子女可一起入户。有本市房产的，迁入所在地单独立户；无房产的，可迁入工作单位所在辖区集体户口，拥有申请经济适用房或公租房资格；对暂不想入户的，同样享受入学、入医待遇。②以流入地政府为主，以公办学校吸纳为主，扩充、整合、优化教育资源配置，实施新市民子女按积分入学政策。新市民子女和本地学生同样享有免费、财政补贴、参加比赛评优等权利，根据中考成绩进入普通高中或者职业中学就读。③扩大新市民加入居民医疗保险体系覆盖范围，落实新市民公共卫生服务项目，推进新市民享受优质高效的医疗卫生服务。创新新市民子女参加居民医疗保险方式，未成年子女可申请居民医疗保险，参加缴费和财政补助标准与户籍居民相同。如此种种，为新市民融入提供了良好条件。河南项城人张付良18年前来到张家港，从保安、小工做到今天的个体老板，感觉在张家港有“家的感觉”，前后介绍了150个老乡过来，现在“老家张家庄有一半人在张家港”。

（2）规范积分管理，落实积分管理配套措施。成立积分管理工作领导小组，下设17个成员单位，办公室设在新市民事务中心，形成了统一领导、部门联动、齐抓共管的工作格局。新市民事务中心增设了入学、入户、入医

三个科室，设立了市(镇）两级工作窗口，配备了工作人员并进行业务培训，建立了包括工作流程、业务数据库、服务系统等功能的新市民积分管理信息系统，提供信息运行平台支撑。同时，合理拉开文化程度、职业资格分值差距，留住较高学历专业技术人才，突出紧缺适用人才的分值，为经济转型升级提供人才支撑。

2. 试点推行社区协商，创新基层社会治理

（1）“还权于民”的制度设计。创新设立村民议事会，通过村民海选、村党组织审核、村民代表大会选举，将一批群众威望高、参政能力强的普通党员和热衷公益事业的村民选入议事会，并涌现出了“民主议事六步法”“三三三工作法”“四会一体协商共治”乡村议事模式。一方面，落实村民自治章程和与之配套的实施细则，涵盖集体资产收益分配、土地流转、农房建设和“三违整治”等群众关注的实体内容，并从程序上明确民主议事的“六步工作法”[①]。另一方面，制定村规民约，规范行为养成，重点对“政策法规之外、道德情理之中”的村风民俗进行再规范、再细化，增强村规民约的针对性和操作性。并且，针对各类自治组织在农村治理中的角色分工，制定了“村民自治工作清单”“村委会协助政府工作清单”“村民议事会议事清单”三份“微权力清单”，保障村级权力规范运行。如永联村就出台规定，重大事务和重点项目的实施都要组织召开党员和村民代表座谈会听取建议和意见；凡涉及本村经济、政治、文化和事关村民利益的问题，也要通过召开村民代表会议形成决议后再实施。村民代表开会议事时，其他村民可以来二楼旁听观摩，外墙上的电子大屏幕也同步直播。

（2）发挥社会组织协同治理功能，扩大社会参与。注重发挥社会组织协同治理功能，开展各类微创投活动，培育激励社会组织围绕社区服务、社区文化、睦邻文化等设计项目，结合“社工＋志愿者”模式，培育了32个社

① 一是村（社区）“两委”提出议题；二是征求意见，制定方案；三是区镇审查；四是召开民主议事会议；五是公示议事结果；六是监督实施。

会组织，实施了46个微创投项目。通过以奖代补、义工积分等机制，激发社会组织、辖区企业、群众的共治动力，形成了以公共服务为牵引、服务项目为依托、民众规范参与的协同共治效应。

（3）全面推进以网格化为基础的智慧社区服务管理模式。构建覆盖区镇、办事处（街道）、村（社区）的智慧社区服务综合信息管理平台，打造“一库”（公共信息资源库）、“一队伍”（网格信息员队伍）、“两网”（社会服务管理网和“幸福杨舍网”）和“两系统”（综合信息采集系统和决策分析支持系统），通过建立有序的信息资源共享机制，运用信息化的手段主动解决民生问题，有力推动事后处置向源头治理转变，初步形成了信息社会互联互通、融合共享的治理模式。

2018年3月，张家港市举行了网格化社会治理平台上线仪式。5月，市委办公室、市政府办公室印发《关于创新党建引领网格化社会治理的实施意见》。目前，全市基本形成由党建引领、特色鲜明、内涵丰富的张家港市网格化社会治理模式，并初步实现“六个一”工作成效，即一张网、一个架构、一个平台、一批清单、一套流程、一批硬件。

（4）打造服务品牌，创新实施“2+2G”网格化服务管理架构。在服务管理模式方面，实行“2+2G”网格化社会治理模式，“2”即一个网格长加一个专职网格员；“2G”即两个团队，一支是网格指导团队，由市、镇两级安监、环保、城管、社区矫正、社区民警等机关专业人员下沉组成，另一支是网格服务团队，由党小组长、“五老”队伍、党员中心户、村（居）民小组长、村（居）民代表、平安志愿者等组成，两者相互配合。网格内的各类民生事务，由“2+2G”工作团队为群众主动提供“一站式”“组团式”的高效服务。

3. 夯实社会治理根基，保障社会和谐稳定

一是加强基层综治组织和阵地建设。全市各镇（区）综治委在原有架构的基础上，将信访、财政、文广、人力资源和社会保障等部门吸收为综治委成员单位。2008年，全市各镇（区）综治中心实行统一挂牌、统一办公、

统一人员调配，2010 年又以综治中心为平台，对社区矫正社工、禁毒社工等进行整合，使其接受综治中心的统一领导，全力打造新型实战组织。

二是做优巡回检察室。全市各区、镇全部设立巡回检察联络站，建立镇、村巡回检察联络员和信息员两支队伍，搭建检察工作服务基层的新平台。广泛开展送法下乡活动，在镇、区、村庄显著位置制作“检务公开栏”，建立“非公企业预防犯罪法制教育基地”和“预防咨询检察官服务站”，开展“阳光兴企”预防论坛。深化涉罪外来人员取保候审平等保障机制，设立“涉罪外来人员取保候审管护基地”，与社区共建“青少年考察观护帮教站”。

三是做强驻村法官室。2009 年在永联村试点成立全省首家“驻村法官工作室”，在此基础上，进一步扩大了驻村工作覆盖面。“驻村法官工作室”主要发挥五大职能作用，即提供及时免费法律咨询、强化农村纠纷诉前调解、保障村级经济稳健发展、开展涉农纠纷巡回审判、健全矛盾纠纷事前预防，开辟了法院工作参与农村社会管理的新途径、新方法。

四是积极开展联系点共建活动。42 个综治成员单位与经济相对薄弱村每三年签订一次结对帮扶协议，建立定期指导、联席会议和捆绑考核等制度，进一步健全了结对帮扶长效工作机制，每年落实 3 万元专项帮扶资金。联系点共建活动开展以来，90% 的经济相对薄弱村“五位一体”综治办建设达到苏州市示范标准，全部实现了“五个坚决不发生”[①]的目标，各类刑事案件同比下降 23.1%。各成员单位还充分发挥自身职能优势，开展特色帮扶。

综上，张家港市的社会治理特色可归纳为：不断加强市、镇、村三级综治中心规范化建设，健全综治组织网络、完善工作机制、整合资源力量；不断完善特殊人群服务管理工作格局，探索实施严重精神障碍患者监护责任补偿保险机制；配合公安局，提升社会治安防管控水平；大力推进平安志愿者队伍建设，逐步壮大志愿团队，拓展服务范围，不断提升群众满意度。

① 即坚决不发生影响国家安全和政治稳定的重大事件、坚决不发生暴力恐怖事件、坚决不发生造成重大影响的群体性事件、坚决不发生社会反映强烈的重大恶性案件和治安灾害事故、坚决不发生影响恶劣的队伍违法违纪问题。

（四）文化建设："人文港城"理念下的公共文化服务创新

张家港市由原来的"苏南北大荒"转型成为一个新兴港口工业城市，不仅在于经济的飞速发展，更在于其在文化建设中多措并举求突破，创新驱动促发展，在打造"人文港城"建设美好生活的理想下，推动县域公共文化服务创新。

我们的调查发现，看电视、上网和读书是目前张家港民众业余时间的主要文化生活方式。其中，读书的盛行与张家港持续推进的公共文化服务和书香城市建设不无关联。文化服务中心及文化广场是民众经常前往的活动场所。近九成民众经常和频繁使用手机，获取信息的主要终端同样为手机（84.84%），远较电视（47.19%）和电脑（49.8%）为高。使用手机的主要活动为看电视（59.84%）、社交媒体聊天（54.22%）、浏览新闻（43.07%）和阅读电子书（38.35%）。前三项与全国范围同类调查显示的趋向颇为一致，使用手机阅读电子书的比例则在全国同比为高。

1. 探索实施"一中心、双总分、数字化"模式，积极推进公共文化服务创新

（1）全面探索实施"一中心、双总分、数字化"公共文化服务模式。2011 年，张家港在全国率先探索实施网格化公共文化服务，按地域将全市划分为 1015 个文化网格，选聘 1075 名群众文化志愿者担任网格文化员，使文化网格成为公共文化服务主阵地；同时健全了网格文化辅导机制，为村（社区）、机关、企业、学校等提供一对一的专业辅导。

党的十八大以来，张家港以"统筹公共文化资源、实现资源的均等分配"为宗旨，全面探索实施"一中心、双总分、数字化"公共文化服务模式。"一中心"指以镇（区）综合性文化服务中心为核心、以村（社区）综合性文化服务中心及其他文化设施场馆为站点的基层公共文化设施区域性集群；"双总分"指"图书馆总分馆"和"文化馆总分馆"，是以市图书馆和市文化馆为核心、以下属分馆为网点的基层公共文化服务专业化集群；"数字化"是指全面推进公共文化的服务平台、服务空间、资源建设、分析系统以及管理

评价系统的数字化，形成一个无缝结合的数字文化服务网络。“一中心、双总分、数字化”模式构建的“立体覆盖、精准服务、均衡发展”公共文化服务网络，有效破解了公共文化设施整体性设计、基层文化设施效能不高、基层文化资源供给不均衡、公共文化服务受时空限制四大难题，有效保障了基层群众均等获得、便利享受、参与创造等多方面权益，为县域构建现代公共文化服务体系探索出了一条新路径。调查显示，民众对于公共文化活动的整体评价趋高，超八成受访者赞同政府提供的公共文化服务能提供积极健康的服务。

（2）构建“书香城市”建设指标体系，创建系统化、分众化引导机制。2012年，张家港正式发布全国首个“书香城市”建设指标体系，包括7个一级指标、44个二级指标和87个三级指标，将“书香城市”概念量化，变模糊型推动为制度化约束。此后，每年公布用这一指标体系考核获得的结果。同时，张家港创建系统化、分众化引导机制，按照数字、亲子、青少年、民间、新市民五大阅读类别，每年开展阅读活动超过2000场次，围绕重点人群推出特色阅读品牌。在全国首创实施民间阅读推广人队伍资格认证和建设管理制度，全市持证上岗阅读推广人超过1300名，各类民间公益阅读组织200多个。调查也显示，民众对于书香城市的知晓度较高，阅读蔚成风气。“90后”青年闫超伟是2013年从西安美院毕业后来到张家港的，现为某文化传播公司总经理，在访谈中他就表示业余时间最愿意去书吧读书。

2. 持续推进精神文明建设，注重以文化人，文明引领

（1）积极推广“志愿文化”，形成全民“生活新态度”。2010年，张家港市成立志愿服务指导中心，实施志愿服务“文化弘扬、阵地拓展、项目伙伴、团队培育、工作保障”五大计划，率先实施志愿服务伙伴计划、志愿者礼遇办法等举措，创新设立志愿者学院、编印志愿服务培训教材，推动志愿服务的制度化、社会化、专业化发展，市文化志愿者协会入选中宣部、中央文明办学雷锋最佳志愿服务组织。截至2018年7月，张家港志愿服务网——友爱港城网共有注册志愿团队1020支，注册志愿者9.7万名，志愿者总服

务时长超过 210 万小时。2017 年以来，平均每天有 44 个活动通过友爱港城网发布并实施。“志愿服务，生活新态度”的理念已深入人心，志愿者文化成为张家港文化特征的一个重要组成部分。

从问卷调查结果来看，张家港志愿者的参与热情较高、获得感强，有 97.51% 的人认为“志愿工作让人感到快乐”，对志愿活动做出积极评价；92.12% 的人认为志愿活动给人们创造了一个奉献社会的好平台。

（2）注重好人文化的示范作用。一是出台《关爱道德模范礼遇办法》，大力开展道德模范评选表彰等活动。各村镇也采用多种措施推动乡风民风家风建设，南丰镇建农村在 2016 年即提出以“个人品德”“家庭美德”“职业道德”“社会公德”为核心的四德积分考核管理，将村民的善言善事与股权固化分红挂钩。二是充分利用多种渠道传播“好人文化”，连续 12 年开展“寻找身边好人张闻明”道德风尚行动，在城乡建成一批公民道德教育馆、好人主题公园、好人广场，充分利用各种媒体来加大“好人事迹”传播力度。调查显示，民众对张家港市精神文明建设的认同感和满意度普遍较高。

3. 多途径建构文化品牌，积极拓展文化发展空间

张家港本着“没有文化‘借文化’，没有文化创造文化”的思路，积极寻找拓展文化发展空间的有效途径。

（1）活态传承，推进非遗传承融入现代生活。一是开展系列非遗主题文化活动。金村连续多年开展了金村庙会、张家港市非遗技艺传承大赛等活动，深受民众欢迎。二是设立非遗展示传承场所。建成长春园书场等多个专题非遗传承展示场馆，并对外开放。三是开展非遗研究和创建活动。先后编纂出版了一批非遗书籍，创建中国宝卷之乡、中国吴地山歌传承保护基地等。

（2）积极发挥流域文化的交融发展和关联带动作用。一是连续 14 年举办中国（张家港）长江文化艺术节及长江流域系列艺术活动，形成品牌效应。成立了国家一级社团组织长江文化促进会，创立了全省首家县级文化基金会长江文化基金会，定期举办长江文化高层论坛等活动。二是发挥旅游“兴一业旺百业”的关联带动作用，推动产业转型升级，以“旅游 +”促进旅游产业

全域联动。根据《张家港市全域旅游总体策划》，到2020年，将张家港市建设成为沿江旅游板块以及长三角地区具有较高知名度的度假休闲旅游目的地。

总体来看，张家港市的文化建设对当地综合发展起到了基础性、引领性的作用，其突出特色体现在三个层面：落实到人的文化，面向社会的文化，链接传统与现代的文化。以“创新”“融合”“以人为本”等核心理念来打造“人文港城”，并尽可能均等且精准地将文化资源匹配到每一个民众。

（五）生态文明建设：以宜居、美丽为导向的持久战

张家港市的绿化先天不足，城区没有天然山体和湖泊，建县初期基本上没有什么绿化，县城绿地面积不足1公顷。20世纪70年代初期，只有一处“沙洲县革命烈士陵园”和几处池塘、河滨绿地。在改革开放的历史进程中，张家港市高度重视生态文明和经济建设的协调发展。

1. 优化产业结构，发展循环经济

张家港始终把加快产业转型作为生态建设的重中之重，大力发展绿色低碳循环经济。

（1）优化产业结构。率先在冶金、化工、纺织等传统支柱行业制定绿色发展评价标准，试点推进“绿色发展领跑者”评价工作，引导企业勇当“行业标杆”和“转型先锋”，加快向高端化、智能化、绿色化、服务化、品牌化发展。以冶金行业为例，沙钢集团2012年以来持续实施总投资200亿元的综合技改项目，高附加值产品占比超50%。永钢集团深入推进“普转优、优转特”，有效削减40%的污染物排放。

（2）淘汰落后产能。突出对东沙化工园、飞翔化工区等重点区块和化工、电镀、印染、重金属等重点行业实施专项整治，以“高污染、高能耗、低产出”企业为重点淘汰对象，累计投入近百亿元，关停高污染企业600多家，为新兴产业、绿色产业累计腾出土地2.4万多亩。近两年来，累计劝退及拒批各类工业项目56个，涉及投资金额约30亿元。

（3）发展循环经济。已初步构建起企业内部“小循环”、园区工业“中

循环”和经济社会“大循环”的循环经济空间格局。沙钢集团循环经济产生效益占企业总效益的 20% 左右。张家港保税区建成国家级生态工业示范园区，区内半数以上企业进入循环经济圈。国家再制造产业示范基地获批国家循环化改造示范试点园区。生活垃圾分类收集、餐厨垃圾综合利用在全市有效推行。

2. 统筹城乡发展，打造宜居环境

（1）严守生态红线，实施综合整治。出台《张家港市生态红线区域保护规划》，共划定 7 类 17 个生态红线区域，占全市国土面积的 20.7%。同时，严守耕地利用、开发强度、生态保护“三条红线”，全力打造一批工业园区、科技载体和集中居住区。目前，全市农田规模经营比重达 95%、企业进区入园率 95%、农民集中居住率 70% 以上。深入实施“两减六治三提升”专项行动和环境保护“百日行动”，系统治理大气、水、土壤污染等突出环境问题。

（2）加强生态再造，推进美丽乡村建设。每年投入 10 多亿元用于生态保护修复，高标准建设双山岛湿地生态系统、香山旅游度假区等生态工程，并把常阴沙现代农业示范园区和双山岛旅游度假区确定为“不开发区”，着力发展生态农业和观光旅游。加快建设城市绿地系统，全市生态林地面积 2.13 万亩，林木覆盖率 19.54%，群众对园林绿化的满意率列全省县市第一。2012 年启动村庄环境整治工作，2013 年 6 月在村庄环境整治的基础上，又将美丽乡村建设列入全市现代化和生态文明建设三年行动计划。至 2016 年年底，建成省级美丽乡村示范村 14 个、苏州市美丽村庄示范点 13 个、三星级康居乡村 74 个。

课题组通过对永联村、长江村、常阴沙、金村、建农村的调研发现，这些村的建筑都规划有序、风格统一，村里的道路宽阔通畅、干净整洁，配套设施完善。张家港通过美丽乡村建设，打造了一批特色亮点村庄，优化了生态环境，塑造了村庄特色。美丽村庄的生态效益、经济效益和社会效益正在逐渐发挥作用。

3. 倡导低碳生活，厚植生态文化

张家港在全市积极倡导绿色低碳生活，深入开展绿色人文实践活动，积极引导全社会的生态文明自觉，并全方位融入市民的日常生活和行为规范中。

（1）强化生态理念宣传教育，培育生态环境特色品牌。一方面，通过举办生态文明专题培训、开展校企互动生态公益活动、创新打造“生态课堂”教学模式等举措，让崇尚绿色生活成为百姓的行为自觉。另一方面，将生态文明理念融入各行各业同创共建活动中，着力培育一批有特色、可复制的生态村、绿色社区、绿色学校、环境教育基地等生态细胞工程。通过每年举办的“长江文化艺术节”和两年一届的“县域生态文明建设高层研讨活动”，着力彰显张家港生态文化的特色品牌。

（2）建设全民参与的“网格化”环境监管体系。以整体行政区域、镇(区）和行政村为单元，分别划定 1 个一级网格、10 个二级网格和 178 个三级网格，有效推动环境监管重心下沉、关口前移。发挥基层群团组织作用，创新设立环境保护市民委员会，持续培育壮大生态文明志愿者队伍，不断完善“城市 e 管家”等公众交互系统平台，引导并实现生态环保由单一“行政管理”向社会“全民参与”拓展延伸。

4. 推进生态补偿机制，完善以环境质量为核心的考核体系

一是建立多元化生态补偿机制。制定了《张家港市水环境区域补偿工作方案》，选取 11 个断面作为区域补偿断面，采用单向补偿方式，所涉及的补偿资金、奖励资金等全部用于水环境治理、水质监控、水源地保护等相关工作。

二是建立以环境质量为核心的考核体系。率先健全“党政同责”的生态环境责任审计制度，印发了《张家港市镇（区）党政主要领导生态环境责任审计办法》，截止到调研组前去调研时已经完成 3 个镇（区）的审计工作。自 2012 年起，张家港就将生态文明建设纳入镇（区）、部门年度考核，不断提高生态文明类指标考核权重。2016 年生态文明类指标绩效考核权重为 30%，经济发展类指标权重为 35%；2017 年生态文明类权重为 32%，经济

发展类权重为 30%。当前，张家港城乡一体的绿化格局已经形成，生态文明城市建设进入新阶段。

三、体会与思考

我们调研组的成员有的是初识张家港，有的是张家港的老朋友，无论新老，都在此次调研中对张家港有了新认识。参观访谈之余，我们也交流各自的体会，归纳起来，我们共同的体会有以下四个方面。

第一，党中央“五位一体”协调发展的战略布局是英明、智慧的。“五位一体”协调发展的总体布局贯通了社会主义现代化建设的方方面面，是以习近平同志为核心的党中央对中国特色社会主义事业做出的全面规划、整体部署，非常准确地把握住了现阶段中国发展的历史使命和时代要求。

改革开放以来，为什么张家港这座城市样样都能做得很好？ 1992 年就任市委书记、现已退休的秦振华在接受我们访谈时说：“当时中央还没提出‘五位一体’的概念。但是我们在工作中朴素地认为，经济发展快不快、稳不稳、持久不持久，和党的建设好不好、文明建设强不强、社会治理稳不稳以及市民素质高不高等各方面都密切关联着，绝不能仅仅当经济领域的单打冠军，那样行之不远，我们要全面发展。”这些年来，张家港市委、市政府正是秉持着全面发展的理念，一届接着一届干，并且不断与时俱进地将全面发展的范围拓宽。党的十八大以来，张家港市正按照党中央的战略部署要求，在不断提升优势领域水平的同时重点加强薄弱领域的建设如生态文明建设，尽力使五个领域协调发展。

第二，经济高速发展是实现“五位一体”协调发展的基础。在张家港市的调研中，调研组成员不断有这样的疑问，张家港在各方面都做得很好，本钱在哪里？张家港的发展模式能否复制、能否为其他县域所借鉴？当我们将这样的疑问求教于当地的干部时，他们的反馈是，这样的疑问已成为来张家港考察调研者提出频率最高的问题。对于具体的答案，各自都有各自的回答。但据我们的观察和讨论来看，雄厚的经济基础是张家港做好各方面工作的“本钱”所在。遍布张家港城区大街小巷的24小时图书馆驿站，锦丰镇悦来社区为老年人免费提供的餐厅和戏厅，金港镇金都社区设施齐全的免费儿童接送场所，永联村兼具实用性和设计感的议事厅，红联村漂亮的村中心花园以及张家港近10万名志愿者服务队伍的维护，新市民服务中心的建设和运营，永联村和长江村村民退休老人的免费养老，等等，都需要大量的资金投入。如果没有强劲的经济发展和充裕的财政收入，很难将这些建设进行下去，更不用说建成全国领先水平。

第三，精神力量贯穿张家港创新发展的始终。历史上张家港是在“一穷二白”的基础发展起来的。计划经济年代，沙洲县长期被冠名为“苏南的苏北”和“苏南的边角料”，是姑娘不愿意嫁的穷县。然而，改革开放后，尤其是1992年邓小平同志发表“南方谈话”后，张家港市飞速发展，短期之内迅速成长为“苏南六小虎”之一。原因何在？在老书记秦振华看来，“团结拼搏、负重奋进、自加压力、敢于争先”的“张家港精神”是关键所在。在调研中我们也发现，“张家港精神”已深入到该市的各个行业、各个条线，无论是各级政府官员、企事业领导，还是普通的居民、村民，在介绍成绩的成因时，大多都会不由自主地说到“张家港精神”的力量，很多人能一字不落地将该精神的16字背诵出来。从我们问卷调查的统计数据来看，有93.5%的市民和82.1%的农民知晓“张家港精神”。可见，“张家港精神”已经内化为张家港持续发展的精神动力。“张家港精神”强调抓住机遇、奋发进取的创业精神，强调求真务实、与时俱进的创新精神，强调因变制胜、敢为人先的创优精神。它在党建引领中锻造了务实高效的干部队伍；在经济转型中创造了令人折服的张家港速度；在社会治理中落实了以人为本的城乡一体化改革；在文化建设中培育了爱岗敬业的一代新市民。进入新时代，面对新征程，张家港更需要深入学习贯彻习近平新时代中国特色社会主义思想，与时俱进弘扬“张家港精神”，奋力谱写“中国梦”的张家港新篇章。

第四，永远给自己设定追赶的目标。1992年4月，上任伊始的秦振华在全县誓师大会上提出了“工业超常熟，外贸超吴江，城建超昆山，样样工作争第一”的“三超一争”发展目标。当时，许多人认为这是吹牛。但是，短短两年间“三超”目标全面实现。这正是“张家港精神”中“自我加压、敢于争先”的集中体现。如今，张家港又把赶超的目标对准世界先进国家。《张家港市城市总体规划（2011～2030）》提出，至2020年张家港市的主要发展指标总体要达到发达国家或地区当前的发展水平，至2030年主要发展指标总体要达到发达国家或地区同期的发展水平。提出的口号是“近学北九州、远学马尔默”。北九州市是日本第十三大城市，也是受联合国表彰的治理环境卓有成效的典型城市，创造了治理工业环境的“北九州模板”。马尔默市是瑞典的第三大城市，踞守波罗的海出海口，是集海港、工业、商业、科技、娱乐于一体的世界宜居城市。这两个城市的地理环境、产业结构与张家港市相仿，成为张家港市追赶的新目标。志存高远，必有所获。

调研组在深入学习领会党的十九大精神和习近平新时代中国特色社会主义思想，消化张家港调研过程中所获得的素材过程中，对张家港市今后的发展也有如下建议和展望。

第一，继续深化产业升级，加大科技支撑力。当前，产业结构偏重、资源空间收窄、环境压力加剧是张家港经济发展中的现实问题，也是实现可持续发展的最大制约点。从1978年至2017年张家港三大产业占比变化趋势图看，第三产业占比正在逐步加大，以钢铁为主的第二产业比重正在逐步缩小，这是经济结构优化的一种体现。但是由于历史的原因，长期以来，高能耗、高污染的钢铁业一直是该市的第一支柱产业。2017年公共财政预算收入210亿元中，沙钢一家企业的利税就占50多亿元。目前来看，钢铁业所带来的环保问题依然是张家港市发展的心头病痛。未来如何解决这个问题，是摆在张家港市面前的当务之急。要以建设“中国制造2025”试点示范城市为目标，深入实施“先进制造产业领跑计划”和智能制造“五大工程”，全力打造国家智能制造示范区。以供应链创新为主线推进港口经济转型，完善港口大数据、智慧化平台，提升张家港融合发展水平。还需要进一步加大科技创新的支撑力，着力提升开发区主阵地创新能级，提高高新产业对经济增长的贡献。

第二，面对新形势，进一步加强党建的引领作用。随着苏南现代化建设的持续推进，城乡一体化进程也逐步加快，农民大量向社区集中，动迁社区大量涌现。新型社区呈现了许多新特点，比如在居住空间上，由原来的农村散居变为社区聚居；在群体构成上，从原来的一元主体变为多元主体并存；在服务供给上，从原来的碎片式服务变为应需式服务；在民主自治上，从原来的村民自治变为居民互助共治。可以说，社区治理面临着架构重组、功能重构、制度重整等一系列的转型阵痛，传统的社区治埋模式在新型社区出现了“水土不服”的现象。因此，急需一种系统的、新型的综合治理模式来推动社区治理的转型。近几年，各地的社区党建工作涌现了“以企带区”“区域共建”等特色亮点，但很多都缺乏整体设计和系统考虑，属于单项工作品牌，只能解决单一问题。有的做法经验具有特殊性，其他社区无法借鉴复制。加之目前的社区居民，利益诉求、行为习惯等都呈现多样化、复杂化趋势，在社会保障、公共服务、社区环境、民生改善等各个方面的服务需求层次越来越高、范围越来越广，这些都给社区的管理和服务能力提出了新的更高要求，也需要党建工作面向新形势应对新挑战，切实发挥党建的引领作用。

第三，扎实破解人才问题，助力高质量协调发展。县市持续的核心竞争力既在于产业，更在于人才。现代经济的发展越来越强调高技术和高层次人才的重要性。一线城市对人才具有集聚效应，当前各种发展较好的高技术含量、低能耗、高附加值的新兴产业大多集中在这些城市。张家港作为一个县级市，周边又密集着上海、苏州、杭州、南京等这样的大城市，如何挖掘自身优势，将高层次人才吸引和留住助力现代经济的发展，目前是一大考验。另外，如何让农村基层“一把手”能人后继有人也是现实的挑战。目前，从张家港各村镇社区党组织书记的基本情况来看，整体男女比例基本均衡，20世纪六七十年代出生的一代人成为主力军（“80后”“90后”等新生代缺位），他们平均年龄为45岁，受教育程度较高，基本为大专及以上学历；同时社区及机关干部为张家港社区党组织书记的主要人力资源储备。在改革开放40年的发展历程中，张家港涌现出了一批以吴栋材、郁全和为代表的第一代和以吴惠芳、郁霞秋为代表的第二代非常出色的农村“一把手”能人。然而，从第一代至第二代的传承模式来看，主要采用的是“子承父业”的形式。这种依靠亲属继承的接班人模式有着天然的不足，如农村治理的家族化问题、代际威望衰减的风险等，需要予以足够的重视。此外，特定领域的人才问题，如非遗保护部分项目代表性传承人无人继学，面临技艺失传的风险。如是种种，都需要采取多种措施，大力吸引海内外优才，培育本土专才，助力张家港未来的高质量协调发展。

第四，进一步深化公共文化服务，形成活跃的文化创新生态。张家港在县域公共文化服务领域多有开创，未来还需要多方面发挥强项，迎接新挑战，推动文化创新。一是进一步立足于张家港的文化资源积淀，进一步紧扣标兵型文明城市的既有资源，在文明立城、以文化人上下功夫，努力在更高坐标系中刷新城市文明新高度，建设现代公共文化服务体系；二是加强张家港文化的对外交流和传播，在传承和弘扬优秀传统文化的同时包容多样文化，塑造具有张家港特色的文化标识，让城市更具文化品位、更显文明特质，通过城市魅力吸引海内外人群；三是最大限度激活民间力量，发挥居民和艺术家等的自主性和创造性，将文化创造和城乡建设相结合、培养全民支持文化的意识，形成更为活跃的文化创新良性循环；四是实施“文化+”行动计划，促进公共文化与旅游、教育、科技等更好融合发展，加快文化产业由单一创新模式到多元创新模式的拓展，并出台相应奖励机制对新型业态模式和优秀项目予以鼓励，以保持长效，从而推动公共文化服务更加高效率、高质量、创新性及可持续发展，不断满足人民群众对美好生活的期待。

改革开放与中国县域发展

GAIGEKAIFANG

ZHEJIANG JIASHAN

浙江嘉善

深入践行新发展理念的县域经验与启示

中国社会科学出版社

嘉善位于江、浙、沪交汇处，隶属浙江省，因“民风淳朴、地嘉人善”而得名，是典型的江南水乡，素以“鱼米之乡、丝绸之府、文化之邦”名扬天下。嘉善是全国第一批沿海开放县之一，改革开放尤其是党的十八大以来，作为习近平总书记亲自调研指导的联系点，广大干部群众始终遵循习近平总书记的教诲，从按照“三句话”要求做好“三篇文章”，到开展示范点建设、率先贯彻落实新发展理念，再到全面学习贯彻习近平新时代中国特色社会主义思想，始终自觉努力担当好习近平总书记联系点的历史使命，充分发挥地处长三角城市群核心区域、是浙江省接轨上海第一站的区位优势，全力建设全国唯一的县域科学发展示范点，走出了城乡共享、人民普惠，契合创新、协调、绿色、开放、共享理念的县域科学发展新道路。

一、基本情况与成就

（一）创新驱动，经济发展实现新跨越

改革开放特别是进入21世纪以来，嘉善有效克服要素禀赋不足、工业基础薄弱等因素制约，着力发展壮大县域经济，全县综合实力不断增强，实现了从农业县到工业县、从资源小县到经济强县、从基本温饱到总体小康的

历史性跨越。

经济实现持续快速增长。1978 年嘉善地区生产总值仅为 1.4 亿元，2017 年跃升为 521 亿元(见图 1)。改革开放四十年，嘉善经济实现了跨越式发展。20 世纪 80 年代，地区生产总值年均增长率已经达到 10.1%。随着改革的进一步深入和上海浦东新区大开发的推进，90 年代嘉善地区生产总值年均增长率达到了 15.0%。2003 年“八八战略”的提出为嘉善的发展提供了全新思路。2003～2008 年，地区生产总值年均增长率更是超过 18%。党的十八大以来，嘉善全面践行五大新发展理念，经济再上新台阶，地区生产总值年均增长率达到 8.5%，高于同期全国增速约 2 个百分点，财政收入从 52 亿元增长到 88.4 亿元，年均增长 11.2%，高于同期全国增速约 3 个百分点。人均地区生产总值从 8.96 万元增长到 13.3 万元，位于全国上游（见图 2）。

图 1　1978～2017 年嘉善地区生产总值变化

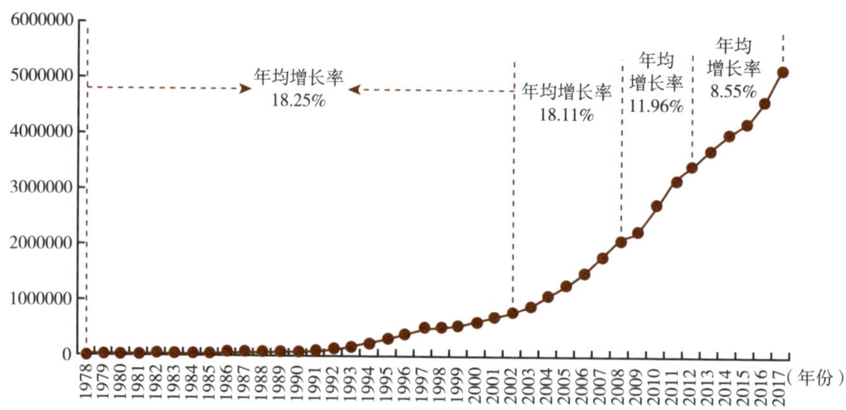

资料来源：嘉善县统计局，经计算整理所得。

产业结构不断优化。三大产业比例从 1978 年的 58∶26∶16 调整为 2017 年的 4∶56∶40，实现了从农业县到工业县的跨越（见图 3）。工业发展优质度逐步提高，嘉善产业的“老四样”——五金、木业、纺织、电声被“新四军”——新材料、新能源、新兴信息电子、高端精密机械替代。服务业不断发展壮大，1978 年服务业增加值仅为 2231 万元，服务业占地区生产总值比

图 2　嘉善户籍人均地区生产总值变化趋势

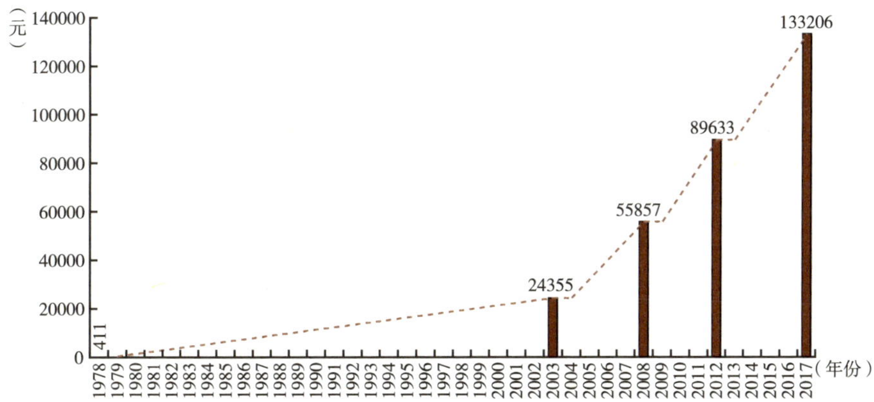

资料来源：嘉善县统计局，经计算整理所得。

例不到 16%。随着“八八战略”的实施，2003～2017 年，服务业增加值从 32 亿元增长到 209.11 亿元（见表 1），增长了 5.5 倍。已拥有省级服务业集聚示范区 2 家、省级旅游度假区 1 家、市级服务业集聚区 3 家。农业高端化发展趋势明显，农业发展历经了“一优两高”农业、效益农业、高效生态农业、精品农业等多个发展时期，先后获得了国家农产品质量安全县、全国平安渔业示范县、浙江省粮食生产先进县等称号。

表 1　按产业分工业增加值

（单位：万元）

年份	按产业分工业增加值			
	第一产业	第二产业		第三产业
		整体	工业	
1978	8122	3696	——	2231
2003	108416	498504	444784	320638
2008	167446	1272199	1154437	692338
2012	236795	1984250	1813047	1235473
2017	219972	2898469	2664140	2091095

资料来源：嘉善县统计局，经计算整理所得。

图 3　三大产业占比变化趋势

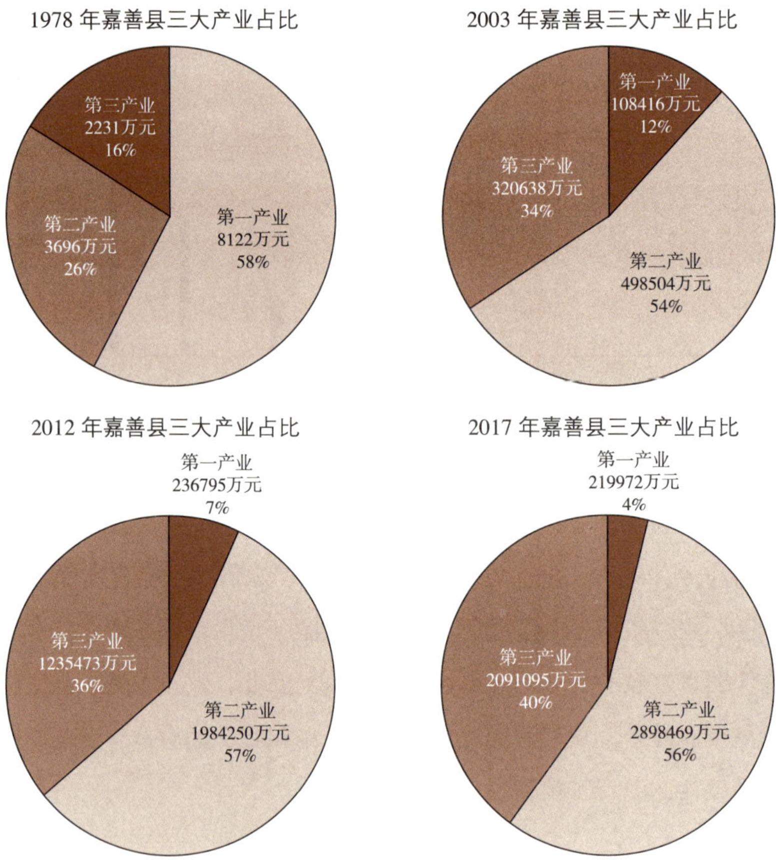

资料来源：嘉善县统计局，经计算整理所得。

创新动力持续增强。孵化—转化—产业化创新链逐步形成，中国归谷嘉善科技园已经培育了 20 家国家高新技术企业，引进科技企业和创业项目 140 个。企业创新能力不断增强，R&D（研究与开放）投入力度从 2012 年的 2.44% 提高到 2017 年的 3%，远高于全国平均水平。企业累计申请专利 23844 件，授权专利 16343 件。创新平台能级不断提升，县科创中心被评为国家级孵化器。截至 2017 年，拥有省级重点企业研究院 2 家、省级企业研究院 5 家、省级企业研发中心 49 家、市级企业研发中心 54 家、县级企业研发中心 93 家。累计培育国家高新技术企业 108 家，其中 2017 年新增 34 家。高新技术产业增加值占工业增加值的比例从 2012 年的 25% 提高到 2017 年的 42%（见图 4），嘉善县被评为全国科技进步先进县。

图 4　2012 和 2017 年嘉善高新技术产业增加值占工业增加值的比例

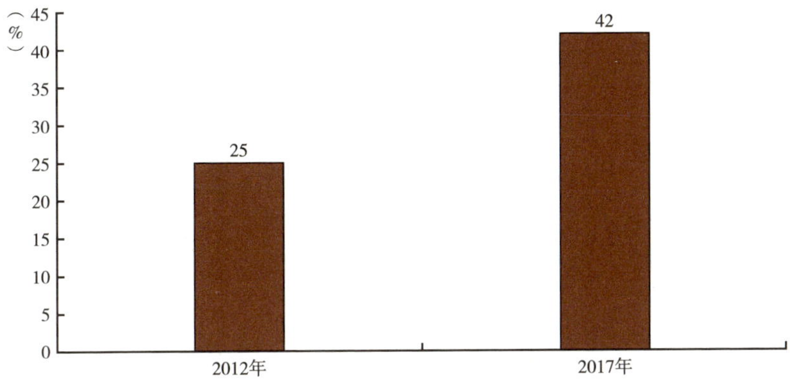

资料来源：嘉善县统计局，经计算整理所得。

集聚发展成效明显。与 2012 年相比，2017 年全县农村土地流转率从 36.3% 提高到 61.5%，年均增长 12.5%。全员劳动生产率从 2012 年的 10 万元 / 人提高到 2017 年的 18 万元 / 人，全县单位地区生产总值能耗从 0.67 吨减少到 0.48 吨。规模以上工业企业年亩均税收从 10.2 万元增长到 17.5 万元，全县已累计腾退“低小散”企业 2580 家、腾出土地 10571.7 亩，全面完成“低小散”企业“清零”任务，集约型经济已经形成。

（二）统筹发展，城乡融合达到新高度

2008 年以来，嘉善遵循习近平总书记提出的“在推进城乡一体化方面创造新经验”[①] 要求，聚焦“均衡性、一体化”，一以贯之统筹城乡发展，逐步实现了城乡规划布局、基础设施、公共服务三个一体化，城乡基本实现全面融

①《干在实处走在前列——推进浙江新发展的思考与实践》，北京：中共中央党校出版社，2016，第 498 页。

合。与2012年（50.6%）相比，2017年全县城镇化率提高到61.7%（见图5），高于全国3.2个百分点，居浙江省第二。城镇居民和农村居民人均可支配收入比从2012年的1.97∶1缩小到2017年的1.69∶1（见表2），远低于2017年全国2.71∶1的水平和浙江2.05∶1的水平，是全国城乡收入差距最低的县城。

图5　2012和2017年嘉善城镇化率

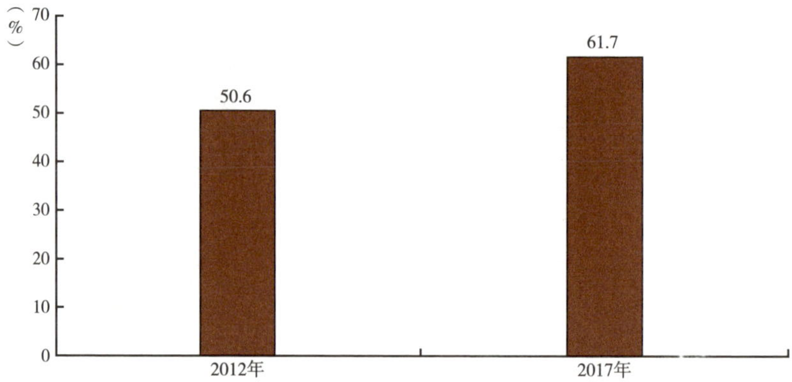

资料来源：嘉善县统计局，经计算整理所得。

表2　2003～2016年城乡居民人均可支配收入情况

年份	农村居民人均可支配收入（元）	城镇居民人均可支配收入（元）	城乡收入比
2003	6138	13335	2.17
2004	7067	15201	2.15
2005	8042	16529	2.06
2006	8887	18204	2.05
2007	10121	20226	2.00
2008	11487	22716	1.98
2009	12751	25180	1.97
2010	14383	28190	1.96
2011	16514	32170	1.95

续表

年份	农村居民人均可支配收入（元）	城镇居民人均可支配收入（元）	城乡收入比
2012	18496	36405	1.97
2013	20382	40082	1.97
2014	25048	43126	1.72
2015	27203	46574	1.71
2016	29514	50021	1.69
2017	31976	54138	1.69

资料来源：嘉善县统计局。

逐步实现城乡规划布局一体化。2009年以来，不断完善统筹城乡功能布局，将原来11个镇调整为6个镇和3个街道，形成了一个中心城区、两个城镇副中心和其他新市镇协调推进的城乡发展新格局。为更好破解农村发展短板问题，推动城镇化触角向农村延伸，嘉善持续优化县域村庄规划布点，将原先分散的1669个自然村居民点，调整为21个城镇新社区、66个农村新社区、144个农村自然村落、18个农村特色自然村落。

逐步实现城乡基础设施一体化。实施农村公路“六个一百”品质提升工程，建成各镇10分钟上高速、县城到各镇20分钟、各镇之间40分钟的“102040”交通圈。县城公交车开到了田间地头，公交通村率达到100%。天然气管网实现全县全覆盖。城乡供水一体化工程实现了全覆盖，率先在县一级实现城乡居民“同源、同质、同网、同价”供水。电信网、广播电视网、互联网“三网”实现了城乡融合。

逐步实现城乡公共服务一体化。在城乡教育一体化方面，在全县36所公办义务教育学校建立11个城乡教育共同体，覆盖全县9个乡镇（街道）。2016年公办义务教育学校校际间均衡系数小学为0.29，中学为0.31，义务教育资源均衡系数远高于国家标准。在社会保障一体化方面，建立起覆盖所有城乡居民、分类分享、制度贯通的多层次社保体系，养老保险、医疗保险覆盖率分别达到 99.89% 和 99.97%，在全省率先实现了城乡低保救助标准的统一。

（三）接轨上海，开放合作形成新格局

嘉善与上海地域相连，人缘相亲。改革开放以来，嘉善与上海虽开展多方横向联系合作，但仍只是上海的后花园、菜篮子。2003 年“八八战略”出台后，嘉善提出建设成为全省接轨上海、开放发展的前沿阵地和桥头堡目标，创新开放合作模式，丰富开放合作内涵，形成了“依托上海、服务上海、发展嘉善”的开放新格局。

沪善同城互联互通。交通、教育、医疗、旅游等领域的资源共享全方位推进。嘉善每天发往上海的高铁达 20 余班次，先后开行至上海的 3 条省际直达客运班线和 2 条省际毗邻公交线路，投放 250 辆与上海互通的分时租赁新能源汽车。旅游一卡通正式发行，嘉善市民卡交通功能与上海实现互联互通，医保卡在上海第一人民医院实现实时刷卡结算，开展上海参保人员在嘉善就医的医保代办服务，021 电话区号覆盖全县。引进一批上海优质的教育、医疗资源，形成了融入上海的半小时经济圈、工作圈和生活圈，推动嘉善城乡居民共享上海优质资源。

产业人才对接成效明显。立足空间、成本、区位等比较优势承接上海产业外溢，摸索出“总部在上海，制造服务在嘉善”的产业协作体系和“创意设计在上海、孵化转化在嘉善”的合作模式，形成了独特的“13579 现象”（见图 6）。累计引育“国家千人计划”专家 53 人、“浙江省千人计划”专家 25 人，50% 的专家来自上海；50% 的“精英引领计划”项目来自上海，60% 的海外高层次人才项目来自上海。在浙江省率先对接上海自贸区并设立嘉善协作区，也是全国首个上海自贸区协作区。

国际合作效应持续放大。“借船出海”，以上海为窗口，与美国、日本、德国等近 20 个国家开展经贸往来，成功吸引了一批跨国公司和有影响力的行业龙头企业落户嘉善。浙江中荷（嘉善）产业合作园自 2016 年 5 月开园

图 6　嘉善接轨上海的“13579”现象

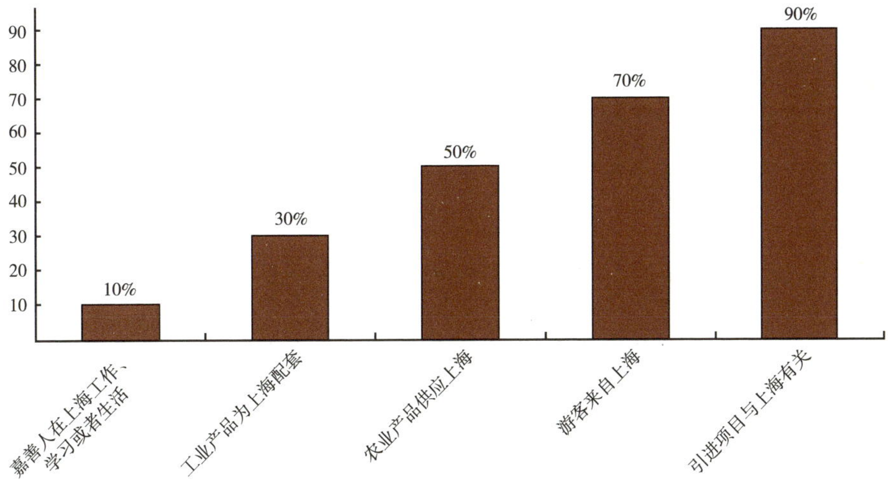

资料来源：嘉兴日报张利昌制图。

以来，已落户荷兰独资企业 10 家，与荷兰有经贸往来的企业 89 家；2017 年 4 月嘉善县与荷兰坎贝拉市缔结友好城市，9 月浙江中荷（嘉善）产业合作园驻荷兰办事处在坎贝拉市成立。

两岸交流合作取得新突破，有 2000 多名台商台属常住、517 家台资企业落户，嘉善成为“浙江省最成功的台商投资区”。2012～2017 年，6 年间全县累计实际利用外资 23.2 亿美元，引进投资规模 50 亿元以上的项目 6 个、世界 500 强企业 7 家，连续 16 年位列浙江省利用外资“十强县”；实现进出口 178.6 亿美元，其中出口 136.6 亿美元。

（四）优化环境，绿水青山展现新面貌

嘉善为典型江南水乡，改革开放以后，嘉善“无中生有”的块状经济迅速发展，但多年的粗放型增长方式造成环境污染、生态失衡。“八八战略”尤其十八大以来，嘉善坚定不移践行绿色和谐发展理念，相继创建国家生态文明建设示范区、国家卫生县城、国家生态县、国家园林县城，也是杭嘉湖平原地区首个国家生态县。2018 年 6 月，嘉善顺利通过国家生态文明建设

示范县考核验收。

水环境明显改善。全面完成垃圾河清理和黑臭河治理并实现长效保洁全覆盖，重点工业污染源废水达标排放率100%，农村生活污水治理实现行政村全覆盖，剿灭全县所有河道劣Ⅴ类水。水源地水质由Ⅳ类提升至Ⅲ类，2014年起达标率保持100%，是嘉兴市唯一100%达标的水源地。嘉善成为全省首批“五水共治”大禹鼎、省“清三河达标县”的获得者，连续三年被评为嘉兴市“五水共治”优秀县。

空气质量持续好转。2012～2017年，全县累计淘汰燃煤锅炉1128台，清洁能源改造169项，淘汰黄标车8058辆，基本完成黄标车淘汰任务。2012～2017年，空气质量优良率从76.7%提高至80.5%。2014年以来，空气质量优良率保持在80%左右，PM2.5均值下降22%，重污染天数减少到2017年的仅1天。

人居环境日益优化。2017年，拆除违法建筑402万平方米、完成“三改”546万平方米、整治“蓝色屋面”344万平方米，完成量均列全市第一。新增绿化面积8503亩，人均公园绿地面积由2012年的13.47平方米提高到2017年的16.38平方米。实施生活垃圾分类，建立起“户集、村收、镇运、县处理”的城乡一体垃圾处理模式，生活垃圾无害化处理率达到100%。全县拥有国家5A级景区1个、4A级景区3个、省A级景区村庄15个。

（五）共建共享，民生建设取得新成绩

改革开放以来，嘉善县以民生为重，推动全县人民生活水平和生活质量逐步提升。“八八战略”实施以来，特别是党的十八大以来，嘉善县坚持以人民为中心的发展思想，围绕富民、惠民、安民加快共享发展，经济与民生实现了良性循环。公共服务体系和社会保障体系建设逐步完善。不断促进社会公平正义，人民群众获得感、幸福感、安全感持续提升，民生幸福新家园建设取得明显成效。

富民增收成效明显。城乡居民收入显著提高，农村居民收入增速高于

城镇居民。1978 年以来，全县国内生产总值、国民收入逐年递增。特别是 2012～2017 年，城乡居民人均可支配收入分别从 36405 元、18496 元增加至 54138 元、31976 元，年均分别增长 8.3% 和 11.6%。城乡居民收入增长情况如图 7 所示。2012～2017 年最低工资标准从 1160 元 / 月提高到 1800 元 / 月，最低生活保障从城镇 465 元 / 月、农村 330 元 / 月统一提高到 796 元 / 月。全面消除人均年收入 4600 元以下的贫困户。2017 年城乡居民家庭恩格尔系数（居民家庭食品消费支出占家庭消费总支出的比例）分别为 28.5% 和 30.4%，分别低于全国 1 个百分点和 2 个百分点，居民基本达到联合国粮农组织设定的富足标准。全县人民生活水平普遍提高，嘉善县获评浙江省全面小康示范县。

民生事业建设取得新成效。城乡教育均衡发展，义务教育学校教师流动国家级试点实现城乡学校“零差异”、城乡师资“零差距”、城乡学生“零择校”，被确定为全国首批义务教育发展基本均衡县，2017 年全县 15 年教育普及率达到 99.6%。养老服务社会化、市场化、多元化运营机制建立，形成智慧养老服务新模式，实现区域养老机构、养老流动服务车、居家养老服务照料中心及社会化运营“四个全覆盖”，建成“10 分钟医养融合服务圈”。流动服务车被评为全省十大贴心民政服务品牌，养老服务水平居全国前列，嘉善县获评国家智慧健康养老示范基地。县镇村医疗卫生实现一体化管理，

图 7　2003～2017 年主要年份嘉善县城乡居民收入增长情况

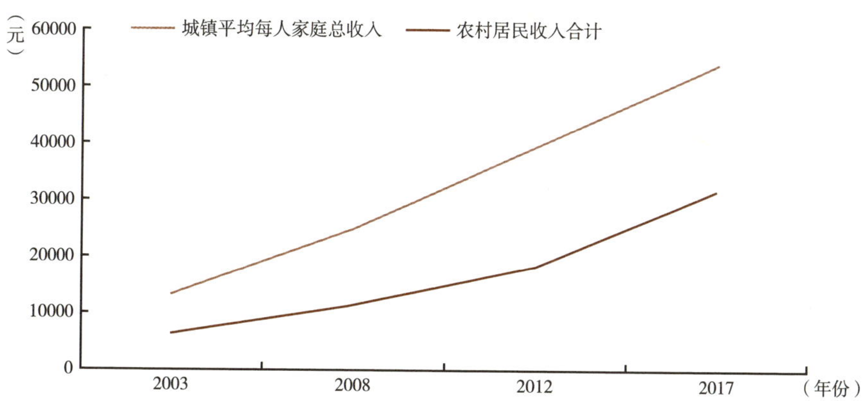

全面建成覆盖全县的基层首诊、双向转诊、分级诊疗的“20 分钟医疗圈”。城乡居民医疗保险、养老保险、最低生活保障和特困人员救助供养等各项保障标准统一稳步提高，在浙江省率先出台并实施长期护理保险制度。

基层社会治理格局初步形成。基层社会治理社会化、法治化、智能化、专业化水平不断提升，建成以“智安小区”为代表的网格化、立体化、智能化治安防控体系，近年来全县刑事警情数量持续下降，其中 2017 年同比下降 28%，各类安全事故同比下降 25%，城乡居民安全感逐年提升，以浙江平安县创建“十二连冠”的佳绩夺得全省平安金鼎。建成覆盖全县的食品安全智能化监管平台，人民群众饮食安全得到切实保障。自治、法治、德治“三治融合”和社区、社会组织、社工“三社联动”相结合，共建共治共享的县域社会治理模式初步形成。旨在集中便民的“最多跑一次”改革破解了“一窗全科受理”难题，为全国的治理体制机制创新提供了示范。

（六）善育化人，社会文明彰显新风尚

嘉善县历史悠久，具有深厚的文化底蕴。改革开放 40 年特别是党的十八大以来，嘉善县坚持物质文明和精神文明协调发展，在创造丰富的物质财富的同时，注重挖掘本土传统文化资源，培育和发展适应现代经济和社会发展的、人民群众喜闻乐见的特色文化，人民群众展现出新的精神风貌，整体的社会文明程度得到很大提升，先后成为全国文明县城、全国文化先进县。

“善文化”深入人心，形成“向善、学善、扬善”的共同价值取向。嘉善县根据践行社会主义核心价值观的要求，推动“地嘉人善”的特色地域文化创造性转化和创新性发展，打造了“善文化”这一品牌。善文化全面渗透到区域发展各个领域，渗透到人民群众的生活中，成为推动嘉善持续、全面、良性发展的重要动力。嘉善县先后涌现出遗体器官捐献的“中国好人”唐盛银夫妇，以自己病弱之躯收养兔唇弃婴的“中国好人”赵广同，连续多年捐资助学的八旬农妇陈阿条等 1100 多名“最美人物”，涌现出“中国好人”6 人、“浙江好人”20 人、全国十大最美村官 1 人，各级道德模范、“最美教师”、

“最美家庭”等500多例。2014年，“善文化”被中央文明办列为培育和践行社会主义核心价值观的重点工程。

公共文化设施更加完善，人民群众的文化生活更加丰富。嘉善县完善的公共文化设施不仅在国内是一流的，而且在国际上也是领先的。完善县、镇（街道）、村（社区）、农户庭院四级公共文化设施网络。农村文化礼堂建设别具特色，文化礼堂服务群体覆盖率超过70%，实现村级公共文化阵地全覆盖，形成了“20分钟文化服务圈”。完善的公共文化设施为开展丰富多彩的文体活动提供了良好的场所，嘉善人民把自己从麻将桌上“解放”出来，精神生活充实了，邻里乡亲关系更加融洽了。如天凝镇洪溪村大力开展农村篮球赛，培育“辣妈宝贝”舞蹈队，从一个远近闻名的上访村变为和谐幸福村。

表3　2013～2017年嘉善县公共文化设施建设情况

（单位：平方米）

公共文化设施	2013年	2014年	2015年	2016年	2017年
总面积	107548	141225	184739.5	192748.5	202176.5
图书馆	4302	4302	4302	4302	4302
文化馆	5963	5963	5963	5963	5963
博物馆	4479	4479	4479	9878	9878
文化站	28625	38071	38071	40681	41031
村（社区）文化活动室	64179	88410	131924.5	131924.5	141002.5

资料来源：嘉善县统计局。

二、典型经验和特色做法

（一）以习近平总书记重要指示精神为根本遵循，绘制发展蓝图

嘉善在践行新发展理念方面走在全国县域的前列，首先得益于习近平总书记的亲自关心和指导。习近平总书记在每一个重大发展时期和重要机遇关

头，都为嘉善发展面临的根本性、前瞻性、长远性问题指明方向。

1. 做好“三篇文章”，建设“三区一园”

习近平同志在浙江工作时，亲自擘画实施了“八八战略”，2004 年、2005 年三次到嘉善调研指导。2005 年 4 月 10 日，他第三次到嘉善调研时，针对嘉善发展实际提出三点希望：“希望你们在主动接轨上海、扩大开放，融入长三角方面迈出新步伐；希望你们在推进城乡一体化方面创造新经验；希望你们在转变经济增长方式方面取得新成效。”[①] 这“三点希望”，既是 2003 年习近平同志提出的“八八战略”的重要内容，也成为嘉善县域发展的行动指南。2008 年，习近平同志将嘉善作为学习实践科学发展观活动的联系点。2008 年 10 月 29～30 日，习近平同志第四次亲临嘉善指导学习实践活动，再次强调，嘉善要做好“转变发展方式、主动接轨上海、统筹城乡发展三篇文章”[②]，并要求嘉善“努力把联系点办成科学发展的示范点”[③]。

2010 年 5 月，国务院出台的《长江三角洲地区区域规划》明确提出“建立浙江嘉善县域科学发展示范点”。之后，嘉善县在中央、浙江省、嘉兴市的指导和帮助下，启动了示范点建设方案的编制、报批等工作。根据习近平总书记的指示精神，嘉善县制定了《浙江嘉善县域科学发展示范点建设方案》，提出建设产业转型升级引领区、城乡统筹先行区、开放合作先导区、民生幸福新家园“三区一园”的发展任务，明确要在产业转型升级、统筹城乡建设、区域融合发展上分别为长江三角洲地区县域产业转型发展提供示

---

①《全面深化改革激发县域发展活力——“八八战略”的示范点答卷之一》，嘉善县人民政府网，http://www.jiashan.gov.cn/art/2018/8/30/art_6824_435057.html，最后访问日期：2018 年 10 月 20 日。

②《全面深化改革激发县域发展活力——“八八战略”的示范点答卷之一》，嘉善县人民政府网，http://www.jiashan.gov.cn/art/2018/8/30/art_6824_435057.html，最后访问日期：2018 年 10 月 20 日。

③《全面深化改革激发县域发展活力——“八八战略”的示范点答卷之一》，嘉善县人民政府网，http://www.jiashan.gov.cn/art/2018/8/30/art_6824_435057.html，最后访问日期：2018 年 10 月 20 日。

范，为全国县域统筹城乡发展提供示范，为大都市毗邻县依托大都市加快发展提供示范。

2013 年 2 月 28 日，《浙江嘉善县域科学发展示范点建设方案》经国务院同意，由国家发改委批复实施，成为全国首个以县域为单位的国家级区域规划。《建设方案》提出建设目标分两个阶段实施，到 2015 年示范点建设任务基本完成，到 2020 年示范点建设任务全面完成。这个方案的出台，标志着嘉善正式承担了建设示范点的使命。

2. 践行新发展理念，建设“四区一园”

2015 年 10 月，党的十八届五中全会提出创新、协调、绿色、开放、共享的发展理念。嘉善示范点建设第一阶段完成时，2016 年 4 月 12 日，习近平总书记要求嘉善进一步总结经验，继续制定新的发展改革目标，争取全面建成小康社会新成绩。根据习近平总书记的指示精神和新发展理念的要求，嘉善县制定了《浙江嘉善县域科学发展示范点发展改革方案》，新方案从第一个方案的“三区一园”升级为“四区一园”，对应五大发展理念，提出了建设产业转型升级引领区、城乡统筹先行区、生态文明样板区、开放合作先导区、民生幸福新家园（简称“四区一园”）。明确到 2020 年全面完成示范点建成任务、率先高水平全面建成小康社会，到 2030 年现代化进程走在全国前列。2017 年 2 月 9 日，《浙江嘉善县域科学发展示范点发展改革方案》经国务院审定，由国家发改委正式批复。这个方案，明确了嘉善的使命就是建设县域践行新发展理念的示范点。

3. 深入学习贯彻习近平新时代中国特色社会主义思想，打造嘉善示范点升级版

党的十九大召开后，嘉善县委迅速出台《关于高举习近平新时代中国特色社会主义思想伟大旗帜　奋力打造嘉善示范点升级版的决定》，要求全县上下深入学习贯彻习近平新时代中国特色社会主义思想，打造嘉善示范点升级版。

2003 年以来，嘉善的发展很不平凡，经历了从全面贯彻“八八战略”

到自觉践行新发展理念的历程，这也是贯彻落实习近平总书记关于县域发展思想的历程。实践证明，习近平新时代中国特色社会主义思想作为当代中国的马克思主义、21 世纪的马克思主义，具有强大的真理力量，是新时代推进改革发展必须坚持和运用的科学理论。

（二）以统筹发展为导向，做好全域统一规划

改革开放以来，尤其是“八八战略”实施以来，嘉善立足全县，以“五大发展理念”为引领，以《浙江嘉善县域科学发展示范点发展改革方案》为遵循，坚持规划先行、多规合一，提出“四区一园”建设规划总方案，绘制出“均衡性、一体化”的嘉善发展新蓝图。

1. 制定产业转型规划，建设产业转型升级引领区

嘉善产业转型升级的关键在于“三集一创新”（集约、集聚、集群和创新发展），围绕此目标，密集出台了一系列产业发展的“政策组合拳”。2010 年以来，先后出台了工业强县建设决定、工业经济“稳增长 20 条”等政策，扶持培育特色产业。制定出台“两创中心”项目准入办法，鼓励木业家具、纽扣服饰、再生资源等传统产业集聚发展。2017 年以史上力度最大的《关于进一步加快振兴实体经济（传统产业改造提升）的若干意见》为契机，出台了科技新政 15 条、人才新政 32 条、开放型经济新政 18 条等系列政策，全面构筑了振兴实体经济的“政策池”。制定《中国制造 2025 嘉善行动计划》等文件，促进高科技、新兴产业和未来产业发展。

2. 制定城乡统筹规划，打造城乡统筹先行区

嘉善把县域总体规划作为推进城乡统筹发展的先导，2004 年以来先后编制实施《嘉善县城乡一体化发展规划纲要》和《嘉善县域总体规划》，深入开展县域空间规划，优化城乡资源配置。创新县域规划管理一体化体制，制定《嘉善县“多规合一”工作方案》，形成全县“一本规划、一张蓝图”的规划格局。坚持“大交通、大公交”的理念，2009 年制定了中国县域首个综合交通规划《嘉善综合交通发展规划》，提出“三级网络、两大系统”

的规划，即区域骨干交通网络、城乡快速交通网络、城乡集散交通网络、运输枢纽站场系统、运输服务保障系统，全面实现城乡客运公交一体化。2014年编制实施《“智慧嘉善”建设总体规划》，完善智慧嘉善建设所需的基础设施建设，推进城乡信息建设一体化。做好土地规划是统筹城乡发展的关键，先后编制完成并实施土地利用总体规划等文件，全力提高农村土地流转品质。

3. 制定环境保护规划，创建生态文明样板区

嘉善始终坚持把生态立县作为核心竞争力来培养，把生态创建作为建设“县域科学发展示范点”的重要载体来落实，积极探索符合嘉善实际的生态文明发展之路。2002年出台《嘉善生态县建设规划》。2010年11月正式启动国家生态县创建工作，密集出台了嘉善生态县建设规划、生态文明建设规划等文件。尤其2015年制定出台的《嘉善县创建国家生态文明建设示范县三年行动方案（2015～2017年）》，明确了29项重点工程，开展美丽县城、美丽城镇、美丽乡村、美丽通道建设。在规划指引下，生态文明建设步伐明显加快。

4. 制定区域开放规划，建立开放合作先导区

自2005年起，每年制定《接轨上海行动计划》。“十二五”规划中，融入上海被列为经济社会发展的首要战略。2010年《长江三角洲地区区域规划》正式获国务院批准，嘉善成为唯一被纳入长三角区域发展规划的县。以此为契机，制定一系列规划，全面对接上海。不断完善《嘉善与上海综合交通对接研究方案》，发展区域综合交通运输体系。2012年与上海市人民政府发展研究中心签订战略合作框架协议，联合开展了“嘉善对接上海中长期战略规划的思路研究”等调研项目，一批接轨上海的重大问题得以突破。2017年沪浙毗邻地区一体化发展示范区成立，与上海金山区签订了战略框架协议，制订了工作计划和运行机制，共同推进产业发展、社会治理、生态保护、交通网络、旅游开发五个一体化发展，融入上海的步伐在不断提速。

5. 制定公共服务规划，共铸民生幸福新家园

嘉善老龄化率位居嘉兴市全市第一，在应对人口老龄化方面，2014 年以来，嘉善先后制定《加快养老服务业发展实施意见》等相关文件，全力打造“幸福养老”的嘉善样本。在促进农民增收方面，2017 年编制《促进农民增收三年行动计划》，拓宽农民增收渠道。针对外来人口占比较高的现状，嘉善出台外来流动人口购房、租房、就业、教育等优惠政策，让外来人口在就业、技术培训、卫生计生、文化体育、法律援助等方面与本地居民享受同等服务。在社会治安方面，将建设“智安小区”纳入县域科学发展示范点建设规划和平安建设总体布局，全力打造平安幸福新家园。

（三）以改革创新为动力，加快转变经济发展方式

“八八战略”以来，嘉善按照习近平总书记“主动接轨，主要是接轨上海；接轨上海，就是接轨机遇，就是接轨发展，就是接轨国际化和现代化”[①]的指示，从交通入手有效探索区域合作新路径，治理与创新并行，立足比较优势，从发展洼地变借船出海，不仅引进来，也要走出去，探索小县城的大开放之路。

1. 交通先行，沪善同城初现雏形

推进交通基础设施建设，破解区域交通发展难题。嘉善县研制提出铁路、公路、水运等交通设施有效对接沪苏的规划意见，着力打造“通达、便捷、经济、安全”的现代化综合交通运输体系，形成和完善了“以规划为龙头，以项目为载体，以政策为导向，以体制为保障”的统筹城乡交通发展的“嘉善经验”。具体如结合上海规划内容，多次与毗邻地区交通部门对接，导入“区域一体化”发展理念，争取在上海方面制定规划中体现出嘉善要素；在上海市住建委、交委帮助下，专题做好《嘉善与上海综合交通对接研究方

① 《干在实处走在前列——推进浙江新发展的思考与实践》，北京：中共中央党校出版社，2016 年，第 108 页。

案》；每年召开毗邻县市（区）交通工作年会；在省级层面建立协作交流机制等。同时嘉善县制定了《浙江嘉善县域交通运输科学发展示范点发展改革方案》，明确了接轨上海交通工作的建设内容，并以项目实施不断推进与上海交通网络一体化进程，谋划打造嘉善县全面接轨上海省际交通循环工程，形成县域干线公路网络，承担连接浙江与上海、江苏等毗邻地区的公路过境通道和对外交通功能。做好公共客运接轨，依托双方公交站点停靠进行零距离换乘，实现嘉善与上海公交线路的无缝对接。

开展跨行政区域合作，形成交流融合新机制。与上海市人民政府发展研究中心建立嘉善科学发展研究实践基地，推动与上海联动发展。支持帮助上海方面做好上海金泽水库周边土地征迁等工作，与上海签署了太浦河饮用水水源地共建共享协议，实现两地互为备用水源。与上海金山区共建沪浙毗邻地区一体化发展示范区。

增强沪善“同城效应”，构建公共服务新体系。将上海优质教育资源不断引入嘉善，嘉善高级中学与华师大二附中开展战略合作，嘉善县教育局与金山区教育局、奉贤区教育局开展全面合作，两地 24 所中小学、幼儿园签署校际结对共建合作协议。加强医疗卫生领域交流合作，与复旦大学附属中山医院等多所医院开展合作，并聘请上海肿瘤医院等专家来善坐诊带教；复旦大学附属中山医院与嘉善县第一人民医院合作创办医疗技术协作中心。嘉善城乡居民持“市民卡”可在上海各大医院住院部刷卡结算。

2.“飞地抱团”，腾退转出发展空间

以项目为牵引，实现政策、资金、服务“三集聚”。首先，镇（街道）必须实施“飞地抱团”项目，才能享受落实强村项目土地指标、地方税收留存部分返还、“两创中心”增补奖励等政策；经济薄弱村必须参与“飞地抱团”项目，才能享受县镇财政补助和全额贴息贷款等扶持政策。其次，调整土地指标使用方式，允许跨年度统筹安排使用，对择优确定的县级“飞地抱团”项目，优先安排计划用地指标。对腾退低效用地后产生的土地指标，由县土地收储中心出资收储，将村级低效资产转化为村级再发展资金。再次，实施

“红色代办员”制度，由驻点代办员提供规划咨询、审批代办、材料指导等服务。通过倒排时间、流程优化、模拟审批等方式，全面压缩审批时间，解决村镇干部由于不熟悉项目审批流程而导致项目推进缓慢等问题。

以强村带弱村，打破镇村界线和要素流动障碍。采用“土地＋资金”和“强村＋弱村”模式，全面推进乡村振兴。在县级层面突出两类重点村。针对经济薄弱村，做到全域优化布局、全域整合资源、全域整体受益。已实施大云中德生态产业园、罗星精密机械创业园等4个县域“抱团飞地”项目，共有89个村（次）参与投资建设，其中经济薄弱村参与抱团建设70次，占78.7%。针对“退散进集”重点村，为减少低效用地腾退对村集体收入带来的阶段性影响，专门研究出台重点村“新七条”扶持政策，对重点村实施项目奖补、贷款贴息、规费减免等政策，并新增50亩土地指标，力争实现腾退不减收。

以“亩均论英雄”，推进经济高质量发展。全面启动要素差别化配置改革，建立“亩产效益”综合评价体系，实施A、B、C、D分类动态管理，实行差别化的税收、信贷支持、安全监管等倒逼措施。全力推进“低小散”块状行业“腾笼换鸟”，针对嘉善块状经济产业层次、集聚程度、集约水平还不够高的现状，持续深入开展低端行业专项整治，以“退散进集”为重点，推进低小散企业整治工作，建立健全落后低效产能退出机制，用两年时间全面完成分布在村一级的“低小散”企业的腾退整治工作。

3. 引大育强，推动产业转型升级

大力发展主导产业。依托现有产业基础实施补链、延链、强链，创建装备制造、电子信息、高铁精密紧固件等省级产业集群，以富鼎电子、富通集团为龙头的电子信息和以晋亿集团为核心的先进装备制造两大主导产业初步形成。通过“招大引强”攻坚行动，全力引进世界500强、国际行业领先企业、总部型功能机构和超亿美元项目，重点突出高端装备制造、电子信息、节能环保、通用航空、健康医疗等产业项目的引进。通过平台能级增强行动，明确嘉善经济技术开发区、姚庄经济开发区、浙江省高新区、嘉善科技

新城等各平台功能定位，积极对接产业契合度高的行业，提升招商精准度。

逐步提升传统产业。针对制造业人口红利逐渐消失、劳动力结构性短缺、生产工艺亟待提升等实际情况，嘉善把“机器换人”、智能制造战略提升到前所未有的高度，加快实现工业自动化向工业信息化的跃升，促进木业家具、纺织服饰等传统产业转型升级。针对“三高”类企业，深入实施专项整治，倒逼传统企业转型。整治“四无”企业，处置僵尸企业，推进能源“双控”，优化企业绩效评价指标体系，加大差别化政策力度。作为“零资源经济”的木业产业实现了从胶合板到家具制造再到品牌家居的转型，集聚起索菲亚、梦天、TATA 等一批木业知名品牌。

全力发展现代农业和服务业。巩固提升农业基础地位，加强粮食生产功能区建设，建成 2 个省级现代农业综合示范区，探索“农业 + 旅游”、农村电商等新业态，积极探索田园综合体建设。如姚庄镇大力引进和培育农业龙头企业，发展农产品精深加工、“互联网 + 农村物流”等新产业业态，推动农业高质量发展。加快发展旅游业、物流业、电子商务业等现代服务业，尤其把旅游业作为服务业的重中之重，按照“全域景区化、景区全域化”的要求，深化旅游供给侧结构改革，全力探索全民、全季、全域旅游发展新路子。如西塘镇逐步形成了“旅游 + 产业”和“互联网 + 旅游”的发展模式，正在全力打造国际休闲旅游度假区。

重点培育新兴产业。选取 25 家行业龙头骨干企业作为 2017 年重点培育对象，排出 100 家成长型企业作为重点培育对象，通过县级领导联挂等方式，敦促企业加快转型升级。把特色小镇培育作为新常态下加快县域创新发展的战略选择，谋划实施特色小镇梯度培育计划，全力培育新增长点。如嘉善巧克力甜蜜小镇作为浙江省首批特色小镇试点，打破原有单一的产业发展思路，整合巧克力甜蜜小镇周边温泉、水乡、农庄、婚庆等资源，推动一产、二产、三产融合发展。

4. 科创引领，激活发展新动力

创新体制机制。始终坚持把科技创新作为支撑未来发展的关键路径，咬

定存量盘活与增量带动发展思路，以“大政策”构建起“大科技”格局。真金白银推动存量升级，结合全面创新改革试验区建设要求，围绕企业最为关心的研发费用、技术攻关等核心环节，有针对性地拟定和出台史上含金量最高的科技新政 15 条和振兴实体经济新政 25 条。以奖代补吸引增量落户，针对省外高新技术企业落户需重新认定的科技招商瓶颈，明确有效期内的省外高新技术企业在嘉善重新认定前享受同等税收政策。

加强人才引进。把人才作为第一生产力，大力实施人才强县战略。制定出台“人才新政 32 条”，深入实施“创新嘉善·精英引领”计划，建立柔性引进人才等机制，出台高层次人才引进服务管理办法，实施技能型人才“金蓝领”计划。建设院士专家工作站，成立海内外人才创业的中国归谷嘉善科技园，设立浙江省第一家欧美同学会海归创业学院嘉善学院，深化与欧美同学会等机构合作，建立全省首个欧美同学会·中国留学人员联谊会留学报国基地。设立上海人才创业园，吸引上海科技人才，成立人才创业服务中心，激发区域合作创新。

整合科创平台。紧紧抓住长三角中心城市科技创新源向外扩散的契机，探索建立科技商务区和成果产业化基地，实行按项目成熟度递进式承接。大力扶持县科创中心建设，推动智慧创新。依托科创中心、中国归谷嘉善科技园、高铁新城上海人才创业园三大创新主平台，以及大云、罗星两个加速器，积极推进众创空间建设。成立嘉善众创空间联盟，与北大、清华等著名院校、科研院所共建科技创新合作平台，全面形成“孵化－转化－产业化”的创新链“嘉善模式”。

（四）以“三生融合”为目标，打造美丽精致的江南水乡

嘉善通过一体化规划、一体化治理、一体化管理的运作模式，重点抓好“三改一拆”、“五水共治”、“五气共治”和“四美建设”，改善城乡面貌，提升城乡品位，打造了一个“宜农、宜工、宜居、宜游”的幸福新家园。

1."三改一拆"，腾空间换新颜

突出重点，点位治理。嘉善县注重拆、改、建、用结合，将"三改一拆""无违建"创建与美丽嘉善建设、全国文明城市创建等中心工作结合起来，锁定重点区域和主要道路沿线，借势借力、统筹结合、快速推进违法建筑拆除工作，进一步提升拆后土地的利用水平。

"人防+技防"，多措施防控新违建。落实人防动态巡查，加强网格巡查力度，周周查、月月查，对新建违法地基进行及时制止、及时拆除。引入社会化管理力量进行监督管理，做到违章建筑第一时间发现、报告、处置、拆除，24 小时内处理到位，确保新违建"零容忍"和"零增长"。同时，借助无人机、天眼等手段对重点区域新增违建实施监控；结合综治"四个平台"建设，增加防违控模块，建立违建处置快速反应和处理机制。

2."五水共治"，城乡共享同质水源

地毯式排查，建立长效保洁机制。对境内"三河"（臭河、黑河、垃圾河）开展地毯式排查，对排查出的每条河制定"一河一策"，建立"一河一档"，采取截污纳管、清淤疏浚等措施进行全面整治，同时不定期开展"回头看"，严防出现"三河"反弹。建立城镇、村庄、河道、公路"四位一体"城乡环境长效保洁机制，提高保洁补助标准，推行市场化保洁模式，提高河道保洁实效。

全面推广河长制，利用各方力量参与治水。完善河长组织体系，有效落实河长公示、巡河、保证金、举报受理、考核激励等制度，建立县、镇（街道）、村（社区）三级河长体系。河长职责落实到位，每月巡河达标率均在 90% 以上。建立群团组织"护水监督、治污净水、防洪排涝、节水宣教"四项治水长效机制，推动群团组织及其所联系的群众常态化、机制化地参与到"五水共治"工作中来。县、镇两级实行挂图作战、限期治理；把"五水共治"工作情况纳入各单位年度目标责任制考核和"五水共治"专项考核。鼓励群众举报参与，拓宽群众投诉举报渠道。例如印发《嘉善县"五水共治"举报投诉受理办法》、开通嘉善"五水共治"微信公众号等。

3.“五气共治”，清洁空气天常蓝

源头控制，限值排放。淘汰高污染燃料锅炉，在热电企业推行超低排放项目改造。淘汰改造煤气发生炉，明确“一企一炉一策”方案。制度化管理减少建筑工地扬尘，不断完善建筑工地施工建设监督管理体系，从源头上控制建筑工地扬尘污染。源头管控挥发性有机废气治理，通过限值排放倒逼企业提升整治，努力削减工业废气排放量。加强农村废气整治，落实秸秆禁烧责任人保证金制度，各镇（街道）建立镇村秸秆和垃圾露天禁烧责任体系，设立秸秆综合利用补贴，加强宣传教育，结合网格化管理实行包干到人。

实施监测，定期公布监测数据。嘉善不断完善大气环境监测预警机制，加快建立网格化治气体系，在各镇（街道）设立了空气质量自动监测点并投入运行。全面建成空气质量监测网络体系并投入运行，实现对全县各个镇（街道）空气质量的实时监测，并将监测数据定期向社会公布。

4.“四美建设”，和谐共享美丽嘉善

规划引领，全力推进“美丽县城”建设。嘉善将中心城区作为美丽县城的主战场，聚力提升品质能级。加快中心城区建设，与华夏幸福基业股份有限公司合作采用“综合 PPP”模式，打造产城融合的嘉善高铁新城。城市环境以水乡风貌为基底，在传承江南历史文化元素的同时展现时尚、现代的发展气息。

紧扣特色，全面实施“美丽城镇”建设。嘉善分类推进新市镇、小城市和中心镇建设发展，根据区域关联性，强化与中心城区的配套发展以及镇与镇之间的协同发展，推进公共基础设施和交通设施的互联共享。推进“一镇一品一链”建设，形成主导产业鲜明、人文气息浓厚、生态环境优美的特色名镇。

巩固优势，深入开展“美丽乡村”建设。按照“一村一韵”“一村一品”的要求，设立美丽乡村环境优美村、美丽乡村精品村、美丽乡村示范村三个创建层次，健全长效管理机制，形成县、镇、村、户四级联创格局，深化全域规划提升工程、农村环境提升工程、示范精品提升工程、产业经济提升工

程、乡风文明提升工程、农村改革提升工程，深入推进美丽乡村建设。

攻坚难点，大力开展“美丽通道”建设。紧紧围绕美丽、整治、协调，融合地域文化，打造高品高质、各具特色的通道。例如对县域出入口的景观改造，将善文化、了凡文化、桃花源等县域特色文化融入到了景观中，风情不一、各有特色，充分彰显了嘉善“翠绿芬芳”的地域特色及“吴根越角”的文化底蕴。

（五）以人民的获得感为旨归，建设民生幸福新家园

针对多年来县域发展不平衡、不充分，尤其是农村居民收入不高、公共服务城乡差距较大的问题，改革开放特别是2003年以来，嘉善深入践行共享发展理念，以切实的民生需求为导向，直面问题推出系列举措，各项民生事业建设取得显著成效，总体位于全国前列。

1. 强村计划促增收，城乡收入差距小

壮大村级集体经济，提升农村发展水平。自2008年起，连续实施三轮“强村计划”。自2014年起，在浙江省率先推出融合农村集体经济股权、农民住房财产权和农村土地承包流转经营权的“三权三抵押”贷款，累计发放贷款6亿元，变活农民资产，为农民创业再添保障。同时，扶持“两创中心”，引导大众创业、万众创新，以创业促就业。

完善收入分配机制，拓宽农民增收渠道。促进农村居民收入增速快于城镇居民，稳步缩小城乡收入差距。创造稳定的就业岗位，引导农村劳动力转移就业；用经营工业的理念经营农业，打造现代农业园区，积极培养一批新型职业农民和农业产业工人，增加农民工资性收入。通过农田集中流转，让农民获得土地流转收益；加强农村金融创新，让资源变资产、资金变股金、农民变股东，增加农民财产性收入。鼓励农民在电商、民宿经济、生态旅游等新业态中创业创新，增加经营性收入。

2. 社会保障全覆盖，公共服务均衡配

创新体制机制，推动义务教育均衡化高质量发展。实施城乡教师双向流

动长效机制，实现农村义务教育学校名师全覆盖。健全城乡教育一体化发展制度体系，推动城乡学校标准化建设，近三年农村学生升入省级重点高中的比例提高了10个百分点。高质量普及15年基础教育，加大投入力度实施学前教育发展三年行动计划。

围绕打造“首善孝老”品牌，构建养老服务全覆盖格局。健全以居家为基础、社区为依托、机构为补充的城乡养老服务体系。推动城乡养老机构、居家照料中心建设，放开养老服务市场，鼓励多元资本进入。全县154家照料中心由10家社会组织运营，配备10辆流动服务车，每年为困难、高龄老人提供上门服务累计2.5万人次。探索推进“医养结合”和“智慧养老”模式，构建“医养护一体化”机制，80%以上的居家养老服务照料中心与村（社区）卫生服务中心毗邻建设。创新“互联网+”智慧养老模式，建立“颐养云”智慧养老平台，设立老年人信息库、健康服务指导中心、就餐配送指导中心和紧急援助中心。建设基层医疗卫生服务网点，建立镇村医疗资源一体化管理制度，实施乡镇卫生院、社区卫生服务站规范化达标建设。

共建城乡社保平台，实现各项社会保险、社会保障全覆盖。构建“善心十助”社会大救助体系，围绕助困、助医等10个方面开展针对性救助。每年发放低保救助金和医疗救助等各类救助金2500余万元，惠及6500余人次。利用社会力量助善，开展“善心有约·慈行大爱”系列活动，惠及困难群众3000余人。加大低保救助力度，2014年实现全县低保标准城乡一体化。健全重大疾病保险制度，职工基本医疗保险和城乡居民合作医疗参保人员享受同等的大病保险报销待遇。2017年，在浙江省率先出台并实施长期护理保险制度。

此外，作为人口倒挂县的嘉善积极促进外来人口共享发展成果，把外来常住人口作为新居民，提供与本地居民同等的就业、教育、卫生、文体、法律援助等服务，并为其提供公共租赁住房租金补贴。

3. 智安小区保平安，网格管理精细化

以网格管理打通社会治理的“神经末梢”。通过搭建网格管理员服务平台，建立健全网格管理员的作用发挥机制，对每一网格实施动态全方位管

理，为居民提供多元化、精细化、个性化服务。2017 年，缪家村提升社会治理“雪亮工程”品位，将全村网格调整到 4 个，深化“网格化管理、零距离服务”。村里的矛盾纠纷、安全隐患、环境污染、群众诉求等各类问题，都能在第一时间得到合理解决。

通过网格化模式构建立体化和智能化治安防控体系。实施“智安小区”工程，全面深化“智慧安防”模式，建设“平安嘉善”。在 11 个试点小区门口安装车辆和人像抓拍识别系统、信息采集设备等，切实增强主动预防和打击犯罪的能力。研发“智安小区”管理分析系统，对“智安小区”出入口的截面数据进行智能分析应用，实现对治安要素的异动预警和违法犯罪的精准打击。

坚持以“联动融合、开放共治”理念引领“智慧社区”建设。积极推广“智安家居”工程，研发供小区居民免费使用的“智安社区”手机 APP 软件。居民根据手机 APP 能随时监测家中安全状况。同时，在 APP 中增加车辆违法信息查询、出入境、户籍业务网上预约申报等“最多跑一次”服务，居民足不出户就能查询、预约、办理相关业务。开发“智慧医疗”、“智慧交通”、物业服务、社区宣传等模块，提供社区服务。

4. 重心下沉效率高，基层治理模式新

社区、社会组织、社工“三社联动”，完善社会共治机制。充分发动社会组织和人民群众参与社会治理，逐步实现政府治理和居民自治良性互动。扩大群众有序参与基层治理，全县各村（社区）全部成立协商议事会，深化社区微治理。全面推行社区服务社会化，通过公益创投、购买服务等方式，将社区专业服务事项交由社会组织承接。建立全省首个社会组织“公益地图”，将全县 396 家社会组织纳入平台管理。发挥社工专业作用，依托全县 19 家专业社工机构和 644 名持证社工，提供专业化的辅导服务。

依托“一村（社区）一法律顾问”制度，加强基层法治建设。增强和提升基层干部的法律意识和法律素养，理顺基层善治基本秩序。深化法制宣传，构建基层法律公共服务平台，建立力量下沉、保障下倾的工作机制，下

沉执法人员和执法权，全面提升执法效率。建成各类基层人民调解组织 210 个，完善矛盾纠纷多元化解工作体系。

破解“一窗全科受理”难题，大力推进“最多跑一次”改革。以集中便民为导向，编织城乡一体社会治理网络，整合 20 个部门政务热线和 17 个部门执法指挥职能，加强“96345”社会公共服务信息平台建设，服务范围延伸到村级。整合行政资源，搭建基层综治工作、市场监管、综合执法、便民服务“四个平台”，有效推进基层治理现代化。

以打造“食安嘉善”为目标，加强全县食品安全基层监管。依托智慧食安监管平台，让食品安全基层监管服务网络插上“智慧的翅膀”。智慧监管平台整合食品生产经营主体信息、食品安全基层网格信息及各类食品安全监管信息，保障百姓食品安全。

（六）以培育“善文化”为抓手，发展地域特色文化

习近平总书记在徐州考察时提出新要求：“实施乡村振兴战略要物质文明和精神文明一起抓，特别要注重提升农民精神风貌。”[①] 抓好精神文明建设，是践行新发展理念的重要工作。嘉善县以培育“善文化”入手，在地域文化建设方面取得突出成就，积累了丰富的经验。

1. 打造“善文化”品牌：善文化节

从理论上提炼“善文化”核心理念。与浙江省社科联、浙江大学等联合开展课题研究、高端论坛、书评会等活动，探究“善文化”的历史渊源和现实意义。从理论层面梳理出“善政理念亲民惠民、善商群体创业创新、善德育人快乐成长、善居之地心美人和、善行天下温暖人心、善气迎人幸福嘉善”等“六大现象”，提炼了“地嘉人善、敬业争先”的核心内涵和共同价值理念。

① 《深入学习贯彻党的十九大精神 紧扣新时代要求推动改革发展》，http://www.xinhuanet.com/mrdx/2017-12/14/c_136824478.htm，最后访问日期：2018 年 10 月 20 日。

举办“善文化节”等活动，传播善理念。“善文化节”期间，开展“满城颂善、满城论善、满城书善、满城行善、满城品善”五大主题系列活动，不仅让嘉善人民荡漾在“善文化”的温存中，而且在全国范围内弘扬了“善文化”。此外，积极推动“善文化”走进农村文化礼堂、文化庭院、社区文化家园、中小学校等，以善化人，将善融入每位居民的血液里，当代嘉善人的共同价值观有效带动了社会公德、职业道德、家庭美德和个人品德培育，也为改革发展营造了良好的氛围。

开展“四大行动”，培育“一批品牌”。通过开展理论研究“系统化”、宣传弘扬“特色化”、文化培育“品质化”、实践养成“常态化”四大提升行动，形成“积善之嘉”志愿服务品牌，“日行一善久成林”公益慈善品牌，微电影、微散文“微”系列品牌等各界各个领域的善的品牌。

2. 完善公共文体设施：文化礼堂和体育馆

建设“两馆一院一街”，立起城市文化地标。建设现代化、功能齐全、特色鲜明的综合性公共博物馆、图书馆，2018 年投入使用，成为嘉善县城市建设、文化建设的重要标志之一。吴镇书画院立足文化惠民，成为嘉善一个高品位的文化交流中心、社会教育中心和旅游休闲中心。新西塘越里文化创意街区，不仅自然风景优美，还有厚重的历史、强烈的文化感染力，为人们的生活增添独特的文化韵味。

完善“一堂一园一中心”，织起乡镇文化设施网络。大力加强农村文化礼堂、社区文化家园、镇文体中心等乡镇文化设施建设。缪家村以文化礼堂为主阵地，结合文化广场、篮球场、门球场、文化公益服务一条街等功能区，形成了一个位于新农村中心的文化综合型阵地。通过文化礼堂凝心聚力，为缪家村乡村振兴注入强大思想文化力量。2018 年缪家村文化礼堂成为嘉善仅有的三家全省五星级文化礼堂之一。姚庄镇体育馆是嘉善县文化设施建设的一个标志。在运营上，其 50% 的时间用于商业出租，剩下的 50% 的时间，用商业租金举办公益性文体活动，让姚庄的居民们在家门口就能看到如中韩男排邀请赛、中美篮球对抗赛、中国乒协联赛、全国女排冠军赛等国际国内赛事。

“文化庭院”实现文化服务“零距离”。“文化庭院”的设立，成为畅通农村公共文化服务的“末梢神经”。文化庭院以文化礼堂为中心点，空间布局上做“1+X”的延伸，根据农村实际需要，选择若干个思想素质好、参与意识强、群众威信高的农户作为庭院院长。礼堂与礼堂间遍布了多个“小庭院”，有效增强了辐射效应，编织出一张张农村精神家园的大网络，理论宣传普及、文化惠民普及、乡风文明在“大礼堂”与“小庭院”间形成联动效应。

3. 丰富文化生活：农民画、田歌和辣妈宝贝舞蹈队

“送文化”和“种文化”相结合让文化阵地“动起来”。2017 年，全县累计开展文体活动 2100 余项，其中送戏下乡 405 场，送电影下乡 1520 场，送讲座、展览 188 场，文化走亲 40 次。农民“种文化”是嘉善农村文化的一张“金名片”。从 2008 年起，嘉善在全县范围内组织农民参加“十万农民种文化”活动。为充分调动农民积极性、主动性和创造性，县里每年都精心设计适合农民口味、能吸引农民积极参与的各类文体活动，让许多农民从文化活动的旁观者变成参与者，让农民亲身体味文化带来的快乐。村晚成为嘉善村民春节期间不可或缺的活动，每年春节，各村都自编自演精彩的文艺节目，为村民奉献一台接地气的精神盛宴。

“一镇一品”“一村一品”让群众文化“活起来”。姚庄农民画远近闻名，不仅在国内各大展览亮相，还被选送到联合国和美国、西班牙、日本等组织和国家展出，衍生创作了一批农民画文化产品。天凝镇洪溪村打造辣妈宝贝舞蹈队品牌。这支土生土长、平均年龄近 50 岁的草根舞蹈队，几年后竟舞上《中国达人秀》总决赛舞台，五上央视，还一路舞出国门，受邀去西班牙参加国际民间艺术节，惊艳世界舞台！“辣妈宝贝”品牌凝聚了村民的心，使邻里关系更加和谐，干群距离明显拉近，社会风气日渐改善，从 2006 年起村里无一例上访。

“传承性”和“创新性”相结合让文艺作品“精起来”。积极鼓励文化精品创作。宣卷《良心桃》获浙江省第六届曲艺新作会演创作、演出两项金奖。

原生态嘉善田歌《搡水草》在“非遗薪传”——浙江传统音乐展演展评中获“薪传奖”和“最具人气奖”。精心策划创作题材，充实全县重点文艺创作项目库，长篇抗日历史小说《七天七夜》荣获浙江省重点文艺扶持项目。嘉善县新故事和姚庄农民画等两个项目荣获“浙江省民间文化艺术之乡”称号。

4. 做强文化产业：唱响西塘和大云 IP

“3+3+2”体系做发展。以文化旅游、文化制造、文化信息 3 个已具一定市场基础和生产规模的产业为主导，重点发展文化影视、工艺美术和文化体育 3 大产业，重点培育文化创意设计和数字内容 2 大具有高成长性和发展潜力的新兴产业，构筑富有核心竞争力和嘉善特色的“3+3+2”现代文化产业体系。

“文化 +”理念做融合。以“文化 +”为突破口，重点推动文化产业与旅游、科技、金融、制造、体育等五个产业的深度融合。西塘 · 祥符荡文化艺术园区项目，引入华夏幸福打造影视综艺产业园，打造江南文化的创新基地、西塘旅游升级的示范区域、嘉善文创的启动引擎。西塘 · 中国演艺小镇项目为西塘提供旅游、休闲、演艺、度假、博览、培训、公共文化消费区等一揽子配套，打造线上线下全产业链。大云镇着力打造甜蜜大云品牌和云宝 IP 的文旅融合原创内容矩阵，大力发展文化旅游产业。巧克力甜蜜小镇按照“生产、生态、生活”三生融合的创建要求，走“旅游 +”特色之路，重点培育与巧克力甜蜜小镇主题相关的特色旅游产业。

“文创 30 条”政策做支撑。2018 年县委、县政府正式下发《关于加快推动文化产业成为百亿级产业的若干意见》（简称“文创 30 条”），从资金、金融、土地、人才和组织等方面对嘉善文化产业发展提供强大支撑，加大财政税收支持力度、增强市场主体活力、扶持重大项目发展、支持金融服务创新发展、保障文化产业用地、支持市场开发和开拓、推进大众文化消费、实施文化产品奖励政策、实施文化人才激励政策等举措，助推文化产业早日成为国民经济重要的支柱性产业。

（七）以党建工作为引领，实现从政府善政到县域善治

嘉善县始终坚持党要管党、从严治党，全面加强党的各项建设，以党建工作为引领，提升党和政府治理能力现代化，实现从政治善政到县域善治，为践行新发展理念提供坚强的政治保障。

1. 创新理论学习平台，抓牢基层党建堡垒

始终把深入学习贯彻党的十九大精神和习近平新时代中国特色社会主义思想放到重要位置。创新嘉善论坛、善政学堂等学习平台，开展多形式、全覆盖的学习培训。每周编印一期《嘉善县学习习近平新时代中国特色社会主义思想简报》，打造了一批学习综合体、传习所等基层宣传思想文化阵地，扎实做好习近平新时代中国特色社会主义思想进企业、进农村、进机关、进校园、进社区、进军营、进网络“七进”活动，让新思想贯彻到各个领域、各项工作，使其更接地气，更具活力。

重点做好基层党建工作。深化社区大党委、党建联席会议、党员楼道长、街区党建等工作，打造社区“红管家”，积极构建区域统筹、多方联动、各域融合的城市基层党建格局。党员楼道长工作案例被评为第四届全国基层党建创新优秀案例。实施“组织优化”工程，加强党在农村的领导核心。积极创新基层组织设置模式，将 44 个村党总支升格为党委。探索农村网格党建，将全县 118 个村（社区）划分成 662 个网格，每个网格分别建立党支部（党小组），统筹整合党员中心户、文化中心户、网格中心户，建立 572 个“党员先锋站”，形成“村党组织 + 网格党支部（党小组）+ 党员先锋站”的农村网格党建新格局。采取“支部 + 协会”、“支部 + 合作社”和“支部 + 电商”等模式，积极在专业合作社、党员创业示范服务基地、农业龙头企业等产业链上建立党组织，迄今共建立产业链党组织 45 个。在城乡一体新社区，重点构建以社区党组织为核心，居委会、党群议事会、居务监督委员会相配套的“1+3”组织架构。通过建设“红色 E 家园”，搭建网络“微平台”、强化党员“微互动”、开展组织“微生活”、集聚先锋“微能量”，有效解决了基层党员从业多样化、流动性大、日常教育难等问题。理顺国企党建管理

体制，开展国企党建“四强四优”活动，形成善通公司“12345”党建服务品牌等一批党建品牌。狠抓特色小镇党建，在全县省级、市级3个特色小镇均成立特色小镇党委，推进特色小镇党群服务中心建设。

2. 发挥党员干部先锋作用，建设服务型政府

充分发挥党员先锋站作用，密切联系服务群众。党员先锋站除了每月定期开展学习日、议事日、走访日、服务日、评议日这“五日”党员活动外，还根据各自实际，积极创新服务内容。

充分发挥党员干部先锋作用，做服务群众的贴心人。及时了解群众所思、所盼、所忧、所急，解决人民群众生产中的难题。在罗星街道厍浜村严家浜党员先锋站，党员孟华军正在给大家介绍苦瓜种植技术与病虫害防治技术。依托“九熊”黄桃科普示范基地和乾贸黄桃专业合作社成立的柱头港特色党员先锋站，每月举办1期技术培训，并邀请专家进行现场技术指导，持续提高黄桃质量和产量。

建立县、镇（街道）、村（社区）三级联动的“红色代办链”。县级代办负责重大项目，镇（街道）级代办负责主体项目，村（社区）级代办负责便民事项服务，有效助力“最多跑一次”。早在2014年，嘉善就积极探索村一级的便民服务红色代办机制。嘉善建立“民情在线系统”，依托网格化管理，每个网格配备一名在册党员和一名在职党员，充分发挥在册党员熟悉情况和在职党员熟悉业务的优势，解决百姓民生需求，帮助百姓代办跑腿，为其提供政策咨询，进行信息公示等。

3. 弘扬党员志愿精神，推动多元协同治理

建立完善的志愿服务网络。嘉善县启用“96345”党员志愿服务总站，健全1个总站、17个分站、154个村（社区）驿站的县、镇、村三级志愿服务网络体系。创新开展集中式、共建式、双岗式、领办式、点单式“五式”志愿服务。魏塘街道组建车站路街区党支部，打造车站路党建示范街，街区内有暖胃小站、健康小站、心情小站、维权小站、缝补小站、休息小站、4点半小站共7个小站，为群众提供多样化的志愿服务。

探索志愿服务工作机制和长效机制。建立“党员楼道长”、“党员河（段）长”和“党员路长”等一系列制度，建立健全党员志愿服务工作运行机制，充分发挥党员在社区建设和环境治理中的作用。开发党员志愿服务系统，将全县低保户、残疾人录入系统，提供点单式志愿服务。

组建志愿服务小分队。在全县范围内招募建立了300余支党员志愿服务小分队，服务内容涵盖医疗救援、农业惠民、文明教育、环境美化、综合便民、助残帮困六大方面，开通“善心巴士”，结合企业、部门、村、社区“四方红色联盟”，常态化开展进农村、进社区、进学校、进企业、进医院等“五进”送关爱、送温暖服务。

4. 加强党的作风建设，凝聚民心促民风

坚持从严治党、加强党的作风建设。不断加强党风廉政建设教育力度，深化完善机关干部岗位廉政风险防范机制，坚决贯彻落实“十严禁”、“五条禁令”和“五个不”等纪律要求，修订完善会议学习、公务接待、信访工作、财务工作等制度，进一步健全管理制度体系，干部清正、政府清廉、政治清明的政治生态更加优化。

以优良党风促政风、带民风、树新风。将清政风、正党风融入家规家训，坚持培育与传承相结合，积极推进家风家训建设，以清为美，以廉为荣的价值取向深入人心，人民群众对党的信心和信赖不断增强。结合党规党纪教育，走村入企开展“树良好家风，守纪律底线，做合格党员”宣讲教育活动，引导基层干部和人民群众简朴本分，知礼传家。

三、建议与展望

郡县治则天下安，县域治理在国家治理中具有重要意义，是国家治理的基石，是城乡融合发展的关键。嘉善县在践行新发展理念上取得了长足的经验，但在地域空间和经济社会上表现出分散性特征，诸多县域发展难题亟待破解。

（一）发挥国家级县域规划的先行优势，不断激发改革活力，为全国县域在破解深层次矛盾和问题上提供示范

县域作为国民经济和社会发展的基本单元，是发展经济、保障民生、维护稳定的重要基础。县域经济抓好了，全局发展就会有好基础。从这个意义上看，嘉善县域科学发展示范点建设在国家发展改革的总体战略布局中具有重要地位，在过去，为破解我国县域发展难题提供了诸多有益启示。处于新时代的嘉善，要继续落实“八八战略”，继续“先行先试”，继续能够敢为人先，抓住机遇，大胆进行体制机制改革创新，激发创造活力，能够在一些县域发展存在的突出问题上，大胆尝试探索，不断为我国县域发展提供可供参考和借鉴的经验。

（二）发挥接轨上海第一站的区位优势，不断拓展开放纵深度，为长三角一体化县域高质量发展提供示范

首先，嘉善主动接轨上海的体制机制要继续不断创新。应通过开展市级、区 / 县级政府层面的合作，建立起政府间战略合作机制和事务性工作层面合作机制，使得接轨上海的长效性和实效性能够得到保证。通过打造上海高端产业配套基地，紧紧围绕“大湾区”、G60 科创走廊等重大战略，全面对接上海各类产业园区。打造上海人才创新创业乐园，出台含金量更高的“科技新政”和“人才新政”，不断增强嘉善接轨上海的紧密度和精准度。其次，进一步加快嘉善和上海在交通基础设施领域的互联互通。积极按照上海卫星城的标准，推进全方位接轨上海。将来高铁新城、浙沪高新技术产业园、“上海之窗 · 枫南小镇”将集聚人口约 30 万人，往来上海客流将大幅增加。希望国家发改委帮助协调上海市政府、上海市铁路局，支持嘉善利用既有沪昆铁路开行上海至嘉善城际列车。重点推进通勤列车恢复，谋划建设嘉善轻轨与上海地铁 9 号线、17 号线无缝对接。再次，嘉善复制上海自贸区相关政策要实质性地率先突破。当前上海自贸区嘉善项目协作区的作用尚需巩固扩大，与自贸区管委会行政层面需加强衔接，在金融等创新方面要率先

复制。应抢抓上海自贸区和国家自贸港建设的重大机遇，将自贸区政策率先延伸到嘉善出口加工区，将自贸港政策在经济技术开放区先行先试。考虑在上海自贸区扩区时将嘉善县纳入，或未来上海进行自贸港试点时将嘉善纳入。最后，全面推进嘉善和上海的医疗一体化。通过省级层面、上海市政府层面协调，能够享受上海郊县待遇，嘉善县第一人民医院能得到一家上海三甲医院全面托管，快速提升县一院的医疗服务能力和水平。

（三）发挥土地整治的经验优势，突破土地资源约束，为县域土地综合整治提供示范

嘉善为水乡平原，为长三角右冀主要通道，城乡统筹基础良好，各项事业发展势头较好，但嘉善基本农田保护面积与现有耕地之比较高，达到86%，可以腾挪的空间十分有限，造成“退散”后“进集”困难，阻滞了对空间格局的再优化和更高质量发展。在谋划实施一批重大平台和重大项目中，因预留的土地机动指标不足，难以落地。建议支持嘉善提前开展土地利用总体规划修改事项，在确保耕地集中连片，数量、质量有提高的基础上，对原有划定的基本农田空间格局进行再优化，为现代规模农业立基础，为大平台腾空间。同时，继续将腾退的土地还田、还绿，集中连片，提高耕地质量，促进农业规模化、现代化。实现一、二、三产统筹协调、相辅相成的高质量发展。成片后的耕地纳入基本农田，实行永久保护、生态保护。支持嘉善县争取新一轮土地利用总体规划修编国家级试点，开展村土地利用规划编制省级试点。建立农村宅基地有偿使用和退出机制，继续推进城镇低效用地再开发。试行城乡建设用地增减挂钩指标化管理，开展城乡建设用地增减挂钩节余指标省内跨区域入市交易，率先实施全域土地整治工程。

（四）坚持以人民为中心的发展理念，不断提升群众幸福感，为打造县域善治模式提供示范

嘉善应继续着眼于富民、惠民、安民，推进共享发展，建成民生幸福新

家园。持续推进富民增收。首先，通过因地制宜、因势利导，充分发挥自身优势，继续在“飞地抱团”上进行探索尝试。一是以“飞地”提升强村质量，围绕“产业转型升级引领区”建设，在国家和省级开发区、省市特色小镇、镇级“两创中心”等“金边银角”区域，规划符合产业发展导向的强村项目，实现土地价值的倍增；二是以“抱团”提升发展动能。发挥强村政策的牵引作用，引导村级组织将补助资金、自有资金和腾退的盘活资金整合起来，联合发展规模型、集聚型、生态型强村项目，推动村级组织参与。其次，完善创业创新引导和服务机制，落实创业担保贷款等政策，推广创客空间、创新工场等新型孵化模式，构建一批众创、众包、众扶、众筹支撑载体，以创业带动就业。健全人力资源市场监管体系，实施更加积极的就业政策。探索县域城乡居民增收机制，健全资本、技术、专利、管理等要素市场报酬机制，建立反映劳动力市场供求关系和企业经济效益的工资协商共决机制。培育发展混合型农业经营主体，引导农村劳动力转移就业，增加农民财产性收入。再次，提升公共服务共享水平，加大学前教育投入力度，提高义务教育优质均等化水平和普通高中教育质量。加强职业教育特色优势专业建设和学校等级建设，支持引进高水平高等院校。推进健康嘉善建设，提高医疗卫生服务质量和水平，推动全民健身和全民健康深度融合，开展省级养老服务业综合改革试点。探索建立长期护理保险制度，进一步创新医养结合、“互联网+”养老、家院融合等模式，全面放宽养老服务市场。

改革没有完成时，只有进行时。在进入新时代的今天，面对新问题和新挑战，嘉善要勇于担当、做好推进新发展理念示范探索工作。敢破敢立、推陈出新，继续发挥“先行先试”的模范排头兵作用，继续践行习近平新时代中国特色社会主义思想，打造县域善治模式范本，尽快升级为新发展理念的示范县。

改革开放
与中国县域发展
GAIGEKAIFANG

浙江安吉

ZHEJIANG ANJI

践行“两山”理念的先行者

中国社会科学院农村发展研究所

2005年8月15日，时任浙江省委书记习近平视察安吉余村时提出了“绿水青山就是金山银山”的“两山”理念。2015年，《中共中央国务院关于加快推进生态文明建设的意见》（中发〔2015〕12号），将“坚持绿水青山就是金山银山”这一理念正式写入中央文件；党的十九大报告进一步明确提出，“建设生态文明是中华民族永续发展的千年大计，必须树立和践行绿水青山就是金山银山的理念”。“两山”理念已成为当代中国的发展共识，是推进中国生态文明建设的指导思想。

安吉是“两山”理念的诞生地，也是践行和实现“两山”理念的典范。安吉自2001年开始实施“生态立县”发展战略以来，经过不懈的努力和发展探索，生态文明建设和经济社会发展均取得了显著成效，实现了从一个封闭、落后、曾是环境污染重点治理区域的山区县，到经济、社会、生态全面发展的生态文明建设先进样板的华丽转变，形成了以生态文明建设为核心、生态优先绿色发展的安吉模式。

安吉模式具体可概括为：坚持以人民为中心，坚持把优良的生态环境、生活环境、生产环境作为最普惠的民生福祉，坚定不移地践行“绿水青山就是金山银山”理念，实施“生态立县”发展战略，通过保护改善生态环境、厚植生态环境优势，全域建设美丽乡村、全面发展绿色产业，创新绿色发展体制机制，营造全民参与建设氛围，依靠农村内生发展动能，实现了城乡融合发展、经济社会协调发展、人与自然和谐发展，人民群众的获得感、幸福感和安全感不断提高，探索出了一条生态文明新时代的绿色发展、生态富民、科学跨越的可持续发展之路。

全面系统地梳理安吉改革开放40年特别是近20年来生态文明建设的发展历程，总结安吉模式，可以为全国其他县市践行“两山”理念、推进经济社会发展与生态文明建设、找到适合本地区的发展道路提供有益的启示，还可以揭示改革开放40年来，我国乡村发生深刻变化的原因，在经济发展进入新时代的大背景下更好地推动乡村振兴战略的实施。

一、安吉县基本情况

安吉取自《诗经》“安且吉兮”，公元185年建县，是古越国重要活动地和秦三十六郡古鄣郡郡址所在地。安吉隶属浙江省湖州市，有“中国第一竹乡”、“中国白茶之乡”、“中国椅业之乡”之称。县域总面积1886平方公里，下辖11个乡镇、4个街道、187个行政村。截至2017年末，总人口46万。境内“七山一水二分田”，毛竹资源丰富。2017年，全县拥有山林198万亩，其中毛竹林108万亩，森林覆盖率为70.1%。

安吉属亚热带季风气候，气候温和，雨量充沛，光照适宜，四季分明，年均气温12.2℃～15.6℃，年降水量1100～1900mm，年日照时数1980～2050小时。境内龙王山为黄浦江发源地。

安吉地处长江三角洲的核心地带，区位优势突出，90分钟的交通圈内有杭州、上海、苏州、南京和合肥等人口众多、经济发达的城市。

安吉经济发展水平较高。2017年，地区生产总值360.3亿元，人均GDP 77097元，实现财政总收入67.3亿元，城乡居民人均可支配收入分别为48237元和27904元。

二、改革开放 40 年发展的突出成就

改革开放以来，安吉解放思想，锐意进取，不断探索强县富民之路。特别是近 20 年来，安吉坚定不移地实施“生态立县”发展战略，践行“两山”理念，找到了适合本地的发展道路，形成了以生态文明建设为核心的绿色发展模式，不仅生态环境得到有效保护和改善，而且经济、社会得到全面发展。

（一）生态文明建设成效突出，美丽乡村形成品牌影响力

安吉坚持“生态立县”发展战略，坚定不移地践行“两山”理念，通过近 20 年的不懈努力，生态环境和人居环境明显改善。2017 年，森林覆盖率达到 70.1%，林木绿化率达到 70.4%；空气质量优良天数比例达 89%；地表水监测断面达标率为 100%，县城集中式饮用水源地水质达标率为 100%，出境水交接断面水质达标率为 100%。

近 20 年来，安吉生态文明建设始终走在全国前列，获得首个国家生态县、首个县域联合国人居奖获得县、中国人居环境奖、第一批国家园林县城、国家水土保持生态文明县等荣誉称号；被命名为全国首批生态文明建设试点县、国家级生态示范区、全国农村生活污水治理示范县、全国农村垃圾分类和资源化利用示范县、全国水土保持生态环境建设县、国家可持续发展实验区、国家循环经济示范县；被列为全国“两山”理念实践试点县。

安吉是“中国美丽乡村”发源地。2008 年，安吉在全国率先提出建设中国美丽乡村，经过 10 年的发展，美丽乡村建设成效显著，村容村貌发生巨大变化，人居环境明显改善，依托优美的生态环境促进了产业的融合发展，居民生活水平、生活质量和幸福感大幅提高，“民富、村强、景美、人和”成为目前安吉农村的真实写照。美丽乡村和美丽经济已经成为安吉最靓丽的名片，品牌影响力巨大。

（二）经济实力大幅提升，绿色产业成为主导和支柱产业

改革开放以来，安吉综合经济实力不断登上新台阶，由一个落后的山区县发展为经济发达县。1978～2017 年，安吉地区生产总值由 1.32 亿元增长到 360.31 亿元（见图 1），年均增长达 15.5%（名义增长率），高于同期全国平均增长水平；人均 GDP 增长也远快于全国平均水平。

图 1　安吉 GDP 水平

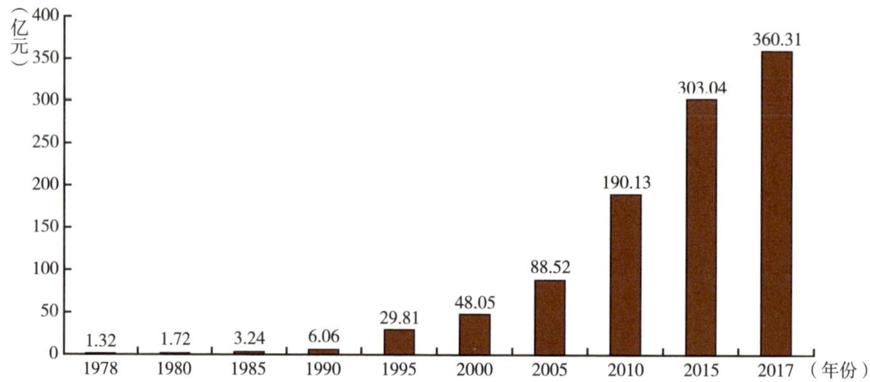

资料来源：根据安吉县统计局、国家统计局安吉调查队提供的数据整理。

在综合经济实力大幅提高的同时，经济结构也不断优化，绿色产业快速发展，成为安吉经济的主导和支柱产业。

一是高耗能产业比重大幅下降。改革开放后相当长一段时期，安吉以高耗能产业为主导支撑了经济的快速发展；但是，随着生态优先绿色发展战略的实施，高耗能产业在经济发展中的地位大幅下降。纺织业、造纸及纸制品业、化学原料及化学制品制造业、化学纤维制造业、非金属矿物制品业和黑色金属冶炼及延压加工业等高耗能产业占工业增加值的比重从 1998 年的 41.9% 下降到 2017 年的 16.7%，下降了 25.2 个百分点（见图 2）。

二是绿色产业发展迅速，比重大幅提升。安吉充分利用丰富的自然资源和优美生态环境的比较优势，大力发展白茶、绿色家居（竹制品加工业和椅业）和休闲旅游业等生态农业、生态工业和生态旅游业，绿色产业发展迅

图 2 安吉工业增加值结构变化

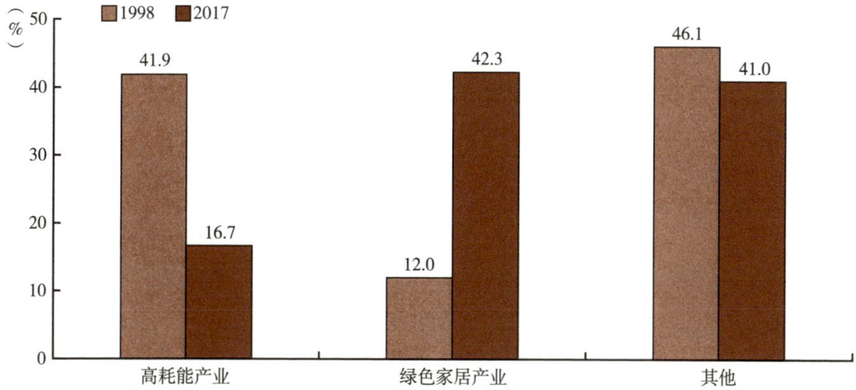

资料来源：根据安吉县统计局、国家统计局安吉调查队提供的数据整理。

速，已成为安吉经济的重要支柱产业以及居民收入的重要来源。2017 年安吉绿色产业占 GDP 比重达到 70.9%，以竹椅产业为代表的绿色家居产业占工业增加值的比重从 1998 年的 12.0% 上升到 2017 年的 42.3%，大幅提升了 30.3 个百分点（见图 2）。

三是经济发展能耗较低，经济效率较高。2016 年，安吉县 GDP 能耗为 0.4 吨标准煤 / 万元，低于浙江省的 0.5 吨标准煤 / 万元。每度电创造的 GDP 为 13.33 元，高于浙江省平均水平。

（三）城乡居民收入水平高，城乡收入差距小

改革开放以来，安吉城乡居民收入快速增长，并达到较高水平。1978～2017 年，农村居民人均纯收入（可支配收入）由 184 元提高到 27904 元，年均增长 13.8%，比同期全国农村居民收入年均增长速度高 1.3 个百分点，也高于同期浙江省农村居民收入年均增长速度；2017 年农村居民人均可支配收入是全国平均水平的 2.8 倍，比浙江省农村居民人均可支配收入高 12%（见图 3）。1985～2017 年，安吉城镇居民人均可支配收入从 825 元提高到 48237 元，年均增长 13.6%，均高于同期全国和浙江省平均增长速度。

图 3　农村居民收入水平比较

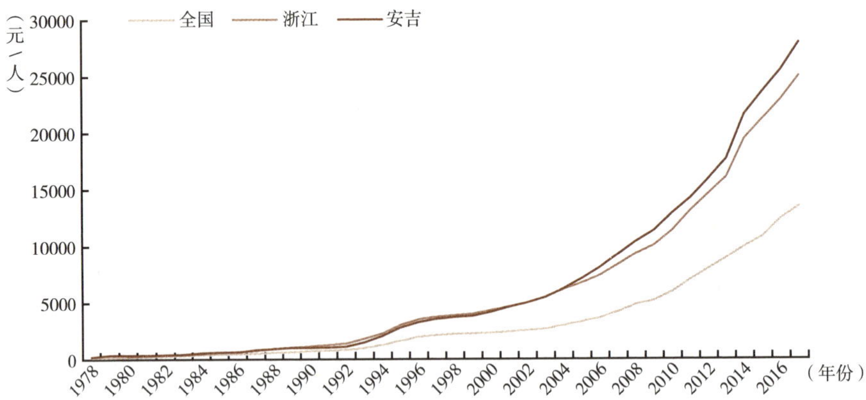

资料来源：历年《中国统计年鉴》、《浙江统计年鉴》和《安吉统计年鉴》。

在城乡居民收入大幅提高以及城乡居民收入水平均处于较高水平的同时，城乡居民收入差距大幅缩小，收入差距处于较低水平。2017 年，安吉城乡居民人均可支配收入差距为 1∶1.73（以农村居民收入为 1），大大低于全国平均水平（1∶2.71）和浙江省平均水平（1∶2.05）。

（四）实现了较高水平的城乡基本公共服务均等化

改革开放以来，随着经济发展水平不断提高，政府财力不断增强，安吉不断加强城乡社会事业建设，实现了较高水平的城乡基本公共服务均等化。农村生活污水处理、生活垃圾无害化处理、农村联网公路、城乡公交、劳动就业、卫生服务、居家养老、学前教育、广播电视、文化体育、城乡居民社会养老保险、农村清洁能源利用、农村信息化 13 项公共服务实现了全覆盖。2017 年，全县 98% 的幼儿享受低价优质学前教育，小学学龄儿童和初中入学率均达到 100%，义务教育省标准化学校比例达到 90.9%，全县 15 个乡镇中有 13 个乡镇成为浙江省教育强乡镇。城乡医保实现省内联网刷卡报销，基本养老保险和医疗保险实现全覆盖，特困人员集中供养率接近 100%。100% 的乡镇有幼儿园、托儿所、小学、图书馆、文化站、医疗卫生机构，72.7% 的乡镇有剧场、影剧院，90.9% 的乡镇有公园及休闲健身广场，72.7% 的乡镇有本级政府创办的敬老院，57.1% 的村有幼儿园、托儿所，99.5% 的村有体育健身场所，78.0% 的村有卫生室等医疗机构，75.3% 的村有执业（助理）医师服务，约 30.0% 的村有标准化电影院。

三、安吉模式的探索形成历程

自古以来，安吉人就有注重保护生态环境的传统。改革开放以来，安吉在如何处理经济发展和生态环境保护关系方面不断探索，中间虽有波折，但最终确立了“生态立县”发展战略，将保护和改善生态环境作为立县之本、发展之基，实现了生态环境保护和改善与经济社会协调发展。

（一）牺牲环境，换取经济超常规增长（1978～1998 年）

改革开放之初，安吉属于典型的农业县和落后的山区县，工业发展基础薄弱，经济发展水平低下。1978 年第一产业比重为 44.7%，比同期全国平均水平高出 16.6 个百分点。

改革开放后很长一段时期，安吉工业发展依然缓慢，传统农业依然占据主导地位，经济发展相对滞后。1978～1991 年，绝大多数年份第一产业占 GDP 的比重维持在 40% 以上，1991 年，第一产业比重与 1978 年相比没有发生变化，依然高达 44.8%，比全国平均水平高 20.3 个百分点。同期，GDP 年均增长速度不仅远远低于浙江省平均水平，也低于全国平均水平（见表 1）。

为尽快摆脱经济发展的落后状况、缩小与周边地区经济发展的差距，在全党抓经济、以经济建设为中心的发展思路指导下，安吉提出要大上乡镇企业、加快发展工业、“八五”时期提前 5 年实现翻两番。从 1992 年开始，安吉大幅加快了工业发展速度，利用丰富的矿山、竹林等自然资源，大力发展造纸、水泥、化工、建材等资源消耗型、高耗能和高污染型产业，短短几

表 1　GDP 年均增长速度比较（名义增长率）

（单位：%）

时期	全国	浙江	安吉
1978～1991 年	14.8	18.2	13.9
1992～1998 年	21.0	24.2	27.1
1999～2005 年	12.9	16.2	12.5
2006～2017 年	12.8	11.4	12.1

资料来源：根据历年《中国统计年鉴》、《浙江统计年鉴》和《安吉统计年鉴》数据整理。

年里，工业发展规模迅猛扩张，1992 年和 1993 年工业增加值增长率分别高达 61.5% 和 55.0%。工业的迅猛发展支撑了经济的超常规增长，1992～1998 年，GDP 年均增长速度高达 27.1%（名义增长率），远高于同期全国和浙江省平均水平（见表 1）。这一时期，第一产业比重下降至 19.6%，大幅下降了 25.2 个百分点；经济发展的落后状况得到较大改善，1997 年被浙江省委、省政府命名为小康县。

虽然这一时期经济实现了超常规增长，但粗放式的工业化发展特征十分明显，主要依赖资源消耗型、环境污染型工业发展以及矿山开采。1998 年，纺织、造纸、水泥、化工、化纤等高耗能、高污染产业占工业增加值的比重高达 41.9%。这些产业虽然短期内带动了安吉经济的快速增长，但牺牲环境、片面追求经济高速增长的方式，对生态环境造成了极大的破坏，环境污染问题十分突出。林木、矿产等资源过度开采导致青山被毁、水土严重流失；工业固体废弃物随意倾倒、工业废水废气直接排放造成境内主要河流被严重污染，水质明显恶化，空气中二氧化碳含量增高；生态环境的恶化，也对人居环境造成恶劣影响。余村就是一个典型。改革开放后，余村利用本村资源开矿采石、兴办水泥厂，全村绝大多数劳动力在矿山、水泥厂就业谋生，依靠“卖石头”，余村很快摆脱了贫困，1997 年村集体收入 300 多万元，一度成为全县最富裕的村。但因为矿山、水泥厂的污染，余村常年笼罩在烟尘中，原先翠绿的竹林变黄了，村民们晾晒在外的衣物沾满烟尘，致死致残的生产事故时有发生。

生态环境破坏给黄浦江源和太湖带来了严重的环境问题。1998 年，安吉被国务院列为太湖水污染治理重点区域，受到“黄牌”警告，以牺牲环境换取经济超常规增长的粗放式工业化发展模式受到了严厉的惩罚。

（二）主动求变，确立生态立县的绿色发展道路（1999～2005 年）

1998 年，国务院发布《国务院关于太湖流域水污染防治“九五”计划及 2010 年规划的批复》(国函〔1998〕2 号)，开展了以污水整治为目标的“太湖零点行动”，安吉被列为太湖水污染治理重点区域。根据整治要求，凡是不能达到排放标准和要求的企业，必须一律关停。为了贯彻落实“太湖零点行动”，安吉被迫对全县 74 家污染企业进行了强制治理，关闭了 33 家，拆除有 30 年造纸历史、全县上缴利税之首的孝丰纸厂制浆生产线。

“太湖零点行动”给安吉全县带来了巨大的震动，痛定思痛，县委主要领导开始意识到粗放式发展不可持续，走先污染后治理、先破坏后修复的老路行不通。因此，1998 年底在完成太湖流域水污染限期治理任务后，县委领导班子开始认真思考发展模式的问题，并开启了生态优先绿色发展、生态文明建设的探索历程。

1999 年，安吉首先开展实施了以加快开展绿化造林、封山育林和环境保护工作为主要内容的“绿色工程”。同年，安吉县人大十二届四次会议出台《关于加快实施“生态立县——生态经济强县”的决议》。由此拉开了安吉生态保护和生态环境建设的序幕。

2001 年，安吉县委、县政府出台《关于“生态立县——生态经济强县”的实施意见》，提出以良好的生态环境为基础，以建设生态经济强县为核心，大力发展生态工业、生态农业、生态旅游等生态经济和生态城镇，初步确立了生态优先、绿色可持续发展方式和战略。2003 年，安吉县委、县政府出台了《关于生态县建设的实施意见》，确立了“生态立县、工业强县、开放兴县”发展战略，依然将生态立县置于首位，强调要坚持走生态立县之路，加快推进现代化生态县建设，努力把安吉建成生态经济强县、生态文化大县和生态人居名县。在决定实施生态立县发展战略后，安吉县委、县政府采取了一系列政策措施保护和改善生态环境，发展生态经济，并取得了初步成效，生态环境保护和建设走在了浙江省和全国前列，获得了全国第二批“国家级生态示范区”称号和“全国首个国家生态县”的荣誉。

但安吉确立生态优先绿色发展的生态立县发展战略的过程并非一帆风顺。大量关停高污染企业和矿山、开展污染治理等导致经济增速下滑，1999年安吉经济增长速度仅为3.76%；1999～2005年与1992～1998年相比，经济增长速度大幅下降了14.6个百分点，下降幅度远大于全国和浙江省；1999～2005年，安吉GDP年均增长速度远低于浙江省平均水平，也低于全国平均水平（见表1）。安吉GDP与周边县区的差距进一步拉大。在唯GDP增长时代，经济增长速度的下滑，引发了人们对生态立县发展战略的质疑，县委领导班子成员的思想认识也不完全一致，存在疑虑，在保护、改善生态环境与经济发展的权衡上有些举棋不定。

同时，这一时期，安吉虽然意识到绿水青山的重要性，确立了生态立县发展战略，但仍在摸索如何将绿水青山转化为金山银山。

（三）积极探索，形成生态文明建设的安吉模式（2006年以后）

2005年8月15日，时任浙江省委书记习近平到余村调研基层民主法制建设工作。在听取村干部汇报余村为了保护环境，关停了污染环境的矿山、炸掉了水泥厂、发展农家乐和旅游时，充分肯定了余村的做法，指出“我们过去讲既要绿水青山，又要金山银山，实际上‘绿水青山就是金山银山’”。“两山”理念的提出不仅为余村指明了发展方向，也坚定了安吉实施生态立县发展战略的信心，实现了认识上的高度统一。自此，安吉发展真正步入了践行“两山”理念、生态立县，建设生态强县，走绿色可持续发展的轨道。

一方面，安吉积极采取多项措施，实施多项工程，保护和改善生态环境。加强行业污染治理，持续开展烟尘污染治理和造纸、化工、竹加工企业的废水污染整治，坚决关闭不达标企业。自2003年起，安吉通过实施“八八战略”、“千万工程”①和新农村建设，农村环境状况和面貌大为改观。在此基础上，2008年安吉在全国率先提出建设“中国美丽乡村”，2013年又在浙江省率先提出美丽乡村升级版建设。美丽乡村建设大大改善了农村生态环境和人居环境。同时，按照浙江省统一部署，大力开展“三改一拆”（开展旧住宅区、旧厂区、城中村改造和拆除违法建筑）、“四边三化”（公路边、铁路边、河边、山边区域开展洁化、绿化、美化行动）、“五水共治”（治污水、防洪水、排涝水、保供水、抓节水）等，全域全面改善生态环境和人居环境。生态环境和人居环境的改善为实现绿水青山转化为金山银山创造了有利的条件、奠定了良好的基础。

另一方面，安吉依托优美的生态环境和良好的人居环境优势，积极探索绿水青山转化为金山银山的路径：对产业布局和工业产业结构进行重新定位，重点发展具有地方特色的绿色产业，将生态资源转变为生态资本，形成以生态农业、生态工业和生态旅游业为主的绿色产业体系，生态绿色经济得到长足发展，已成为安吉经济的主导和支柱，实现了经济的又快又好发展。2006~2017年，GDP年均增长（名义增长率）12.1%，高于同期浙江省平均增长水平（见表1）。昔日依靠卖石头、牺牲生态环境成为富裕村的余村通过改善生态环境、发展休闲生态旅游业等，成功实现了转型，2017年村集体经济收入达到410万元、农民人均可支配收入为41378元，获得全国美丽宜居示范村、全国文明村镇、全国民主法治示范村、省级森林人家特色村等诸多称号，为国家3A级景区。

安吉通过不断探索和实践，找到了经济发展和生态环境保护、改善双赢的途径，形成了绿色可持续发展的安吉模式，成为践行“两山”理念的样板。

---

①“八八战略”是指2003年浙江省委提出的发挥浙江的八个优势、推进八个方面的举措。“千万工程”是指从2003年起浙江省开展的“千村示范、万村整治”的农村环境治理工程。

四、安吉模式的主要经验和做法

安吉坚定不移地践行“两山”理念，实施生态立县发展战略，取得了突出成效，形成了一系列具有安吉特色的成功经验和做法。

（一）发展思路一以贯之，坚持生态立县发展战略

生态优先发展思路的一以贯之，是安吉践行“两山”理念、坚定不移地实施生态立县发展战略、实现经济社会生态协调发展的重要基础和保障。自2001年确立生态立县发展战略以来，安吉历届县委、县政府领导班子坚决摒弃唯GDP增长的政绩观，牢固树立生态保护和改善优先的发展观与政绩观，虽然经历了四届县委、县政府换届，但生态立县发展战略、生态保护和改善优先发展思路一直贯穿于安吉发展的始终。安吉出台了一系列重要文件，保障生态立县发展战略的有效实施与具体落实（见表2）。发展思路的一以贯之在所有重大政策制定、历届党代会和政府工作报告以及国民经济和社会发展“五年规划”等规划编制中都得到充分的体现。

表2　关于实施生态立县发展战略、加强生态文明建设的部分文件

时间	文件名称
2001年	中共安吉县委、安吉县人民政府《关于“生态立县——生态经济强县”的实施意见》
2003年	中共安吉县委、安吉县人民政府《关于生态县建设的实施意见》
2008年	中共安吉县委、安吉县人民政府《关于2008年建设“中国美丽乡村”的实施意见》
2008年	中共安吉县委、安吉县人民政府《安吉县建设“中国美丽乡村”行动纲要》
2010年	中共安吉县委、安吉县人民政府《关于2010年纵深推进中国美丽乡村建设实施意见》

续表

时间	文件名称
2013 年	中共安吉县委、安吉县人民政府《关于 2013 年深化美丽乡村加快生态文明建设的实施意见》
2017 年	中共安吉县委办公室、安吉县人民政府办公室《安吉县实施乡村振兴战略（美丽乡村提升）三年行动计划（2018～2020 年)》

（二）科学规划、标准引领，强化生态文明建设顶层设计

安吉坚持生态立县、走绿色可持续发展道路，没有受到党委和政府换届以及主要领导更替的影响，生态文明建设取得突出成效，一条重要经验就是不断根据发展变化需要，围绕生态立县发展战略，科学制定战略规划、标准规范，强化生态文明建设顶层设计，有效地指导生态立县发展战略实施。

1. 全域规划引领

安吉在确立生态立县发展战略之初，就认识到规划引领生态文明建设的重要性。为保证生态立县发展战略和生态文明建设的有效推进，安吉不仅坚持将生态文明建设写入各项规划，而且强化了统领全县生态文明建设的宏观顶层规划设计。编制《安吉县生态文明建设纲要》、《生态县建设总体规划》、《生态功能区规划》、《主体功能区规划》、《循环经济发展中长期规划》、《村庄布局规划》、《安吉县“中国美丽乡村”建设总体规划》等，完成了 15 个乡镇和 100 多个行政村的生态乡镇、生态村建设规划，规划涵盖县、乡镇、行政村三级，形成了一体化、综合性“生态立县”规划体系，为生态立县发展战略的实施提供了保障。

2. 标准规范引领

为了确保生态立县发展战略的有效实施，安吉通过标准体系建设强化各项战略措施的落实。2008 年，围绕“村村优美、家家创业、处处和谐、人人幸福”的目标，制定了 4 个方面 36 项指标的美丽乡村建设指标体系，并

据此建立了相应的工作考核评价体系和奖惩标准，使“中国美丽乡村”的概念成为可操作、可检验、可修正、可复制的行动。2012 年完成首轮美丽乡村建设后，2013 年又提高标准，将原来的 36 项指标增加到 46 项，进行美丽乡村升级版建设。2015 年 4 月 29 日，国家质检总局、国家标准化管理委员会正式对外发布安吉参与起草的《美丽乡村建设指南》，2015 年 6 月 1 日正式实施，成为首个美丽乡村建设国家标准，安吉标准上升为国家标准。

为有效推进美丽县域发展、为美丽县域建设提供规范性指导，2017 年 12 月，安吉发布了全国首个《美丽县域建设指南》地方标准规范，并于 2018 年 1 月 1 日正式实施。该指南可被看作《美丽乡村建设指南》的升级版，包括 8 个方面，涉及 67 项 122 个指标。

为有效治理水环境、创建水环境优美村，安吉制定发布了全国首个《美丽乡村水环境优美村创建标准》地方标准规范，并从 2015 年 11 月 26 日开始实施。

（三）全域建设美丽乡村，推动产业融合、城乡融合发展

美丽乡村建设是安吉生态文明建设的重要抓手和平台。美丽乡村建设不仅极大地改善了乡村生态环境和人居环境，而且发挥优美的生态环境、人居环境以及独特的自然资源等优势，实现了产业融合发展和城乡融合发展，是绿水青山转化为金山银山最主要的实现途径。

2008 年开始美丽乡村建设时，按照建设标准，建成 10 个精品村、20 个重点村和 10 个特色村。到 2012 年，全县完成首轮美丽乡村建设，共有 179 个村开展了美丽乡村建设，占行政村总数的 96%，其中精品村 164 个。2013 年，根据发展需要，提高建设标准，推进美丽乡村升级版建设，启动美丽乡村精品示范村建设，实现了美丽乡村行政村全覆盖。2017 年，全县所有行政村均建成“中国美丽乡村”，其中有 177 个精品村、8 个重点村和 2 个特色村。

1. 发挥生态环境资源优势，推动产业融合，发展美丽经济

美丽乡村建设的目的不仅仅是改善生态环境和人居环境，更重要的是在不断改善生态环境的同时，将优美的环境优势转化为经济发展优势，将绿水青山转化为金山银山。为此，安吉在美丽乡村建设过程中，依托优美生态环境和人居环境，促进产业融合，发展美丽经济，特别是乡村休闲旅游业在短短 10 年的时间里迅猛发展，被国家旅游局评为“中国十大乡村旅游目的地”，先后获得全国首个休闲农业与乡村旅游示范县、国家乡村旅游度假实验区和全国旅游标准化示范县等称号。至 2017 年底，全县共拥有 550 多家精品农家乐和民宿，总床位 1.6 万张；有 1 个淘宝镇、7 个淘宝村。山川乡成为全国首个全乡域 4A 级旅游景区，全县有 4 个村成为 3A 级景区。2018 年 1 月，安吉灵峰旅游度假区成为国家级旅游度假区。

2. 三级联创，全域美丽乡村建设，推进城乡融合发展

安吉美丽乡村建设的独特之处在于，美丽乡村建设并未局限在农村，而是不断延伸，由乡村全覆盖向城市、全县域覆盖，走出了一条以乡促城、推进城乡融合发展的独特发展道路。

2013 年，在推进美丽乡村升级版建设的同时，推进风情小镇建设、提升县域整体环境质量，构建“优雅竹城—风情小镇—美丽乡村”三级联创立体化格局。其中乡村以美丽乡村创建为抓手，开展乡村经营；集镇以风情小镇建设为抓手，重点培育示范风情小镇建设；县城以优雅竹城打造为抓手，以城为核心，实现产城融合，开展优雅竹城管理提升行动。

2016 年，安吉提出了“聚焦‘两山’实践，聚力赶超发展，建设中国最美县域”的奋斗目标。从 2017 年开始，以建设全域美为目标，把建设美丽乡村战略上升为建设美丽县域战略，美丽乡村建设升级为美丽县域建设。

3. 创新美丽乡村建设新模式，开展乡村经营，发展新业态

在推进美丽乡村建设过程中，安吉不断创新建设模式，发展新业态，吸引工商资本、民间资本参与美丽乡村建设，共享生态红利。鲁家村引入第三方经营公司，村民以土地作价入股，吸引社会资本，以 18 个家庭农场经营

为发展模式，用观光小火车串起这18个家庭农场，打造成集“游、吃、住、购、娱乐”为一体的田园休闲综合体；2017年8月，鲁家村的“田园鲁家”项目入围全国首批15个国家田园综合体试点项目。高家堂村采取村企合作打造乡村旅游模式，2011年与投资商合作成立旅游公司，村集体和村民成为股东，2013年成为全村域国家3A级景区。刘家塘村以国家3A级景区为基础，成立村级旅游发展有限公司和物业公司，开展美丽乡村经营，发展旅游新业态。为了发挥各自优势、提高综合竞争力、打破行政区划边界，采取多村联创、区域联创的办法，先后形成天子湖镇“二十村组团发展”、孝丰镇“美丽乡村精品示范村五村联创”等多村组团发展的新模式。

（四）立足优势资源禀赋，构建生态绿色主导产业体系

如何将绿水青山转化为金山银山是实现“两山”理念的关键，其实质就是充分利用本地资源禀赋优势，将生态环境优势转化为经济发展优势，提高综合竞争力。安吉在保护和改善生态环境的同时，通过产业融合发展，大力发展特色产业和绿色经济，形成了包括白茶产业、竹产业、椅业、生态休闲旅游业以及新兴产业等在内的生态绿色产业体系，生态绿色产业成为安吉经济发展的主导和支柱，有力地支撑了安吉经济发展，也带动了城乡居民收入的增长。

1. 白茶产业

白茶产业是安吉的特色产业，自20世纪90年代开始，短短20多年，从一株千年“白茶祖”发展为安吉农业主导产业，成为闻名全国的品牌产品。2017年，全县白茶茶园面积17万亩，产量1860吨，总产值24.74亿元，白茶收入占全年农民人均可支配收入的1/5多。“一片叶子成就了一个产业，富裕了一方百姓”，溪龙乡黄杜村就是一个典型代表。黄杜村原是贫困村，1997年开始种植白茶，最初种植面积仅17亩，2017年村内种植面积已经发展到1.2万亩，本村村民经营的白茶面积达4.8万亩，白茶产业的发展使该村实现了脱贫致富，2017年农民人均可支配收入超过3.6万元。

2. 竹产业

竹产业是安吉绿色家居产业的重要组成部分。安吉有丰富的毛竹资源，长期以来，竹子的经济价值没有被充分挖掘，虽然20世纪80年代初安吉就开始引进台湾竹子加工技术，生产竹凉席等产品，但发展较为缓慢，直到90年代末竹产业才得以迅速发展。2008年，竹产业产值达到41.49亿元，是1998年的20.4倍;2017年，竹产业产值达到210亿元，是2008年的5.1倍，从业人员近5万人。丰富的竹林资源得到了充分利用，已经形成由原竹加工到产成品完整的竹材加工产业链，能吃（竹笋）、能喝（竹饮料、竹酒）、能居（竹房屋、竹家具）、能穿（竹纤维衣、被、毛巾、袜子）、能玩（竹工艺品）、能游（竹子景区），产业循环利用率达到100%，实现了一、二、三产业的融合发展。竹制品成为安吉重要的出口产品，2017年竹制品出口占全县出口总额的11%。

在竹产业规模不断扩大的同时，安吉也十分重视解决竹制品加工过程中产生的污染问题。2006年，安吉与浙大联合技术攻关，逐步解决竹制品高浓度废水污染问题。2008年开始行业集中整治，淘汰低小散企业。2009年成立安吉逢春污水处理有限公司，日处理污水300吨，确保全县竹木制品企业高浓度废水统一集中处理。

3. 椅业

椅业也是安吉绿色家居产业的重要组成部分。安吉椅业从1981年研制生产第一把转椅开始，产品由原来单一的转椅向椅业系列化方向发展，生产规模、市场占有率和品牌影响力等在浙江省、全国乃至全球都处于领先地位，已经成为中国最大的坐具生产基地，安吉经济的第一大支柱产业。2017年，椅业销售收入达到335亿元，规模以上企业销售收入占全县规模以上企业销售收入总额的36.4%，利税贡献值在全县所有行业中排名第一。

4. 生态休闲旅游业

生态环境的改善为发展生态休闲旅游业提供了良好的基础。为了充分发挥优美生态环境优势、发展旅游业，安吉出台了《关于全面推进县域大景区建设的实施意见》，将全县作为一个县域大景区来打造，编制《浙江（安吉）泛自然博物园发展规划》、《安吉县休闲旅游业发展总体规划（2011～2020）》。短短十几年，安吉旅游业取得了突飞猛进的发展。旅游业从点状旅游发展为全域旅游，从季节旅游发展为全年旅游，从简单的农家乐、景区观光发展为休闲度假、乡村旅游、工业旅游、运动探险、主题乐园、研学实践、城市休闲、健康养生等综合性业态，吃、住、行、游、购、娱六要素全面覆盖。在安吉，在任何时段，任何年龄段的游客都能找到适合自己的旅游产品。

目前，旅游业已经成为安吉经济的重要支柱产业。2017 全县接待游客 2238 万人次，接待境外游客 20.97 万人次；旅游总收入 283 亿元，其中，国内旅游收入 277.07 亿元，旅游外汇收入 9146 万美元。

5. 新兴产业

优美的生态环境大大提高了安吉投资的吸引力，但安吉在招商引资中坚持以环保为导向，遵守“凡是对生态不利的项目不上，对环境有害的企业不批”的原则和标准，强化环境效益评价，追求和提升产业发展质量，在继续发展白茶产业、竹产业、椅业和生态休闲旅游业的同时，不断推进通用航空、装备制造、信息经济等新兴产业以及健康、现代物流业发展。

（五）加强生态文化建设，培育民众生态文明意识、理念

保护和改善生态环境能否落实到经济社会发展的方方面面，落实到人们的日常生活中，成为全社会遵循的行为准则，关键在于生态文明意识和理念能否深入人心。为此，安吉不断加强生态文化建设，创新生态文明宣传方式，普及生态文明理念，提高公民生态文明素养。

1. 建立全国首个生态日

为了培育全体民众的生态文明意识和行为，2004 年安吉县第十三届人大常委会第六次会议通过决议，将每年的 3 月 25 日定为生态日，这是全国首个生态日。每年的生态日，政府不仅会组织、引导民众参加与生态文明建设有关的活动，还会回顾总结前一年生态文明建设取得的成就和存在的不

足，培育全体民众保护和建设生态环境的意识。

2. 培养少年儿童的生态文明意识和行为

2010 年安吉县水利局、教育局编写了《安吉县水土保持科普教育小学读本》（以下简称《读本》），之后每三年修编一次，作为全县乡土教材纳入小学五年级地方科学课教学，从小培养少年儿童的生态保护意识。截至 2017 年底，已有 4 万名学生学习了《读本》，接受了水土保持系统教学。与此同时，开展“小手拉大手”共同建设生态文明活动，利用孩子对家长的影响，推动家庭生态文明建设。

3. 建立展示和宣传平台，宣传生态文化

建设生态博物馆，开创了“1+12+52”博物馆建设模式，即建立了覆盖全县的以 1 个中心馆、12 个专题馆、52 个生态文化展示馆为主，集竹文化、茶文化、蚕桑文化、竹扇文化等当地（村落）特色生态文化内容于一体的博物馆群，全面展示和宣传生态文明。

4. 创新生态文明宣传方式

将文化活动与生态文明教育结合起来，让民众在参与文化活动的过程中接受生态文明教育。例如，将生态文明建设的内容拍成电影，编写成歌曲和戏曲，编入游戏活动，让民众通过观赏电影、文艺节目和参加游戏，接受生态文明教育，提高生态文明意识。

5. 普及生态文明理念

2013 年，安吉编制出台了《生态安吉县民守则》（以下简称《守则》），《守则》主要以“生态”、“绿色环保”为主题。安吉通过《守则》普及生态文明理念，强化民众生态环保意识，规范民众行为。2015 年，安吉推动全县 187 个行政村全部完成村规民约修订，并以村规民约的制定和执行为切入点治陋习、破旧俗、树新风，如将农村生活垃圾分类列入村规民约，带动农民参与生活垃圾分类活动，实现全县农村生活垃圾分类全覆盖，被住建部确定为全国第一批农村生活垃圾分类和资源化利用示范县。

（六）创新、健全体制机制，构建生态文明建设制度体系

体制机制是生态立县发展战略、“生态优先”能否有效实施的制度保障。安吉不断创新、健全体制机制，构建了行之有效的生态文明建设制度体系。

1. 打破行政界限，建立“集成”管理制度

针对生态保护管理权责不清、部门协调复杂问题，安吉进行了行政管理体制改革，打破行政界限，整合相关部门职能，建立“集成”管理制度。例如，挖砂采石曾经对安吉生态环境造成严重破坏，但问题长期没有得到解决，其重要原因在于挖沙采石管理政出多门，涉及水务局、林业局、农业局、交通局等多个部门。部门之间权责不清晰，导致工作难以形成合力，效率低下，难以解决挖沙采石问题。为此，安吉打破行政界限，探索联合工作协作机制，整合国土、水利、环保等部门的相关职能，设立矿产资源管理委员会办公室，实行矿产资源统一管理，通过信息共享、综合治理，统筹全县砂石、矿产资源的保护、开发与利用，从而结束了境内主要水系西苕溪 30 多年的采砂历史，有效保护了水质。此外，建立森林公安与地方公安联合执法、国土与规划部门联合办公的监管防控机制，显著提高了生态保护的管理效能。

2. 实施乡镇差异化分类考核制度

安吉各乡镇的经济社会发展水平、地形结构等差异较大，实行“一刀切”的考核制度，不利于乡镇因地制宜发展，同时也不利于生态环境的保护和建设。因此，2009 年，安吉建立了乡镇差异化分类考核制度，按不同的功能定位，将 15 个乡镇和街道分为三类——工业经济、休闲经济和两者兼顾，相应地，考核指标也分为共性指标和个性指标，激励乡镇差异化发展。分类考核使不具备发展工业条件的乡镇彻底摆脱了 GDP 考核约束，从制度上鼓励干部重视生态保护，调动了乡镇发挥各自优势发展经济和保护生态环境的积极性，推动了生态文明建设。

3. 建立乡镇主要领导干部离任生态责任审计制度

为了加强生态环境保护建设，安吉构建和完善了生态环境管护约束机

制。2015 年，安吉在全国较早开展乡镇主要领导干部离任生态责任审计制度，对乡镇党政主要领导任职期间履行的自然资源资产管理和生态环境保护责任情况进行就地审计，作为乡镇干部提拔任用、奖惩考核的依据。审计范畴包括土地、水、森林资源及矿山生态环境和生态环境保护等。2016 年，安吉开始编制自然资源资产负债表，调查统计林木资源、土地资源、水资源、矿产资源等情况，核算自然资源资产的实物量和质量等级，为开展主要领导干部离任生态责任审计提供数据和技术支撑。2018 年，安吉被确定为全国县级自然资源资产负债表编制试点地区。

4. 建立项目环境评价刚性制度

为了避免经济发展对生态环境造成破坏，安吉推进规划和项目环境评价审批联动制度创新，建立环境保护源头管控机制。2015 年，安吉编制了《安吉环境功能区规划》，将全县划分为自然生态红线区、生态功能保障区、农产品环境保障区、人居环境保障区、环境优化准入区以及环境重点准入区六大环境功能区，每个功能区都有各自的管控措施和环境负面管理清单。以《安吉环境功能区规划》为依据，严格环境准入制度，大力推进项目规划环境评价，完善公众参与环境评价监督办法，严格控制不符合生态环境要求、不符合安吉产业发展方向的产业或者企业进入。2015～2017 年，安吉共否决环境评价不合格的招商引资项目 73 个，涉及引进资金 22.1 亿元。

（七）建立全民参与机制，构建社会共治绿色行动体系

安吉十分注重发挥全民力量，同心协力推动生态立县发展战略的实施。

1. 开展“集中推进日”活动

2014 年，安吉以人大决议形式把每月第四个星期三设定为环境综合治理“集中推进日”。在“集中推进日”里，以问题为导向，县领导和党政干部专门针对生态环境突出问题进行集中处理，通过发动所有党政干部参与生态环境保护，加深他们对保护生态环境重要性的认识。

2. 推行“老干部”督查制度

为充分发挥退休干部在生态环境保护和生态文明建设中的作用，2015年，安吉推出“老干部”督查制度，选派近百位副科级以上退出现职领导岗位的干部，组成环境综合整治专项督导组，对环境综合治理的方方面面进行专项督导，形成常态化监督机制，推进生态环境保护监督长效机制建设。

3. 创新“河长制”和“五级路长制”

推行县级河长统筹引领、镇级河长落实推进、村级河长常态监管、河道警长执法查处、民兵连长应急联动的“五长共建”河长制机制，实现安吉55条（段）重要河道428位河长全覆盖。推进县级路长统筹引领、乡镇路长落实推进、警务路长执法查处、巡查路长常态监督、村级路长应急联动的“五级路长制”，改善道路生态环境，提升美丽乡村的路域环境。

4. 发挥志愿者队伍的重要作用

安吉先后成立了美丽乡村建设及长效管理、城市文明劝导等志愿服务队伍，创设“安吉环保公益协会”、“县民观察团”、“巾帼保洁队”等志愿者服务组织，推动全民参与，共同保护生态环境。

5. 发挥乡贤组织的作用

安吉在村庄层面成立以老干部、老党员、老教师、老模范和老军人为主的“乡贤”组织，注重发挥他们在绿色共治中的重要作用，调解各种矛盾和利益冲突，在落实“生态立县”发展战略、保护生态环境方面发挥了积极作用。

五、安吉模式的重要启示

以生态文明建设为核心、生态优先绿色发展的安吉模式，不仅与生态文明新时代发展的要求高度契合，而且为全国各地贯彻落实“两山”理念、走绿色可持续发展道路贡献了安吉智慧，为补齐农村经济社会建设短板、推动城乡融合发展、实现城乡一体化发展提供了安吉方案。

（一）安吉模式与生态文明新时代发展的要求高度契合

坚持走绿色可持续发展道路，以及突出生态环境就是生产力、保护生态环境就是保护生产力、改善生态环境就是发展生产力和绿水青山是最公平的公共产品，三者同是生态文明新时代发展的必然要求。

1. 走绿色可持续发展道路是生态文明新时代发展的必然要求

安吉基于对绿水青山是经济财富、自然财富和社会财富有机统一的认识，通过大力推进环境综合治理，推进全域美丽乡村建设，构建绿色产业体系，发展美丽经济，在践行“两山”理念发展中形成绿色可持续发展道路绝非偶然，它是生态文明新时代发展先行探索的结果，更是生态文明新时代发展的必然要求。

2. 保护和改善生态环境是保护和发展生产力的必然要求

20 世纪 80 年代，经济学界对产业革命以来倡导的“人类征服自然”的传统工业化发展道路进行反思时认为，“如果在世界人口、工业化、污染、粮食生产和资源消耗方面现在的趋势继续下去，这个行星上增长的极限有朝一日将在今后一百年中发生”[①]。这是经济学界首次提出生态环境对经济增长具有较强的约束作用，即经济和社会的发展必须考虑生态环境承载力问题。与此同时，一些经济学家的研究发现，许多发展中国家为推动 GNP 发展，在环境污染和生态破坏造成的人体健康损失、农业产量下降和不可持续发展上付出的代价，大约占 GNP 的 10%。为了不鼓励这样的发展方式，他们提出了国民生产净值 NNP 概念，第一次将生态环境因素置于国民经济发展中来考量。[②] 换句话说，在现代经济发展的生产函数中，生态环境也应该同土地、资本、劳动一同被列为重要的生产变量。安吉余村、刘家塘等许多村通过关停矿山、修复破坏的生态环境、发展旅游和现代农业让全村人致富的案

① 丹尼斯·米都斯等：《增长的极限——罗马俱乐部关于人类困境的报告》，李宝恒译，成都：四川人民出版社，1984，第 19 页。

② Ian Goldin and L. Alan Winters (eds.), *The Economics of Sustainable Development*. Cambridge: Cambridge University Press, 1994.

例，有力地诠释了“生态环境就是生产力，保护生态环境就是保护生产力，改善生态环境就是发展生产力”。

3. 绿水青山是最公平的公共产品，也是发展的必然要求

全球升温、臭氧层被破坏和土地荒漠化造成的环境问题，再也没有像今天这样威胁到人类的健康和生存安全，世界上任何一个角落的人都不会因为国别的不同、居住区域的不同而幸免，因而可以说生态环境是不具有排他性质的公共产品。

践行“两山”理念、走生态立县绿色可持续发展道路，特别是在美丽乡村建设中提出“村村优美、家家创业、处处和谐、人人幸福”的发展目标，不但突出了绿水青山是最普惠的民生福祉及其生态惠民、生态利民、生态为民的公共产品属性，而且表明绿水青山也是新时代生态文明发展的目标。

（二）安吉模式对全国生态文明建设的启示

安吉走生态立县绿色可持续发展道路的成功案例，不仅为“两山”理念提供了来自实践的支撑，而且为我国生态文明建设提供了以下重要启示。

1. 牢固树立以人民为中心的生态文明建设理念

生态环境是人类生存最为重要的条件之一，也是一个民族可持续发展最为重要的基础。因此，生态文明建设要体现以人民为中心和发展为人民的重要理念。

坚持以人民为中心进行生态文明建设，就是要坚持人民在生态文明建设中的主体地位，没有全体人民的参与和支持，生态文明建设就会失去群众基础，就会脱离满足人民日益增长的美好生活需要的奋斗目标而迷失方向。安吉生态文明建设之所以能够获得广大人民群众的支持，一个很重要的原因就是所有生态文明建设项目和工程（如美丽乡村建设），始终坚持以人民为中心的理念不动摇。

发展为了人民，发展成果要让人民共享，是生态文明建设以人民为中心理念的重要体现。安吉在美丽乡村建设过程中牢固树立生态文明建设为人民

的建设思想，把改善人居环境、促进创业就业、实现人与自然和谐共生以及提升人民群众获得感、幸福感有机地统一起来，让广大人民群众在美丽乡村建设中享受到最普惠的发展成果，亲身感受到绿水青山带来的幸福生活。

2. 生态文明建设是实现现代化强国目标的重要途径

实现中共十九大报告提出的两个一百年奋斗目标，既需要我们深化经济体制改革，实现动能转换，也需要转变发展观念，换道超车，即建立绿色循环低碳产业体系，形成新的经济增长点，从根本上放弃过分依赖增加物质资源消耗、过多依赖规模粗放扩张、过多依赖高能耗高排放产业的工业文明发展模式，加快推进工业文明发展模式向生态文明发展模式转变，充分利用生态文明的科技革命推动产业变革和转换，在生态文明建设的新发展道路上实现两个一百年的奋斗目标，实现赶超发达国家的目标。

安吉在生态文明新时代的先行探索与实践，通过践行“两山”理念，走生态立县绿色可持续发展道路，将一个昔日落后的山区县发展为经济强县、生态文明强县，并取得经济、社会、生态协调发展的成功案例证明，换道超车不仅符合新时代发展要求，而且是实现建设现代化强国目标的重要途径。

3. 生态文明建设是推动城乡融合发展、实现城乡一体化的有效形式

打破城乡二元结构，推动城乡融合发展，实现城乡一体化，是当前和未来乡村振兴的重要内容，也是国家发展的要求。安吉通过生态立县、走绿色可持续发展道路，特别是通过“千村示范、万村整治”、环境综合治理、全域美丽乡村建设和美丽乡镇建设，从人居环境整治和建设入手，继而延伸到村庄和乡镇整体环境打造以及经济社会事业建设，再提升到将城与乡统一起来进行整体谋划、统一建设，推动最美县域建设的“反弹琵琶式”城乡融合发展的成功实践，不仅被证明是推进乡村振兴战略的有效形式，还为全国推动城乡融合发展、实现城乡一体化提供了一种思路、贡献了一种方案。

4. 生态文化建设是生态文明建设的基础

加强生态文明的法制文化、管理文化和参与文化建设，不仅可以夯实生

态文明建设的基础，还可以为全民参与生态文明建设创造条件。加强生态文明法制文化建设，不仅有利于保护生态环境、治理环境污染、促进产业结构升级、规范居民行为，还可以营造全社会参与生态环境监督的氛围，实现依法保护生态环境、依法改善生态环境；加强生态文明的管理文化建设，如建立针对各级政府部门的分类考核制度，建立乡镇主要领导干部离任生态责任审计制度、村庄生态文明建设和美丽家庭庭院建设奖评等一系列制度，形成被动接受管理到主动参与管理的生态文化氛围，提高生态文明建设的管理效率；加强生态文明的参与文化建设，如通过设立“生态日”，将生态环境保护和建设纳入小学教材，鼓励全社会参与生态环境监督，既可以培育全民的生态环境保护意识，夯实生态文明建设基础，推动生态文明发展，也可以依靠全社会来解决生态环境建设中的重大和突出问题。

5. 绿水青山也是践行“两山”理念最重要的目标

绿水青山就是金山银山的核心，是正确处理经济发展与生态保护和建设的关系。在生态文明建设、践行“两山”理念的过程中，既要强调和突出绿水青山转化为金山银山，也要强调突出要金山银山的目的是为了更好地建设绿水青山，即生态文明建设、生态环境保护和改善是为了要金山银山，绿水青山也是生态文明建设最重要的目标。安吉生态文明建设的探索表明，只有把绿水青山转化为金山银山与要金山银山是为了更好地建设绿水青山统一起来，把绿水青山看作与金山银山同等重要的发展目标，生态文明建设才能避免重走过去的老路，才能获得成功。

6. 领导力、执行力和创新力是生态文明建设取得实效的必要条件

加强领导力建设，夯实执行力基础，释放创新动力，是安吉模式取得成功的三个必要条件。

领导力是保障。安吉从生态文明建设的要求出发，从良好的自然资源和生态环境条件出发，在践行“两山”理念的过程中，不断统一领导班子成员的思想认识，树立正确的政绩观和发展观。虽然主要领导更换了，但带领全

县人民走绿色可持续发展道路的信念不动摇、行动不走样、发展不改变，通过制度建设，将生态立县、走绿色可持续发展道路制度化，并置于人大、政协和全县人民监督之下，从而保障“一张蓝图绘到底”。

执行力是基础。安吉通过县对乡镇、乡镇对行政村主要领导干部的培训制度，统一各级领导干部的思想认识，分析生态文明建设的优势劣势、厘清生态文明建设发展思路、找出适合当地发展的建设方法，以及通过乡镇之间、村庄之间的横向发展评比和参观交流，学习成功经验两种形式，提高基层干部执行力，确保生态文明建设战略顺利、成功实施。

创新力是动力。体制机制创新、发展方式创新和工作手段创新（如：对矿产资源实行城乡部门集成式统一管理的体制机制创新，解决环境统筹治理问题；实行全域统筹、三级联创整合资源的发展方式创新；在生态环境监督和举报上引入互联网等工具进行工作手段创新；等等），为推动生态文明建设与发展提供了动力保障。

（三）安吉模式对县域发展的启示

安吉模式的成功，可以为与安吉自然条件、经济发展条件相似的县尤其是中西部一些生态环境优良但仍处于发展中的县提供借鉴和发展启示。

1. 坚持因地制宜，走特色发展道路

安吉模式的成功，很大程度归功于坚持因地制宜，走特色发展道路，即充分利用丰富的自然生态资源和优美的生态环境与人居环境，实现生态资源环境优势向生态经济优势转化。安吉因竹而美、因竹而出名，竹子资源丰富。安吉充分发挥竹资源优势，大力发展竹产业和旅游业，使之成为安吉经济的支柱产业，在推动县域经济发展、生态县建设和美丽乡村建设中发挥了重要作用。白茶是安吉另一种得天独厚的资源和富民产业，短短 20 多年，从一株千年“白茶祖”发展为如今的农业主导产业、农民收入的重要来源。安吉充分利用丰富的森林资源以及美丽乡村建设形成的优美生态环境和人居环境，带动乡村休闲康养旅游业的发展，旅游业成为农村经济和整个国民经

济的重要支柱产业。这些案例充分表明，一个地区，特别是县域经济发展一定要因地制宜，从自身资源禀赋出发，发挥比较优势，坚持走适合本地区发展的道路。

2. 区域融合促进县域经济发展

长江三角洲是我国经济最发达的地区之一，交通设施完备、工业基础好、科技教育发达、人口众多，居民收入水平也最高，不仅有上海、杭州、宁波、合肥、南京这样的特大城市和大城市，还有苏州、无锡、常州等经济实力超强的中等城市，以及一大批中国百强县。安吉充分发挥生态环境优势，通过美丽乡村建设，创建省级全域旅游示范县和国家级旅游度假区、中国十大乡村旅游目的地和国际乡村生活示范地等品牌，积极参与长江三角洲地区产业融合发展进程，实现产业优势互补，成为长江三角洲区域旅游服务业的重要组成部分、长江三角洲地区城市居民重要的乡村休闲旅游目的地，带动安吉乡村休闲旅游产业快速发展。乡村休闲旅游产业已经成为安吉的支柱产业和富民产业的发展经验说明，开放兴县，发挥自身比较优势，融入辐射带动能力更强、开放程度更高、产业结构更先进、经济实力更突出的区域，实现优势互补，有利于加快县域经济社会发展。

3. 释放农村内生动能，以乡促城，实现城乡融合发展

实施乡村振兴战略、构建新型工农城乡关系，是未来很长一段时期内农业农村发展的重点。在打破城乡二元结构，调整城乡关系，促进城乡统筹发展、城乡融合发展，实现城乡一体化的过程中，大多遵循以城带乡的基本思路，乡村从属于城市发展，而很少强调通过农村内生发展动能来拉动城乡融合发展。

与全国绝大部分地区以城市带动农村的城乡融合发展模式不同，安吉城乡融合发展采用的是以村为主体、以村民为核心的建设方式，即城乡融合发展要依托村庄这个主体、围绕村民这个核心进行，通过美丽乡村建设，释放村庄和村民渴望发展的内生动能，推动乡村经济社会全面发展，全方位缩小城乡发展差距，最终实现城乡一体化发展，走出了一条以乡促城独特的发展

道路。安吉通过释放乡村内生发展动能推动乡村振兴，实现城乡一体化发展的模式，为其他县（市、区）乡村振兴和城乡融合发展、实现城乡一体化发展提供了一种思路。

六、建议

安吉生态文明新时代发展的先行探索取得了令人瞩目的成就，形成了一系列行之有效的成功经验和做法，为全国生态文明建设树立样板、提供经验借鉴，同时，也对安吉深入推进生态文明建设提出了更高的标准和要求。

（一）推动全国生态文明建设的建议

1. 建立全国生态日

从全国看，设立生态日的省份不多，但取得的实际效果不错。因此，建议设立全国生态日，加强生态文明宣传，培育生态文化，提高民众的生态环境保护和建设意识，引起全社会对生态环境问题的重视。

2. 推出绿色 GDP 核算体系

新时代，国民经济核算体系不仅要以 GDP 的发展为基础，还应考虑绿色发展的内容，因此，建议国家统计局尽快推出绿色 GDP 核算体系，用以替换传统的 GDP 核算体系，以指导和引领全国生态文明建设。

3. 制定生态补偿标准和办法

为防止生态环境被破坏、有效保护和改善生态环境，建议出台国家层面的生态补偿制度，谁破坏谁修复，谁污染谁治理。同时制定国家层面的指导性生态补偿标准和办法，培育全社会的绿色发展理念和保护生态环境的意识。推动全国性碳汇交易市场建设，鼓励进行碳汇交易，实现绿色资源的资产化、资本化，促进更多的地区加强生态环境建设。

4. 实行有区别的分类考核制度

实行有区别的分类考核制度，是彻底摆脱唯 GDP 发展论和从总体上扭转局部地区生态环境恶化趋势的一种行之有效的办法。根据不同地区的具体情况，尤其是根据生态环境受影响的程度，将资源消耗、环境损害、生态效益等纳入考核范畴，以有效指导、推进生态文明建设。

（二）进一步推动安吉高质量发展的建议

最美县域是安吉继美丽乡村建设之后提出的又一重大发展战略。为进一步推动安吉高质量发展、实现最美县域建设的新目标，进一步推进绿水青山向金山银山转化，提出以下建议。

1. 充分发挥品牌引领带动作用，推动绿色发展提质增效

建设最美县域是进入新的发展时期安吉县委、县政府提出的生态文明建设新目标。安吉不仅有实现这一目标的基础，而且有这样的条件。安吉要以“两山”理念诞生地、中国美丽乡村发源地、“中国美丽乡村国家标准化示范县”、“联合国人居奖”获得县等品牌为引领，把绿色生态理念融入各个领域，不断提高绿色生态建设标准，提升边远乡镇和村庄的基础设施建设水平，全面缩小区域发展差距，创建最美县域生态品牌，推动绿色发展提质增效。

2. 鼓励资源整合，提高资源使用效率

在市场经济的基础上推动资源整合，不仅是最美县域建设的需要，也是打破行政界限造成的资源分散、提高资源利用效率的需要。安吉不仅要尊重不同村庄在市场经济基础上为整合资源推出的多村联创发展新形式，而且要出台政策支持这种资源整合和发展，并通过政策引导，鼓励打破行政区划界限、打破部门界限、打破城乡界限，推动乡镇与乡镇、乡镇与城镇之间的区域联创发展，实现更大范围、更高水平、更深程度的资源整合与合作，将区域资源整合与“优雅竹城—风情小镇—美丽乡村”三级联动发展结合起来，构筑生产空间集约高效、生活空间宜居适度、生态空间山清水秀的一体化发展新格局。

3. 加快人才引进和培养，补齐智力发展短板

安吉在大力发展高端装备制造业、全面开展“中国制造 2025”安吉行

动，以及实施绿色家居行业三年提升计划等一系列工业发展战略过程中，暴露出的最大问题是，现有人才水平与发展需要之间存在较大差距，不能满足发展需要；而受客观环境影响，高素质、高水平人才又难以大量引进，或引进了又难以长久待下去，人才已成为制约上述战略发展的最大瓶颈。补齐人才短板除了要以更加真诚的欢迎、更加优厚的待遇及爱心吸引才人、引进人才外，还应该进一步加强企业与大专院校、科研院所的战略合作，尤其要加强与浙江大学的市校合作，通过把大学的实验室、研究项目和博士后工作站“搬”进企业，把大学的科研实验室、教学基地建在安吉等方式，引进人才和培养人才，不求所有但求所用，多举措、多渠道、多路径补齐人才短板。

4. 深化跨区域合作，提升开放兴县新水平

安吉要想实现更高水平的城乡一体化发展，需要进一步深化跨区域合作。深化跨区域合作不仅可以有效解决土地面积小、资源少、市场容量有限、环境承载压力大等诸多发展约束问题，给安吉带来更广阔的发展空间和更多的发展机遇，还可以提升安吉的对外开放水平。安吉要以绿色休闲旅游服务业和生态农业为先导，加强与上海、南京、杭州、合肥等特大城市和大城市的产业融合与合作，并向绿色工业和战略性新兴产业领域拓展，在跨区域合作中做大做强休闲旅游服务业、现代农业和战略性新兴产业；要全面接轨浙江省委、省政府提出的“美丽大花园”建设，争取成为大花园建设的先行实验示范者，成为浙江省县域“大花园”发展的领跑者。

改革开放

与中国县域发展

GAIGEKAIFANG

浙江诸暨

ZHEJIANG ZHUJI

“枫桥经验”：基层社会治理的新时代标杆

中国社会科学院政治学研究所

一、“枫桥经验”的基本背景与发展脉络

（一）浙江省诸暨市基本状况

诸暨市位于浙江省中部偏北，北邻杭州，东接绍兴，南临义乌，1989年撤县设市，全市区域面积2311平方公里，现辖27个镇乡（街道），户籍人口108万，常住人口150万。诸暨是越国故地、西施故里，历史悠久、人文荟萃，具有2000多年的建城史，为古越民族聚居地之一，是一座著名的人文之城，历史上先后诞生了王冕、杨维祯、陈洪绶等一批文坛名家和俞秀松、张秋人等一批革命志士，孕育了14位两院院士和130多位将军。

诸暨市经济发达、民殷商富，是一座活力之城。诸暨市共有各类市场主体超过14万家、规模以上企业3000多家、超亿元企业369家、超10亿元企业33家、中国企业500强3家、上市企业15家，上市企业数量居全国县(市、区）第三位、浙江省第一位。2017年诸暨市生产总值1180.02亿元，财政总收入123.78亿元，获评“全国质量魅力城市”，被誉为“中国袜业之都”“中国珍珠之都”“中国香榧之都”。

诸暨市是“枫桥经验”的发源地，文化繁荣、社会稳定，是一座和谐之城，2010年被列入“全国社会管理创新综合试点城市”，荣获浙江省平安县

（市、区）创建“十三连冠”的佳绩。诸暨市是全国科技进步、基础教育、文化工作先进城市，全国首批篮球城市、首个云计算覆盖义务教育城市和全国义务教育发展基本均衡城市。诸暨市还是国家卫生城市、国家园林城市、中国优秀旅游城市，2016 年成功创建国家生态市，获中国人居环境奖；2017 年 11 月，荣获“全国文明城市”称号。

（二）“枫桥经验”的演进与发展

诸暨市经济社会发展取得的一系列重要成就，与“枫桥经验”有着密切关系。诞生于浙江省诸暨市的“枫桥经验”，是新中国成立以来保持持久生命力的、有着广泛社会政治影响的重要地方经验之一。这一经验诞生于人民公社时期，最初源于对“四类分子”的改造工作，形成了依靠和发动群众、就地化解矛盾的有效做法。改革开放以后，面对经济社会发展和社会问题复杂化的社会环境，“枫桥经验”积极顺应形势发展，逐步转化为社会治安综合治理的实践典范。进入 21 世纪以来，“枫桥经验”进一步发挥与时俱进的特点，逐步成为基层自治、法治以及平安建设方面的排头兵，对丰富和完善基层社会治理现代化和法治建设做出了重要贡献。“枫桥经验”的历史发展过程，是始终坚持以人民为中心，依靠和发动群众，主动适应国家形势和时代发展需要，不断创造性地化解各类矛盾，推动基层经济社会全面发展的过程。

1. 新中国成立初期的诞生阶段：探索正确处理人民内部矛盾的有效途径

“枫桥经验”诞生和发展，与国家各个时期的形势、任务和时代发展需要密切相关。20 世纪 60 年代，新中国成立初期，面临着经济社会发展的严重困难和国外敌对势力的渗透、威胁，国内阶级斗争有进一步扩大的趋势。如何正确处理人民内部矛盾，探索人民民主专政的有效实践形式，对于当时社会主义建设而言具有重要的现实意义。

1963 年 2 月，中共中央决定在全国农村普遍开展社会主义教育运动，希望把绝大多数“地、富、反、坏”四类人员（简称“四类分子”）改造成为社会主义新人，打击反动势力的猖狂进攻，尽快推进社会主义建设。同年5月发布的社会主义教育运动纲领性文件《关于目前农村工作中若干问题的决定（草案）》强调，必须充分发动群众击退资本主义和封建主义两股势力的猖狂进攻，同时又要坚持教育人和改造人的方针。但是，在当时复杂局势下如何正确处理两个方面关系，仍然缺乏切实可行的经验，亟待产生一套有效的做法加以示范引领，以推动整场运动的深入开展。

当时的中共浙江省委选择诸暨、萧山、上虞等县，作为运动试点。在诸暨试点中，当时地理位置便利、历史底蕴丰厚的第一大镇——枫桥被选定为试点之一。在教育实践之初，枫桥镇少数干部和群众要求“逮捕一批，武斗一遍，矛盾上交”，但是大部分群众要求把“四类分子”放在当地、交给群众教育改造，认为发动和依靠群众，以摆事实、讲道理的“文斗”形式把绝大多数“四类分子”改造成新人，是制服敌人、解决矛盾的更有效办法。这与同时期全国其他地方采取捕人的简单方式形成了鲜明的对照。1963年10月底，枫桥的社会主义教育运动对敌斗争阶段基本结束，在改造“四类分子”的过程中摒弃了通行的简单粗暴方法，选择说理教育的文明方式，以事论据，以理服人，收到了很好的实践效果，从而创造了社会主义教育运动中著名的“枫桥经验”。

1963年11月20日，毛泽东同志在审阅公安部对“枫桥经验”的总结报告《依靠广大群众，加强人民民主专政，把反动势力中的绝大多数改造成新人》时做出重要批示，“此件看过，很好”，“要各地仿效，经过试点，推广去做”。“枫桥经验”之所以得到毛泽东同志的高度重视和充分肯定，是因为这一经验完全契合了中央提出的“不杀人、少捕人”的原则性思想，同时把斗争的消极因素转化为积极因素，创设出新中国成立初期依靠和发动群众开展说理斗争的有效的群众工作方法，通过正确处理人民内部矛盾，进而达到巩固社会主义政权基础的目的。1964年1月14日，中共中央发出的《关于依靠群众力量，加强人民民主专政，把绝大多数四类分子改造成新人的指示》，第一次正式提出了“枫桥经验”的说法，并将其概括为“依靠和发动群众，就地化解矛盾，矛盾不上交"，为全国其他地区提供了重要的示范。通过倡导推广"枫桥经验"，1964年成为新中国成立以来捕人、杀人最少的一年，全国治安情况发生根本性转变，为尽快恢复和推进社会主义建设创造了有利条件，也为正确处理人民内部矛盾、实践人民民主专政，探索出一条行之有效的途径。

"枫桥经验"被枫桥镇干部和群众创造后，在实践中得到进一步传承发展，创造性地应用于基层社会实践，不断取得新的历史成就。1965年到"文化大革命"时期，各种流窜犯在全国流窜作案问题成为中国当时十分严重的社会问题。枫桥大队的干部和群众认为，不能给国家添麻烦，通过人员排查，派出大批干部和群众召回本地流浪乞讨人员，实施就地帮教；坚持对"四类分子"实行思想教育、生产劳动和监督管理，通过党员联系、单位包干、老同志组织帮教小组等方式发动和依靠群众，创造了就地改造流窜犯、帮教失足青少年和一般违法犯罪分子的经验做法。

"文革"结束后，经济社会各方面事业需要恢复发展，但是对"四类分子"的政治定性压制了一大批人的积极性。"四类分子"不仅本人在政治上受到压制，经济上不能平等享有社员平等待遇，而且他们的直系亲属也受到牵连，因此他们背负着沉重的思想包袱。于是，给一部分改造好的"四类分子""摘帽"，成为当地干部和群众的共识。在相关政策方针还不明朗、上级指示参照全无的情况下，枫桥大队干部与群众反复讨论、逐步试点，在全国率先对"四类分子"评审"摘帽"，直至1978年12月党的十一届三中全会开启改革开放之时，枫桥绝大部分"四类分子"均已摆脱不良身份的政治负担。这为当时正在开展的真理标准大讨论和在全国范围内开展拨乱反正适时提供了范例，也为党中央解决历史遗留问题、推动解决"四类分子"政策在全国范围的顺利落实提供了成功示范。次年1月，中共中央随即做出"摘帽"决定；《人民日报》将枫桥落实党对"四类分子"政策时"摘掉一顶帽，调动几代人"的经验性做法再次肯定和推广。自此，"枫桥经验"为实现全党全国工作重心的转移奠定了良好的思想基础和社会基础，助推了社会主义经济建设的恢复发展和社会安定团结。

新中国成立初期，探索正确处理人民内部矛盾的有效途径，成为新生“枫桥经验”的显著特征。枫桥围绕发动和依靠人民群众、就地化解矛盾两个方面，通过教育和改造“四类分子”加强人民民主专政，通过帮教改造、政治平反的方式来应对和处理人民内部矛盾，化消极因素为积极因素，适时回应了国家探索在复杂形势下实践和加强人民民主专政的需要。

2. 改革开放的发展阶段：提供社会治安综治和平安建设的样本示范

党的十一届三中全会召开后，中国进入改革开放新时期。随着经济社会的体制转型和各项社会事业的加快发展，与之相伴随的社会稳定问题上升为国家面临的主要问题。在条件错综复杂的情况下维护社会稳定，不但具有重要现实意义，而且难度更大。“枫桥经验”恰恰直面这一挑战，做出了社会治安综治和平安建设的示范性探索，也让自身在这一探索过程中得到了检验和完善，获得在新的社会环境下持续发展的原动力。

20世纪80年代，随着农村经济体制改革的推行和城乡商品经济的繁荣，新的社会问题大量涌现，各类矛盾也随之增多，社会治安面临严峻形势。如何在经济快速发展、矛盾纷繁复杂的条件下维护社会稳定，成为当务之急。特别是在农村家庭联产承包责任制落实以后，原有的农村经济体制发生了很大的变化，以往体现农民组织化的生产大队体制消失了，取而代之的是分田到户的独立农户。生产关系的变化引发了生产秩序的变化，原来有序的集体晒谷、放水演变成农户互争道场、水利设施乃至劳动工具，社会治安问题日益突出。另外，随着商品经济的发展和人、财、物大流动局面的形成，新中国成立以后形成的社会管控体系开始瓦解，户籍制度、档案制度以及基层调解等多元机制的社会控制作用明显弱化，社会结构变动，人口流动加大，犯罪率急速上升。

为适应经济社会发展，枫桥干部和群众将就地化解矛盾的做法转移到社会治安问题的应对上，开始探索社会治安综合治理的有效路径。1988年，枫桥形成了社会治安综合治理工作体系，坚持“组织建设走在工作前、预测工作走在预防前、预防工作走在调解前、调解工作走在激化前”的“四前”工作方法，创造了“党政动手，各负其责，依靠群众，化解矛盾，维护稳定，促进发展，做到小事不出村、大事不出镇、矛盾不上交”的经验。

这一经验做法，始于枫桥部分村民在群众讲座基础上制定的《治安公约》，它将社会治安治理工作转变为可见可传的文化传统，并逐步向各个领域全面铺开，形成融打、防、教、管、建于一体的社会治安综合治理网络。这种基层治理模式包括几项主要内容。一是架构统一。在党委和政府统一领导下成立镇、村两级综治组织，整合各个相关部门召开联席会议，政法部门特别是公安机关发挥主要职能作用，各部门、各单位和人民群众群防群治，化解社会矛盾。二是领域扩展。从说服帮教到真情矫正，从治安治理到村规民约，从纠纷调解到法律援助，从村庄、社区到企业、学校，枫桥的综治领域不断拓展、延伸。三是情理动人。枫桥的社会治安综合治理一直围绕着人展开，一直重视人的内在需求与社会稳定的关系考量，谈话谈心、以情动人、以理服人等思想工作方法一直贯串枫桥的综治体系。当地干部群众借助这种社会治安综合治理体系，有效实现了矛盾少、治安好、发展快、社会文明进步的良好局面。

20 世纪 90 年代末，社会主义市场经济体制改革初显成效，在带来社会经济持续发展的同时，社会矛盾和纠纷的类型数量也发生了较大变化，原本较多的农村社会矛盾转变为经济建设中的劳资纠纷等新型经济事务类矛盾纠纷。进入 21 世纪以后，中国逐步告别短缺经济时代，但是由于内需不足，过剩经济的挑战也开始出现。中国的基尼系数从改革初期的 0.16 增长到 2000 年前后的 0.45，显示经过 20 多年的改革开放，中国已从一个均衡度极高的状态转入收入差距较大的社会。在城市地区，中国进入国企攻坚阶段，失业下岗人数剧增，标志着中国社会的利益结构变动幅度加大。同期，中国社会的干群矛盾开始明显增加，行政诉讼案件数量呈激增趋势。农村地区也面临同样的问题，由于城市化进程导致征地拆迁纠纷增加，公共政策行为和农民的利益诉求之间出现新的鸿沟，基层干部与普通人民群众之间的矛盾日益突出。

在这一背景下，浙江各级党委和政府积极寻求解决办法，开始将“枫桥经验”从社会治安综合治理领域扩展至以平安建设为载体的全面维护社会稳定工作上来。2004 年 5 月，中共浙江省委通过了《关于建设“平安浙江”，促进社会和谐稳定的决定》。该文件的直接目标就是：确保社会政治稳定，民主法制建设得到加强；确保治安状况良好，人民群众安全感继续保持全国前列；确保经济运行稳健，国民经济持续快速协调健康发展；确保社会公共安全，防范和处置各类公共突发事件的能力明显增强；确保人民安居乐业，人民群众物质文化生活水平不断提高。该文件进一步要求地方各级党委和政府按照“属地管理”和“谁主管、主负责”的原则，层层建立领导责任制、部门责任制和单位责任制，将平安建设的各项任务贯彻到基层；同时把平安建设的成效作为检验各级党政领导班子和领导干部执政能力与执政水平的重要标志，作为衡量政绩的重要指标，列入任期目标考核和述职报告之中。

在浙江省全面加大平安建设的进程中，诸暨市开始在这一新的目标任务下，以“枫桥经验”为基础持续探索平安建设的实现路径，从而迎来了“枫桥经验”的第三次“转型”。在平安建设工作中，诸暨市枫桥镇率先垂范，将“平安枫桥”落实到了具体的村庄社区和部门，抽象的“平安”概念就被分解为具体的工作事务，如开展平安村、平安社区、平安企业、平安校园、平安医院、平安市场、平安矿山和平安路段的“八创建”活动。

党的十七大以后，深化“枫桥经验”被作为深化平安建设和推动社会管理创新的重要载体和切入口，先后实施平安“八创八进”和“枫桥式”乡镇（街道）创建，把人民群众满意度作为平安建设的根本目标，致力于关注民情、改善民生、发展民主、维护民安、促进民和，群策群力，不仅化解了一般社会矛盾，而且化解了社会建设和社会发展过程中出现的一些问题，以及全面建设小康社会和现代化进程中出现的矛盾或者问题，使“枫桥经验”成为维护基层和谐稳定和创新社会治理的新典型。

这一阶段的“枫桥经验”被概括成“党政动手，依靠群众，源头预防，依法治理，减少矛盾，促进和谐；小事不出村，大事不出镇，矛盾不上交”。自此，“枫桥经验”进入了一个重要发展阶段，它直面矛盾纠纷数量激增且类型复杂多样的社会治安严峻形势，积极回应国家管理体系如何在经济快速发展、矛盾纷繁复杂的条件下维护社会稳定的难题，并通过聚焦社会管理和平安建设，形成了一整套层级联动、责任清晰、多领域覆盖的基层社会管理工作体系。鉴于在实际工作中取得的良好效果，“枫桥经验”被作为社会管理创新的成功模式加以推广，成为这一时期全国政法工作战线上的一面旗帜。

3. 新时代的深化阶段：破解基层社会治理的改革发展难题

党的十八大以来，中国经济社会发展进入新时代。围绕全面建成惠及全体人民的小康社会的目标和全面深化改革的总目标，中央提出提高保障和改善民生水平，加强和创新社会治理的目标要求。经过 30 多年的改革发展，在经济社会取得令世人瞩目的成就的同时，社会价值取向日趋多元、利益诉求更加多样，各类矛盾风险交织叠加，类型复杂多样，传统社会治理体系面临着前所未有的压力。在基层，过去单纯从某一方面入手解决矛盾的思维方式，以及依靠某个部门单打独斗解决问题或为群众提供服务的办法，已经无法适应日趋错综复杂的社会形势和人民群众的新要求，社会治理体系薄弱问题日益显现。这主要表现在：基层社会治理体系碎片化问题日益突出，治理的一体性、联动性不足，条块分割问题严重，等等。因此，能否有效回应治理体系升级挑战，能否运用现代治理思维实现基层治理现代化，是新时期国家发展面临的主要任务。

2013 年 10 月，习近平总书记就坚持和发展“枫桥经验”做出重要指示，强调要充分认识“枫桥经验”的重大意义，发扬优良作风，适应时代要求，创新群众工作方法，善于运用法治思维和法治方式解决涉及群众切身利益的矛盾和问题，把“枫桥经验”坚持好、发展好，把党的群众路线坚持好、贯彻好。以习近平总书记重要指示为指引，诸暨市党委和政府认真贯彻中央精神，深化新形势下的“枫桥经验”，着力改进基层社会治理方式，注重系统治理、依法治理、综合治理、源头治理；着力推动基层治理法治化，强调运用法治思维与法治方式化解基层矛盾纠纷；着力推进基层党建引领基层社会治理，将创新乡贤参与基层共治、村规民约推进协同治理、互联网＋社会治理等作为深化“枫桥经验”的重要载体和切入点，全力打造“枫桥经验”升级版，破解新时期基层社会治理的改革发展难题。

坚持和发展“枫桥经验”，为诸暨地方经济社会带来了强大的发展动力，诸暨市在新时期取得了辉煌的发展成就。作为一个县级市，2017 年诸暨市地区生产总值达到 1180.2 亿元，同比增长 7%，人均生产总值达到 108706 元，同比增长 6.8%；财政总收入 123.78 亿元，增长 10%；城乡常住居民人均可支配收入分别达 57844 元、33073 元，分别增长 8%、9%。与此同时，2016 年、2017 年连续两年列全省平安考核第一名；五类恶性案件、刑事警情和命案发生数均下降，安全生产事故数、死亡人数实现“双下降”，群众安全感、满意率超过 98%。在“枫桥经验”的诞生地枫桥镇，2017 年实现国内生产总值 70.62 亿元，同比增长 8%；全体居民人均可支配收入 36791 元，同比增长 9.5%。与此同时，2017 年刑事警情、治安警情分别下降 4.5%、31.6%，消防等各类安全事故同比下降 22.7%，初信初访 100%化解，赴京赴省信访分别下降 78.9%、51.8%，群众安全感、满意率达 98.5%。

党的十九大报告指出，中国特色社会主义进入新时代，我国社会主要矛盾已经转化为人民日益增长的美好生活需要和不平衡不充分的发展之间的矛盾。对于基层社会治理来说，十九大报告关于社会主要矛盾转化的重大判断，体现了中国特色社会主义进入新时代后呈现的新特征、面临的新任务和新挑战。从“物质文化需要”到“美好生活需要”，反映的是社会的进步和发展水平的提高，除了物质文化生活之外，人民群众在民主、法治、公平、正义、安全、环境、文化、生态等方面都有了新的要求。如何更好地满足人民日益增长的美好生活需要，让人民享有更多的幸福感、获得感，是“枫桥经验”坚持以人民为中心，推进基层社会治理现代化的重要目标，也开启了“枫桥经验”在新时代创新发展的新征程。

二、新时代“枫桥经验”的改革与创新

步入新时代，浙江省各级党委和政府高度重视学习推广“枫桥经验”，诸暨市党委和政府始终把坚持发展“枫桥经验”作为加强和创新基层社会治理、推进社会和谐稳定的有效载体。过去五年，诸暨市以践行群众路线为主体，尊重基层和群众的首创精神，继续继承和发扬优良传统，进一步探索具有时代特征的矛盾化解新体制和社会治理新路径，不断丰富和拓展“专群结合”的内涵，健全和创新群众参与的载体和平台，探索形成了自治、法治、德治“三治”相结合的社会治理新格局，努力在贯彻群众路线的实践中坚持好、发展好“枫桥经验”。

（一）完善创新体制机制，统筹推进各项改革

诸暨市党委和政府以与时俱进的精神，深入研究基层社会治理领域的新情况，把握新规律，紧紧扭住做好群众工作这条主线，出台了《坚持发展“枫桥经验”三年行动计划》，成立了专门的“枫桥经验”发展研究中心，围绕社会矛盾纠纷处置和社会治理工作，积极完善各项体制机制，统筹推进各项改革。通过建立“大调解”体系和联动工作机制，推广网格化管理模式，推动实现“一张网”全覆盖基层治理体系，以分类精准对接群众需求为基础，全面提高化解社会矛盾纠纷的系统化和有效性。

1. 强化多级多要素联动，健全人民调解工作新机制

新时期的社会矛盾具有错综复杂、风险叠加和联动性强的特点，诸暨市为了有效应对当前的社会矛盾纠纷和群众新需求，在改革创新中充分结合新时期的矛盾特征，在传统的条块分割、分级负责制的基础上，由市委书记、市长亲自挂帅，建立市级社会矛盾纠纷“大调解”工作体系建设领导小组，纵向推动建立以“市、镇、村”三级人民调解委员会为主体，横向构建了以人民调解为基础、以行政调解为主导、以司法调解为保障的“大调解”基层工作体系。全市 27 个镇乡（街道）、468 个行政村和 59 个社区全部建立人

民调解委员会。诸暨在全国率先成立首个县市级调解总会，协助党委和政府统筹协调推动人民调解组织和队伍建设。在全市范围内高效整合了各类调解资源，打造了人民调解组织、司法调解组织、行政调解组织、社会组织和群众组织等多元主体互动的矛盾化解体系。

在乡镇以下，为进一步强化多级联动、多要素联动，诸暨市选取部分乡镇建立了“联合调解中心”工作机制。联合调解中心整合了公、检、法、司部门资源，同时吸收社会力量协同参与。枫桥镇联合调解中心是这一改革的示范样本，成员单位包括枫桥司法所、枫桥法庭、志愿调解组织、律师调解工作室以及辖区各类专业性、行业性调解组织等。“联合调解中心”主要负责协调联动，根据纠纷调处需要随时启动案件会商程序，召集相关成员单位参加会商，进行联合调解，同时负责统一调处枫桥镇辖区内各类矛盾纠纷，做好矛盾纠纷统一受理、梳理甄别、指派分流、结果反馈、督查回访和分析预警工作，统筹指导管理枫桥镇辖区各行政村（社区）、企事业单位的矛盾纠纷调解工作。“联合调解中心”的成立是部门整合和社会通力协作的产物，是枫桥人民在新的历史时期以新理念、新机制化解新时期重大矛盾纠纷的产物，为进一步创新群众工作方式方法提供了体制机制保障。

2. 发挥网格化管理优势，实现基层基础全覆盖

针对当前基层社会治理领域基础薄弱、管理被动分散、制度合力小的问题，诸暨市积极引入“网格化管理、组团式服务”的制度模式，加以改造升级。诸暨市以镇域为单位，建立了镇、村(社区)、自然村(小区）三级网格，形成了覆盖全市的一张大网。在三级网格的划分上，诸暨市强调把权力下放给乡镇（街道），后者可根据实际结合村民小组的管理模式进行划分，使网格大小适中，不搞一刀切。截至 2017 年 10 月底，全市 27 个标杆乡镇网格化管理体系全部建成，119 个专业巡查员、400 个网格员，成为奔波在诸暨市社会安定和谐第一线的强大力量。

在网格化管理方面，诸暨市采取整合资源力量，治理服务一体化，深化全科网格，坚持多元合一、一员多用，优化信息系统，事件处置即时化等做

法，实现了信息触角全覆盖。在网格化管理体系基础上，诸暨市高效推动实现乡镇联合调解机构、社会专业化调解机构（品牌调解、志愿调解以及专业性与行业性调解）、村居（31 个调解委员会）、企业（19 个调解委员会）和全科网格员的四级联动，推动了社会调解和社会治理的相互融合、“二网合一”；围绕“全域覆盖、全网共享、全时可用、全程可控”的目标，诸暨市又构建了以统一指挥、联网联动为核心的工作机制，健全完善了社会治理综合指挥体系，搭建市、镇、村社会治理综合指挥“三级平台”，深化矛盾纠纷、风险隐患、安全隐患等定期排查化解机制，最终实现了社会治理的“多网合一”和市、镇、村、网格四级联动，最终形成了一张治理网络、一个工作大局。

3. 发挥大调解联动优势，精细化对接群众新需求

借助“大调解”体系的优势，诸暨市有效激活了多元联动个性化化解矛盾纠纷的新机制、新动能。在司法、公安、检察、律师调解、品牌调解基础上，诸暨市近年来进一步强化调解专业化，创造性建立医疗纠纷、婚姻家庭、交通事故等 13 个专业调委会。2018 年以来，新培育了江西商会调委会、电力纠纷调委会、装修协会调委会三家专业性的调解组织，效果明显。人民调解协会成立后，又进一步改革了行业性、专业性人民调解委员会的运行机制，推动创建、壮大了品牌调解室，在原来“江大姐”“老杨调解室”“老朱调解室”的基础上，2016 年以来新培育了次坞镇“晓良调解”、应店街“老五调解”、山下湖“泌湖调解”等 27 个村级品牌调解室，品牌调解员 31 名，已经具有一定的区域影响力。

截止到 2018 年，诸暨市建立各类调解组织 742 家，其中村、社区调委会 533 家，镇乡（街道）调委会 27 家，企事业单位调委会 149 家，行业性专业调委会 13 家，在 17 家公安派出所设立 20 家调解工作室。全市有人民调解员 3536 名。在市、镇、村三级社会矛盾纠纷“大调解”工作体系引领下，诸暨市还建立了市、镇、村三级调解志愿者队伍，目前全市已招募人民调解志愿者 1396 人，建立专业性人民调解志愿者队伍 10 支，镇街人民调解

志愿者中队 27 支，村（社区）人民调解志愿者分队 102 支。近五年来，全市人民调解组织共受理矛盾纠纷 62143 件，调处成功 60473 件。2018 年以来，全市人民调解组织共受理矛盾纠纷 15052 件，调处成功 14688 件，调处成功率达 97.58%，有效地发挥了人民调解在维护社会稳定中的“第一道防线”的作用。

诸暨市积极发挥联合调解的资源优势，围绕群众矛盾纠纷，进一步积极引入智能化手段，搭建四个平台，建立综合信息指挥中心，实现对基层人民矛盾的综合、全面、精准掌握；通过横向系统之间、网格化管理和纵向层级之间联动，实现调解力量的全覆盖，精准对接基层调解需求。联合调解还显示出因地制宜、因人因时而异的特点，实践中灵活调用不同调解方式和调解手段，例如根据当事人意愿和信任度自主选择的“单点式调解”；根据当事人需要运用网上调解平台实施的网上咨询、预判和调解；根据案件情况分流指派给有相关处置权的调解组织和调解员的“指派调解”；根据案件需要随时启动多方参与的案件会商程序和制定处置方式的“联合调解”，有效回应了人民群众的多元需求。

（二）强化法治思维法治方式，化解社会矛盾

在全面依法治国背景下，新时代的枫桥经验十分注重法治建设。在人民调解工作中，诸暨市着力增强法治资源供给，努力提升人民调解队伍法治素养。在司法改革实践中，诸暨市还赋予法治以新的时代内涵和实现路径，在司法诉讼工作中积极推动司法资源、司法手段同人民调解相辅相成、相互衔接。在城乡治理中，诸暨市坚持法制领航，把社会矛盾纠纷处置和广泛的社会治理工作建基于法治基础上，推动各项社会治理工作的法治化、规范化、制度化，开创了“枫桥经验”法治化进程的新局面。

1. 坚持法治引领提升人民调解队伍法治化素质

近年来，诸暨市司法局以法治建设和制度建设为引领，持续加强全市人民调解队伍的专职化水平，不断提高调解员业务能力和法治素养，有效提升

了矛盾纠纷化解的质量和效能。目前，诸暨市共有专职调解员总数 116 名，专调委专职调解员 61 名，乡镇街道及驻派出所调解员 55 名。诸暨市积极推进调解专职化，发挥专职调解员矛盾纠纷化解主力军作用，通过规范化、制度化建设，最大限度调动调解工作者积极性，提升专职调解员的队伍素质。

为了提高调解人员的法律素质，使之做到知法、懂法，诸暨市探索实施了“一官一民”管理组合，对全市人民调解组织进行统筹管理和业务指导。诸暨市每年定期组织召开全市人民调解骨干业务培训班、司法所长培训班等各类培训，通过业务培训，将常见矛盾纠纷的特点与对策、相关法律法规向人民调解队伍持续输送。借助“法润诸暨”微信群、“诸暨司法”微博公众号等渠道，第一时间向人民调解队伍传达人民调解先进做法与技巧等，提升人民调解组织和队伍善用法律手段和法治思维来解决群众之间矛盾的综合能力素养。

2. 坚持司法诉讼与人民调解相辅相成、相互衔接

在司法改革和司法实践中，诸暨市坚持法治、德治、自治相结合，在完善行政复议、仲裁、诉讼等法定诉求表达机制的同时，千方百计通过各种方式和途径保持矛盾不上交，积极运用法治思维和法治方式创设多元化矛盾纠纷解决机制，力推“先行调解”工作机制，形成了司法诉讼和社会调解相互补充、相互衔接的工作体系，成为诸暨市法院灵活运用“枫桥经验”开展司法改革的创新举措。

“先行调解”不仅包括立案前的调解，也包括经起诉立案的案件。在接到群众起诉但尚未立案阶段，通过“委托”方式交由人民调解组织和行业调解（专业调解组织）先行调解。近两年，依托“在线法院”平台建设，成功完成了将包含 13 大专业调委会在内的人民调解员的信息采集和输入工作，一方面试行网上调解，另一方面通过网络平台向各类人民调解组织“下单”委托各类纠纷事项，有机配合衔接，寻求“前置”调解解决。

针对已经进入司法渠道的民事纠纷，诸暨市法院采取了“繁简分离”与内部“委派调解”的工作机制。“繁简分离”主要是指针对已经获得法

院立案的民事纠纷案件进行分类处理，简易案件采取“委派调解”方式解决，重要案件采取司法诉讼形式解决。“委派调解”起初表现为法院系统同司法行政部门之间建立的联合调解组织，主要由退休法官、律师构成，后来在实践中主要由法院直接负责管理。据统计，在诸暨市所有民事案件中，70% 的案件被划归为“简案”并采用了委派调解程序，保证全市 20% 的法官处置 80% 的简易案件，同时集中 80% 的法官办理 30% 的“繁案”。“繁简分离”与“委派调解”的机制，既保障了群众的司法权益，又节约了司法资源，使有限的司法审判力量能够集中处置各类涉及群众利益的重大案件。

诸暨市在司法改革中还十分注意防止出现人民调解工作同国家司法法律的“两张皮”现象，积极推动社会矛盾纠纷调解程序与司法程序之间相互协调、相互衔接的机制建设。一方面，通过试行包含五大功能（咨询、案引、调解、仲裁和开庭）的“ODR 系统”，实现人民调解和司法诉讼在流程方面的有机统一；另一方面，诸暨市法院针对以“委托调解”和“委派调解”方式处理的案件，运用法治程序和法治资源对其调解结果给予合法化确认，使人民调解和联合调解的成果具有法律效力，强化了调解的效果和权威性。据调研，诸暨市每年经由“简案简办”程序办理的民事纠纷案件中，约有 3.8 万件由法院给予了“人民调解法律确认书”（司法裁定书），成为极富特色的“调确案件”。

3. 坚持法治引领推动城乡治理工作制度化、规范化

新时代的“枫桥经验”仍十分注重以民主促稳定，以法治促民主。诸暨坚持将基层民主作为推动和提升国家法治建设进程的重要途径。枫桥镇在加强基层民主、完善基层法制建设方面，推动村民自治，保证基层群众自我管理、自我约束、自我教育。2017 年，浙江省推动“民主法治村（社区）”建设工程，计划通过三年时间在全省建成 10000 个市级以上民主法治村（社区）。诸暨市积极落实推动“民主法治村（社区）”建设工程，建立完善村级民主监督和民主管理各项度，通过“四前工作法”，即组织工作走在预测前、

预测工作走在预防前、预防工作走在调解前、调解工作走在激化前，建立健全工作机制，保证人民民主权利充分实现。

围绕以法治促民主，诸暨市依据《创新发展“枫桥经验”三年行动计划》，建立了村级重大事项法律顾问审备制和矛盾诉求甄别疏导机制，打造了村规民约和村史家训体系，这些做法为“枫桥经验”注入了法治内涵和德治元素。与此同时，诸暨市还十分注意加强镇村综治组织的规范化建设，通过制定下发《村、居、社区、企业综治工作规范化建设实施标准》，围绕“枫桥经验”社会化、法治化、信息化、品牌牌化、协同化五个方面 24 个具体项目展开，高效推进了市、镇、村三级综治中心规范化建设，积极探索基层治理标准化体系，有效夯实了基层矛盾纠纷查处、社会治理和社会服务的制度基础。

（三）利用互联网新技术优势，创新群众工作方法

第四次工业革命的发生，大大改变了社会成员的互动方式和社会矛盾纠纷的面貌和形态。作为社会综治领域的一面旗帜，新时代“枫桥经验”也在与时俱进。作为全国县域“互联网 +”社会治理体系建设示范区，诸暨市党委和政府积极因应以信息化、大数据为显著特征的新时代面临的机遇和挑战，创新互联网 + 社会治理新模式，把互联网技术作为加强和创新基层社会治理、推进社会和谐稳定的有效载体，积极探索实践，取得了积极成效。

1. 推动信息化建设，化解社会治理碎片化

2017 年，诸暨市深化浙江省“最多跑一次”改革，积极推动“四个平台”建设，即通过整合资源力量，在乡镇（街道）形成综治工作、市场监管、综合执法、便民服务四个功能平台，以此为抓手，全面打造“枫桥经验”升级版。诸暨市枫桥镇作为成为“四个平台”建设标杆镇，创新发展“枫桥经验”，采取了信息化手段整合资源力量、提升服务水平、优化信息系统和提高事件处置效率等做法。截至 2017 年 10 月底，全市 25 个标杆乡镇全部建成。通过基层治理体系“四个平台”建设，各乡镇逐渐破解了过去县乡断层、条块分割等基层治理体系存在的诸多问题，实现了综治工作、市场监管、综合执

法、便民服务等功能的整合。

2017年年底，全市27个乡镇（街道）全部完成了平台标准化建设，形成全市“标准一体化”的“四个平台”工作格局。“四个平台”建设增强了基层调控能力，推动了基层指挥治理，提升了基层服务水平，形成了具有集成化、智慧化、标准化特色的基层治理“样本”。围绕综治工作，2017年以来诸暨市在27个镇乡街道全部建设完成社会治理“一张网”指挥平台。全市累计采集信息27万余条次，市级指挥中心流转交事件共计290余条次，完成“平安浙江”APP安装注册人数128500余人。在诸暨市改革的基础上，绍兴市在全省率先提出“基层治理体系‘四个平台’标准化体系建设”，相继出台了《标准化手册》《品牌识别系统》等规范标准和资料汇编加以指导，探索出一套标准化体系，并在全市推行。

2. 借力互联网+模式，优化社会治理新流程

互联网在极大影响人们思想和行为方式的同时，也对新时代不断创新发展社会治理提供了重要契机。在互联网+技术助力下，枫桥调解中心借助四个平台信息优势和社会矛盾联合调解信息指挥系统，不仅承担了辖区矛盾纠纷案件的统计、分析和研判工作，而且以多样化手段高效落实了镇、村定期排查矛盾纠纷制度，推动各部门单位排查本系统本行业内部矛盾纠纷，组织全市性“横向到边纵向到底”集中排查行动，实时掌握全镇矛盾纠纷排查调动态数据，实现了有效分析预警，建立了敏感纠纷、易激化纠纷即时通报制度。2018年以来，诸暨市借助新技术带来的信息优势，开展各类排查5900余次，梳理矛盾纠纷230000余起。

通过打造“平安通”APP等新型移动互联网终端设施，枫桥镇实现了村民线上传送信息、干部线下调解，在综合指挥平台上督办反馈。目前，枫桥镇已整合综治办、人武部、司法所等机构，联合市级部门派驻的公检法等力量，通过“平安浙江”APP和综合指挥中心，逐渐形成“一个平台受理、一个平台分流、一个平台反馈、一个平台考核，分级处置，统筹协调”的治理新流程。一条条民生信息被采集和处理的背后，连接着枫桥镇建起的“两

张网”。一张网在线下：165 平方公里镇域划分出 189 个网格，每个网格配备网格员；另一张网在线上：依托互联网建起的平安建设信息系统和综合信息指挥中心。

3. 加强平台开发利用，创新群众工作新方法

互联网时代的社会治理，离不开平台的开发和利用。平台是动态的、多元的网络生态圈，深刻影响着社会治理格局的发展变化。来自诸暨市的改革实践显示，国家和政府不仅需要对平台进行妥善治理，更重要的是利用互联网技术培育、发展正能量的社会治理平台，借助平台建设对市场和社会发挥规制和引导作用，使平台成为良性的社会治理体系的重要组成部分。

诸暨市大唐镇开发的“安心租”APP 及其应用实践，是充分利用移动互联网、大数据等新技术打造虚拟平台，创新群众工作新方法、服务地方经济社会发展的典型案例。诸暨市有 40 万外来人口，其中大唐镇有近 7 万人。大唐镇劳动力市场是诸暨市最大的劳务市场，每年春节后，大批流动人口从全国各地到此地求职，每天最多可吸纳 5000 人同时进场。但是，由于信息不对称，招工方和求职方、房屋出租方与求租方都带有很大盲目性，不仅增加了交易匹配难度，也给社会治安和基层稳定带来不确定风险。2018 年以来，大唐镇公安部门自主开发了“安心租”APP，方便流动人口找工作、租房子，而公安部门可以通过大数据系统，更精准、高效地服务和管理流动人口。通过“安心租”APP，住房供需双方精准对接得以实现，地方公安部门也高效掌握了外来人口流动信息和海量数据。此外，诸暨市企业也开始利用“安心租”APP 提供的信息化渠道招工，招工难题得以解决。调研组了解到，目前已有 1000 多家企业将企业招工信息输入“安心租”系统，覆盖范围逐渐扩大。

（四）推进“三治融合”，打造基层社会治理新格局

党的十九大报告提出，打造共建共治共享的社会治理格局。加强社会治理建设，需要完善党委领导、政府负责、社会协同、公众参与、法治保障的社会治理体制，提高社会治理社会化、法治化、智能化、专业化水平。诸暨

市在改革中积极注入现代治理的理念，顺应治理体系和治理能力现代化的内在要求，强调自治、德治和法治“三治”相结合，发挥以传统文化为载体的德治因素在城乡社会治理中的重要作用；同时积极发挥基层党组织建设的作用，坚持社会组织发展与党建工作深度融合，实现了群防群治向共建共治共享的转型升级。

1. 发展城乡社会组织，培育多元自治主体

构建共建、共治、共享的社会治理新格局，需要进一步发挥社会组织和基层群众的力量。近年来，在中央倡导的社会治理创新和全面深化改革的政策保障下，诸暨市通过下放社区社会组织备案、管理权限、降低登记门槛等方法，建立完善评估奖励机制、加大资金扶持力度等方式，重点孵化、培育、发展公益慈善类和城乡服务类社会组织，把社会组织作为社会矛盾纠纷调处和广泛的社会治理工作的重要主体，重点在就业培训、文化卫生、社区服务、养老助困等领域培育发展社会组织。

根据诸暨市枫桥经验研究会提供的数据，截止到 2018 年，诸暨市拥有 47 类共 2276 家社会组织，其中登记社会组织 715 家，备案社区社会组织 1521 家。近两年，诸暨市新增各类公益慈善类社会组织（含备案）超 100 家，各类志愿者 6 万余人。社会组织在平安创建、社区矫正、维护交通、环境保护、帮扶救助、社会稳定等方面发挥了积极作用。与此同时，政府也在加大向社会力量购买服务的力度，探索以政府采购、定向委托等不同方式向社会组织购买服务的机制，同时积极推进政府职能向社会组织转移。司法局先后投入 650 万元向市心理协会等四家社会组织购买分类教育、心理矫治、风险评估等服务，组建了一支由 45 人组成的社区矫正社会工作者队伍。经信局、环保局、人力社保局、商务局、科技局等单位向社会组织转移出 24 项职能。

近年来，诸暨市还大力发展城乡志愿者队伍，截止到 2018 年，诸暨市各类志愿者人员数量占诸暨全市总人口的 18.3%，在浙江全省范围内遥遥领先。在社会治安领域，诸暨市的志愿者队伍在浙江省可谓首屈一指。为了加强群防群治队伍建设，诸暨市共招募平安志愿者 13.2 万余人，组建了城乡

志愿者队伍3500余支。诸暨市还在城乡广泛实行“邻里互助”模式。在城市社区，组织热心社区公益的积极分子担任“平安楼长”，通过开展“邻里节”等活动，促进居民间互信互助、共创平安。在农村，组建“夜呼队”“护村队”等村民自治组织，通过走村入户、夜间巡逻等形式，切实消除安全隐患，提升群众安全感。

2. 坚持党建示范引领，提升社会服务质量

坚持党的领导是中国特色社会主义的本质特征，基层社会治理离不开党的领导，诸暨市坚持以党建为引领发展“枫桥经验”，将社会组织发展与党建工作深度融合，完善各类服务平台机制，提升社会组织服务质量。近两年，诸暨市探索建立健全了集基层党建、社会组织培育孵化、社会组织能力建设、推动公益理念普及、社会组织信息交流与咨询、公共资源共享、社会组织成果展示等功能于一体的社会组织服务平台，如建立的市级的“社会组织党建服务中心”、枫桥镇组建的“红枫”党群服务中心。截至2018年，诸暨全市有市级社会组织服务平台1个、镇乡（街道）级的20家，这些中心在引领社会组织参与社会治理、推进乡村振兴战略实施等方面均有效发挥了作用，成为凝聚人心、服务群众、化解矛盾、推动发展、促进和谐的坚强战斗堡垒。

目前，社会组织党建服务中心已入驻社会组织22家，新孵化了“红枫义警”“枫桥大妈”“店口红帽子”等社会组织共11家，建立社会组织党组织7个，服务市民群众达1万余人次。主要开展应急救助、关爱服务、绿色环保、社区服务、心理咨询、司法援助等活动。切实配合政府职能转变，有效参与社会治理，提供公共服务，开展公益活动。2017年以来，诸暨市还探索建立了社会组织组织力指数动态评价机制，通过加强党建引领，建立活跃度、规范化、覆盖率、影响力四个维度的标准化评价体系，推动社会组织规范化、专业化发展，形成共建、共享、共治的社会治理格局。

在政府作用发挥方面，以“有形之手”调配财政资源同社会组织服务相互衔接。通过诸暨市“党建云”资源池服务平台，各类社会组织承接政府购

买服务50余项，实施公益创投项目21个，累计金额200余万元。枫桥、浣东街道等镇乡将党群服务中心与社会组织服务中心有效结合，娟子工作师、调解志愿者协会等发挥党员志愿者作用，进一步推进了基层的矛盾化解。2017年12月10日，中共中央政治局委员、中央政法委书记郭声琨到诸暨市社会组织服务中心调研，并对诸暨市社会组织建立党组织，积极承接社区矫正、化解矛盾纠纷等社会治理工作给予充分肯定。

3. 坚持传统文化引领，夯实乡村德治基础

2015年以来，诸暨市积极挖掘传统文化“软力量”，发挥文化引领力，挖掘培育乡贤群体，发挥“乡贤能人”在“熟人社会”的亲缘、人缘、地缘优势，推动乡贤成为乡村社会治理的重要力量。诸暨市在改革中注重将乡贤建设同基层民主自治、基层党组织建设相结合统筹推进，以议事参事为平台，培育乡土共治土壤。在实践中，诸暨市积极吸收优秀乡贤能人进入基层党组织，支持乡贤依法参加村委、“两代表一委员”选举，聘请乡贤担任“外挂村干部”“镇长顾问团”，全面构建“乡贤参与、镇级管理、村级自治”的乡村管理新格局。以“矛盾不上交”为目标，打造调解“金钥匙”，全面推行110矛盾调解“乡贤治理”模式，建立“乡贤治理”参与、联络、培养、评价机制，落实乡贤调解“以奖代补”，实行一事一奖。一大批老干部、老党员、经商能人利用亲缘、人缘和地缘优势，当好“老娘舅”，做好“和事佬”。诸暨市还推动以乡情乡愁为纽带，汇集社会各界力量助力家乡发展。枫桥镇在全市率先成立了乡贤联合会，广泛搭建同乡会、联谊会、商会等平台，依托“诸暨发展大会”，感召在外乡贤投身家乡建设，有效推动外来投资经济项目在诸暨落地生根。

诸暨市还积极开展“新时代文明传习”活动，枫桥镇作为全国试点镇，枫源村、杜黄新村、栎桥村被列为试点村，打造新时代乡风文明，引领乡村治理样板。2018年6月，为深入推进新时代“枫桥经验”，发挥社会组织基层治理作用，枫桥镇党委政府推出农村社区社会组织“5+X”治理新模式，“5”是指“乡贤参事议事会”“红枫义警分会”“乡风文明理事会”“580志

愿服务分会”以及“邻里纠纷调解会”村级社会组织；“X”是村级个性化社会组织，在村内自发形成，如“枫桥经验宣讲队”“文艺宣传队”“篮球队”等。根据枫桥镇的统计，2018 年枫桥镇共统筹 38 个社会组织力量，构建了多元参与、协同治理的基层社会治理新格局。

三、“枫桥经验”的核心内涵及启示意义

浙江省诸暨市是“枫桥经验”的诞生地，深厚包容的江浙文化和务实创新的开拓精神孕育发展了“枫桥经验”。半个多世纪过去了，斗转星移，沧桑巨变，“枫桥经验”始终坚持与时俱进的发展品格，始终把握变与不变的主旋律，坚持以人民为中心，主动顺应国家形势任务和时代发展需要，创造性解决不同时期复杂多样的基层社会矛盾和问题，为地方社会稳定和经济发展做出了重要贡献。党的十八大以来，面对新形势新任务，浙江省诸暨市各级干部群众在党的领导下，牢牢把握“枫桥经验”的核心要义和内涵特质，深入研究基层社会治理领域的新情况，把握新规律，紧密围绕做好群众工作这条主线，积极探索推进基层社会治理现代化，其实践经验为全国其他地区提供了重要的参照和借鉴。

（一）坚持以人民为中心，尊重群众的首创精神

坚持以人民为中心、尊重群众的首创精神，是“枫桥经验”的精神实质。在社会主义建设事业和改革发展进程中，浙江省诸暨市党委和政府始终坚持以人民为中心，尊重群众首创精神，注重从本地实际出发，根据自己的实践经验，制定了一系列符合本地实际情况和人民群众意愿的政策措施，不断将“枫桥经验”发扬光大。

“枫桥经验”自诞生以来，尽管经济社会环境和条件发生了巨大变化，但“枫桥经验”一以贯之、一脉相承的不变特质，始终是以人民为中心，尊重群众的首创精神。这也是“枫桥经验”能够历久不衰、永葆生机的精

髓和关键所在。20 世纪 60 年代初，诸暨市枫桥镇干部群众创造了“发动和依靠群众，坚持矛盾不上交，就地化解纠纷”的做法，充分体现了以人民为中心，尊重群众的首创精神。改革开放后，“枫桥经验”得到进一步深化发展，诸暨市通过依靠群众、发动群众，充分调动基层群众积极性，在社会治安综合治理和平安建设中创造了“小事不出村，大事不出镇，矛盾不上交”新经验，为经济社会发展营造了良好的环境。党的十八大以来，围绕人民对新时代美好生活向往与基层社会治理体系建设滞后的矛盾，诸暨市将“以人民为中心”延展到基层社会治理的各个方面，将“依靠群众、发动群众、为了群众”落实到具体体制机制建设中，走出了一条推进基层社会治理现代化的新路径。

“枫桥经验”历经时代变迁，无论在哪个历史阶段，坚持以“人民为中心”，尊重群众的首创精神，都是其不断创新发展的基本点。在“枫桥经验”诞生以来，特别是改革开放以后，诸暨市党委、政府在面对各个时期面临的复杂社会矛盾和问题时，把依靠群众、发动群众，就地化解矛盾，解放和发展生产力作为一切工作的出发点，在新的历史条件下创新党的群众路线工作方式方法，不断取得经济社会发展的新成就。

坚持一切从实际出发，尊重群众首创精神，是“枫桥经验”的突出特点。在各个时期面临复杂矛盾纠纷时，诸暨党委、政府最初并没有现成的解决方案，都是在依靠群众、发动群众过程中，尊重大多数群众意见逐渐摸索出来的。当外界对一些创新做法疑虑、争议甚至责难时，地方党委、政府坚持一切从实际出发，对人民自发的意愿和创新行为给予了充分的理解和尊重，并加以积极引导。在实践中既不照搬别人的做法，也不回避当地的矛盾，因地制宜、尊重规律，探索符合本地实际的化解基层矛盾的办法，在慎重总结、充分讨论和集思广益的基础做出符合本地实际的决策，体现了地方党委、政府对党的群众路线的深刻理解和求真务实的工作作风。

以人民为中心，是习近平新时代中国特色社会主义思想的根本特征，也是新时期坚持发展“枫桥经验”的本质要求。在“枫桥经验”精神示范和指引下，诸暨市党委和政府出台的大量政策措施，都以人民群众赞成不赞成、拥护不拥护作为各项制度和措施的出发点，以为民造福为落脚点。坚持以人民为中心，尊重群众的首创精神，使诸暨市在就地化解基层矛盾、推进基层社会治理创新方面，能够真正做到从本地实际出发，能够顺民心、合民意，符合实践发展需要；做到既合规律性又合目的性，从而使地方经济社会得到又快又好的发展。

（二）主动回应时代变革，契合国家形势发展之需

主动回应时代变革、契合国家形势发展之需，是"枫桥经验"的旺盛生命力。"枫桥经验"之所以在不同历史时期得到中央领导人的重要批示和高度重视，是因为它自身有着独特的实践魅力。这种魅力的显著特征之一就是始终紧紧把握和顺应时代需求，始终直面全国性的发展问题并能够做出有效的回应。

事实上，"枫桥经验"的萌芽和发展一直是问题推动的产物，在不同历史时期有着不同的表现形式。但是，回应时代叩问、满足国家和人民需要，始终是枫桥经验发展演进的主线，"依靠人民群众""化解矛盾"这两个方面始终是"枫桥经验"有别于其他经验最鲜明的本质特征和核心要义。它在各个阶段都能够抓住契机，回应问题和挑战，满足国家形势任务和时代发展需要，并在实践中进一步得到检验和提升，始终保持旺盛的生命力。

在 20 世纪 60 年代，当时国家正处于建政初期，如何正确处理人民内部矛盾和敌我矛盾的关系，进而稳固新生国家政权，是社会主义建设面临的首要问题。诸暨基层干部群众针对"四类分子"创造的"枫桥经验"，契合了国家形势任务发展的需要，探索出正确处理人民内部矛盾的有效实践形式，对推动全国社会主义教育运动沿着正确方向发展具有重要的现实意义。改革开放时期，面对国家和人民群众在经济社会发展中对社会稳定的迫切需求，"枫桥经验"被赋予新的历史使命。诸暨市干部群众没有墨守成规，而是根据基层社会环境变化，创造性解决新出现的社会矛盾和问题，探索形成了

“立足基层组织，整合力量资源，就地化解矛盾，保障民生民安”的新经验，成为全国社会综合治理工作和平安建设的一面旗帜，为全国其他地区提供了重要的示范。进入新时代，面对新问题、新矛盾，“枫桥经验”解决问题的方式进一步向社会、经济领域延伸、传导，与社会建设、经济发展形成互动，成为新时代完善基层治理体系、全面提升基层治理能力的有效载体，为在新的经济社会环境下推进基层社会治理现代化做出了有益探索。

正是由于“枫桥经验”主动顺应时代变革，在客观上契合国家形势发展之需，所以才能跨越各个时代的风云变幻而成为生命力持久的地方经验之一。在就地化解矛盾、实现社会和谐稳定的同时，充分保障和激发了当地经济发展的活力和动力，人民群众得以分享到经济发展和社会稳定带来的美好生活福祉。

（三）就地化解矛盾，保持基层社会长效稳定

就地化解矛盾、保持基层社会长效稳定，是“枫桥经验”的功能根基。“枫桥经验”诞生以来，之所以在各个时期成为典型经验加强推广示范，主要源于其始终不变的功能根基，即就地化解矛盾、保持基层社会长效稳定。

在新的历史时期，经济社会环境发生明显变化，矛盾和问题类型及表现形式与以往显著不同，具体解决问题的机制有了创新，群众路线的工作方式方法有了新发展，但“枫桥经验”的核心要义没变，这就是化解矛盾在基层。坚持矛盾不上交、就地解决问题，是“枫桥经验”的突出特点。50 多年来，虽然社会矛盾的性质和类型都发生了很大的变化，但是各个阶段的“枫桥经验”依然是预防化解矛盾的经验，是着力于维护社会秩序和保持基层长效稳定的基本经验。

进入 21 世纪以来，面对问题多发、矛盾复杂、风险叠加的更加严峻复杂的经济社会发展环境，我国基层社会治理体系面临着更大的压力和挑战。在这种背景下，更需要发挥“枫桥经验”的功能优势，坚持矛盾不上交、就地化解矛盾的功能特质，为国家发展构筑稳定的根基。近年来，诸暨市以践

行群众路线为主体，继承和发扬优良传统，积极探索具有时代特征的矛盾化解新体制和社会治理新路径，不断丰富和拓展“专群结合”的内涵，健全和创新群众参与的载体和平台，探索形成了自治、法治、德治“三治”相结合的社会治理新格局，有效保持了基层社会的长效稳定。对全国其他地区而言，学习“枫桥经验”的精髓，始终不能离开夯实基层工作根基、就地化解矛盾、保持基层社会长效稳定这一核心要求。

（四）坚持与时俱进，创新群众工作方式方法

坚持与时俱进、创新群众工作方式方法，是“枫桥经验”的活力源泉。20世纪60年代初期的“枫桥经验”，在化解基层矛盾时，主要利用思想感化、说理斗争的群众工作方式达到对“四类分子”改造的目的。改革开放以来，传统计划经济体制向社会主义市场经济体制转型，经济社会环境发生了重要变化。经济基础的变化加速了社会结构的调整，生产生活方式的改变带来了群众诉求的变化，价值多元带来了社会观念的多样化。在这个过程中，各种新的矛盾日益凸显，社会问题日趋复杂，基层纠纷急剧增多。但是，矛盾越是突出，问题越是复杂，就越要做好群众工作；而要做好群众工作，就必须转变观念，创新工作机制和工作方式。

包括诸暨市在内的浙江省各级党委和政府，高度重视深化提升“枫桥经验”内涵举措，始终把握变与不变的主旋律，把坚持发展“枫桥经验”作为深入贯彻党的群众路线、加强和创新基层社会治理、推进社会和谐稳定的有效载体，注重运用法治思维和法治方式，注重融合互联网等新技术手段，注重培育和发挥社会组织作用，不断加强基层社会治理体制机制建设，有效解决涉及群众切身利益的矛盾和问题。群众工作方式方法的不断创新，使“枫桥经验”在新时代焕发出勃勃生机。

（五）坚持问题导向，推进基层治理体系完善发展

坚持问题导向、推进基层治理体系完善发展，是“枫桥经验”的新时

代指向。基层是一切工作的落脚点，社会治理的重心必须落实到城乡基层。“枫桥经验”从最初的社会主义教育运动中就地化解矛盾到20世纪八九十年代的“维护社会治安”，从21世纪初“加强社会管理”到新时代“创新社会治理”，无不是以问题为导向、不断提升基层治理能力和完善基层社会治理体系的过程。

进入新时代以后，“枫桥经验”的社会治理实践意义进一步显现。诸暨市党委和政府面对新形势新任务，坚持党建引领，注重体制机制完善，积极开创基层社会治理新格局。诸暨市党委和政府在原有工作基础上发挥大调解联动优势，精细化分类对接群众新需求；强化多级多要素联动，健全人民调解工作新机制；发挥网格化管理优势，实现基层基础全覆盖；强化法治思维法治方式化解社会矛盾，推动城乡治理工作制度化规范化；注重利用互联网新技术优势创新群众工作方法，健全以群众自治组织为主体、社会各方广泛参与的新型社区治理体系，积极推进基层社会治理现代化。

回望跨越世纪的发展历程和改革开放以来的生动实践，“枫桥经验”的精神实质和核心内涵，经过岁月洗礼和实践检验不仅历久弥新，而且焕发出新时代的光芒。进入新时代以来，诸暨市党委和政府牢牢把握“枫桥经验”的核心要义和内涵特质，把坚持发展“枫桥经验”作为深入贯彻党的群众路线、加强和创新基层社会治理、推进社会和谐稳定的有效载体，注重运用法治思维和法治方式，注重融合互联网等新技术手段，注重培育和发挥社会组织作用，不断加强基层社会治理体制机制建设，有效解决涉及群众切身利益的矛盾和问题，为浙江省乃至全国在新时代推进基层社会治理体系和治理能力现代化，提供了重要的实践样本和宝贵经验，在全国树立了基层社会治理的新标杆。

改革开放与中国县域发展

GAIGEKAIFANG

浙江义乌

ZHEJIANG YIWU

“国际小商品之都”崛起的经验与启示

中国社会科学院西亚非洲所

导言

正如习近平总书记所言，义乌的发展，是“莫名其妙”的发展、“无中生有”的发展、“点石成金”的发展。改革开放40年来，浙江省义乌市由一个偏僻内陆穷县，“从无到有”，摇身一变成为一个名贯全球的“国际小商品之都”、“全球超市”。

义乌的发展是一个奇迹，是当代中国的一个传奇。义乌靠商起家，以商立市，以商兴市。“市场兴则义乌兴，市场衰则义乌衰”，这在义乌已是一个共识，一条铁律。由起初行走于大江南北的“货郎担”和马路市场，到最终“鸡毛飞上天”，建立起国际商贸城，“买全球，卖全球”，成为“全球超市”，以此，义乌享誉天下，义乌商人名满全球。义乌始终坚持“兴商建市”发展战略不动摇。围绕这一中心战略，积极推动贸工联动和商业化、工业化、电商化、国际化，统筹经济与社会、城市与乡村、国内与国际发展，走出了一条可持续的科学和谐发展道路。

义乌的发展，是当代中国发展的一个剪影。正是无数个义乌，拼成了一幅完整的中国成功转身的华丽图案。义乌的成功昭示了中国改革开放的成功。改革开放是决定当代中国命运的关键抉择，是发展中国特色社会主义、实现中华民族伟大复兴的必由之路。义乌曲折而辉煌的发展历程有力地印证了，改革开放符合党心民心、顺应时代潮流，方向和道路是完全正确的。

义乌的成功，是探索有中国特色社会主义道路的有机组成部分。中国从站起来到富起来，再到强起来，关键在于中国共产党的领导，在于中国共产党创造性地将马克思主义与中国实际相结合，创造性地探索出了一条具有中国特色的社会主义发展道路。义乌的成功也在于将国家的改革开放政策与本地的实际创新性地结合在一起，找到了一条适合义乌自身的发展道路。

义乌模式，是继“温州模式”后，浙江又一个解读与剖析中国改革的最典型样本。义乌模式，具有“浙江模式”的特性，但也是中国模式的诸多原型之一。义乌的发展，得益于改革开放政策，得益于中国特色社会主义市场经济。

改革、开放、创新是义乌取得长足发展的“三大法宝”。义乌发展，改革是抓手，开放是引领，创新是助力器。回首 40 年，没有改革开放，就没有义乌的今天。在义乌 40 年的辉煌发展历程中，变革与创新，发展与进步，始终是贯穿其中的主旋律。可以说，义乌改革开放的历史，就是一部不断解放思想、改革开放、抢抓机遇、开拓创新的历史。改革开放，激活了义乌人民的经商传统，释放了义乌人民的创造潜能。当前，义乌正以国贸改革为龙头，以“最多跑一次”改革撬动“贸易、城乡、政府、要素”四大领域改革，加速打造国际商贸城。

义乌发展经验的精髓和灵魂在于党政有为。义乌的市场由群众首创，但若没有政府的强有力支持，就不会有今天的发展局面。义乌的发展经验，有很多可以总结的方面，但政府的作用是关键的一条。长期以来，义乌市委市政府始终能摆正自己的位置，正确处理政府和市场的关系，大力支持发展市场经济，同时始终坚持党对发展的主导权，把握方向、谋划全局、提出战略、制定政策、营造良好环境。义乌党委和政府在充分尊重群众的首创精神，尊重企业市场主体地位，充分发挥市场这只“无形之手”作用的同时，强调积极有为地发挥政府这只“有形之手”的作用。

义乌的发展是在习近平总书记的直接关怀和指导下取得的。习近平总书记主政浙江时曾 10 多次赴义乌视察，并总结、推广义乌发展经验。习近平总书记担任浙江省委书记时主持制定的指导浙江长远发展的“八八战略”更是直接推动义乌取得跨越式发展。从义乌发展经验的总结到“八八战略”的制定，从“11+1”的出台到打造“国际小商品之都”，再到国际贸易体制改革试点的推出到“义新欧”班列开启，这些无不凝聚着习近平总书记的亲切关怀和指导。可以说，义乌是习近平新时代中国特色社会主义思想的重要萌发地，也是习近平治国理政新思想新理论的早期实践之地。

一、义乌改革开放 40 年的成就

义乌是浙中名邑，历史悠久。公元前 222 年，秦建“乌伤”县。“义乌自秦为县，历汉唐迄五季。”秦时乌伤一县，得今金华、义乌、永康、武义四县以及周边区域，其治在义乌。公元 9 年，改名“乌孝”，东汉复称乌伤。唐武德四年（621），曾割乌伤一县，别立稠州。因此，义乌又称“稠州”。623 年，稠州分置乌孝、华川两县合并，乌伤县自此退出历史舞台。唐武德七年（624），乌孝、华川两县，更名为“义乌”县。中华人民共和国成立后，义乌县隶属金华市。1988 年，义乌撤县建市，下辖 6 镇 7 街道。

义乌地处浙江中部，面积大约 1105 平方公里，地形以山地和丘陵为主。义乌可耕地面积天然不足。土壤以红壤土为主。义乌地少人多，到 1978 年改革开放前，人均耕地只有 0.8 亩。除少数地区种植粮食作物外，义乌人主要种植茶叶、清枣、蔗糖、梨等经济作物。由于人多地少，农业生产条件差，在传统农业社会以及中华人民共和国成立后很长的历史时期，义乌经济发展和群众生活都处于较低水平。与此同时，义乌人被迫将眼光从贫瘠的土地转向工商领域，养成了勤耕重读的品质、精明实干的民风以及世代相传的商业传统。

（一）义乌——“从无到有”的跨越式发展

经过改革开放40年的发展，义乌，这个自然和交通禀赋条件并不突出的农业县，经济社会发展取得令人瞩目的成就。纵观改革开放40年发展历程，义乌已经从一个地瘠民贫、资源匮乏的农业小县迅速成长为世界知名的国际小商品贸易中心。义乌成功实现了从传统农业小县到全国经济强市的跨越发展，成功实现了从马路市场到全球最大小商品批发市场的跨越发展，成功实现了由工业小县到工业强市的跨越发展，成功实现了从内陆城关镇到国际化城市的跨越发展，成功实现了从温饱不足到小康社会的跨越发展。2017年，义乌出口占全省1/8，邮政快递占1/4，跨境电商零售占1/2，商品辐射219个国家和地区，成为名副其实的世界“小商品之都”。义乌，一座面积仅约为1105平方公里的小城，却创造了城镇居民人均收入连续10年全国第一、内贸网商密度全国第一、外贸网商密度全国第二、快递业务量占全国1/30、外贸出口占全国1/62的传奇。

第一，经济实力和人均国内生产总值（GDP）大幅提升。1978年，义乌国民生产总值仅1.28亿元，人均生产总值仅235元，财政总收入仅2000万元，金融机构存款余额仅3000万元，属于浙江省经济发展相对落后地区。从1978年到2017年，义乌地区生产总值、人均GDP、财政收入分别增长了905倍、623倍、788倍，远高于同期浙江省（417倍、277倍、374倍）和全国（224倍、154倍、151倍）的增幅。2017年，全市GDP跃升至1158亿元，是1978年的904.7倍，年均增长18.6%。2017年，义乌市人均GDP为146381元，是1978年的623倍，年均增长17.5%，是金华市（80073元）的1.8倍，列金华各县市区首位。按当年平均汇率折算，2017年义乌人均GDP突破2万美元，超过世界人均水平，已达到世界银行最新收入分组标准上高收入经济体水平。城镇人均收入为全国最高水平。在全国综合实力百强县中，义乌长期稳居前十名。

第二，对外开放经济发展成效显著，走向国际化。据统计，2017年，义乌市外贸进出口总值2339.4亿元，同比增长4.9%；其中出口2304.5亿元，

图 1　改革开放以来义乌市 GDP 变化情况

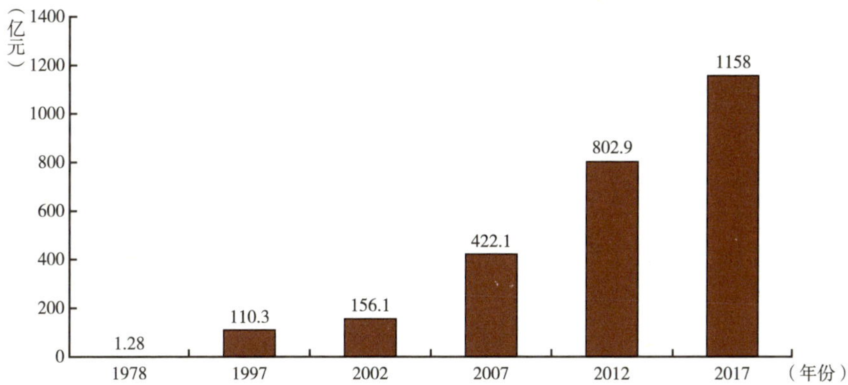

图 2　改革开放以来义乌市人均 GDP

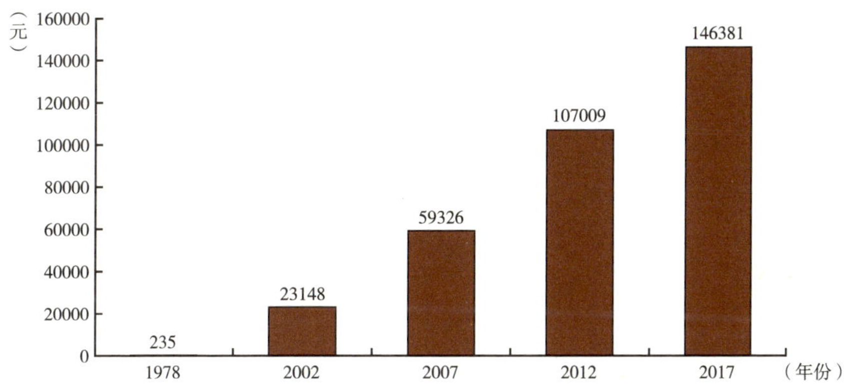

增长 4.7%；进口 34.9 亿元，增长 25.2%。同时，跨境电商交易额同比增长 15.03%，连续 4 年位居全国电子商务发展百佳县首位。随着小商品市场的日益壮大，对外贸易的扩展，1105 平方公里的土地上流动着来自 140 多个国家的 40 万多名外商，其中常驻者达 1.5 万人，常设外商机构达 3000 家。近年来，义乌围绕高水平建成“世界小商品之都”目标，以国际贸易改革为引领，开放经济发展不断提速。

第三，城市化飞速发展，城乡一体化发展平衡。人口规模和城市面积不断扩大。2017 年，全市户籍人口达 80 万人，是 1978 年的 1.5 倍，外来人口达 120 万人。义乌市区建成区面积 105 平方公里，是 1978 年的 37 倍。城乡居民收入稳步提高。2017 年，全市常住农村居民人均可支配收入达到 33393 元，是 1978 年的 246 倍，年均增长 14.8%；是 2006 年的 3.8 倍，年均增长 12.9%。2017 年，城镇常住居民人均可支配收入达到 66081 元，是 2006 年的 3.1 倍，年均增长 10.7%。

表 1　2017 年度全国综合实力百强县市

排名	名称	排名	名称
1	江苏昆山	7	江苏太仓
2	江苏江阴	8	福建晋江
3	江苏张家港	9	江苏宜兴
4	江苏常熟	10	辽宁海城
5	浙江慈溪	11	山东龙口
6	湖南长沙	12	浙江义乌

资料来源：中国城市经济学会中小城市经济发展委员会、中小城市发展战略研究院。

表 2　2016 年浙江各市 GDP 排行榜

GDP 排名	市名	GDP（亿元）	常住人口（万）	人均 GDP（元）	人均 GDP 排名
1	杭州	11050.5	918.8	120271.01	1
2	宁波	8541.1	787.5	108458.41	2
3	温州	5045.4	917.5	54990.74	11
4	绍兴	4710.2	498.8	94430.63	4
5	台州	3842.8	608	63203.95	8
6	嘉兴	3760.1	461.4	81493.28	5
7	金华	3635	552	65851.45	7
8	湖州	2243.1	297.5	75398.32	6
9	衢州	1245.5	216.2	57608.70	9

续表

GDP 排名	市名	GDP（亿元）	常住人口（万）	人均 GDP（元）	人均 GDP 排名
10	舟山	1228.5	115.8	106088.08	3
11	丽水	1200.2	216.5	55436.49	10
12	义乌	1118.1	125.9	88822.69	11
	全省	46484.98	5590	83157.39	

（二）义乌——全球最大小商品市场的崛起

义乌的发展成长，建立在义乌小商品市场创建、发展、繁荣的基础上。改革开放以来，坚持“兴商建市”发展战略，由马路市场起步，走出了一条富有自身特色的区域发展道路。义乌市场始建于 1982 年，30 多年来，五易其址，10 次扩建，使当年的一个小小马路市场，发展成为今天全球最大的小商品批发市场。现有经营面积 550 万平方米，商位 7.5 万多个，经营主体 5.8 万多户，经营 26 个大类 180 万个单品。全国几乎所有的大中城市都有货源主要来自义乌的商品批发市场。义乌的小商品市场还吸引了来自世界各地的商人前来采购、贸易、投资建厂，甚至定居生活。目前，常驻义乌的外商约 1.5 万人，每年落地义乌的外国客商约 50 万人，成为全国县级市中外商最多的城市。义乌的商品销售到世界各地。

1978 年底，义乌稠城、廿三里两镇的农民自发在镇区马路两侧摆起地摊，并逐步形成时间、地点相对固定的“马路市场”。1982 年 9 月，义乌县委、县政府尊重人民群众的意愿和要求，毅然做出开放小商品市场的决策，并出资搭建了简陋的市场及设施，即湖清门和廿三里小商品市场，第一代小商品市场应运而生。当时市场摊位仅 700 多个，经营户和交易品种都很少。1984 年 10 月，义乌提出“兴商建县”战略。同年 12 月，第二代市场——稠城镇新马路市场建成，实现了由“马路市场”向“以厂为市”的转变。设摊位 1800 个，商品种类 2740 种，流通范围逐渐跨出本县及周边县市区，开始向外省市辐射。1986 年 9 月，第三代市场——城中路市场建成。占地面积 44000 平方米，设固定摊位 4096 个，临时摊位 1387 个，商品门类日趋齐全，建有综合商业服务和管理服务大楼，立体型管理服务体系形成。1987 年，市场年成交额达到 1.538 亿元。1990 年，市场成交额跃居全国各大专业市场之首，此后至今一直保持这一桂冠。此后，小商品市场进入形成和发展阶段，形成篁园和宾王两大市场群。1992 年 8 月，国家工商局正式命名义乌为“中国小商品城”。同年 10 月，第四代市场——篁园市场一期投入运行，设摊位 7100 个，实现了由“马路市场”向“市内市场”的真正转变。1993 年建成的第四代二期市场，设摊位 7000 个，1994 年 10 月投入运行。1995 年 11 月，同属第四代市场的宾王市场投入运行，建筑面积 28 万平方米，摊位 8900 个，营业用房 900 间。这个时期，小商品市场的档次有了大的提升，形成了“买全国货，卖全国货”的新格局。

中国加入世界贸易组织后，浙江实施“八八战略”，对义乌支持力度加大，义乌小商品市场国际化加速，义乌经济社会实现了大跨越，开放程度大幅度提升。2002 年，义乌市委、市政府审时度势提出建设国际性商贸城市的目标。当年 9 月，具有鲜明国际化特色的第五代市场——国际商贸城一期市场建成开业，义乌市场开始步入现代化、信息化、国际化的新阶段。2004 年 10 月，国际商贸城二期市场建成投用。2005 年 9 月，国际商贸城三区市场建成投用。2005 年，联合国与世界银行、摩根士丹利公司等世界权威机构联合发布的一份中国发展报告，将义乌市场称为“全球最大的小商品批发市场”。自 2006 年 10 月起，由中国商务部主持编制的“义乌 · 中国小商品指数”定期向全球发布，成为全球小商品贸易行情的“风向标”和“晴雨表”。2002～2007 年，义乌生产总值从 156.1 亿元增至 422.11 亿元，人均 GDP 从 23148 元增至 59326 元，工业增加值从 69.1 亿元增至 171.53 亿元，货物进出口总额从 4.54 亿美元增至 18.28 亿美元，全市集贸市场年成交总额从 265.1 亿元增至 460.1 亿元，年入境外商人数从 2 万人次增至 20 万人次，常住外商从 3400 人次增至 1 万人次。

2011年3月，国务院发文批复开展“浙江省义乌市国际贸易综合改革试点”，开启了义乌新一轮大发展的高潮。7年多来，“义乌试点”在多个领域取得重大突破，其核心成果“市场采购”贸易方式得到了商务部的高度肯定，经国务院批准已在国内多个城市复制推广。当前，义乌遵循中国经济迈入新常态阶段的新要求，着力推动市场转型发展、创新发展，尤其是适应现代信息技术大爆发、商业模式大变革的内在要求，大力发展电子商务和现代物流，在全国率先建成线上线下融合化、业态结构多元化、交易手段电子化、服务功能复合化的现代新型专业市场。2013年11月，义乌国际生产资料市场一期一阶段建成投用。在市场转型发展、创新发展的带动下，义乌社会经济发展跃上新台阶。从2012年到2017年，义乌生产总值从802.9亿元增加到1158亿元，人均GDP从107009元增加到146381元，工业增加值从283.83亿元增加到329.1亿元，货物进出口总额从590亿元增加到2339亿元，实际利用外资额从11261万美元增加到20834万美元，城镇居民人均可支配收入从44509元增加到66081元，农村居民人均可支配收入从19147元增加到33393元。[①]

二、义乌的发展经验

近年来热播的电视连续剧《鸡毛飞上天》[②]通过陈江河一家三代跌宕起伏的命运安排，讲述了浙江义乌人从“鸡毛换糖”开始做起，将义乌从一个贫穷的小地方打造成世界级小商品市场的发展历程，生动而全面地呈现了义乌人坎坷曲折而壮丽辉煌的40年成功之路。“鸡毛飞上天”一词形象地描绘出了义乌精神和义乌模式的核心和特质，对义乌改革发展的经验进行了精准的艺术诠释和呈现。

① 陆立军、陈丹波：《中国特色社会主义的成功实践：义乌例证》，《改革》2018年第3期。

② 《鸡毛飞上天》，是由杭州佳平影业有限公司投资、余丁执导的都市商业剧。该剧以陈江河和妻子骆玉珠的感情和创业故事为线索，讲述了义乌改革发展30多年曲折而又辉煌的历程。该剧于2017年3月3日在浙江卫视、江苏卫视首播。

（一）义乌发展经验的探索

义乌是一个既不沿边，又不靠海，地瘠人贫，缺乏自然资源和工业基础的内陆农业小县，改革开放40年来逐步成长为全球小商品之都，名列全国百强县市前列（义乌在2016年全国县域经济综合实力排名百强县市中排名第七）。1986年10月28日，《人民日报》第一次在头版对发生于义乌的市场经验进行报道《开发民间市场带动农村各业——义乌"兴商建县"变富步伐快》，并配发评论员文章《大兴民间商业》。2008年10月，中央政策研究室和中央财经领导小组办公室组成的中国特色发展之路课题调研组发布调研综合报告，义乌被列入全国改革开放18个典型地区之一。义乌改革发展40年来所走过的道路，不仅是一个壮美的传奇，也创立了一种独到的发展模式。改革开放以来，中国逐步形成了以"义乌模式"、"温州模式"、"苏南模式"、"珠江模式"和"晋江模式"等为代表的区域经济发展模式。区别于其他几种模式（如以乡镇集体经济繁荣为主要特征的"苏南模式"、以家庭工厂为主体的私营经济繁盛的"温州模式"），"义乌模式"有其独特的形态与特征。"义乌模式"与"温州模式"有一定相似性，具有"浙江模式"的共同特征，都强调民营经济和专业市场。如果说家庭手工业是"温州模式"的核心，而专业化小商品市场则是"义乌模式"的灵魂。所谓"义乌模式"，就是由"鸡毛换糖"开始，利用市场的先发优势和集聚功能，发展以小商品流通为主的商贸业，进而不断积累资本、扩大经营规模，促使商业资本向制造业和城市基础设施建设等领域扩张，实现市场与产业、城市的联动发展，推进区域经济工业化、城市化、国际化的进程。①"义乌模式"具有鲜明的特征：①小中见大，以小博大，所谓"两小两大"，即小商品、小企业、大市场、大集聚；②群众首创，民营主体；③政府主导，党政积极有为；④改革开放，创新驱动。

义乌发展道路的形成经过数代人的艰苦卓绝的探索，在许多方面创造了

① 陆立军：《从"义乌模式"看中国的改革开放》，《中共中央党校学报》2008年第3期。

诸多非常好的独到的做法，积累了丰富的宝贵的经验，有很多成功经验值得总结和推广。习近平总书记担任浙江省委书记（2002～2007年）期间，高度称许义乌改革开放取得的巨大成绩和独特的发展道路，多次赴义乌考察调研，对义乌发展经验有着深刻理解。2005年8月，他在义乌调研时指出，义乌的快速发展是坚持了“兴商建市”、贸工联动的发展战略，通过大力实施工业化、市场化、城乡一体化，使县域经济得到快速发展，各项事业全面进步。在这次调研中，他第一次提出“义乌模式”。根据他的指示，浙江省委办公厅牵头组成了一个“浙江省委、省政府义乌发展经验调研组”，对义乌市全面建设小康社会、走科学发展之路的情况进行全面深入的调研和总结，历时半年之后，调研组拿出了一份长达13000多字的《全面建设小康社会的成功典范——关于义乌发展经验的调查报告》。[①]2006年4月30日，浙江省委、省政府专门下发《关于学习推广义乌发展经验的通知》，一段时间里浙江全省上下掀起了一股广泛深入学习、宣传义乌发展经验的大潮。“义乌模式”由此成为继“温州模式”后浙江又一个关于改革开放的典型样本。2006年6月8日，时任浙江省委书记习近平在义乌横塘村召开义乌发展经验座谈会，并发表重要讲话。在这次座谈中，习近平首次全面阐述了他心目中的“义乌发展经验”，并就进一步学习推广“义乌经验”进行了部署。正是在这次座谈会上，习近平将义乌的发展经验高度概括为12个字：义乌的发展简直是“莫名其妙”的发展、“无中生有”的发展、“点石成金”的发展。而这12字成为“义乌经验”最精辟和生动的总结。在此基础上，习近平全面系统阐述了他对义乌发展经验的认识，提出了关于义乌发展经验的“五点论”：①义乌发展经验，是创造性地贯彻中央精神的经验，是结合实际落实省委实施“八八战略”和建设“平安浙江”、文化大省、“法治浙江”等决策部署的经验，是从实际出发充分尊重和切实保护群众首创精神的经验。②义

① 《全面建设小康社会的成功典范——关于义乌发展经验的调查报告》，《浙江日报》2006年5月16日。

乌的发展经验，是正确处理继承与创新关系的经验，是接好“接力棒”、打好“接力赛”的经验。③义乌发展的典型，是一个全面发展的典型，义乌发展经验是走科学发展之路、推进全面协调可持续发展的经验。④义乌发展经验，是把发挥政府这只“有形的手”的作用与发挥市场这只“无形的手”的作用有机结合起来，正确处理政府和市场的关系的经验。⑤义乌的经验，是发展中的经验，是通过改革创新推进经济社会全面发展的经验，是用改革的精神和发展的办法解决发展中问题的经验，也是在推进改革发展中实现社会和谐稳定的经验。[①]

（二）义乌经验的新内涵

义乌经验来源于义乌广大群众的自发实践，来源于习近平总书记的凝练概括，来源于自下而上、自上而下的反复探索与总结。概括起来，义乌改革开放 40 年来取得如此辉煌成就主要有六条发展经验。

第一，坚持党政有为，正确运用“两手理论”和处理政府和市场的关系，把尊重群众的首创精神，尊重市场发展规律与党委政府积极有为，把发挥市场的“无形之手”作用与政府的“有形之手”作用紧密结合起来。

“两手理论”是习近平总书记对义乌发展经验的高度概括。2003 年 7 月，时任浙江省委书记习近平指出：“在市场经济条件下，党委、政府抓工作，必须坚持有所为、有所不为，既要发挥‘有形之手’的作用，更要发挥‘无形之手’的作用。”[②]他强调，“学习义乌发展经验，必须把发挥政府这只‘有形的手’的作用与发挥市场这只‘无形的手’的作用有机结合起来”。[③]正确处理政府和市场的关系，实现政府这只“有形的手”与市场这只“无形的手”的有机结合，“是义乌发展经验的重要内容之一”。

① 习近平：《深入学习推广义乌发展经验 坚定不移地走科学发展之路》，《人民日报》2006 年 6 月 8 日。

② 夏宝龙：《浙江要为“资源配置”率先趟路》，《人民日报》2013 年 11 月 15 日。

③《习近平在义乌调研 强调要学习推广义乌发展经验》，《浙江日报》2005 年 6 月 8 日。

义乌市委和政府充分尊重市场经济，尊重群众和市场的主体作用。义乌是践行社会主义市场经济的典型样本。中国社会科学院政治研究所所长房宁研究员曾 20 多次到访义乌考察调研，他指出，义乌得以“后来居上、脱颖而出”，成就国内甚至全球第一的国际商贸中心，取得的成绩要归功于社会主义市场经济。[①]就如《浙江日报》所指出的，市场，是义乌坚持、发展“八八战略”的一条主线。“一切从市场出发”、“一切由市场激活”、“一切让市场回答”。咬定市场不放松，他们把浙江体制机制优势不断推向新境界，书写了社会主义市场经济的不朽传奇。义乌的发展是一个由群众创造的传奇。义乌农民从“肩挑货郎担”、办马路市场起步，进而办专业市场，再扩张提升兴办全国最大市场、国际商贸城。义乌小商品市场的发展壮大，是义乌人一步一步硬闯出来的。这其中集中体现了群众的主体性、主动性、创造性。义乌的发展源于民间，源于群众首创精神，源于群众的创造性实践。民众是市场经济的主力，民营经济是市场经济的主体，也是义乌经济永葆活力的动力源。40 年来，义乌民营经济从无到有，从小到大，从弱到强。据统计，义乌有 38 万市场主体，其中 99% 为民营经济。民营积极贡献了义乌 70% 以上的税收、80% 以上的生产总值、90% 以上的外贸出口。[②]正是民营经济的快速发展和义乌商人的崛起，使得义乌从一个传统、落后的农业小县，跨越成为全球小商品的集散地，变成一方充满奇迹的热土。[③]“义乌奇迹，正是广大农民的伟大创造，是群众智慧的可喜结晶，是历届党委尊重群众首创精神的必然结果。”[④]义乌前市委书记盛秋平指出，民营企业家是义乌的宝贵财富，

---

① 吴菁：《房宁：义乌“后来居上”得益于社会主义市场经济》，中国经济网，2015 年 6 月 19 日。

②《民营经济对义乌发展的贡献度超过 80%》，中国经济网，2011 年 11 月 29 日。

③《民营经济对义乌发展的贡献度超过 80%》，中国经济网，2011 年 11 月 29 日。

④《尊重群众的首创精神——论学习推广义乌发展经验》，《浙江日报》2006 年 5 月 17 日，第 2 版。

义乌发展的昨天、今天、明天，都离不开民营经济做出的杰出贡献。[①]

党政有为，是义乌成功的秘诀和关键所在。义乌人创造奇迹，从内陆小县嬗变为“世界小商品之都”，既来源于群众的集体创造，也取决于政府的科学有为，在于政府之顺应民意、适应民心、实现民想，在于政府把“有形之手”与“无形之手”有机结合，写下社会主义市场经济的不朽传奇，探索实践出“党政有为”的特色之路。[②]中国社会科学院政治学所所长房宁认为，义乌的意义远不止于一个商业的奇迹。义乌通过实践行动，探索出了一条社会主义市场经济条件下党政领导管理体制的新模式。这才是义乌经验重要的价值所在。党政有为，正是义乌成功的一个关键因素。“市场活力与宏观调控相结合是社会主义市场经济的优势，义乌成功得益于此。而把握与驾驭市场超常规发展的是义乌的党政领导部门。”房宁认为，“办好中国的事情，关键在党”。义乌发展是对这个道理具体而生动的证明。课题组在义乌市城西街道七一村调研时，党的十九大代表、七一村党委书记何德兴介绍了该村建设服务型基层党支部的经验与做法。该村于 2010 年在义乌市率先创立了外来建设者党支部，党员群众凝心聚力加快经济建设，推动乡村振兴。[③]

义乌市委市政府正确处理政府和市场的关系，大力支持发展市场经济，同时始终坚持党对发展的主导权，加强和改进党对经济工作的领导，把握方向、谋划全局、提出战略、制定政策、营造良好环境。《淮南子 · 汜论训》言：“苟利于民，不必法古；苟周于事，不必循俗。”荀子在《天论》言，“天行有常”，“应之以治则吉”。市委市政府尊重群众的首创精神，发挥群众和企业的主体作用，充分发挥市场这只“无形之手”的作用；同时积极有为，总揽全局，加强调控、搞好服务，发挥政府这只“有形之手”的作用，

---

① 李爽爽：《盛秋平：以十九大精神为指引推动实体经济全面振兴》，中国义乌网，2017 年 11 月 22 日。

② 裘一佼、龚望平、陈锦青：《咬定市场不放松——义乌创新机制加快发展纪事（上）》，《浙江日报》2018 年 5 月 18 日，第 1 版。

③ 2018 年 7 月 11 日，课题组成员在七一村专访村党委书记何德兴，了解该村党支部建设、村经济发展情况。

两者相得益彰，相互促进配合，形成良性循环。正所谓“政府搭台，企业唱戏。”1982 年义乌“四个允许政策”的出台就是这一关系的最生动写照。1982 年初春，稠城镇一位名叫冯爱倩的妇女，因不堪忍受“打办”人员驱赶罚没，又苦于无处讲理，情急之下在县委门口拦住新任县委书记谢高华，责问政府为什么不允许农民摆摊。正是这次“讨说法”促使谢高华在县委常委会上明确表态：“义乌的市场是个很好的市场。”最终催生了义乌市场发展历史上著名的“四个允许”。在这一“闯”一“放”的背后，是群众首创精神与政府开明决策的结果，义乌市场由此获得发展先机，并焕发出前所未有的生机和活力。[①] 这一“闯”一“放”成就了义乌的“市场命运共同体”，形象地揭示了义乌“市场富民”的内生动力与尊重民众创造性的“政府作为”。[②] 对社会主义市场经济的本质属性，义乌市委、市政府有着清醒的认识和深刻的理解。

“市场兴则义乌兴，市场衰则义乌衰”，早已成为所有义乌人的共识。“谁砸大家的饭碗，大家就联合起来先砸他的饭碗。”原义乌市委书记楼国华指出，当时义乌只有 2 家工厂，黄土丘陵又多是低产田，有的就是一批多少年“鸡毛换糖”锤炼出来的商人和经商的传统。兴商建县（市）就是尊重群众的创造性，抓住商业这唯一的比较优势，确立的差异化竞争战略。[③] 原义乌市市长毛光烈曾撰文分析过义乌人和义乌市场密不可分的关系：“义乌的绝大多数家庭在小商品市场都有摊位。他们是靠市场经商致富的。在义乌，经商致富和市场富民是同一个概念。谁破坏了市场信誉和交易秩序，就等于砸了大家的饭碗。”[④] 对市场经济的发展，义乌市委市政府始终坚持有所作为、有所不为，而不是放任不管，为所欲为。义乌市委书记林毅说，市

---

① 刘荒、黄海波、李坤晟：《“闯”与“放”成就“市场命运共同体”》，《新华每日电讯》2018 年 7 月 20 日，第 13 版。

② 刘荒、黄海波、李坤晟：《“闯”与“放”成就“市场命运共同体”》，《新华每日电讯》2018 年 7 月 20 日，第 13 版。

③《市场奇迹——“义乌发展经验”新观察之一》，《浙江日报》2006 年 5 月 17 日，第 1 版。

④ 刘荒、黄海波、李坤晟：《“闯”与“放”成就“市场命运共同体”》，《新华每日电讯》2018 年 7 月 20 日，第 13 版。

委市政府不仅要做市场经济的“守夜人”，还要“做保姆”，做“店小二”。[①]的确，义乌群众的创新创业，离不开党委、政府的尊重与保护；义乌市场的提升嬗变，离不开党委、政府的引导和调控；义乌发展的突飞猛进，离不开党委、政府的正确决策和有效服务。[②]义乌历届党委、政府都善于抓住每一次重要机遇，把握好发展方向和大局，承担起做出战略性决策的重大责任。1982 年，党委、政府在顶住重重压力，做出“四个允许”的决策。政府还贷款 57 万元建了摊篷式小商品市场。1993 年当小商品市场已经具备自我发展、自我管理的能力之时，党委及时果断实行“管办分离”，全面退出竞争性领域。此后，从实施“以商促工、贸工联动”战略到按照“一体两翼”构想整合工业园区，从实行“以工哺农、以商强农”到推进城乡一体化，从建设中等城市到建设国际性商贸城市，从国家级国际贸易综合改革试点到国家级跨境电子商务的试点，从小商品市场建设到保税物流中心、国际邮件互换局的设立，航空口岸、铁路临时口岸的开放，都有政府在台前幕后锲而不舍的勇于担当，积极作为。[③]

第二，商贸主导，产业联动，大力推进工业化、城市化、国际化、城乡一体化，坚持和谐发展、科学发展、全面发展和可持续发展。

坚持“兴商建市”的核心战略，全力推进“世界小商品之都”建设，咬定青山不放松，发展方向明确、坚定。义乌是一座建在市场上的城市。改革开放后，义乌从自身的自然禀赋条件出发，从一开始就确立了“兴商建市”的发展战略，这一战略从确立之日起就再未动摇过，走出了一条富有自身特色的区域发展道路。市场是义乌的生命，以打造日用小商品这一专业化大市场为中心，义乌一切工作都围绕市场转、城市围绕市场建、产业围绕市场

① 2018 年 6 月 20 日，课题组在访谈义乌市市委书记林毅时，他充分阐释了“两手理论”的辩证关系及其对义乌发展的作用。

② 义乌发展经验调研组：《全面建设小康社会的成功典范——关于义乌发展经验的调查报告》，《浙江日报》2006 年 5 月 16 日，第 1、4 版。

③ 义乌发展经验调研组：《全面建设小康社会的成功典范——关于义乌发展经验的调查报告》，《浙江日报》2006 年 5 月 16 日，第 1、4 版。

育。1982 年 8 月 25 日，义乌县“稠城镇整顿市场领导小组”下发《关于加强义乌小百货市场管理的通告》，宣布将于当年 9 月 5 日起，正式开放“小商品市场”。这是全中国第一份明确认同农民商贩和专业市场合法化的政府文件。1982 年 11 月，义乌县委、县政府尊重群众发展小商品贸易的强烈要求，毅然做出开放小商品市场的决策，时任县委书记谢高华在会上提出了对日后义乌小商品市场的大发展起到关键催化作用的“四个允许”：允许农民经商、允许从事长途贩运、允许开放城乡市场、允许多渠道竞争，并出资搭建了简陋的市场设施。第一代小商品市场自此应运而生，并迅速发展。1984 年 10 月，义乌县委、县政府提出“兴商建县”战略。到 1988 年，义乌第三产业比重达 39.2%，三次产业结构首次呈“三、二、一”顺序。1990 年，义乌小商品市场成交额跃居全国各大专业市场之首，此后年年保持这一桂冠。2005 年 8 月，义乌中国小商品城被联合国、世界银行等权威机构称为“全球最大的小商品批发市场”。2017 年，义乌市集贸市场总成交额 1493.2 亿元，同比增长 8.9%。其中，中国小商品城实现成交额 1225.95 亿元，同比增长 10.9%。目前，义乌市场主体总量突破 38 万户，总数位居全国县级市首位。在义乌，平均每 10 个本地人，就有一人在义乌小商品市场拥有商铺。通过购买和经营一个个商铺，义乌人早已和这个市场成了关系紧密的命运共同体。“市场兴则义乌兴，市场衰则义乌衰”早已成为义乌人的共识。

从区域市场到全国性市场，再到国际市场，40 年来义乌市场实现了三级跳。从市场化到国际化，再到电商化，义乌市场经历了三个阶段的凤凰涅槃。进入 21 世纪以来，义乌市场加快向国际性商贸中心迈进，特别是随着国际商贸城的投入运行，市场业态又一次发生质的提升。从地摊式传统集贸市场到全国性小商品流通中心，从前店后厂，到“买全国货、卖全国货”，再到“买全球货、卖全球货”，从内贸到外贸，从网上到网下，义乌的市场业态和功能日益丰富，义乌商圈日益形成。

小商品市场是义乌的品牌，也是义乌经济发展的生命线和根本动力。义乌决策者清醒地认识到，没有市场的发展，就没有义乌的发展。为此，很早

图 3　义乌市场成交额

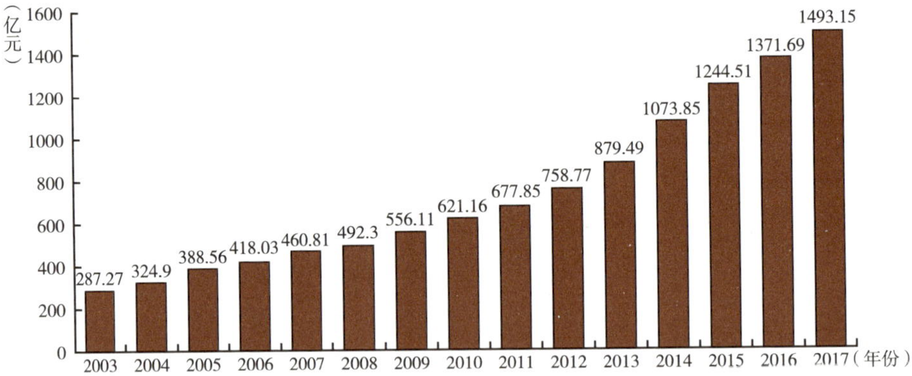

图 4　义乌市场进出口总额

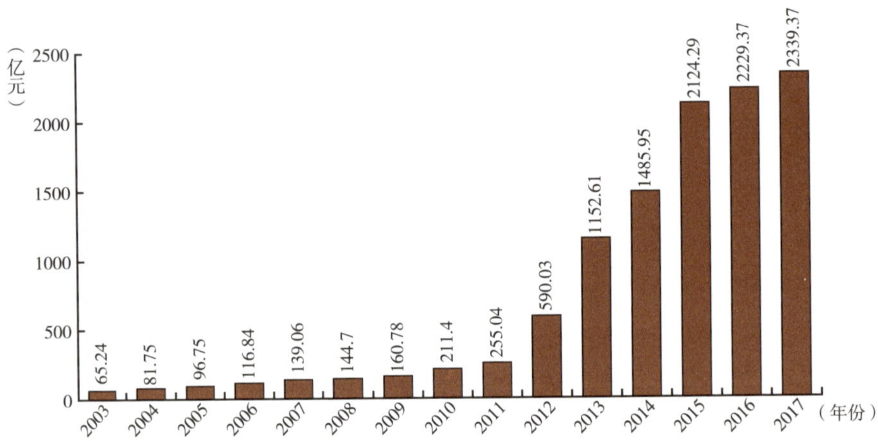

就确立了“兴商建市”的战略，将市场摆在义乌经济发展龙头位置，把商贸作为义乌主导产业。40 多年来，义乌市委市政府一直坚守这一根本战略，历届市委市政府都一以贯之，一任接一任，一届接一届，一张蓝图画到底，一张蓝图不跑偏，“工作围绕市场转，城市围绕市场建，产业围绕市场育”，绝不做“城头变换大王旗”的事情。虽然此后又先后提出“以商促工、贸工联动”、“以商强农”、“以商兴城”、“以商富民”、“工业化”、“国际化”等战略，但都没有偏离市场这一核心。正如习近平总书记指出的，义乌历届市委、市政府坚持“兴商建市”主战略不动摇，做到了认准“一根筋”、坚持不松劲。

在市场发展方面，可以说有规模的扩大、政策的完善、结构的优化、管理的创新、领域的拓展，却从未有过方向的更改、原则的动摇、重点的转移；有接力、续力、助力，而没有撤力、断力、转力。①

以贸促工，积极推动工业化。商贸业的持久繁荣，需要有产业的坚强支撑。在“兴商建市”这一中心战略基础上，义乌积极推动贸工联动战略，加速发展工业化，以市场带动工业，由工业支撑市场，市场与产业实现联动发展，补齐工业落后短板。1993 年以来，义乌实施“以商促工、贸工联动”战略，发挥市场发展业已形成的人才、资金、信息、机制等先发优势，大力发展小商品加工业，走出了一条块状经济特色明显的工业化之路。近年来，义乌进一步加大了工业化步伐，以“增量选优、存量提质”作为工业稳定增长和转型升级的总方针，夯实实体经济之基，补足商业短板。进入 21 世纪，特别是“十三五”以来，义乌市紧扣时尚、装备、信息、健康四大主导产业，按照“增量选优、存量提质”的总方针，坚定不移招大引强，加快培育发展先进制造业和改造提升传统制造业，形成了推动工业经济高质量发展的“义乌经验”。2017 年，义乌市完成工业投资 167 亿元，同比增长 29.5%，增速位居全省十七强县（市、区）第一。目前，义乌有 13 个国家级产业基地，1 个国家级经济技术开发区、1 个省级产业集聚区、1 个省级工业园区、2.67 万多家工业企业，形成了针织袜业、饰品、工艺品、毛纺、化妆品等 20 多个传统优势行业，“小商品，大产业”、“小企业，大集群”、“小规模，大辐射”的产业格局基本形成。

兴商建城，大力推动城市化建设水平，全力打造国际商贸城市。市场的迅速发展和商贸业的繁荣，工业化的快速推进，吸引了大量农村和外地人口向义乌城区集聚，大大加速了义乌的城市化进程。1988 年 5 月 25 日，经国务院批准，撤消沿用了 1360 多年的义乌县建制，设立义乌市，开启了城市化建设的征程。1999 年，义乌被确定为浙江省二级经济区中心城市，全省

① 习近平在义乌发展经验座谈会上的讲话，2006 年 6 月 8 日。

率先基本实现现代化的县市。2014年底，国家发改委发布国家新型城镇化综合试点方案，义乌市获得批准成为首批国家新型城镇化综合试点。1982年义乌城区面积仅2.8平方公里，到2013年，义乌中心城区常住人口达到了120多万，建成区面积达到101平方公里，城市功能日臻完善，现代化、国际化气息日益浓郁，向“宜商宜居宜游”的现代化国际都市大步迈进。义乌走出了一条有自己特色的城市化新路子。

统筹城乡发展，坚持和推动以工哺农、以商强农，以城带乡、城乡互促，全面建设小康社会。义乌坚持工商反哺农业和城市支持农村的方针，积极推进农业产业化，积极实施农民收入倍增计划，率先实施城乡一体化行动纲要，积极建设社会主义新农村，并取得显著成效。城乡居民收入差距显著缩小。2003年，义乌市率先做出了推进城乡一体化的战略决策，并制订和实施全国第一个城乡一体化行动纲要，实现农村向社区、农民向市民、农业向企业转变，实现城乡融合，共享现代文明。市财政每年安排1亿元专项资金用于城乡一体化行动。积极实施“以工哺农，以商强农”战略，大力推进农业产业化，鼓励工商业主投资农业领域，建立农业经济开发区，设立农业产业化扶持资金，实施农业“强龙”工程。市财政每年安排1500万元以上财政资金，加快推进农业产业化发展。加大农业招商引资力度，引进培育优质农业项目，助推农村产业转型。成功创建省级现代农业园区2个，建成省级主导产业示范区2个、省级特色农业精品园12个，建成粮食生产功能区10万亩，培育国家级农业龙头企业3家，国家级示范性合作社2家，培育上市农业企业1家，“全国十佳农民”1人。

坚持“两山论”，践行“绿水青山就是金山银山”理念，全面加快美丽乡村建设。全面推进美丽乡村建设，制订了《美丽乡村精品村、特色村实施方案》《义乌市加快美丽乡村建设·打造中国众创乡村行动计划（2016–2020年）》，编制《义乌市美丽乡村建设总体规划》，推行美丽乡村“七个一”标准化建设和评分体系，确定“中国众创乡村”主题定位，系统推进四级联创。十九大提出实施乡村振兴战略后，义乌市制订了《高质量打造“中国众创乡村”高水平建设现代化“和美乡村”行动方案》，全面推进十项重点工程，高质量打造“中国众创乡村”，高水平建设现代化“和美乡村”，实现农业更强、农村更美、农民更富、乡村更和。

坚持以人为本，扎实推进和谐社会建设。积极推进社会保障体制建设，初步形成覆盖城乡的一体化社会保障体系。全市各类保险已达 200 万人次；养老保险已实现企业全覆盖，工伤保险基本覆盖；城镇职工基本医疗保险参保人数 5.2 万人；城乡居民大病医疗保险率达 72.1%；农村被征地居民养老保险率 91.3%，农村“五保”和城镇“三无”人员集中供养率达 100%。义乌突出“两个关注、两个尊重”，即关注经济社会的协调发展、关注不同利益群体的合理诉求，尊重劳动者主体地位、尊重文化多样性，形成了本地人与外地人、本国人与外国人和谐相处、和谐创业的良好环境。创新对外来建设者的服务和管理，积极推行“外来人口本地化”政策，逐步使外来建设者在社会保障、医疗、住房、就业、子女上学等方面享有市民待遇，与当地人一视同仁。在全国首开先河，从外来建设者中选出市人大代表和政协委员。2007 年，5 名外来建设者当选义乌第十二次党代会代表。创新工会社会化维权的“义乌模式”，得到中央领导的高度肯定。

第三，义乌的发展，是习近平总书记治国理政新理念新思想新战略的早期实践，是习近平总书记关于县域经济发展思想理论的成熟探索。

义乌的发展是习近平总书记关于县域经济发展的成功探索和实践。浙江是中国县域经济最发达的省份，县域经济 GDP 已占到浙江省的 70%。习近平总书记非常重视县域经济社会发展，强调要壮大县域经济。2015 年 6 月 30 日，习近平总书记在会见全国优秀县委书记时指出，“郡县治，天下安。我多次讲过，在我们党的组织结构和国家政权结构中，县一级处在承上启下的关键环节，是发展经济、保障民生、维护稳定的重要基础，也是干部干事创业、锻炼成长的基本功训练基地”。[①] 关于义乌，2006 年，他在义务发展

① 《习近平会见全国优秀县委书记》，新华社，2015 年 6 月 30 日。

经验座谈会上指出，县域经济比较发达，这是浙江省的一个重要特色。浙江省各个领域的市场化改革，特别是民营经济的发展，最先都是从县域范围内开始突破的。他强调，推动经济强县进一步做大做强是省委、省政府的一项重要工作。他解释，这也是为何省委省政府要扩大义乌等经济强县（市）管理权限，为何省委要把义乌这么一个县级市作为典型推广的重要原因之一。[①]

义乌发展是“八八战略”的全面诠释和生动实践。“八八战略”是习近平总书记在浙江工作期间提出的关于浙江发展的重大决策和系统部署，是习近平总书记留给浙江的极其宝贵的精神财富。2003 年 7 月，时任浙江省委书记习近平在浙江省委十一届四次全会上第一次系统提出要进一步发挥“八个方面的优势”、推进“八个方面的举措”。这就是著名的“八八战略”，其主要内容包括：①进一步发挥浙江的体制机制优势，大力推动以公有制为主体的多种所有制经济共同发展，不断完善社会主义市场经济体制；②进一步发挥浙江的区位优势，主动接轨上海，积极参与长江三角洲地区合作与交流，不断提高对内对外开放水平；③进一步发挥浙江的块状特色产业优势，加快先进制造业基地建设，走新型工业化道路；④进一步发挥浙江的城乡协调发展优势，加快推进城乡一体化；⑤进一步发挥浙江的生态优势，创建生态省，打造“绿色浙江”；⑥进一步发挥浙江的山海资源优势，大力发展海洋经济，推动欠发达地区跨越式发展，努力使海洋经济和欠发达地区的发展成为浙江经济新的增长点；⑦进一步发挥浙江的环境优势，积极推进以“五大百亿”工程为主要内容的重点建设，切实加强法治建设、信用建设和机关效能建设；⑧进一步发挥浙江的人文优势，积极推进科教兴省、人才强省，加快建设文化大省。在“八八战略”指引下，浙江走上转型升级之路，率先迈向高质量发展新征程，在高水平全面建成小康社会等方面都走在了全国前列。15 年间，浙江全省 GDP 和人均 GDP 增长均达到 4 倍以上。浙江

① 习近平：《深入学习推广义乌发展经验 坚定不移地走科学发展之路》，《人民日报》2006 年 6 月 8 日。

省委书记车俊指出，“八八战略”是引领浙江发展的总纲领，是推进浙江各项工作的总方略。[①]“八八战略”为新时代中国提供了浙江实践，成为习近平新时代中国特色社会主义思想的理论源头。“八八战略”孕育着“五大发展理念”、“四个全面”的萌芽。中国社会科学院院长谢伏瞻指出，浙江是习近平总书记工作过的地方，是习近平新时代中国特色社会主义思想的重要萌发地。“八八战略”是习近平新时代中国特色社会主义思想在省域范围的先行探索，为当代中国马克思主义的孕育和诞生提供了丰富的浙江素材和浙江经验。“八八战略”与“四个全面”战略布局的精神契合，鲜明地体现了习近平总书记一以贯之的治国理政风范。[②]

“八八战略”强有力指导了义乌长期保持经济社会全面协调快速发展。新华社《瞭望》周刊认为，在“八八战略”指引下，“义乌始终坚持‘兴商建市’发展战略不动摇。从主动拥抱互联网，到深化国际贸易综合改革试点、开通全国唯一民营资本主导的中欧班列，曾在改革开放中走在前列的义乌，再次凭着互联网、铁路网这‘两张网’的创新实践，在世界经济增长乏力的背景下站上了发展新风口”。[③] 义乌市委书记林毅指出：“在商海大潮中，‘八八战略’历久弥新，指引我们不断地创新机制、改进制度设计、扩大体制机制优势。总书记在指示中要求‘保持战略定力’，对义乌来说尤为宝贵，这就要求我们对‘八八战略’有更全面更深刻的认识，找准新时代改革发展的突破口和发力点，绝不辜负习近平总书记的殷切期望。”[④] 义乌市委明确提出，要以“八八战略”指引世界“小商品之都”建设，要更加深刻地领会和把握“八八战略”中蕴含的优势论，在工作导向上突出改革强省、创新强省、开放强省、人才强省，集中力量、集聚资源、集成政策，努力形成引领未来

---

① 车俊：《坚定不移沿着“八八战略”指引的路子走下去》，《浙江日报》2017 年 5 月 10 日第 1 版。

② 谢伏瞻：《“八八战略”的理论贡献和实践意义》，《浙江日报》2018 年 7 月 12 日。

③ 何玲玲、李亚彪、王俊禄：《“八八战略”引领浙江高质量发展》，《瞭望周刊》第 29 期。

④《共同的使命 时代的担当》，《浙江日报》2018 年 7 月 12 日第 3 版。

发展的新优势，确保义乌市在“四个强省”中走在前列。[①]

义乌的发展更是得到习近平总书记的长期指导、关怀、关注和关爱，义乌的发展饱含习近平总书记的满腔心血。习近平总书记高度赞许义乌发展经验，并大力推广宣传义乌的发展经验。义乌的发展是在习近平总书记的直接领导下取得的，而习近平总书记不仅推动了义乌发展跨越新阶段，还丰富了义乌发展经验的内涵。义乌的发展，既是践行习近平总书记主政浙江时所倡导的“八八战略”的重要成果，也是习近平总书记治国理政新理念新思想新战略的生动实践。可以说，习近平总书记治国理政新理念新思想新战略中包含着一定的义乌元素。习近平总书记长期关注义乌的发展，曾先后 12 次到访义乌，这是非常罕见的。2002 年 12 月，时任浙江省委书记习近平到义乌考察，当时他刚从福建调任浙江两个多月。2004 年 10 月，他又到义乌出席 2004 年中国义乌国际小商品博览会的开幕式。2005 年 8 月，习近平赴义乌调研工会维权和现代服务业发展，并首次提出“义乌模式”这一概念。2006 年 6 月，习近平再次赴义乌并亲自主持义乌发展经验座谈会。2007 年 7 月，在调任上海市委书记 3 个月后，习近平率阵容庞大的上海党政代表团赴浙江学习考察，并再次视察义乌。这是习近平第 10 次走访考察义乌。在主政浙江期间，他多次赴义乌视察，指导义乌发展，总结义乌的发展经验并在全省予以大力推广。在他的力推下，义乌成为浙江乃至全国的典范。他积极给义乌放权扩权，实施“11+1”的战略。到中央工作后，他仍继续支持义乌发展及各项改革事业的推进，比如推动国家级的国际贸易综合改革试点落户义乌，等等。2012 年全国“两会”期间，时任中共中央政治局常委、国家副主席的习近平在前往全国人大浙江代表团驻地看望代表时寄语浙江，切实抓好义乌国际贸易综合改革试点。2016 年 7 月，习近平总书记在宁夏考察期间，专程前往位于银川市贺兰县的宁浙创业园园内的义乌商贸城。在国际场合，习近平总书记也多次为义乌点赞，推介义乌，极大地扩大了义乌在国际上的

① 《义乌商报》2017 年 8 月 24 日。

知名度。2014年6月，中国－阿拉伯国家合作论坛第六届部长级会议在北京开幕。习近平总书记在开幕式上发表重要讲话时，用发生在义乌的一段佳话阐述中阿关系的快速发展，有力促进了包容互鉴、互利共赢。“在阿拉伯商人云集的义乌市，有一位叫穆罕奈德的约旦商人开了家餐馆，把原汁原味的阿拉伯饮食文化带到义乌，也在义乌的繁荣兴旺中收获了事业成功，最终同中国姑娘喜结连理，把根扎在了中国。”“一个普通阿拉伯青年把自己的人生梦想融入中国百姓追求幸福的中国梦中，执着奋斗，演绎了出彩人生，也诠释了中国梦和阿拉伯梦的完美结合。”[①] 同年9月，习近平在北京会见西班牙首相拉霍伊时表示，当前，中欧货运班列发展势头良好，“义新欧”铁路计划从浙江义乌出发，抵达终点马德里，中方欢迎西方积极参与建设和运营，共同提升两国经贸合作水平。[②]2015年12月，习近平总书记在南非约翰内斯堡参加中非领导人与工商界代表高层对话会暨第五届中非企业家大会闭幕式上讲话时再次为义乌“点赞”。“在我曾经工作过的浙江省，有个小城叫义乌，号称世界‘小商品之都’，现在有几千名非洲商人常驻那里，从事中非贸易。”2017年5月，习近平总书记在会见来华出席“一带一路”国际合作高峰论坛的西班牙首相拉霍伊时再次指出，西班牙地理位置有着特殊优势，可以为“一带一路”建设的拓展发挥重要作用。义乌至马德里中欧班列开通运行，成为亚欧大陆互联互通的重要桥梁和“一带一路”建设的早期成果。双方要发挥各自优势，开展多领域务实合作，实现互利共赢。[③] 时任义乌市委书记盛秋平表示：“一年多时间里，总书记用义乌元素阐述中阿关系、中欧关系、中非关系，令全市上下无比振奋，备受鼓舞。”

第四，高度自觉，锐意改革，积极开放，创新发展。

改革开放40年来义乌之巨大变迁，在于不断推进改革开放，在于不断自我革新，自我革命。

---

① 习近平：《弘扬丝路精神，深化中阿合作》，《人民日报》2014年6月6日第2版。

② 钱彤：《习近平会见西班牙首相拉霍伊》，新华网，2014年9月26日。

③ 侯丽军、李萌：《习近平会见西班牙首相拉霍伊》，新华网，2017年5月13日。

改革是推动义乌发展的制胜法宝，是全国改革开放的一面旗帜。义乌的发展靠改革开放，这是最根本的一条。义乌靠改革起家、靠开放成长。义乌的几次升级换代，都靠改革开放的强力驱动。从市场的兴建到国际商贸城的落成，再到国贸流通改革，再到跨境电子商务的推行，无一不靠改革与开放。义乌人敢于创新，把挑战当机遇，变劣势为优势，化不利因素为积极因素。锐意改革，顺应时代发展大势，紧跟国家改革开放大潮，秉持务实开放创新精神，把国家的改革开放政策与地区实际紧密结合起来。改革开放给了义乌最大活力。2017 年，义乌被推选为改革成效显著的全国 6 个城市之一，列入迎接十九大的"'砥砺奋进的五年'大型成就展。""从无到有"，"莫名其妙"，其实质是实干，是创新。创新是义乌发展经验的内核。

国家战略，全面融入。"一带一路"倡议提出后，义乌勇当开放尖兵，率先开行全球最长的"义新欧"中欧货运班列，主动融入"一带一路"建设。2014 年 11 月 18 日，首趟"义（乌）新（疆）欧（洲）"铁路班车正式开通运行。在第一批列入"中欧班列"序列的城市中，义乌是唯一的县级城市。"义新欧"中欧班列以义乌为起点，短短几年已成为全国运行线路最多、市场化程度最高、运行效率领先的中欧班列。习近平总书记在两次会见西班牙首相拉霍伊时，都提到了义新欧。当前，"义新欧"已实现双向常态化运行，并开通西班牙、伊朗、德国、阿富汗、英国等 8 条线路，成为地方在国家"一带一路"建设实践中的典范和品牌。2016 年 3 月 11 日，中国小商品城（集团）股份有限公司与波兰华沙中国商城在波兰首都华沙签署合作框架协议，义乌中国小商品城首个海外分市场——波兰华沙分市场正式设立。2017 年 11 月，浙江省出台《浙江省义乌市国际贸易综合改革试点三年（2017-2020 年）实施计划》（以下简称《实施计划》），明确提出义乌要打造"一带一路"陆上桥头堡的战略目标。《实施计划》提出，做强"义新欧"高能级开放大平台。巩固"一带一路"建设的早期成果，推动中欧班列（义乌）市场化营运，做大班列规模，发展国际中转集拼、国际邮件（快件）运输业务，增加过境站点、分拨点，探索跨国海关和铁路协调机制。浙江省要求，共商共建"一带一路”捷克站，谋划建设浙江捷克小镇，与捷克站互为双方展示交流窗口和合作平台。支持义乌建设华东地区中欧班列集货枢纽和拆拼箱中心。利用发展高铁释放铁路运能空间，发展国内行包专列，开发泛亚泛欧新线路，拓展“义乌系”中欧班列品牌。依托中欧班列（义乌）谋划实施“义新欧”跨境、跨区域经贸和产业合作大项目，支持将“义新欧”纳入我国“一带一路”建设的示范性项目，强化与“一带一路”六大国际经济走廊的商贸物流衔接。①

改革试点，敢为人先。据不完全统计，义乌落地的国家级改革试点有数十项。2011 年 3 月，国务院批复同意义乌成为国际贸易改革综合试点城市。2014 年义乌被列为国家第二批农村综合改革试验区。2014 年义乌入选首批国家新型城镇化综合试点名单。2015 年 3 月，义乌被列为全国农村土地制度改革试点地区。2015 年 7 月，义乌入围国家首批社会信用体系建设示范创建城市。2016 年 5 月，义乌入围全国首批 20 个现代物流创新发展城市试点之一。2016 年 9 月，义乌被国土资源部列为全国农村集体经营性建设用地改革试点和土地征收制度改革试点。2017 年 3 月，义乌入围全国首批城市设计试点城市。2018 年 7 月，国务院决定新设一批跨境电子商务综合试验区，持续推进对外开放、促进外贸转型升级。义乌作为全国唯一县级市与其他 21 个城市入选，获批新一批国家级跨境电商综合试验区。1995 年 7 月，国家体改委批准义乌市为浙江省唯一的全国综合改革试点县（市）。国贸体制试点，探索外贸新形式。2011 年，在时任国家副主席习近平、国务院副总理李克强等党和国家领导人的关怀下，义乌获批开展全国唯一的国际贸易综合改革试点。获批后义乌创新积累了一大批可复制可推广的改革经验，在全国率先探索建立“市场采购”贸易方式。国务院将义乌市场采购贸易方式试点经验在全国复制推广，目前市场采购贸易方式已在全国 7 个城市复制推广。探索宅基地所有权、资格权、使用权“三权分置”，创立义乌模

① 王尔德：《义乌对外开放新举措：争取跨境电商试验区》，《21 世纪经济报道》2017 年 11 月 9 日。

式。1991 年 6 月，浙江省政府批准义乌为全省开展国有土地使用制度改革试点。义乌在浙江率先实行城镇国有土地有偿使用制度，所有经营性用地都采取招、拍、挂等形式公开出让。2015 年，义乌被列为全国农村土地制度改革试点地区，同年 4 月，义乌在全国率先提出农村宅基地所有权、资格权、使用权“三权分置”制度体系设计，并得到中央的好评。2018 年，由义乌创立的宅基地“三权分置”的改革成果开始在全国推广。此外，义乌在改革与开放方面可圈可点的创新性举措不胜枚举。比如，积极探索涉外警务新机制，推进国际性商贸城市建设。义乌市公安出入境管理模式被作为“义乌经验”在全国公安机关外国人管理工作中推广。创新工会社会化维权的“义乌模式”，得到中央领导的高度肯定。2005 年，中共浙江省委、中华全国总工会先后在义乌召开了全省、全国工会维权机制建设经验交流会。2008 年，义乌工会社会化维权模式荣获第四届中国地方政府创新奖。创新水权改革，突破资源瓶颈，“义乌－东阳水权交易”“开创了中国水权制度改革的先河”。

积极对外开放，创新外贸体制机制，创新外籍人士管理和服务模式，推动国际化城市和国际商贸都市建设。2012 年成立义乌市国际贸易服务中心，主要为外商提供“一站式”政务、商务、生活咨询和服务。推出外籍商友卡，可用于支付公共服务消费，在基本养老、医疗、子女教育等社会保障方面，享受与义乌市民同等待遇，目前办理数超过 1 万张，基本覆盖常驻外商人群。2007 年起，外国人在浙江义乌就业可直接向义乌市提出行政许可申请，所有手续均在义乌办理。此举开创了下放外国人在华就业管理权限到县级市的先例。积极探索涉外警务新机制，建立外事专管员和外事联络员制度。2005 年，义乌市公安局出入境管理局揭牌，义乌成为经公安部授权的全国首个可直接办理外国人签证和居留许可的县级城市。2013 年，义乌市司法局设立义乌市涉外纠纷人民调解委员会（简称“外调委”），大胆尝试“以外调外”新模式，聘请外籍调解员参与涉外纠纷调解，该项目在国内也是首创。2010 年，义乌市检察院制定出台全省检察系统首个“外籍人员联络制度”，向 150 多家驻义乌外国机构和商户发放了“检察外事联系卡”。义乌还破天荒邀请外籍人士旁听“两会”。在全国首创邀请外商登记制。义乌市公安局在全国公安出入境管理工作中首创《境外驻义商务机构邀请函发放登记簿》制度，及时掌握境外驻义商务机构邀请对象的构成和变动情况。2010 年 4 月，为给外商提供更好的投资环境，中国人寿公司与浙江中国小商品城集团、义乌市出入境管理局联合为在义乌的境外人员推出了意外伤害保险，而小商品城集团将为其买单。创新海关监管模式。2002 年，为支持义乌外贸市场发展，金华海关成立驻义乌办事处。2007 年 9 月，海关总署为义乌出台了《海关总署关于支持浙江义乌小商品出口市场发展的若干意见》和《义乌小商品出口货运监管操作规程》，义乌创立了“旅游购物模式”这一全新的海关出口监管模式。

第五，扎根本土，贴近实际，拥有独特义乌文化的强力支撑。

所谓“一方水土养一方人”。义乌虽然土地贫瘠，资源匮乏，但历史文化传统深厚，有着独特的义乌气质和义乌精神，有独特的文化基因——经商传统、侠义忠信、红色义乌，这为义乌的发展提供了宝贵的精神支持。百年经商传统延续造就当代传奇，激发群众创新活力。自清乾隆年间以来，义乌逐步形成了“鸡毛换糖”的经商传统、重商亲商的商业理念和商贸文化。在当代，义乌秉承发扬了“鸡毛换糖”的创业创新精神，并发扬光大为具有时代内涵、现代市场经济特质的义乌商贸文化。义乌历史上涌现过一批名士，他们或是忠君爱国的典范，或是走在世人前列的著名思想家，或是侠肝义胆的义士。特定的自然环境、历史文化氛围和长期商业传统的熏陶，形塑出义乌人特有的群体性格。义乌，是一个以乌命名的城市，这在中国并不多见。义乌文化孝义为先，从乌伤到义乌，义乌名称的演变由来足以显示义乌人的宝贵精神世界。① 义乌人注重情义，讲求信义，铸就了以诚信为本的义乌商

① 传说秦时有个人名叫颜乌，非常孝顺，其父颜凤去世后负土成坟，一群乌鸦衔土相助，结果乌鸦嘴喙皆伤，故称乌伤县。孝子颜乌死后，乌鸦又在其父坟墓旁衔土葬之。为了纪念那些筑坟受伤的正义的乌鸦，人们把这一带地方叫做乌伤。秦始皇二十五年（公元前 222 年）建县名乌伤，属会稽郡。新莽时（公元 9 年）改县名乌孝。唐武德七年（624 年）废稠州，改名义乌县。

人。义乌人深明大义，民族危亡之际有抗金名将宗泽挺身而出，倭寇侵扰之时有“戚家军”的3000名义乌勇士担当重任，在当代有中国共产党早期创始人之一、《资本论》中文版最早译者陈望道，著名革命家和文化家冯雪峰，著名历史学家吴晗，塑造了勤耕好学、刚正有为、有情怀的义乌精神。义乌人勤劳朴实，不怕吃苦，务实进取；义乌人与人为善，不欺生、不排外，敢闯敢创，勇于创新。义乌民谚曰：“客人是条龙，不来要受穷。”义乌外地人口远远超过本地人口，外籍人口众多，多民族、多宗教群众杂居，但并无冲突，大家和谐相处。义乌文化具有草根性、包容性、开放性和创新性等特征。诚信为本，义利并举，而非唯利是图，是义乌商人的一个重要特征。正是这一独特而深厚的文化，锻造了一个独具特色的义乌商人群体。义乌市以诚信建设助推经济社会发展，扎实推进国家社会信用体系示范城市创建工作，组织实施“我诚信，我吉祥”工程，打造了“诚信义乌”的响亮品牌。2016年5月，中宣部、中央文明办专门在义乌市召开“建设核心价值·构建诚信社会”现场交流会，会上交流了“诚信义乌”建设的经验做法，强调要深入学习贯彻习近平总书记系列重要讲话精神，以培育和践行社会主义核心价值观为根本，大力加强社会诚信建设，增强全体公民的诚信意识，着力解决诚信方面的突出问题，努力营造诚信光荣、失信可耻的社会氛围。朴实、率直、重义、尚礼的义乌人造就了独特的义乌人文精神，有力推动着义乌的发展。

习近平总书记对浙商文化有着深刻精辟的认识。2003年，在浙江、新疆经济社会发展情况交流会上，时任浙江省委书记习近平对浙商文化进行了精辟分析。他指出，现代浙商文化的历史起源中，充分借鉴了海洋文化和中原文化的精髓，成就了儒家文化中独特的一脉，这一文化基因以温州的永嘉学派为代表，在农耕社会中就开始强调“义利并重、工商皆本”的观念。而浙商的文化基因正是浙江经济能够持续快速良性发展的一个重要原因。他高度赞扬浙商的三个精神：创新精神；“不以善小而不为”的精神；“白天当老板，晚上睡地板”的艰苦创业作风。

关于义乌的发展经验及启示，原义乌市委书记盛秋平有着深刻的体会，他在义乌市委十三届十次全会上指出：“尊重群众首创和力行党政有为相结合，是义乌经验的‘精髓’。义乌的发展，正是得益于历届党委政府始终坚持市场化方向，充分尊重群众首创精神，该管的坚决管住，该放的充分放开，形成政府和市场之间的良性互动。”“回顾过去，这些年义乌之所以能够逆势而进、走在前列，最根本的就是坚持和创新义乌经验。”[①] 有着“全球吸管大王”之称的义乌市双童日用品有限公司董事长楼仲平对义乌的发展经验也有着自己的独到见解，其总结为三条基本经验：良好的政策环境；政府积极作为；企业努力进取。[②] 总之，40 年来，义乌一路走到今天，从马路边地摊市场到全球小商品之都和国际商贸城市，从内陆穷乡僻壤到位居全国百强县前列，是一个传奇，有着丰富的独特经验可以挖掘。不过，在改革开放的中国大地，义乌的成功发展，既有其特殊性，也有其一般性。平凡与传奇并行不悖。义乌走向成功，是改革开放 40 年来中国的一个缩影，是波澜壮阔改革开放大潮中的一朵浪花。义乌特色的发展道路是中国特色发展道路的一个微观投射，义乌积极探索具有自身特色、符合客观规律的区域发展之路，是中国探索符合我国国情的中国特色发展道路的有机组成部分。某种意义上，义乌最能代表改革开放前的中国和当下的中国。

三、主要挑战及政策建议

经过多年发展，义乌已经成为全国最重要的小商品集散中心以及中国小商品走向世界的最重要口岸，其发展成就彰明较著。与中国改革开放发展一脉相承，义乌发展进入新时代、踏上新征程。面对国内劳动力价格的不断攀升和

① 谢春雷：《义乌经验启示：“市长”与“市场”怎样才能交相辉映 35 年》，澎湃新闻网，2016 年 12 月 16 日。

② 2018 年 7 月 9 日，课题组赴义乌市双童日用品有限公司进行专访，楼仲平董事长评述了企业发展的政策环境、内外动力及其独特做法。

全球产业布局的深度调整，义乌只有采取针对性策略，突破制约其发展的许多制度性瓶颈，才能继续保持经济活力，为国家“一带一路”建设做出贡献。

（一）义乌发展的新机遇

2018年，对于义乌发展来说，是承前启后的一年，其发展新机遇主要表现在以下几方面。

第一，“义乌模式”在探索中国特色社会主义发展实践的影响力和塑造力不断增强。

中共中央总书记、国家主席习近平在浙江、上海工作期间，先后12次到义乌检查指导工作，感慨义乌的发展是“莫名其妙”、“无中生有”、“点石成金”，要求省委总结义乌发展经验，在全省学习推广。习近平当选国家领导人后，近年又先后多次在国际场合为义乌代言，无论在会见西班牙首相的双边场合，还是在中阿合作论坛、中非合作论坛的多边舞台，对于在义乌经商的阿拉伯商人、中欧班列或世界小商品之都的点赞，都大大提升了义乌模式的国际影响力。义乌经验的确丰富了中国特色经济发展实践，贡献了义乌智慧和彰显了义乌力量。塑造力则体现为中国建设贸易强国提供了义乌样本，并创造性地打造了中国国际贸易改革新机制。义乌首创了市场采购贸易方式，通过创新政府管理，在属地管理、海关监管、税收征管、外汇管理等外贸领域行政管理体制进行了一系列探索、创新，建立了与市场采购贸易业态相适应的配套政策体系。作为外贸新业态、新模式，市场采购贸易方式被写入2015年、2017年、2018年的政府工作报告。2015年7月，国务院办公厅决定在浙江海宁、江苏海门推广市场采购贸易方式。2016年9月，市场采购贸易方式进一步推广到江苏常熟、广州花都、山东临沂、湖北武汉、河北白沟等地。义乌模式中的首创内质得到的广泛认可与推广，将会继续成为义乌未来发展的动力，激励义乌人探索深化改革与发展的新路径。

第二，“一带一路”倡议为义乌发展注入新动能。

习近平总书记在2013年提出的“一带一路”倡议，为中国各地区拓展与外部世界的国际合作开辟了新平台，提供了新机遇。曾经位居中国经济改革大潮浪尖中的义乌，又一次顺势而为，站在发展的新起点上，集聚发展能量再出发。首先，从“一带一路”合作基础看，义乌拥有全球最大的商品集聚和供应平台，有供应全球市场的充裕、优质、物美价廉的商品，有国际竞争力强大的大商业圈，可以同东南亚、西亚、欧洲等广阔的国际市场相对接，实现“贸易畅通”。而世界上最长货运列车路线中欧班列的投入运营，实现了义乌与“丝绸之路经济带”沿线国家地区合作的“设施联通”。其次，得益于“一带一路”倡议的影响，2013 年至 2017 年中欧班列货运量呈逐年上升之势（见图 5）。随着中国与更多国家签署国别与地区性共建“一带一路”合作文件，涵盖领域不断拓展，义乌的发展将焕发新的生机与活力。

图 5 义乌铁路中欧班列进出口货物量

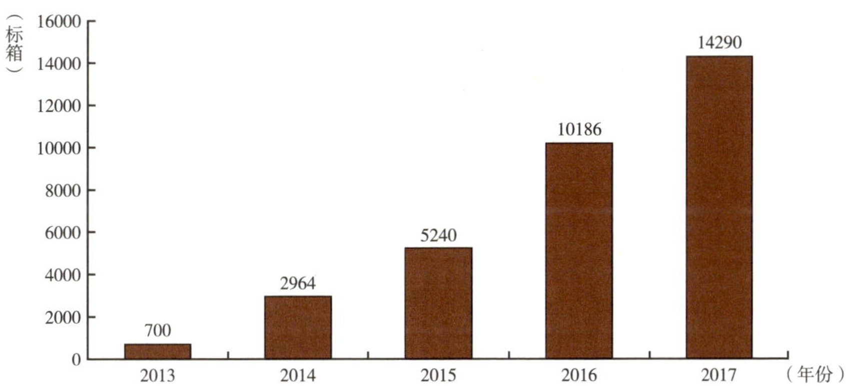

第三，以中国改革开放 40 周年和“八八战略”部署 15 周年为契机，推动义乌改革与发展进入新时代。

2018 年，恰逢中国改革开放 40 周年、习近平总书记在浙江提出“八八战略”15 周年。中国的改革开放既不同于美、日、欧等发达国家和地区经济与社会发展之路，也与南亚印度“混合现代化”模式、拉美和西亚非洲国家的进口替代和出口促进的“依赖发展型”模式有所不同，走出了具有特色、具有丰富内涵的中国特色社会主义发展道路。在中国国内各省区之中，基于不同的发展基础与条件，也形成了诸如“八八战略”等中国特色的区域治理模式。“八八战略”是习近平新时代中国特色社会主义思想在省域范围的先行探索，体现了中国领导人在治国理政经验方面的战略思考，具有很强的实践性。习近平总书记对义乌发展高度重视、寄予厚望，在浙江工作期间对义乌工作做出了一系列重要指示。目前，无论是中国的改革开放经验，还是“八八战略”，抑或“义乌模式”，其思想内核对当下的义乌改革与发展仍具有重要的指导意义。与此同时，义乌的发展结合习近平总书记新理念新思想新战略，结合国内外及义乌当地发展的新情势，以强烈的进取精神，努力走在“八八战略”再深化、改革开放再出发的前列，持续推进义乌的改革与发展。

第四，跨境电商综合试验区的成功获批成为义乌产业转型的新引擎。

根据电子商务研究中心的数据，2017年中国出口跨境电商交易规模为6.3万亿元，同比增长14.5%，占中国全部货物出口额的41.1%。就义乌而言，2018年上半年，跨境快递业务达到3765.17万件，业务收入达到5.86亿元，同比增长12.83%；同期，国际邮件互换局累计处理量2532.95万件，同比增长21.64%。由此可以看出，未来义乌与世界其他国家的跨境电商业务有很大的发展空间。作为“一带一路”支点城市之一和国际贸易综合改革试点城市，义乌正在加速完成互联网化的商贸转型，稳步推进“电商换市”的步伐，并在数字经济新时代的机遇下努力完善电商生态链。在此进程中，义乌设立跨境电商综合试验区的申请的获批，无疑会使义乌跨境电商发展驶入快车道，为打造“世界电商之都”添能助力，由此增加推动外贸发展的新动能和产业转型的新引擎。正如义乌青岩刘村跨境电商代表、浙江海龟科技有限司总经理马骞所言，“跨境综试区”的正式落地，对于提升义乌跨境电商发展的层次、规模，可以起到革命性的突破。

（二）义乌发展的主要瓶颈

义乌“从无到有”发展至今，靠小商品市场起家，依靠“两小、两大”

格局逐步实现繁荣发展，走过了一条漫长而曲折的道路。从未来看，随着全球经济的深入转型，全球化和信息化的持续发展，中国经济发展进入“新常态”，面对国内外市场的激烈竞争，义乌发展也面临一系列严峻挑战：①如何确保小商品市场继续做大做强，打造义乌品牌，提升核心竞争力和小商品国际贸易话语权；②如何实现可持续发展，推动工业与外贸联动发展、传统贸易与新型贸易互促共进、对内开放与对外开放统筹兼顾；③如何深度对接“一带一路”，打造新丝路的重要枢纽；④如何承担好国家赋予的国际贸易综合改革试点任务，持续创新国际贸易体制，继续扩大对外合作；⑤如何创建高品质国际化都市；⑥如何继续发扬“11+1”战略，打破体制机制的约束。

总体来看，在全球产业结构重新布局、“一带一路”倡议有序推进的大背景下，义乌欲实现转型和升级，亟待解决制约其进一步发展的下述瓶颈。

第一，“买全球”发展滞后，制约世界小商品之都建设。

“义乌试点”确立后，国家级国际贸易区建设的推进、海关特殊监管区域的确立、国际陆港城市的认定、航空口岸的正式开放，为义乌发展进口贸易创造了条件。在这一背景下，义乌也提出了从“买全国、卖全国”到“买全球、卖全球”的发展目标。尽管在贸易国际化的发展上，义乌取得了巨大成就，但存在出口贸易与进口贸易严重失衡的问题，义乌进口贸易的发展要远远落后于出口贸易。根据《2016 年义乌市国民经济和社会发展统计公报》，2016 年，义乌出口额高达 2201.6 亿元，而进口额则仅为 27.9 亿元，进口额仅为出口额的 1.27%。[①] 小商品市场国际化赋予义乌一个全世界商品买卖中心的发展定位，国内、境外商务人员可以在义乌市场获取产自世界各地的商品，义乌市场应是一个商品的周转中心，但是，进出口贸易规模呈现出巨大差距，也表明义乌距离小商品贸易国际化还有不小的距离。

而目前，制约义乌进口贸易发展的主要障碍是通关时间长、通关成本高

① 义乌市统计局：《2016 年义乌市国民经济和社会发展统计公报》，http://www.yw.gov.cn/zwgk/a/07/02/201801/t20180108_1292534.shtml，2018 年 7 月 18 日。

的问题。首先，义乌货物进口的通关时间要明显高于国内主要口岸。广州、上海等进口时间仅为16天左右，宁波等地也维持在24天左右，而随着跨境电子商务的发展，一些试点城市的保税进口业务甚至可以在24小时内即可完成所有的清关程序。但根据实际操作情况来看，义乌进口贸易企业的进口货物通关时间平均在30天左右。因此，在通关时间上，义乌与国内一些大城市相比还存在着不小的差距。而商品进口通关时间较长也带来商品进口的高成本，有研究表明：在义乌，从事进口贸易的企业在通关成本上要比前者高出7%～11%。同时，这些企业的业务人员必须要兼顾两边，进行大量的协调工作，这又进一步提高了企业的通关成本。[①] 因此，总体来看，通关时间长、通关成本高的问题实际上成为制约义乌进出口贸易平衡发展和实现小商品贸易国际化的重要阻碍。

第二，科技人才瓶颈制约，高质量人才短缺，制约产业优化升级。

义乌工业以纺织、服装及其附件、餐厨用具、文体用品、工艺品等传统产业为主，技术装备落后，附加值低，工业经济增长过度依赖投资拉动，在劳动力价格不断攀升的背景下，这些传统行业的发展遭受到巨大挑战。为应对挑战，义乌市除着力推动传统产业升级外，还致力于引进一系列新型产业作为未来经济发展的支撑。例如，义乌饰品行业龙头企业新光集团投资建设的集产业线上线下的互动体验和展示于一身的超大规模饰品产业基地，纺织龙头企业华鼎锦纶的“机器换人”项目，以及华灿光电LED生产线、吉利汽车发动机以及爱旭太阳能光伏电池生产项目的引入，都在一定程度上推动了义乌产业结构的优化和升级。[②]

高质量的技术人才是产业发展的高级生产要素，然而，调研组在调研期间发现，无论是在传统轻纺行业内，还是在新兴产业部门内，高质量技术人

① 叶悦青：《义乌进口贸易通关便利化研究》，《商业经济》2017年第6期。

② 2018年7月10日，课题组成员参观了以生产LED芯片和硅晶片企业为典型的光源科技小镇、以铁皮石斛为产业龙头的森山健康小镇，以及以吉利发动机为代表的绿色动力小镇，了解义乌实体经济发展态势。

才的短缺都成为义乌实现产业优化和产业升级的巨大阻碍。根据国际国内市场的新变化，从仿造、贴牌生产走向自主设计、品牌建设是义乌传统产业发展和优化升级的发展方向，然而，调研组在与企业家座谈时，来自韩国的企业家代表明确表示，自己的企业想要引进设计师，提升产品的质量，但由于义乌对优秀设计师缺乏吸引力，企业无法招到合适的人才，从而限制了企业的发展。此外，作为高科技企业，华灿光电人员也表示，LED 高技术人才主要集中于深圳、上海等一线城市，企业只有支付高于一线城市 30% 的薪金，才能从一线城市挖来企业需要的人才。

第三，国际化都市发展存在短板，外籍人口管理和融入仍需进一步改革和探索。

义乌成为全球小商品集散地离不开外国商人的参与，伴随义乌小商品市场国家化程度的不断提高，前来义乌工作、生活的外籍人口数量也在不断增长。根据义乌市公安局的统计，2017 年，义乌外国人签证的办理量多达 48 万人次，几乎相当于杭州和宁波的总和。然而，尽管是全国第一个获批办理外国人签证的县级城市，但由于审批权限的不足，义乌并无法为来义乌工作、生活的外籍人口办理长期签证。

调研期间，在义乌宣传部召开的中外企业家座谈会上，很多外籍商人都表示，即使在义乌工作许多年，每次签证的有效时间也都不足一年，需要经常续签，为规避频繁签证带来的麻烦，也有一些外籍商人选择在审批权限更高的杭州注册，来义乌开展经营活动。此外，调研组在义乌街头开展调研时也发现，签证审批期限较短是外籍商人备受困扰且普遍存在的问题。例如，调研组在与一名来义乌工作十余年的伊拉克商人座谈时，该商人表示，自己每次签证有效期只有 10 个月，需要经常续签，每次签证的持续时间较短，在一定程度上给自己在义乌开展经营活动带来一定阻碍。“民心相通”是“一带一路”建设的重要内容，而人文交流也是推动“民心相通”的重要举措。作为全球最重要的小商品集散地，义乌商品行销全球及其所带来的各地商人与义乌发生的频繁接触，也让义乌成为我国一张重要的城市名片。然而，由于签证程序上存在的制度性障碍，很多来华经营的外籍商人，即使在义乌经营、生活多年，信用良好，也无法获得多年签证。这一问题的存在，也在一定程度上让外籍商人在义乌生活有不安定感，影响其城市归属感和城市认同感的建立，从而不利于义乌国际形象的提升。

（三）义乌未来发展的建议

总体来看，在全球产业结构重新布局，“一带一路”倡议有序推进的大背景下，需要激活“八八战略”、丰富“义乌模式”，以战略思维与务实态度，探寻义乌发展新路径。

第一，处理好发展理念传承与创新之间的关系。

发展理念是发展行动的先导，它关乎全局、关乎根本、关于方向、关乎长远。因此，选择正确的发展理念、目标任务、政策举措也就可以应因而为了。为破解发展难题，增强发展动力，义乌在过去几十年的发展实践中，以创新思维丰富中国特色社会主义发展实践，并形成了鲜明的实干精神、担当精神、首创精神，以及开放包容、诚实守信的社会风气等特质。与此同时，中国深化改革开放理论、党的十八大以来提出的一系列治国理政新理念新思想新战略与“八八战略”均是未来义乌改革与发展的指导性文件。义乌在踏上发展新征程之时，要以上述纲领性文件为指导，深入践行“八八战略”的工作导向、目标取向，结合义乌发展新情势，为义乌发展定原则、定方向、定坐标。在此过程中，义乌既要坚持多年来积累的行之有效的经验与做法，更要坚持与时俱进的创新发展思维。在义乌发展取得已有成绩的基础上，把继承前人同推进创新紧密结合起来，保持工作的连续性，促进工作的创造性，推进义乌发展理论创新与实践创新，实现义乌经济与社会的可持续发展。

第二，处理好政府与市场之间的关系。

市场经济是迄今为止人类发现的较有效的资源配置方式。经验表明，市场机制是经济活力的源泉，是提高经济效率的最佳途径。因此，义乌在未来发展中，要加强对市场转型的战略研究和战术整合，用好政府“有形之手”和市场“无形之手”，促进市场繁荣发展。在此过程中，政府既不能“越位”，也不能“缺位”，要深化“最多跑一次”改革，树立“店小二”服务意识，进一步提高政府工作效率。与此同时，适度下放权力、破解义乌地方政府行政职能约束也成为当下迫切所需。

“从无到有”、“点石成金”，“鸡毛飞上天”故事的发生与义乌政府为企业发展提供的有利“外部性”条件密切相关，义乌小商品市场从起步、发展到壮大，如果没有义乌政府为经营商户发展创造的有利的政策环境，解除市场发展的“软性”约束；如果没有义乌政府修建市场等经营商户所需的“硬件”基础设施，义乌也不会发展成为全球小商品集散中心。然而，从行政级别的定位来看，义乌市政府作为一个县级市的审批权限，显然无法与自身作为全球小商品集散中心的地位相匹配。调研组在义乌调研时，根据义乌各界企业家代表、义乌政府各部门反映的情况，义乌发展遇到的诸多瓶颈，在一定程度上与义乌无法获得需要的审批权限，政府发挥主观能动性受到限制有关。

实际上，义乌发展受到行政级别制约的问题早已受到党和国家的关注。2002～2007年，习近平总书记在担任浙江省委书记期间，经过三轮强县扩权改革，最终创建了“11+1”的模式，在“11+1”模式下，义乌可以享有与浙江省其他11个地级市同等待遇，一些重要经济计划指标的分配，如土地、金融指标等都将义乌作为地级市单列。[①]2011年3月，国务院在关于义乌国际贸易综合改革试点的批复中，也明确要求，“在国际贸易重点领域和关键环节深化改革”，在义乌“先行试验一些重大的改革开放措施。特别是拟推出的与国际贸易相关的改革事项，要优先放在义乌先行先试”。而在义乌调研期间，调研组发现，义乌发展遇到的很多问题，包括义乌政府无法在城市发展上充分发挥主观能动性，恰恰是因为上述一些原本致力于帮助义乌摆脱县级市权限束缚的政策文件未能落到实处。因此，也只有将“11+1”模

① 陆立军、杨志文、郑小碧：《义乌试点》，人民出版社，2014，第34页。

式、“义乌市国际贸易综合改革试点”等政策文件落到实处，才能助力义乌发展取得更大提升。

第三，处理好发挥传统产业优势与培育新兴产业之间的关系。

经过多年的发展，义乌已经成为全国最重要的小商品集散中心，包括发达的物流产业在内，货物商品从义乌抵达全国各地的渠道建设都已十分成熟，而借用原有的客流、物流和世界商贸网络优势，如今的义乌正全力建设成为世界“小商品之都”，“走出去”与“引进来”并重，让“买全球、卖全球”成为现实。值得注意的是，在全球商品供需变化以及中国国内产业结构调整的大背景下，义乌需要顺应上述发展大势，构建多极经济增长点。

一方面，夯实传统优势产业，将产业优势进一步扩大市场优势。义乌想要建成全球小商品集散中心，应发挥“鸡毛换糖”的传统义乌精神。义乌想要建成全球小商品的集散中心只靠等着外国商品自然向义乌汇聚是不够的，而是要发扬“鸡毛换糖”的传统义乌精神，发挥主观能动性，将全球商品引入义乌市场。为实现这一目的，首先可以发挥义乌展会平台的作用，通过举办中国义乌国际小商品博览会、中国义乌国际森林产品博览会、中国国际旅游商品博览会和中国义乌文化产品交易博览会 4 个国家级展会，让世界各国出口商了解义乌行销全国的发达的网络渠道，此外，义乌也可根据自身发展的需要，与中国香港、鹿特丹、迪拜等全球主要转口贸易中心以及区域性贸易大国的当地进出口商合作，建成境外小商品采购基地。

另一方面，培育新兴高科技产业，为义乌经济增长注入新活力。近些年，义乌紧盯央企国资、优质民资和高端外资，积极创新产业链招商、基金招商等方式，培育和引进了多家高科技企业入住特色小镇，正在形成义乌新的优势产业集群。事实上，高质量的人力资源是产业发展不可或缺的高级生产要素，调研组在义乌调研期间也发现，人才短缺已成为制约义乌产业优化和升级的重要阻碍，这需要义乌政府多措并举建设人才高地，弥补产业升级的人才短板。在招才引智方面，义乌政府虽然也做出了巨大努力，但总体来看，目前的招才引智主要集中于高端人才。诚然，尽管高新技术产业是义乌产业优化升级的重要发展方向，但义乌的发展更要倚重于传统产业的转型和品牌价值的提升，事实上，传统产业的提质升级并非过多依靠高精尖人才，而是需要依托大量专业设计及技术人才。因此，义乌想要在产业发展上取得突破，也需要打破对身份、学历、职称的迷信，建立起以能力、业绩、贡献为主要依据的工业、商贸实用人才的综合评价机制，让那些能够为义乌传统产业优化升级做出贡献的设计人才、专业技术人才也能享受到人才优惠政策。

此外，义乌想要大力推进人才高地建设、弥补产业升级的人才短板，也需大力发展职业教育和人才培训。在教育培训方面，义乌应当首先根据区内产业发展的特征，重点发展职业教育培训，重点培养设计、质量管理、产品营销人才，为义乌小商品产品种类多样化、产品质量提升、产品品牌建设提供技术人才储备。而且，针对义乌处于新老企业家接替之际的特殊情况和时期，义乌应当高度重视企业家综合素质的提升，强化他们的创新意识、国际意识、人文意识、品牌意识和协作意识，加快培养造就一批掌握现代化管理知识、熟悉国际规则、善于整合全球资源的新生代企业家。

第四，处理好义乌与世界市场之间的关系。

义乌从经济类型看，属外向型经济，经济外向度为65%。因此，义乌市场与世界市场关系密切，义乌与世界市场的关系对于义乌经济增长具有相当程度的影响。这就需要义乌在扩大内需市场的同时，还要营造更好的国际贸易便利化条件。当下，如果能够有效打通货物商品进口的各种阻碍，义乌货物贸易的国际化水平也可获得巨大提升。首先，海关是货物进口通关过程最重要和最直接的机构，优化海关服务、缩短货物进口的时间和成本，是义乌解决货物商品进口阻碍的前提条件。尽管国务院对“义乌试点”提出了国际贸易便利化的发展目标，但调研组在义乌调研期间发现国务院对“义乌试点”的要求并没有完全落实到位。由于地处内陆，义乌进口的货物商品绝大多数要通过宁波进口，而宁波海关又与义乌海关隶属于不同的关区，这也导致义乌进口商品需经宁波异地报关后再转关义乌，从而相应增加了进口商的报关成本。值得注意的是，经由宁波港进口的商品需经由陆路运抵义乌，这相应增加了义乌货物进口的费用。因此，对于义乌而言，应加强与宁波港的合作，通过推动宁波港的功能向义乌延伸，构筑直通式陆港口岸，并且协调海关、检验检疫、税务等部门，下放义乌海关直接报关权限等手段，降低义乌进口的通关成本，此外，义乌可再借助计划于2020年建成的甬金铁路，提升对接义乌港的货运能力、降低货运成本。唯其如是，才真正有可能让义乌获得“买全球、卖全球”的基础设施条件。

第五，处理好商贸往来与人文交流之间的关系。

随着国际商品贸易的快速发展，大批来自“一带一路”沿线国家的外籍商人来到义乌居住和生活，而义乌城市的开放性也为外籍商人在义乌的发展提供了归属感。在频繁的商务往来中，义乌商人和外国商人也构建起和谐共处、携手发展的良好环境，而义乌也逐渐成为中国国际交往的一张重要名片。因此，为落实“一带一路”民心相通的建设目标，也应充分利用义乌在商贸往来中建立起来的人文交流优势，使其在“一带一路”文化交往中发挥更为重要的作用。

为提升义乌在国际人文交往中的作用，首先应该下放给义乌更多外籍人士管理的权限，让义乌能够为在义乌经营的外籍商户，特别是经营年限长、资信良好的外籍商户长期签证，使其在义乌经营和生活获得更大的归属感。此外，调研组在调研中，一些外商提出，义乌的文化生活不够丰富。针对这一问题，义乌也可以考虑引入相关国家和地区的文化特点和习俗，举办相应的艺术展览和文化巡演，丰富外国商人在义乌的文化生活。而通过上述举措培养外籍商人在义乌生活的幸福感，同时有助于提升中国的国际形象，提升外籍人士对华亲近感，进而带动中国与“一带一路”沿线国家的“民心相通”。此外，为提升国际人文交往的“义乌”名片，义乌在举办国际展销会期间，也应注意宣传外籍商人在义乌经营的成功故事、外籍商人与当地商人和谐共处的事例以及外籍商人在义乌丰富的文化生活，通过“义乌”名片宣传中国社会的包容性，培养“一带一路”沿线国家的对华亲近感。

展望未来，作为一种经验、一种需要不断完善的模式，义乌在未来发展的道路上会面临国内外多种因素的严峻挑战，但“义乌模式”的内质是可持续的，需要中国深化改革开放新战略新思想新理念的引领，需要义乌党政领导集体和人民群众上下一致形成合力，共同努力，砥砺奋进，丰富与发展“义乌模式”，创造出义乌发展的新天地，义乌未来的发展图景可期可待。

改革开放

与中国县域发展

GAIGEKAIFANG

安徽凤阳

ANHUI FENGYANG

从“大包干”到农村基本经营制度完善

中国社会科学院农村发展研究所

安徽省凤阳县小岗村是农村改革的主要发源地。40 年前，小岗村实行以“大包干”为主要形式的生产责任制。中央认可、肯定了小岗村等地的改革经验并在全国范围内推广，进而把以家庭承包经营为基础、统分结合的双层经营体制确定为我国农村经济的基本经营制度。课题组以凤阳县如何坚持和稳定农村基本经营制度并不断创新为主题，在认真研读了中央、安徽省及凤阳县的相关政策文件及学术文献的基础上，于 2018 年 6 月 6～11 日赴凤阳县开展了实地调研，召开了由县委宣传部、县农业局、县财政局、县粮食局等职能部门参加的座谈会，先后前往小岗村、东陵村、经济开发区等地进行实地调研。本报告在上述工作的基础上完成，包括四部分：第一部分阐述了凤阳县在率先推行家庭承包责任制方面以及建立统分结合双层体制方面的实践探索；第二部分总结了凤阳县在巩固和完善农村基本经营制度中的经验与启示；第三部分分析了在巩固和完善农村基本经营制度中值得注意的若干问题；第四部分基于凤阳县的实践探索，提出了在全国层面巩固和完善农村基本经营制度的对策建议。

一、家庭承包经营在凤阳县的形成与发展

改革开放 40 年来，凤阳县围绕稳定和完善农村基本经营制度，主要进

行了三个方面的实践探索。

（一）率先实行家庭承包经营

我国改革开放从农村起步，农村改革从改变农业集体化时期的农业经营方式开始，进而逐步形成和确立了“以家庭承包经营为基础、统分结合的双层经营体制”的我国农村最基本的经营制度。家庭承包经营较早出现在凤阳县，并推向全国，有三个方面的原因。

一是集体统一经营严重损伤了农民的积极性，农业生产长期停滞。新中国成立后至 1955 年，凤阳县经历了 6 年的“黄金时期”。全县粮食产量由 1949 年的 4991.4 万公斤，增加到 1955 年的 13144 万公斤，平均每年增产 1333 万公斤。但此后，由于“左”的思潮的影响，1955 年下半年，凤阳县合作社运动出现了冒进，在很短时间内全部村庄都建立了高级社，其中约有 30% 的农户从互助组甚至单干直接进入高级社。这一时期出现了管理上的瞎指挥、生产上的大呼隆、分配上的大锅饭问题，农业农村遭受重大损失。1958 年 8 月凤阳县全面实行人民公社后，由于生产资料完全公有化、经济活动高度集中统一化、收入分配极大平均化，农民的生产积极性受到严重打击，粮食亩产量也很低。

1978 年，凤阳县的小麦和水稻亩产量分别为 104.5 公斤和 166.5 公斤，全县粮食产量只有 14770 万公斤，仅比合作社运动之前的 1955 年增长了 1337 万公斤。20 多年来凤阳县人口已经大幅增加，从 1955 年的 36.6 万人增加到 1978 年的 51.1 万人。全县人均粮食占有量从 1955 年的 358.8 公斤，减少为 1978 年的 283.3 公斤。凤阳县成为全国有名的生产靠贷款、吃粮靠返销、花钱靠救济的“三靠县”。据统计，1956 年至 1978 年，凤阳县共向国家交售粮食 4.8 亿公斤，而国家向凤阳县返销粮食 6.7 亿多公斤，凤阳县吃国家返销粮食 1.9 亿多公斤。

二是 1978 年的自然灾害让本就生活困难的凤阳农民面临生存危机。凤阳县的农村改革，是在危机中催生的。1978 年，凤阳县遭遇了百年未有的大旱，全年降水量只有 400 多毫米，相当于正常年景的一半，全县 2/3 地区人畜吃水困难；再加上农民的生活极其困难，很多农民连肚子都填不饱，不得不重新踏上先人们走过的老路，背起花鼓，漂泊行乞。1978 年，凤阳县逃荒要饭的人数，由往年几千人猛增至 2 万多人。

为了抗灾度荒，安徽省委提出：集体无法耕种的土地，可以借给社员耕种，谁种谁收，国家不征公粮，不分配统购任务，并明确允许农民以种菜的名义，每人从集体借 1 分地耕种度荒。省委的这一政策打破了土地管理使用上的“禁区”，给各地推行生产责任制以新的启示。凤阳县马湖公社第一个冲破“禁区”，暗中搞起了联系产量的生产责任制。至 1978 年 6 月，马湖公社 42 个生产队全部实行了联产计酬责任制。但这一做法最初并没获得上级支持，在当年 5 月份全县广播大会上讲话时，时任凤阳县委书记的陈庭元提出，“不要搞联系产量的计酬方法”。不过，由于马湖公社的粮食产量明显增加，1978 年 11 月在县委扩大会议上做总结时，陈庭元对联产计酬的态度有所转变，但仍然提出“对农村划分作业组，以产计资（工）要慎重”，“还是不宣传、不推广”。

然而此时，小岗村已经出现了比“以产计资”突破性更强的“大包干”星星之火。穷则思变。长期食不果腹、衣不遮体的小岗村人为了吃饱肚子，在 1978 年 10 月小麦秋种时，新当选的队长、副队长和会计，瞒着公社将生产队的 20 户、115 人分为两个作业组，继而又细分为 4 个组、8 个组。但是，由于没能从根本上打破“大锅饭”，即使分为 8 个作业组（生产队一共 20 户，平均两户多一个作业组），社员的生产积极性并没有根本性的改善，“出工不出力”“穷挣饿吵”问题依然突出。为了解决社员的吃饭问题，1978 年 11 月 24 日，生产队干部召集全队户主开会，除两户在江西讨饭未归外，剩余的 18 户户主全部到齐。经过讨论，这 18 户最终签了一个被载入史册的“大包干协议”。讨饭未归的两户也由其子侄代按了手印。会议结束后，队员连夜分牲畜、农具、量土地，全队 517 亩土地，好坏搭配按人头分到户，10 头耕牛折价后两户 1 头。

三是各级领导对创新做法的包容、支持，让小岗村“大包干”之火得以燎原。小岗村“包干到户”的事，很快被公社发现了。公社领导在队干部会上批评了小岗村，并几次劝小岗村把“包干到户”重新并起来，拢回组里干，否则不给种子、化肥和贷款。由于种子在市场上买不到，外队也借不到，小岗村的“包干到户”遭受严重挑战。1979 年 3 月 15 日，《人民日报》刊登了“张浩来信”，并配发了题为《“三级所有，队为基础”应该稳定的编者按》，社会上又出现了打压各种责任制的趋向。考虑到各县发展出多种生产管理形式，尤其是凤阳县还开展了联产计酬的尝试，为了保持生产的稳定性和农民的积极性，时任滁县地委书记的王郁昭要求地委办公室起草一个电话通知，通知各县：春耕大忙已经开始，各种生产责任制，不论是什么形式，一律不要变动，到秋后看实际效果如何再定，如果有什么问题，由地委负责。滁县地委要求“各种责任制一律不动”的做法，受到了时任安徽省委第一书记万里同志的肯定。这一通知无疑给各县的干部吃了定心丸，各种生产责任制创新也得以保留下来。1979 年 4 月 15 日，陈庭元到梨园公社检查工作时，听了公社干部关于小岗“包干到户”的情况后，立即赶到小岗村，看到了田里长势喜人的庄稼和社员特别高涨的劳动热情，便说“已经分开了，庄家是各家种各家的，再并在一起也不好算账，就让他们干一年试试，也许这办法能起作用。……稻种就给他们吧”。有了地委通知的“一律不要变动”的保护和县委书记的“干一年试试”的支持，小岗村的“包干到户”得以幸存下来。此后，凤阳县委对各公社出现的“包干到户”采取了“睁一只眼闭一只眼”和“口头严厉实际松”的做法。

受小岗村的影响和县委的鼓励，凤阳县实行“包干到户”的社队不断增多。1979 年 8 月，凤阳县“包干到户”的农户增加到 202 户，12 月已经发展到了 7160 户，占全县总农户（9.65 万户）的 7.5%。农民认为，“大包干，大包干，直来直去不拐弯，保证国家的，留够集体的，剩下都是自己的”，生产积极性大大提高。1979 年 8 月 8 日，时任安徽省委农村工作部部长的周曰礼在《安徽日报》发表了《凤阳县在农村施行大包干办法值得提倡》的署名文章，轰动了全国。人努力、天帮忙。1979 年秋后盘点，小岗村生产队全队一年粮食总产量达到 13.2 万斤，相当于 1966～1970 年 5 年粮食产量的总和，油料总产 3.5 万斤，是过去 20 年的总和，生猪饲养量 135 头。小岗村实现了丰收，不仅不再吃国家的救济粮，还向国家交售公粮 3 万斤、油料 2.5 万斤。全队 20 户，有 12 户向国家出售农产品 1000 元以上，其中有两户超过了 2000 元。全队农副业总收入达 47000 元，人均收入达 400 元。大包干取得了良好的效果，受到凤阳县、滁县地委的高度重视。

为了比较鉴别各种生产责任制，凤阳县委根据滁县地委的指示，于 1979 年 12 月中旬秋种后，派县委政策研究室的吴庭美前往小岗调查后，撰写了《一剂必不可少的补药——凤阳县梨园公社小岗生产队“包干到户”的调查》。1980 年 1 月 24 日，时任安徽省委第一书记的万里同志看了凤阳县关于“大包干”的报告后，在王郁昭、陈庭元的陪同下，专程赴小岗村考察。他们挨家挨户询问了大包干开展前后的情况，对小岗村的做法和首创精神给予了肯定。小岗村“包干到户”的做法得到省委认可、支持的消息迅速传遍凤阳，越来越多的生产队将“包产到组”更改为“包干到户”。凤阳县的干部群众都说“大包干，是正路，到户才能稳得住；只要能干三五年，社员家家都能富，国家还要盖仓库”。当年 3 月 18 日，陈庭元和县委副书记徐万里到凤阳板桥区，要求区委制定一个“包干到户”的管理办法。4 月 28 日，凤阳县委将板桥区制定的《关于农业生产实行“包产到户”责任制的几点意见》印发给其他区委，供其参考。

党的十一届三中全会之后，政治上的拨乱反正为农村实行“包干到户”“包产到户”赢得了空间。1980 年 9 月中央印发的《关于进一步加强和完善农业生产责任制的几个问题》指出：“在那些边远山区和贫困落后的地区，长期‘吃粮靠返销，生产靠贷款，生活靠救济’的生产队，……可以包产到户，也可以包干到户，并在一个较长的时间内保持稳定。”凤阳县的“包干到户”正式得到中央的认可。此后，凤阳县内一些实行其他生产责任制的社队纷纷改成了“包干到户”。为加强管理，县委制定了《关于包干到户的管理办法（草案）》。到1980年年底，凤阳县实行“包干到户”的生产队已经达到80%。1982年，凤阳县重新修订的《关于包干到户的管理办法》正式公布实施。同年下半年，在社员的强烈要求下，凤阳县最后一个未实行“包干到户”的蒋庄大队也实行了“包干到户”。至此，凤阳县农村全部实行了包干到户责任制，这也是凤阳县的第一轮家庭联产承包。全县共有108万亩耕地承包给了农户，承包期限为15年，期间承包关系保持稳定，承包地不随“生、死、嫁、娶”引发的人口变动而调整。“大包干”在凤阳的成功，为其他地方推进承包制提供了经验借鉴。至1983年春季，全国95%以上的农村实行了包产到户、包干到户[①]。

（二）培育新型农业经营主体

将土地分散承包给小农户，虽然能够有效调动农民的生产积极性，但也存在经营规模小、经营方式落后等问题。因此，在实行家庭承包经营之后，凤阳县就着力培育新型农业经营主体，推动小农户升级和农业现代化。

一是扶持专业户、重点户“两户”发展。1983年中央“一号文件”指出，我国农村正处在“从自给半自给经济向着较大规模的商品生产转化，从传统农业向着现代农业转化”。为了巩固“大包干”成果，落实中央的“两个转化”的判断和要求，凤阳县开始扶持专业户、重点户（简称“两户”）的发展。1983年6月凤阳县委、县政府印发了《关于支持专业户、重点户、经济联合体的十条规定》，确定了专业户、重点户的具体标准和管理办法，制定帮扶措施，从产前、产中、产后对“两户”进行重点帮扶，并要求利用好“两户”的带头引领和典型宣传作用。从1982年出现“两户”到1984年年初，短短两年的时间，凤阳县已经发展“两户”18460户，占全县总农户的18.8%。其中，向国家提供万斤商品粮的农户达到了11670户。先富起来的“两户”在引进新品种、采用新技术和加快农业机械化方面起到了“一花引

① 陈锡文、赵阳、罗丹：《中国农村改革30年回顾与展望》，北京：人民出版社，2008。

来百花开”的典型示范作用。

为了进一步支持“两户”发展，1984 年 2 月凤阳县出台了全国第一个《专业户协会章程》。当年 4 月，县农业银行制定了《关于对“专业户”使用信贷资金的六条优待规定》。凤阳县还配套改革了农业技术推广体制，形成了县、区、乡三级农业技术推广站。农技人员对专业大户开展杂交水稻技术承包，从种到收进行技术指导，而且包产量指标（单产 80 斤），“减产赔偿、增产提奖”。到 1987 年，全县已有各类专业户 25800 多个，占总农户的 25.8%。11600 多个粮食专业户，年卖粮 20040 多万斤，户均产量 17000 多斤，他们上交的商品粮占全县收购量的一半以上。

二是培育农民专业合作社等新型农业经营主体。为了解决“谁来种地”“如何种地”的问题，推动传统小农经济向现代农业发展转型，2005 年凤阳县政府工作报告提出，大力培育各类农业专业协会、合作组织和农民经纪人队伍，鼓励和支持农民开展自我服务。2006 年 9 月，为了增加农民收入、促进农村经济社会发展，凤阳县印发了《凤阳县新农村建设实验区农民专业合作社促进办法（试行）》。此后，凤阳县农民专业合作社发展进入快车道。至 2008 年年底，凤阳县农民专业合作社数量已达到 117 个。

为了进一步支持新型农业经营主体发展，2011 年 5 月凤阳县制定了《凤阳县促进现代农业发展奖补办法》及实施细则，以主导产业、特色优势农产品为依托，从资金、政策等方面支持专业大户、农民合作社、农业产业化龙头企业等新型农业经营主体发展，对达到要求的新型农业经营主体，给予 0.5 万～8 万元的奖励。不到两年时间，凤阳县共兑现现代农业奖补资金 1748 万元，其中 2011 年向 161 经营大户等兑现奖补资金 577 万元，2012 年兑现 1171 万元。2014 年，凤阳县先后印发了《凤阳县关于加快培育发展现代家庭农场示范经营主体的实施意见》和《凤阳县家庭农场认定管理办法的通知》等文件，将家庭农场纳入促进现代农业发展奖补办法的管理范畴。2017 年，凤阳县现代农业奖补资金增加到 2041 万元。

受政府扶持推动，凤阳县农民专业合作社及其他新型农业经营主体快速发展，农民组织化程度明显提高。至 2012 年 3 月，凤阳县农民专业合作经济组织达到 327 个，基本覆盖了畜牧养殖、粮油食品加工、小麦、水稻、蔬菜种植等农业主导产业，会员数达到 4.2 万人，带动农户 6.5 万户，人均收入达 8000 元，高出全县农民平均水平 1030 元。全县 80% 以上的行政村均成立了不同形式的农民专业合作经济组织。至 2017 年年底，凤阳县农民专业合作社达到 1313 家（比 2014 年增加了 582 家），其中有 392 家共获得 265 万元奖补资金；家庭农场 670 家，其中 405 家获得 1080 万元；农业产业化龙头企业 80 家，其中国家级 1 家、省级 13 家、市级 19 家。

三是以土地流转促进农业经营规模提升。随着专业农户的兴起和部分农户进城务工后对土地依赖程度的下降，进入 21 世纪后，凤阳县承包地流转不断增多，县委和政府鼓励、引导农民通过转包、转让、互换、出租和入股等方式流转土地使用权。2001 年，大溪河镇租赁农民 300 亩土地搞大棚、种蔬菜；长江村在小岗村投资 200 万元，流转了 80 亩土地建设葡萄示范园。2002 年，全县流转土地 1.86 万亩，2004 年年底，流转土地已经增加到 7 万多亩。不过，这一时期凤阳县土地流转中出租的比例不高，2002 年仅为 5.2%，2004 年增加至 8.4%。2006 年 4 月，小岗村 23 户农民自愿把承包到户的 200 亩土地集中起来，以每亩一年 500 元的租金，统一出租给由上海某公司投资的凤阳县小岗发展合作社，用于建设 5 个标准化商品猪养殖基地及种植牧草。合同期限为 20 年，合同内容设定、租金每 5 年调整一次。

2008 年，针对日渐兴盛的土地流转，凤阳县一方面加强对农村土地流转政策法规、土地流转作用的宣传，另一方面在全省率先建立了县级土地流转交易中心，并配备了专门的工作人员。2010 年，凤阳县完成乡、村两级农村土地承包经营权流转服务平台建设，做好土地流转信息收集发布、项目储备、政策咨询等工作，做到了人员、设施、制度、运行“四个到位”，实现了县、乡、村三级流转网络化。为了支持土地流转，《凤阳县促进现代农业发展奖补办法》规定，流转土地粮食种植达到 50 亩以上的种粮大户或其他规模经营主体可以申请奖励。2016 年 7 月和 2018 年 4 月，凤阳县又先后印发了《凤阳县进一步促进现代农业发展奖补实施细则》《凤阳县进一步促进现代农业发展奖补实施细则补充规定》等文件，调整完善了土地流转的政策支持。经过几年的快速发展，凤阳县土地流转已经比较成规模。2017 年全县土地流转比例达到 41.8%。虽然这一比例有所回调，但是到 2018 年 6 月，全县土地流转总面积仍然多达 52.23 万亩，占土地确权面积 151 万亩的 34.5%。其中，出租 32.54 万亩，占总流转面积的 62.3%，已经成为土地流转的最主要方式。

为了保证土地流转市场的健康平稳发展，凤阳县建立了县、乡、村三级调解仲裁体系，出台企业流转土地承包经营权管理办法，严把土地流转准入、监管、退出“三关”，确保流转土地性质不改变、农民利益不受损，并制定了《凤阳县农村土地承包仲裁委员会章程》，用以解决因土地流转而出现的纠纷。因组织得当、成效显著，2011 年凤阳县被农业部授予“全国农村土地承包经营纠纷调解仲裁工作先进单位”称号。2014 年以来，凤阳县还联合本县金融机构，推出了土地承包经营权抵押贷款。至 2017 年年底，全县累计发放土地承包经营权抵押贷款 1160.5 万元，让“沉睡”的土地资源变为银行认可的资产，从而减少了土地流入方开展规模经营的资金压力，推动了土地流转。

（三）发展农业社会化服务体系

为了让小农户更好地对接现代农业发展，凤阳县在培育新型农业经营主体的同时，还立足于小农户尤其是兼业小农户生产的需要，积极发展农业社会化服务体系。

一是加大对农业社会化服务体系建设的支持力度。要想在家庭承包、分散经营的基础上推动传统农业向现代农业发展转型，实现农业的集约化、专业化、规模化、组织化，离不开农业社会化服务体系。为建立健全农业社会化服务体系，2005 年凤阳县政府工作报告提出，大力培育各类农业专业协会、合作组织和农民经纪人队伍，鼓励和支持农民开展自我服务。2007 年，凤阳县政府工作报告再次强调，“大力发展农村专业合作社、农产品专业协会等新型合作组织，培育农民经纪人队伍，提高农民组织化程度”。此后印发的《凤阳县促进现代农业发展奖补办法》《凤阳县进一步促进现代农业发展奖补实施细则》《凤阳县进一步促进现代农业发展奖补实施细则补充规定》等规定，凤阳县制定了支持农业社会化服务体系发展健全的具体措施。

凤阳县通过财政、用地和金融等手段，在业务上指导、发展上帮持、政策上倾斜，着力健全农业社会服务体系。具体来讲，凤阳县主要采取了以下三个方面的措施：第一，培育农机合作社、农业技术协会等农业社会化服务组织的发展，加快发展农业服务业，完善新型农业服务体系；第二，充实和完善农民专业合作社、农业龙头企业联农、带农的财政激励机制，鼓励农民专业合作社、农业龙头企业为农户提供技术培训、贷款担保、农业保险资助等服务；第三，创建农业产业化示范基地，推进原料生产、加工物流、市场营销等一、二、三产业融合发展，促进产业链增值收益更多留在产地、留给农民，带动农业增效、农民增收。

二是着重培育农机合作社等社会化服务主体。农机合作社是发展农业社会化服务的核心力量。近年来，凤阳县农机专业合作社不断增加，为农服务能力显著增强。至 2013 年年底，全县农机专业合作社发展到 28 个，入社社员 426 人，从业人员 794 人，合作社机具拥有量达到 1660 台，资产总规模达到 5300 万元，年作业服务能力超过 50 万亩。为支持农机专业合作社在现代农业发展和推进美好乡村建设中发挥更多作用，2014 年凤阳县印发了《加快农机专业合作社发展的意见》，提出从资金、政策、项目和培训方面加快向农机合作社倾斜，并积极帮助农机合作社创收。至 2014 年年底，全县农机专业合作组织达到 77 个，新增 49 个，入社成员 920 人，入社机具总量达到 1660 台，服务农户 14866 户。农机专业服务组织和农机大户普遍开展社会化农机作业服务，拓宽服务领域，与农户签订代耕、代种、代收作业合同，帮助在外地打工的农户解决了后顾之忧。

为了建设美好乡村，提升农机作业能力和管理水平，2014 年 3 月，凤阳县在继续推动农业机械化的同时，在 5 个镇启动了第一批美好乡村“农机大院”建设，并从领导组织、农机大院建设带头人、用地保障等方面做出安排，对各地申报建设的农机大院，基于当年所发挥的作用，按照5亩、10亩和15亩的建设规模，分别给予10万元、15万元和20万元的补助。2015年年底，第一批五个农机化示范大院建设基本完成，大中型农机停在大院、维修保养在大院、先进农机展示在大院、农民实训在大院、机具演示在大院、农事服务要约在大院的“六个在大院”模式开始形成。《凤阳县农机局“十三五”农机化规划》提出，“十三五”期间，大力发展和培育农机专业化服务公司和农机专业服务合作社，形成专业化、社会化、市场化的新型农机服务体系。至2018年6月，凤阳县已经建成农机大院43家，其中可以做到耕种收服务、水稻育秧、植保服务、粮食烘干等“四位一体”的农机大院19家。2017年，这19家农机大院完成社会化服务作业面积103万亩，成为以服务规模化助理现代农业发展的生力军。比如，府城镇教场村农机大院，通过订单服务对枣巷镇4.4万亩小麦实行全程生产托管作业服务，既提高了小麦产量，又堵住了秸秆焚烧源头，实现了秸秆综合利用。

三是引导其他新型农业经营主体从事农业服务。在培育新型农业经营主体的同时，凤阳县还注重多措并举、大力推动新型农业经营主体的合作与联合，促其发展成为“为农服务”的产业集体或农业产业化联合体。目前，凤阳县有4家农民合作社采取了“产业合作＋资金”互助社的“1+1”双线运行模式。比如，武店镇西圩村在养鸡和蔬菜两个专业合作社基础上，成立了财农农民资金合作社，使得农村的资金能够用于农业产业发展，不仅提高了农民的资金收益，还带动了养鸡和蔬菜产业的发展。至2018年6月底，合作社成员数量从2008年的32人增加到380人，养鸡规模达150万只，成为省内四大蛋鸡养殖场之一。蔬菜基地已达到580亩，蛋鸡和蔬菜年收入可达600万元。又如，2015年3月，凤阳县的新型职业农民郭传兵整合了县内100多家农民专业合作社、家庭农场及种田大户等优质资源，将“政府服务前置化窗口、新型职业农民技能培训、科学种田全程化托管、农民资金互助合作、农资零差率直销服务”五大功能融为一体，搭建了“凤凰岭新型农业综合服务平台”，为全县新型农业经营主体及种田大户提供农资直销、测土配方施肥、新型职业农民培训、“耕种管收”全程化、土地托管经营、融资担保等多项服务。

二、凤阳县巩固和完善农村基本经营制度的主要经验

改革开放40年来，我国农业发展取得了巨大成就，这与我国农村坚持土地集体所有、农民家庭承包经营的基本经营制度密切相关[①]。可以说，没有联产承包和家庭经营，农村经济改革和发展的所有后续变化，都将无从谈起[②]。因此，从这个意义上讲，作为中国农村改革发源地的凤阳县率先全面推行包干到户带来的制度绩效，无论给予怎样的评价，都不为过。总体来看，凤阳县在率先实行家庭承包制以及稳定和完善农村基本经营制度中的经验，主要体现在以下几个方面。

（一）承认和相信农民的创造力

农民是经济学的理性人，他们更知道什么样的生产方式是合适的。凤阳县的家庭承包制，就是农民自发创造出来的。凤阳县的实践表明，在农村发展过程当中，农民是一个充满着巨大创造力的群体。正如邓小平同志所说：“农村搞家庭联产承包，这个发明权是农民的。农村改革中的好多东西，都是基层创造出来，我们把它拿来加工提高作为全国的指导。”政府在制定农业农村政策的过程中，应相信农民的智慧，承认和相信农民的创造力。

（二）干部应有担当精神

底层创造转化为面上实践和政策，离不开干部的担当。早在20世纪50年代，浙江、安徽等多个地区开展过大包干实践。到70年代末，也有少数地区开展过昙花一现的大包干探索，但农民这些自发的实践探索最终都被政

① 唐忠：《改革开放以来我国农村基本经营制度的变迁》，《中国人民大学学报》2018年第3期。

② 陈锡文、赵阳、罗丹：《中国农村改革30年回顾与展望》，北京：人民出版社，2008。

府"扑灭"。大包干制度最终在凤阳县落地并形成气候，其实并非偶然，首先是滁县地区政策环境的直接产物。而这又是在当时安徽省委第一书记万里的支持下营造出来的[①]。

在凤阳县调研时了解到，当年凤阳的大包干因为在很大程度冲击了人民公社的根本制度，故遭到来自各方面的非议和斥责。凤阳县政府顶住社会政治压力，选择尊重农民的首创精神。时任县委书记的陈庭元看到小岗村包产到户后的庄稼喜人长势，同意小岗村"干一年再说"。经过一年的实践，他表示"同意小岗队包干到户，有问题县委负责"。1979 年 10 月，滁县地委书记王郁昭在小岗村生产队长严宏昌家里召开地委常委会，当场表示，"县委允许你们干一年，地委允许你们干三年"，并直接把自己的电话号码告诉严宏昌，打消他们的担心和顾虑。进入 12 月，凤阳县委内部围绕大包干斗争异常激烈，县委书记陈庭元受到巨大压力，县委有关负责人甚至安排警察抓捕严宏昌。严宏昌情急之下，说出王郁昭的承诺并当场给他打电话。王郁昭告诉县委负责人，严宏昌所说属实，并表态："现在压力再大也不能动摇，不能再走回头路了。"[②]1980 年 1 月，万里主持召开省委农村工作会议，在中央还明确反对包产到户的情况下，将近两年安徽农村的突破作为省委政策确定下来，大包干结束了"黑孩子"身份，从此有了"正式户口"[③]。正是政府有了执政为民、向农民赋权、对农民首创精神的敬畏和担当精神，为农民的制度创新提供宽松的政策环境，才使得最适合中国国情的家庭联产承包责任制最终得以成为我国农村的基本经营制度。

应该看到，如凤阳县小岗村农民的底层创造往往与政策、法律、法规之间存在矛盾，这就特别需要各级干部对农民首创的容忍和尊重。只要底层创造与改革大方向和社会主义的立法精神一致，把握方向，就应尊重农民的意愿和自我创新，相信农民的理性和智慧，把选择权交给农民，由农民选择而

---

① 赵树凯:《祭王郁昭先生》,《中国农村发展观察》2016 年第 9 期。

② 赵树凯:《祭王郁昭先生》,《中国农村发展观察》2016 年第 9 期。

③ 赵树凯:《祭王郁昭先生》,《中国农村发展观察》2016 年第 9 期。

不是代替农民选择。政府应顺应农民进行引导和示范，不能搞强迫命令，更不能搞行政乱指挥。各级政府应充分发挥农民的主体作用，营造良好宽松有序的市场竞争环境，鼓励农民围绕全国农村综合性改革试点试验县（简称“农综改”）进行大胆的探索、创新与实践，并及时总结农民创造的新经验，通过建立制度、完善政策，推进改革的不断深化。

（三）坚持与时俱进

任何政策和制度都不是一成不变的，而应随着社会形势的变化不断调整。随着农村社会经济环境的变化，“以家庭承包经营为基础、统分结合的双层经营体制”这一中国农村基本经营制度也需要不断调整和完善，并根据新情况赋予新的内涵。改革开放 40 年来，凤阳县在稳定和完善农村基本经营制度方面的一个突出经验就是，既坚持家庭承包经营这一农村基本经营制度的基本内核，又通过不断创新，使得农村基本经营制度在稳定的基础上不断完善。

家庭承包经营是农村基本经营制度的基础和核心。在过去的 40 年中，凤阳县始终坚持了家庭承包经营这一核心，既没有搞“两田制”，也没有借发展新型经营主体之际，强行流转土地或强行把农民的土地收回来搞集体经营、公司经营，而是始终强调在家庭承包经营的基础上不断完善和创新农村基本经营制度，促进适度规模经营。

“大包干”全面推进之后，切实解决了当时吃饭问题，但随着农业环境的发展变化，这种以家庭为基础，超小规模的土地资源配置方式，已经越来越不适应农业发展的客观要求。如何通过组织创新促进农业基本经营制度建设，成为深化农业改革的重要内容。一方面，凤阳县根据中央的要求和具体的县情，着眼于解决农村现实问题，积极开展农村土地制度改革，顺应农民保留土地承包权、流转土地经营权的意愿，积极推进农村土地所有权、农民承包权和经营权“三权分置”，赋予农户对承包地占有、使用、收益、流转及承包经营权抵押、担保的权能。另一方面，凤阳县积极培育新型农业经营主体，目前已初步构建了以家庭农场、农民专业合作社、农业产业化龙头企业、产业合作联盟等集约化、组织化、专业化和社会化相结合的新型农业经营体系。

尽管凤阳县多种类型的新型农业经营主体快速发展，但小农户仍然是重要的农业微观经营主体，而且这种格局将保持一个较长时期。凤阳县积极培育农业社会化服务体系，完善统分结合的双层经营体制，从而在不更改农业经营主体和不以行政手段加快土地流转的前提下，通过培育新型农业社会化服务主体，推动农业生产规模化经营，促进了小农户与现代农业发展有机衔接。主要的政策和实践举措有两方面。一是搭建农业综合服务平台，实现了农户生产在家、服务在社（社会化组织），通过社会服务的外部规模化，弥补生产环节耕地规模不经济问题，促进了农户生产节本增效。二是开展农机大院建设，通过政策、资金等扶持手段，引导农业社会化服务组织向标准化、规范化、规模化、现代化方向发展。

针对家庭承包后集体经济组织服务功能弱化的状况，凤阳县立足于发展以成员自愿合作与联合为原则，通过劳动者的劳动联合和劳动者的资本联合，在坚持农村土地集体所有的基础上，充分尊重农民意愿和选择，遵循市场经济的基本逻辑，深化农村集体产权制度改革，积极发展壮大新型农村集体经济。2015 年 5 月，凤阳县印发的《关于进一步发展壮大村级集体经济的意见》提出实施发展壮大村级集体经济的“三年行动计划”，即 2015 年和 2016 年分别消除 40% 的“空壳村”，2017 年全面消除无集体经营性收益的村（“空壳村”，即年经营性收益在 2 万元以下的村）。

三、巩固和完善农村基本经营制度值得关注的若干问题

农村改革 40 年的实践表明，我国农村发展取得的巨大成就得益于“以家庭承包经营为基础、统分结合的双层经营体制”。但在新形势下，农村基本经营制度面临着多方面的挑战和问题，局限性日益凸显，主要体现在如下几方面。

（一）对农户家庭经营长期存在的必要性和合理性认识不足

坚持和稳定农村基本经营制度，家庭经营是基础，也是根本。家庭经营是指农户以家庭为基础、以家庭成员为主要劳动力来源开展农业经营活动。坚持农户家庭经营基础地位的合理性在于，农业是自然再生产与经济再生产相互交织的过程。一方面，农业生产过程具有高度依赖气候等自然条件、市场风险、社会风险与自然风险叠加、不确定性高的特征；另一方面，农户家庭经营能够有效避免因农作物生长的季节性、周期性和生产过程有序性所导致的劳动激励与监督问题。20 世纪 50 年代后期开展的农业合作化运动、人民公社化运动，与农村改革后推行的农业家庭联产承包责任制等实践成效的对比表明，农户家庭经营具有明显的灵活性与合理性。

农村改革 40 年以来，随着工业化和城市化的快速推进，越来越多的农村劳动力进入非农领域就业，并在城市生活和定居，逐渐退出了农业生产经营。农业规模经营也相应地不断扩大，家庭农场、种养殖专业大户、农民专业合作社和农业企业等新型经营主体的数量迅速增加，成为推进农业规模化经营的生力军。以凤阳县为例，截至 2018 年 6 月，全县土地流转总面积达到 52.23 万亩，占确权土地面积的 34.5%；发展家庭农场 670 家、农民合作社 1313 家、农业产业化龙头企业 80 家。

在新形势下，理论界和政策界出现了将农户家庭经营与现代农业发展对立起来的倾向，认为小农生产和小农户与现代农业发展不相容、不能实现有机衔接，现代农业发展的着力点在于以农业大户、农业公司取代小农户家庭经营，快速促进小农户消灭。在调研过程中发现，凤阳县少数个别干部亦存在着上述错误认识，因而在政策制定和执行过程中，没有全面考虑本地区的经济社会发展阶段特点及各类不同农户的需求和利益诉求，没有统筹全面综合采取措施，而是过分强调土地流转和规模经营的重要性，对那些别无选择、只能留在农村的弱势农户群体而言，存在利益受损的隐患。

纵观世界农业发展历程就会发现，农业领域的生产经营基本单位不论是在过去的传统农业阶段还是在当今的现代农业阶段，都是以家庭经营形式为主体。家庭农业可以包容多层次生产力水平，家庭农业的经营方式有着很强的弹性空间和灵活性。在我国，土地这一特殊生产要素仍然具有经济、社会、政治等多重功能，尽管非农收入正在成为农民家庭的主要经济来源，土地的经济功能、社会保障功能在逐步弱化，土地的财产性功能属性增强，但仍然是那些年长后、被动回乡的打工农民的社会心理安全依靠和基本生存保障依靠，同时也是失去非农就业劳动机会的老人、残疾、留守妇女等弱势劳动力群体的重要生活依靠。从历史经验看，土地带给传统农民的社会心理安全感功能滞后于土地功能的变化而长期存在。因此，我们必须有历史的耐心，政策制定需尊重农民的自我选择，只能引导、不能强迫。它不仅涉及农民的基本权益保护，而且关乎农村社会长治久安。

对此，习近平总书记早在 2013 年年底的中央农村工作会议上就指出，坚持党的农村政策，首要的就是坚持农村基本经营制度。2016 年春在凤阳县小岗村农村改革座谈会上，他又进一步强调，以家庭承包经营为基础、统分结合的双层经营体制，是我们党农村政策的重要基石。解决农业农村发展面临的各种矛盾和问题，根本靠深化改革。新形势下深化农村改革，主线仍然是处理好农民和土地的关系。最大的政策，就是必须坚持和完善农村基本经营制度，坚持农村土地集体所有，坚持家庭经营基础性地位，坚持稳定土地承包关系。

（二）对二轮承包到期后再延长 30 年的认识存在偏差

党的十九大报告明确提出，“保持土地承包关系稳定并长久不变，第二轮土地承包到期后再延长三十年”。习近平总书记在参加党的十九大贵州代表团审议时进一步指出，确定三十年时间，是同我们实现强国目标的时间点相契合的。到建成社会主义现代化强国时，我们再研究新的土地政策。我们党的土地政策是长期稳定的。

第二轮土地承包到期后再延长 30 年，是自实行家庭承包经营、土地确权颁证和承包地“三权分置”后，党中央在完善农村土地经营制度方面的又一重大举措，给全国广大农民群众吃的一颗定心丸，对于巩固和完善农村基本经营制度，促进现代农业发展，维持农村社会稳定和长治久安，具有重大而深远的意义。

延长土地承包期 30 年，涉及广大农民群众的切身利益，也涉及一些重大土地关系的确定和相关政策的衔接问题，如第二轮承包期到期后是继续顺延承包，还是根据人地关系的变化打乱重分？进入新的承包期后，是实行“增人不增地、减人不减地”，还是继续坚持“大稳定、小调整”？对于举家进城落户的农民，是继续保留其土地承包权，还是退出给集体等？调研发现，基层干部和群众还存在着不同的认识，这需要正确理解党中央的精神。

1. 集体与农户之间的承包关系长久不变，新一轮承包期继续定为 30 年

在党的十九大提出“二轮承包到期后延长三十年”政策提出之前，理论界和政策界对于第二轮承包到期后的承包期限设定一直存在争论。部分学者依据党的十七届三中全会首次提出的“长久不变”，认为农村土地承包关系就是没有承包期的承包关系，只要承包者履行承包合同中所规定责任和义务，农民与集体的土地承包关系就永久不变，即“生不增、死不减”，家庭承包土地的数量和位置不因人口变化而变化。部分学者参照现行有关法律关于城镇居住用地使用权、林地承包权均为 70 年的规定，认为第二轮承包到期后的承包期限设定应为 70 年。此外，亦有部分学者认为应当继续沿用第二轮承包的 30 年期限设定。

十九大报告关于“二轮承包到期后再延长三十年”的部署，既终结了学界和政策界对新一轮土地承包期限的纷争，也解决了对“长久不变”之内涵理解的争议，即“保持土地承包关系稳定并长久不变”是指农民集体和农民成员之间整体的承包关系长久不变；“第二轮土地承包到期后再延长三十年”是指第二轮土地承包到期后，集体有权利也有义务同其成员设定承包关系，新一轮承包关系的存续期限为 30 年。

2. 农民集体对新一轮土地承包是否重新调整发包土地拥有自主决策权

关于新一轮土地承包是否需要重新调整发包，学界和政策界亦存在一定的分歧。部分学者认为新一轮土地承包不宜进行调整原地，理由在于稳定农户经营预期；而亦有部分学者认为应当进行重新调整发包，其理由在于人地关系发生了较大的变化，农户之间经营土地数量存在明显的不均现象。

党的十九大对“二轮承包到期后再延长三十年”的部署，仅指明了新一轮土地承包的期限设定问题，并未对是否重新调整发包土地做出具体的规定，这既是明智的做法，也充分体现了对基层民主自治和各地情况差异较大的现实的尊重。我们认为，在二轮土地承包到期后应当充分尊重农民集体的自主决策权，在坚持承包期到期后继续顺延 30 年不变的大前提下，允许那些一直采取“大稳定、小调整”的个别农村集体经济组织继续采取原有的承包方式。此外，还可以通过鼓励人地矛盾尖锐的少数农村集体经济组织在第二轮承包到期时不调整承包地，采用“动账不动地”方式平衡集体内部农户之间的利益。

（三）对统一经营的目标和形式的认识存在误区

统一经营是“统分结合”的双层经营体制不可或缺的组成部分。通过承包形成分散经营的农户，面对不断发展的专业化、商品化和社会化大生产，存在着规模小、组织化程度低、抵御风险能力弱等问题，存在着小生产与大市场的矛盾。发展和完善统一经营，能够妥善解决上述问题和矛盾。因而，农户家庭经营与统一经营是密不可分的有机整体，家庭经营是统一经营的基础，而统一经营是家庭经营的保障，二者相互依存、相互补充、相互促进，是一个有机的整体[①]。

然而，从对凤阳县的调研情况来看，基层干部对统一经营的目标、形式

① 孙中华：《关于稳定和完善农村基本经营制度的几个问题》，《农村经营管理》2009 年第 6 期。

和内容均存在一定的认识偏差。一方面，有的基层干部认为统一经营与家庭经营是替代关系，当前凤阳县现代农业发展已经到了统一经营的转折点。这种错误的认识忽视了统一经营的出发点和归属，都是完善和巩固家庭经营的基础地位。

另一方面，有的基层干部对统一经营的形式和内容认识不足，片面地将统一经营等同于集体经营。如在深化农村集体产权制度改革，存在片面地强调农村集体经济组织发展、消灭“空壳村”倾向。在引导集体资源变资产、资金变股金、农民变股民农民“三变”中，没有充分考虑到现阶段不同地区村集体经济发展的差异性，没有从考虑当地村集体企业家要素供给、政府财力支持能力、产业支撑以及农民的意愿等要素全盘考虑，简单地下考核指标，数量上硬性规定，结果造成很多村集体的股份合作制改革效果不佳，形式主义严重，公共资源浪费严重，农民作为股东没有得到分红，没有获得感。

事实上，农村基本经营制度中的“统一经营”存在着一个发展过程，“统一经营”的服务主体也并不仅限于集体经济组织，还包括农业产业化经营组织、农民专业合作组织、专业农业社会化服务组织等多种类型。农村改革至今的很长一段时间里，农村基本经营制度中的“统一经营”是指传统的农村社区集体经济组织为农户提供生产、经营、销售等方面的服务，如机耕、水利、植保等，以解决“一家一户办不了、办不好、办起来不划算的事”[①]。但随着农村市场经济的发展和农村经济社会的变革，一方面家庭经营对统一经营提出了更多更高的要求，另一方面集体经济组织(除极少数发达地区以外)既没有能力也没有动力为农户提供农业生产经营方面的服务。在这种情况下，多元化的农业社会化服务主体应运而生，农业产业化经营组织、农民专业合作组织、农民技术协会以及其他社会服务组织蓬勃兴起，为农户提供了广泛的社会化服务，极大地丰富了统一经营的形式和内容。为此，党的十七

① 魏后凯、崔红志：《稳定和完善农村基本经营制度研究》，北京：中国社会科学出版社，2016。

届三中全会将统一经营的服务主体由过去仅限于集体经济组织，扩展为不仅包括集体经济组织，还包括农民专业合作组织、农业产业化龙头企业以及其他社会化服务组织；同时提出，“统一经营要向发展农户联合与合作，形成多元化、多层次、多形式经营服务体系的方向转变，发展集体经济、增强集体组织服务功能”。这一重要决定打破了一讲统一经营就只有传统集体经济的僵化观念，赋予了集体统一经营更为丰富的内涵，指出它是建立在农户自愿基础上的、农户之间联合与合作的“统一经营”，同时也强调了集体经济发展的重点应当是增强对成员的服务功能。

（四）承包地“三权分置”面临诸多困难和障碍

促进土地的适度规模经营是承包地“三权分置”的重要目标。在调研过程中发现，凤阳县承包地“三权分置”面临着一系列的困难和障碍。主要体现在农户土地承包权不稳定、权能不完整，土地经营权权利的实现存在障碍等方面。

1. 农户土地承包权不稳定

农户土地承包权不稳定，在实践中可能遭受侵害。农村集体经济组织成员因其成员权而享有取得农村土地承包权和分享因集体土地所产生的收益的权利，同时也因其离开或去世而丧失相应的权利。一方面，农村改革至今，集体内部农户家庭人口结构的不断变化，导致新增人口较多的家庭以成员权的理由要求重新调整土地，导致农户的承包权不稳定。另一方面，土地价值的显化、农业税费的取消以及国家对农业补贴的增加，强化了农民对土地承包经营权的成员权意识，部分曾经放弃土地的农户有要回承包地的意愿。此外，部分村集体存在着不当行使土地发包权的现象，以发展集体经济和落实土地集体所有权的名义，将农民承包地收回，通过建立集体农场或以集体的名义转租和重新发包，从而加剧了农民承包权的不稳定。

2. 农户土地承包权的权能不完整

尽管《中华人民共和国农村土地承包法》和《中华人民共和国物权法》

等法律法规已经赋予了农民对承包地享有占有、使用、收益和流转的权利。但在现行法律制度下，土地承包权的权能并不完整，土地承包权的流转和处置仍存在一定的限制，表现为土地承包权的承包期有限而流转期限又不得超过承包期的剩余年限，土地承包权抵押未得到法律许可，土地承包权的转让仅限于村集体经济组织内部等。

3. 农户土地经营权权利的实现存在障碍

一方面，土地经营权的期限受到限制。当前法律规定，承包地出租人和承租人约定的租赁期限应当是二轮承包的剩余期限，超过承包期流转土地受到法律的限制。然而，这一规定显然不能适应现代农业投资大、回收周期长等特征。缺乏稳定的经营权会显著增加农业投资的风险，进而抑制投资，还可能导致经营者对耕地采取短视的、破坏性利用行为。在凤阳县调研过程中发现，有些租赁合同约定的期限却超过了二轮承包的剩余期限，如有的租赁合同约定的租赁期限为 30 年。这意味着，租赁合同约定的期限超过二轮承包剩余期限的部分无效，也不符合《中华人民共和国合同法》“租赁期限不得超过二十年，超过二十年的，超过部分无效”的规定，最终将产生租赁合同部分无效的法律后果。

另一方面，新型农业经营主体以土地经营权抵押贷款存在困难，主要体现在土地经营权价值的评估和处置困难。由于缺乏土地流转市场和专门的评估机构，土地经营权的真实价值难以得到评估，最后的结果往往是低估。并且，如果贷款不能按时偿还，金融机构就需要把土地经营权这一抵押物变现。通常的变现途径是，金融机构把土地经营权流转给新的农业经营主体，然而金融机构很难及时找到承接土地经营权的农业经营主体。这样，不容易变现的土地经营权，不仅不能给金融机构带来收益，反而成了一种负担。

（五）促进小农户与现代农业有机衔接的能力不足

党的十九大报告提出，构建现代农业产业体系、生产体系、经营体系，完善农业支持保护制度，发展多种形式适度规模经营，培育新型农业经营主体，健全农业社会化服务体系，实现小农户和现代农业发展有机衔接。然而，从调研情况来看，促进小农户与现代农业有机衔接的能力尚显不足。

一是作为引导小农户与现代农业发展有机衔接重要载体的农民专业合作社，普遍存在规模小、实力弱、经营分散等问题。大量农民合作社的平均经营规模小于家庭农场，无法满足农户成员的需要，带动农户的能力不强，尤其是存在着大量的空壳和假冒合作社，更难以带动小农户。虽然凤阳县农民专业合作社总量继续在全市领跑，但是座谈中有关部门负责人反映，其中有70%～80%是为了获得政府的奖补而注册的，作用有限。以小岗村为例，登记注册的20家农民专业合作社中，真正发挥作用的只有5家（占比为25%），有6家（占比为30%）已经不再经营。

二是社会化服务体系建设难以满足小农户的需求。结合对凤阳县的调研发现，主要表现在以下几个方面：（1）政府部门主导提供的农业社会化服务质量不高、效率低下；（2）大多数村集体经济组织经济实力薄弱、组织机构涣散，没有向农户提供服务的能力，难以有效承担提供农业社会化服务的职能；（3）农业产业化龙头企业提供的农业服务价格较高，民间服务组织数量仍然较少。此外，目前多数农民专业合作社仅仅作为生产主体而非服务主体，没有很好地承担服务带动小农户的职能。

三是新型农业经营主体带动小农户的过程中，存在损害小农户利益的现象。小农户以土地经营权入股农业龙头企业或农民专业合作社等新型经营主体，并以入股的份额作为获取经营收益的依据。但是龙头企业和合作社领办人控股并独揽大权，内部治理没有形成制衡机制，农户利益难以保障。小农户利益受损主要体现在两个方面：一方面，农民收益受到新型农业经营主体经营状况的制约，经营主体亏损了，经营主体事先承诺的对农民的保底收入难以得到保障；另一方面，由于小农户在跟龙头企业和合作社打交道时处于弱势地位，龙头企业或合作社能够利用其信息优势和强势谈判地位而获取得到更多的利益，小农户的利益则难以得到有效保障。

（六）对返乡创业群体的创业服务不足

我们在调研中走访凤阳县有关农业企业后发现，农业企业创业维艰，大量创业者带着一腔热血开始创业，几年打拼，却往往天不遂人愿，甚至惨淡收场，已经成为值得关注的一个社会现象。调查中了解到，其实农业企业成功之道中有很多普遍性的规律，但政府对企业的创业服务重视不足，造成不少追随者重蹈覆辙，影响创业成功率。

一是本土优势的发挥。所有回乡创业者在考虑投资回报的同时，其中很多人还抱有回报桑梓、造福家乡的情怀，于是他们选择在自己的家乡经营事业。本地人意味着具有地方知识，乡里乡亲令他们相对于那些外来者持有费孝通提出的差序格局中地缘和人缘的优势。相对而言，当下中国城市的公共服务和法制比较健全，但广大的农村地区，传统社会的性质和特征仍然比较浓厚。尤其牵涉到占农业企业总成本较高份额的土地要素，由于其所有权和经营权分属于农村集体经济组织和广大农户，一旦出现问题和矛盾就很难完全依靠法制和市场来解决，而更多的是要依靠人情和关系去化解。在目前的社会环境下，对创业者而言，理性的选择是根据家乡的农地资源禀赋和市场机遇寻找合适的农作物，而不是相反：为某一既定的农作物去外面找寻一片特定的土壤。而一些地方政府在招商引资中，往往拍脑袋自我设定具体的经营目标，增加了农业企业的经营风险。

二是社会资本的培育。绝大多数农产品的同质性非常高，很多时候企业盈利的差别不在于生产环节而取决于市场营销的优劣。虽然近年来农村电子商务的兴起为特色农产品的销售拓宽了渠道，但毋庸置疑，农业企业经营者的个人经历和相应掌握的社会资源在他们对销售模式和渠道的选择中扮演着重要的角色。今天，农业企业者不再仅仅像过去那样只是生产者，只关心和了解农作物和当地情况，他们更是经营者，要了解市场和异地。那些回乡创业人相较父辈的优势就在于他们有在全国各地学习和工作的经历，这拓展了他们的眼界和人脉。而其中只有那些始终留意积累社会资本、编织营销网络的创业者会赢得更多的回报。但目前社会资本的积累仍处在企业家各自为战的状态，缺乏政府引导下的各种企业家组织或行业民间社团组织的培育。

三是专业化管理的引入。对农业技术的掌握是生产出优质农产品的必要条件和基本要求，但是农业企业的经营与家庭农场在生产经营中也存在很多不同，而不仅仅是简单的规模差别的问题。基于常识也许就能管好一个家庭农场，但没有先进的管理理念和管理技能是很难经营好一家农业企业的。人们愿意从事涉农工作，是因为能得到劳作自由度大和结果大概齐的便利，而不必像工业流水线那样讲求纪律和整齐划一。但如此一来，工程质量和产品品质就要打上一定的折扣。这点劣势在家庭农场中是靠责任心去弥补的。而在一个成功的农业企业中则必须引进一些工业的管理方法和模式，对生产环节进行规范和管理。好的管理必然产生对管理人员的需求，而管理人员的薪酬往往是普通零散农业工人工资率的数倍。很多农企出于成本方面的考虑，吝惜这方面的投入。结果必然是失掉跻身高标准现代企业的机会，在激烈的竞争中处于不利的地位。有的发达地区（如北京）已经通过补贴职业经理人薪酬，引导、鼓励农业企业实现专业化管理，但是凤阳县在这方面的引导、宣传还是空缺的。

四是适度规模与企业经济实力的匹配。随着恩格尔系数逐年走低（2017国家统计局公布数字为29.7%，首次达到富足国家标准），就宏观而言，农业产业不是一个蓬勃发展的朝阳产业。但由于长期以来的投资不足，农业产业中又存在很多微观的机会。随着农业新技术、新品种的应用和推广，许多高品质、差异化的农产品具有广阔的市场前景和盈利空间。但是由于农业产业的自然属性，农作物的生产周期长，相应的市场前景的不确定性也大。农产品的产量和市场价格又往往相背离——收成好了，价钱不高；售价高企时，产量跟不上。农业企业多呈现出盈利薄且不稳定的特征。农业投资是一个建设周期长、回收周期更长、波动率巨大的行业，因此涉足农业产业必须做好长远打算，选择经营规模必须与自身的经济实力相匹配，必须充分意识到财务杠杆的负面作用。多数农产品就长期而言回报是可观和稳定的，但如果杠杆用得过满，遇水旱灾害，极易陷于无以为继的窘境，不仅无法取得农业长期持续经营的利润，还会血本无归。这也是近年来在全国各地农业企业大起大落的缘由。但是从目前政府的政策导向看，往往采取土地流转规模越大、财政补贴标准越高的累进式补贴方式，潜在地增大了农业企业的经营风险。

五是政府扶持领域的选择。多年来，全社会对土地改良和农业基础设施的投入严重落后，凤阳县也不例外，存在着相对于经济发展阶段基础设施建设滞后的问题。一个农业企业如果完全依靠自身解决诸如土地平整以及道路、电力、水源等基础设施问题，不要说持续盈利，能维持经营就实属不易。尽管农业企业在草创之初，必须抱持不依靠、不依赖的信念，但为了企业更好地持续发展，政府在此方面的资金和政策扶持是非常重要的，甚至为农业企业所不可或缺。目前政府对于农业企业的支持政策往往以短期项目和投入为主，以补贴为主，对农业企业长期投资项目的金融支持政策相对缺乏，这也是具有普遍性的问题，影响了农业企业的长期发展后劲。

四、巩固和完善农村基本经营制度的相关政策建议

中国40年农村改革和发展所取得的巨大成就，证明了以家庭承包经营为基础、统分结合的双层经营体制这一农村基本经营制度是正确的，需要长期坚持。同时，随着中国农村社会经济形势的变化，中国农村基本经营制度也需要进行适当调整，不断巩固和完善这一制度。

（一）继续坚持家庭承包经营基础地位

基于我国人多地少的基本国情，以及农业生产中自然再生产与经济再生产相统一的特征，家庭承包经营具有其合理性。在未来较长的一段时期内，农户家庭经营仍然是我国农业生产经营的主要形式，农民合作社直接经营、农业企业直接经营以及集体直接经营等将始终处于非主导地位，作为家庭承包经营的补充性经营形式。

应修订现行法律，使农民土地承包经营权更加完整。一是赋予农民土地承包经营权抵押、担保权能。我国现行法律规定，通过家庭承包取得的土地

承包经营权不能抵押。《中华人民共和国农村土地承包法修正案（草案）》已经做出调整，允许土地经营权抵押、担保，有必要对《中华人民共和国担保法》《中华人民共和国物权法》中有关禁止性条款进行修改，使三部法律的规定保持一致。二是赋予家庭承包经营土地入股权。现行法律均未做出家庭承包经营土地也可以入股的规定，有必要进行修订。

（二）衔接落实好第二轮土地承包到期后再延长 30 年的政策

我国多数地区的第二轮土地承包将于 2027 年到期。应兼顾小农户和新型农业经营主体权益，衔接落实好第二轮土地承包到期后再延长 30 年的政策。

1. 土地承包期到期后，直接顺延

目前，学术界和决策层关心的重点问题是，在第二轮土地承包期满后，是把现有的承包合同的有效期直接顺延 30 年，还是对土地承包关系进行调整后再延长 30 年。从稳定小农户预期的角度看，可以明确在农村土地二轮承包到期后采取直接延包 30 年的办法，不再进行土地的调整。其主要理由有两个。一是不断调整土地会引发社会矛盾。随人口变动而调整土地的初衷是解决公平问题。但是，在承包地总量一定的前提下，一些家庭的承包地面积增加，就意味着另一些家庭承包地面积的减少，从而引起利益冲突。二是土地承包期延长并固化已被多数农民所接受。我国大多数村庄自二轮承包以来未对承包地分配进行过较大调整，一些地方实行土地承包期内承包土地不随人口增减而变化，简称“生不增、死不减”模式。例如，贵州省委 1997 年 24 号文件要求“全省从 1994 年起，耕地承包期再延长 50 年”，承包期内实行“增人不增地、减人不减地”。在实地调研中通过对农户的访谈发现，承包期内以户为单位的承包地固化模式，对农民的生活状况并未产生较大冲击。从全国情况来看，农业收入占农户总收入的比重不断下降，这在一定程度上表明土地对农村人口的保障功能日益弱化，承包地固化越来越被农民所接受。因此，跨越承包期限、实行土地承包经营权“长久不变”已经具备一

定条件，有助于实现土地功能从“公平”向“效率”的转变。

土地承包期到期后顺延，需要相应的政策支撑和法律保障。中央有关部门有必要尽早出台具体的政策；同时，应对现有法律中涉及农民对集体土地和其他资产收益成员权的相关条款进行修改，使得农村集体组织内部新增成员不能通过国家法律规定来实现其经济利益诉求。

2. 允许新型农业经营主体与农民签订跨越承包期的土地租赁或入股合同

这种做法有两方面的好处。第一，有利于保持土地流转平稳增长的趋势。目前，绝大多数新型农业经营主体与农民签订的土地流转合同均以二轮承包到期日为最高年限。如果到二轮承包结束后，再对土地进行调整后实行延包 30 年，可以预计，新型农业经营主体的土地流转意愿会随着二轮承包期越来越近、土地流转期限的日益缩短而降低，从而使得农业规模化经营的势头随之呈现萎缩甚至停滞的趋势。

第二，有利于农民承包地抵押担保权能的实现。我国正在探索赋予农民土地承包经营权的抵押、担保权能。土地未来的收益权是其经营权抵押贷款的基础，这种收益权并非具有实物形态的具体财产，而是以未来稳定、可持续的可得收益为前提。于是，承包期限的长短和稳定性直接影响到土地经营权未来收益情况，进而影响到可以得到的贷款数额的高低。另一个值得注意的问题是，我国一些地区（如浙江省）已经开展了新型经营主体以其农业设施设备抵押贷款。由于这些农业设施附着在土地上，新型经营主体以农业设施设备抵押贷款的额度与其农业设施的使用期限有明显关系，承包期短，则抵押贷款额度低。如果允许新型农业经营主体与农民签订跨越承包期的土地租赁或入股合同，农民在其以农业设施设备抵押贷款时，就可能得到更高额度的贷款。

3. 建立和完善向失地、少地农民倾斜的社会保障制度

农村土地承包关系固化后，那些没有土地的新增人口就失去了土地保障。对于这一问题，可以将因失地、少地而导致生活困难的个体优先纳入农村社会保障覆盖范围。此外，集体保障也有必要向失地、少地农民倾斜，在

集体收益分配时给予失地少地农民一定程度的优惠。

（三）完善新型农业经营主体与小农户的利益联结机制

一种观点认为，通过农地规模流转、培育新型农业经营主体可能损害小农户利益，压缩小农经济的发展空间[①]。相应地，实现小农户与现代农业的有机衔接不能依靠新型农业经营主体。已有的实践表明，这种认识是片面的。但是也应该看到，新型农业经营主体的发展和壮大，并不意味着其能够自动带动小农户与现代农业发展的有机衔接，而是要看二者之间是否存在紧密利益联结机制。在未来一个时期，应把完善新型农业经营主体与小农户之间的利益联结机制作为重点，相关的政策举措如下。

第一，将新型农业经营主体以合同方式或股权方式带动农户的数量，以及是否与农户建立稳固的利益纽带（如保护价收购、利润返还、股金分红等），作为其申请财政资金支持的必备条件，从而增强新型农业经营主体把小农户引入现代农业发展轨道的内在动力。

第二，建立和完善风险防范机制。为保证农民流转土地的租金收入，目前有两种具有代表性的地区实践。一是建立土地流转风险保证金制度。由土地流入主体缴纳风险保证金，一旦其经营出现问题，用这些风险保证金给予农民保底收入。二是建立土地流转履约保证保险，保费由经营主体、农民共同承担，县级政府给予一定比例的补贴。当经营主体不能履约时，农民可以获得保险。可以借鉴这些实践探索经验，逐步完善农民利益受损风险的防范措施。

第三，促进新型农业经营主体之间的联合与合作。家庭农场、合作社、龙头企业、社会化服务组织和农业产业化联合体等新型农业经营主体，在带动小农户方面的功能和作用存在着差异。应鼓励新型农业经营主体之间的联合和合作，促进不同类型的新型农业经营主体融合发展，从而提升新型农业

① 赵晓峰、赵祥云：《新型农业经营主体社会化服务能力建设与小农经济的发展前景》，《农业经济问题》2018 年第 4 期。

经营主体带动和服务小农户的能力。

（四）建立和完善面向小农户的社会化服务体系

1. 培育和发展多种类型的服务主体

一是在企业和个人不愿进入或效率较低的领域，建立政府公益性服务组织。二是支持发展社区综合性农民合作组织。小农生产相对集中的地区大多是流动性较差的传统社区，成员对本社区认同感强，重传统，彼此相互了解，有共同价值观。在引导小农生产进入现代农业轨道中，应充分利用传统村庄的文化共同体资源，以社区为载体，培育真正代表农民利益的、完全由农民组成的合作组织。可以鼓励组织部系统与妇联、共青团、军转办等群团部门携手，与财政部门合作，设立地方青年创业、妇女创业、返乡大学生创业、复员军人创业等多种创业基金，鼓励那些有理想、想作为的青年人回村创业，带领广大小农发展服务型的农民合作组织，为小农生产提供生产、就业、金融等综合性服务。三是鼓励新型农业经营主体开展针对小农户的生产服务。四是鼓励供销社转变经营服务内容，重点开展土地托管的农业社会化服务。

2. 探索多样化的服务方式

在今后一个时期，应继续完善土地托管、半托管等新型服务方式，从而在不进行土地流转和更换经营主体的条件下，把小农生产引入现代农业发展轨道。应重视信息技术在带动小农户与现在农业发展有机衔接中的作用，打造多种类型的平台，为小农户提供及时的农业政策、农技推广、销售渠道、市场价格等信息服务。

3. 改善小农户的生产条件

那些与现代农业发展难以有机衔接的小农户，普遍存在地理区位偏僻，承包地自然条件差、土地细碎、不平整、无法机械作业，距离市场远，道路不通畅，农产品市场化成本高等问题。建议启动“耕地宜机化”和村庄道路建设项目，支持以社区（行政村或大的自然村）为单位的土地平整和相关农业道路设施建设。

改革开放
与中国县域发展
GAIGEKAIFANG

安徽金寨

ANHUI JINZHAI

传承红色基因、推动老区脱贫振兴

中国社会科学院中国特色社会主义理论体系研究中心

2020年全面建成小康社会，是以习近平同志为核心的党中央对全党全国人民的庄严承诺。革命老区能否按时脱贫，直接关系到全面建成小康社会目标能否如期实现。安徽省金寨县是全国众多革命老区中有代表性的一个县。2016年习近平总书记曾赴金寨县调研，就金寨脱贫做出了重要指示。根据中宣部关于组织开展庆祝改革开放40周年“百城百县百企”调研活动的要求，中国社会科学院中国特色社会主义理论体系研究中心承担了金寨县调研任务，经深入分析研究金寨县40年来特别是党的十八大以来的扶贫实践情况，形成调研报告如下。

一、金寨基本县情

金寨是中国革命的重要策源地、人民军队的重要发源地，地处安徽省西部大别山腹地，鄂豫皖三省接合部，总面积3814平方公里，辖23个乡镇、1个现代产业园区，224个行政村，总人口68万，是安徽省面积最大、山库区人口最多的县，也是集老区、库区、高寒山区于一体的国家扶贫开发工作重点县。

金寨作为革命老区，一直以来受到中央及省、市各级领导的高度重视。

20世纪50年代，老一辈无产阶级革命家邓小平、彭真等曾到金寨视察；改革开放以后，党和国家领导人习近平、李克强、栗战书、汪洋、王沪宁、赵乐际、吴邦国、温家宝、曾庆红、乔石、宋平等亲临金寨，全国人大机关、水利部、劳动和社会保障部等部委及北京市均把金寨作为联系点，长期给予关注、指导和大力支持，为金寨的发展注入强大动力。

2012年6月，吴邦国同志亲临金寨视察，为金寨量身制定了“5+1”帮扶项目（重点扶持农业产业化龙头企业，规划建设金寨现代产业园区，加快农村金融改革发展，筹建金寨全国示范中等职业教育学校，建设大别山扶贫开发道路和金寨抽水蓄能电站项目），并确定全国人大机关对口帮扶金寨，省委省政府做出“抓金寨促全省”脱贫攻坚战略部署。2016年4月，习近平总书记亲临金寨视察指导，在花石乡大湾村开了一场别开生面的座谈会，总书记的讲话和指导使金寨干群备受鼓舞，决心以饱满的热情在脱贫攻坚的道路上夺取最后的胜利。

革命战争年代，10万金寨儿女为国捐躯，走出了洪学智、皮定均等59位开国将军，金寨被誉为“红军的摇篮、将军的故乡”。中央和省市部委对金寨的高度关注和大力支持，体现了我们党“不忘初心”的信念和追求，不忘老区人民在革命时期和社会主义建设时期的巨大贡献。在金寨大力推进精准扶贫，坚持改革成果由全体人民共享，具有很强的政治意义。

金寨是在革命和建设时期做出重大牺牲与贡献的老区，曾经受长期的战争创伤，加上地处山区，以往交通十分不便，田地水地资源稀少，工业基础较为薄弱，经济社会发展难度大。1986年金寨被确定为全国331个重点贫困县之一，受到重点扶持。长期贫困导致人们科学文化知识有限，观念水平有待提高。金寨与全国其他老区条件较为相似，但走出了一条自己发展的道路，是全国老区发展的典型和代表，对其他老区边区有很强的借鉴意义。

1. 金寨的自然环境

金寨东连安徽省裕安区、霍山县，南临湖北省英山、罗田两县，西与湖北省麻城及河南省商城两地交界，北与河南省固始，安徽省霍邱、叶集三县区接壤。金寨地势自西南向东北方向呈阶梯状下降，大别山山脉由西南向东北贯穿全境，境内群山起伏，全县平均海拔 500 米，千米以上的山峰有 101 座。除山间夹有少量盆地外，其余均为山区。

金寨耕地面积 32.5 万亩，山场 431 万亩，水面 13.2 万亩，“八山半水半分田，一分道路和庄园”是其基本地貌特征，森林覆盖率 74%，生态环境优良，林业资源丰富。中药材品种多，数量多，是安徽省药材重点产区之一。药源动植物有 237 科 1300 余种，其中野生中药材占一半以上。

金寨境内有全国著名的治淮骨干工程——梅山、响洪甸两大水库，总蓄水量 50 亿立方米，水力资源丰富，每年发电 2 亿度，向合肥、六安等大中城市供水 20 多亿立方米，为下游工农业发展和经济建设提供有力保障。但建库后人均占有耕地由 1.46 亩下降到 0.5 亩，库区部分村组甚至人均不足一分田。耕地面积大为减少，导致迁入深山老林的群众生存环境较差，人地矛盾突出，有“田是田边子，山是山帽子，冲是冲坳子”的说法。

山高谷深、沟壑纵横的地形地貌使得金寨交通和经济发展制约因素较多，生存环境较平原地区和丘陵地区有明显差距。两大水库的阻隔，也使得交通发展受到极大的制约，1986 年前，除省道经过的白塔畈、江店等几个畈区乡镇通柏油路外，其余大部分乡镇仅通砂石路甚至不通路，且路窄、坡陡、弯急，晴通雨阻。与交通条件落后相伴的是致富难以及上学难、就医难、做买卖难等发展问题。总之，虽然金寨县拥有较多的自然资源，但历史和地理问题也制约着经济社会的发展。

2. 金寨的历史沿革

金寨历史悠久，很早就有人类活动，尧时为皋陶封地，秦属九江郡。由于地处山区，沟壑纵横，境内有许多险关要隘，在古代多为军事要冲，历代有兵事。到了近代，1932 年 9 月，国民党卫立煌部队进占金家寨，始设县治，称“立煌县”，成为国民党加强对鄂豫皖边区统治的重要一步。1947 年 9 月，中国人民解放军刘伯承、邓小平所部三纵八旅攻克立煌县城，建立民主政权，更名为金寨县。

3. 改革开放 40 年金寨的巨大变化

改革开放后，金寨推行家庭联产承包责任制，农民生产积极性得到空前释放，1986 年后进行山区经济系列开发，从“粮、山、林、电、矿、栗、茶、桑”八路开发，发展农业产业经济，注重农村产业发展和基础工程建设，人民生活显著改善，经济面貌有了较大的转变。特别是党的十八大以来，老区人民认真贯彻落实习近平总书记系列重要讲话精神，紧抓全国人大对口帮扶等重大机遇，以脱贫攻坚为统揽，攻坚克难，拼搏苦干，进入了快速发展时期。

改革开放 40 年，金寨经济状况发生了翻天覆地的变化，基础设施建设取得了质的飞跃，地区生产总值由 1978 年的 0.47 亿元增加到 2017 年的 107.94 亿元，按现价计算，是 1978 年的 229.7 倍，年均增长 14.95%，其中：一产增加值由 0.23 亿元增至 19.6 亿元，二产增加值由 0.18 亿元增至 43.9 亿元，三产增加值由 0.06 亿元增至 44.4 亿元，年均分别增长 12.1%、15.1%、18.6%。财政收入由 1488.7 万元增至 14.64 亿元，是 1978 年的 98.1 倍，年均增长 12.5%；财政支出由 1464 万元增至 45.5 亿元，是 1978 年的 312 倍，年均增长 15.9%。特别是党的十八大以来，金寨经济全面驶入发展快车道，生产总值由 2012 年的 80 亿元增至 2017 年的 107.94 亿元，历史性迈上百亿元台阶；财政收入由 5.8 亿元增至 14.64 亿元，年均增长 20.3%；固定资产投资由 72.2 亿元增至 230.3 亿元，年均增长 26.1%，增幅连续三年位居全市第一，社会消费品零售额由 36.5 亿元增至 72 亿元，年均增长 14.5%；金融机构存贷款余额达 297.1 亿元、176.2 亿元，分别是 2012 年末的 2.88 倍、3.68 倍。三次产业之比由 1978 年的 48.9∶38.3∶12.8 调整为 2017 年的 18.2∶40.7∶41.1，一产比重回落 30.7 个百分点，二产、三产比重分别上升 2.4 个、28.3 个百分点，基本形成了第一产业稳固发展、第二产业加快发展、第三产业主导发展的良好格局，结构比由“一、二、三”转变为“三、二、一”模式。

金寨改革开放 40 年的巨大变化，充分证明改革开放是决定中国命运的关键抉择，是实现中华民族伟大复兴的关键一招，也是实现精准脱贫的关键一招。

二、金寨的红色文化和特色产业

金寨的精准脱贫，在改革开放40年发展中，形成了精神和物质两个方面的两个特色：红色文化和特色产业。

1. 金寨的红色文化

2016年4月24日上午，习近平总书记在金寨县红军广场向革命烈士纪念塔敬献花篮，瞻仰金寨县红军纪念堂，参观金寨县革命博物馆。他说："一寸山河一寸血，一抔热土一抔魂。烽火岁月，金寨人民以大无畏的牺牲精神，为中国革命事业建立了彪炳史册的功勋。我们要沿着革命前辈的足迹继续前行，把红色江山世世代代传下去。"① 传承红色基因，发展红色文化是习总书记对金寨的殷切希望和嘱托，也是金寨脱贫的精神动力。

（1）早期马克思主义的传播

20世纪20年代初，受十月革命和五四运动的影响，以蒋光慈、袁汉铭、詹谷堂、王明为代表的金寨进步青年较早接触和传播马克思主义，于1920年10月在金寨燕子河的燕溪小学成立"马克思主义学习小组"，较早成立了一批马克思主义传播组织，1924年成立了金寨境内的第一个支部——中共笔架山农校支部。随着马克思主义在金寨境内的广泛深入传播，一批先进分子加入中国共产党，积极发展党的基层组织，培养了一批有献身精神的革命骨干，为日后掀起反帝反封建斗争奠定了基础。

（2）中国革命的重要策源地，人民军队的重要发源地

1929年5～11月先后爆发了立夏节起义和六霍起义，起义队伍先后成立了红11军第32师、第33师；1930年春，32师、33师与之前黄麻起义后

① 《安徽金寨：牢记总书记嘱托把群众冷暖放心上》，《安徽日报》2016年11月17日。

保存的革命武装第31师合编为红一军，成立鄂豫皖苏维埃政府，建立了鄂豫皖苏区。从1930年冬至1932年6月，在党的领导和革命群众的大力支持下，这里的红军先后粉碎了国民党部队三次“围剿”。鄂豫皖革命根据地红军发展到4.5万人，根据地面积4万平方公里，拥有27个县级政权，人口350万，地方武装20余万人，成为仅次于中央苏区的全国第二大苏区。第四次反“围剿”失利后，红四方面军2万余人越过平汉线，西进3000多里，后开创了川陕革命根据地。1935年3月，为策应中央红军长征，红四方面军发起了强渡嘉陵江战役、开始长征，于1936年10月在甘肃会宁与红一方面军胜利会师。1932年11月，红四方面军西去川陕后，中共鄂豫皖省委重建了红25军。1934年11月，新组建的红25军开始长征，长征途中又创建了鄂豫陕革命根据地，并于1935年9月率先到达陕北，与陕甘红军胜利会师，迎接党中央和中央红军。后来，红25军又参加了艰苦卓绝的西征战役。在党的领导下，以金寨人民为重要组成力量的鄂豫皖红军先后创建了鄂豫皖、川陕、鄂豫陕三块革命根据地，这在全国也绝无仅有。

在土地革命时期，鄂豫皖革命根据地三个省共组建了50余支红军队伍，其中湖北省组建了29支、安徽省组建了15支、河南省组建了7支队伍，占全国根据地组建的150支队伍的34%。其中金寨境内就先后组建了11支主力红军队伍。在金寨组建的红军队伍，在随后的抗日战争和解放战争中成为主要力量，现有的中国人民解放军陆军集团军中，6个集团军与金寨诞生的红军队伍有着血浓于水的关系。金寨是人民军队的重要发源地。

（3）《八月桂花遍地开》诞生地

从起义到建立红军队伍和红色政权苏维埃政府建立，人民从被压迫被奴役的状态中解放出来，群众欢欣鼓舞，张灯结彩，顺势便诞生了歌唱苏维埃政府的歌曲《八月桂花遍地开》，这首歌也是金寨县的县歌。《八月桂花遍地开》歌词欢快鼓舞人心，旋律优美抒情，后被改编成多个版本，长期传唱，经久不衰，至今听起来依然能够鼓舞人心、催人奋进。

金寨的历史，是红色文化传承的历史，也是金寨人民在中国共产党领导下沿着社会主义道路实现从站起来到逐步富裕起来的历史。改革开放 40 年，历届县委县政府都非常注重传承红色文化，发挥红色基因在扶贫中的内生动力作用。

2. 金寨的特色产业

要实现脱贫，必须发展经济，发展经济必须结合实际大力发展产业。改革开放以来，金寨从自身实际出发，形成了自己的特色产业，为如期脱贫打下了牢固的物质基础。

（1）农业

在第一产业发展方面，金寨利用了山区的自然条件，发展茶业、中药材等八大特色主导产业，现代农业发展逐渐成熟，农业产业化水平逐年提高。2017 年，全县茶园面积达 18.2 万亩、毛竹 25.8 万亩、石斛基地 0.26 万亩、猕猴桃 3 万亩、中药材 10 万亩、蔬菜 14.2 万亩，养殖皖西白鹅 57.2 万只，水产品总产量 1.4 万吨。全县市级以上龙头企业达 87 家（省级 12 家、市级 75 家），农民合作社达 3564 家（其中国家级 4 家、省级 17 家、市级 65 家），家庭农场达 3066 家（其中省级 16 家、市级 23 家），休闲农业经营主体达 450 多家。2017 年，实现农业总产值 37.4 亿元。金寨盛产各类农产品，不断打造农产品特色品牌，43 家企业获得金寨“中国长寿之乡”品牌使用权，金寨灵芝、金寨黑毛猪等地理标志证明商标达到 19 个，金寨猕猴桃、金寨红茶分别获得地理标志认证。此外金寨还荣获“六安瓜片原产地”、“中国药用菌之都”、“经济林板栗之乡”等称号。

（2）“红绿蓝”生态旅游模式

金寨依托当地红色文化和自然资源，创造了“红绿蓝”生态旅游模式，以传承红色基因、发展红色文化为抓手，依托红军广场、金寨红军纪念堂、金寨县革命博物馆等发展红色旅游，依托当地梅山、响洪甸两大水库发展蓝色观光旅游业，依托自然风光发展绿色旅游。目前，全县有 5A 级景区 1 处、4A 级景区 6 处、3A 级景区 5 处，创建四星级旅游饭店 2 家、三星级 7 家，创建省级农家乐 29 家，旅行社发展到 26 家。2017 年，全县接待游客

911.4 万人次，创综合收入 35 亿元；2018 年前四个月，接待游客 257.5 万人次，创综合收入 9.7 亿元，分别增长 2.9%、14.5%，旅游业逐渐成为县内支柱产业。

同时，旅游与交通相互促进与发展，以旅游为中心极大带动了旅游景点及交通沿线的迅猛发展。大别山旅游扶贫通道极大地改善了沿线 9 个乡镇近 30 万群众的出行条件，为做大做强县域经济打通了“主动脉”。在项目的带动下，农业产业结构加快调整，板栗、茶叶、天麻、水产等农业示范基地规模不断扩大，特色农副产品产销两旺，农产品电子商务交易日益红火；旅游经济持续升温，入县旅游人数由 2012 年的 290 万人次骤增至 2016 年的 754 万人次，旅游综合收入由 2012 年的 13.8 亿元增至 2016 年的 30.1 亿元；大别山旅游快速通道沿线 9 个乡镇的贫困人口由 2014 年底的 44810 人，降至 2016 年底的 29802 人，累计减贫 15008 人，占全县同期脱贫人数的 42%，通道已经成为老区人民脱贫奔小康的“致富路”、“幸福路”。目前，全县公路通车里程 3498 公里，公路密度为 92 公里 / 百平方公里，其中高速公路 87 公里、省道 227 公里、县道 584 公里、乡道 448 公里、村道 2152 公里，形成了“四纵三横”为骨架、内外循环相连接的公路交通运输网络。在全省较早进入“高铁时代”，一举告别不通铁路的历史；早已实现村村通水泥路，组组通水泥路即将成为现实。

改革开放以来，金寨成功地利用了本地特色资源，因地制宜，在发展的同时注重生态环境的保护，所及之处都是绿水青山，发展不以付出巨大环境污染为代价，坚持“绿水青山就是金山银山”的发展理念，跻身中国“天然氧吧”，成为中国“长寿之乡”，是新时代坚持新发展理念的成功典范。

三、改革开放 40 年金寨扶贫攻坚的历程

改革开放以来，扶贫始终是金寨的首要任务，也是对革命老区人民的重要回报，是中国共产党不忘初心、牢记使命的具体体现。

1. 扶贫历程

金寨扶贫开发与改革开放同步，可分为五个阶段。一是起步阶段，救济扶贫（1978～1985年）。主要是军队大力支持地方，给予吃粮、就医等救济。1978年，全县工农业总产值1.44亿元，农民人均纯收入仅78元，贫困人口54万人，占比99%，很多农民“衣不蔽体、食不果腹”，靠救济生活。这一阶段主要推行家庭联产承包责任制和林业“三定”，农民生产积极性得到释放，国家部委及军队纷纷来县送救济。1985年，全县贫困人口减至48.03万人。二是全面展开阶段，开发扶贫（1986～1993年）。主要是进行山区经济系列开发，推动经济发展。1986年，金寨被确定为全国331个重点贫困县之一，受到重点扶持，扶贫开发进入有组织、有计划的展开阶段。县里提出“八亩山场做文章，系列开发奔小康”的工作思路，先后实施农业科技“119工程”、荒山灌丛“2243”开发工程、县乡干部驻村扶贫工程等。到1993年，贫困人口下降到12.1万人，年均降幅11.5%。三是扶贫攻坚阶段，产业扶贫（1994～2000年）。主要是进行“粮、山、林、电、矿、栗、茶、桑”八路开发，发展产业化。国家“八七扶贫”攻坚计划出台后，金寨先后提出“面向大市场，培育新支柱，稳定茧丝绸，实施多元化，推进产业化，脱贫奔小康”、“一手抓吃粮，一手抓山场；长抓林电矿，短抓栗茶桑；三线八路奔小康”的工作思路，先后实施农业“三个一”、“少生、优育、快富”、农村草危房改造、“451”渔业致富、种苗扶贫、“村村通（公路）”、异地移民、万名干部帮扶等扶贫工程。到2000年，贫困人口降至6.5万。四是巩固发展阶段，整体推进扶贫（2001～2010年）。主要是以工业化、城镇化带动农业产业化。2002年，金寨被列为全国592个扶贫开发工作重点县之一，扶贫开发进入巩固提高阶段。金寨县提出“突出三个重中之重，加快推进工业化、城镇化，带动农业产业化，促进农民脱贫增收”的工作思路，着力实施整村推进、产业扶贫等工程。到2011年，按照新的贫困标准，贫困人口19.3万人。五是新一轮扶贫开发阶段，精准扶贫（2011年至今）。主要是实施“5+1”项目、推进“十大”举措、“十个一”工程。2011年，金寨被列入大别山区域扶贫集中连片开发重点县，县委县政府围绕整村推进与扶贫到户同步推进，编制了《大别山片区金寨县区域发展与扶贫攻坚规划（2011～2020年）》。2012年起，县委县政府抢抓全国人大对口帮扶实施“5+1”项目、省委省政府“抓金寨促全省”脱贫攻坚战略等重大机遇，提出扶贫项目到村到户到人到产业的“四到”扶贫模式，扶贫开发进入了精准扶贫的新阶段。特别是2016年习近平总书记亲临视察后，全县上下认真学习贯彻习近平总书记视察金寨重要讲话精神，始终把脱贫攻坚作为最大的政治、最大的任务、最大的责任，坚持以脱贫攻坚统揽经济社会发展全局，扎实推进精准扶贫、精准脱贫，大力实施脱贫攻坚“十大”举措和“十个一”工程，扶贫工作取得明显成效。

2. 党的十八大前的主要做法

首先，从基础保障上，把基础设施建设当作扶贫开发的突破口来抓。“要致富，先修路”，在交通、水电和通电话上下功夫，加强对基础设施建设的投入。1986年前，除省道经过的白塔畈、江店等几个畈区乡镇通柏油路外，其余大部分乡镇仅通砂石路甚至不通路；1998年，组织实施了村道攻坚工程，对县内省道县道进行拓宽改造；2003年，抓住被确定为“全国通乡公路建设示范县”的机遇，用三年时间实现了通乡公路黑色化；2005年，被安徽省确定为“通村水泥路建设试点县”，大力推进通村水泥路建设工程，实现村级道路硬化目标。同时开展了农电整顿，保障农村居民生活用电，2008年底基本实现村村通电话。基础设施建设尤其是交通发展为进一步的发展奠定了良好基础。

其次，在经济发展方面，优先发展产业为推进经济进步提供内生动力。金寨抓住改革开放的历史机遇，坚持改革创新思路举措，大力发展产业带动经济发展，在稳定粮油的前提下，坚持把增加农业收入作为农民增收的基本点。引导和带领群众积极创业，大力发展特色农业，培育了一批国家级、省级的“龙头”企业。

在创新思维和举措方面，1984年实施林业“三定”改革，极大调动农民发展生产的积极性。扶贫开发全面展开后，为了更快开展山区经济，1985年提出大力开发农村经济，发展乡镇企业、经济专业村；1986年制定了《金寨县乡镇企业暂行规定》；1988年出台《村干部与乡镇企业挂钩的规定》，把发展乡镇企业与干部责权利挂钩，实现乡镇经济大发展。进入20世纪90年代，为了增加县域经济发展总量，夯实扶贫攻坚基础，县委决定以加快改革加速经济发展，出台大办工业乡镇企业和建设红石工业特区优惠政策，建成红石工业区、金光工业区；做出加快民营经济发展的若干规定，大力推动民营经济发展。仅1992年，全县民营经济由年初7500户猛增到1.2万户，创产值3亿元。同时，大力推进国合商业改革，对县内国有合作经济实行柜组承包、租壳卖瓤、门店拍卖等改革，极大地激发国有企业和集体企业活力。

再次，经济发展方面善于借助外力的作用。国家劳动和社会保障部、科技部，安徽省军区、省交通厅、团省委等单位长期帮扶金寨，加快了金寨脱贫步伐。社会各界也纷纷向金寨伸出援助之手，县乡村干部职工与贫困户结成帮扶"对子"，帮助脱贫。

最后，在扶贫领导机制建设上，始终把扶贫开发工作作为首要的政治任务来对待。长期坚持县六个班子领导到乡、县直单位帮扶到村、干部驻点到村的扶贫工作领导机制，把脱贫任务、脱贫措施落实情况列入岗责考评重要内容，对完不成任务的，实行"一票否决"。

改革开放40年来，金寨的扶贫开发事业取得了非常显著的成就。1978年，全县工农业总产值1.44亿元，农民人均纯收入仅78元，贫困人口54万人，占比99%，很多农民"衣不蔽体、食不果腹"，靠救济生活。1986年，被确定为全国331个重点贫困县之一，到1993年，贫困人口下降到12.1万人，年均降幅11.5%，到2000年，贫困人口降至6.5万。2002年，被列为全国592个扶贫开发工作重点县之一，扶贫开发进入巩固提高阶段。到2011年，按照新的贫困标准，贫困人口19.3万人。2016年以来，全县共完成脱贫1.27万户4.43万人，17个贫困村出列，贫困发生率由14.3%下降至6.79%。

四、党的十八大以来金寨精准扶贫、脱贫攻坚实践

为深入落实贯彻习近平总书记精准扶贫、脱贫攻坚系列重要讲话精神，金寨县委、县政府始终以党建为统领、坚持以脱贫攻坚统揽经济社会发展全局，把脱贫攻坚作为最大民生、最大政治，先后实施了“5+1”脱贫攻坚工程、“3115”脱贫攻坚十大到村工程和“十个一”工程等一系列创新举措，不断加大政策落实力度，贫困人口从2010年底的6.02万户21.58万人下降到2017年底的1.65万户4万人，7年实现4.37万户17.58万人脱贫和17个贫困村出列，脱贫攻坚取得了极其显著成效。金寨县以传承红色基因为主线，推动老区精准扶贫、精准脱贫工作的创新做法如下。

1. 党建统领、目标导向，构建责任工作机制

“给钱给物，不如给个好支部。”中国特色社会主义最本质的特征和最大的制度优势是中国共产党的领导。做好中国的事情，关键在党；抓好脱贫攻坚工作，关键靠党员干部，关键在支部凝聚引领，关键在建构机制、责任保障。

党建统领，夯实脱贫攻坚的责任机制。金寨县坚持实行“党政一把手负总责，三级书记一起抓扶贫”，真正做到县有组、乡有办、村有站，按照六安市委“六个一律”的要求（一律是共产党员、一律是党委骨干、一律与原单位脱钩、一律兼任村第一书记、一律吃住在村、一律纳入组织部选派干部管理）配齐配强71个村贫困扶贫队长，对于其余154个非贫困村也派驻了扶贫工作队，为全县225个村配备了扶贫专员，层层立下军令状，详细编制责任清单，明晰了各级领导、帮扶单位、帮扶干部和扶贫队长、扶贫专员的脱贫职责。组织实施脱贫攻坚“联帮工程”，组织农村有帮带能力的党员户、入党积极分子和能人大户开展“四帮四联”机制（帮解生活难题，加强思想联动；帮扶产业发展，实行产销联手；帮带劳力务工，实现就业联动；帮促脱贫致富，保持长久联系），不断提升和强化“抓党建促扶贫”的长效机制。

精神支撑，形成学习政策的常态机制。2016年4月，习近平总书记视

察金寨时强调："全面建成小康社会，一个不能少，特别是不能忘了老区。"[①]金寨人将总书记视察安徽、视察金寨重要讲话精神作为"两学一做"学习教育和"讲看齐、见行动"学习讨论的重要内容，纳入全县党员干部党性教育和基层党组织"三会一课"的学习内容，创新方式方法，结合传承红色文化，提升学习实效，以县党校为依托，努力构建自觉学、深入学、持久学的长效机制，切实增强全县党员干部"四个意识"，全县范围内严格做到"不脱贫不调整，不摘帽不调离"的基本原则，更加坚定了全县干部打赢脱贫攻坚战的信心、决心和恒心。

优化结构，建立产业脱贫的长效机制。以前，金寨县产业发展规模不大、品牌不强、效益不高，是制约山区群众持久脱贫增收的一块"短板"，也是脱贫攻坚必须克服的重中之重。习近平总书记在金寨县花石乡大湾村座谈会上指出，更要关注2020年之后怎么办。金寨县主要通过不断完善激励机制，把产业脱贫作为山区群众脱贫致富的有力支撑，紧紧围绕茶叶、板栗、毛竹、中药材、黑毛猪等特色产业，建基地、育龙头、抓品牌，采用大户带动、金融扶持、电商助推等具体举措，努力形成"一乡一业"、"一村一品"的产业发展格局，优化产业结构，提出"长短结合、以短为主、以短促长、以长带短"的产业扶贫思路，优化产业结构，重点解决贫困问题。同时，不断深化产业改革，通过贫困户入股，实现全县所有贫困户光伏收益"全覆盖"；在巩固"全覆盖"的基础上，对全县224个村级集体光伏电站统一进行扩容，实现每个村集体收入突破10万元的目标，夯实彻底脱贫的产业基础。

因地制宜，引进异地搬迁的激励机制。对照"两不愁三保障"的标准，金寨县在精准分析论证的基础上，把住房安全作为全县脱贫的最大难点和痛点。2016年以来，在省宅改领导小组的指导下，金寨县牵头制定出台了关于农村宅基地改革的一系列制度，叠加扶贫搬迁、库区移民、美丽乡村建设

① 《习总书记到金寨》，新华网，2016年4月25日。

等政策，让贫困户搬出“一方水土难养一方人”的深山，挪离穷窝。两年来共计搬迁贫困人口 7725 户 26274 人，实现了“一年宅改、万人脱贫”的目标。更难得的是，在搬迁过程中，腾退节约土地实现了全国首例贫困县节余指标公开挂牌交易。

阳光透明，采用精准脱贫的评估机制。精准扶贫的核心就是“两该两不该”问题。在实际脱贫工作中，群众反映的焦点主要在贫困户评定与退出上，在正常识别的基础上，金寨县探索建立“三评两复核”机制，用第三方力量建立村、乡、县三级“评估小组”，村级评估小组负责本村新增贫困户和当年标注脱贫户评估工作（村级评估组由村民代表、党员代表、村民组长、村务监督委员、退职村干、包帮干部、村两委负责人、驻村工作队队长、贫困户代表组成，人数 5～9 人）；对村级评估有争议的，由乡镇评估组负责评估复核（乡镇评估组由人大代表、政协委员及监察、财政、司法、社保、民政部门负责人组成，人数 5～7 人）；对乡镇评估复核后仍有异议的，由县级评估组负责评估复核(县级评估组由县扶贫移民局、监察局、公安局、国土局、民政局、教育局、人行、卫计委、人社局、房管局、交警大队等单位负责人组成，人数为 7～11 人)，并将评估结果公示公布，确保贫困人口识别和退出更加精准、更加公平，有效化解矛盾。

协同联动，建设以点带面的示范机制。习近平总书记视察金寨时叮嘱：大湾村的发展要搞成风景，不能搞成盆景。金寨县坚持以点带面、示范引领，深入谋划“抓大湾、带全县”脱贫攻坚工作机制，把大湾村打造成资源综合利用、旅游扶贫、搬迁扶贫、产业扶贫、绿色减贫的可持续“样板村”，制订发布了持续稳定脱贫实施意见，在全县范围推广大湾村的绿色减贫模式。

2. 抓主要矛盾，重点实施“5+1”、“十个一”脱贫攻坚工程

“工欲善其事，必先利其器。”精准扶贫、脱贫攻坚重在思路和方法。金寨县以抓主要矛盾为根本方法，2012 年以来重点实施“5+1”脱贫攻坚工程；在此基础上，2018 年再重点实施“十个一”脱贫攻坚工程。

2012 年 6 月 19～22 日，时任中共中央政治局常委、全国人大常委会委

员长吴邦国到金寨调研，做了“永世不忘金寨人民对中国革命建设的贡献”的题词，并决定全国人大机关帮扶金寨，重点实施“5+1”扶贫工程。这一扶贫攻坚工程在以下六个方面取得了较好成效。

特色农业产业化初具规模。截至2017年底，金寨县新增良种茶园2.9万亩、低改2万亩、绿色防控9万亩，产地全部获无公害认证，有机认证达1万亩；完成毛竹新造林2.8万亩，毛竹面积增至25万亩；发展石斛2000多亩，其他中药材8.5万亩；养殖白鹅规模达40万只。新增四大产业专业合作社和家庭农场396家，全县各类新型农业经营主体增至2533家；新增省、市级龙头企业25家，总数达79家，成功引进中国供销农批、谢裕大等农业产业化龙头企业。

现代产业园区规模效益彰显。2015年底，园区完成政府性投资46亿元8.68平方公里起步区建设任务，完成土地平整1万亩，建成区面积拓展至18.5平方公里，框架基本拉开。现有入园企业181家，其中规模以上企业49家，初步形成了机械加工、新型建材、电子及新材料、农产品加工、新能源、现代服务业六大支柱产业。实施了一批打基础、增后劲、管长远的重大项目，累计引进项目127个，协议引资规模达397.76元，其中100亿元以上项目1个、10亿元以上项目9个，央企投资项目3个、上市公司投资项目8个，总部经济招商项目12个、进驻“金梧桐”创业园项目26个。

农村金融综合改革工程成果明显。全县目前拥有银行业金融机构19家，金融机构比改革前新增9个。先后推出“五位一体”、“金徽同通”、“助保金”、“科联贷”、“金生通”、“种植宝”、“主体贷”等10余项金融产品，累计发放贷款18亿元。创新小额担保贷款发放方式，累计发放担保贷款12.2亿元。2015年11月底，全县金融机构贷款余额103.8亿元，增长23.9%；存量存贷比52.7%，较改革前提高了10.4个百分点。2017年，存贷比超过60%。

金寨职业学校建设领先全省。产业脱贫、人才先行。金寨职业学校建设总投资4.51亿元，中央和省支持到位资金2.57亿元，完成11.2万平方米校舍建设；公开选调职高教师106名，目前学校教职工总数276名，其中专任教师224名；与安徽职业技术学院、六安职业技术学院等高校采取“3+2”模式联合举办11个5年制高职专业。2017年，全校共147个班级5963名学生，开设33个专业，其中“3+2”高职专业学生476名。学校与县内重点企业合作办起了“中兴班”、“阳光班”等，每年培训职工2000余人；在全县实行“1+1+1”培训，已培训贫困农民4800多人次，为脱贫攻坚、扶贫先扶智助力。金寨职业学校已成为安徽省职业教育一面旗帜。

大别山旅游扶贫通道畅通惠民。该项目一期工程斑竹园至天堂寨段42.8公里于2014年9月26日全线贯通，比原计划提前了15个月；二期工程沪蓉高速丁埠下道口经关庙、沙河至斑竹园段44.38公里于2015年6月底完成建设；三期工程天堂寨至燕子河至道士冲及连接线工程63.317公里主体工程已经建成，2016年2月全线贯通。大别山旅游扶贫通道极大地改善了沿线9个乡镇近30万群众的出行条件，为做大做强县域经济打通了“主动脉”。在项目的带动下，农业产业结构加快调整，板栗、茶叶、天麻、水产等农业示范基地规模不断扩大，特色农副产品产销两旺，农产品电子商务交易日益红火；旅游经济持续升温，入县旅游人数由2012年的290万人次骤增至2016年的754万人次，旅游收入也由2012年的13.8亿增至2016年的30.1亿；旅游业助推脱贫成效显著，通道沿线9个乡镇的贫困人口由2014年底的44810人，降至2016年底的29802人，累计减贫15008人，占全县同期脱贫人数的42%。大别山旅游快速通道已经成为老区人民脱贫奔小康的“致富路”、“幸福路”。

金寨县按照习近平总书记“确保2020年与全国人民一道同步建成小康社会”的总体要求和“脱贫攻坚要更多关注2020年之后”的重要指示，强力组织攻坚，确保2018年实现2.35万人以上贫困人口脱贫，50个贫困村出列，基本完成脱贫攻坚主体任务；2019年实现剩下1.65万贫困人口脱贫和4个贫困村出列，实现全县摘帽目标；2020年巩固提高脱贫攻坚质量和水平。2018年重点实施以下“十个一”脱贫攻坚工程。

发展“一亩田园”。支持每户贫困户都有一亩以上产业发展基地，重点发展油茶、中药材等产业，激发贫困户的内生动力。截至目前，全县已发展油茶5万亩、山核桃500亩，实现人均一亩田。3100多家农业经营主体带动17857户贫困户发展特色种养业，户均增收3000元以上。

开发“一个岗位”。按照“乡村摸排、人社搭桥、职校培训、园区就业”的思路，开发公益性岗位7000多个，实现“一人就业、全家脱贫”。全面摸排确定适合贫困劳动力就业的油茶管护员，新增耕地维护员，光伏电站管护员，村劳动力保障信息员，村为民服务代办员，农村保洁、保绿、保安、护林、护河、护路等居家就业岗位、公益辅助岗位。2018年新增建档立卡贫困劳动力承包村级公益性劳务岗位6941个。为做好开发“一个岗位”，全县继续执行内外就业奖补政策，进一步完善就业扶贫驿站功能和服务范围，确保每个扶贫基地、扶贫车间吸纳贫困劳动力10人以上；采取多种渠道发布就业岗位信息，开展招聘日和服务月活动，为贫困户牵线搭桥就业。

管好“一座电站”。全县探索“分户式、联户式、集体式、大规模联户式”四种光伏扶贫模式，通过直接受益、虚拟到户等方式，贫困户年均增收3000元以上，实现光伏扶贫“全覆盖”，每个村村集体经济收入10万元以上。

分享“一股红利”。结合开展农村集体产权制度改革、农村“三变”改革，金寨县将农村集体经营性资产、到村项目建设形成的资产、支持经营主体的资金，全部予以折股量化，在村集体提取一定数额收益后，按照一定比例分红到每个社员，增加贫困群众的财产性收入。目前油坊店乡面冲村、南溪镇横畈村、花石乡大湾村已完成集体经济收益分红工作，2018年6月各乡镇完成村级分红试点，8月底前分红全覆盖。

开展“一项培训”。依托就业扶贫驿站、异地扶贫搬迁安置点，就近就地开展贫困劳动力技能培训，金寨县将贫困村中符合新型职业农民遴选条件的，优先确定为新型职业农民培训对象，对有创业意愿的贫困劳动者开展免费创业培训，颁发劳动力技能资格证书，并提供项目推介、创业指导、担保贷款等“一条龙”服务。

建立“一支基金”。全县设立10亿元扶贫基金，制定严格的使用、监管、评估机制，确保基金收入专项用于扶贫。同时，通过“大户捆绑、金融撬动”和“户贷企用、分贷统还”等方式，创新“扶贫小额贷款”、“创业担保贷款”等金融扶贫产品，为山区贫困户发展产业、鼓励创业提供强力支撑。

投放“一张保单”。推进农业保险试点扩面增品，将茶叶、生姜、猕猴桃等 13 项种植业和生猪、山羊、牛 3 项养殖业纳入农业保险范围，有效降低贫困户因自然灾害和市场波动带来的风险，增强产业发展信心。《金寨县 2018 年农产品目标价格（平滑）保险试点工作方案》于 6 月 11 日正式印发，目前正在组织采购招标工作。

提供“一份健康”。金寨县在全面落实省定“351”、“180”健康脱贫政策的基础上，全面实施贫困人口“免费签约服务”和“先诊疗后付费”政策，由财政投入资金，对包括建档立卡贫困户在内的 68 万城乡居民实施免费健康体检全覆盖，实现“治现病”向“治未病”的转移，彻底斩断因病致贫的根源。2017 年，贫困人口住院报销比例达 84%，慢性病药费报销比例达 93.66%。2018 年 6 月，金寨县为全县 54 万（不含 2016 年以来贫困人口）城乡居民购买医疗补充保险，解决全县城乡居民发生重大疾病治疗费困难问题。

保障“一路畅通”。要想富，多修路；想脱贫，需畅通。2018 年，金寨全县重点实施城乡电动公交畅通工程，实现电动公交车“村村通”。同时，还实施货运与客运一体化，既解决群众“出行”问题，也解决农产品“出山”问题。6 月 19 日，城乡道路客运一体化一期路线开通。7 月 1 日，金寨站始发动车首发。

弘扬“一种精神”。全县大力弘扬艰苦奋斗的老区精神，建立和完善主动脱贫激励机制，出台了《关于进一步激发贫困群众脱贫攻坚内生动力的意见》，积极引导贫困户通过发展产业、增加就业实现自我脱贫，大力推行贫困户“红黑榜”评选制度、限制贫困户高消费行为，将“软要求”变为“硬约束”，全面树立“率先脱贫光荣、勤劳致富光彩”的新观念，实现由“要我脱贫”向“我要脱贫”的根本性转变。全面开展移风易俗、文明乡风建设，助力脱贫攻坚，建成“振风超市”68 个。继续实施中心村美丽乡村和文化乐园建设，2018 年启动建设 24 个中心村美丽乡村和 106 个文化乐园建设，实现全覆盖。

3. 聚焦攻坚重点，多措并举、稳步推进

精准扶贫、精准脱贫是一个系统工程，不但需要目标统领、重点突出，更需要主次分明、稳步推进。金寨县从这一系统原则出发，聚焦重点，从十二个方面，多措并举，精准施策。

夯实基础、推进产业脱贫。按照“长短结合、以短为主、以短促长、以长带短”的产业扶贫思路，推进“政府 + 经营主体 + 贫困户 + 金融 + 保险 + 科技”六位一体的产业扶贫模式，通过园区带动、企业带动、合作社带动、能人大户带动和贫困户自我发展的“四带一自”方式，出台贫困户发展特色产业增收奖补办法，仅 2017 年就向 16992 户贫困户发放奖补资金 4375.4 万元，确保每一个有发展能力的贫困户都有种养殖短线项目，都有帮扶合作的长效产业。全县初步形成了油茶、茶叶、生姜、猕猴桃、中药材等长效特色种植业和黑毛猪、山羊、土鸡等养殖业互为支撑的产业发展格局，涌现出特色种养业产业村 55 个，“一村一品”产业村 10 个。创新推出“产权跟着股份走、收益跟着贫困走”的光伏扶贫新模式。分户建成了 8702 户 3 千瓦分户式扶贫电站，分乡镇建成 4.5 万千瓦小型联户式光伏电站，新建一座 10 万千瓦大型联户式光伏扶贫电站，采取贫困户“光伏入股分红”方式，18090 户贫困户年均收益 3000 元；对全县村级集体光伏电站统一扩容至 100 千瓦，2017 年每个村集体经济收入达 7.5 万元以上。

凸显“造血”，推进就业脱贫。2017 年全县就开展就业技能培训 48 期，2149 人，发放培训补贴 191.5 万元，其中直接发放给贫困劳动者补贴 75.54 万元。组织专项招聘会 25 场，县内 34 家企业吸纳贫困劳动力就业 828 人。审核认定就业扶贫车间 139 家、就业扶贫基地 18 家，开发辅助性就业岗位 1500 个，选聘 2570 名贫困人口担任生态护林员、334 名贫困人口担任小型水利设施管护员、2066 名贫困人口承包村级劳务公益性岗位，实现“一人

就业、全家脱贫”。

因地制宜，推进搬迁脱贫。2016年实施了5267户19036贫困人口异地扶贫搬迁，在完成2016年安徽省下达金寨县异地扶贫搬迁任务基础上，2017年县委、县政府继续实施2458户7238名贫困人口异地搬迁工作，全面完成省下达该县2017年异地扶贫搬迁任务，2017年脱贫户已迁入新居。同时，按照安徽省下达该县2200户的危房改造任务，帮助4000户贫困户申报了危房改造，完成改造任务并验收3530户，已按标准打卡到户补助资金5800万元。

精准帮扶，推进金融脱贫。金寨县积极发放“户贷户用”和“分贷统还”扶贫小额贷款，仅2017年共向16576户贫困户发放扶贫小额贷款20956.7万元，完成省下达指标的116.3%，贫困户户贷款率39.12%。其中，发放“户贷户用”贷款11563.2万，为14219户贫困户解决光伏入股和特色产业发展资金；发放“分贷统还”贷款9393.5万元，支持2357户贫困户投资入股到经营主体，年获得分红资金计563.61万元，贫困户同时通过参与经营主体劳务获得务工收入。

为民惠民，推进健康脱贫。通过设立健康脱贫医疗专项补助资金和“180”专项资金，金寨县为所有贫困人口全额代缴参保费用。开展“先诊疗后付费”工作，开通家庭医生签约服务，实施大病专项救治。2017年，全县贫困人口在省内各级医院住院11635人次，总费用12834.72万元，报销补偿金额11882.57万元，报销比例达92.58%，其中基本医保8447.34万元、大病保险961.15万元、医疗救助1259.62万元、“351”政策兜底1214.46万元。19174人次贫困慢性病患者报销慢性病药费总金额1605.03万元，报销补偿总金额1525.74万元，报销比例达95.06%，其中基本医保1113.24万元、大病保险125.52万元、民政救助98.80万元、政府兜底29.99万元、“180”补偿158.19万元。

着眼未来，推进教育脱贫。2017年向17899名建档立卡贫困户家庭各学段学生发放各类教育资助金4550万元，为1916名建档立卡贫困家庭大学生办理助学贷款 1517 万元，“雨露计划”资助中高职贫困学生 5069 人次、1100.7 万元。县级统筹资助贫困大学生 588 名、188.6 万元，为 2636 名未享受到教育资助的县外就学学生补助资金 197.9 万元，真正实现贫困家庭学生资助“全覆盖、最高档、可叠加”。

环保优先、推进生态保护脱贫。2017 年，金寨县实施长江防护林工程 6359.1 亩、封山育林 10000 亩、退耕还林工程 6103.2 亩和天然林保护工程，为全县农户补助资金 513.6 万元（涉及贫困户 3151 户）；实施公益林总面积 2793026 亩，其中国家级公益林 1907326 亩，省级公益林 885700 亩，涉及贫困户 12544 户，享受公益林补助资金 5610927.45 元。完成 2 个省级森林城镇（斑竹园镇、吴家店镇），10 个省级森林村庄建设（油坊店乡面冲村、燕子河镇杨树村、长岭乡长冲村、槐树湾乡兴田村、花石乡黄堰村、斑竹园镇漆店村、吴家店镇飞机场村、果子园乡姚冲村、双河镇黄龙村、铁冲乡姚冲村）。

锐意创新，推进旅游、电商脱贫。通过支持贫困户利用空余房屋，发展农家小院，参与餐饮、民俗等旅游综合服务，金寨县做实“1+N”旅游扶贫，落实旅游企业 276 家（含农家小院 236 家），带动贫困户 1301 户，越来越多的贫困家庭吃上旅游饭。完善一村一电商服务站建设，把发展电商奖补资金与扶贫成效捆绑挂钩，开通扶贫超市线上入口，帮助贫困户销售农副产品，提高贫困家庭经营收入。全县 23 家电商企业结对帮扶 510 户贫困户，以用工、收购农副产品、提供种苗等方式，帮助贫困户增收 159.9 万元，户均达 3135 元。

关爱老弱，推进兜底脱贫。全县推进低保线和扶贫线“两线合一”，农村低保标准由 3000 元 / 人 · 年提高至 3800 元 / 人 · 年，农村五保集中供养标准由 4200 元 / 人 · 年提高至 5100 元 / 人 · 年，分散供养标准由 2900 元 / 人 · 年提高至 3800 元 / 人 · 年。全县将没有劳动能力或通过开发式扶贫仍无法脱贫的贫困家庭全部纳入低保范围。2017 年，全县农村低保户 8736 户 23742 人，其中建档立卡贫困户享受低保 23520 人，占比 99%。全面落实残疾贫困户各项政策，2017 年全县救助在校残疾大学生 25 人，救助金额 55500 元，打卡发放了 205 位贫困残儿康复配套资金，对 813 位贫困失明患者实施了复明手术，为 6238 名贫困重度残疾人全额缴纳社会养老保险金，为 8637 位贫困重度残疾人发放生活补贴。完善老龄贫困户、贫困妇女、贫困未成年人等重点救助对象的福利、医疗、救助等保障制度，确保其基本生活。

强根固本，推进基础设施建设。脱贫攻坚、基础先行。金寨县始终把道路桥梁、水利、电力、环保建设视为脱贫攻坚的根基。强根固本、重在建设。道路桥梁建设方面，全县完成村级畅通工程 193 条 370.04 公里（建档立卡贫困村内较大自然村道路硬化工程 122 条 163.033 公里，撤并村通村公路硬化工程 30 条 54.945 公里，行政村通村水泥路窄路加宽工程 41 条 147.053 公里），71 个贫困村占全县村级道路总投资的 79.7%。完成农村公路安全生命防护工程 98 公里（波形护栏 94 公里，城墙护栏 4 公里），新建、加固改造 4 个乡镇危桥 4 座 65 延米。水利设施建设方面，以 2017 年为例，全县改造农田水利设施 1333 处，恢复、新增和改善灌溉面积 3.25 万亩、新增排涝面积 2.3 万亩，受益贫困人口 17901 人。完成燕子河综合治理，受益贫困人口 361 人。完成 39 个贫困村的农村饮水安全巩固提升工程，解决 20517 名贫困人口安全饮水问题。电力建设方面，2017 年，全县完成 220 千伏桥店汇流站建设，完成联户型扶贫电站 30 兆瓦、部分村集体扩容 14.16 兆瓦的并网建设，建改 35 千伏线路 5 千米、10 万千伏线路 22.44 千米、低压线路 175.93 千米，新建配电变压器 27 台 1.08 万千伏安、安装低压配电箱 293 座，完成移民避险解困并新建异地扶贫搬迁线路 238 处。环保工程建设方面，2017 年，全县完成 12 个贫困村农村环境综合治理，建立“村收集、乡镇集中、县运输处理”的三级联动模式，城区垃圾收集率 100%、无害化处理率 100%；农村到组到户垃圾农村生活垃圾无害化处理率 85%。新建水冲式公厕 11 座。新建 30 吨 / 天污水处理站 2 座，10 吨 / 天污水处理站 8 座，新建污水收集主管网达 2700 米。新建 10 吨污水处理站 97 座、20 吨污水处理站 32 座、30 吨污水处理站 6 座，配电生活污水主管网 32 千米，卫生安全饮水普及率和合格率达到100%。新建分散式污水处理实施（三级化粪池）449处，农村环境“脏乱差”问题得到根本根治，农村人居环境全面提升。

利用对口支援，推进社会脱贫。坚持自我发力和向外借力并举，2017年，全县同合肥市庐江县建立县域帮扶机制，庐江县捐赠1000万元用于产业发展，精准帮扶贫困村和贫困人口；推进“百企帮百村”扶贫行动，接收社会捐助资金487万元。

扶贫扶智，推进精神脱贫。金寨县通过政府网、先锋网、脱贫攻坚简报、干部帮扶手机APP、报刊、电视、微信、微视等渠道，广泛宣传乡镇、村脱贫攻坚典型做法、贫困户脱贫典型经验、干部帮扶典型事迹，以正能量激励广大干部投身脱贫攻坚，把政策扶持与贫困户参与有机融合，帮助贫困群众树立“我要脱贫”自主意识，摒弃“等靠要”，坚定“我能行”。

总体来看，金寨县落实精准扶贫要求，始终坚持党建统领全局、目标责任到位、机制保障切实有力；在基础设施优先建设的前提下，实施脱贫重点攻坚、多措并举，稳步推进各项工程。改革开放以来，特别是党的十八大以来，金寨县瞄准精准扶贫、脱贫攻坚，以实干求实效，取得突破性的成绩。深入地看，金寨县党员、支部在党建统领扶贫攻坚的过程中，发挥了以人民为中心的引领示范作用；但如何把脱贫攻坚与乡村振兴有机链接和融合起来，还需进一步规划与强化。

五、改革开放40年金寨扶贫的根本经验

伟大事业呼唤伟大创造，伟大实践孕育伟大精神。习近平总书记一再强调：“幸福都是奋斗出来的。”推进脱贫攻坚这一前无古人的伟大实践，靠的是党中央的坚强领导，离不开各级党委政府的有力组织，得益于社会各方面的大力支持，但归根结底，它是一项人民的事业，要依靠广大人民群众的艰苦奋斗，激发贫困群众脱贫致富的积极性、主动性，发挥内生动力。金寨是革命老区，艰苦奋斗是老区人民始终保持的优良作风。几十年来，金寨人民

一直靠弘扬艰苦奋斗的老区精神，换来金寨翻天覆地的变化。

红色基因贵在传承发扬革命精神。“老区革命精神是脱贫致富的强大精神支柱，我们要大力弘扬这种精神。”金寨人民在长期革命战争中写下了可歌可泣的辉煌历史，无数先烈留下了用之不尽的宝贵精神财富。金寨的革命传统，是金寨脱贫致富的精神优势。改革开放40年，金寨县始终注重在脱贫实践中传承红色基因、发扬革命精神。改革开放之初，党的十一届三中全会的春风吹进大别山，全县拉开扶贫开发序幕。面对当时的山光、水浑、地瘠、人穷的贫困局面，县委、县政府组织开展了“什么是金寨精神”的大讨论，让全县人民看到政治上光荣和经济上落后形成的巨大反差，全县干部倡导实干作风，并从中悟出了一条哲理：越是艰苦越要干，小干大难，大干小难，真干不难。改革开放的前20年，县委、县政府带领全县人民开展治山治水大会战、开发农业规模战、科技兴农翻身战、大办工业持久战、消灭荒山保护战，形成“学先进、比贡献”热潮，每年组织一至两次基础设施和开发性农业基础建设的工程会战，兴修县内干线公路、乡村公路两千余公里，建成一个个蚕桑、茶叶、栗园的规模特色农业基地，竖起了“邓沟的精神、两河的速度、郭孝怀的品质、李正恩的奉献”四面旗帜。到1998年底，就实现国民生产总值7.67亿元，是1978年4.63亿元的1.66倍；财政收入1.23亿元，是1978年0.06亿元的20.5倍；人民人均纯收入1560元，是1978年170元的9.2倍。党的十八大以后，在脱贫致富的事业中，结合金寨的革命历史和传统，对全县干部进行了革命传统文化教育，在全县弘扬老区革命传统，发扬老区革命精神，在扶贫实践中传承红色基因，激发老区人民脱贫内在动力。

攻坚克难的历史担当。从一定意义上说，改革也是一场革命，扶贫也是一场革命，一场彻底改变人民生活和精神面貌的革命。改革开放40年来，特别是党的十八大以来，金寨人民发扬战争时期打攻坚战的精神，树立起攻坚克难的历史担当，发挥水滴石穿的“钉子精神”，稳步推进精准扶贫，迎来全面建成小康社会的灿烂前景。进入新世纪后，金寨县委、政府为了加快经济发展，提出大力发展个体私营经济，以工业化、城镇化带动产业化，加快县域经济建设。全县干群解放思想、艰苦奋斗、加快发展，全民招商、全员招商、全社会支持招商，大办工业；高起点规划城镇，异地移民建镇，繁荣商业兴镇，干部投身建设一线，全社会聚力建设，实施农田水利建设大会战，提升县干线公路等级，夯实基础。到2007年，全县实现国民生产总值39.75亿元，全部财政收入2.1亿元，农民可支配收入2860元。为了实现全县经济跨越式发展，2008年开始实施招商引资主战略、工业化核心战略、城镇化带动战略，进一步优化发展环境，推动县域经济又好又快发展。2012年，全县实现生产总值80亿元、固定资产投资72亿元、财政收入5.8亿元、农村居民收入6256元。

不忘初心的为民情怀。革命战争是为了人民，脱贫攻坚也是为了人民。40年来，金寨的各级党组织不忘初心，牢记使命，坚持全心全意为人民服务的根本宗旨。党的十八大以来，尤其是习近平总书记2016年4月亲临金寨视察以来，金寨坚持生态立县、工业强县、招商兴县、旅游富县，突出民生为主，全县干部发扬老区革命精神，以“吃三睡五干十六”、“白加黑”的工作作风，以担当作为的责任勇气，保持立即办、全力干的拼搏状态，把全部精力用在干事业上，把所有心思放在抓落实上，带领广大群众，勇于创新，攻坚克难，拼搏苦干，创造了一大批“金寨速度”、“金寨记录”、“金寨经验”。2017年，全县实现国民资产投资200亿元，生产总值108亿元，财政收入14.6亿元，农村居民收入10168元，分别是2012年2.7倍、1.4倍、2.5倍、1.6倍，广大群众巨变感、获得感、幸福感倍增。

六、启示、问题与建议

通过本次深入调研，特别是从金寨脱贫这个点看全国脱贫整个面，从脱贫攻坚这一重大国家战略的实施看整个国家、民族的历史与发展，从中国“一个都不能少”的全面小康看人类社会的发展进步，调研组对以习近平同志为核心的党中央发起的这场脱贫攻坚战所具有的政治意义、世界意义和历史意义，有了更加全面深刻的认识和体会。脱贫攻坚，是习近平新时代中国特色社会主义思想的必然要求、理论诉求和生动实践，是我们党的政治优势、宗旨初心、自觉自信的鲜明体现，是中国特色社会主义制度优越性的极大彰显，是党带领全国人民特别是7000万贫困人口创造的又一“人间奇迹”，是中国共产党奋斗史、中华民族发展史、社会主义发展史、人类社会发展史上的伟大壮举，必将激励全国人民以更加昂扬的姿态踏上全面建设中国特色社会主义现代化国家的新征程，让不仅造福中国人民而且造福世界各国人民的“中国梦”具有更加广泛深厚的影响力、感召力。

启示一：脱贫攻坚是当代中国共产党人不忘初心、牢记使命的鲜明体现，是坚持以人民为中心发展思想的生动实践，也是对为中国革命和建设做出巨大牺牲的老区人民庄严承诺的真诚兑现

坚持以人民为中心，一切为了人民，为人民谋幸福，是我们党贯穿革命、建设、改革伟大历程的永恒主题，是历经一个世纪风雨依然矢志不渝的真诚初心。在革命战争年代，无数共产党人前赴后继、流血牺牲，为的是民族独立、人民解放。社会主义建设时期，党带领人民白手起家、艰苦创业，为的是百姓过上好日子、创造新生活。改革开放初期，我们党进行新的伟大革命、开创伟大事业，为的是中国人民实现从站起来到富起来的历史性跨越。中国特色社会主义进入新时代，我们党吹响了脱贫攻坚的冲锋号，为的是7000万乡亲父老的脱贫，赢得的是13亿多中华儿女的心，集结的力量、开启的征程依然为的是实现人民对美好生活的向往。

早在1924年，金寨境内就建立了党组织。革命战争年代，金寨当时总人口不足23万人，先后有10万人参军参战，绝大多数为国捐躯，20世纪五六十年代被授予少将以上军衔的将军有59位，全国三分之一的开国将军在金寨参军、战斗或工作过，因此，金寨被誉为“红军故乡”、“将军摇篮”。在社会主义建设初期，梅山、响洪甸两大水库淹没范围涉及全县12个乡镇

154个村。建库后，金寨县人均占有耕地由1.46亩下降到0.5亩，库区部分村组甚至人均不足1分田，人地矛盾十分突出。金寨人民为两大水库的建设，做出了巨大的奉献和牺牲。改革开放40年来，金寨县坚持以扶贫为抓手，始终以改善群众生活水平、提升群众生活质量为出发点，确定新时期目标任务，扎扎实实，步步推进，实现老区经济社会不断发展。改革开放初期，由于长期战争创伤，山区自然环境限制，解决疾病和温饱问题是根本问题。金寨县委、政府在党的十一届三中全会精神指引下，把工作重点由阶级斗争转移到社会主义现代化建设上来，在卫生、粮食等方面下大力气。经过艰苦奋斗，全县人均粮食产量从改革开放之初不足300斤，增长到1985年335斤，基本解决吃粮问题。健康吃粮问题得到基本解决后，群众需求转变为对其他物质生活方面，需要加快发展经济，县委、县政府确定“系列开发抓支柱”举措，面向市场，推动了第一轮山区经济发展；紧接着，又实施“长抓林电矿，短抓栗茶桑，快抓菌药材”，“突出招商引资、工业发展、大城关建设”为重点的第二轮经济发展战略，为发展奠定了基础。党的十八大以来，县委、县政府协调全面建成小康社会战略布局，着力提高人民生活质量，提升人民幸福指数，千方百计满足人民日益增长的美好生活需要，以“5+1”项目、脱贫攻坚为重点，大力实施生态立县、工业强县、招商兴县、旅游富县、民生为本的战略，实现全县经济社会又好又快发展。

启示二：脱贫攻坚是我国改革开放40年来社会主义生产力快速发展、综合实力显著增强的充分体现，是中国特色社会主义制度优势的巨大彰显

改革开放以来，随着社会主义现代化建设不断推进，人民群众生活大大改善，陆续有7亿多人口摆脱贫困，这被国际上称为“人类历史上最大规模的减贫”。中国特色社会主义进入新时代，脱贫攻坚聚焦的7000万贫困人口，是“贫中之贫”、“困中之困”，是减贫脱贫中最难啃的“硬骨头”。要办成这件几十年来一直想办而没有办成的大事，解决这个一直想解决而没有解决的难题，没有雄厚物力财力奠定的坚实基础，没有社会发展进步创造的条

件，是不可能做好、也不可能做成的。经过改革开放 40 年特别是党的十八大以来这六年的发展，党和国家事业取得历史性成就、发生历史性变革，我国发展站在了新的历史起点上，才使我们有条件、有能力打赢这场全面彻底的脱贫攻坚战。先富带后富，逐步实现共同富裕，是社会主义制度的本质要求；集中力量办大事，是中国特色社会主义制度的独特优势。集中全党全社会之力，聚全国各地各方面资源，帮助贫困地区、贫困人口改变生活面貌、提高发展水平，只有在社会主义制度条件下才有可能，也只有在社会主义中国才能实现。2017 年 5 月 28 日，为贯彻落实党中央、国务院关于打赢脱贫攻坚战的决策部署，各级财政积极调整和优化财政支出结构，切实把脱贫攻坚作为优先保障重点，加大扶贫资金投入。据初步统计，2017 年中央和地方财政专项扶贫资金规模超过 1400 亿元。其中，中央财政安排补助地方专项扶贫资金 860.95 亿元，比上年增加 200 亿元，增长 30.3%；有扶贫任务的 28 个省份的省级财政专项扶贫资金规模达到约 540 亿元。打赢脱贫攻坚战，必须实现“小康路上一个都不能少”。脱贫攻坚在当代中国的伟大实践，是坚持和发展中国特色社会主义带来的历史变革、历史成就，必将更加坚定全党全国人民的道路自信、理论自信、制度自信、文化自信。

启示三：脱贫攻坚是广大贫困地区最大的政治，是党的十八大以来全面从严治党成果的充分展示，是党群关系、干群关系水乳交融的生动写照

民生是最大的政治。广大贫困地区的脱贫攻坚就是民生，就是最大的政治。把党的政治建设摆在首位，在广大贫困地区就是要把脱贫攻坚摆在首位，以脱贫攻坚为统领。脱贫攻坚工作是党的政治建设的一面镜子。调研中，我们所感受到的以及当地群众向我们反映比较强烈的，就是在这次脱贫攻坚中，老区干部的好作风又回来了。党的十八大以来，以习近平同志为核心的党中央鲜明指出“打铁还需自身硬”，从抓作风入手，以顽强意志品质正风肃纪，把党的政治建设摆在首位，坚持思想建党与制度建党相结合，党内政治生活气象更新，党内政治生态明显好转，党的创造力、凝聚力、战斗

力显著增强，党的团结统一更加巩固，党群关系明显改善，党在革命性锻造中更加坚强，焕发出新的强大生机活力。这就为党和国家事业发展提供了坚强的政治保证，为打赢脱贫攻坚创造了良好政治环境。习近平总书记 2016 年 4 月 24 日在花石乡大湾村座谈时，大湾村第一书记、扶贫工作队队长余静就立下“军令状”——“大湾村一日不脱贫，我就绝不离开”。而今，金寨全县定下 2019 年实现摘帽目标，比国家定下的 2020 年全部脱贫摘帽的目标提前一年。正是贫困地区的各级党员干部驻村包户、出谋指路、倾心竭力，与群众吃在一起、住在一起，想在一起、干在一起，才让贫困百姓感受到党的温暖，感受到党的干部与他们手拉手、心连心的真情真意。

启示四：脱贫攻坚是当代中国人民创造的伟大奇迹，是人民群众积极性、主动性、创造性充分迸发的一场“人民战争”

毛泽东同志曾指出：“人民，只有人民，才是创造世界历史的动力。”习近平总书记强调，依靠人民创造历史伟业。中国特色社会主义新时代，脱贫攻坚是党领导的事业，但归根结底是人民群众自己的实践，认识到自身利益并为自身利益而奋斗的广大人民群众，是这项事业、这场“人民战争”的主体。习近平总书记指出，贫困群众是扶贫攻坚的对象，更是脱贫致富的主体，脱贫致富终究要靠贫困群众用自己的辛勤劳动来实现。脱贫攻坚对于贫困地区来说，是一场改天换地的伟大革命，当地的党组织只有拿出当年那种“唤起工农千百万，同心干”的气概来宣传群众、组织群众、动员群众，激发人民群众不甘于贫穷、不屈于困难的顽强斗志，调动他们靠自己头脑和双手创造新生活的内生动力，才能让“宁愿苦干、不愿苦熬”成为广大群众的思想共识，把“我要脱贫”的迫切愿望转化为自力更生、拼搏奋斗的实际行动。调研中，我们强烈地感受到金寨人民的拼搏精神、强烈地感受到老区人民对党的信任，并把这种信任转化为实际行动、勤劳致富。脱贫致富，在全国范围消灭绝对贫困，既不是一家一户的事，也不是一处一地的事，而是一场整体战、包围战、歼灭战，必须激发全体人民、社会各方面蕴藏的积极性、主动性、创造性，用“人民战争”的强大力量攻克贫困这个人类社会发展中的顽疾，实现人民对美好生活的向往。

启示五：脱贫攻坚是以习近平同志为核心的党中央在全面建成小康社会决胜阶段发起的具有决定性意义的关键一战，是着眼推进伟大事业、进行具有许多新的历史特点的伟大斗争的战略抉择

“两个一百年”奋斗目标中的第一个“百年奋斗”目标，即全面建成小康社会，是我们党向人民、向历史做出的庄严承诺。习近平总书记反复叮嘱，没有贫困地区的小康，没有贫困人口的脱贫，就没有全面建成小康社会。从当年邓小平同志提出人均 3000 美元的小康目标到实现总体小康，从全面建设小康社会到全面建成小康社会，从扶贫到脱贫、从大规模减贫到全面脱贫，不仅是一个量的提升，更是一个质的转变。让 7000 万贫困人口与全国人民一同迈入小康社会，让占 40%国土面积的集中连片特困地区摘掉贫困帽子，这是夺取全面建成小康社会最终胜利，必须要打下来的“腊子口”、“娄山关”。能否打赢这场攻坚战、歼灭战，决定着全面建成小康社会的成败、事关“两个一百年”奋斗目标能否如期完成。中国特色社会主义进入新时代，着眼解决长期困扰我国城乡发展不平衡、不充分的难题，着眼实现“两个一百年”奋斗目标接续交汇这个历史关口，脱贫攻坚对于夺取中国特色社会主义新胜利，赢得具有许多新的历史特点的伟大斗争，具有极其重要的战略意义。

党的十九大报告强调，确保到 2020 年我国现行标准下农村贫困人口实现脱贫，贫困县全部摘帽，解决区域性整体贫困，做到脱真贫、真脱贫。目前，脱贫攻坚已经进入总攻阶段。金寨县已经接近脱贫，有的地方已经摘帽（按照金寨县脱贫攻坚规划：2019 年实现下剩 1.65 万户贫困人口脱贫和 4 个贫困村出列，实现县摘帽目标）。当前，既要毫不松懈地抓好脱贫攻坚任务，又要着手研究谋划脱贫后农村物质文明和精神文明协调发展、乡村振兴蓝图，真正把农村建设成产业兴旺、生态宜居、乡风文明、治理有效、生活富

裕的美好家园。

深入学习领会党的十九大精神和精准扶贫要求，结合金寨县的调研，有这样几个问题需要注意。

一是老区传承红色基因，发扬红色文化，巩固脱贫成果的问题。革命理想高于天。摆脱贫困，改变的不仅仅是生产方式，也必然包含着生活方式的改变、精神世界的提升。金寨县是全国著名的革命老区，是鄂豫皖革命根据地核心区、红四方面军主要发源地，被誉为“红军摇篮、将军故乡”，被列为全国12个重点红色旅游区之一。习近平总书记明确指出金寨是“中国革命的重要策源地、人民军队的重要发源地”。近年来，金寨县以“千里跃进、将军故乡”为主题定位，紧紧围绕打造红色“三地”（红色教育基地、红色旅游重要目的地、红色旅游带动经济发展示范地）的目标，建设大别山红色旅游区核心区，全面加大红色资源的保护、开发和利用，积极发展红色旅游，以红色旅游助推脱贫攻坚，被评为安徽省第一批“红色旅游县”和“安徽省旅游强县”。针对开发、传承红色文化，金寨县已经做了大量的工作，并取得较好的社会反响和经济效益。但是，针对老区仍然存在的一些陈规陋习、“等靠要”思想和阵地弱化问题，注重扶贫与扶志、扶智相结合，实施红色文化抢救、传承与发扬工程（比如：如何做新时代的金寨人问题），让红色文化传统化、传统文化红色化，并使其在脱贫攻坚以及后续的老区振兴中继续发挥精神之“钙”的作用，需高度重视和提前规划。

二是脱贫后的乡村振兴问题。党的十九大报告提出了实施乡村振兴战略，并把深化农村产权制度改革、保障农民财产权益、壮大集体经济作为农村经济发展的重中之重。当前各地的脱贫攻坚实践，是一种超常规、集中式的帮与扶，如何厚植脱贫后的农村经济发展基础、振兴乡村，使农村得以长远发展、持续发展还需要进一步关注，农村发展的支撑点、增长点还需要进一步培育，如何避免脱贫后的“相对贫困”以及脱贫后可能返贫问题需要提前谋划。发展集体经济是农村脱贫后实现乡村振兴的关键。就金寨而言，一些贫困地区特别是一些贫困山区，自然条件相对较好，资源禀赋（金寨天堂寨国家森林公园）比较充裕，红色文化资源比较丰富，经过脱贫攻坚，也打下了一定的产业基础。如何让这些地区从摆脱贫困到真正走上现代化农业的发展道路，需要在如何将过去的劣势转化为新的优势上做文章，在如何凸显地域特色、产业特色上做文章，在如何将发展集体经济与保护生态、传承红色基因相结合上做文章。按照党的十九大提出的实施乡村振兴战略，应通过科学系统的整体规划，把脱贫后的农村，引向特色乡村的发展道路，壮大村级集体经济，打造葆有中华文化风韵、传承红色基因、体现地域风情、符合时代发展要求、具有特色产业支撑的新型田园山林综合体或新型农村集体经济体。

三是提高农民组织程度的问题。“组织起来”是毛泽东对中国广大农村社会生产发展前景的一个根本性判断和指引。改革开放 40 年来，农民组织化程度不高，是小农经济在我国占主体带来的后果，是制约现代化农业发展的一个瓶颈。具体说来，如何走出一条中国特色社会主义的农民组织化发展道路，我们一直在探索，有经验也有教训，现在一些地方也形成了各有特点的模式。要系统总结这次脱贫攻坚中加强农民组织化建设的成功经验，积极探索既体现社会主义民主政治内在要求又与社会主义市场经济相适应，既顺应信息化发展趋势又汲取传统乡村治理有益经验的新型农村组织化形式。“党对农村的坚强领导，是使贫困的乡村走向富裕道路的最重要的保证”，“要想脱贫致富，必须有个好支部”。要切实加强贫困地区农村基层党组织建设，采取有效措施扩大农村的党员比例，尤其是要注重脱贫后农民的组织问题，优化年龄结构，规范党支部建设，推动农村党支部履行好组织群众、宣传以至巩固脱贫成果，把支部打造成脱贫振兴的坚强战斗堡垒。积极构建新型的组织化体系网络，把发挥党组织的核心作用、村民自治组织的基础作用、社会公益组织等的积极作用有机结合起来，做到发展有组织带动、困难有组织帮扶，切实解决农民生产生活分散、盲目、抗风险能力不足的诸多问题，确保脱贫之后的农民走上新型组织合作的乡村振兴之路。

改革开放
与中国县域发展
GAIGEKAIFANG

福建晋江

FUJIAN JINJIANG

中国特色县域现代化的成功探索

中国社会科学院社会学研究所

导言

建设现代化国家，是中国的百年梦想，是过去 40 年中国改革开放始终不变的目标。党的十九大报告进一步把新时代的现代化建设目标分为两个阶段来实施：从 2020 年到 2035 年，基本实现现代化；到 2050 年，建设成现代化强国。这是中国两个百年的“梦想”和奋斗目标。与 40 年前相比，我们更加接近这个目标。在现代化国家建设中，县域现代化问题是基础，又是短板和软肋。百强县市已经取得了较高的现代化水平，但是这在全国 2851 个县域（县级区划）中只占很小比例，其他绝大部分县市的现代化进程相对滞后，特别是滞后于城市尤其是大城市。如何加快推进其他绝大部分县市的现代化建设，成为新时代中国现代化建设的关键。百强县市特别是前十县市在现代化建设上能否为其他县市提供一些有价值、实用的经验、方法、路径或启示呢？我们的调查表明，福建晋江市（县级）过去 40 年走过的现代化历程和积累下来的经验，就具有这样的功能。早在 2002 年，时任福建省省长的习近平同志七下晋江，将晋江发展提炼成“晋江经验”，不仅对晋江后来的发展起到重要的指导作用，而且也可以用来指导其他地区的县域现代化发展。

现代化是随工业革命而发生的社会、经济、政治乃至文化变迁过程，包括技术发展、科技创新、工业化、信息化、城市化、农业产业化、社会治理进步等，这是对一个国家而言的。县域现代化虽然并不要求面面俱到，但是，至少要体现科技发展带来的产业化（包括农业产业化）、城镇化、信息化以及治理进步等方面的巨大变迁。晋江作为县级市，在改革开放 40 年中走的就是一条现代化建设和发展之路，这里就将其归为县域(县级市，下同)现代化，表现为县域工业化、城镇化、技术发展和科技创新、信息化、农业产业化以及治理上都具备了现代化特质，即在技术发展和工业进步带动下出现的社会、经济、文化等全方位的显著进步。

百县市晋江课题组（总共 16 人，其中 9 名研究人员和 7 位硕士、博士研究生）于 2018 年 6 月 4～10 日赴晋江进行实地调研，以座谈和走访等方式为主，开展了全覆盖、多层次的调研工作。此次调研分 4 个小组进行，共走访 30 多个政府部门、10 余个乡镇和街道、24 家企业、12 个村（社区），其中一些进行了深访。事实上，自 1992 年以来，我们社会学所就以晋江为研究基地长期跟踪调查，也先后出版了两部重要专著、发表多篇论文；2017 年，课题组 3 位研究人员参与了最近一次晋江经验研究课题的调查，收集了不少第一手资料，发表的一篇要报获得国家领导人的批示。本次调查研究主要采用县域现代化视角和框架，分别从现代经济体系建设、新型城镇化与城乡一体化发展、社会建设和社会现代化、党的建设和治理现代化四个方面，深入分析和解剖了晋江40年改革历程，特别是2002年以来晋江经验的实践，从中寻找县域现代化的普遍经验和规律，以更好地服务于新时代国家现代化建设和发展战略。

一、晋江县域基本情况

晋江地处福建省东南沿海，东濒台湾海峡，西接南安，南望金门，北邻鲤城，东北紧连石狮。649 平方公里辖区面积内，自西北向东南倾斜，依次为丘陵、台地和晋东冲积－海积平原，枕山临海、物产丰饶。晋江在历史上曾为“海上丝绸之路”的重要起点之一，对外交通贸易盛极一时，较早孕育了发达的商品经济；在商业性农业的发展下，商品作物种植的社会化推动农作物专业地区的出现，进而推动家庭手工业的发展。前工业时代，晋江就已形成“市镇繁华、贸易丛集”的景象。

从新中国成立后至1978年的近30年间，晋江以发展农业为基础，在大兴农田水利基础建设、营造防风沙林带与保水改善工程，以及进行农业耕作制度改革的基础上，全面恢复、调整、巩固、发展国民经济，晋江经济社会面貌发生巨大变化，取得长足进步，尤其粮食生产获得较大增产，人民生活水平大幅提高。但是，由于受这一阶段国家外部经济环境和内部政治环境的严重影响，加上人口急剧增长与人均耕地不断减少的紧张关系，在长期单一经济模式的制约下，晋江依旧是一个封闭的农业“高产穷县”，难以完全摆脱低效生产的贫困状态，长期远离现代文明。

中共十一届三中全会后，晋江拉开了改革开放的序幕。在“对外开放、对内搞活”方针之下，晋江作为“闽南金三角”经济开放区的主要县，老百姓的商品经济意识传统得到前所未有的激发，乡镇企业和外向型经济迅猛崛起，从昔日的贫困县一跃成为全国经济和社会发展最快的地区之一。改革开放40年中，正是在这块人口众多、面积狭小的土地上，诞生了县域现代化发展奇迹，被习近平总书记概括为“晋江经验”。晋江县域现代化发展并不是单方面的，而是一种整体性发展，也就是晋江经验所概括的“六个始终坚持”和“处理好五大关系”，更进一步体现为“五位一体”的“全面发展”和全面现代化。

1978年，晋江依旧是一个农业贫困县，当时地区生产总值只有1.45亿元，人均154元；农业人口占全县人口的85.7%，农民人均纯收入107元，仅为全国农民人均纯收入的80%；财政收入只有1833万元，收支无法平衡，上级政府转移补助252万元。但是到2016年，晋江地区生产总值高达1744.24亿元，人均地区生产总值达到83938元，折合美元12637元，位于世界中等偏上收入水平，财政收入达到201亿元（中国社科院“晋江经验”新发展新启示课题组，2018）。自1994年起至今，晋江在经济实力上已连续24年位居福建省十强县之首；从2001年首次进入全国县域经济实力百强县前十行列之后，晋江一直保持到现在，达17年之久，目前位居百强县第五位。相比1978年，晋江2016年的地区生产总值已不可同日而语，其经济总量甚至超过不少小国家的规模。

晋江不仅在人均经济总量上已经达到世界中上水平，更重要的是已经构筑了一个相对完整、具有相当竞争力的现代化经济体系。晋江经济靠“三闲”（闲房、闲资金、闲劳动力）起步，“三来一补”过渡、乡镇企业铺路、“三资”企业上路，经历了质量立市、品牌创市、资本上市以及新兴产业引领转换、国际化创新等发展阶段，迄今，晋江已经构筑成“制造与创造融合、传统与新兴并重、二产与三产并举”的新实体经济产业体系，形成了2个超千亿、5个超百亿产业集群，46家上市公司和国家体育产业基地，中国鞋都、世界夹克之都等14个区域品牌的品牌经济。2016年，晋江每平方公里的生产总值达到27154万元，是全国平均水平的35.05倍，是福建省的11.56倍，是泉州市的4.4倍，其地区总产值占泉州市的1/4。晋江第三产业产值占比从1978年的26.3%增加到2016年的36.5%，虽然二产占比依然最大，但是，这几年三产增速已经高于二产，如2016年第一、二、三产业较上年分别增加3.3%、6.5%和10.2%。晋江目前正在打造集成电路和石墨烯等新兴产业，而原先的产业也在不断升级换代，提高技术含量。以互联网为载体，带动晋江产业现代化，已经成为一个重要趋势。

晋江的现代化不限于经济层面，而是全方位的：工业化带动了城市化，经济建设与社会建设、生态文明建设同步，基本上实现了经济与社会协调发展、城乡协调发展、内外协调发展、区域协调发展、政商协调发展。晋江已经建设成以市区为中心、镇区为辅中心、美丽村庄星罗棋布的城乡一体的现代化花园城市，正在向着创新型国际城市方向努力。20世纪80年代初，晋江还是一个以农村为主的农业县，乡村工业以家庭作坊形式出现，呈现出

表 1 晋江县域现代化主要指标(2017 年)

		具体指标	单位	指标意义	指标方向	全国特征值	晋江特征值
经济现代化		人均 GDP	元	经济水平	+	59660	94470
		GDP 总值增长率	%		+	6.9	8.2
		第一产业占 GDP 的比重	%	传统经济水平	–	7.9	1.1
		第二产业占 GDP 的比重	%	工业经济水平	+	40.5	60.3
		第三产业占 GDP 的比重	%	现代化经济水平	–	51.6	38.6
		一般公共预算总收入	亿元	财政能力		172567	212.23
		一般公共预算增幅	%		–	7.4	5.6
		全社会固定资产投资完成额	亿元	经济发展水平	+	641238	1029
		比上年增幅 (%)				7	12.5
		城镇居民人均可支配收入	元		+	36396	45883
		农村居民人均可支配收入	元		+	13432	21870
社会现代化	公共服务与人民生活	教育支出占财政支出的比例	%	政府资源配置的公平性	+	14.88	23.73
		医疗卫生支出占财政支出的比例	%		+	7.18	10.52
		每千人拥有医生数	人	医疗服务	–	2.44	1.21
		每千人拥有病床数	张		–	5.72	2.29
		高中入学率	%	教育水平	+	88.3	97.76
		每万人社会组织数	个	社会参与水平	+	5.76	9.58
		城乡居民收入比		居民收入差距	–	2.71	2.10
		城镇登记失业率	%	就业水平	+	3.9	0.3
		人口自然增长率	%	人口发展	+	5.32	11.33
		人均预期寿命	岁	健康水平	+	76.7	78.12
	城镇化与生态	城镇化率	%	城市化水平	+	58.52	66.1
		建成区绿化覆盖率	%	生态保护	+	36.4	44.04
		人均公共绿地	平方米		–	13.5	12.24
		生活垃圾无害化处理率	%		+	97.14	98.65

资料来源：以上数据来源于国家统计局、晋江市统计局。

“村村点火、处处冒烟”的态势，农村就是一个工业生产大工场。从1992年撤县建市后，晋江开始城市的规划和建设，2004年完成了城市总体规划编修，启动“三组团”即城市中心组团、产业组团、滨海组团三大功能区规划，以中心市区和中心城镇为重点，推进新区建设、旧城改造，实现城乡互动。最大的变化始于2009年推行的大规模城市改造。一座新型国际化创新城市正在孕育之中。目前城乡基础设施和公共服务趋向一体化，从市区到各乡镇基本上都在一小时车程范围内，全域城市化基本得以实现。

二、县域现代化经济体系建设

现代化经济体系是支持晋江县域现代化的基础和核心。不论一个国家还是一个地区，没有现代化经济体系，就难以实现现代化。党的十九大报告明确把建设现代化经济体系作为顺应中国特色社会主义进入新时代的新要求，并做出重大决策部署。习近平总书记强调，现代化经济体系是由社会经济活动各个环节、各个层面、各个领域的相互关系和内在联系构成的一个有机整体，包括产业体系、市场体系、收入分配体系、城乡区域发展体系、绿色发展体系、全面开放体系和经济体制等七个方面的内容。课题组认为，晋江经济发展的历史和现实，是县域现代化经济体系建设的一个样板。

（一）工业化带动下的县域现代化经济体系建设进程

晋江经济起步于改革开放初期群众联户集资创办的乡镇企业，先后经历了“三闲”起步、“三来一补”、三资企业、品牌建设、产业集群、转型提质等主要发展节点。其间，通过对生产技术、管理方式、产品质量、品牌创建、资本运作、产业生态和开放环境等方面的提升，晋江逐步形成了比较完善的县域经济体系，走出了一条依靠民营经济和产业集聚形成产业集群，继而走出以扩大产业集群提升工业化、带动城市化的发展路子，被誉为“晋江经验”。具体地说，大致可划分为初步探索、起步发展、加速跃升、转型提质四个阶段。

1. 初步探索阶段（1978～1985）

1980年8月，晋江出台《关于加快发展多种经营和社队企业的若干问题的规定》，拉开了晋江农村工业化序幕，并先后出台“五个允许”（允许群众集资办企业、允许雇工、允许股金分红、允许随行就市、允许供销人员按供销额提取业务费）等一系列扶持政策。农民利用这些政策集资联户办社队和乡镇企业，特别是利用“三闲”，以新型合作经济形式创办企业。与此同时，依靠晋江华侨资源，发展“三来一补”经济（来料加工、来样加工、来件装配和补偿贸易），闯出了一条在全国独具特色的发展乡镇企业的路子。晋江地区生产总值由1978年的1.45亿元增长到1985年的7.47亿元，年均增长18.2%。1985年，晋江工业总产值是农业总产值的2.1倍，工业增加值占GDP比重由1980年的29.6%增长到1985年的51%，工业成为支撑经济社会发展的主要动力，实现了农业为主慢慢向以工业为主的过渡。

2. 起步发展阶段（1986～1998）

这一阶段，晋江经济经历了股份制改造、规模工程与质量立市及实施品牌战略等行动。20世纪80年代中后期，晋江积极为民营企业戴“红帽子”“洋帽子”，让私营企业挂靠村办、镇办，把“夫妻厂”“父子厂”“兄弟厂”等民营企业纳入集体企业或“三资企业”范畴，并大力引进侨资侨力发展乡镇企业，推动联户集资企业改造成股份合作制，逐渐走出一条“以市场为导向、以外向型经济为目标、以侨资为依托、以联户集资股份合作为主要形式、以劳动密集型为基础”的“晋江道路”。1992年借助撤县建市以及市场经济体制的确立，晋江市委市政府先后实施了规模和质量“两大工程”，于1995年又提出了“六五”规模工程和“质量立市”。1998年，晋江实施品牌战略，成立“晋江市工业园区”。这个阶段，晋江经济超常规发展，仅1998年，全市地区生产总值就达到217.2亿元，实现1986年来年均增长超30%，社会商品出口总值达117.9亿元。至此，晋江已成为泉州、全省乃至全国最具活力的地区之一。

3. 加速跃升阶段（1999～2008）

至此阶段，晋江经济实现产业集群化发展，品牌战略取得明显效果，多个品牌之都落户晋江；与此同时，晋江开始学会资本运作，助推经济更快发展。1999 年来，特别是进入 21 世纪后，晋江产业集群发展思路更加明晰，承办“首届中国产业集群经济发展（晋江论坛）”，出台《晋江市 2004～2008 年产业集群发展规划纲要》，逐步形成了纺织服装、制鞋、制伞、食品饮料、建材陶瓷、纸制品六大规模产值超百亿元的产业集群。一些支柱产业确立了全国主产区地位，并形成了完整的产业链条，尤其是纺织服装、制鞋、制伞等产业，基本形成了从生产到销售整个流程的良好产业生态环境。此外，晋江也着手开展品牌和资本的“双翼计划”。2002 年，晋江市委市政府提出了打造“品牌之都”计划，大力奖励创建国家级品牌企业。经过努力，一批知名品牌竞相崛起，先后获得了“世界夹克之都”“国家体育产业基地”“中国鞋都”“中国拉链之都”等“国字号”区域品牌。与此同时，晋江成立“上市办”，出台《关于进一步推进企业改制上市工作的意见》，培育的上市公司从 1998 年的 1 家发展到 2008 年的 13 家（此外还有 48 家上市后备企业）。至此，上市公司构成的“晋江模块”资本市场规模已经基本形成。

4. 转型提质阶段（2009 年至今）

经济先行的晋江也更早遇到了发展“瓶颈”问题，如产业结构不够合理、产品同质化、创新能力不足等。与此同时，以制鞋、纺织为主的晋江传统制造业更是遭遇了国内增速换挡、结构调整阵痛等“三期”叠加特殊困境。新常态下，晋江通过不断调优产业结构、加大政策引导和招引优质新兴产业项目等措施促进动力提升、产业转型，促进经济发展提质增效。晋江市委提出品质城市和国家战略，推进新型城镇化试点建设，定位于建立创新型国际化品质城市，以更具主动性的战略眼光，推动企业走向国际市场，同时积极打造国际化的营商环境。

（二）晋江县域现代化经济体系建设的四大重点

习近平总书记在2018年1月30日中央政治局第三次集体学习时，提出了建设现代化经济体系要突出抓好的五项工作：大力发展实体经济，筑牢现代化经济体系的坚实基础；加快实施创新驱动发展战略，强化现代化经济体系的战略支撑；积极推动城乡区域协调发展，优化现代化经济体系的空间布局；着力发展开放型经济，提高现代化经济体系的国际竞争力；深化经济体制改革，完善现代化经济体系的制度保障。这五个方面，指明了现代化经济体系建设的实践路径。晋江作为一个县级市，经过在这些方面的长期努力，已经构筑了一个县域现代化经济体系。

1. 坚守实体经济，营造产业生态

晋江以供给侧结构性改革为主线，确立“先进制造业立市、高新产业强市、现代服务业兴市”的新实体经济发展思路，坚守实体经济，营造产业生态，构筑转型升级新支撑，持续提升发展质量。

首先，推动传统产业转型升级。晋江市为努力改变传统产业同质化竞争、产品附加值低的局面，加快发展先进制造业。以企业国际化为导向，鼓励龙头企业并购国际知名品牌，把生产基地、营销网络向全球布局，参与国际竞争。以整合供应链为导向，引导中小企业转型做代工和配套，培育产业梯队，推动各行业差异化发展，提高传统产业整体竞争力。推动“互联网+”、“大数据”、人工智能和传统优势产业深度融合；持续以智能化改造提升传统产业，做强加工制造环节；引导产业向前端研发和后端服务延伸，加快鞋服产业向体育产业全链条发展。

其次，推动新兴产业发育壮大。晋江市下决心改变高新技术产业项目少、规模小、链条薄弱的局面，瞄准高端、新型、重化产业方向，推动集成电路、石墨烯、智能装备、光伏电子、汽车制造等产业项目落地，集中力量打造全球重要内存生产基地、中国石墨烯产业前沿高地。进而，依托晋华存储器、石墨烯产业技术研究院、HDT高效太阳能电池等龙头项目，开展全产业链招商，推动集成电路、“石墨烯+”、新能源产业集群化发展。目前，

集成电路等全产业链渐成雏形。

第三，推动服务业增量提质。晋江市下决心改变服务业占比低、总量少、业态水平不高的局面，坚持生产性服务业和生活性服务业并重，加快培育发展智慧物流、电子商务、信息科技、现代金融、学前产业、旅游运动、健康养老等业态，推动服务业跨越发展。坚持先进制造业与现代服务业并举，打造现代服务业大企业、大平台、大市场，以服务业跃升带动制造业升级，推动二、三产融合发展。

2. 构建创新体系，壮大经济动能

第一，突出企业创新的主体地位。晋江市将培育高新技术企业、高成长型企业作为转型升级的主抓手，深入开展品牌、标准、专利“三大行动”，引导龙头企业设立高端前瞻、行业领先的新型研发机构，支撑企业从主要依靠要素投入向更多依靠创新驱动转变，打造一批创新型领军企业和科技小巨人企业。

第二，搭建完备高效的创新平台。晋江市立足产业需求，大力推行公办专营、民办公助、企办补贴等模式，引进更多产学研平台；梳理扶持政策，优化财政投入机制，建设一批政府主导、行业普惠的重点实验室和研发平台。目前，石墨烯产业技术研究院等创新平台持续完善。

第三，汇聚多元实用的创新人才。晋江市坚持“高精尖缺”导向和“实用管用”原则，注重产才融合、分类施策，持续推进“四大人才计划”。改革人才评价体系，扶植“创二代”企业家，培养职业经理人队伍，广纳人才团队，引育高技能人才，优化“引育留用”全链条人才生态，汇聚推动发展的智力资源。

第四，建立活力迸发的创新机制。大力推进创新链、资金链、政策链、人才链协调联动，完善孵化、研发、中试、成果转化、知识产权保护、科技金融等制度支撑，不断完善三创园等创新平台市场化运行机制，打通“研发－孵化－加速－产业化”服务链和资金链，让创新成果就地转化为现实生产力。

第五，深化创新创业的体制改革。晋江市强化知识产权保护和运用，优化人才激励机制，创新成果转化股权和分红方式，推动创新链、金融链和产业链深度融合；将人才引育、高新企业和专利数量等作为硬指标，加大创新工作在绩效考核中的分量，构建市镇两级共抓创新格局。

3. 立足国际战略，打造良好的营商环境

晋江对接“一带一路”战略，对标北上广深等城市，从软硬两个方面深化政府职能转变，加快营造亲商、安商、富商的国际化一流营商环境，包括机构设置、人员配置、基础设施（如电力、通信、交通等）以及经济、社会、政治、法律等一系列制度安排等。比如“晋江速度”超常规发展基础设施，比如改革开放 40 年来晋江电网实现了跨越式发展：截至 2017 年 12 月，全市社会用电量 148.15 亿千瓦时，是 1978 年的 837 倍。晋江提出对标便利化、法治化、国际化营商环境建设，在软硬环境上都取得了突出的成就。比如，10 年前在晋江，一个项目从报批到发放施工许可证，大概需要经过 33 个环节、历时 240 多个工作日，而如今则只需要 6 个环节、历时 37 个工作日；全市已有 4.6 万多户企业及农民专业合作社领取或更换加载统一社会信用代码的营业执照；已核发电子营业执照 4 万多枚；全市共颁发“两证整合”个体工商户营业执照 3.2 万份。

4. 深化体制改革，转变政府职能

首先，实施精准扶持政策，坚持分行业施策，引导设立产业基金，打好降本增效“组合拳”；落实“三去一降一补”措施，出台新一轮产业扶持政策；优化金融生态，加大恶意逃废债打击力度，防范化解企业金融风险，严格将不良贷款率控制在一定范围。其次，积极全面构建“亲”“清”新型政商关系。再次，系统推进预算管理、公共服务、市场监管、社会治理、环境保护等领域制度创新，搭建优质的产业平台，打造现代产业园区，分类设立行业协会，搭建产业创新联盟，增强行业自我服务能力。构建高效的项目推进机制，完善招商引资机制，谋划项目带动发展。最后，切实转变政府职能，不断深化“放管服”，致力于建设服务型政府，坚持“不叫不到、随叫随到、服务周到、

说到做到”，推行“互联网+政务服务”模式，建设政务信息共享平台。

三、全域新型城镇化建设和城乡一体化发展

城镇化与工业化是现代化中紧密相连的两个驱动轮子。晋江在推进现代化经济体系建设中，势必要求城镇化的发展，反过来说，只有城镇化的发展才能确保现代化经济建设进展。晋江的新型城镇化有两个特点，一个是涵盖城乡的全域城镇化，另一个是具有中小城市的原生态和标本性质。2014年，习近平总书记对晋江推进新型城镇化试点工作做出重要批示：“眼睛不要只盯在大城市，中国更宜多发展中小城市及城镇。要总结这方面的经验，积极培育推广先进经验。”晋江在正确处理好工业化与城镇化的关系、贯彻“以人为本，为民建城”等方面的经验，对于中国众多中小城市而言具有重要价值和借鉴意义。

（一）快速的城镇化进程

1992年晋江撤县建市，到2002年建市十周年时建成区面积只有15.4平方公里。改革开放前30年，晋江的城镇化严重滞后于工业化。城镇化不仅没有成为工业化的“推进器”，相反却成为工业化的“瓶颈”和现代化的“掣肘”。晋江早期的乡村工业化和城镇化是一个从下而上、相对自发的发展过程，由于缺乏顶层设计和统一规划，发展到一定阶段后弊端日益凸显。“村村点火、户户冒烟”的乡村工业化和“城市不像城市、农村不像农村”的传统城镇化模式不但无法发挥经济的规模和集约效应，还加剧了环境污染和生态破坏，更造成了城市各种配套措施落后、生活品质不高，城市聚集力、承载力、辐射力、带动力不足，导致第三产业和新兴产业发展缓慢、人才吸引力不强，严重制约了晋江经济转型产业升级、社会生活质量和城市综合竞争力的提升。

晋江真正加快城镇化进程始于21世纪之初，特别是在2010年之后得到全力全面推进。2001年，福建省政府批准晋江市按照中等城市进行规划建

设。2002 年 6 月，时任福建省省长习近平同志在深入调研的基础上，明确指出晋江“存在着城市化滞后于工业化发展的问题”，“要正确处理工业化与城市化的关系，努力在推动工业化与城市化互促共进、协调发展方面探索、创造新的经验”。晋江就是按照这样的指示精神，把推动城镇化与工业化协调发展作为重中之重，紧扣外来和本地农业转移人口市民化这一主题，坚持以人为本，走出一条中小城市城镇化发展的路子。2013 年，晋江新型城镇化工作经验获习近平总书记的重要批示。晋江成为福建省唯一的国家新型城镇化县级试点。2014 年，福建省政府批复《晋江市推动农业转移人口市民化促进城镇化健康发展试点方案》，明确提出“以人的城镇化为核心，全面提高城镇化质量”的目标任务。同年，福建省委在晋江召开全省新型城镇化现场会，提出学习推广晋江新型城镇化经验，2017 年又出台《晋江市推动国家新型城镇化综合试点行动方案（2017—2020 年）》。

经过多年的不懈努力，晋江呈现出现代化滨海国际城市的城市形象。从 2006 年到 2017 年，晋江中心城区建成区面积从 42 平方公里拓展到 107 平方公里，初步形成了“全市一城、一主两辅”的发展格局；城镇化率从 2006 年的 44% 提高到 2017 年的 66.1%（比 2010 年提高了 7.7 个百分点）。市政基础设施变得非常便利：现代城市的立体交通格局不断完善，全市目前拥有公路里程 2404 公里，陆域公路密度为 370 公里／百平方公里，是全国公路密度的 7 倍多。生态环境也更加优质：全市市区环境空气质量优良以上天数为 351 天。晋江还先后荣膺国家园林城市、国家生态市、中国爱心城市、七星级慈善城市、全国平安建设先进市和全国文明城市等多项国家级重要称号。2017 年，晋江成功申办 2020 年第 18 届世界中学生运动会，开创了全国县级城市承办大型国际综合赛事的先河。在过去 40 年中，晋江实现了从“乡土晋江”到“城镇晋江”的历史性跨越，成为中国县域城镇化的一个生动缩影。

（二）新型城镇化基本做法

晋江县域新型城镇化是按照这样五大原则推进的：坚持以人为本，公平共享，突出融入融合，推动外来人口市民化；坚持以产兴城，以城促产，突出互动联动，促进产城融合，推动产业支撑高效化；坚持城乡统筹、全市一城，突出同城同步，加快基础设施和公共服务城乡一体化；坚持为民建城，美好生活，突出城市品质，推动城市建设和管理现代化；坚持文化传承，体现特色，突出根脉文脉，推动地域文化品牌化，让人们记得住乡愁。

1. 坚持以人为本，以外来人口市民化为重点推进新型城镇化

“人的城镇化”包括外来人口本地化和进城农村人口市民化两方面；前者实现从不完全城市化向完全城市化转变，后者实现从城乡分割的城市化向城乡一体的城市化转变。晋江在推动本地农业转移人口就地就近市民化的同时，着力促进外来人口在晋江安居乐业，稳步推进外来常住人口市民化。百万外来创业务工人员为晋江带来重要的人口红利，晋江努力让他们和本地人一样，享受“同城同待遇、保障全覆盖”。早期出台“流动人口服务管理15条”，做出“三不”承诺[①]；2011年在全省率先实行“居住证”制度，且居住证“含金量”连年持续提高。目前，晋江有110多万持证外来人口享受包括义务教育、医疗卫生、新农合参保、事业单位招聘、住房公积金缴存、经济适用房购买等30项市民化待遇，实现了基本公共服务向常住人口的全覆盖。2014年，晋江又推出市民化积分优待管理政策，每年提供1000个优惠购房资格、1000个公办起始学位。通过户籍制度改革，大大降低外来人口落户门槛；通过购房、投资经商、人才引进、院校毕业、常住人口、先进模范这6种途径，基本实现了“零门槛”；居住满一年即可落户，实现了无房也可落户。同时，围绕解决“户口落哪里”问题，在规模以上企业或镇村所在地建立“集体户”。截至2016年底，累计已有28467外来人口落户晋江。

在外来人口子女入学问题上，晋江更是不遗余力落实“同城待遇”，保障教育公平和公益性等。目前有21.53万名外来学生在晋江就学，占学生总

① 即不让一名外来务工人员因恶意欠薪而领不到工资，不让一名外来务工人员维不了权，不让一名外来务工人员子女上不了学。

数的 60%，其中 93.2% 就读于公办学校，很好地解决了外来人口扎根融入晋江的后顾之忧。晋江以“人的城镇化”为核心，推动外来人口变“新晋江人”，使外来人口“进得来、留得住、融得入”，大大增强了“新晋江人”的归属感和认同感，走出了一条富有特色的外来人口市民化道路。

2. 促进产城融合，实现工业化与城镇化良性互动

近 20 年来，晋江对城市化、工业化和现代化三者关系的认识不断深化，城市发展的思路和战略不断完善。21 世纪初晋江提出“建设中等城市”的目标，发展重心从农村开始向城市转变。2003 年，晋江市第十届党代会提出“以加快城市化进程提升工业化水平、推进现代化进程，是探索符合晋江市情的发展道路的关键所在”。晋江按照“产城融合”的发展思路，以产业提升倒逼城市转型，以城市更新促进产业优化。产业集聚带动人口集聚，产业升级伴随户口入籍是晋江城镇化的重要特点。晋江提出了“先进制造业立市、高新产业强市、现代服务业兴市”的新实体经济发展思路。

与此相适应，从 2010 年开始，晋江大规模推进城市改造和城市建设。近年来，晋江投入 1000 多亿元，实施了 9 大组团建设和 5 大片区改造，培育打造功能凸显、配套齐全、产城一体的“六大新增长区域”，拉开了城市骨架，释放出城市综合能力。通过大力推动“一区多园”和功能组团的规划建设，充分发挥工业园、科技园、文化创意园等园区的载体作用，实现资源和要素的优化配置。全市先后建成创意创业创新园、高校科教园等 5 大创新载体。同时，结合城市更新布局一批高端商业综合体，集中力量建设一批城市综合体，配套一批公共基础设施，培育一批新型商贸业态，打造一批园林景观，提升城市品位。城市基础设施和公共配套变得更加完善，城市承载力大幅提高，支撑了一批现代服务业和战略性新兴产业的发展。通过城市的不断更新，带动了产业的提升、结构的优化、人才的聚集，推动了总部回归、企业回迁、税源回流、人气回升。人居环境的改善、城市空间布局的优化，引起了晋江外迁企业的回归潮，2010～2013 年有 232 家企业总部、销售中心回归，回归税源达 20 多亿元。

3. 完善配套设施和公共服务，提升城市品质，打造宜居城市

近年来，晋江把提升城市品质作为城市转型发展优先突破的方向，大力推进产业、城市、民生、生态、“三农”、文化、开放等“七大品质提升工程”，同步规划建设生活配套和公共服务设施，完善各大功能区生产、生活、生态配套，优化布局医教文体、休闲养老等公共服务项目，配套建设公园绿地、地下管网等公共设施。在大规模城市改造中坚持安置房建设、基础设施建设、公建项目建设“三个先行”，将 2/3 以上的项目空间用于公园绿地、基础设施、公共配套和安置房建设，商业开发用地仅占 1/3，为被征迁群众留下大片公共休闲活动空间。同时坚持“房子是用来住的，不是用来炒的”理念，强化房地产市场监管，通过“限房价、竞地价”等手段把晋江的房价维持在合理的水平，与周边城市相比形成了一块房价“洼地”，有力地推动了外地人口扎根晋江安居乐业。随着产业升级对高端人才的迫切需求，晋江也加快了一批国际社区、国际学校、国际医院、国际酒店等城市配套建设，一批高端商住、医教文体设施建成投用，为留住人才提供更好的生活居住环境。努力构筑均衡优质的公共服务体系，编制《中小学幼儿园布局专项规划》，促进城乡教育资源统筹分配、均衡发展。晋江市新增校舍建筑面积 85 万平方米、学位 3.55 万个，公办幼儿园达到每镇 2 所，公办高中全部实现省达标。

在基础设施方面，坚持“公交优先”，推动城乡公交一体化运营，推动“152030”快速交通圈[①]和“一山一水”城市慢道建设。2013 年以来已新增、拓展 261 公里公交线路里程，将快速公交系统延伸至各城镇。

4. 坚持“全市一城、城乡统筹”，推进城乡一体化进程

“全市一城、城乡统筹”是晋江城镇化的另一大特色。晋江初始发展是以农村包围城市，农村一直在城乡关系中有着重要的地位。在后来的新型城镇化中，晋江并没有忽视农村的作用，而是不断推动实现城乡产业统一布局、城镇功能统一规划、基础设施统一建设、基本社保统一标准、公共服务

① 即全市 15 分钟上高速、中心城区至各镇街 20 分钟可达、各镇街间 30 分钟连通。

统一供给。强化规划龙头作用，晋江成立市城乡规划委员会，除了城市总规划及时修编完善，镇级总规划和村庄规划也实现了全覆盖。在中心城市主战场之外，晋江市的小城镇建设和新农村建设同步推进。深化小城镇综合改革建设试点工作，建设镇级“小城市”，着重增强重点镇、中心镇和经济发达镇的人口吸纳能力和发展活力，形成各具特色的城镇发展模式。积极创新小城镇建设管理体制，大力推行强镇扩权工作，不断提高试点镇的社会公共服务水平。增强镇区作为区域中心的集聚和辐射功能，带动周边农村发展，改善农村生产和生活环境。

在农村发展建设方面，1992 年 8 月，晋江被福建省政府指定为发展农村股份合作制试验区。1998 年 5 月，晋江被福建省委、省政府授予“福建省农村脱贫致富奔小康先进市”称号。2003 年底，晋江在全省率先采用 BOT 方式建设生活垃圾焚烧发电综合处理厂，推进垃圾无害化处理；按照“全市一城”思路，采取“市级规划补助、镇级负责建设，全市统一管理”的方式构建垃圾收集运转体系，实行“村一级清扫收集、镇一级清倒中转、市一级转运处理”的一体化运作模式，各类设施设备实现了各级的全覆盖，每年仅运行经费就超过 2000 万元；2011 年，更是将城乡环卫保洁纳入年度“为民办实事”项目，设施建设与设备更新改造计划逐年推进；2013 年，对城乡环卫保洁与垃圾收集清运工作开展月度常态考评，城乡环境卫生管理水平和整体面貌不断提升。一些村庄早在 20 世纪 90 年代就开始新村建设，也有一些被列入泉州市“百个旧村改造、新村建设”示范村建设目录的村庄，在 2000 年前后正式启动新农村建设；另外还有一些后发村庄，在 2006 年、2007 年也相继启动新农村建设。从 2012 年开始，每年投入 1 亿元用于美丽乡村建设，开展农村集体产权制度试点改革，出台村集体经济发展扶持专项政策，实施先进村培育“领头雁”、薄弱村治理“奋蹄马”双翼行动，探索集体推动型、产业带动型、生态旅游型等 8 种新农村建设模式，打造各级“美丽乡村”，逐步实现城乡“一样的生活品质，不一样的生活体验”。

5. 突出文化传承，发展有历史记忆和地域特色的城镇

晋江历史悠久，中原文化、海洋文化、闽南文化、华侨文化、宗教文化等多元文化在晋江相互交融、相映生辉，铸就了独特的地域文化和人文特质。晋江注重把城市更新改造与文化传承发展相结合，在城市建设中融入传统文化元素，守护城市的根、文化的魂。在晋江的城市改造更新过程中，凡是有价值的历史建筑、文化遗迹，都坚决保留下来，留住乡愁记忆，留住根脉文脉。坚持尊重自然、传承历史，延续原有山水格局、特色风貌、人文习俗，全面开展古镇名村、传统村落、历史街区、古厝名木普查保护和整治修缮，避免大拆大建；做好闽南文化、宗教文化、海洋文化等活态传承，建设闽南文化生态保护核心区。

6. 注重生态优先，实现城市绿色发展、低碳发展

晋江把“生态立市”理念融入经济社会发展全局，系统推进生态文明建设，为新型城镇化注入“百姓富、生态美”有机统一的新内涵。晋江构建四套班子抓生态、市委常委专职抓生态的领导机制，组织编制《晋江生态市建设规划》和《晋江市环境提升三年行动方案》，建立环保投入逐年增长机制。环境整治持续推进，深化工业污染防治和节能减排，通过清洁能源替代、技造提升等手段对建陶行业、印染行业、电镀集控区进行升级改造。623 家石材加工企业集体退出，66 家皮革加工厂整合成 4 家规模化皮革企业，建陶企业全部使用天然气替代。组建生态办，实施“河长制”，实施全流域治理，33 条河流“一河一长”，建立污染源销号机制；建立环保、农业及公检法部门打击环境污染违法犯罪行为联席会议制度，组建生态法庭，实现对破坏生态各类案件快处快办。建立重大生态决策公告制度，扩大市民对环境保护的知情权、参与权和监督权。2016 年，晋江年平均空气质量优良率达到 97.26%，33 条河流中有 22 条消除了黑臭问题，4 条达到Ⅴ类标准。

7. 快速稳步推进，推动城市治理精细化、高效化

快速的城镇化、大范围的城市更新改造，给晋江提出了诸多新问题、新挑战。然而，晋江通过推进城市规划、经营管理、改造建设等方面的体制机

制创新，提高了城市综合治理水平，为新型城镇化建设提供了有力保障。

第一，构建高效的城建运作机制。围绕建设项目的策划生成、跟踪落地、组织实施等环节，构建三级城建管理体系，在组团片区开发方面推行“八个同步”工作法[①]，以最短时间完成项目策划、征迁和落地，快速盘活土地、回笼资金，把投入产出时间成本降到最低，有效加快城镇化建设进程。

第二，构建有效的矛盾化解机制。把握“以城养城”与“公益为主”的平衡点，避免陷入“土地财政”和“与民争利”的误区，使城市更新改造得到了广大群众的拥护和支持。强化法治化治理，建立法律顾问和法律援助机制，全程介入征地拆迁、信访化解、污染处置、重大决策等工作，为正确处理新时期人民内部矛盾做出了有益探索。

第三，构建完善的综合治理体系。推行便捷化服务，在19个镇街、近200个村（社区）建设布局合理、功能完善、管理有序的社区公共服务中心。实行网格化管理，在162个村居（社区）搭建统一信息化管理平台，组建网格管理队伍，推动村居（社区）服务管理从条块分治向整体联动转变。实施多元化治理，建立街道、社区、业主委员会、物业公司“四位一体”运行机制，推行政府购买服务方式，推进社区、社会组织和专业社会工作者“三社联动”，激发社区发展活力。

四、社会建设促进社会和谐

晋江在经济现代化上取得快速发展，面临的问题是如何让经济现代化成果以公平、合理的方式让所有参与并为此做出贡献的各个阶层、各个群体都能获得分享，构筑一个和谐的、公平的县域社会。为此，晋江以不懈努力推动社会建设，也取得了很好的效果。迄今为止，晋江的民生事业获得了快速的发展，社会体制不断改革和创新，社会各种关系比较顺畅，社会秩序良性运行。

① 即同步推进项目策划、规划设计、手续报批、征地拆迁、招商选资、安置建设、公共配套和传统文化保护。

（一）民生事业发展突出，居民福祉提升迅速

1. 采取积极的就业政策，实现了充分就业

晋江经济以劳动密集型产业为主，创造了大量的就业机会，吸引了110多万外地劳动力进入晋江就业，至于本地户籍劳动力的就业则更不成问题。据统计，近10年来，晋江城镇登记失业率在0.3%左右低位徘徊。但是，目前面临的问题是，高技能劳动力短缺。为此，晋江市政府采取积极的就业政策，引导企业、职业学校、民办机构开展职业技能培训，同时健全职业培训补贴制度，激励农民工主动参加技能培训。为确保劳动者权益，晋江通过完善劳动保障组织机构建设，建立企业欠薪保障调剂金机制，推进劳动合同全覆盖等措施，促进劳动关系和谐。

2. 实施“一个不能少”的均等化普惠教育

目前，晋江有普通中学54所，中职学校4所，小学286所，幼儿园431所。义务教育实现了城乡均衡。2013年通过了全省首批“全国义务教育发展基本均衡县”国家认定[①]。同时，坚持“两为主”的方针，保障外来务工人员子女平等的就学权利。此外，从2012年起，晋江市公办普通高中和职业高中在校生全部免学费，这一普惠性教育政策，使得包括外来务工人员子女在内的广大学生受益。

3. 扩大保障房供给和保障对象，确保“住有所居”

晋江逐步建立了公租房、廉租房、经济适用房、限价房相结合，覆盖全体居民的保障性住房供应体系，将农村人口和外来人口的住房需求纳入保障性住房的规划中，确保政策托底，有效改善住房困难家庭的居住条件。2007年至今，晋江共开工建设保障性安居工程41个，总套数51685套，其中公共租赁住房19个，总套数12306套，包括2个专门针对外来工的廉租房项目。

4. 率先实现户籍人口养老保障全覆盖，大力推进养老服务社区化

2006年，晋江在全省率先建立被征地农民养老保障制度。2009年晋江

---

① 参阅晋江市教育局《晋江市教育工作汇报》，2017。

成为全国首批新型农村养老保险试点，率先将保障范围扩大到城镇居民，建立了覆盖城乡的养老保障制度。之后修订出台《晋江市城乡居民基本养老保险规定》，将保障范围扩大到省内流动人口。此外，晋江大力发展社区养老，不断完善养老服务体系。从 2014 年起，晋江每年都新建、改建 20 所综合性村级敬老院，形成了一批特色鲜明的社区村居养老服务机构。

5. 扩大新农合参保范围，开通异地结报窗口

2012 年晋江市将外来人口纳入新型农村合作医疗的参保范围。鉴于多数外来人口在家乡参加新农合，2015 年晋江新农合率先在全省开通跨省双向结报服务，设立“异地结报窗口”，为五个县的新晋江人提供结报服务。同时，设立 13 个晋江户籍异地结报服务点，为在外经商、务工的晋江籍参合人员提供便捷的结报服务。

6. 传统慈善与现代慈善相互融合，助力化解社会问题

慈善事业在晋江有着悠久的历史，晋江人乐善好施，爱心慈善已经深入人心。2002 年 12 月 18 日，晋江慈善总会成立，政府将这天定为“晋江市慈善日”。截至 2018 年，在社会各界的支持下，慈善总会募集资金 30.22 亿元。已经累计投入 16.2 亿元用于开展解困、助学、助残、安居、协助被征地低保人员参加养老保险、协助低保人员参加新型合作医疗等慈善活动和公益项目。

（二）深化社会体制改革，推动社会组织发展

党的十八大报告提出“加快形成党委领导、政府负责、社会协同、公众参与、法治保障的社会管理体制”。晋江通过改革社会组织登记体制以及扩大对社会组织的财政购买力度等方法，极大地激发了社会积极性，社会组织获得了快速发展。当前晋江登记的社会组织共 1184 家，其中社会团体 858 家、民办非企业单位 312 家、非公募基金会 14 家。备案的社区社会组织 829 家，社区社会组织较 2010 年增加了 6 倍。社会组织在动员民间公益慈善资源、凝聚城乡居民有效参与社区治理、提供社区公共服务等方面发挥了重要的作用。除传统社会组织外，各类新社会组织也不断涌现，例如“晋

江亿家社工事务所”等社会工作事务所、“东石镇萧夏村青年中心”等民间自助互助社会组织、“新社会阶层人士联谊会”、“世界晋江青年联合会”等具有统战功能的社团组织。此外，晋江还有24个异地商会。

（三）和谐的社会关系在社会建设中得以实现

民生事业建设、社会体制改革和创新促使社会关系更加和谐。可以说，当前晋江的城乡关系、社会阶层关系、本地人与外地人关系等社会关系是相当和谐、协调的。首先，晋江城乡差距较小，城乡融合为一体的趋势越来越明显。其次，新晋江人越来越多地享受到与本地人同等的权利，更重要的是晋江本地人对外来人口越来越包容，外来人口几乎感受不到被排斥。与此相关的是晋江的社会阶层结构在过去40年经历了从“金字塔形”、“锥形”再到“橄榄形”这样一个合理的转型和变化过程。晋江不同阶层在公益慈善事业中的角色为和谐阶层关系提供了佐证。作为社会上层的民营企业家往往是公益慈善事业的主要捐赠者。据统计，晋江目前有27个“慈善世家”、74名“慈善家”、28名“慈善大使”。社会中层，尤其是“新中产阶级”，更倾向于社会行动，不但捐款，而且具体参与到公益项目的实践中。通过公益慈善事业，不同阶层的利益得到一定的均衡。社会的上层成为慈善公益事业的重要出资者，中间阶层成为公益事业的践行者，社会下层成为社会建设的受益者，同时也在以自助、互助等方式参与其中。不同阶层之间实现良性互动，使他们能够共享经济社会发展的成果，增进社会认同，维护社会的安定和团结。

五、以党的治理现代化引领县域治理体系现代化

在中国，党的领导有着核心的作用，这决定了在县域层面党建的作用显得至关重要。党建是县域治理体系和能力现代化的核心，直接关系到一个县的现代化水平和进程。反过来说，县一级的党建做好了，全国的治理

现代化就有了坚实的基础。郡县治、天下安。县一级在党的组织结构和国家政权结构中处在承上启下的关键环节，是发展经济、保障民生、维护稳定的重要基础。晋江县域现代化建设和发展与其在党建上的许多成功做法有密切的联系。

晋江的党建经验已经不仅仅停留在党组织数量和覆盖率指标上，还在下列方面发挥了重要作用：搭建党建引航网络，引导海外侨胞投资家乡；综合世情国情和当地发展阶段，强调党政引领、企业配合，主动探索和尝试最佳经济发展方式，不同阶段适时出台不同政策；融合党组织存量、增量，在机制创新和组织优化方面重点发力，创造性地融合非公党建与企业发展；构建总体研判、全面布局和分类落实的基层党建协调机制，破解基层治理现实难题；因地制宜落实党管人才，有规划、有政策、有服务、有针对性地协调党务人才、技术人才、产业工人等各类人才服务晋江经济社会发展。

党建事业，干部是关键。晋江始终坚持推进干部队伍素质提升工程，在实绩量化考评办法、农村党员登记制度方面进行创新实践，在建立党代表工作室、党代会常任制试点工作中取得新突破，在党务人才职称评聘制度和党务人才订单式培养等工作上形成特色。

党建工作，基层是抓手。市党委领导创设村级组织“三张清单”和“三项经费”，打造非公党建“二带十”、机关党员“义工进社区”等品牌，助推大埔村、优兰发公司党委获评全国先进基层党组织。

党建活力，法治是保障。市党委全力支持人大、政协、司法机关独立开展工作、行使职权，扎实做好统战、群团、人武、老干、双拥、宗教、老区建设、对口帮扶等工作，党委统揽能力持续增强；同时，坚持全面从严治党，坚决贯彻“八项规定”精神，保持从严惩治腐败的高压态势，党风廉政建设和反腐败斗争取得新成效。

重点来看，晋江党建在干部队伍建设（职称）、基层党组织建设（网格化）、非公企业党建、社会组织党建、园区党建、商业街区党建（“二带十”、兼合、网格化）等方面进行了积极探索，积累了宝贵经验，在提升党的治理体系现代化水平的同时，也为地区经济社会发展发挥了巨大作用。

一是发挥党员干部先锋模范作用，提高企业生产管理水平和业绩。晋江恒安集团有限公司建立了党员标杆生产线，在党员的带动下生产线不断改进生产工艺、推进生产流程再造、加强科技攻关、提高生产效率、提高精益管理水平、有效控制生产成本，并带领公司进入“团队提升”“向管理要利润”的新发展阶段，同时也扩大了党组织影响力，积累了党领导非公企业开展生产的实践经验。恒安集团首席执行官许连捷表示，支持党组织开展工作，既是一种政治责任和法定义务，也是企业自身做大、做强、做优的内在要求。

二是充分发挥党组织的桥梁纽带作用，凝聚和激励企业员工。晋江在开展党建活动过程中加强与工会、共青团和妇联的协同工作，推广“幸福员工工作室”“三必访三慰问”等做法，积极帮助解决生活、配偶就业、子女上学等员工最关心的问题。361°、柒牌、优兰发等公司设立党群活动服务中心，举办多重公益、文化主题活动，团结和凝聚企业员工，丰富党建工作开展形式，助推企业形成积极向上的企业文化。

三是化解劳资矛盾、调解纠纷，构建和谐劳动关系。晋江引导党组织和党员在发生劳资纠纷时“挺在前面”，做好员工矛盾纠纷的调解化解工作，如优兰发公司设立“党代表工作室”，创新“党工团联合接待日”“总裁信箱”等载体，晋工机械集团奖励职工在生产管理、薪酬福利、激励机制、党群组织建设等方面开展合理化建议活动，恒安集团成立由党群组织骨干组成的员工纠纷调节委员会，协助企业做好沟通协调、化解矛盾、改善企业环境等工作。

四是加强企业和党委、政府的联系，帮助企业了解最新的政策和制度，获取政府资源和帮助。晋江实行党政人才和企业管理人才双向挂职的选人、用人模式，既保证党委政府及时了解企业生产动向和发展困难，也能促进企业对国家、当地最新制度、政策的了解，打通企业、党政机关之间的直接沟通渠道，促进信息、资源的有序流动和合理分配，为企业发展、创新提供政治动力和资源。

五是帮助企业建立严密的组织干部人事体系，改善公司治理和管理水平。由晋江党委组织部主导、多方合作，在党务人才选聘工作中创新性地引入专业化、职业化机制。职位化选派党建指导干部到企业一线指导，职称化选聘党组织书记，开展对党务工作的职称评定工作，职业化选育党务工作者，联合校地企三方资源培养专职党务工作者，同时，借鉴国有企业的干部组织管理体系，加强对非公企业管理人才的培养和管理，有效改善了公司治理和管理水平。

六、县域现代化的成功经验及启示

在过去40年的改革开放大潮中，晋江无疑是成功的弄潮儿，成为全国县域现代化的先行者。2002年，时任福建省省长的习近平同志用六个“始终坚持”和处理好“五大关系”来概括晋江经验，全面反映了晋江的现代化实践，进一步引领晋江现代化进程。当然，晋江县域现代化的成功，并不意味着其他县市都按照同一个模式、同一个路径去做。实际上，完全照搬的做法基本上是难以成功的，我国2800多个县市区，也都各有天生的自然地理禀赋和悠久的地方文化传统、人文素养。不过，正如习近平总书记所概括的那样，晋江经验实际上有效地处理了市场与政府、本土与开放、文化传统与现代等的关系。这些经验背后的道理是值得其他地方去学习借鉴的。本研究报告从更具体的层面和方面拓展晋江经验，并探讨它们对其他县市的一些借鉴价值。

（一）晋江成功的县域现代化表明，一个基础薄弱的县是可以通过“借用”一定的技术、资源和组织形式来实现现代化的

晋江的技术路径是从“三闲”起步，先搞农村工业化，然后迈向区域工业化，接着是带动城市化和社会建设，最后实现社会、经济、生态和文化协调进步。虽然其他县市不一定照搬晋江的做法，但是，背后的现代化逻辑是一样的。

（二）晋江经验中最重要的一条是始终坚持以市场经济为导向，让市场在经济发展中发挥决定性的作用

在过去40年中，晋江的所有政策都指向尊重市场以及如何在市场中增强晋江经济主体的竞争能力并改善有利于市场的营商环境。在20世纪80年代初，当市场并没有被认可的时候，晋江就大胆出台“五个允许”等政策，鼓励农户联户集资，参与商品经济发展，从而带动了农村工业化。晋江政府和晋江企业始终认识到，打造核心竞争力是赢得市场的砝码。长期以来，晋江紧紧咬住实体经济发展不放松，避免“脱实向虚”，打造特色经济和品牌经济，建设产业集群和品牌之都，才得以保持经济可持续的快速发展。当前，晋江基于国内外市场的需要，围绕着国际创新城市战略目标，努力推进产业结构升级和调整，做强、做优传统产业，同时布局新兴和高新产业，融入全球市场，进一步提升自己的经济实力。

（三）认识自身优势，充分挖掘自己的人文、社会资源，是晋江现代化成功的另一个密码

晋江的地方优势是拥有晋江人爱拼敢赢和善于经营的人文精神、丰富的海外华侨资源等，并通过包容、善待外来劳动力资源，充分调动他们参与晋江现代化建设。所以，晋江领导也深深认识到这一点，不断在说晋江现代化离不开五类人群：晋江企业家、晋江华侨、新晋江人、晋江各级干部，以及晋江老百姓。也就是说，让所有晋江人（包括新晋江人和华侨）都有发挥作用的空间和动力，这是晋江县域现代化成功的根本密码。

（四）一县同城、城乡一体的新型城镇化，是晋江县域现代化的载体和重要表现

没有城镇化的工业化是低水平的，城镇化是工业化上水平、上台阶的必然要求，也是现代化发展的内在要求。晋江在改革开放早期城镇化明显滞后于工业化；但进入21世纪，晋江城镇化突飞猛进，而且实现了一个县一座

城市的格局，全面提升了晋江现代化水平。但是，目前晋江整体城市化水平还不如大城市，因此在一定程度上制约了晋江经济现代化、国际化。不管怎样，晋江在县域层面推动的新型城镇化实践，为中小城市及小城镇提供了广阔的发展前景，为破解我国城镇化困局提供了政策路径，那就是推进县域城镇化、现代化，以化解大量人口集中的大城市、超大城市存在的各种社会、经济、文化和生态问题。

（五）社会建设是县域现代化的内在要求，也是确保县域现代化行稳致远的根本保证

晋江在推进经济现代化的同时，改革和创新社会体制，制定包容、公平、积极的社会政策，让所有晋江人都享受到晋江现代化成果，更好地激发他们参与晋江现代化建设的积极性和动力。晋江之所以有如此和谐的社会关系和积极活跃的发展氛围，离不开社会建设。晋江社会建设的特色：一是对所有在晋江生活居住和工作的人都给予公平的政策待遇和权利，尤其是公平对待为晋江现代化做出巨大贡献的外来人口；二是晋江户籍居民在市场经济建设中培育了包容的精神，社会没有排外问题；三是晋江人历来乐善好施的传统，加上现代慈善事业的快速发展，营造了一种人人关心公益、互帮互助的活跃慈善氛围；四是社会组织得到快速发展，提升了社会自我服务和自我治理的水平。由此，作为现代化最重要一部分的社会文明程度获得明显的提高。

（六）现代化的营商环境，特别是“亲”“清”政商关系是晋江现代化走向成功的又一重要“神器”

在我国，地方的营商环境好坏，特别是政商关系是否良好，对当地的经济发展有着至关重要的影响。在晋江，政府（包括党系统）在不同阶段始终扮演着积极的引领者、助手和推手的角色。在改革初期，晋江政府扮演了工业化、商品经济发展的庇护者，后来又扮演了引领企业注重质量、诚信和品

牌建设的角色，同时又担当帮助企业上市融资的助手和推手。总而言之，晋江历届政府很好地把握了保持政策连续与推动战略创新的辨证关系，没有出现其他一些地方常见的换一届政府换一种做法的混乱现象，每一届政府不会搞短期行为，注意为下一届政府打基础，创造更好的发展条件；而后一届政府总是会保持上一届政府的政策，并努力把上一届政府取得的发展成果推向新的发展高度。在这个过程中，也没有出现政府官员与企业合谋的腐败问题。良好的“亲”“清”政商关系不仅有效地留住了晋江的企业，而且更好地吸引外来资本来晋江投资创业。

（七）现代化营商环境和“亲”“清”政商关系的营造与建构，离不开党的治理现代化

晋江在党的治理现代化上积累了许多宝贵经验。首先，晋江党组织实现了全覆盖，党组织的作用越来越明显，特别是晋江非公企业的党建工作尤为突出。1986 年恒安公司成立晋江首个外商投资企业党支部。30 年后，晋江已有非公企业党组织 1170 个，社会组织党组织 90 个，直属管理党员 6813 名，兼合管理党员 1.2 万名，并涌现出一批国家级、省级先进党组织和党建品牌。其次，晋江不断创新党建和党的治理机制，创建了不同的党组织覆盖机制、协调机制、联动机制、融合机制。再次，打造了一些党建工作品牌，比如“二带十”区域化党建工作模式，以区域方式推动先进、中间及后进党组织“捆绑式”发展。最后，以人民群众喜闻乐见、易于接受的方式，如运用微信群、QQ 群、微博和微信公众平台等新媒体，创新、丰富党建工作内容，增强党组织的吸引力和凝聚力。

七、推动晋江县域现代化更好、更稳发展的政策建议

改革开放 40 年，是晋江县域现代化取得巨大成功的 40 年。在短短 40 年中，晋江已经建成了以市场为导向、以技术创新为支撑的、面向全球的

开放的现代化经济体系，民生福祉得到了极大的提升，现代化的社会结构初步形成，市场、社会和政府之间形成了有效的合作关系，传统文化与现代文明在更高水平上实现融合。当然，面对国内外发展以及人们对美好生活越来越高的追求，打造具有国际竞争力和品质的创新型城市，是晋江下一步努力的现代化目标。基于对晋江的调查研究，本研究报告在此提出如下几点政策建议。

第一，构建县域创新人才教育培训和孵化基地。虽然晋江最近几年采取各种优惠政策大规模引进人才，但这些还不足以支持晋江企业、产业转型以及城市国际化的需求。目前晋江最缺的是高端人才，这不是单纯靠引进能解决的，需要构建自己的人才教育和培训体系。首先，我们建议晋江尽快申办一所综合型大学，如果自己单独申办不可能，也可以争取与国内著名大学或者国外著名大学合办一所大学。其次，打造县域政商人才培训基地，既为晋江培育相应人才，也为全国其他县市提供培训服务。这个基地可以申请国家一些部门来合办，把现有的领航计划纳入这个基地，建立长效培训机制。最后，鼓励同一行业内的企业联合兴办职业学院，做大做强职业教育。

第二，利用多方资源和杠杆，推动传统产业升级发展，并加快布局高新和新兴产业。目前晋江传统产业已经形成相当大的规模，但是竞争力有待提高，最近几年利润率在下降，原因是企业的研发力量不够，经营模式创新不足，国际化程度不高。高新产业和新兴产业尚在培育中，民营资本参与的积极性和动力不足，在一定程度上限制了新动能的形成。“引进来、走出去”，成为传统产业升级的必由之路。与此同时，国有企业进入高新和新兴产业，不能取代民营企业的作用。政府要从政策、财政、税收乃至人才引进和培育等方面去帮助传统产业升级转型，并为它们进入高新和新兴产业提供风险防范机制。

第三，加快促进营商环境法治化、国际化和便利化。首先，建议尽快制定相应的地方法规、条例和文件；其次，构筑相应的综合平台；最后，充分发挥诸如企业基金会、社区基金会、智库、社会服务机构等社会组织的作用，构筑多元共治的社会格局。

第四，坚持“城乡一体、产城融合”理念，改革和创新新型城镇化机制，完善公共服务体系，打造高品质、国际化的“乡城”宜居晋江。

第五，进一步加强社会建设和生态文明建设，尤其是要用最先进的社会建设理念，引导传统社会向现代社会转型，并让社会组织和社会力量更多地在未来晋江现代化建设和发展中发挥与政府和企业相互协调和合作的作用。

第六，以更先进的理念、更科学的方法和更进步的体制机制，促进党的治理现代化，更有效地应对全球化、观念多样化、市场化的挑战，从而引领政府治理、社会治理和市场治理现代化。

改革开放与中国县域发展

GAIGEKAIFANG

FUJIAN CHANGTING

福建长汀

水土流失治理的经验与启示

中国社会科学院世界经济与政治研究所

导言

长汀，一个具有千年历史的客家首府之地，一个曾被称为“红色小上海”的革命圣地，也曾是一个林密水织、山清水秀的鱼米之乡，但近代以来，由于人口激增、商贸发展、战乱频发和政治运动等多重因素，大面积山林和植被连年持续破坏，造成严重的水土流失。至 20 世纪 80 年代初，长汀已成为我国南方水土流失最严重的地区，呈现“山光、水浊、田瘦、人穷”的景象，恍若西北的黄土高原。长汀水土流失问题引起党和政府的高度重视，时任福建省省长的习近平同志曾五次到长汀实地调研，并五次在有关长汀水土治理报告和文件上做重要批示。在习近平同志亲切关怀和直接指导下，经过各级政府和广大群众多年的艰苦奋斗，长汀水土流失境况得到彻底改观，水土治理工作取得历史性成就，长汀逐渐恢复了山美水美的历史本貌。

党的十八大报告提出社会主义现代化经济建设、政治建设、文化建设、社会建设和生态文明建设“五位一体”的总体布局，要求“把生态文明建设放在突出地位，融入经济建设、政治建设、文化建设、社会建设各方面和全过程”，这意味着我国已进入建设社会主义生态文明的新时代。在这一历史背景下，深入调查分析长汀水土流失治理的做法、经验与成就，不仅对全国水土保持、环境保护有重要借鉴，更对在新时代全面贯彻落实党的生态文明建设战略，深入理解和阐释习总书记“绿水青山就是金山银山”新理念，具有特别意义。

一、长汀县基本情况与成就

长汀为福建省龙岩市下辖县，地处福建省西部山区，武夷山南麓，与广东省和江西省接壤，是闽、赣两省的边陲要冲。长汀县下辖 18 个乡（镇）、299 个村居(其中 9 个社区居委会)，总人口 54.52 万人，常住人口 40.2 万人。[①]

（一）地理条件

长汀为福建省第五大县，总面积 3089.9 平方公里，其中山地面积 2587 平方公里、耕地面积 205 平方公里，素有“八山一水一分田”之称，在地形上呈现东、西、北三面高，中、南低的盆地地势。长汀县地处中亚热带季风气候区，四季分明，年降水量较大，约 1700 毫米。长汀处于南方红壤区，虽土层深厚，但红壤土质为酸性，土质结构疏松且含沙量大，对地表依附能力低，抗侵蚀能力差。一旦地表植被遭到破坏，极易导致表层红壤被冲刷，造成水土流失。

（二）历史沿革

长汀有着源远流长的历史文化积淀，是国家历史文化名城。汉代置县，唐开元二十四年(公元 736 年）取长汀溪名始建汀州，成为福建五大州之一。自盛唐到清末的 1000 多年间，汀州一直是历朝历代州、郡、路、府的治所，曾是闽西政治、军事、经济、文化中心。1994 年，长汀被国务院列入第三

① 长汀县统计局、国家统计局长汀调查队：《2017 年长汀县国民经济和社会发展统计公报》，http://www.changting.gov.cn/xxgk/zfxxgk/zfzcbm/tjj/zfxxgkml/05/201806/t20180608_54797.htm，访问时间：2018 年 7 月 1 日。

批国家历史文化名城。长汀融人文传统与自然景观于一体，吸引了大量的游客慕名而来。新西兰籍国际友人路易·艾黎曾说，“中国有两个最美的山城，一个是福建的长汀，另一个是湖南的凤凰”。

长汀有着深沉厚重的客家文化传承，被誉为世界“客家首府”。由于长汀是历朝历代的州、郡、府治所，因此成为客家人自中原南迁历程中的主要落脚点，并逐渐发展成为中国最具代表性的客家人聚居地之一，与广东惠州、梅州和江西赣州并称为“客家四州”。时至北宋，长汀已成为最大的客家人聚居区，客家先民与闽越族原住民互相影响、互相融合，形成了独具特色的客家风土、建筑、服饰和饮食文化。发源自长汀庵杰乡的汀江也被誉为“客家母亲河”。饮水思源，客家人对于家族精神的崇尚以及宗族传统的沿袭，使得他们十分重视家族起源和传承。因此，至今仍有许多海内外客家人士来长汀寻根谒祖。

长汀有着鲜活的红色文化基因，是中央苏区的经济和文化中心。长汀是福建省苏维埃政府的所在地，是中央苏区的重要组成部分。1929 年 3 月，红军到达长汀，建长汀县革命委员会，成为闽西、赣南第一个县级红色政权。1932 年，福建省苏维埃政府、中共福建省委等机构在长汀设立。长汀依靠汀江舟楫之便为红军运送物资，商业贸易发达，被誉为中央苏区的“红色小上海”，享有“红军故乡、红色土地和红旗不倒的地方”之誉。1934 年 9 月，红九军团在松毛岭阻击战后率先进行战略转移离开长汀，是中央红军中首个出发开始长征的部队，也是惟一一支不在于都境内集结而离开中央苏区的中央红军。长汀人民为实现国家独立和民族解放，做出了巨大牺牲和贡献。

（三）改革开放以来的主要成就

长汀严峻的水土流失状况一度威胁到当地民众的生存。1983 年，时任福建省委书记项南视察长汀并做出重要指示，长汀水土流失治理工作开始步入常态。在省委、省政府以及多个国家部委的支持下，长汀水土流失势头得到有效控制，治理工作初见成效。20 世纪 90 年代中期，习近平同志在福建工作期间，曾五次到长汀进行实地调研并做出重要批示，将水土流失治理向纵深推进，长汀水土流失综合治理工作走上快车道，取得重大突破和成效，主要体现在自然环境的改善，经济效应的提升和创新发展理念的形成。

1. 环境改善

水土流失治理使长汀整体自然环境得到极大改善。在不到40年的时间内，长汀从红壤裸露的荒山连片，发展成如今的绿水青山，花果飘香。

“四周山岭尽是一片红色，闪耀着可怕的血光。树木很少看到！偶然也杂生着几株马尾松或木荷，正像红滑的癞秃头上长着几根黑发，萎绝而凌乱。密布的切沟，穿透每一个角落，把整个的山面支离碎割”，[①] 这是对长汀曾经水土流失惨况的真实写照。从1985年至今，长汀累计治理水土流失面积221万亩，减少水土流失面积106.4万亩，治理成果惠及17个乡镇40多万人。现今，曾经水土流失最为严重的河田、濯田以及三洲等乡镇，已绿树成荫，区域生态基本得到恢复。

2. 经济发展

水土治理在保护生态的同时，也带动了长汀的经济发展。水土流失往往与经济落后交织在一起，因此水土流失治理不仅仅是生态问题，还是经济发展问题。长汀县政府把水土治理的生态效益与培育特色农业产业相结合，引导群众建立了以杨梅、板栗、油茶、银杏、黄姜、灵芝以及蓝莓等一系列作物为主的农业经济。如三洲杨梅种植基地在保持水土的同时，还带来了每年5000多万元的产值，被誉为“海西杨梅之乡”。这样，长汀在绿环山体、治理水土流失过程中，不仅改善了环境，也带来了极大的经济效益。研究证明，长汀县生态与经济协调在1985年至2000年间保持持续上升的状态。[②]

---

① 这句话为科学家张木匋于1942年在河田进行土壤保肥试验工作时，对长汀县和田镇当时水土流失情况的描述。可见在当时，长汀的水土流失问题已经达到非常严重的程度。

② 对于这一论点的详细分析，见范胜龙等《福建省长汀县生态环境建设与经济发展的协调关系研究》，《中国农业大学学报》2018年第3期（总第23卷），第175～184页。

也就是说，进行水土流失治理的过程不仅没有阻碍长汀的经济发展，反而为长汀的经济发展营造了更为有利的社会条件。

3. 观念转变与制度创新

水土流失治理不仅调动了多方参与的积极性，还转变了民众的发展理念，更催生了一系列制度创新。虽然造成长汀县水土流失的原因较为多元，但是长期以来靠山吃山、竭泽而渔的生活和生产方式，给原本就十分脆弱的生态环境雪上加霜。在这种情况下，光靠政府投入水土治理远远不够。因此，长汀通过扩大水土流失治理的参与范围和创新机制，鼓励公司、农户租赁承包山地种茶种果，还通过补助以优惠条件吸纳更多社会资本参与治理。同时，长汀县还率先推行拍卖、租赁、承包、股份合作等方式，建立山林权流转制度，实行谁种谁有、谁治理谁受益，并对农民给予税费减免、肥料补贴等优惠政策，大幅提高了农民参与的积极性。在此基础上，长汀在全省率先成立了林业金融服务中心，建立林业金融服务平台，有效解决了林农贷款难、贷款慢的问题。这一创新实践被列入全省创新林业投融资机制工作经验进行推广。

二、水土流失治理的典型经验与特色做法

我国是世界上水土流失最严重的国家之一，即便是在全国森林覆盖率第一的福建省，水土流失现象也相当严重，长汀县便是其中的典型代表。在党中央、各级政府和长汀人民数十年的努力下，长汀县水土流失治理取得了历史性成就，收获了宝贵经验。

（一）水土流失原貌与成因

1. 原貌

长汀县的水土流失问题古已有之，据考至今已有近 200 年的历史。进入 20 世纪后，受自然灾害、人口增长和战乱频发等因素的影响，长汀的水

土流失问题愈发严峻。长汀县在解放前就曾与陕西长安、甘肃天水并称为中国水土流失最严重的三大地区，并被列为我国南方红壤区中水土流失最为严重的区域之一。而在长汀县域内，又以河田镇为中心的丘陵盆地的水土流失情况最为典型和最具代表性。随着人口迅速增长、商业和贸易的发展、战乱频发和政治运动等因素，植被持续遭到大面积破坏，红壤附着力度下降，最终造成了严重的水土流失。据 1985 年遥感监测数据，长汀全县水土流失面积达 146.2 万亩，占全县面积的 31.5%，土壤侵蚀模数达 5000～12000 吨 / 平方公里 / 年，植被覆盖度仅 5%～40%。一旦出现连续暴雨，各乡镇便遭受洪水滔滔之苦；可一旦雨停水歇，河里又露沙见底。“晴三天，闹旱灾；雨三天，闹洪灾”就是对当地水土流失的真实写照。据当地水保部门介绍，当时长汀县夏日地表温度最高曾达 70℃。恶劣的自然环境造成农业生产困难重重，给当地社会经济发展形成了严重阻碍。“山光、水浊、田瘦、人穷”就是当时长汀生态恶化、人民生活贫困的真实写照。

长汀县的重度水土流失区陆续出现了“赤岭”与“朱溪”等一批既突出红壤流失特色，又颇具荒凉色彩的村落名称。调研组在当地走访过程中，反复听当地乡镇干部与民众提及“长汀哪里苦，河田加策武；河田哪里穷，朱溪罗地丛”，以及“头顶大日头，脚踩砂孤头，三餐番薯头”等民谣。这些情况切实地展现了水土流失给长汀人民的生存和发展所带来的苦难。

2. 成因

通过与当地政府相关部门座谈，同当地民众进行一对一访谈，以及查阅相关历史资料和科研成果等，调研组将造成长汀水土流失严重的原因，总结为自然因素和人为因素这两大类，其中相较于无法选择的自然因素，人为因素是造成长汀水土流失的主要原因。而人为破坏所造成的水土流失又可按照时间段分为近代与现代两个阶段。

（1）自然因素

从自然因素上看，长汀全县以低山和丘陵为主，并多与盆地周边山体连为一体，坡度较为陡峭，易在自然力作用下形成崩岗林立、千沟万壑的地貌。而盆地底部的县域内虽有较为丰厚的水土资源，但适合耕种的土地面积有限。一旦人口压力增大、遭遇自然灾害或出现其他不可抗力因素时，山林资源就可能遭受过度开采，森林植被遭破坏的直接后果就是水土流失。长汀县主要土壤资源为红壤，占土地总面积的近八成。虽然土层深厚，但红壤土质结构疏松且含沙量大，抗侵蚀能力差。一旦地表植被遭到破坏，极易导致水土流失。流失的泥沙进入汀江流域会造成河床升高，引发洪涝灾害，严重影响着长汀的生态环境和农业生产。换句话说，长汀自身的地势环境因素决定了其易发生水土流失。

（2）近代人为因素

长久以来，河田镇和策武镇两个区域是长汀人口聚集地，旧社会的生产方式给当地生态造成了难以承受的压力。此外，人为因素也是造成长汀水土流失的重要原因。19 世纪中叶太平天国余部与清政府间的战争，对长汀县植被造成了大量破坏；封建宗派间常年林权纠纷不断，在 1912 年至 1916 年间就曾两次因为山权纠纷而相互抢伐林木资源，广阔山林变成灌草迹地；国民党反动派对中央苏区进行第五次“大围剿”，在河田开公路、筑碉堡，砍伐大量林木充做军资，还经常纵火烧山，致使残存的山地植被遭到毁灭性破坏；1958 年大炼钢铁和“文革”期间的“向山要粮”运动，对长汀县森林资源的破坏也甚为严重。这些活动在时间上虽有短暂间隔，但它们造成大面积植被的毁灭性破坏，使当地生态系统无法在短时间内完成自我修复。森林植被的破坏和大雨的冲刷造成水土严重流失，形成大量崩岗。1958～1983 年，长汀水土流失面积从 4.14 万公顷迅速蔓延至 6.97 万公顷，导致了长汀“生活贫困 – 生态恶化”的恶性循环。

（3）现代人为因素

自改革开放以来，尽管长汀对水土流失治理进行了相关探索，但长汀的水土流失问题在相当长的一段时间内未能得到根本改观，其成效不断反复。造成这一现象的根源既有当地较为孱弱的公共财政能力原因，也与当地经济发展水平低下和生产力落后有关。尽管山林资源已经极为贫乏，但由于当地经济发展处于较低阶段，“靠山吃山”仍然是当地多数民众的生活方式。百姓低下的生活水平促使其加剧对森林资源的索取。在恶劣的自然和生产环境下，无法负担烧煤费用的当地民众为了生存，只能选择木材作为主要的能源来源，更有甚者为了一己蝇头私利而盗卖林木。这些都加剧了当地生态环境的继续恶化。

在与长汀县策武镇南坑村村支书沈腾香的交流过程中，她向调研组形象描绘了当时各乡镇为了防止森林资源流失而出台的一系列乡规民约，如一旦发现盗砍林木者，需要杀其家中饲养的猪或其他牲口分给全村以示惩戒，而且必须是最大的那一只。然而，即使有这一严厉的规定，因民众无力购买较昂贵的煤球，他们仍冒险在夜深人静的时候上山砍树，到后来更是形成了妇女结伴半夜上山砍柴的奇特景象。这一时期的水土治理工作仍然没有抓住主要问题，没有解决禁止砍伐与民众生活生产需求之间的尖锐矛盾，未能走出“生活贫困 – 生态恶化”这个恶性循环的死胡同。

（二）习近平同志五次调研批示与历史成就

在省委、省政府的推动下，长汀水土流失治理经历了初步振兴和全面深化两个关键时期，长汀水土流失治理和生态文明建设步入新时代。

1983 年，时任福建省委书记的项南到长汀调研，开启了此后 15 年长汀水土治理的基础阶段。1983 年 5 月，长汀被列为全省治理水土流失的试点，随后展开了大规模的水土流失治理工作。通过人工植树种草、大力开展封山育林等措施，长汀水土流失的势头初步得到控制。从 1985 年至 1999 年，长汀县治理水土流失面积 45 万亩，减少水土流失面积 35.55 万亩，有效改善了当地生态环境，减轻了当地的洪涝灾害。尽管取得了初步成效，但仍有 100 多万亩的水土流失区亟待治理。长汀的水保工作工程之大、难度之深，意味着需要更大力度的政策推动与支持。

1999 年至今，是长汀水土流失治理生态建设的全面深化期，生态治理和生态文明建设取得重大突破和巨大成效。习近平同志在这期间曾五次到长汀调研，并就长汀水土流失治理工作做出五次重要批示和三次重要指示。

1. 五次调研

第一次调研：1996 年 5 月 4 日，时任福建省委副书记的习近平到长汀调研，深入乡村农户和田间地头，实地了解农业农村工作和春耕生产情况，查看了一批重点工程、农业综合开发基地、国有企业和乡镇、民营企业。

第二次调研：1996 年 9 月 1 日，时任福建省委副书记的习近平，专程到闽“8·8 洪灾”重灾区长汀县查看灾情，慰问灾民，指导灾后重建和恢复生产工作。

第三次调研：1999 年 1 月 10 日，时任福建省委副书记的习近平到长汀调研，指导老区发展建设工作，并考察了长汀河田鸡加工厂生产、长汀城汀江防洪堤建设和长汀河田南塘水土流失治理等情况。

第四次调研：这次调研被称作长汀水土流失治理划时代的时刻。1999 年 11 月 27 日，时任福建省委副书记、代省长的习近平，专程到长汀视察长汀县水土流失治理工作，指出“长汀水土流失治理工作在项南老书记的关怀下，取得了很大成绩。但革命尚未成功，同志仍需努力，要锲而不舍，统筹规划，用 10 到 15 年时间，争取国家、省、市支持，完成国土整治，造福百姓”。

第五次调研：2001 年 10 月 13 日，时任福建省省长的习近平再次到长汀视察水土流失治理工作时，专门到河田世纪生态园，为他自己在 2000 年春捐种的香樟树培土、浇水。强调“水土保持是生态省建设的一项重要内容，对水土流失特别严重的地方要重点治理，以点带面。长汀水土流失治理要锲而不舍地抓下去，认真总结经验，对全省水土保持工作起到典型示范作用”。

2. 五次批示

第一次批示：2000 年 1 月 8 日，时任福建省省长的习近平在《关于请求重点扶持长汀县百万亩水土流失综合治理的请示》批阅件上，做出重要批示：

搞好水土保持是可持续发展战略的一项重要内容，应引起我们的高度重视。项南同志在福建工作时，就十分重视抓长汀的水土流失综合治理，我们应该继续做好这项工作。请广钟、琪玉同志牵头，组织有关部门于近期听取一次龙岩市市委、市政府和长汀县委、县政府的有关工作汇报，帮助长汀县搞好水土保持生态环境建设规划的论证，并拨给适当的前期经费。同意将长汀县百万亩水土流失综合治理列入省政府为民办实事项目和上报长汀县为国家水土保持重点县。为加大对老区建设的扶持力度，可以考虑今、明两年由省财政拨出专项经费用于治理长汀县水土流失。

第二次批示：2001 年 10 月 19 日，时任福建省省长的习近平在《龙岩市人民政府关于要求将我市长汀县水土流失综合治理列入省生态环境建设长期规划并继续给予专项治理资金扶持的请示》呈阅件上，再次做出重要批示：

（1）再干八年，解决长汀水土流失问题。

（2）应纳入国民经济规划，请省计委安排。

（3）按 2001 年资金安排规模和渠道形成拼盘意见，还要增加多渠道投资的措施，请省计委、省财政研究。

（4）长汀河田是重点，还要统筹全省其他地方，但要突出重点。

第三次批示：2004 年 6 月 10 日，习近平在长汀县委、县政府报送材料上批示：

欣闻你县几年来全力开展水土流失综合治理，并取得了较好的生态、经济和社会效益，我感到由衷的高兴。1983 年，按照项南书记的要求，长汀开始对水土流失问题进行治理，这几年继续加大了治理的力度。经过多年的努力，如今长汀的面貌发生了很大的变化。希望你们再接再厉，以全面根治为目标，切实把这一工程抓紧抓实抓好，把长汀建设成为环境优美、山清水秀的生态县。

第四次批示：2011年12月10日，时任中共中央政治局常委、中央书记处书记、国家副主席的习近平在《人民日报》发表的《从荒山连片到花果飘香，福建长汀——十年治荒 山河披绿》文章上，做出重要批示：

请有关部门深入调研，提出继续支持推进的意见。

第五次批示：2012年1月8日，时任中共中央政治局常委、中央书记处书记、国家副主席的习近平在中共中央政策研究室等七部门组成的联合调研组提交的报告上，做出重要批示：

同意中央七部门联合调研组关于支持福建长汀推进水土流失治理工作的意见和建议。长汀曾是我国南方红壤区水土流失最严重的县份之一，经过十余年的艰辛努力，水土流失治理和生态保持建设取得显著成效，但仍面临艰巨的任务。长汀县水土流失治理正处在一个十分重要的节点上，进则全胜，不进则退，应进一步加大支持力度。要总结长汀经验，推动全国水土流失治理工作。

3. 三次重要指示

第一次指示：2004年6月10日，时任浙江省委书记的习近平给长汀县委、县政府领导回信：

欣悉你县几年来全力开展水土流失综合治理，并取得了较好的生态、经济和社会效益，我感到由衷的高兴。1983年，按照项南书记的要求，长汀开始对水土流失问题进行治理，这几年继续加大了治理的力度。经过多年的努力，如今长汀的面貌发生了很大的变化。希望你们再接再厉，以全面根治为目标，切实把这一工程抓紧抓实抓好，把长汀建设成为环境优美、山清水秀的生态县。

第二次指示：2011 年 12 月，时任中共中央政治局常委、中央书记处书记、国家副主席的习近平，在接见福建省委书记孙春兰时做重要讲话，指出：

最近《人民日报》报道了长汀水土流失治理的情况，我做了批示，要求有关部门给予支持。这件事奋斗了不止十年，我在福建抓这件事是继项南同志之后的。民国时期就有水土保持区，我们是共产党执政，更要把这件事情抓好。

第三次指示：2012 年 3 月 7 日，时任中共中央政治局常委、中央书记处书记、国家副主席的习近平，在十一届全国人大五次会议期间看望福建省代表团全体代表时，发表重要讲话，对长汀水土流失治理工作再次做重要指示：

生态资源是福建最宝贵的资源，生态优势是福建最具竞争力的优势，生态文明建设应当是福建最花力气的建设。要巩固集体林权制度改革成果，扩大绿化造林面积，加强森林资源建设和开发，探索开展绿色乡镇、绿色社区、绿色学校创建活动，进一步形成全社会参与生态建设的良好局面。要认真总结推广长汀治理水土流失的成功经验，加大治理力度、完善治理规划、掌握治理规律、创新治理举措，全面开展重点区域水土流失治理和中小河流治理，一任接着一任，锲而不舍地抓下去，真正使八闽大地更加山清水秀，使经济社会在资源的永续利用中良性发展。

在习总书记亲切关怀和直接指示下，经过各级政府和广大群众的共同努力，长汀在治理水土流失上取得了历史性成就，并获得了显著的生态、社会和经济效益，向全省和全国交上了一份令人满意的答卷。长汀县在1985～2017年间累计治理水土流失面积221万亩。2015年底遥感调查数据显示，长汀全县的水土流失面积从1985年底的146万亩下降到2015年的39.6万亩，水土流失率从31.5%降为8.52%，水土流失区植被覆盖率由10%～30%提高到75%～91%。侵蚀模数由每年每平方公里8580吨下降到438～605吨，径流系数由0.52下降到0.27～0.35，含沙量每立方米由0.35公斤下降到0.17公斤，年增加保水6526万立方米、保土128万吨。森林面积由1986年的275万亩提高到现在的370万亩，森林覆盖率由60%提高到79.4%，森林蓄积量由1025万立方米提高到1289万立方米。①

回顾30多年的长汀水土治理历程，我们感到长汀的水土治理工作始于项南书记，取得转折性胜利是在习近平同志，他的高度重视和直接指导，对推动长汀水土治理起到决定性作用。从习近平同志的多次指示和批示中看出，长汀是习近平生态文明思想的起源之地。

（三）特色做法

通过与省、县多个相关部门座谈，一对一访谈和实地考察等，调研组提炼总结出长汀水土治理工作有以下四点成功做法。

1. 领导主责，政府规划

强化领导责任担当。党政“一把手”在治理工作中占主导地位并负有主要责任，将水土流失治理纳入常规议事机制。各级领导实行责任制，并担任协调机构负责人，以保证水土流失治理工作的稳定性与连续性。同时，以沈腾香为代表的一批优秀乡村基层干部，在治理水土流失过程中所体现出的责任感和使命感同样值得着重书写，他们在水土流失治理最为困难的破局阶段挺身而出，敢为人先，做第一个“吃螃蟹”的人，并最终带动百姓参与进来，

① 数据由长汀县水保局提供。

共同致富。

强化政府规划能力和考核机制。长汀制定出台《关于建立健全水土流失治理和生态文明建设若干保障机制的意见》，对全县生态文明建设的方针、政策、法规、标准进行统揽。创新生态司法的“三三”工作机制，被誉为生态司法的“长汀经验”和“生态环境法治保障制度创新优秀事例”。创新“生态党建”模式，探索将生态文明建设指标列入干部考核评价体系，并开展领导干部自然资源资产离任审计试点，使生态文明建设考核由“软约束”变成“硬约束”，增强领导干部履行自然资源资产管理和环境保护责任意识。

2. 一区一品，多方参与

发挥乡镇优势突出区域特色。坚持具体问题具体分析，通过发挥各地区优势与特点，因地制宜，打造各乡镇水土治理特色产品。长汀濯田镇赤岭崇的女“愚公”马雪梅，告诉调研组她如何将“猪 - 沼 - 果”模式进行拓展，将农业与养殖业有机结合在一起，绿化了山体并产生了最大的经济效益。南坑村引进厦门树王银杏有限公司发展银杏产业，投入 300 多万元，种植了 2309 亩银杏，以“公司 + 基地 + 党员 + 农户”模式建设银杏生态园，实施了“山、水、田、园、路、房”六大板块项目，建设了美丽的生态村。由县政府主导建设的三洲湿地，将以往的火焰山改造成了当今的花果山，昔日水土流失重灾区，现已建设成风光秀丽、流水潺潺、林果连片、鸟语花香的生态旅游胜地。以上三个实例展示了从户、集体到政府三个层面，根据不同区位采取不同模式治理水土流失。

以制度创新带动多方参与。长汀水土流失问题在治理初期十分严重，光靠政府投入远远不够。因此，长汀创新机制，鼓励公司、乡贤、农户租赁承包山地种茶种果，承诺经营权 30 年不变，并通过补助和补贴等优惠条件吸纳了多元社会资本参与开发治理。上蕉村通过合作社模式开展的林下经济作物，如灵芝与三七等，为当地村民带来了可观的经济收益。在南坑村，经沈腾香引介，南坑乡贤袁连寿和刘维灿夫妇对村里的水利和道路设施进行了投资，解决了“要想富，先修路”的问题。刘维灿牵头筹资创建了凌志扶贫基金会，支持当地村民种植银杏，将南坑村打造成“银杏水乡”。在引入民间资本的同时，群众参与水土流失治理是重中之重。长汀广泛发动群众，采取以奖代补形式，积极鼓励群众承包治理，使他们成为治理水土流失的主人翁和主力军。2012年以来，全县新增经果林1.56万亩，新种植经济作物1.3万亩；新增林地水土流失治理、坡耕地改造、崩岗治理、草牧沼果生态治理等各类示范片41个，总面积近5万亩。其中涌现出了“断臂铁人”退伍军人兰林金、“女愚公”马雪梅、造林大户林慕洪等一批水土流失治理的草根英雄。

此外，长汀还注重军民携手共建进行生态治理。连续5年与东部战区陆军部队、省军区、省武警总队加强军地协作，共同治理水土流失。2012年以来，省军区驻闽部队把助力“生态长汀”作为支持革命老区建设的实践，共组织1万余名官兵赴长汀支援植树造林治理水土流失，完成植树造林和抚育施肥2.7万亩。

3. 科学施策，循序渐进

科学规划、因地施策。长汀县在制定水土流失治理和生态重建相关政策的过程中，十分注重科技投入，开发出了一系列先进治理模式，其中既包含封山育林和荒山造林等传统治理和保护模式，又因地施策，提出“反弹琵琶”理念，探索出低效林改造、等高草灌带、草灌乔混交、小穴播草等一系列针对性强的治理模式。在取得显著成效以后，长汀继续在生态治理质量上实现提升，提出了阔叶树种造林计划，营造了阔叶树和针阔混交林的造林新模式，实现了造林绿化工程从以往的数量面积为重向提质增效转变。

开展科研协作、形成专业团队。针对生态治理难题，长汀县与中科院、福建师范大学和福建农林大学等科研院所及高校，开展崩岗类型划分与经济型技术集成、生态高值农业复合模式示范等联合研究，探索和应用推广水土流失治理新模式、新技术，制定《红壤丘陵区水土保持治理标准体系》7个基础标准和9个地方标准，填补了我国南方红壤丘陵区水土保持标准的空白。在治理过程中，为确保项目管理水平和治理效率，县委通过责任制的方式来对各级项目管理团队进行考核，逐步打造了一只精通业务的专业团队。

统筹推进和专项整治相结合。长汀县水土流失治理工作开展至今，已统筹推进汀江流域森林和湿地生态系统保护，并以专项治理为突破口，实现了水土流失治理的遍地开花。在此期间，长汀建立国家级自然保护区 1 处，国家级水产种质资源保护区 1 处，国家湿地公园 1 个，森林公园 2 个，乡村森林公园 6 个，美丽乡村 97 个。开展“六清六美”乡村环境专项整治，推进农村“改水、改电、改路、改厕、改圈”，实施生活垃圾无害化处理和乡镇污水收集处理，建立沼气集中供应点，推动逐步形成绿色低碳循环的生产生活方式，打造生态家园。

4. 依法治理，注重宣教

制定水土保持政策法规。为封山育林，实现生态的自然修复，长汀县先后制定了《封山育林命令》、《关于护林失职追究制度》、《关于禁止砍伐天然林的通知》、《关于禁止利用阔叶林进行香菇生产的通告》等一系列保护生态的规章制度，依法依规对盗砍和不合规定使用林木的行为进行严厉惩罚，对其他破坏生态行为起到震慑作用。同时，在政策层面实行群众燃料补助制度，引导农民以煤代柴、以沼代柴、以电代柴，当地群众告别了延续数千年烧柴做饭的历史，减少了对林木能源的依赖。

制订《乡（村）规民约》。引导乡（镇）村等基层行政单位，通过《乡（村）规民约》等进行封山育林，避免只着眼于眼前蝇头小利的滥砍乱伐。建立了“县指导、乡统筹、村自治、民监督”的护林机制，在全县范围内全面禁止炼山造林，对阔叶树实行更为严格的管理。

重视对水土保持重要性的宣教。长汀县在生态治理的过程中十分注重对水土保持工作的宣传，以此提高全民对水土流失危害的认识和提升保护生态环境的意识。长汀采取了包括印发宣传资料，张贴活动标语，播放影像资料，组织单位干部职工、学生和其他群众接受水土保持教育等方式进行广泛宣教，还印发了《中华人民共和国森林法》、《中华人民共和国水土保持法》、《水土保持工作条例》等宣传册。随着长汀水土保持科教园的落成，许多家长利用节假日带着孩子前来参观、学习、实践。通过科教园这个平台，长汀让更多人能够体验水土保持治理取得的显著成效，水土保持、环境保护的科学思想和理念得到广泛传播。

（四）主要经验

通过实地调研，课题组提炼出长汀水土流失治理的如下成功经验。

1. 理念先行、久久为功

水土流失治理是一个长期存续、不进则退的过程，需要每一代人持之以恒、不停奋斗。习总书记在批示和讲话中强调久久为功的理念，提出坚持正确的政绩观、发展观，和功成不必在我的治理思想。长汀县几代领导班子牢记习近平同志的嘱托，带领广大群众坚定地、持续地对水土流失进行不懈治理，终于取得历史性成就，他们在实践中对习近平久久为功的理念和正确的政绩观感悟深透。在这一思想指引下，长汀先后出台加快生态家园建设、林业生态强县建设、中等城市建设、旅游产业发展等实施意见，完成生态文明示范县建设、国家级生态县建设、汀江国家湿地公园、汀江源国家级自然保护区、汀江生态经济走廊建设、水土流失综合治理等中长期规划方案，其中《长汀生态文明示范县建设规划（2013～2025年）》，成为十八大后首个由环保部认证的生态建设规划，为长汀持续开展水土流失治理和生态文明建设提供了长远战略设计。

2. 平衡发展、绿富共赢

明确经济发展与生态保护之间是对立统一的关系，努力实现绿富共赢。粗放的发展模式会破坏生态系统，并反过来制约经济的可持续发展。而良好的生态环境和丰富的自然资源反而能够为经济发展提供新动能，有助于长期且可持续的发展。与此同时，经济发展能为环境保护和治理提供更多的技术、资金和人才支撑。因此，环境治理是一个综合治理过程，环境改善和经济增长的双赢局面会带来经济社会整体发展的综合效应，能够起到筑巢引凤的功能。长汀坚持“产业发展生态化、生态建设产业化”，在加快重点生态功能区建设的同时，做好生态农业、生态林业、生态种养、生态旅游等文章。同时，努力将生态短板转变为发展机遇，如发展崩岗经济、发展生态农业和生态旅游等产业。发展崩岗经济就是对尚未稳定、危害较大的崩岗群，探索崩岗治理区域改“崖”为“坡”新模式，采取削坡造地的方法变崩岗区为生态种养区、工业园区、生态移民安置区，建立“生态—经济型”崩岗综合治理示范点，引导群众在崩岗台面上种植杨梅、油茶等经济作物，累计治理崩岗 417 座，产生效益近 34 万元，实现生态、经济双赢目的。发展生态农业，引导农民发展大田经济、林下经济、花卉经济等生态农业，2012 年来全县建成设施农业 2200 亩，成立农民专业合作社 627 家、家庭农场 1232 家，林下经济经营面积达 160.51 万亩，参与林农户数 2.12 万户，年产值 23.46 亿元。发展生态旅游，注重提升景观格局和景观生态服务功能，打造汀江源头龙门风景区、庵杰—新桥汀江十里生态画廊、策武南坑美丽乡村示范园、河田水土保持科教园、三洲国家湿地公园等生态景区，形成了别具特色的生态文明旅游观光路线，年吸引休闲观光人数 100 多万人次。

3. 政府主导、多方参与

由于水土流失不仅仅是一个单纯的生态问题或经济问题，还是重要的社会综合性问题。因此生态的恢复不仅有益于当地民众，还带动了整个社会的生态、社会和文化效益提升，带来很多难以量化的利益。而且，从参与治理行为体的角度来看，多主体治理顺应了国际治理能力和治理体系现代化的要求。虽然在水土流失治理的某一阶段，需要政府政策的大力支持才能够将工作向纵深推进，但这仅是权宜之计。从整体上看，水土流失治理是一项浩大的工程，不能仅仅依靠政府的资金投入，还需要全社会的共同参与和建设。

政府先行、带动民众。在长汀水土流失治理的初始阶段中，由于社会力量孱弱，当地政府不仅担当了主要的领导责任，还肩负着转变民众生活生产观念、将生态治理与经济收益统筹规划、吸引社会资金支援等一系列重担。例如，在“柴改煤”的初始阶段，长汀县机关单位、乡镇、学校和国有企业等率先使用煤炭而放弃木材，为此后“柴改煤”工作的全面铺开奠定了基础。

而在其后的山地开发和果树种植工作中，以沈腾香为代表的一批基层党员充分发挥先锋模范作用，通过自身示范效应吸引群众参与到水土流失治理和经济林建设中。此后，通过创新资金补助模式以奖代补（即大干大补，少干少补，不干不补），实行山林经营权一定30年不变，谁种谁有、谁治理谁受益等一系列优惠政策，充分调动群众的积极性。在这一条件下，过去的砍树人变成了当今的种树人，改善了生态的同时还摆脱了贫穷，实现了水土流失治理和百姓生活水平改善的双赢。

政策导向、企业参与。随着企业自身社会责任意识的觉醒，以及政府为企业参与水保治理创造了有利的政策环境，大批企业参与到长汀水土保持和生态恢复工作中来。例如，袁连寿企业在南坑村设立的凌志扶贫基金会，为当地民众养猪种果提供贴息贷款等支持，为了进一步推动南坑村的生态恢复工作，企业协调引进了厦门树王银杏制品有限公司，在当地种植银杏2300多亩、5万多株。银杏基地也从原来的劣质低效地变成了当前的优质高效地，实现了乡镇、企业和村民的共赢。近年来，长汀县政府出台了《林权抵押贷款实施办法》、《推进水土流失治理企业化运作实施方案》等政策，自2012年以来共吸引1.5亿元企业资本，以承包、租赁、股份合作等方式参与水土流失治理。其中厦门中盛粮油建成的“全国油茶科技示范基地”，中石油投资帮扶长汀建成的“万亩水保生态示范林”等，都是企业参与水土治理的典型案例。

4. 因地制宜、多策并举

治山与治水相结合。根据当地地理和植被的特殊情况，长汀开展“等高草灌带”、“老头松”施肥改造、陡坡地“小穴播草”等针对性治理，变生态系统逆向演替为顺向进展演替。严格落实“河长制”，开展汀江－韩江跨省流域生态保护补偿试点，建立上下游成本共担、效益共享、合作共治的跨区域流域生态保护长效机制。同时，实施小水电站退出试点、万里生态水系连通、小流域河道清淤疏浚，实现了“河畅、水清、岸绿、安全、生态”和“自然型”河道目标。

治理与保护相结合。长汀严格落实耕地保护和土地节约集约利用制度，持续推进废弃矿山治理和山坡地整治。颁布《封山育林命令》，严格实行“十个禁止”措施，有效打击涉林违法犯罪行为，实现林业行政案件发生数和林木损失数同比“双下降”。实行环保“一票否决”制，严把“引进关”，重点引进上规模、低耗能、轻污染、高效益的项目和产业，坚决淘汰和拒绝“十五小”和新“五小”污染企业。自2012年以来，长汀拒绝了7家污染企业落户，狠抓生猪养殖业污染综合整治，2013年以来累计关闭拆除生猪养殖场2311家，拆除面积79.58万平方米，削减生猪60万头。

深化林权改革、打造林业金融。长汀在林地确权发证的基础上，搭建了企业、合作社、林场、造林大户和林农之间的林权流转平台，引导林权交易，促进林地更为高效地利用，也更大程度地将社会资金吸引到林业产业上来。由于传统的林权贷款流程烦琐，限制很多，且抵押难，林农长期以来饱受资金缺乏的困扰，制约了林业发展和林农增收。长汀创新了林业金融制度，依托县政府出资3000万元的林业信贷担保基金，于2013年在全省率先成立了林业金融服务中心，推行“林权证直接抵押贷款”的制度创新，减少了林农在贷款过程中所产生的大部分费用，有效解决了林农有林缺钱“抵押难”、“手续繁”和“贷款慢”等问题，促进形成了金融部门业务拓展、林业投资热情提升以及林农收益提升“三赢”局面。

三、建议与展望

通过这次长达五周多的实地调研，我们不仅深入了解了长汀几十年来水土治理的过程、成就、做法和经验，体会到了水土治理给长汀经济和社会发展带来的效益，也考察了长汀发展的总体环境、地域特点和自身优劣势等，对长汀下一步水土治理，今后发展定位和总体思路，有了新的思考和相应建议。同时，从长汀看全国，对国家水土治理、环境保护工作，也有了一些启发和建议。更重要的是，通过这次调研，我们更对党的十九大提出“五位一体”总体布局，将生态文明建设纳入国家发展战略，有了更深的理解和感受，对习总书记提出的“绿水青山就是金山银山”理念的内涵，有了深切的感悟和阐释。

（一）对长汀的建议

1. 对长汀下一步水土治理建议

根据水土流失特点和规律，基于目前长汀仍有 36.8 万亩的水土流失面积（水土流失率降为 7.92%），为巩固已有成果，继续对仍存的水土流失面积进行有效治理，建议如下。

——持之以恒，绝不松解

长汀在水土治理方面已取得巨大成就，也有了成功的做法和经验，但水土流失的规律和特点是反复性、长期性，而且已有治理成果存在不稳定性、反向发展问题。水土治理工作不进则退、一退全废，这就需要长汀坚定地、持续地将水土治理工作进行下去，在思想上、政策上和行动上都要高度统一，绝不松懈，将水土治理放在施政施策的突出位置。持之以恒，久久为功，这不仅是长汀的经验，更是今后坚持的理念和行动。

——加大投入，攻克难关

根据最新的调查统计，长汀水土流失率降到了 7.92%，这是一个了不起的成就。但必须看到，长汀仍有 36.8 万亩水土流失面积，分布在 17 个乡镇的 1 万多个板块上。

由于流失板块地处偏远山区、交通不便，且分布零星分散、土壤贫瘠，后续治理难度大幅提升，所需的治理成本也成倍数增长，水土流失治理进入了最后的攻坚克难阶段。为此，建议国家和福建省针对长汀水土流失治理的难题，在资金上加大投入力度（目前政策、机制、技术等不成问题），支持长汀啃下水土流失治理的“硬骨头”，目标是将水土流失率降到国际标准。

2. 对长汀今后发展的定位与思路建议

长汀的水土治理取得巨大成就，原来的荒漠景象得到彻底改观，逐步恢复了山清水秀的历史原貌，下一步，长汀不仅要巩固已有治理成果，而且要继续治理仍存的水土流失板块，向更高的水土治理目标前进。同时，在十九大提出新的发展蓝图，国家迈向世界强国进程中，长汀应紧跟国家发展步伐，在治理好水土流失、保护好环境基础上，更应根据自身地域、环境特点，深挖并发挥自身优势，找准长汀实现跨越发展、可持续发展的目标和方向。为此，我们对长汀今后发展，提出如下建议。

——找准定位，打造历史文化名城

长汀县城四面环山，可用土地资源极为有限，县境内可用土地也较少(与周边其他县市相比也处劣势)，而且区位、交通也无优势可言。若按照一般地方发展思路，与其他县市一样努力争取投资、引进企业或大搞开发，不仅条件、潜力有限，而且不利于水土保持和环境保护。因此，长汀必须另找他途实现发展。

我们在调研中深切感受到，长汀历史文化底蕴雄厚，拥有其他县市不可比拟的历史文化资源。

长汀是古代汀州府所在地，是客家人南迁唯一的州府，客家文化传承深厚；长汀是著名的唐宋古城，也曾是近代最好的古城之一，20 世纪 30 年代曾遍访中国的国际友人路易·艾黎曾说，福建长汀和湖南的凤凰是“中国最美丽的山城”；目前，长汀的古城墙和城门保护较好，城内也保护了一些古建筑和街道，这在其他城市中并不多见，1994 年长汀被评为“国家历史文化名城”。因此，我们认为，长汀应发挥自身深厚的历史文化优势，避免劣势，向一个历史文化名城方向发展，像凤凰、丽江一样，将长汀打造成一个深具客家文化特色、富有浓郁古代建筑风情的名城，恢复长汀历史原貌，在中国甚至世界打造出自己的城市品牌。同时，继续保持好自身革命的“红色”圣地和美丽山水的“绿色”之州两大优势。这样，长汀就可以“古色”为主，辅之以“红色”和“绿色”，发展成为一个极具旅游价值和品牌的历史文化名城，长汀的发展就会迎来另一个新天地。

——百年大计，长远规划和综合治理

如果按照上述定位和发展思路，长汀就需要一个长远的发展建设规划和综合治理方案。必须承认，虽然长汀具有发展成一个历史文化名城较好的基础和条件，但由于在过去的几十年中并没有意识对古城进行保护，城市现代化建设严重冲击了古城风貌，致使古城原貌遭到较大程度破坏，这也是今天我们看到的长汀与凤凰相去甚远的原因。

为恢复长汀本来的历史风貌，打造一个世界历史文化名城，必须对长汀发展基于百年大计进行长远规划和综合治理。比如，制定一个恢复古城的综合规划方案；需要对现有古城墙和城门进行专门修缮和保护；对城内建筑进行重新规划和建设，恢复原有建筑风貌；对古城墙周边现代化建筑进行有效治理；挖掘和保护客家文化传承（建筑、饮食、服饰、民俗、节日、音乐等）；引入资本实现规划和目标；制定长汀旅游品牌向外推广方案等。丽江在20世纪90年代大地震后毁于一旦，但重建后仍以古城风貌和特色文化吸引八方来客，而历史文化保护较好的长汀，应更有理由和信心恢复建设成独具特色的历史文化名城。

（二）长汀经验对全国的启示

当前，中国仍有不少地区存在严重或较严重的水土流失问题，生态文明建设仍处于困难境地。长汀的水土治理工作形成了一整套可重复、可持续的治理经验和做法，对全国的水土治理和生态文明建设具有重要借鉴。

1. 政府主责，规划先行

水土流失现象既有自然原因也有人为原因。长汀经验表明，水土流失的治理不能靠天吃饭，不能等自然修复，而是一项必须由政府承担主要责任的公共服务项目。在党的十九大精神指引下，福建省各级党委和政府正在全面贯彻落实关于《国家生态文明试验区（福建）实施方案》的决策部署，在更高的起点上打造“长汀经验”升级版，继续使生态文明建设保持全国领先水平。

在组织领导方面，继续执行水土保持工作领导小组及其挂钩制度，并从 2018 年起全面落实地方政府的水土保持主体责任和考核工作。在科学规划方面，围绕生态文明建设，狠抓规划设计与落实，促进科学分类治理。以“产业发展生态化、生态建设产业化”为基本原则，打造生态经济走廊（或生态经济区），促进区域经济社会持续健康发展。

2. 科技支撑，持之以恒

水土流失治理工作离不开科学技术的支撑。目前，南方红壤区水土流失的科学机理已近成熟，有了比较成功的治理技术和经验。今后的水土流失治理工作应通过以信息技术为核心的多技术集成展开：一是使用无人机、遥感技术等现代先进技术，提高对在建生产建设项目和重点治理项目的动态监管水平；二是以扎实的科学数据为支撑，提高物种的多样性与复合性水平，继续降低森林生态系统的脆弱性程度；三是鉴于福建省已根据长汀经验出台了三项省级技术标准，建议中央相关部门以此为基础，结合相关省份经验，出台一套适用于南方红壤区的国家级技术标准；四是改变资金投入方式，支持水保科研长期化、基地化，以便积累长期科研数据，为政府制定中长期规划和相关政策提供科学支撑。

水土流失治理工作需要持之以恒的毅力。长汀的水土流失情况得到了有效的遏制，治理工作取得了令全国瞩目的效果，过去的“火焰山”变成了“花果山”。然而，长汀的生态系统仍然有脆弱性，林分改造、土壤改良工作还需要很长时间，森林病虫害防范形势严峻，生态建设存在较大资金困难，富民产业升级方面尚有欠缺，而且这些问题很可能也是全国其他水土流失区面临的共同问题。这就要求各级党委、政府有定力、有毅力，把“显绩”与“潜功”结合起来，持续发力，久久为功。

3. 转变思路，主动塑造

水土流失治理本就涉及政府多个部门，而生态文明建设更是一个大的系统工程。面对繁重的治理和建设任务，每个部门都要力求转变工作方法，创新工作思路，主动塑造有利于生态文明建设的环境。长汀经验表明，新思路可以带来新变化、新契机。一是变水土保持为水土保育。水土保持是前一阶段水土流失治理工作的基本思路，但在治理取得明显成效的情况下，省、市、县三级政府的有关部门正在转变治理思路，变“保持”为“保育”，这表明今后的工作重点是提高森林和土壤的生态涵养能力。一字之差背后体现的工作思路的根本变化，带来的是政策引导和资金流向的变化。二是变被动治理为主动塑造。不可否认，长汀开始治理水土流失很大程度上是被逼无奈之举，因为当时恶劣的生态环境已经严重威胁到当地人民的生产生活。在“火焰山”已经变成“花果山”的今天，政府、社会和人民早已不把水土保持和生态建设，当成一件只投入无产出、费时费力不讨好的苦活、累活，而是把它当作一件可以使“绿水青山变成金山银山”的高投入高产出事业，一项可以提高人民的文化品位和生活品质的利民工程，生态保护、产业发展、人民富裕、乡村振兴正在走上一个良性循环的轨道。三是生态的改善可为当地发展带来新的契机。水土治理、环境的改善，不仅为当地带来直接的经济效益和综合社会效益，更会为当地整体发展带来新的机遇，触发当地发展新思路、新定位、新目标和新规划，为当地发展带来新的契机。

（三）生态文明建设关乎国家崛起战略

习总书记对生态文明建设做出一系列经典论述：“生态兴则文明兴、生态衰则文明衰”，“建设生态文明是关系人民福祉、关乎民族未来的长远大计”，“绿水青山就是金山银山”。党的十八大把生态文明建设纳入“五位一体”总体布局，十九大则进一步明确要求“加大生态保护力度，实施重要生态系统保护和修复重大工程，优化生态安全屏障体系……推进荒漠化、石漠化、水土流失综合治理”。

长汀认真按照习总书记的指示要求，贯彻执行党中央、国务院关于生态文明建设决策部署，依法落实水土流失防治责任，促进有效保护和合理利用水土资源，扎实推进水土保持工作，这是加快建设美丽中国，推动形成人与自然和谐发展新格局，推进中国特色社会主义“五位一体”的总体布局，实现“四个全面”战略布局的伟大实践。

水土资源是一切生物繁衍生息的根基，是实现生态文明的重要基础。加快水土流失治理已成为我国生态文明建设必须首先要解决的问题，水土流失问题得不到根本解决，建设生态文明的目标就会落空。水土保持是全面建设小康社会的基础性工程，是实现人与自然和谐的重要手段，是可持续发展的重要保证，是建设生态文明的重要内容。

水土综合治理是实现全面建设小康社会的重要举措。长汀的实践证明，与任何单一的措施相比，水土保持能够充分考虑自然、社会等各种因素，统筹协调各方面力量，科学配置多种措施，确保人口、资源、环境与经济社会协调发展，在生态文明建设中具有独特优势。通过水土保持综合防治，既保持了水土，又增加了资源；既改善了生态环境，又创造了经济效益，可以真正实现将生态改善贯穿于生计改善之中，把广大人民群众从传统单一的农业发展中解放出来，减少人类对自然生态环境的索取和破坏。

水土综合治理是新型城市化的重要尝试。2013 年中央城镇化工作会议明确提出，“要坚持生态文明，着力推进绿色发展、循环发展、低碳发展，尽可能减少对自然的干扰和损害，节约集约利用土地、水、能源等资源”。因此，县域新型城镇化必然要求把生态环境建设，作为贯彻落实国家城镇化战略部署的重要实践，在推进县域新型城镇化中划定生态红线，按照守住底线的原则稳步推进县域城镇的“扩容提质”，构建生态环保产业体系，推动县域生态农业、绿色制造业等生态产业发展，走出一条环境友好、资源节约的生态发展道路。

水土综合治理是实现人与自然和谐共生的重要内容和前提。建设美丽中国的现代化新格局，必须处理好人与自然的关系，人类必须尊重自然、顺应自然和保护自然，否则会为眼前利益损失可持续发展的长远利益。新时代的现代化建设不仅要创造更多的物质财富，而且要为人类创造一个健康、美丽的生态环境。牢固树立社会主义生态文明观，着力解决水土流失问题，形成绿色发展方式和生活方式，是决胜全面建成小康社会的重大任务。

水土综合治理还是积极参与全球环境治理的重要战略举措。建设清洁美丽的家园是人类的共同愿望，是构建人类命运共同体的重要内容。随着环境问题的日益全球化，国际社会携手共同应对全球环境挑战，已成为全球治理的重要内容。积极推进国内的水土综合治理和生态环境保护，既是中国的责任和义务，也是中国对国际社会的贡献。

长达一个多月的长汀调研结束了，这是一次对省、县、乡、村、户多层面、多方位的全面实地调研，调研组获得了大量第一手资料、信息、数据和实例，是一次直观收获颇丰的调研，更是一次思想、观念的浸染和洗礼。我们对习总书记“绿水青山就是金山银山”的理念，有了更深的理解和阐释。

——绿水青山能产生直接经济效益。山青了、水绿了，种什么、长什么，老百姓守住这绿水青山，就不愁没饭吃、不愁没钱花，就能过上衣食无忧的生活。守住绿水青山，就守住了百姓生活的保障，“绿水青山就是金山银山！”

——绿水青山能带来长久经济利益。绿水青山的环境，为当地农作物的种植、生长提供了一个可靠基础和保障。随着时代的变迁和技术的发展，有了这个基础和保障，就会为当地经济发展带来新机遇，使百姓生活水平有新的提高。守住绿水青山，就守住了未来发展的基础和源泉，“绿水青山就是金山银山！”

——绿水青山能创造综合发展效益。绿水青山的环境，不仅能产生经济效益，而且能给当地带来旅游、投资、经商、文化等的发展，产生综合社会效益，从而大大促进当地整体发展。守住青山绿水，就守住了发展的“聚宝盆”，“绿水青山就是金山银山！”

——绿水青山能增加人民的幸福感。发展的目的不仅要提高人民生活的物质水平，更要增加人民的获得感、满足感，最终目的是增加人民的幸福感。人民的幸福感不仅取决于物质生活水平，也取决于精神层面的感知和感受。清新的空气、优美的环境，会大大增加人民的满足感、幸福感。守住绿水青山，就守住了增加人民幸福感的重要基础，“绿水青山就是金山银山！”

改革开放与中国县域发展

GAIGEKAIFANG

JIANGXI JINGGANGSHAN

江西井冈山

不忘初心　率先脱贫

中国社会科学院世界历史研究所

十八大以来，以习近平同志为核心的党中央做出全面部署，在全国范围内打响了脱贫攻坚战，做出了“确保到2020年所有贫困地区和贫困人口一道迈入全面小康社会”的庄严承诺。党的十九大要求，到2020年我国现行标准下农村贫困人口实现脱贫，贫困县全部“摘帽”，解决区域性整体贫困，做到脱真贫、真脱贫。脱贫攻坚，是习近平新时代中国特色社会主义思想的一个重要关键词，也是全党、全国人民在新时代的一项伟大使命。

在全国上下如火如荼地开展脱贫攻坚工作的时代背景下，2016年春节前夕，习近平总书记冒着严寒，带着牵挂，第三次来到井冈山视察。他指出，“井冈山要在脱贫攻坚中作示范、带好头”，“老区在全国建小康的征程中，要同步前进，一个也不能少，都要共同迈入小康社会”。这体现了总书记对老区人民的无限关切，同时也是对老区的扶贫工作做出的重要指示。因此，扶贫攻坚对井冈山而言，既是经济问题、民生问题，也是政治问题、责任问题。

2017年正值井冈山革命根据地创建90周年，2月26日井冈山市宣布脱贫“摘帽”，成为我国贫困退出机制建立后首个脱贫“摘帽”的贫困县。这被新华社评为2017年全国十大新闻。井冈山市用改革思维和创新办法推进精准脱贫，被评为2017年中国改革年度十大典型案例。

2018年是改革开放四十周年。为深入学习贯彻十九大精神和习近平新时代中国特色社会主义思想，准确把握习近平总书记关于脱贫工作的重要指示和国家关于脱贫攻坚的政策、法规，我们成立了调研组，秉承唯实精神和科学求真方法，赴井冈山市等地开展脱贫调研，着重研究思考“井冈山为什么能率先脱贫”，从而总结井冈山市在脱贫工作中的经验，展示脱贫成果，力求既能提炼出脱贫战役中的“井冈山模式”，又能从中提取有助于国内其他地区脱贫的典型做法；同时发现、研究并尝试解决存在的问题，探索摆脱贫困的可持续发展道路。

一、井冈山市的基本情况与取得的成就

井冈山，素有“中国革命的摇篮”和“中华人民共和国的奠基石”之称。毛泽东、朱德等老一辈无产阶级革命家以井冈山为起点，开辟了“以农村包围城市，武装夺取政权”具有中国特色的革命道路，点燃了中国革命的星星之火，中国革命从这里走向胜利，孕育了伟大的跨越时空的井冈山精神。

（一）地理位置与自然条件

井冈山位于江西省西南部，地处赣湘两省交界的罗霄山脉中段，古有“郴衡湘赣之交，千里罗霄之腹”之称。地势南西高、东低。南西部为中山，东部为低山、丘陵、盆地，主要山峰海拔多在千米以上，最高点江西坳，海拔 1833 米，是典型的山区地貌。①

井冈山属亚热带季风气候，由于地势高、地形复杂，气温、降水、日照等差异大，形成“同山不同象，十里不同天”的气候特征，具有冬长、夏短、秋早、春晚的特点。整体来看，井冈山地区春夏季节雨量明显偏多，而秋季降水则明显偏少；冬季无明显严寒冻害天气，夏季酷热天气不多；年度日照条件优越。2017 年全年平均气温 18.5 度，最高气温 38.3 度；年总降水

① 江西井冈山市志编纂委员会：《井冈山志》，北京：新华出版社，1997，第 55 页。

量 1780.9 毫米，年平均日照 1515.2 小时。[①]

井冈山自然资源丰富。境内耕地保护面积 9333.36 公顷；水资源总量 11.58 亿立方米，水能理论蕴藏量 13.2 万千瓦；生物资源和森林资源特别丰富，至今仍保留众多人迹未至或极少人类活动的大片原始态或半原始态森林，森林总面积 12.65 万公顷，森林覆盖率为 81.2%，分居全省、全国第一位。[②]

井冈山旅游资源丰富。井冈山风景名胜区是国家首批 5A 级旅游景区，享有“中国旅游胜地四十佳”之美誉，被朱德称为“天下第一山”，并成为第四套人民币百元纸币的背景图。巍巍五百里井冈，100 多处革命旧址遗迹散落其间，已经成为一个没有围墙的革命历史博物馆，成为人们陶冶情操、净化心灵、提升境界、坚定信念的生动课堂，成为进行爱国主义教育和革命传统教育的重要基地。

（二）人口与民俗

2017 年末井冈山市总人口为 170348 人，自然增长率为 10.26‰。全市城镇化率达 63.34%。城镇居民人均可支配收入为 31798 元，农村居民人均可支配收入为 9556 元，增长 8.8%。城镇居民家庭恩格尔系数（即居民家庭食品消费支出占家庭消费总支出的比重）为 31.4%，农村居民家庭恩格尔系数为 30.4%。[③]

勤劳俭朴、勇敢顽强、宽容诚实的井冈山人民，在湘赣边界的罗霄山脉繁衍生息，与大自然相依相偎、相亲相融，世代教习耕田种地、伐木破竹、打猎摘果，在长年累月的辛勤劳作和经世传承中，形成了既包容并蓄又独具特色的农猎渔樵生产习俗。井冈山人民把土籍文化和客家文化、庐陵文化和

---

① 井冈山市统计局：《井冈山市 2017 年经济和社会发展统计公报》，2018 年 5 月 2 日，http://www.jgs.gov.cn/html/2018/5～2/n38687318.html。

② 井冈山市地方志编纂委员会：《井冈山市志（1991～2010）》，北京：方志出版社，2012，第 4 页。

③ 井冈山市统计局：《井冈山市 2017 年经济和社会发展统计公报》，2018 年 5 月 2 日，http://www.jgs.gov.cn/html/2018/5～2/n38687318.html。

湖湘文化，以及吴楚文化包容并蓄融为一体，经过千百年的传承发展，凝结成既顺应自然规律又饱含生存法理、既浸透质朴清纯又彰显坚韧智慧的民俗风情。井冈山民俗文化蕴含着坚定信仰、坚毅品质、坚强作风和艰苦奋斗的精神，奠定了井冈山斗争的坚实基础，也为新时代脱贫攻坚提供了力量源泉。

（三）历史沿革

清朝初年，有蓝、黄两姓村民从广东兴宁迁居五指峰脚下建村立基。此地四面环山，形状似井，有一条小溪(本地称江）流入，故称此溪为“井江”，村庄建在“井江”一侧的山脚平地上，故名“井江山”村。因本地方言“江”和“冈”同音，故有“井冈山村”地名。1928 年 11 月，毛泽东起草了一份给中共中央的报告，即《井冈山的斗争》，首次正式使用“井冈山”这一名称。此为市名之由来。

井冈山历史悠久，古为百越之地，秦朝设郡县制时，为九江郡庐陵县属地，东汉年间人口渐多；公元 280 年西晋太康年间，为庐陵郡西昌、遂兴两县分治；唐朝显庆年间（658 年），改为江南西道吉州府属地；元至顺年间（1330～1333 年）析永新州胜业乡第四十五都至五十二都等地置县，以“长宁之义”定名为永宁；明清以来，隶属于江西行省吉安府，永新、龙泉（现遂川）两县分治。

1914 年，龙泉县改遂川县，永宁县改宁冈县。井冈山斗争时期，在中共湘赣边界党和工农兵政府领导下，于 1928 年 2 月，在茨坪建立新遂边陲特别区工农兵政府，属遂川县工农兵政府管辖。1928 年 10 月底，中共湘赣边界特委指示，新遂边陲特别区改称大小五井特别区，归中共宁冈县委管辖。

1949 年 10 月中华人民共和国成立后，在党中央、国务院的亲切关怀下，1950 年 10 月在茨坪成立井冈山特别区（仍属遂川县）；1957 年改井冈山乡，1958 年改井冈山人民公社，宁冈县并入永新县。1959 年 5 月，宁冈县从永新县析出，以宁冈县（除汗江乡）行政区域、永新县拿山区和遂川县井冈山乡为基础成立井冈山管理局；1959 年 11 月，宁冈恢复县建置，行政区域沿袭井冈山管理局，井冈山管理局和宁冈县人民委员会合署办公；1961 年 12 月，井冈山管理局与宁冈县分治；1981 年 10 月，撤井冈山管理局，设井冈山县，隶吉安地区；1984 年 12 月，撤井冈山县，立县级井冈山市，隶吉安地区；2000 年 5 月 11 日，经国务院批准，宁冈县和县级井冈山市合并，组建新的县级井冈山市，直隶江西省，吉安市代管；2005 年 7 月，成立井冈山管理局，为吉安市政府派出机构。[①] 目前，井冈山市辖 21 个乡镇场、街道办事处，106 个村民委员会，国土面积 1297.5 平方公里。[②]

（四）取得的成就

改革开放以来，特别是党的十八大以来，在中国共产党的正确领导下，井冈山人民以习近平总书记在井冈山考察时的重要讲话精神为指引，坚持“红色引领、绿色崛起”发展战略，大力弘扬伟大的井冈山精神，与祖国同发展，与时代共进步，坚持打基础、利长远、谋全局、惠民生，完成了一件又一件对井冈山发展至关重要的事情，经济社会发展取得了令人瞩目的成就，一个崭新的井冈山呈现在世人面前。

1. 综合实力实现历史性跨越

经济规模迅速壮大，质量效益不断提高，地区生产总值、财政总收入、社会消费品零售总额基本实现五年翻番，固定资产投资实现五年翻番。城镇居民人均可支配收入、农村居民人均可支配收入、旅游人次、旅游总收入等 15 项指标实现年均两位数增长。

以下通过地区生产总值、人均收入、产业结构、旅游接待人数及收入情况四个方面的变化，以 1978 年、2001 年、2010 年、2015 年和 2017 年为代表性时间节点，更加直观地呈现改革开放四十年来井冈山市的综合实力跨越历程。

---

① 吉安市地方志编纂委员会：《吉安概况》，北京：中华书局，2018，第 62 页。

② 《井冈山简介》，2015 年 9 月 11 日，http://www.jgs.gov.cn/html/2015/8～11/n02076274.html。

井冈山市地区生产总值从1978年的3676万元[①]增长到2017年的705534万元[②],39年时间里以年均14.43%的速度增长，增速超过国内大多数地区，经济总量在吉安市排第二。各年份GDP及增长情况详见图1。

图1　井冈山市GDP增长情况

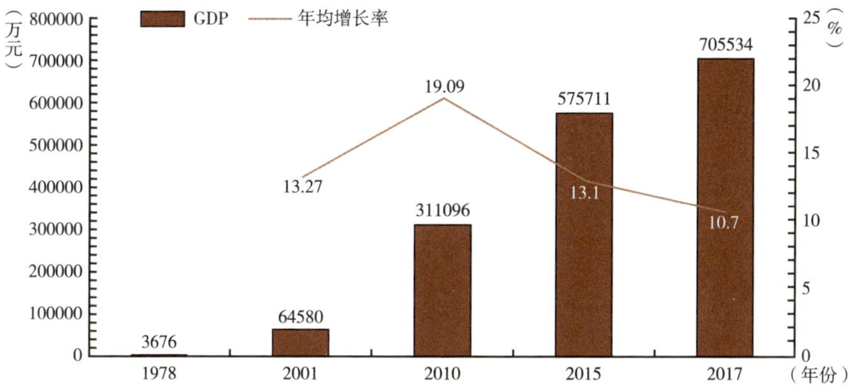

资料来源:《井冈山市改革开放30年经济社会发展回眸》，2011年10月18日，http://www.jgs.gov.cn/html//171884594332.html；井冈山市统计局:《井冈山市2017年经济和社会发展统计公报》，2018年5月2日，http://www.jgs.gov.cn/html/2018/5～2/n38687318.html；井冈山市统计局:《井冈山市2015年经济和社会发展统计公报》，2016年6月8日，http://www.jgs.gov.cn/html/2016/5～8/n32557095.html；井冈山市地方志编纂委员会:《井冈山市志(1991～2010)》，北京:方志出版社，2012，第639页。

第二，井冈山市人口数量从1978年的44748人[③]增长到2017年的170348人[④]，人均GDP从504.83元增长到41417.22元,39年期间增长了81

① 《井冈山市改革开放30年经济社会发展回眸》，2011年10月18日，http://www.jgs.gov.cn/html//171884594332.html。

② 井冈山市统计局:《井冈山市2017年经济和社会发展统计公报》，2018年5月2日，http://www.jgs.gov.cn/html/2018/5～2/n38687318.html。

③ 江西井冈山市志编纂委员会:《井冈山志》，北京:新华出版社，1997，第698页。

④ 井冈山市统计局:《井冈山市2017年经济和社会发展统计公报》，2018年5月2日，http://www.jgs.gov.cn/html/2018/5～2/n38687318.html。

倍。农村居民人均纯收入从1978年的65元[①]增长到2017年的9556元[②]，增长了146倍（从2001年到2017年增长了4.79倍）；城镇居民人均可支配收入从2001年的5870元[③]增长到2017年的31798元[④]，增长了4.42倍。无论是人均GDP还是城镇居民人均可支配收入的增长速度均超过同期全国增速。各年份人口数量、人均GDP、农村居民人均纯收入和城镇居民人均可支配收入情况详见图2。

图2　井冈山市人口数量、人均GDP、农村居民人均纯收入、城镇居民人均可支配收入情况

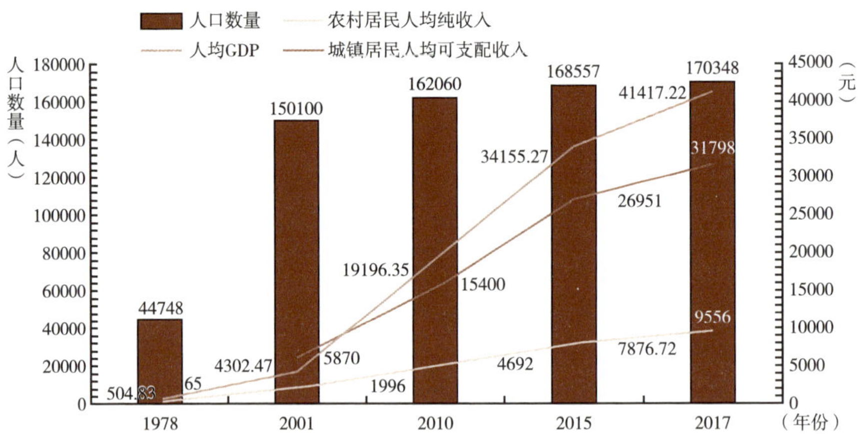

资料来源：江西井冈山市志编纂委员会：《井冈山志》，北京：新华出版社，1997，第132页、693页；井冈山市地方志编纂委员会：《井冈山市志（1991～2010）》，北京：方志出版社，2012，第253页、254页；井冈山市统计局：《井冈山市2015年经济和社会发展统计公报》，2016年6月8日，http://www.jgs.gov.cn/html/2016/5～8/n32557095.html；井冈山市统计局：《井冈山市2017年经济和社会发展统计公报》，2018年5月2日，http://www.jgs.gov.cn/html/2018/5～2/n38687318.html。

① 江西井冈山市志编纂委员会：《井冈山志》，北京：新华出版社，1997，第132页。

② 井冈山市统计局：《井冈山市2017年经济和社会发展统计公报》，2018年5月2日，http://www.jgs.gov.cn/html/2018/5～2/n38687318.html。

③ 井冈山市地方志编纂委员会：《井冈山市志（1991～2010）》，北京：方志出版社，2012，第639页。

④ 井冈山市统计局：《井冈山市2017年经济和社会发展统计公报》，2018年5月2日，http://www.jgs.gov.cn/html/2018/5～2/n38687318.html。

第三，第一产业、第二产业和第三产业的结构比例关系，1978 年比值为 46.75∶35.15∶18.11，为典型的农业社会产业结构；2017 年比值为 9.94∶28.18∶61.88，第三产业比重不断上升，产业结构持续优化，产业结构更加合理。同时，各产业产值不断提升，产业附加值持续增加。各年份三大产业产值与所占比例情况详见图 3。

图 3　井冈山市三大产业产值与比例

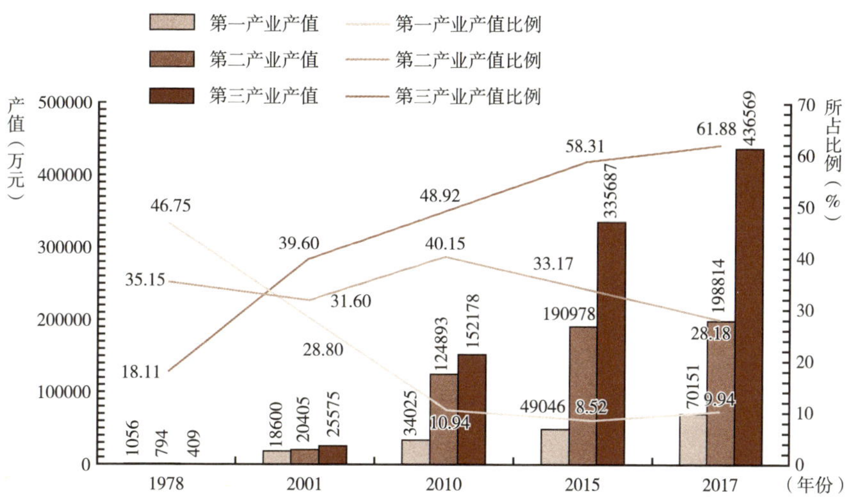

资料来源：吉安市地方志编纂委员会：《吉安概况》，北京：中华书局，2018，第 64 页；井冈山市统计局：《井冈山市 2017 年经济和社会发展统计公报》，2018 年 5 月 2 日，http://www.jgs.gov.cn/html/2018/5～2/n38687318.html。

第四，旅游产业是井冈山的特色产业。井冈山市坚定不移地走绿色崛起道路，构建全域旅游、常年旅游新格局。20 世纪 50～60 年代中期，主要接待到井冈山视察工作的党和国家领导人，到井冈山考察的省、部、军级领导人，到井冈山学习参观游览的国内外团体及个人旅游者。1978 年以后，井冈山旅游接待型、经营性并举。2017 年，游客 1732.54 万人次，旅游收入 138.89 亿元。[①]2001～2017 年，接待游客数量增长 16.2 倍，旅游收入增长

① 《井冈山旅游产业发展态势良好　亮点纷呈》，2018 年 1 月 22 日，http://www.jgsdaily.com/2018/0122/67432.shtml。

27.6倍。相关年份旅游接待人数及旅游收入情况详见图4。

图4 井冈山市2001～2017年旅游接待人数及旅游收入情况

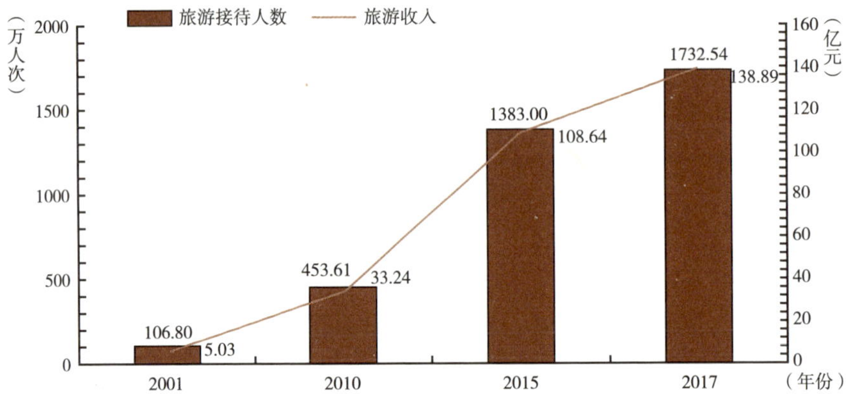

资料来源：井冈山市地方志编纂委员会：《井冈山市志（1991～2010）》，北京：方志出版社，2012，第6页、309页；井冈山市统计局：《井冈山市2010年经济和社会发展统计公报》，2011年10月18日，http://www.jgs.gov.cn/html/2016/5～8/n32557095.html；井冈山市统计局：《井冈山市2015年经济和社会发展统计公报》，2016年6月8日，http://www.jgs.gov.cn/html/2016/5～8/n32557095.html；井冈山市统计局：《井冈山市2017年经济和社会发展统计公报》，2018年5月2日，http://www.jgs.gov.cn/html/2018/5～2/n38687318.html。

2. 脱贫攻坚实现战略性目标

2016年习近平总书记到井冈山视察，看望当地群众，并做出重要指示。井冈山人民牢记习总书记“井冈山要在脱贫攻坚中作示范、带好头”的殷切嘱托，众志成城，全面打赢脱贫攻坚战，在全国率先脱贫“摘帽”，取得了令人瞩目的辉煌成绩，为全国上下齐心协力打好脱贫攻坚战注入了更大的信心。井冈山作为中国革命的起点，又成为全国全面脱贫奔小康的新起点。经过多年持之以恒的奋斗，终于实现了脱贫攻坚目标，贫困人口大幅减少，农民生活有了较大改善，收入持续增加。

3. 城乡面貌发生根本性变化

城乡基础设施日趋完善，高速公路、乡村公路、铁路、机场、电力、通信、水利建设取得重大突破，农村电网改造、通信网络、农村垃圾处理实现行政村全覆盖。社会主义新农村建设扎实推进，农村面貌发生深刻变化，农村人民过上了“走平坦路、喝干净水、住整洁房、上卫生厕、用洁净能”的生活。全市 70% 以上的自然村完成了美丽乡村建设，率先在吉安市实现 25 户以上自然村 100% 通村组公路。

4. 人民生活水平得到大幅提升

坚持一切从人民群众的根本利益和现实需求出发，着力解决关系群众切身利益的住房、就业、教育、社会保障等方面的突出问题。城乡居民收入大幅增长，家庭财产明显增多，社会保障体系日益完善，人民生活向全面小康目标迈进。近年来，井冈山每年财政支出的 80% 用于民生建设。以 2017 年为例，全年完成一般预算财政支出 20.3 亿元，比上年增长 8.7%；八项支出完成 15 亿元，同比增长 25.6%。其中：一般公共服务支出 2.21 亿元，同比增长 21.3%；教育支出 4.39 亿元，同比增长 16.7%；科学技术支出 0.42 亿元，同比增长 11.6%；社会保障和就业支出 2.71 亿元，同比增长 39.4%；农林水事务支出 3.81 亿元，同比下降 19.7%。[①] 教育事业全面发展，城乡居民受教育水平稳步提高。医疗卫生条件不断改善，建立起完善的市、乡、村医疗体系，人民健康水平显著提高。

二、井冈山市扶贫工作历程与扶贫攻坚成效

20 世纪 80 年代前后，党中央清晰认识到，中国贫困的关键原因在于制度安排缺陷造成的农村经济发展滞后，因此，改变这种制度安排就成了中国式反贫困的起点。通过科学的顶层设计，我国政府采取了以推进区域发展为主要特色、以开发式扶贫为核心的扶贫战略。井冈山是全国著名革命老区。改革开放以来，井冈山扶贫开发工作与全国一样取得了显著成就，老区的贫困落后面貌不断发生着变化。

① 井冈山市统计局：《井冈山市 2017 年经济和社会发展统计公报》，2018 年 5 月 2 日，http://www.jgs.gov.cn/html/2018/5～2/n38687318.html。

（一）扶贫工作历程

改革开放至今，井冈山市扶贫工作经历了五个阶段，各个阶段都有鲜明的主题和工作内容，并取得了相应的工作成效。

1. 体制改革推动扶贫阶段（1978～1985年）

1978年开始的土地经营制度改革，从制度层面推动了井冈山扶贫工作的实质性起步。中央通过在农村实行家庭联产承包责任制，极大地解放了生产力，提高了土地产出率。国家通过提高农产品价格、农业产业结构向附加值更高的产业转化以及农村劳动力在非农领域就业三条渠道，使贫困农民脱贫致富，农村贫困大幅缓解。1982年，根据上级要求，井冈山成立“井冈山市革命老根据地建设委员会办公室”，负责井冈山革命老区根据地建设政策和项目的对接，抓好井冈山老区建设。

2. 大规模开发式扶贫阶段（1986～1993年）

从1986年开始，我国开展了有计划、有组织、大规模的开发式扶贫活动。根据国务院的统一部署，成立专门的扶贫工作机构，将扶贫当作一项重要的事业来抓，在井冈山行政区内开展了有计划、有组织和大规模的开发式扶贫，扶贫办成为井冈山市政府的组成部门。

3.“八七”扶贫攻坚阶段（1994～2000年）

1994年4月，国务院印发了《国家八七扶贫攻坚计划（1994～2000年）》，这是新中国历史上第一个有明确目标、明确对象、明确措施和明确期限的扶贫开发行动纲领，标志着中国的扶贫开发进入攻坚阶段。国家不仅实行财政补贴、政府帮扶，还广泛动员社会各方面力量参与，计划用7年左右的时间，到2000年底基本解决农村贫困人口的温饱问题。井冈山作为革命老区和贫困地区，积极对接党和国家的扶贫攻坚政策措施，有计划、有步骤地开展扶贫攻坚工作，取得了农民收入增长3倍、农村贫困人口基本解决温饱问题的显著成效。

4. 村级扶贫攻坚阶段（2001～2010年）

2000年，经国务院批准，原宁冈县与井冈山市合并组成新的井冈山市。

2001 年井冈山市被列为全国 592 个扶贫重点县之一，扶贫政策出现了调整。国家将扶贫工作的重点从县级转向村级，在全国确定了 14.8 万个贫困村，实现了基础建设、社会服务、文化培训等方面的融合发展。2001～2010 年，井冈山以《中国农村扶贫开发纲要（2001～2010 年）》为蓝本，结合井冈山“十五”和“十一五”两个五年规划的实施，以扶贫重点村为抓手，狠抓村级扶贫攻坚工作，先后实施 44 个扶贫工作重点村的扶贫规划项目建设工作。随着取消农业税、提高低保补助水平、实行 1196 元的新扶贫标准等强有力的惠农政策的出台和实施，井冈山贫困人口进一步减少。

5. 扶贫攻坚决胜阶段（2011～2020 年）

以 2011 年 11 月 29 日召开的中央扶贫开发工作会议为标志，进一步把扶贫标准提高到年人均纯收入 2300 元，建立贫困户建档立卡制度，扶贫对象精准确定到户、到人，确保农村人口在 2020 年全部脱贫，扶贫进入最后的攻坚决胜阶段。在 2011～2014 年逐步完善农村贫困户建档立卡工作的基础上，根据中央、省、市的统一部署，从 2015 年开始，井冈山正式启动“党员干部进村户，精准扶贫大会战”的脱贫攻坚工作，目标是到 2020 年全面建成小康井冈山。

（二）脱贫攻坚成效

经过多年持之以恒的精准脱贫攻坚，井冈山市城乡面貌发生了巨大变化，农民生活有了较大改善，脱贫攻坚取得了良好成效。

1. 贫困人口大幅减少

在 2017 年初第三方评估中，经国务院扶贫办核定，井冈山抽样错退率为 0.41%，抽样漏评率为 0.45%，抽样群众认可度为 99.08%，综合测算的井冈山贫困发生率为 1.6%，低于国家 2% 的贫困县退出标准。[①] 如今，井冈山

① 刘洪：《不忘初心 感恩奋进 率先脱贫——井冈山脱贫攻坚的实践与思考》，《老区建设》2017 年第 7 期，第 26～35 页。

贫困人口已由2014年初的4638户16934人，减少到2017年末的716人，贫困发生率由2014年初的13.8%降至2017年末的0.42%。[①]2014～2017年井冈山市贫困人口数量和贫困发生率情况见图5。

图5　2014～2017年井冈山市贫困人口数量和贫困发生率

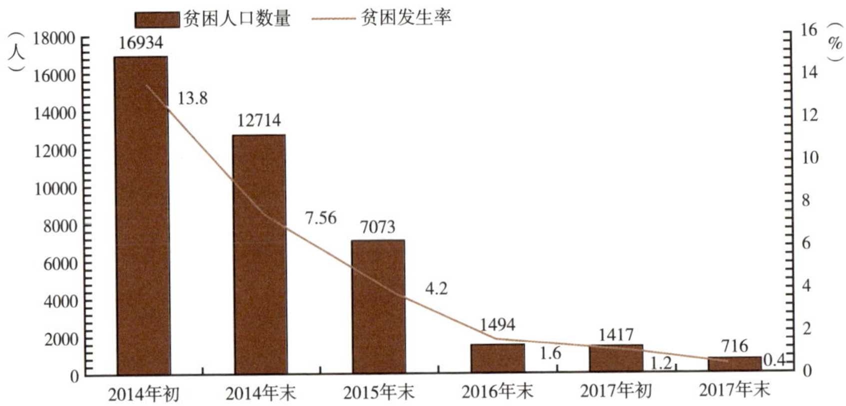

资料来源：陈成文、陈建平：《论习近平的精准扶贫理论与井冈山的创造性扶贫实践》，《华中农业大学学报》（社会科学版）2018年第4期，第8～19页；李济慈：《井冈山打响脱贫摘帽"第一枪"——江西省井冈山市宣布在全国率先脱贫摘帽引发广泛关注》，新华网，2017年3月2日，http://www.xinhuanet.com/gongyi/2017～03/02/c_129499521.htm；井冈山市统计局：《井冈山市2017年经济和社会发展统计公报》，2018年5月2日，http://www.jgs.gov.cn/html/2018/5～2/n38687318.html。

2. 贫困群众收入持续增加

农民人均纯收入由2013年的5857元增长到2017年的9556元，贫困户人均纯收入由2013年的2600元，增长到4500元以上。[②]农民(包括贫困户）人均纯收入每年保持不低于10%的增长速度。2018年，农村居民人均可支

① 中共井冈山市委、井冈山市政府：《不忘初心　牢记使命　共奔小康——井冈山脱贫攻坚巩固提升工作实践与思考》，2018年6月11日。

② 刘勇、郑颖：《井冈山在全国率先脱贫"摘帽"》，中国扶贫在线，2017年2月27日，http://f.china.com.cn/2017～02/27/content_40365919.htm。

配收入达 9606 元，增幅达 12%，[①] 实现了经得起历史检验的可持续增收，朝着全面小康的目标迈进了一步。

3. 贫困乡村面貌焕然一新

贫困村生产生活设施大变样。2016 年，井冈山市共投入资金近 8000 万元用于安居扶贫，共维修拆除危旧土坯房 6718 栋，新建 1802 栋，解决了包括贫困群众在内的 6708 户群众的住房难题，拆除后腾出的宅基地能满足全市农村 5 年的建房需求。政府累计整合涉农扶贫资金 7.47 亿元，实施了 1862 个项目。

三、井冈山市精准扶贫的模式与创新举措

2017 年 2 月 26 日，国务院扶贫开发领导小组委托中国科学院地理科学与资源研究所作为第三方，结合贫困县脱贫情况普查，对井冈山市脱贫退出情况开展专项评估，核准井冈山市贫困发生率降至 1.6%；贫困户人均纯收入 4500 元以上，年均增长速度不低于 10%；全市群众实现了“两不愁、三保障”（不愁吃、不愁穿，义务教育、基本医疗和住房安全有保障）。井冈山市之所以能够在全国率先脱贫，就在于深入贯彻实施习近平总书记关于精准扶贫的重要论述，结合本市实际，探索出行之有效的扶贫模式和创新举措。

（一）“五个起来”的扶贫模式

在这场伟大的脱贫攻坚实践中，井冈山市突出精准为先，牢牢把握产业、安居、保障、基础设施四大关键，经过精细调研和精准把脉，创造性地提出了“五个起来”的扶贫模式。

① 中共井冈山市委、井冈山市人民政府：《不忘初心　牢记使命　共奔小康——井冈山脱贫攻坚巩固提升工作实践与思考》，2018 年 6 月 11 日。

1.“有能力”的“扶起来”，实现家家有致富产业

根据贫困群众的致富意愿和劳动能力，有针对性地制定帮扶措施。因地制宜，全力推进20万亩茶叶、30万亩毛竹、10万亩果业种植加工基地的“231”富民工程，实现每个乡镇有一个产业示范基地、每个村有一个产业合作社、每个贫困户有一个增收项目，确保家家有一个致富产业，户户有一份稳定的产业收入。2016年，共投入产业扶贫资金6626万元，使茶竹果产业面积达28.3万亩，覆盖贫困户2320户，户均年增收1500元。2017年新增茶竹果面积8万亩，全山茶竹果面积发展到48万亩。①

2.“扶不了”的“带起来”，实现个个有资产性收益

针对部分贫困群众缺乏劳动能力、难以自我发展的客观实际，采取股份制、联营式、托管式等多种合作模式，通过吸纳贫困户或贫困户以资金、土地入股等形式参与产业发展，固化贫困户与企业、基地、合作社的联结，让每家每户有一份稳定的资产性收益。截至2016年底，全市产业扶贫合作社达209个，贫困户入社率为100%。通过组建井冈山市惠农宝产业投资有限公司，吸纳1374户红卡户入股，每户红卡户将财政给予的1万元产业发展帮扶资金投入公司，公司将资金注入九银村镇银行，确保年收益不低于股本金的15%，每户红卡户收入增加1500元。②

3.“带不了”的“保起来”，实现人人有兜底保障

针对完全丧失劳动能力的贫困群众，将政策向其聚焦叠加，使贫困线与低保线“双线融合”，通过低保的扩面提标，使贫困人口尽可能享受低保，尽可能享受更高标准的低保，让低保线略高于贫困线标准，通过政策的兜底保障，来实现贫困人口的“两不愁、三保障”。每年从旅游门票收入、土地出让金中各拿出10%，筹措2000万元以上的特殊扶贫基金，对1938名红

---

① 刘洪：《不忘初心　感恩奋进　率先脱贫——井冈山脱贫攻坚的实践与思考》，《老区建设》2017年第7期，第26～35页。

②《井冈山市脱贫攻坚实践》编写组：《井冈山市脱贫攻坚实践》，北京：党建读物出版社，2018，第16页。

卡低保户，实施每月提标40元的市级低保提标政策，对3074名未享受低保的红卡户，全部纳入市级低保，每人每月发放100元。通过一系列低保提标政策，实现低保对象年收入3660元，确保低保线略高于贫困线标准，牢牢兜住了贫困底线。①

4."住不了"的"建起来"，实现户户有安居住房

实行拆旧建新、维修加固、移民搬迁、政府代建4种安居建房模式，采取政府补一点、群众出一点、社会捐一点、扶贫资金给一点、银行贷一点"五个一点"的办法筹措资金，通过开展"消灭危旧土坯房，建设美丽乡村"攻坚行动，确保每栋危旧土坯房都能拆得动、建得起、住得进。2016年，完成移民搬迁1292户5637人。维修拆除危旧土坯房6718栋，新建1802栋，解决了包括2268户贫困人口在内的一大批群众的住房难题。②

5."建好了"的"靓起来"，实现村村有面貌提升

全力推进美丽乡村建设，大力完善贫困村基础设施。这样做的目的在于让贫困群众在干净、漂亮、整洁、舒适的环境中实现脱贫。坚持全域规划，大力推进镇村联动和美丽乡村建设，实现了25户以上自然村全部通水泥路、通自来水，所有行政村卫生室、文化室、党建活动室均已达标，贫困群众实现了走平坦路、喝干净水、上卫生厕、住安全房的美好愿望。

（二）精准扶贫的创新举措

井冈山市根据中央扶贫工作部署，结合本地的资源、人口、经济发展、历史文化、贫困特征等具体情况，提出了"红色最红、绿色最绿、脱贫最好，在全面建成小康的征程中实现跨越发展"的"三最一跨"目标。为实现此目标，井冈山市紧紧围绕"党建为先、产业为根、立志为本、机制为要"的总

---

①《井冈山市脱贫攻坚实践》编写组：《井冈山市脱贫攻坚实践》，北京：党建读物出版社，2018，第16页。

②《井冈山市脱贫攻坚实践》编写组：《井冈山市脱贫攻坚实践》，北京：党建读物出版社，2018，第16页。

体要求，推出一系列创新扶贫举措。限于篇幅，仅简明扼要地总结为以下几个主要方面。

1. 加强顶层设计，科学制定脱贫攻坚规划

规划是“龙头”，也是精准扶贫的“牛鼻子”。一项科学、合理的规划既体现了顶层设计，又兼顾了末端治理；既整体推进，又重点突出。2016 年，井冈山市按照中央精准扶贫的要求，制定了《井冈山脱贫攻坚实施方案》，为井冈山的脱贫攻坚工作制定了路线图。方案的规划坚持以下理念和原则。

（1）坚持内生为主与外力为辅相结合

动力包括两个方面：一方面是内因，就是“志”、“智”；另一方面是外因，即“帮扶”的动力。从某种意义上来说，“志”和“智”也是脱贫致富的根本，是起决定性作用的。这也正是井冈山扶贫工作坚持的理念——“靠扶不靠养，扶贫更扶志”。

（2）坚持行政推动与市场驱动相结合

能否处理好政府与市场的关系，将从根本上决定精准扶贫战略的实施效率和扶贫能否持续。因此，在精准扶贫战略的实施过程中，必须正确处理政府和市场的关系，注重在合理界定政府职能的基础上发挥市场机制在扶贫开发中的作用，发挥市场优势，借助市场力量解决精准扶贫过程中面临的组织资源供求失衡和扶贫资金使用效率不高的突出矛盾。

（3）坚持整体提升与分类扶持相结合

把握整体与个体的辩证关系，是精准扶贫战略有效落实的基础和前提。要处理好整体与个体的关系，在保证有限的扶贫资源真正用于帮助贫困农户的同时，还应创建有利于解决区域整体性贫困的制度环境，促进共同发展和合作脱贫，将精准扶贫工作与完善乡村治理机制有机结合起来。

（4）坚持扶贫攻坚与市域发展相结合

始终坚持“区域发展带动扶贫开发，扶贫开发促进区域发展”的思路，按照精准帮扶建档立卡贫困村、贫困户的要求，将精准扶贫与市域发展有机结合起来，将减贫脱贫和市域发展目标统一起来。立足市情与资源优势，根

据国内外市场需求的变化趋势，制定好当前、中期及长远的扶贫规划，并一以贯之地严格执行，努力打造特色市域经济。切实打好红、绿两张牌，大力提高市域知名度和影响力，强化扩大招商引资和加快市域经济发展的直接推动力。

2. 强化责任担当，打造“不走的扶贫工作队”

在调研中，我们接触最多的除了农民，就是当地各级扶贫干部了。他们表现出的昂扬的精神风貌，踏实肯干、认真负责的工作作风给我们留下了深刻印象，并深深感动着我们。建设一支实干负责、作风优良的扶贫队伍是井冈山脱贫攻坚取得成效的组织保证。井冈山市紧紧围绕“党建+”的理念打造扶贫队伍，充分发扬党组织的战斗堡垒作用和党员的先锋模范作用。

（1）市级层面：下发《关于开展“党员干部进村户、精准扶贫大会战”的实施意见》，实行领导挂乡（镇）、单位联村、党员干部包户、党政主要领导负总责的工作机制。成立大会战指挥部，由市委书记担任指挥长，市长任第一副指挥长，相关局市领导任副指挥长。指挥部下设办公室及党建、经济发展、产业发展、基础设施建设、社会事业、社会保障、驻山单位协调、考核督查 8 个工作小组。

在全市范围内，由 3200 多名党员干部组成 25 个扶贫团、126 个驻村帮扶工作队，分赴精准扶贫一线战场，做到乡乡都有扶贫团、村村都有帮扶工作队、一村选派一个书记、一个贫困户确定一名帮扶责任人，打造一支“不走的扶贫工作队”；建立县处级以上领导干部帮扶 3 户、科级干部帮扶 2 户、一般党员干部帮扶 1 户的“321”帮扶责任机制。对接江西省和吉安市的扶贫部署，构建省、市、县、乡、村五级一起抓扶贫，层层落实责任制的治理格局。①

（2）乡镇层面：各乡（镇、场）把精准扶贫工作纳入重要议事日程，切

---

①《井冈山市脱贫攻坚实践》编写组：《井冈山市脱贫攻坚实践》，北京：党建读物出版社，2018，第 25 页。

实履行精准扶贫的主体责任，成立相应的指挥部，由各乡（镇、场）书记担任指挥长，各乡（镇、场）长任第一副指挥长，班子成员任副指挥长。加大本地党员干部扶贫业务培训力度，每年至少培训2次以上，确保党员干部主动融入精准扶贫工作中。

每个乡（镇、场）都要设立扶贫办，安排精准扶贫专项工作经费，指定1名副科级班子成员专职抓精准扶贫。

每个乡（镇、场）都要派驻扶贫团。扶贫团由县级以上领导任团长，所挂乡(镇、场）党委书记任副团长，各联村帮扶单位和乡镇班子成员为成员。扶贫团每月召开一次调度会，统筹落实帮扶政策。

每个贫困村都要进驻扶贫工作队。扶贫工作队队长原则上由副科级以上党员干部担任并兼任村党组织第一书记，成员由1～3名干部组成，工作队成员每月驻村时间不少于10天，每个工作队原则上每年落实不少于10万元的帮扶资金。①

（3）村级层面：全市126个行政村（居）成立帮扶工作组和脱贫攻坚帮扶工作站。县处级以上领导干部每月至少和帮扶对象见1次面、开展1次帮扶活动，其他党员干部每月不少于4次驻村帮扶，并如实做好活动记录。坚持做好扶贫工作日志，详细记录每天工作开展情况，以及了解到的情况和协调处理的问题。

井冈山始终把党的力量挺立在脱贫攻坚前沿，坚持脱贫攻坚在哪里，党建工作跟进到哪里，脱贫项目在哪里开展，党员就在哪里发挥作用，全力发挥党组织的政治优势、组织优势，以及基层党组织的战斗堡垒和党员干部的先锋模范作用。全市选派112名科级干部到村担任扶贫“第一书记”、109名科级后备干部担任“村党组织副书记兼主任助理”，从致富能手、“田秀才”、“土专家”中选优配强班子。注重把党组织建在扶贫产业链、移民安置

① 《井冈山市脱贫攻坚实践》编写组：《井冈山市脱贫攻坚实践》，北京：党建读物出版社，2018，第28页。

区、专业合作社和龙头企业中，采取“支部+企业+基地+贫困户”、“支部+移民安置点”等模式，壮大村集体经济，带领群众增收致富。井冈山306个专业合作社及产业协会、43个移民安置区实现党的工作全覆盖。

3. 突出精准为先，找准扶贫工作发力点

习近平总书记在井冈山考察调研时强调，“扶贫、脱贫的措施和工作一定要精准，要因户施策、因人施策，扶到点上、扶到根上，不能大而化之”。[①]在习近平讲话精神的指导下，井冈山在“精准”上下功夫，从识别贫困户，到实施帮扶措施，再到后续管理，做到环环相扣，步步到位。

（1）精准识别：变“面上掌握”为“精准到人”

井冈山市在精准识别过程中独创了“红蓝黄”卡制，即按照国家扶贫标准，将无力、无业、贫困程度比较重的贫困户评定为“红卡”户，将劳动力少、缺资金、缺技术的贫困户评定为“蓝卡”户，将贫困程度相对较低的贫困户评定为“黄卡”户。在识别不同层面的贫苦户上，井冈山市严格把关，制定了统一、规范的操作流程：一访（即走访农户）、二榜（即在村和圩镇张榜集中公示）、三会［即分别召开村民代表大会、村两委会、乡（镇、场）党政班子会］、四议［即通过村民小组提议、村民评议、村两委审议、乡（镇、场）党政班子决议］、五核［即村民小组核对、村两委审核、驻村工作组核实、乡仲裁小组核查、乡（镇、场）党政班子会初核］。确保“贫困户一个不漏，非贫困户一个不进，贫困原因个个门清，脱贫门路户户有数”。通过层层审核，井冈山共识别出贫困户4638户16934人。其中，红卡户1483户5014人，蓝卡户2218户7787人，黄卡户937户4133人。[②]井冈山还引入精准扶贫大数据管理平台，轻点鼠标，即可精确查询到每个贫困户的所有脱贫信息。

---

① 王萍：《在扶贫路上，不落下一个贫困家庭一个贫困群众——吉安市加快推进精准扶贫精准脱贫的调研与思考》，《光明日报》2016年4月27日第10版。

②《井冈山市脱贫攻坚实践》编写组：《井冈山市脱贫攻坚实践》，北京：党建读物出版社，2018，第63页。

（2）精准施策：做到一村一策、一户一法

坚持一村一策，因地制宜，因村施策。针对旅游资源丰富的村，突出旅游扶贫主战场，推行政府主导、景区帮扶、亦农亦旅、异地安置四种旅游扶贫模式；针对有产业基础的村，突出产业扶贫主战场，发展主导产业，打造“一村一品”，在扶贫重点村建立农业产业基地，宜养则养、宜种则种，到2017年底贫困村全面消灭“空壳村”；针对城区、园区周边的村，突出劳务扶贫主战场，以工业园区为平台，坚持合理引导、完善管理、搞好服务，确保在园区就业的贫困户能稳定就业，增加工资性收入；针对深山区等生态脆弱的村，突出移民扶贫主战场，大力实施“拆除危旧土坯房，建设美丽乡村”专项行动。

在茅坪乡神山村调研时我们了解到，神山村系“十二五”省定贫困村，全村共有54户231人，其中党员18人，2016年贫困户20户49人（其中红卡户3户7人、蓝卡户15户35人、黄卡户2户7人）全部脱贫。神山村的进村路“原来只够小车过，悬崖峭壁没法会车，货车进不来，大量山货运不出”。2016年6月将3.5公里进村路全部扩宽到4.5米，并增加了30多处会车点。路一畅，神山村产品外运和红色旅游全盘皆活。目前，神山村已发展茶叶200亩，黄桃460亩，雷竹30亩，全村20户贫困户每户筹集产业发展资金2.2万元入股黄桃合作社和茶叶合作社。神山村结合红色培训和研学旅游市场，探索了“培训到农村，体验到农户”的旅游扶贫模式，2017年被评为中国美丽休闲乡村和江西省4A级乡村旅游点。到2017年底，全村农户人均纯收入1.78万元，其中贫困户人均纯收入达到8737元，同比增长12.6%。[①]

坚持一户一法的原则，实施规划到户。针对有力无业的，注重生产脱贫，引导和支持所有有劳动能力的人依靠自己的双手开创美好明天，立足当地资源，实现就地脱贫；针对居住条件差的，注重易地扶贫搬迁脱贫，按规划、分年度、有计划地组织实施，确保搬得出、稳得住、能致富；针对生态

① 井冈山市人民政府：《神山村简介》，2018年6月27日。

环境恶劣的，注重生态补偿脱贫，深挖林业产业扶贫潜力，使林业增收富民贡献率进一步提高，贫困山区民生进一步改善；针对因学致贫的，注重教育扶贫，建立到校、到户、到学生的教育精准扶贫平台，从幼儿园开始全程追踪到大学，按奖、贷、助、补、免等资助政策给予多元资助；针对无力无业的，注重社会保障兜底，编密织牢一张“覆盖全面、救急解难、托底有力、持续发展”的基本民生安全网。

在调研座谈时我们了解到，很多贫困户是因重大疾病而返贫。井冈山市先行先试，2017 年创新低保标准与农村居民人均纯收入挂钩的动态调整机制，将保障政策向贫困户聚焦、向困难户叠加，推进贫困线和低保线“双线合一”。在基本医疗保险、大病保险、医疗附加险、重症疾病保险、意外伤害保险“五道防线”的基础上，2017 年井冈山针对慢性病推出门诊医药费用报销政策，确保贫困户看病报销比例在 98% 以上。[①]

（3）精准管理：变“固定受益”为“精准进退”

坚持对贫困户实行长效、动态管理，实时掌握贫困群众实际情况，做到脱贫有序。不搞“贫困终身制”，而是实行“户有卡、村有册、乡有簿、市有电子档案”，及时更新贫困信息、及时跟进管理，按照国家脱贫标准，严格核查把关，对完全符合标准、能够脱贫的贫困户、贫困村予以退出，及时纳入新增和返贫的贫困户，做到应进则进、应扶则扶，确保“贫困在库、脱贫出库”。坚决杜绝“数字脱贫”，坚决不搞预期收入，而是落实实实在在的现金收入、真真切切的实际脱贫。

为此，井冈山创新了两个做法。一个是“四卡合一”，做到帮扶措施落实情况明明白白。创新制作了以贫困户基本信息卡、帮扶工作记录卡、脱贫政策明白卡、贫困户收益卡为主的“四卡合一”脱贫档案卡。一卡在手，即可了解贫困对象的所有基本信息，谁来扶的、怎么扶的、解决了哪些问题、

---

① 井冈山市卫生和计划生育委员会：《井冈山市健康扶贫巩固提升工程工作情况汇报》，2018 年 6 月 20 日。

实现了哪些收入，一一记录在卡，有据可查。另一个是“三表”公开，做到对贫困群众的每项实际收入清清楚楚。针对红、黄、蓝卡户，分别统一印制了《贫困户收益确认公示表》，登记每项实际收入，不是测算收入，不是预期收入，而是实际的现金收入，并且都经过贫困户签字确认后公示公开，做到你知、我知、大家知，方便社会监督。

4. 坚持产业为根，解决收入上的可持续问题

产业扶贫是指以市场为导向、以经济效益为中心、以产业发展为杠杆的扶贫开发过程，是促进贫困地区发展、增加贫困农户收入的有效途径，是扶贫开发的战略重点和主要任务。井冈山因地制宜，以产业为支撑，破解了一系列难题，带动贫困户脱贫致富。

（1）推进“产业 +”，实现“资源变资产、资金变股金、农民变股东”。脱贫攻坚，产业是根。井冈山市因地制宜，选准产业，“十三五”期间，重点打造 20 万亩茶叶、30 万亩毛竹、10 万亩果业种植加工基地的“231”富民工程，实现“一户一丘茶园、一户一片竹林、一户一块果园、一户一人务工”的“四个一”产业扶贫模式。[①] 加大富民产业发展奖补力度，采取股份制、联营式、托管式等合作模式，通过吸纳贫困户或以资金、土地、劳动力入股等形式参与产业发展，固化贫困户与企业、基地、合作社的利益联结，让“资源变资产、资金变股金、农民变股东”。全市新增产业扶贫合作社 209 个，实现贫困户入社率 100%。积极探索“金融 + 扶贫”、“电商 + 扶贫”等产业扶贫模式，带动贫困户增收脱贫。比如，创新实施金融产业扶贫[②]。

（2）推进“旅游 +”，变“单一为综合、过客为常客、潜力为实力”。坚持以旅游开发带动扶贫开发理念，大打井冈山旅游牌，深入挖掘各地旅游资源，推进融合农业观光、农家乐、休闲度假等差异化、个性化的全域旅游，

---

① 《井冈山市脱贫攻坚实践》编写组：《井冈山市脱贫攻坚实践》，北京：党建读物出版社，2018，第 70 页。

② 《井冈山市脱贫攻坚实践》编写组：《井冈山市脱贫攻坚实践》，北京：党建读物出版社，2018，第 75 页。

构建“大井冈旅游圈”和“湘赣旅游圈”，变单一的“井冈山上游”为“山上山下综合游”，变“过客来了就走”为“常客来了就留”，变“农旅融合潜力”为“农业产业发展实力”，为贫困群众开启了旅游脱贫的绿色新通道。例如，大陇镇陇上行度假村，采用企业和政府共同出资方式，改造闲置农房，开发红色文化旅游和乡村民俗旅游，不仅使包括贫困户在内的村民获得工作和收益，而且村庄面貌焕然一新。

在茅坪乡我们了解到，茅坪乡结合旅游扶贫、红色培训、镇村联动、美丽乡村建设，打造了“山地人家”旅游休闲观光项目，建设了25栋统一规划、统一设计、统一建设、统一管理的庐陵风格与客家风情住房，2017年共吸引接待游客4万余人，有力带动了当地农民增收致富。[①]

（3）推进“就业+”，实现“一户一人务工，全家不再受穷”。探索开展公益性岗位扶贫，全市开发了857个村组公益性岗位，整合生态保护扶贫涉林岗位470个；发挥井冈山景区、城区、园区资源优势，共吸纳2694名贫困群众就业，实现“一人务工、全家脱贫”。[②]对具备一定创业条件的贫困劳动力，给予免费创业培训和指导，已扶持带动43名贫困对象自主创业或参与创业，累计发放创业担保贷款560万元。为贫困户开展“订单式”技能培训，帮助贫困户掌握职业技能，培育了一批自力更生、勤劳务实的脱贫户。

（4）推进“红色+”，大力发展红色培训产业。井冈山市充分利用深厚而独特的红色文化资源，紧紧依托中国井冈山干部学院、全国青少年井冈山革命传统教育基地、江西干部学院、井冈山干部教育学院和全国各级机关在井冈山设立的培训基地，正确导读中国共产党奋斗的历史，创造性地推出了集培训、参与、体验为一体的红色培训“井冈模式”。把再现革命情景、体验红色文化、考验自我品格、熔炼团队精神教育内容融合在一起，多维度、

---

① 井冈山市茅坪乡政府：《全面坚持高标准 巩固提升作示范——井冈山市茅坪乡脱贫攻坚巩固提升工作情况汇报》，2018年6月27日。

②《井冈山市脱贫攻坚实践》编写组：《井冈山市脱贫攻坚实践》，北京：党建读物出版社，2018，第77页。

立体化诠释井冈山精神，全面推演红色文化。2015 年以来，红色培训班次、培训人次年均增幅在 50% 以上，2017 年共举办培训班 7818 期，培训学员 46.17 万人，同比分别增长 55.05% 和 55.03%。[①]红色培训成为井冈山的一大特色，有力解决了就业等问题。在调研期间，我们观看了井冈山创新推出的大型实景演出《井冈山》，这场红色演出，让 800 多名农民“白天在家种地，晚上红色演出”，每人年均增收 7000 余元，实现创收与休闲“两不误”。[②]

（5）推进“绿色 +”，积极发展绿色经济，激活致富新动力。绿色是井冈山最大的优势和潜力，通过做好绿色崛起文章，实现强市富民。一是探索工业“新定位”。坚定不移地实施“百家企业、百亿园区”“双百”战略，推进“一园四区”建设，电子信息、食品加工、竹木加工、陶瓷创意“四大产业”集聚发展。在增加本级财政收入的同时，园区共吸纳 12000 余人就业。二是挖掘生态“好钱景”。充分发挥生态优势，将“好生态”与“富群众”巧妙结合，提供“生态护林员、村级防火巡护员、公益林防护员”三类生态岗位，落实“人工造林补偿、低产低效林改造补偿、封山育林补偿、森林抚育补偿、生态公益林补偿”五项生态补助。三是打造新型“动力源”。充分利用贫困县 IPO 绿色通道政策机遇，全力引进蓝海芯、立茂、禾田等拟上市总部企业 15 家，培植产业新动能。大力推进电商扶贫，所有贫困村均建立农村电商站点，让茶竹果等农副产品、创意陶瓷等特色产品“走出山门”，全年电商销售额突破亿元。大力实施“光伏 +”计划，重点在 35 个贫困村集聚建立光伏电站，保障农户获得持续稳定收益。

5. 凝聚各方力量，激发社会扶贫潜力

要实现率先脱贫目标，不仅要在激活内生动力上下足功夫，还要在整合多方政策、吸纳外力支持方面做足文章。在具体实践中，井冈山市的定点扶贫、“三联”活动等对口支援取得的巨大成效，充分说明了汇聚多方力量扶贫、

① 井冈山市人民政府：《井冈山红色培训基本情况介绍》，2018 年 6 月 27 日。

② 《井冈山市脱贫攻坚实践》编写组：《井冈山市脱贫攻坚实践》，北京：党建读物出版社，2018，第 94 页。

东西部扶贫协作和对口支援等解决欠发达地区贫困问题“中国方案”的必要性。

（1）探索社会帮扶新形式

利用信息技术优势，开通社会扶贫信息服务，及时发布贫困户需求、资源供给等信息，搭建社会各界参与扶贫的互动平台。制作了《井冈情·微心愿》视频专题片，“井冈山精准扶贫信息网”挂网运行。同时，创新探索以“点亮微心愿·共筑井冈梦”为主题的连心活动，设立专门网站搭建微心愿活动公开平台，让党员干部、社会力量认领。用群众点题、干部领题、公示亮题的方式，于“微”处精准发力，会聚扶贫“微力量”。通过“寻找微心愿”“点亮微心愿”“记录微故事”“宣讲微党课”等形式，广泛寻找选树一批在群众身边叫得响、立得住、群众公认的最美典型，激励党员干部争当先进典型，传播社会正能量。

（2）深化定点帮扶

科技部近30年如一日对口帮扶，大力推进科技扶贫，共下派帮扶人员92人。原南京军区把未列入“三联”活动的大陇镇中村村作为机关帮扶点，帮助全村17户建档立卡，贫困户全部住上安全舒适的安居房；以“公司+合作社+贫困户”模式，扩建220余亩黄桃产业基地，确保从2016年起贫困户从产业收益中分红，实现稳定脱贫。解放军东部战区成立后，战区党委机关认真贯彻落实习近平主席有关“深入实施精准扶贫、精兵脱贫”的重要指示精神，坚持开展赣南、闽西、苏北、井冈山、大别山等革命老区精准扶贫帮困活动。江西省农业厅、吉安市17位市领导和126个市直单位以及包括江铜集团在内的17家重点企业“驻”进井冈山，实现乡乡都有领导和实力企业“结对子”，村村都有单位“结亲戚”，天天都有扶贫干部在为井冈山脱贫“甩膀子”。2016年，仅吉安市直126个单位就投入帮扶资金和物资折款5634万元。①

① 《井冈山市脱贫攻坚实践》编写组：《井冈山市脱贫攻坚实践》，北京：党建读物出版社，2018，第128页。

（3）积极拓宽社会帮扶渠道

在2014年赣港经贸合作活动中，成功争取到华润集团在罗浮捐建井冈山华润希望小镇。通过规划土地3000亩（其中核心区域500亩），投入1亿元全力推进罗浮旅游扶贫试验区建设。对江南、土山、坪头三个村进行立面改造和环境整治，使176户农户641人直接受益。同时，重点通过新建乡村酒店、养老院、幼儿园、社区服务中心，改造罗浮卫生院等公共基础设施，将罗浮旅游扶贫试验区全面打造为“希望小镇的样板、扶贫试验区的典范、美丽乡村的缩影、山地休闲度假的胜地”。2016年，拜博集团与神山村结对扶贫，通过教育扶贫公益基金会资助贫困学生改善学习条件。①

（4）创新开展“三联”活动

井冈山在率先脱贫的进程中，得到了原南京军区的高度关注和大力支持，2013年正式在井冈山拉开序幕的“三联”活动（“联学创新理论、联创先进组织、联建文明建设”）为井冈山实现率先脱贫提供了强大动力。省军区把井冈山脱贫攻坚作为政治任务、反哺工程、感恩行动，自觉融入井冈山振兴发展规划，投身支援老区建设，为井冈山打赢脱贫攻坚战、摘掉贫困帽注入了强劲动力。真情反哺，进村入户参建援建。省军区积极参与井冈山的安居脱贫工作，出钱出力，帮助贫困群众搬出大山。在井冈山脱贫攻坚的第一线总能看到广大官兵的身影。省军区按照“产业致富、挖除穷根”的思路，帮助村民以“公司＋基地＋农户”联户经营模式发展产业。

（5）开拓多方筹措扶贫资金的渠道

资金是发展产业、健全社会保障机制、发展教育事业等各项扶贫事业的关键。井冈山市利用自身独特的优势，竭尽全力，积极争取多方资金支持。一是充分利用好专项扶贫资金，积极整合各类资金。2017年整合各类扶贫资金4.6亿元，用于巩固提升脱贫成效，贫困发生率由2016年底的1.6%下

① 《井冈山市脱贫攻坚实践》编写组：《井冈山市脱贫攻坚实践》，北京：党建读物出版社，2018，第128页。

降至2017年底的0.42%，农村居民人均可支配收入达到9606元，增幅为12%。二是对内想方设法挤出资金办大事。在有限的财力下，挤出脱贫攻坚专项保障资金，撬动担保贷款、贷款贴息、产业保险等各类扶贫资金1.4亿元，对贫困户实行差异性倾斜政策；从旅游门票收入和土地出让金中各拿出10%，筹措2000万元以上的特殊扶贫基金。三是对外千方百计借力借帆"开大船"。积极争取社会各界支持，原南京军区倡导的"三联"活动帮扶范围逐步扩大，帮扶乡镇从6个增加到9个，累计援助资金6600余万元；科技部27年如一日，大力推进科技扶贫，累计投入资金3.2亿元，实施各类项目326个，为井冈山脱贫提供了巨大支持；省农业厅近两年来积极帮扶井冈山一、二、三产业融合发展，整合各类帮扶项目资金7954万元；华润集团投资1.2亿元打造罗浮希望小镇；等等。

四、井冈山市率先脱贫的意义与启示

改革开放40年来，中国在扶贫减贫的制度、政策和方式等方面不断变革，取得了举世瞩目的成就。中国政府把消除贫困、改善民生、实现共同富裕定位为社会主义制度的本质要求，一直致力于探索符合本国国情的扶贫开发模式，井冈山市的扶贫减贫工作只是这一宏大进程的一个缩影。通过深入当地进行调查研究，我们深深地感到，井冈山作为"中国革命的摇篮"和"中华人民共和国的奠基石"，在全国范围内率先脱贫是一个标志性事件，具有重要的意义，也带给我们很多启示。

（一）率先脱贫的意义

1. 井冈山市率先脱贫，是历史责任和时代呼唤

90年前，中国革命的星火，从井冈山开始燎原全国。当年整个井冈山革命老区追随毛泽东同志、追随共产党参加红军的有18万多人，牺牲的革

命烈士有 4.8 万余人，为中国革命做出了巨大牺牲和贡献。[①]行程万里，不忘初心。让老区人民过上幸福生活，是革命先辈的未尽夙愿，更是我们党对这片红色土地的庄严承诺。井冈山如果在全国率先脱贫，无疑为全国像井冈山这样的革命老区和贫困山区脱贫摘帽提供了可借鉴的成功样本和经验。

2. 井冈山市率先脱贫，是弘扬井冈山精神的具体行动

习近平总书记指出，井冈山时期留给我们最为宝贵的财富，就是跨越时空的井冈山精神。井冈山精神的本质是党和人民水乳交融、党群之间血肉联系，要义是不畏困难，艰苦奋斗，勇于胜利，表现为听党话、跟党走，关键时刻能够拿得出、冲得上、打得赢。井冈山精神作为中华民族的宝贵精神财富，是打赢脱贫攻坚战的“红色引擎”。对于井冈山精神发源地的井冈山的干部群众来说，弘扬跨越时空的井冈山精神，就要拿出当年共产党人带领工农群众闹革命的信念和定力，各级党员干部带头冲在脱贫攻坚第一线，带领贫困群众一起苦干，共商脱贫致富大计，在这一轮脱贫大考中经受考验、当先锋、站前列，以实际行动践行跨越时空的井冈山精神。

3. 井冈山市率先脱贫，是必须向老区群众兑现的庄严承诺

“小康不小康，关键看老乡”。全面建成小康社会，没有老区的全面小康，没有老区贫困人口的脱贫致富，是不完整的。井冈山革命老区脱贫是全面小康必须啃下的“硬骨头”。这些年井冈山励精图治、努力奋进，取得了一些进步。但是，井冈山地处山区，历史的、自然的各种主客观因素叠加，使井冈山的经济总量较小，增量不够，结构不优，自身造血功能不足，公共服务水平不高，致使井冈山的贫困程度较深，脱贫成本较高。2013 年，井冈山的全面小康实现程度为 86.84%，其中城乡居民收入小康实现程度仅为 55.03%。[②]即便是那些已经脱贫的群众，有些收入也很不稳定，一遇天灾病患很容易再

① 刘洪：《不忘初心　感恩奋进　率先脱贫——井冈山脱贫攻坚的实践与思考》，《老区建设》2017 年第 7 期，第 26～35 页。

② 刘洪：《不忘初心　感恩奋进　率先脱贫——井冈山脱贫攻坚的实践与思考》，《老区建设》2017 年第 7 期，第 26～35 页。

度返贫。破解在全面建成小康社会征程上的“拦路虎”，让改革发展成果更多、更公平地惠及全体人民，朝着实现全体人民共同富裕的目标不断迈进，正是贫困群众的民生所盼，更是在这片红土地上工作同志的使命所在。

4. 井冈山市率先脱贫，为“决战 2020”扫除了部分潜在障碍

2015 年我国政府向世界庄严宣告，中国 7017 万农村贫困人口到 2020 年全部脱贫，全面建成小康社会，实现“两个一百年”梦想的“第一个一百年”目标。目前离实现这个既定目标只剩下两年多时间，任务相当繁重，无疑是一项极具挑战性的工作。要想如期决战决胜，必须不断发现问题，提前扫除潜在障碍。众所周知，革命老区、少数民族地区和边疆地区大都是自然环境恶劣、贫困人口众多和贫困程度较深的地区，一直是我国扶贫工作的重点和难点。只要能确保这“三区”到 2020 年全面建成小康社会，全国扶贫攻坚战就可以胜券在握。井冈山市作为革命老区之一，在率先脱贫过程中和巩固提升脱贫成果期间，及时发现具有普遍性和典型性的问题，能为打赢脱贫攻坚战争取前瞻性调整的时间和空间。

5. 井冈山市率先脱贫，为世界反贫困斗争提供了中国方案

反贫困是一个世界性的课题，也是一个全球性的难题。三十余年来，全球取得的反贫困成就斐然，联合国《千年发展目标报告》显示，其中 70% 的贡献来自中国。以井冈山为代表的中国扶贫模式，充分显示出社会主义的优越性，对广大发展中国家的反贫困斗争更具借鉴意义。井冈山的本土经验与实践话语完全可以转换为世界所理解和接受的国际知识与话语形态，从而提升国家软实力，提高中国道路的国际影响力，为构建人类命运共同体贡献“中国智慧”。

（二）井冈山市率先脱贫的启示

1. 以党的领导为核心，发挥党的组织优势和党员的先锋作用，这是中国扶贫模式的根本特色

诺贝尔经济学奖得主阿玛蒂亚·森认为，贫困其实是能力的缺乏。在从

传统经济向市场经济转型过程中，很多人因思想守旧、文化程度低、信息闭塞、权利意识淡薄等而失去适应现代社会的能力，这在农村尤为普遍。所以，中国的农村扶贫开发首先是“人的现代化”。中国共产党会聚了各行各业的优秀人才，有从中央到基层的系统组织体系，又有实事求是和密切联系群众的工作作风，能够很好地发挥思想启蒙者、知识传播者、权利保护者、组织动员者和致富带动者的作用。

从2015年开始，中国扶贫进入啃硬骨头的攻坚阶段。党中央有针对性地提出精准扶贫方略，并把加强和改善党的领导作为首要原则。在全国，确立中央统筹、省负总责、市县抓落实的管理体制和各级党政一把手负总责的工作责任制。在贫困县，签订脱贫攻坚责任书，党政正职领导不脱贫不调整、不摘帽不调离。在贫困村，选派优秀干部担任驻村“第一书记”，配强驻村帮扶工作队，实行干部包户、结对帮扶。井冈山市有3200多名党员干部组成的25个扶贫团、126个驻村帮扶工作队，覆盖所有贫困乡村。另外，井冈山还建立了县处级干部帮扶3户、科级干部帮扶2户、一般党员干部帮扶1户的“321”帮扶责任制。“第一书记”和帮扶人的信息要在贫困户门口公示，方便群众联系和监督，接受督导组定期考核。扶贫干部的主要工作是识别贫困户、落实扶贫政策、为贫困村和贫困户建立台账、制定帮扶措施等，真正实现了对贫困户的精准识别、精准管理和精准施策。我们在调研中，听到扶贫干部普遍反映最难的是转变农民观念。有的人还有“等、靠、要”的老思维，有的农户对新型经营方式有抵触。这就需要扶贫干部将扶贫同扶志、扶智结合起来，引导贫困群众树立志向、转变观念，为他们提供知识技能培训，培育群众脱贫的内生动力。所以，精准扶贫是一项大而细的工程，也只有在中国共产党领导下才能做到。

2. 以市场为导向，发展产业经济，这是中国农村脱贫的根本出路

中国农村人口多，耕地资源有限，单靠种地难以摆脱贫困。解决之道就是从多方面着手，开拓多条产业渠道。这就需要尊重市场规律，有竞争优势才能在市场中立足。改革开放之后，广东、江苏、浙江等地，利用地理和劳

动力优势，发展出口加工产业，率先实现农村脱贫。近些年，随着我国经济从出口拉动转向内需拉动，井冈山市的优势开始显现。比如，针对国内旅游消费需求的增加，井冈山市利用自己丰富的“红色资源”（革命遗址）和“绿色资源”（生态环境），大力发展红色旅游和乡村旅游，带动农村脱贫。再比如，井冈山市利用生态环境优势发展绿色农业，迎合了市场对高质量农产品的需求。所以，在我国经济发展进入新常态后，贫困地区能够从供给侧结构性改革中找到自己的比较优势，赢得产业发展新机遇。

3. 以财政投入为主体，发挥政府主导作用，这是中国扶贫开发的主要保障

因为贫困导致资本、人力流失，流失又加剧了贫困，这就是“贫困的恶性循环”。要打破这种循环，单靠市场是很难实现的，必须要有政府介入。

（1）加大财政扶贫资金的投入力度。为打赢井冈山脱贫攻坚战，政府在两年内累计投入扶贫资金 7.47 亿元。在脱贫攻坚战中，更关键的是提高扶贫资金的使用效率。井冈山市给每户特困户和一般贫困户分别提供 3 万元和 2 万元扶助资金，但这些钱不会直接给个人，而是以资本的形式入股各种产业合作社，既为贫困户每年带来分红，又能为产业发展融资。[①]

（2）改善基础设施。井冈山以政府投入为主体、吸引社会资本参与，为村组修筑公路，接通水、电，铺设宽带，对所有农村土坯房进行修旧建新，为全域旅游和农村电商发展创造了条件。

（3）提供教育和医疗保障。因失学造成的贫困代际传递和因病返贫是现阶段农村致贫的主要原因，占 50% 以上。井冈山市的做法是用财政兜底：对贫困户子女从学前到大学的一揽子费用进行减免和补助；由政府财政出资为贫困户筑起“五道医保防线”，报销贫困户 95% 以上的就医费用。总之，政府投入可以弥补落后地区“经济起飞前”的要素短板，实现跨越式发展。

---

① 刘勇、郑颖：《起点——井冈山实现率先脱贫“摘帽”纪实》，中国江西网，2017 年 2 月 28 日，http://www.jxnews.com.cn/jxrb/system/2017/02/28/015820992.shtml。

4. 坚持乡村振兴与城镇化并举，这是中国扶贫开发的指导战略

在从农业社会向工业社会转型过程中，必须解决两个问题：一是城镇人口的吃饭问题，二是脱离农业生产的农民的就业问题。前者涉及粮食安全，后者关系社会稳定，如果解决不好，既不利于脱贫致富，也不利于社会发展。就中国而言，农业的现代化发展，意味着要有大量农民脱离农业转移到城镇中去。但这是一个基于市场、循序渐进的过程。如果仅仅是农民进城买房，而就业机会和公共服务能力跟不上，反而会引发诸多社会问题。所以，十九大报告提出，既要协调推进城镇化，也要实施乡村振兴战略。

农村的核心问题是土地问题。现在虽然越来越多的农民不再种地而是进城务工，但土地仍然是他们的定心丸。只要农村土地集体所有权和农户承包权得到保障，就可以有效缓解城镇化进程中的社会风险。同时，放活土地经营权，让农民从土地流转中受益，也可为农业规模经营创造条件。在这一战略的指导下，井冈山根据实际情况，因地制宜发展特色乡村。有的农业基础好，就鼓励农民以土地出租的形式发展现代农庄；有的环境条件好，就鼓励农民以房屋出租的形式发展乡村旅游；对那些自然条件恶劣的乡村，采取整体搬迁的办法，择址发展。

5. 注重村民参与，在扶贫开发中促进农村基层民主的发展、完善

村民自治是我国基层民主的主要形式，也是人民当家做主的直接体现。不过，长期以来也有质疑之声：农民缺乏民主素养和法治精神，让他们实行直接选举和自我治理，民主会被扭曲。实践中也确实出现过类似问题，一些农村的民主选举演变为公开的贿选，民主决策和民主监督形同虚设。其实，任何民主形式都必须经历实践的磨合才能转化为内容。我们在调研中已看到村民自治在脱贫攻坚中的蜕变。一方面，通过派驻村干部加强对“村两委”的指导，避免村组织沦为大姓宗族或少数有钱人的私器；另一方面，由于扶贫政策事关每个农户的切身利益，自然引发大家的关注和参与。如贫困户的识别就需要全体村民参加评议审核。还有的乡实行“干群互评”，即干部同贫困户定期召开民主生活会，互相点评，协商解决问题。经此历练，农民的

民主意识会得到启蒙，基层民主会有从形式到内容的转变。

6. 注重乡风文明，在扶贫开发中培育中国特色的乡村文化价值体系

中国的农村扶贫既是改善物质生活的过程，也是重构文化价值体系的过程。受市场经济大潮的影响，农村传统文化价值体系受到冲击，而新的体系又未完全形成，一些农村成为价值失范的温床。所以，构建适应新形势的乡村文化价值体系迫在眉睫，但如何构建却有争论。井冈山市在脱贫攻坚中的做法给了我们启示。

（1）弘扬红色革命文化。井冈山市的经验表明，红色革命文化是有群众基础和历史传承的，而且能为百姓带来实实在在的利益。比如，由 800 多名农民参演的大型革命实景演出《井冈山》已成为当地“红色培训”的一张名片，可使人均增收 7000 余元。[①]红色革命文化已成为当地群众的“文化自觉”。

（2）继承优秀传统文化。传统文化有不足，也有值得传承的方面，经过改造的传统文化，确有弥合社会裂隙的作用。比如，井冈山市在农村积极宣传的“孝”文化，是在现代社会基础上提倡的“孝”文化，而非传统僵硬的“孝”文化。将孝敬父母纳入扶贫工作中，有效缓解了农村大家庭观念瓦解后引发的老人赡养问题。

（3）培育现代文化。我们在井冈山市坝上村调研时，发现入村处的两块牌子特别引人注目。一块牌子上是《坝上村红白喜事管理章程》，提倡文明理事、节俭办事；另一块牌子上是《坝上村垃圾银行兑换细则》，引导村民养成垃圾分类、爱护环境的生活方式。村容村貌的改善直接带动了该村的乡村旅游。可见，通过脱贫攻坚这个大熔炉，多种文化资源正融合成一套上有政府引导、下为群众接受、适应时代发展的乡村文化价值体系。

---

① 《井冈山市脱贫攻坚实践》编写组：《井冈山市脱贫攻坚实践》，北京：党建读物出版社，2018，第 94 页。

五、建议与思考：打好精准扶贫攻坚战需进一步理顺的关系

井冈山市的脱贫工作取得了巨大的成绩，这为全国贫困问题的进一步解决提供了十分有益的经验。在调研中，我们也发现了一些具有共性的问题，它们解决得好，不仅可以使精准扶贫工作再上一个新台阶，而且有利于贫困地区更为顺利地迈向脱贫致富的发展道路。概言之，有如下四大关系需要进一步理顺。

（一）政府角色与市场作用的关系

这是任何一个国家的经济发展首先必须理顺的重大关系。改革开放之前，我国实行计划经济，政府几乎是全能型的经济掌控者。1979 年 11 月，邓小平同志提出，“社会主义也可以搞市场经济”，从此，中国的经济调控在政府（计划）与市场作用的关系方面，经历了一个艰难而成效巨大的探索过程。2013 年党的十八届三中全会明确提出“使市场在资源配置中起决定性作用和更好发挥政府作用”，2017 年，十九大报告对此进一步加以确定。可以说，中国改革开放的过程，在某种程度上，就是如何理顺经济调控中政府角色与市场作用之间关系的过程。这个关系理得顺，国家的经济发展就好。

改革开放的实践证明，资源的市场配置是最有效的方式。当然，这不是说要忽视政府的作用。政府的主要作用应该放在“保持宏观经济稳定，加强和优化公共服务，保障公平竞争，加强市场监管，维护市场秩序……弥补市场失灵”等方面。

然而，我们在调研中发现，在扶贫工作中，政府几乎依旧是一个全能型的角色，展现出好“保姆”的形象。当然，对于病、残、老、弱等群体来说，一个好的政府应该是一个好的“保姆”。问题在于，扶贫工作本质上也是一项经济工作，如何在这项工作中，让市场发挥更大、更有效的作用，这是我们应该继续探索的问题。

要解决贫困问题，无非两条途径：一是为贫困人口提供更多的就业机

会；二是为他们提供最低生活保障与医疗保障。后一条途径，我们认为，主导者应该是政府。前一条途径要发挥作用，必须依靠经济更好地发展。我们几十年的经验表明，要做到这一点，需要资源有效的配置，而最有效的配置工具就是市场。因而，我们认为，前一条途径的主导者应该是市场。

我们在调研中发现，这两条途径的主导者，有的地方目前实际上都是政府。

这也可以理解为，解决贫困问题需要经济发展的基础，这么大的扶贫工程，地方政府肯定需要大量的资金，需要经济发展提供更多的就业机会。然而，政府过多地干预市场，可能会扭曲市场的信号，加重政府的负担，最终出现一些政府并不愿意看到的后果。

政府干预市场的表现，主要就是为某些企业的发展投入大量的资金。举几个调研中看到的实例。某乡某村发展民宿，某个企业投资 1000 多万元，地方政府配套 500 多万元。某个新农业项目，租赁 1000 亩土地，科技部每年资助 1000 万元，地方政府 2017 年配套资金 700 万元。某个大型旅游公司，做一个计划最终投资 6 亿～7 亿元的项目，几年下来，实际投资却只有 1000 多万元，地方政府配套资金却已经高达 300 多万元（政府按照企业投资额的 30% 投入配套资金进行公共基础设施建设）。

地方政府的这类投入，加重了自己的经济负担，增加了自己的债务，给自己增加了本应该由企业承担的风险。

更重要的是，政府对这类企业的资金投入与提供的其他超常的服务，大多数其他的企业可能享受不到，他们对此会感觉十分不公平。市场经济的一个基本原则就是公平。政府的这类做法，有违自己“保障公平竞争”的职责。只有真正公平的市场秩序建立起来了，才能够大规模地吸引企业参与当地的建设，经济才能够真正繁荣。

关于风险问题，地方政府的认识，恐怕也很难像企业家那样清楚。前面提到的那家旅游公司的负责人对我们调研人员说，现在做企业，都在利用“杠杆原理”，以少量的资金，撬动大资金。这也可以理解。企业运行的本质，就是最大限度地减少自己承担的风险，最大可能地获取利益。这应该就是他们计划投资6亿~7亿元，几年来实际投资只有1000多万元的原因。成功了，他们获益大；失败了，损失也小。政府却在实际上为他们的经济利益背书，承担了他们可能失败的风险。

还有一个问题。地方政府大力鼓励经济作物（诸如蜜柚、葡萄）种植的时候，可能还需要加强对市场的研究。万一价格大跌、产品卖不出去，农民可能怪罪政府，由此导致社会不稳定。尤其需要考虑国际市场的波动对我们市场的影响。地方政府应该对此有所警惕，加强防范，采取一些具体措施，比如，鼓励保险公司介入种植业，以防范风险。

的确，“大政府，小社会”的政府主导型模式可以在较短时期内高效地解决贫困问题。但从长远来看，这种大包大揽的模式尤其是过多地介入市场的模式，恐怕难以持续。对政府的责任应该有所界定。在经济发展方面，政府的责任是为竞争者维持公平的市场秩序。在扶贫工作中，政府的主要责任是提供最低生活保障与医疗保障。即便在这一方面，也应该鼓励市场介入，比如，通过政府购买的方式让各类专业机构参与贫困户认定与医疗监管等工作，让政府从事无巨细的扶贫具体工作尤其是纯粹的经济工作中腾出精力，着力于更有效的市场秩序维护工作。

市场能做的交给市场，市场做不了的政府管起来，相互不越位，这才是理想的社会主义市场经济模式。

（二）扶贫成本与效益的关系

扶贫工作是提高人民幸福感的一项民生工程，但本质上也是一项经济工程，评判其成功与否，离不开投入产出比这个经济标准。但在实际工作中，为了完成任务，地方政府往往不计成本地投入，而少有将费效比纳入考核标准之内的。

比如，有的农村聚居地，远处深山老林之中，自然资源并不丰富，劳动力大多常年在外打工，留下来的多是老人与妇女儿童。显然，这种地方缺乏发展的潜力。从长远来看，年青一代一旦找到机会，就会举家迁往城市。在目前的中国，这种所谓的空心村并不在少数，并且有越来越空的趋势。但是，为了完成扶贫指标，地方政府也不得不为这些必然衰败下去的村子修筑公路，接通电源，兴办教学质量必然不如人口集中地区的学校，花费巨资翻新下一代村民未必会继续居住的房子，甚至花费巨资为他们创造难以持久的工作机会。

在调研过程中我们了解到，当地干部有的就持这种看法。他们认为，将那些必然产生不出效益的人力、物力，转而投入更有发展潜力的地区，用来搬迁与安置缺少发展潜力地区的人口，相同的投入，将会产生更大的效益。在新的地区，老人会更有健康保障，妇女还可以找到工作，儿童可以在更好的学校接受教育，甚至青壮年更有发展机会，不用再外出打工，一家人还可以常年在一起。

我们很高兴地看到，也有的地方在这方面做得比较好。在井冈山一个地区，我们就看到了一栋栋漂亮的欧式小别墅，主人就是从缺少发展潜力地区搬迁过来的农民。他们依靠旅游做餐饮，如今的生活远胜从前。当然，这其中也有个平衡的问题：如何界定哪些村庄是可能衰败的？是否那些可能衰败的村庄就不需要通电、通路？那些村庄的人口是否能够迁出？如何迁出？这些问题可能不是做一两个简单的判断就能够解决的，需要有科学的、精当的、细致的研究和评估。但是，至少我们需要研究这些问题，将其列入脱贫致富的考量范畴。

我们认为，这是未来解决贫困问题的一个重要思路。如果将扶贫工程也当作一项经济工程，把投入产出比纳入考核标准，那么，它也必然会成为地方政府主动选择的思路。换言之，在相同或者相似的条件下，同样的 100 万元，如果可以帮助 100 人脱贫，那么，地方政府必然会抛弃那个比如只能帮助 10 人脱贫的方案。在将费效比纳入考核标准之后，扶贫工作必然会更加符合现代化发展的未来走向，更加符合现代化本身的要求，也更加符合现代化的城市化走向。

总之，我们认为，要在扶贫工作中树立成本意识，将扶贫的各项支出纳入经济核算，充分考虑费效比。虽然不计成本的投入会带来“立竿见影”的扶贫效果，但长此以往也可能会加重整个社会的经济负担，也可能是不可持续的。可持续的扶贫战略，一定要认真考虑成本与效益之间的关系。

（三）产权明晰与产业发展的关系

科斯定律表明，产权越清晰，交易成本越低，市场均衡的最终结果都是有效率的，能够实现资源配置的帕累托最优。其基础就是，产权的明晰。然而，目前农村的土地，产权却是不明晰的，可能阻碍农村经济的进一步发展。这一点，我们在此次调研活动中也深有感触。

扶贫工作的基础是资金，资金最好的来源就是经济发展。井冈山也不例外。井冈山市委、市政府将“产业为根”列为扶贫十六字方针的第二项。然而，在农村发展产业，首先就会遇到土地产权不明晰导致这部分要素不能被激活的障碍。这造成了以下几个后果。

第一，产权不明晰，土地不能自由交易，因而不能用作抵押在银行贷款。换句话说，土地不能自由地转换为资本，难以盘活，用于经济发展。

第二，由于上述原因，一般企业难以利用农村租赁土地获取银行信贷支持，发展缺乏应有的资金基础，缺乏后劲。调研中，企业对这一点反映强烈。

第三，个别受到地方政府特别支持的企业需要资金时，通常由地方政府以其信誉做担保，以其财政收入做抵押，到银行申请贷款。这被称为“配套资金”。这种方式大大增加了地方政府的金融风险。

第四，农村土地产权不明晰，法律限制其租赁年限，这造成了租赁农村土地发展产业的企业不敢进行长期规划。这一点企业也普遍反映强烈。

第五，农民也因为土地产权不明晰而不敢对其进行长期投入。对自己世代耕作的土地都没有长期规划，不敢长期投入，又怎么可能在真正意义上保护好环境，建设中国的美丽乡村！

第六，尤其是，农民不能盘活土地资产，用于产业发展，也就难以将其用作资本，支持自己进城。

毫无疑问，发展产业是解决经济问题尤其是农村贫困问题最有效的手段。然而，不解决产权不明晰这个障碍，在农村做产业，包括农民自己利用土地做产业，都面临很大的困难。

农村土地的产权明晰问题，大家也一直在探索更好的解决方案。目前，我们正在试行的一些方案，比如，三权分置、经营权流转、农民以土地承包权入股、集体建设用地允许入市、宅基地确权等，仍旧不能说可以彻底解决农村土地产权的不明晰问题。要解决这个问题，需要学术界和决策层共同努力。

（四）乡村振兴与城市化（城镇化）的关系

所谓的城市化，或者城镇化，其核心在于规模效应的本质要求。总体上，只有人口大规模地集中，经济发展的规模效应才能够显现出来。因而，城市化也是现代化的一个明确指标。

其实，在一定的数值范围内，城市越大，规模效应越大。因而，纯粹从学术角度出发，我们认为，城市化较之城镇化，更能够反映现代化本质的要求。所谓“城镇化”，其实质在于，当大城市尚无能力解决农村人口大规模进城问题故而对他们关起大门时，决策者不得已采取替代办法，将农民就近安置。

“乡村振兴”的目的之一就是，避免与防止工业化、城市化进程中的农村衰落现象。乡村振兴的关键路径有两条：一条是发展非农产业；另一条是实现农业现代化。

在农村散片发展非农产业，主要问题在于规模效应远远不如集中起来发展产业，而环境治理的成本，也由于规模效应不足的原因远远不如产业集中地区。在这种散片发展非农产业的地区，环境治理不好，不仅振兴不了乡村，反而会破坏乡村环境，甚至永久地破坏乡村环境。近些年来，城市越来越注重保护环境，不断赶走污染企业，许多这种企业迁往农村，已经造成了触目惊心的环境破坏后果。

农业现代化实现的前提，同样也需要规模效应起作用。不过，这正好与其他大多数产业的发展相反。后者需要人口集中，前者需要人口稀少、土地集中。

那么，我们的问题是：在农村散片发展非农产业所吸纳的农业人口，是否可以将农业人口减少到适合农业现代化所要求的土地集中规模？显然不能。换言之，这种逻辑分析表明，只有实现真正的城市化，农业的现代化才有可能实现。再换一种说法就是，乡村振兴的前一条路径显然并不可行。

因此，我们认为，中央层面应该明确包括农村在内的统一发展规划，其中，城市与农村应该联动互动，互相支持，而不是互相冲突。总的目的，毫无疑问是推进中国的现代化发展。现代化，必然又离不开城市化。我们制定的所有政策，都应该为推动中国现代化服务。

明确了现代化的目标，由此明确了城市化的目标，我们就应该制定相应的政策与配套支持措施，允许并且鼓励、帮助农民进城。农民进城了，农村的土地就集中起来了，农业现代化的实现才有物理条件。农村的土地不是用来散片地兴办企业，而是集中用于农业本身的发展，乡村，更准确地说，农村，才有可能真正振兴。那时候，中国的农村才是真正美丽的农村。

要做到这一点，我们认为，首先，必须按照宪法的规定，赋予农民自由选择居住与工作地方的权利。公民权利的平等，包括农民权利的平等，是衡量现代化程度的指标，更是现代化建设的必由之路。

其次，国家要从物质条件上鼓励与帮助农民进城。应该制定政策，盘活农民现有的财产，尤其是土地与宅基地，让农民可以利用手中现有的资源，支持自己进城永久生活。

改革开放与中国县域发展

GAIGEKAIFANG

江西婺源

JIANGXI WUYUAN

发展全域旅游，建设最美乡村

中国社会科学院财经战略研究院

一、基本情况和发展历程

（一）基本情况

1. 地理区位

婺源位于江西东北部，与安徽和浙江两省交界，地处我国黄金旅游圈的腹地，周边有黄山、三清山、庐山、武夷山、龙虎山、千岛湖、鄱阳湖、景德镇等众多知名旅游地。

十几年前，婺源的交通仍然非常闭塞，有着“铁路之父故乡无铁路”的说法。近些年，出于发展旅游业的需要，婺源的交通状况有了很大的改善，有景婺黄、景婺常等多条高速公路，县域内的省道升级为国道规划序列，京福高铁和九景衢铁路均在婺源设站，1 小时车程内有黄山、景德镇、衢州和三清山 4 个机场，4 小时内可达武汉、南京、长沙、上海、厦门，2 小时内可达杭州、合肥、福州、南昌等城市，婺源的区位优势因交通状况的改善而逐渐显现。婺源正成为江西对接长三角和海西经济区的前沿（见图 1）。

2. 历史沿革

战国时期，越王勾践灭吴，将吴王夫差二子流放境内湖山（今江湾镇）（公元前 473 年），太子鸿在山间建草堂，编撰《山中物语》，教山民识字。

图 1 婺源旅游交通区位图

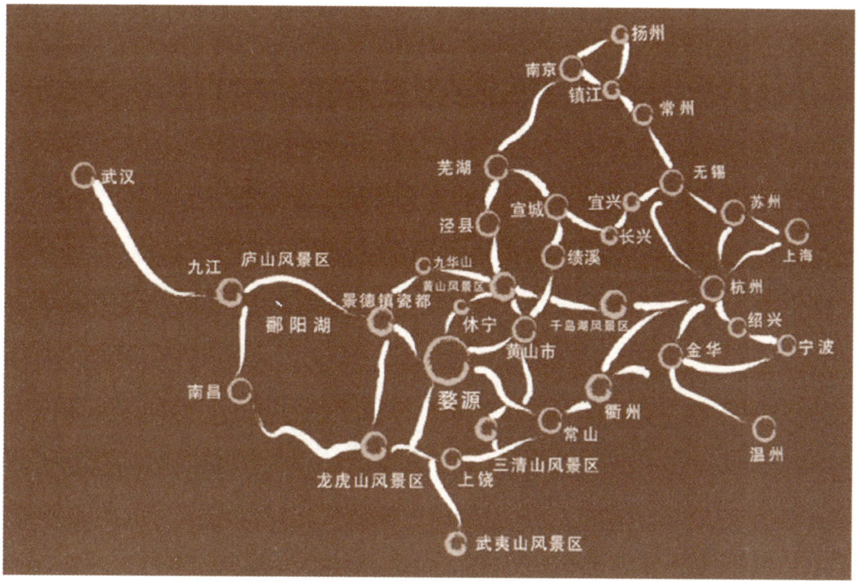

资料来源：中国婺源网（http://www.chinawuyuan.com）。

秦朝时期，秦始皇设三十郡（公元前 221 年），县域东北部属鄣郡，西南部属九江郡。唐代设置婺源县（公元 740 年），隶属歙州（1121 年改为徽州），是古徽州一府六县(歙县、黟县、休宁、祁门、绩溪、婺源）之一。1934 年，婺源被划入江西省。1947 年，婺源被划回安徽。1949 年，婺源又被划到江西省。

基于以上历史沿革，婺源县在建筑、村落、民俗、工艺、饮食、篆刻、文书等很多方面沿袭和继承了古徽州的传统文化特色。

3. 土地面积、行政区划与人口

婺源县域内属丘陵地貌，地势大致由东北向西南倾斜，境内山峦重叠，溪涧纵横，全县土地总面积 2967 平方公里，其中有林地 378 万亩，耕地 32 万亩，素有“八分半山一分田，半分水路和庄园”之称，主要种植稻谷、油菜、茶叶、蔬菜、食用菌等。每年的 3 月和 4 月是婺源乡村旅游的旺季，主要得益于油菜花和传统村落交相呼应所形成的美丽乡村景观，发展到现在，全县的油菜种植面积已达 6962 公顷。

全县辖 16 个乡（镇）、1 个街道、1 个工业园区、197 个村（居）委会。2017 年末常住人口 343768 人，其中，城镇人口 161983 人，城镇化率达到 47.12%，人口增长处于较低水平。近几年，随着家乡旅游业的不断发展，许多外出务工人员开始选择回乡就业、创业，就业水平显著提高，外出务工人数逐年减少 15%。

4. 资源禀赋

在生态环境方面，婺源县森林覆盖率达 82.64%，空气、地表水达国家一级标准，负氧离子浓度高达每立方厘米 7 万～13 万个，是个天然大氧吧。有草、木本物种 5000 余种，国家一、二级重点保护动植物 80 余种。境内有世界濒临绝迹的鸟种蓝冠噪鹛，有世界最大的鸳鸯越冬栖息地。婺源地方特产丰富，尤以红、绿、黑、白“四色”特产（荷包红鱼、婺源绿茶、龙尾歙砚、江湾雪梨）最为出名。近几年，围绕油菜花、晒秋等美景，在生态环境保护、优化和美化方面取得了明显进展，除此以外，紫云英和黄菊等同样具有极大的旅游开发价值。

在历史文化方面，自唐代建县以来，婺源文风鼎盛，名人辈出，享有“书乡”之美誉。自唐至清，全县共出进士 552 人，留下历代文人著作 3100 多部，其中 172 部入选《四库全书》；朱熹、詹天佑等历史文化名人名扬中外。历史遗迹、明清古建遍布乡野；徽剧、傩舞、徽州三雕（石雕、砖雕、木雕）、歙砚和绿茶制作技艺已列为国家非物质文化遗产；理坑、汪口、延村、虹关等村落被评为国家历史文化名村。婺源博物馆馆藏文物 1 万余件。

综合来看，无论是在区位和交通上，还是在资源特色上，婺源都具备发展乡村旅游特色产业的条件和优势。经过长期的积累和实践，婺源在全域旅游发展和美丽乡村建设等方面取得了令人瞩目的成绩，婺源将美丽乡村转变为美丽经济的发展经验值得总结。

（二）发展历程

1. 社会经济发展历程

改革开放40年来，婺源县地区生产总值呈增长态势，进入21世纪后进入快速发展时期，且在2017年突破百亿元大关（见图2），保持了8.0%的增长幅度。2017年，三次产业结构调整为9.27∶34.42∶56.31(见图3)，其中，第一产业增加值达到9.35亿元，增长4.1%，对经济增长的贡献率为6.8%，

图2　婺源县地区生产总值变动情况(1980～2017年)

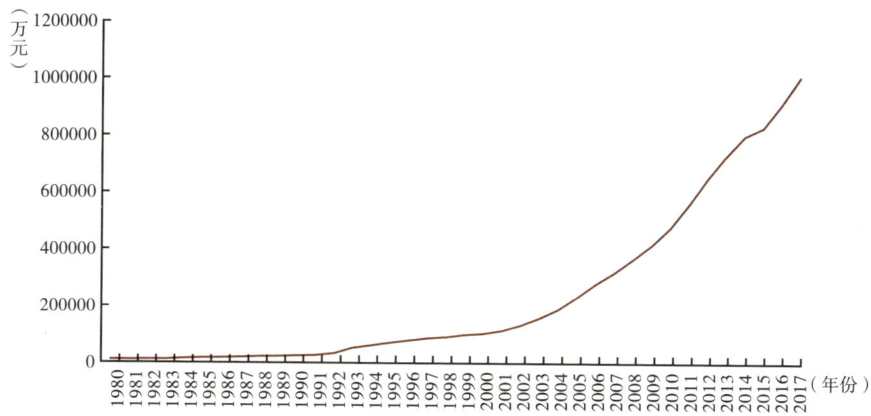

资料来源：由婺源县提供。

图3　2017年婺源县产业结构

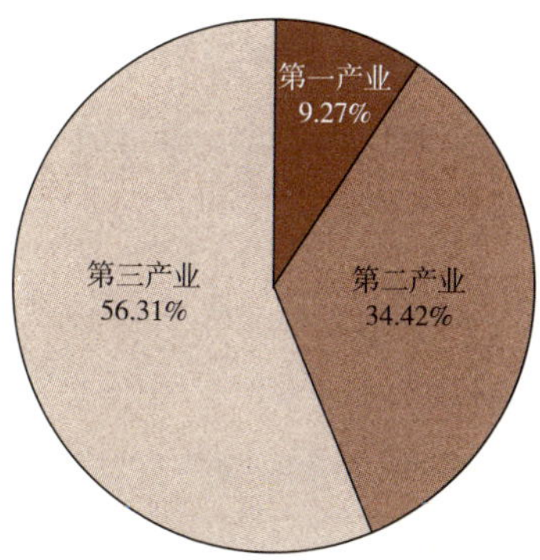

资料来源：《2017年婺源县国民经济和社会发展统计公报》。

拉动经济增长0.54个百分点；第二产业增加值达到34.69亿元，增长7.8%，对经济增长的贡献率为31.8%，拉动经济增长2.54个百分点；第三产业增加值达到56.74亿元，增长9.0%，对经济增长的贡献率为61.4%，拉动经济增长4.92个百分点。

因地制宜地发展特色乡村旅游产业，变"美丽乡村"为具有可持续性的"美丽经济"，是婺源发展的特色和亮点，因此，在总体阶段划分上，本报告聚焦产业发展，关注婺源的产业结构变化和支柱产业选择。

从总体的产业结构变动情况来看，婺源县的发展变化符合我国产业结构调整的总体趋势，即第一产业和第三产业此消彼长，第二产业窄幅波动。值得一提的是，婺源县的第二产业增加值所占比重变化呈现先缓慢增加后缓慢下降的特点（见图4）。因此，本报告将改革开放以来婺源社会经济发展的历程大致分成三个阶段。

图4　婺源县产业结构变动情况（1990～2017年）

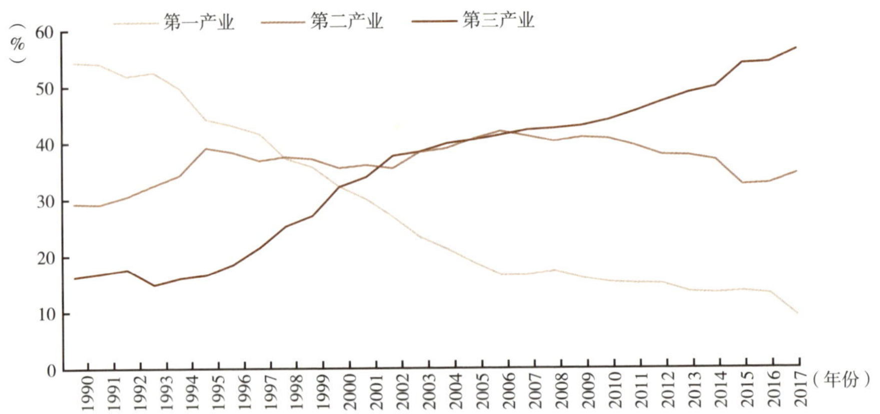

资料来源：由婺源县提供。

（1）1978～1998年：以农业为基础

改革开放之初，和我国绝大部分地区一样，婺源县的产业结构以农业为主。1998年，婺源县的第二产业占比开始超过第一产业，达到37.48%。在此阶段，第一产业所占比重逐年下降，第二产业和第三产业比重逐年增加。

值得一提的是，在此阶段，婺源的旅游业已开始萌芽，但多为一些自发、零散的乡村旅游点，一些反映婺源优美乡村风光的摄影作品开始得到较为广泛的传播，由此奠定了“中国最美乡村”的形象基础。

（2）1999～2006 年：以工业为过渡

在此阶段，婺源县的第一产业占比继续下降，并于 2001 年开始低于第三产业；第二产业占比呈现波动增长态势，并于 2006 年达到峰值，占比达到 42.06%；第三产业占比于 2002 年首次超过第二产业，此后和第二产业基本持平，并于 2005 年突破 40%。

尽管婺源的第二产业在此阶段有所发展，但总体上看其工业发展优势并不明显，仍然不具备发展工业的综合条件，此阶段只能说是婺源从山区农业县向特色旅游县转型过渡的探索和选择阶段。也正是因为工业发展的滞后，婺源丰富的文化和生态资源得以留存和保护，避免了破坏和污染，为进一步发展旅游业提供了丰富的资源基础。

（3）2007 年至今：以旅游业为特色

从 2007 年开始，婺源县第三产业占比和第二产业占比的差距逐渐拉开，第三产业进入快速发展时期。此时，婺源旅游业进入发展壮大时期，为进一步整合资源、形成合力，还成立了江西婺源旅游股份有限公司，2008 年，全县旅游综合收入超过 10 亿元，比上年增长 69.3%。与此同时，婺源旅游的知名度越来越高，婺源进入以旅游业为发展特色的阶段。

在产业融合方面，婺源也形成了以旅游业为核心的产业结构，如：农业种植会考虑乡村整体景观的需要，农业生产生活习俗也成为一些景区主打的“风景”；工业生产则主要围绕家纺、旅游产品、木雕、茶叶等展开，这些大多也在为旅游业发展服务。

综上可见，改革开放 40 年来，婺源县产业结构不断调整和优化，在不断的探索和调整过程中，婺源县因地制宜，发挥特色资源优势，通过打造美丽乡村，探索出了一条通过发展旅游带动地方社会经济全面可持续发展的路子。

可以说，美丽乡村是婺源发展旅游业的资源基础和根本，而婺源旅游业的兴旺让美丽乡村变成了美丽经济。同时，由于发展旅游业对生态环境的要求较高，又反过来严格限制了高污染、高耗能的粗放型产业进入，保持了乡村建设中的“美丽”，这是一个良性的绿色发展循环。

2. 旅游业发展历程

总结和探讨婺源的发展之路，需要对婺源的旅游业发展阶段有一个总体认识，以突出问题导向，把握产业升级的方向。经过十几年的积累与发展，婺源将旅游业作为“第一产业、核心产业”大力发展，实现了旅游业从无到有、从小到大、从弱到强，经历了“养在深闺人未识”到“天下谁人不识君”的转变过程，旅游业逐渐成为全县国民经济的重要支柱产业，旅游引导的乡村振兴取得了长足发展。游客接待量由2005年的243.7万人次飙升到2017年的2178.8万人次，连续11年位居江西省景区之首（见图5），旅游综合收入也从2005年的3.39亿元提高到2017年的168.5亿元（见图6）。

图5　婺源县旅游接待人次（2005～2017年）

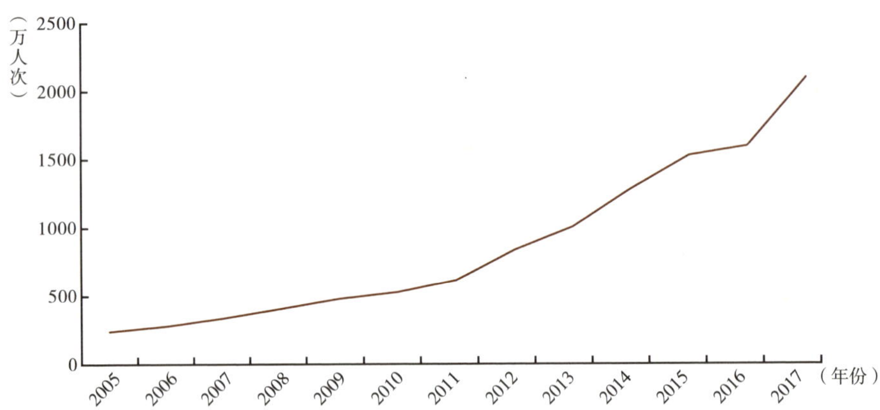

资料来源：由婺源县提供。

经过多年的积累和发展，婺源的成熟景区已经超过20个，且知名度越来越高，婺源全域也被整体评为3A级景区。宾馆数量从2000年的10余家，发展到目前的300余家，其中星级宾馆14家（四星级宾馆5家、三星级宾馆7家、二星级宾馆2家），正在申报五星级宾馆2家，星级宾馆总数位居

图 6 婺源县旅游综合收入（2005～2017 年）

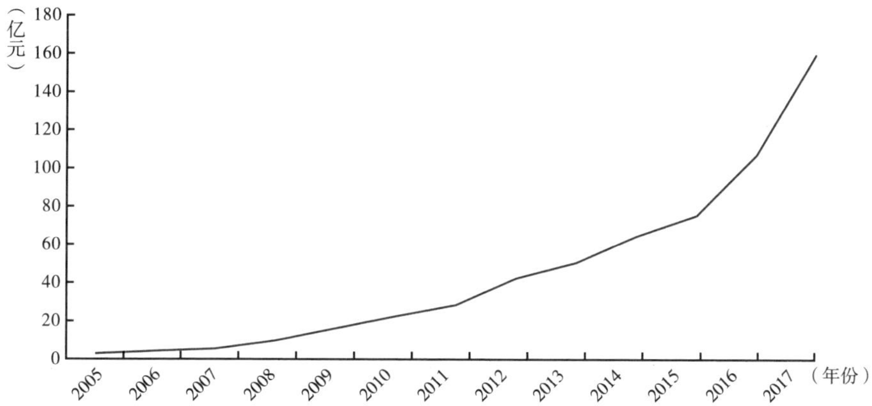

资料来源：由婺源县提供。

江西省各县之首，拥有床位 2 万余张，年营业额 10 亿元以上。旅行社 33 家，主要休闲娱乐场所 40 余个，主要旅游购物场所 400 余个。

旅游业的繁荣带来了大量的就业机会。目前，婺源各类旅游业从业人员有 8 万多人，占全县总人口的 22.2%。2017 年，婺源城镇居民人均可支配收入为 23627 元，农村居民人均可支配收入为 11825 元，全县贫困发生率由 2014 年的 4.6% 下降至 1.5%。

综合分析，可将婺源旅游业的发展历程分为以下四个阶段。

（1）1993～2000 年：起步

婺源旅游起步于 1993 年，得益于周边地区的辐射。当年接待游客 2.64 万人次，国内旅游收入 53.4 万元，国际游客仅有屈指可数的 156 人次。20 世纪 90 年代后期，婺源开始以“中国最美乡村”为宣传主题，打造旅游品牌，投入大量资金用于景区建设。围绕乡村旅游，相配套的旅游基础设施和接待体系也逐步建立。以旅游公路建设为例，先后投入 2 亿多元。

2000 年，全县接待游客 12.50 万人次，门票收入 26 万元，旅游综合收入达到 1902 万元。这一时期，婺源获得了一些国家级称号：1993 年，灵岩洞被列为“国家森林公园”；1995 年，婺源被国家命名为“中国绿茶之乡”；

1996年，婺源获“全国绿化先进单位”。

这一阶段的旅游开发大多属于市场自发行为，基本上是各自为政，缺乏统一的经营管理模式和宣传营销模式，发展相对缓慢，婺源旅游在国内的知名度并不高。

（2）2001～2006年：成长

从2001年开始，婺源一日游逐步兴起，特别是东线江湾、晓起、李坑等景点一日游团队线路受到欢迎。游客数量、旅游综合收入快速增长。旅游接待人数从2001年的24.72万人次跃升到2002年的100.37万人次，突破百万大关；旅游综合收入从5000万元增长到1.03亿元，突破亿元大关。这一时期，婺源旅游开始从市场自发经营向“放手民营、政府引导”转变，围绕着旅游发展的“食、住、行、游、购、娱”等基本要素逐步完善，开始加强旅游基础设施和旅游公共服务体系建设。

经过这一时期的发展，婺源旅游品牌的影响力逐步扩大，“中国最美乡村”从少数游客的感受，成为婺源的旅游形象和地区形象，旅游业在全县经济发展中的地位初步确立。2006年，婺源旅游的游客接待数量大幅增加，旅游经济收入水平也有了较大幅度的提升，全年共接待国内外游客283万人次，实现门票收入4836万元，旅游综合收入达到4.71亿元。

当然，随着乡村旅游的发展，“放手民营”也产生了一系列问题，其中低价竞争、旅游市场秩序不规范等问题尤为突出。

（3）2007～2011年：发展壮大

为了整合全县优质乡村旅游资源、形成发展合力，婺源在2007年整合了江湾、李坑、汪口、江岭、晓起等一大批精品景区资源，成立了江西婺源旅游股份有限公司。2010年，为了更好地适应乡村旅游发展的需要，婺源在旅游管理体制上进行了改革创新，将旅游局更名为旅游委员会，2016年又更名为旅游发展委员会。

这一时期，婺源乡村旅游迅速发展壮大，乡村旅游基础设施、公共服务体系等进一步完善。2011年，全县接待国内外游客616.80万人次，实现门票收入 1.67 亿元，旅游综合收入达到 28.96 亿元，政府旅游业收入从原来每年几百万元增加到 4000 多万元。婺源成为多个国家级示范区、试验区建设的试点。2007 年，全国首批 15 个中国旅游强县试点县中，婺源作为江西省唯一代表入选。2010 年被农业部、国家旅游局联合授予全国休闲农业与乡村旅游示范县。2011 年，被评为“全国旅游标准化示范县”“全国低碳旅游实验区”，同时成为全国首个国家乡村旅游度假实验区。

随着现代旅游者的需求日趋多样化，在整合旅游资源后，婺源旅游又面临创新不足、动力不够的问题。在调研中，我们就发现很多景区或旅游资源被搁置开发，此外还有产品老化等问题。如何打破门票经济、优化产品结构、促进旅游产业转型升级，是婺源旅游发展到新阶段必须考虑的。

（4）2012 年至今：转型升级

进入 2012 年以来，婺源围绕“打造中国旅游第一县”的目标，逐步打破“门票经济”，通过由观光向休闲度假产品开发转变，促进多元经济发展，吸引众多民营旅游企业参与婺源的乡村建设和旅游发展，以“篁岭”、“梦里老家”为代表的一些民营资本和以精品民宿为代表的许多中小创业者开始活跃在婺源旅游市场，为婺源旅游发展带来了新的创新活力。

2016 年，婺源明确了“发展全域旅游，建设最美乡村”的发展战略，充分发挥旅游的拉动力及催化集成作用，大力实施“旅游 +”融合发展战略，促进旅游与工业、农业、体育、民宿、文化、养老、会展、电商等相关产业深度融合。

婺源以发展全域旅游为抓手，按照“产业兴旺、生态宜居、乡风文明、治理有效、生活富裕”的总要求，大力实施乡村振兴战略，奋力打造乡村振兴的“婺源模式”，取得了明显成效。这一时期，婺源旅游发展有许多重大事件，如游客接待人数和旅游收入连创新高，景区星级评定工作进展顺利，婺源被纳入江西省旅游综合改革试点，等等。

通过对婺源旅游发展历程的总结与分析，不难看出，婺源旅游发展与我国旅游业的总体发展历程保持同步，发展到现阶段，婺源旅游取得了很大的成绩，已经成为我国发展全域旅游、建设美丽乡村的典型案例和创新试验区，先后获得了 30 多张“国字号”金字名片，这些金字名片是婺源全域旅游发展、美丽乡村建设的见证，更是对婺源坚定不移地发展全域旅游、建设美丽乡村的肯定和褒扬。

如何在肯定成就的基础上总结经验，是本调研报告的主要目的之一。同时，在调研中，我们也同样发现了当前婺源旅游发展所面临的问题，如旅游产品升级问题、产业链条的延伸问题、农民可持续增收与收入分配问题、旅游开发中的乡村治理问题等，都值得深入研究与探讨。

二、成就与经验

改革开放 40 年来，婺源从赣东北地区的一个山区农业贫困县发展为全国知名的旅游强县、“中国最美乡村”，成绩斐然。这一成就，是婺源优美的生态环境、独特的文化底蕴、坚定的发展理念以及因时因地制宜探索发展策略优化的综合结果。长期以来，婺源站在全域旅游的高度，紧紧围绕“发展全域旅游，建设最美乡村”的目标，把全县当作一个休闲农业观光园来打造，紧紧围绕“看得养眼、玩得尽兴、住得清净、买得放心”等方面，完善配套设施，丰富产品业态，实现了乡村旅游和休闲农业互促互进、融合发展。在此过程中，婺源出台了一系列措施，探索出适合自身发展的“婺源模式”，形成了农业生产不断升级、农民生活显著改善、乡村文化传承复兴、农村社会和谐美丽的大好局面。

（一）全域旅游：从“养在深闺人未识”到“天下谁人不识君”

发展旅游业之前，农业是婺源的支柱产业。经过三十多年发展，尤其是 2000 年之后，婺源以优美的生态环境和深厚的文化底蕴，在旅游界声名鹊起，成为全国乡村旅游的标杆。婺源全域旅游发展取得了诸多看得见、摸得着的成绩，也积累了宝贵的经验。

1. 旅游景区从“散弱”到“精品”

在调研中我们了解到，婺源全域旅游打造有着自己的一套理念和措施。一是严格按照 A 级景区标准打造大小景区。婺源从旅游起步伊始，就针对不同的旅游资源禀赋和市场需求，量身打造不同类型、不同规模的 A 级景区。近年来，婺源要求所有新建景区都要按照 4A 级以上的标准来打造，加强了景区建设，提升了景区质量和品位。对拥有高质量资源和文化特色的景区，更是聚全县之力，推进创建更高等级的景区，如 2012 年，婺源仅用半年时间就按照国家 5A 级标准完成了江湾景区的软硬件建设，成功创建国家 5A 级旅游景区，被旅游专业人士称为 5A 级景区的“江湾速度”。二是生态立县，夯实全域旅游发展基础。婺源始终坚持生态环境和文化珠联璧合，这是婺源全域旅游发展和美丽乡村建设赖以生存和发展的根本。守住“青山和绿水”，把良好的生态环境、文化底蕴作为全域旅游吸引力的源泉和核心支撑。为呵护好宝贵的生态文化资源，充分挖掘并释放其潜力，抢占生态、文化发展的制高点，婺源投入巨大的人力、物力、财力抓好生态环境和文化保护工作。近年来，婺源全面实施生态保护工程。在绿化植被方面，通过造林绿化、封山育林，引导村民遵循传统的村规民约，如“杀猪封山”、“生子植树”等，保护农村生态环境。全面引导农村将油菜、茶叶以及花果等作为旅游产业发展的要素来培育，从而形成了四季有花、色彩斑斓的美丽新婺源。在整治污染方面，关停污染企业、严禁化肥农药流入水库河道、实行河长制和山长制、对全县所有村庄进行改造，使垃圾处理和污水排放达到景区的标准。三是挖掘全域旅游发展的文化基因。旅游与文化，你中有我、我中有你。婺源注重旅游与文化的共生和融合发展，在“中国最美乡村”理念的指引下，婺源对农村民居进行徽派改造，新建民居 100% 按照徽派建筑风格修建，全面实现乡村民居整体风貌的文化塑型，植入最美乡村的文化符号。在旅游民宿开发方面，全面实施“民宿开发，建新如旧”的保护开发模式，将徽派建筑风格贯彻到底，让最美乡村美到每个角落。在旅游产品开发方面，打造“梦里老家”等具有本土特色的大型文化实景演出，丰富旅游景区的产品形式，实现了集观光、文化和体验于一体的多样化、特色化、精品化旅游景区的打造和提升。四是全面实施“十大工程”，为全域旅游“强筋健骨”。“山清水秀但贫穷落后不行，殷实小康但环境退化也不行”。围绕全域旅游这盘大棋，婺源对城镇、乡村、人文、青山、绿水、田园、道路等进行全方位的提升，按照“全县经济工作都围绕乡村旅游来抓，全县所有产业都围绕乡村旅游来培育”的要求，大力实施“景区”“城区”“集镇”“乡村”“人文”“青山”“秀水”“树木”“田园”“道路”十大提升工程，因地制宜发展美丽经济，加快实现旅游富民强县，为全域旅游和乡村振兴“强筋健骨”。

2. 旅游品牌从“默默无闻”到“驰名中外”

20 世纪 90 年代的婺源，乡村旅游发展各自为政，知名度不高，“中国绿茶之乡”，“全国绿化先进单位”是婺源的主要形象，几无旅游品牌可言。现如今，婺源“中国最美乡村”的品牌深入人心，成为全国乃至全世界游客心中的最美中国符号。“首批中国旅游强县、国家乡村旅游度假实验区、全国旅游标准化示范县、国家级文化与生态旅游县、首批中国优秀国际乡村旅游目的地、首批国家生态文明建设示范县、中国绿茶金三角核心产区、国家体育产业示范基地、全国‘四好农村路’示范县、全国平安建设先进县”等 30 多张“国字号”金字名片享誉国内外，见证了婺源旅游品牌从“默默无闻”到“驰名中外”的巨大转变。通过梳理婺源旅游品牌发展的历程我们发现，婺源旅游业自发展以来，尤其是 2000 年以后，婺源县委、县政府始终坚持打造“中国最美乡村”这一独具创意的旅游大品牌，并给这个品牌内涵从旅游业到经济社会发展的各个方面赋予丰富的外延。一是科学确立旅游品牌。在婺源旅游启动之初的 2000 年，婺源旅游主管部门巧妙地化用香港著名摄影大师陈复礼先生在婺源摄影创作时的赞语“中国最美丽的乡村”，确定了婺源旅游主题宣传口号为“中国最美乡村”，确立了婺源旅游的核心形象。二是狠抓机遇，强势推广。2000～2006 年，时任中共中央总书记、国家主席江泽民考察了婺源，婺源一些具有代表性的乡村景点（如江湾、李坑等）

名声大噪，乡村旅游逐步发展，“中国最美乡村”的形象逐渐在游客和艺术家群体中传播开来。借此机会，婺源县政府和宣传部门全程主导参与，充分利用广播、电视、网络等媒介，对外广泛宣传婺源旅游，如：2008 年全面启动央视宣传，提高了婺源在全国范围的知名度；从 2012 年开始，结合“建设中国最美乡村、打造中国旅游第一县”重大部署，以京福和九景衢两条高铁建设开通为重大发展契机，开启了观光度假、休闲体验、康体养生、商务会展、活动赛事等多元化旅游转型升级的新纪元，有了“梦里老家”、“篁岭晒秋”等一系列拳头旅游产品和品牌形象。三是利用节事活动造势。婺源旅游发展一直采用举办节庆活动宣传这一高效手段提高知名度。如：自 2005 年起，婺源将节庆活动确定为“婺源乡村旅游文化节”并每年举办。现如今，又加入了国际马拉松赛、环秀水湖国际越野赛等体育赛事，不断丰富着婺源旅游的品牌类型，“旅游 +”业已成为婺源经济社会发展的强大动力，真正实现了“一业兴百业旺”，丰富了婺源旅游品牌的内涵，提升了软实力。

3. 旅游产业规模从“小而弱”到“大而强”

经过近 20 年的发展，婺源不断突破发展瓶颈，旅游收入大幅提高、旅游企业长足发展、旅游业态丰富多样，旅游产业体系趋于完善。婺源游客接待量和旅游综合收入分别从 2000 年的仅为 12.50 万人次、1902 万元飙升至 2017 年的 2178.80 万人次、168.5 亿元，其中游客接待量已经连续 11 年位居江西省各县之首。2017 年，婺源宾馆数量、购物场所、旅行社分别发展到 300 余家、400 余家和 33 家，其中，星级宾馆总数位居江西省各县之首，年营业额 10 亿元以上，旅游配套设施日臻完善，各个旅游配套环节均形成了完整的产业链条。2007 年组建的江西婺源旅游股份有限公司已拥有江湾、大鄣山卧龙谷、灵岩、文公山、李坑、汪口、江岭、晓起、思溪延村、彩虹桥、百柱宗祠、严田古樟园等一大批精品景区及景区所属餐饮住宿业，公司总资产近 4.5 亿元。可以说，婺源全县已经形成了“食、住、行、游、购、娱”全面配套、“商、养、学、闲、情、奇”全面铺开的旅游主体业态。婺源旅游产业规模的做大做强，得益于如下几个方面：

一是坚持不懈，坚持“全域旅游一条道走到底”的发展思路。婺源全域旅游之所以能够发展壮大，就是“坚定不移地贯彻全域旅游发展，一条道走到底”。面对农业发展难、工业发展薄弱的现状，从山区农业县直接过渡到旅游县需要勇气和魄力。在旅游业发展壮大的过程中，婺源县委、县政府始终坚定不移地贯彻全域旅游发展理念，围绕“中国最美乡村”的旅游品牌进行长期的系统建设。旅游是婺源发展的带动产业和优势产业，更是婺源其他产业发展的发动机。正如婺源县委宣传部长俞春旺所言：“这么多年，无论怎么换届，每一届县委书记和县长都坚持走旅游发展的道路，这才是我们婺源旅游能够发展到现在的主要因素，没有历届县委、县政府和婺源人民对发展旅游的坚持，就没有现在的全域旅游和美丽乡村，更不要说中国旅游第一县的荣誉了。”二是全面推行“多规合一”，统筹全域旅游与美丽乡村建设。婺源全域旅游发展与城乡发展并行不悖，在全域旅游走到底的理念指导下，婺源将全域旅游发展的思路与美丽乡村建设统筹协调，始终坚持把全县作为一个大景区来谋划，乡村是这个大景区的“点”，实施“多规合一”，编制了婺源《全域旅游发展专项规划》，将历史文化名村的《保护规划》、《景区景点的旅游规划》、美丽乡村的《村庄建设规划》融为一体，坚持规划引领，统筹城乡开发，既考虑了全县旅游一盘棋，又充分考虑了美丽乡村共创建，逐步形成“步步皆景、四季宜游”的旅游发展新格局。在“多规合一”的框架下，按照美丽乡村建设的标准和全域旅游发展的要求，融城乡建设、景区改造与社会发展于一体，统筹城乡基础设施建设，注重规范化，对全县乡村建设进行规划，实现旅游与乡村建设共同升级。三是政府主导，创新旅游发展思路。审时度势，分阶段创新旅游企业经营模式是婺源全域旅游发展的宝贵经验。2007 年之前，针对全县旅游资源多、面广，政府缺乏财力开发建设的现状，婺源确立了坚持“放手发展”的方针，出台了一系列鼓励社会资本参与旅游发展的政策措施，引导民间资本投资旅游业，使民营企业撑起了婺源旅游业的一片天。从 2007 年开始，在旅游收入和游客数量进入跨步提升的新阶段，婺源县政府提出“一个集团、一张门票、一大品牌”的旅游发展思路，全面整合全县景区（点）资源，组建江西婺源旅游股份有限公司，将粗放式分散经营景区引向全面兼顾开发商、景区内农民、各级政府等不同相关者的利益，多方共赢、和谐发展的新方向，改变了以往小弱散差的局面。四是建章立制，落实体制机制保障。在体制机制保障方面，婺源县委、县政府坚持做到“五个围绕”：领导力量围绕发展旅游布局，生产力要素围绕发展旅游集聚，农业围绕发展旅游求突破，工业围绕发展旅游创特色，全县中心工作围绕发展旅游谋划部署。高度重视对旅游业的组织领导，县委书记亲自挂帅旅游业发展领导小组，统一指挥协调全县旅游业的发展。各乡镇也结合实际，成立了高规格的决策协调机构，为旅游业的发展排忧解难。与此同时，为了改变旅游管理仅仅依靠县政府和管委会的现状，弥补旅游管理上的不足，对原有的管理机构进行改革，促进管理和服务体制机制升级。如将原正科级“国家乡村旅游度假实验区管委会”升级为“正处级”，配合县政府旅游管理工作的开展；号召当地群众和旅游相关企事业单位人员担当“婺源县旅游服务质量监督员”“婺源县旅游义务讲解员”“婺源县旅游服务志愿者”“婺源县旅游纠纷调解员”等，多元创新旅游服务方式。根据所处的不同发展阶段，进行全域整合，探寻发展机会，突破体制机制，创新旅游管理模式，优化旅游发展环境，打造差异化旅游产品，及时调整旅游经营模式，促进旅游景区、旅游企业在转型升级、提质增效中不断前行是婺源全域旅游得以成功的奥秘所在。

表 1　2000～2017 年婺源县旅游经济效益一览

年份	游客人数（万人次）	门票收入（万元）	综合收入（万元）
2000	12.50	26	1902
2001	24.72	150	5000
2002	100.37	680	10252
2003	138.04	1408	18740

续表

年份	游客人数（万人次）	门票收入（万元）	综合收入（万元）
2004	189.20	2518	25672
2005	243.70	3753	33900
2006	283.00	4836	47071
2007	340.00	5810	60030
2008	409.60	8095	101595
2009	481.60	11613	166741
2010	530.00	13300	230000
2011	616.80	16700	289600
2012	839.00	21400	430000
2013	1007.50	24700	518000
2014	1283.20	31000	650000
2015	1445.40	36815*	744700
2016	1750.00	43000	1103000
2017	2178.80	51000	1685000

资料来源：婺源县旅游委。

* 根据《2016 年婺源国民经济和社会发展统计公报》的增长率数据计算得来。

（二）美丽乡村：从“面朝黄土背朝天”到“家家户户农旅闲”

1. 乡村生产从“传统农业”升级为“农旅融合”

“八分半山一分田，半分水路和庄园”是婺源自然条件的真实写照，发展旅游之前，婺源农村经济收入主要依靠种植水稻、茶叶、做雕刻工和外出打工，农村居民收入水平低，农村生产发展条件差，“贫困”是婺源农村的代名词。现如今，“万亩油菜花”、“晒秋”、“四季花海梯田”成了婺源农村的新名片，以往的贫困村已经成为过去，取而代之的是像“篁岭”这样的中国最美乡村，像“江湾”这样的 5A 级景区，像“思溪延村”这样的民宿明星村以及像“冷水亭”这样的美丽乡村治理示范村。婺源优美的乡村风光、深厚的徽派传统文化，在旅游业发展的可持续动力推动下，已经形成“村在景中，景沿村开”的美丽景象。在思口镇调研时，王家徽院的老板王鹏飞说：“以前我在外面打工做雕刻，日子过得辛苦，看到家里乡村发展得好，现在我回来开了王家徽院的民宿，我还恢复了我的雕刻厂，准备开一个农产品公司，通过旅游把我们家乡最好的农副产品也带到市场上去，让更多的人能够欣赏我们这里的美景、住我们的徽派建筑，吃到我们这里原生态的水稻、糊菜和蜂蜜。”在调研中我们发现：婺源美丽乡村建设与旅游发展有机融合，乡村建设围绕旅游展开，旅游发展助推乡村建设，农业生产已经完全跳出了传统农耕模式，一、三产业融合发展，现代农业模式深入人心。在农业生产方面，婺源采取多种措施促进农业生产与旅游发展相结合：一是采取补贴以及分红的形式鼓励村民大面积种植油菜等具有观赏价值的农作物。婺源美丽乡村的“美”突出表现在农作物种植美上，婺源旅游的一个引爆点就是“万亩油菜花”。自发展旅游以来，婺源县政府一方面对种植油菜的农户提供农业补贴，指导农民种植油菜；另一方面，观光旅游获得的收益按比例分配给当地农村，提升了农民种植油菜的积极性和主动性。二是将农产品种植与旅游经营相结合，鼓励农户灵活就业。婺源游客众多，根据婺源游客接待的实际情况，婺源县政府鼓励各村镇农民经营农家乐、纪念品商店等，以提升收入，同时还鼓励在外打工的村民在旺季的时候回到婺源参与旅游经营。江湾镇副镇长在与我们一起坐缆车去篁岭村的途中指着一排排漂亮的楼房告诉我们：“这里的农民都愿意在地里种植油菜，每到旺季他们都忙不赢，有的开车子接送游客，有的经营农家乐，有的开着照相馆，很赚钱。有些人在油菜花开的季节就从外面打工的城市回来了，就卖卖油菜花环，五块十块的一个，加上其他经营旺季一个月随随便便就赚好几万，作为无缘人他们都很自豪。”在美丽乡村建设与旅游产业深度融合发展的驱动下，婺源农村农业生产已经全面升级，景区即农村、生产即生活、生活即旅游，生产生活美如画。

2. 乡风建设从“事不关己”转向“全民参与”

婺源美丽乡村建设在乡风文明建设方面取得了令人瞩目的成绩，家家门前有家训、村村村口有“公约”，周末有宗祠的村庄有老师免费讲授国学，乡村文化氛围浓。我们调研时发现，婺源在乡风建设方面采取了一系列有效的措施：一是全面增强文化感知力。婺源全县农村建筑统一以徽派建筑为特色，营造了极具徽派文化底蕴的乡村特色环境，村民文化自豪感显著提升。问卷调查的结果显示，94.4% 的村民认为发展旅游提升了他们的自豪感，其中 20% 左右的人极其赞同；村民的归属感也显著提升，51.7% 人认为发展旅游很大程度上提升了他们的归属感。二是注重文化挖掘和传承。在乡村文明建设的过程中，婺源注重挖掘传统文化、古训家训、生活理念并加以传承，将这些优秀的文化转化成“家训”、“公约”和行为准则，同时注重从娃娃抓起，培养孩子们对传统文化的兴趣。在婺源，乡村处处显现着文化符号，人人洋溢着文化自信，宗祠里孩子们的读书声朗朗悦耳，乡村文化的精髓得到了最贴近生活的弘扬，人文关怀与乡村发展融洽。严田村李其良说：“我们村里有自己的学堂，孩子们周末都可以去学国学，有老师教。村里搞旅游的村民都说，要让游客来这里玩得好，买得也开心、实惠。村民做什么事情都是按照村里约定俗成的规矩来做的，杀猪封山、封河，大家一起决定，一起保护环境。我们村里打牌赌博的都没有，我们都觉得打牌赌博这个风气不好，我就直接跟他们说不要搞这些，老百姓都很支持，村里风气很好。”三是培养各行各业的诚信之风。在江湾村，我们停下来买雪糕，小卖部的大姐直接告诉我们：“我们这里的雪糕要稍微贵一些，因为这里的门面费更贵，所以跟你们说下。”让我们感到婺源群众的实在。事实上，不仅我们感受到真实，而且婺源群众的获得感和幸福感也得到了提升。美丽乡村养民、旅游发展富民，老有所养、幼有所教、治安良好、社会和谐，无论是外来旅游者还是本地村民、外来投资者，幸福感都得到极大的提升，都觉得美丽乡村建设和旅游发展与自己息息相关。我们问卷调查的结果显示，55.1% 的村民认为他们的幸福感得到了极大的提升，只有 4.5% 的人感觉提升不大。思溪延村明训堂民宿老板陕西的王女士说："这里的人都不错的，不耍心眼，要不然我们外地人在村里怎么可以经营民宿啊！我们就把这里当成自己的家了。"发展旅游促进了良好的风气和文明诚信社会环境的形成，保留和传承了乡村的原真性。在问及"婺源发展全域旅游和美丽乡村建设是否更好地保持了本地的乡村性"的问题时，100%的人勾选了"是"；85.4%的人认为美丽乡村建设和全域旅游发展提高了乡村居民的文明礼貌修养。正因如此，婺源得到了中央文明委的高度肯定，婺源曾代表江西省参加中央文明办在湖北省十堰市召开的全国创建星级文明户工作座谈会和在中宣部召开的全国诚信调研座谈会，并做典型发言，受到高度好评。

3. 乡村治理从"放任自由"跨越到"自治、德治、法治相结合"

婺源美丽乡村建设形成了具有特色的"新乡贤"引领下的美丽乡村建设模式，将"德治"在婺源美丽乡村建设中的作用尽可能地发挥出来，使得美丽乡村建设水平得到质的提高，并保护、传承和弘扬了中华传统文化。调研中我们发现：婺源的乡村治理之所以能够取得成效，主要在于抓住了"以人为本"这个关键。推动乡村振兴，美丽乡村建设，关键在人。近年来，婺源着力培养打造一支懂农业、爱农村、爱农民的"三农"工作队伍，发展特色产业，为乡村振兴"强身健体"。一是培养了一大批农村发展带头人、"新乡贤"，村庄治理有榜样可寻。这是婺源乡村治理最宝贵的经验。在美丽乡村建设中，"新乡贤"们舍弃自己在外面的工厂、公司，全心全意地投入美丽乡村建设，不计较个人得失回来建设家乡，这些人用自己的行动感染着身边的人，引导村民和他们一起建设美丽乡村。二是把人民群众放到"帅"位。在景区开发上，注重老百姓的感受，实施全面的补贴政策，鼓励老百姓参与旅游经营活动，培训老百姓的旅游服务技能，鼓励老百姓灵活就业。一些民宿老板说："我们开民宿，只管经营就好，配套服务、污水处理这些政府都统一了标准，让我们能够专心做自己的事，赚自己的钱。""我们有些在外面打工的都想着回来，在外面打工一年也赚不了几万块钱，政府也鼓励我们灵活就业，我们油菜花节一个月有些人回来参与旅游经营就可以赚十几万，日子比在外面好多了。”三是在农村广泛开展“文明户”“清洁户”“身边好人”等评选表彰活动，用身边的人、身边的事来教育引导群众，让最美婺源人丰富最美乡村的内涵。婺源真正做到了让老百姓感受到政府发展旅游、建设美丽乡村真心为民，以民为“帅”，注重群众的物质生活水平和精神文化感受力提升的真性情。正如我们在严田村李其良处听到的那样：“村集体办事要人心齐，要人心高尚，要把人尤其是老百姓放到‘帅’位，才能真正实现美丽乡村。一个人的激情和能力是有限的，过个十年、二十年还是要有人接着把这个事情做下去的，经济要发展、村庄要得到建设，人是最重要的，要有一些人把这个事情承担起来，大家都要参与进来。”我们有关旅游发展的问卷调查显示，在对村庄发展旅游的态度上，66.3% 的村民认为自己有义务对旅游发展和美丽乡村建设提出建议，旅游发展与美丽乡村建设已经深入老百姓心中。可以说，婺源美丽乡村的发展充分体现了人的发展，是乡村优秀基因的传承，是不同人群充分参与、全面共享的发展，是人与自然和谐共生的发展。

4. 乡村生活从“顿顿想肉吃”转变为“吃素身体好”

婺源美丽乡村建设取得的又一成就就是乡村生活美。改革开放初期的 1978 年，婺源居民存款为 438 万元，人均存款仅为 15.98 元；到 2017 年，婺源居民存款为 1634117 万元，人均存款高达 32159 元，位居上饶市第一。婺源城镇居民可支配收入也有了极大的提高，在旅游业的带动作用下，婺源全县贫困发生率由 2014 年的 4.6% 下降至 2017 年 1.5%，55% 左右的村民认为他们的就业机会在增加、村民收入在提高，真正实现了富裕美。随着全域旅游的深入发展和美丽乡村建设的有序推进，婺源以市场为导向，采取了一系列措施，号召全民参与并培育可持续发展的产业。一是结合旅游市场的强大需求，跳出美丽乡村看美丽乡村，打造特色旅游农副产品和有机品牌。婺源成立了现代农业示范园区管理委员会，在传统农业的基础上，形成了以茶业为核心，以荷包红鱼、油茶、皇菊等特色农副产品为补充的现代农业产业体系；强化农产品“三品一标”认证工作，全县有无公害农产品认证企业 12

家，绿色食品认证企业1家，有机产品认证企业10家。在这些措施的推动下，仅婺源茶业系列年产值就达32.1亿元，出口创汇4800万美元，位居江西省第一。二是依托互联网渠道，放大婺源旅游品牌效应。鼓励和引导全县龙头企业、合作社、种养大户加强产销对接，发展订单农业，推动婺源农产品向旅游商品转换。三是通过土地流转，鼓励村集体经营农村合作社。让全域旅游发展助推美丽乡村建设，同时又使美丽乡村建设的成果反哺全域旅游发展，带动全域旅游发展；号召全民参与，将美丽乡村建设、全域旅游发展与老百姓的生产生活相结合，取得了显著的效果。我们在冷水亭村调研时，王津村支书边走边介绍："冷水亭村以前是出了名的上访村。现在就完全不同了，在2017年换届之后，我们村成立了农村合作社，种植有机稻和茭白。大家一起搞农村合作社，办学校、建老年娱乐活动中心，以往到处养鸡养鸭养猪的'脏乱差'现在都没有了。下一步我们想做矿泉水，因为我们这是源头水，水含锶量高；另外还想做旅游，我们没有什么古建筑，但是我们这里的环境好，我们想往旅游采摘方面发展，做婺源乡村旅游的后花园和采摘体验园。"78岁的欧阳大爷坐在小溪边的亭子里，端着一碗上面盖满了素菜的米饭说："以前都喜欢恰（吃）肉想恰肉，现在我们恰饭恰不得几多肉了，还是多恰蔬菜，对身体好。""以前村里搞得不好，这一届村支书我们都佩服，做得好，村里环境也好了，我们现在都不乱放养鸡鸭，也不养猪什么的，环境卫生特别好。很支持这届村委会，年轻人做得好。"现在的婺源环境改善得到了广大村民的一致认可，57.3%的村民认为发展旅游和美丽乡村建设极大地改善了村庄的环境。用源头古村旅游景区齐欣阳经理的话讲就是："现在是村、人、景融为一体，以前搬出去的村民都想着要搬回来住，环境好还可以经营赚钱，生活水平也高，哪里有这么好咯，美不胜收！"

综合而言，婺源全域旅游与美丽乡村建设互促互进、融合发展并不是偶然的，尤其是在全域旅游不断推进的大背景下，婺源找到了一条适合自身的可持续发展道路，即美丽乡村培育全域旅游发展土壤，全域旅游吸收并容纳美丽乡村建设和古村落保护的"美丽经济"之路，其中美丽乡村是理念、是触发机制，全域旅游是载体、是发展手段，全域旅游服务于美丽乡村建设，美丽乡村建设反哺于全域旅游发展，形成了美丽经济发展的“婺源模式”。

三、问题与建议

（一）问题

1. 旅游业对其他产业的影响和对美丽乡村建设的带动尚欠深入

（1）围绕旅游发展的产业链尚未完全成型

经济建设和产业发展，是美丽乡村建设的基础，也可在一定程度上将其理解为美丽乡村建设的“硬环境”。就产业发展而言，旅游对各项指标的要求较高，在一定程度上对其他产业的发展形成了限制。调研中工业园区负责人反映，“婺源没有支柱性的大型工业，目前只有制鞋业、家纺，比较低端”。从旅游产业来看，高附加值的产品和高质量的旅游产品供给相对空白。游客数量很多，但消费能力不强。已有的砚台、制茶等产业发展水平不高，极具当地特色的木雕、歙砚、酒糟鱼等产业的发展水平也不高。如故宫那样的文创产品根本没有。旅游发展委员会主任王晖表示：“我们婺源确实有大量的旅游产品，但只是旅游土特产，最多只能算是旅游特色产品吧。”如何把旅游产品和现代年轻人的需要相结合，提高游客从当地带走商品的价值，现在还没有破题，围绕旅游产品开发的产业集群也未出现。

（2）通过旅游发展增强“造血”功能的长效机制尚未建立

在调研中，有乡镇负责人表示，“老百姓是很实在的，要是能搞旅游赚到钱，你让他出去打工他都不愿去”。但是，目前乡村建设的造血功能严重不足，投入建设的基础设施一两年后就坏了。有基层负责人表示：“没有一分钱收入，哪里有钱去维护？”村集体经济在旅游收益中的缺位，是制约当地旅游“造血”功能和可持续发展的重要原因。当前，婺源在招商引资的过程中，过于注重引入外部企业，忽视对当地村集体经济的扶持，而大型旅游集团的大部分收益不会留在本地，这加剧了当地旅游“造血”功能偏弱的状况。

（3）通过全域旅游促进美丽乡村建设的作用有待进一步发挥

居民的支持、参与和内心深处的认同，是美丽乡村建设的“软环境”。由于旅游成果的普惠问题，有些居民对发展旅游的积极性不高，典型的如种植油菜花的积极性不高。江口镇负责人表示：“种植油菜花，属于政治任务，老百姓不愿意种，政府投入，种好后没有人管，农民积极性不高。”有受访村民表示：“要不是来了这么多游客，我们这里的物价怎么会这么高?”同时，由于发展旅游对工业的制约和限制，也在一定程度上影响了居民的就业和短期收入。比如，江湾镇“为了保护环境，原来承包出去的山塘水库现在全部收回，不符合养殖要求的全部关闭”。另有当地人反映，“在农村，农民还是以外出务工为主，真正从事旅游的并不多”。从这个角度来讲，提高旅游成果普惠程度，巩固发展旅游共识，并最终从物质和精神两个层面，推进美丽乡村建设的工作做得还不够。

2. 旅游业发展“大而不强”、“富而不均”问题比较严重

（1）来自旅游业的直接税收体量较小

根据婺源县政府提供的数据，当地旅游税收的来源比较集中，税基范围不大，旅游税收占政府税收的比例较小。从 2017 年开始，婺源县财政局开始统计旅游业百万以上纳税企业数据。根据其反馈数据，其中篁岭景区（婺源县乡村文化发展有限公司）1316 万元、江西婺源旅游股份有限公司 1370 万元。此外，餐饮住宿 1090 万元(包括其他商住)。其他百万以下纳税企业，估计在 3000 万元左右。旅游税收在财政收入中所占的比例仅为 2.7% 左右。换句话说，若以税收来衡量，政府从发展旅游业中的直接获益并不多。在问及当地财政收入状况时，财政部门负责人坦言：“大头还是靠房地产。”

（2）居民从旅游发展中的获益并不均衡

一是当地居民的成果共享问题。座谈中旅游管理部门负责人反映，“发展乡村旅游，老百姓的受益不够均衡，头脑灵活的居民，从发展旅游中的获利较多，但头脑不灵活的就不行”。在访谈中，当地乡镇干部表示，“贫困户

等困难的家庭，基本没有从发展旅游中获利”。还有居民向我们抱怨：“搞什么旅游，不然婺源的房价怎么会这么高？”二是村集体企业和大型旅游发展集团的成果共享问题。从访谈收集的资料来看，地方村集体经济相对比较薄弱。在发展乡村旅游、增加收入方面，不同村子差别较大，真正从发展旅游中获利的村民并不多。村集体经济的缺失，导致旅游企业分得最大的蛋糕，而当地居民获利较少，且不均衡，不利于调动居民的积极性。

（3）当地旅游产品和服务的同质竞争问题较为突出

这种同质竞争既表现为婺源的旅游产品和服务的内部竞争，也表现为婺源的旅游产品和服务与其周边地区的竞争，集中表现为婺源旅游产品单一和淡旺季问题比较严重。有油菜花的季节，游客很多，而其他季节游客较少；夏季和秋季的旅游产品较为缺乏。对此，篁岭旅游区负责人介绍：“旺季时来旅游的私家车都排到了高速路口，今年看油菜花的时候，去我们景区的车排了三十多公里。”值得一提的是，国内已涌现出几处类似的景区（如云南罗平、重庆潼南、桂林阳朔、南京高淳、浙江瑞安等）。这些景区，有的在花季上和婺源重叠，有的在地理区位上和婺源接近，对当地的旅游客源形成了冲击。实际上，婺源还有其他丰富的旅游资源，比如秀美的青山、丰富的古建筑群落和具有当地特色的木雕等，对这些旅游资源的开发还不够，“四季”旅游产品和高附加值旅游产品比较缺乏。

3. 在旅游资源开发上没有兼顾“引资”和扶持本土旅游企业发展的关系

（1）注重引进大企业，对本土旅游经营者的扶持力度不够

“山间茅屋书声响，放下扁担考一场。”婺源当地人杰地灵，我们在调研过程中，为当地深厚的文化底蕴和旅游从业者的家国情怀深深折服。比如，有毅然走出体制又举全部身家二次创业的婺源县乡村文化发展有限公司董事长吴向阳；有放弃大城市工作，连续十年以一己之力投身家乡古建筑保护与修复事业的厚塘庄园刘芳夫妇；有坚守初心，发展特色观光农业，却偏爱吟诗赋画充满诗人气质的瑶湾景区创始人程汉龙。这些都是促进婺源旅游发展

的宝贵“自变量”。

但是，在旅游资源开发上，当地政府更愿意引入有雄厚资本的战略投资者，而忽略了对本土旅游企业的培育。比如有本地企业表示，“政府根本不相信本地企业能做好，我们一条路等了三五年，停车场要再等几年”。

从旅游业的发展经验来看，外来投资商大量的资金投入能够为当地带来显著的短期经济效益，但资本的逐利性也会带来一些问题，长期来看未必有利于当地经济社会的发展。而本地企业、村集体经济虽然在资金上不如大型集团有优势，但他们对婺源有深厚的感情。比如，厚塘庄园的刘芳夫妇，用了近十年的时间，修路、修桥、装路灯，把村子里的千年金丝楠木群保护了起来。“是因为家乡情结，他就是想把家乡做好。”婺源旅游经历了多次市场化筛选的事实证明，本地人不比外地人干得差，甚至能干得更好。但是，政府却对外来企业尤其是大企业情有独钟，而对本地旅游企业尤其是中小旅游企业的扶持力度不够。

（2）对旅游企业的发展瓶颈没有给予充分重视

从实地走访情况来看，旅游企业在土地需求和融资支持两个方面的问题非常突出，严重制约了当地旅游“大众创业、万众创新”局面的形成。

旅游企业对土地的需求较大，但涉及农村土地招拍挂问题，因为政策限制，大部分企业只能通过租赁的形式去获取土地，有的古宅急需保护，但外地人又无法购买。这既造成了企业不敢放手持续投入，也由于没有产权企业无法获得银行融资的支持。尤其是民营旅游企业，在旅游用地方面的限制更多。即使勉强发展起来，但旅游公路、停车场等旅游基础设施建设的滞后在一定程度上成为企业发展壮大的制约因素。

考虑到旅游融资投入大、见效慢等特征，与“短平快”的房地产项目相比，旅游企业融资普遍比较困难，特别是民营企业、小微企业的融资问题更为严重。政府背书的旅游产业基金尚未成立，资金短缺对旅游发展的制约作用在当地较为明显。在调研中，当地财政局负责人表示，“大城市的投资基金我们接触了几个，但要求普遍比较苛刻，需要财政兜底，我们无法接受”。

当地对 PPP 等新兴融资方式感兴趣但缺乏相应的人才。目前还是以传统的银行融资为主，但因为土地产权的问题，旅游企业租赁的土地在现有融资体制下无法进行抵押，所以导致银行资金根本不愿介入。

4. 没有形成从“美丽乡村”到“美丽经济”迁跃的长效机制

（1）全域旅游尚处于起步阶段

婺源作为古徽州一府六县之一，东邻国家历史文化名城衢州市，西毗瓷都景德镇市，北枕国家级旅游胜地黄山市和古徽州府、国家历史文化名城歙县，南接江南第一仙山——三清山和铜都德兴市，地理位置优越。山清水秀、人杰地灵，旅游资源非常丰富，素有“中国最美乡村”之称。但是，长期以来，受制于旅游发展“神童综合征”的影响，旅游产品过于单一，新的竞争优势并没有形成。在婺源内部，居民参与旅游产业的程度不深，不少村庄的居民依旧以外出务工作为主要的收入来源。得天独厚的乡村旅游资源没有得到充分挖掘，全域旅游的发展程度较低。

（2）全域旅游与美丽乡村建设的正向交互作用尚未显现

受制于乡村旅游“造血”功能的缺失，通过发展旅游改善当地基础设施、促进美丽乡村建设的相互促进机制没有成型。从古村落保护、全域旅游中获益的居民并不多。全域旅游产生的收入流，在提高当地居民收入水平方面存在差异，旅游成果的均享机制存在问题。通过全域旅游改善人居环境，促进美丽乡村建设，继而通过美丽乡村建设促进全域旅游发展的机制尚未完全建立。

（二）建议

1. 尽快完善旅游产业链，推动旅游产业与其他产业融合发展

依托旅游业，“吃、住、行、游、购、娱”，不断做好“旅游 +”，推动旅游业与农业、工业、商业和文化融合发展。

首先，大力发展涉旅产业。深入推进“一村一品”战略落地，如可以借鉴 5 个省级的皇菊、山油茶、油纸伞等示范村经验。大力发展“订单农业”，鼓励和引导全县龙头企业、农业合作社、种养大户加强产销对接，推动婺源

农产品向旅游商品转换。

其次，重点挖掘乡土人才，发挥引力作用。通过组织技能竞赛，遴选有一技之长的乡土人才，发展徽州“三雕”、龙尾砚台、甲路纸伞、根雕、傩面具、竹烙画等旅游商品和特色文创产品等，带动旅游深加工业发展。

最后，加强品牌打造。不遗余力地推广当地特色品牌，积极筹备一系列具有婺源特色的主题活动，如国际茶文化节、国际自行车赛、徽派建筑摄影大赛等。借助电视和新媒体，提高婺源品牌的国内、国际知名度，掀起新的“婺源热”。

2. 培养壮大村集体经济，不断增强内生“造血”功能

一是乡村旅游发展中需要健全乡村旅游集体经济模式，让居民从发展旅游中得到实实在在的好处，形成旅游利益共同体。努力发展村集体经济，通过旅游成果的均享，保护并不断提高居民发展旅游的积极性。

二是在招商引资、引入外来企业开发本村旅游资源时，必须兼顾村民的利益，尽量杜绝“整村开发”和“整体出让”。村集体要在引入的过程中通过优良的乡村治理，强化“学习能力”，学习“示范田”企业的运营管理，最终培养起“村落自生能力”。严田村的模式值得借鉴，即大企业以自有资金入股，村集体以老宅入股。与其他转卖老宅的方式相比，这种模式可以使旅游开发不脱离村集体经济，同时也能够培养本村村民的自主开发能力，学习旅游开发和经营的经验，掌握本地旅游业经营管理的主动权。

三是通过特色化发展，形成“一村一品、一村一业、一村一生活、一村一境界”的良好格局，让更多的村民共享旅游发展的红利。

3. 弥补发展短板，夯实美丽乡村建设的经济社会基础

一是持续不断地改善乡村基础设施。通过发展全域旅游，加大乡村公路、旅游公交、停车场、旅游公厕、生活垃圾集中回收与污水处理等农村基础设施改造力度，改善乡村基础设施。

二是加大环境保护工作力度。加大“河长制”和“山长制”工作推动力度，提高工业准入门槛，关停不符合环保要求的企业，保护绿水青山。

三是坚持错位发展、梯次打造，积极打造差异化的旅游线路。以江湾、赋春、清华三个县域副中心为龙头，在东、西、北三条主干线区域，重点打造一批摄影、民宿、写生、养生、户外运动等不同主题的特色风情小镇。

四是推动农村文明与城市文明协调发展。促进文化与旅游互融互通，持续做好徽派建筑风格的继承和发扬，通过改善基础设施、优化生态环境，发展旅游，使居民有获得感，夯实美丽乡村建设的各项基础。

4. 搞好“开源节流”，使“富民”与“强县”有机统一

一是创新政府参与方式，做好财政资金的“开源”与“节流”。充分发挥政府背景的企业在旅游资源开发中的先锋作用，发挥国资在旅游企业股份占比中的杠杆优势，多渠道增加政府收入。积极引入社会资本，参与旅游资源的开发。在加强财政对旅游基础设施投入的基础上，拓宽财政资金的收入来源渠道，提高利用效率。

二是加强税收征管部门对市场的监管。既要做好旅游相关行业的税费减免工作，也要利用“营改增”改革的契机，加强对旅行社等涉旅行业的财务稽核，规范发票管理，堵住“偷税漏税”的缺口。

三是鼓励扶持优势企业做强做大，形成一批县域级的旅游“独角兽”企业，充分发挥他们的引领带动作用，使居民增收和政府税收收入增加互相促进、有机统一。

5. 多管齐下，切实让居民从发展旅游中得到好处

一是利用合理的收益分成机制，增加村集体收入。充分利用村集体的土地、劳动力等核心资源，在吸引社会资本进行旅游开发的过程中，以旅游分成或收取旅游资源使用费的方式壮大村集体经济，增加村集体收入，如李坑景区的模式就非常有借鉴意义。

二是鼓励居民参与旅游发展，从旅游发展中获益。把旅游业作为推动农民增收、助力精准扶贫、促进农村繁荣的重要产业，引导带领更多的群众参与旅游发展，共享旅游红利。通过资源分红、景区务工、自主创业等多种方式，使居民在家门口找到工作岗位，拓宽居民增收致富的新路子，吃上“旅

游饭”。

三是想方设法逐步使旅游发展成果普惠共享。比如鼓励旅游企业在用工条件上向不具备发展旅游条件的村庄倾斜。政府设置旅游专项基金，用于改善贫困地区村庄的基础设施。加大公共财政的扶持力度，对旅游欠发达地区的农户进行补贴、减免小微商户的税费等。

6. 挖掘潜力，不断丰富、优化当地旅游产品和结构

一是要丰富旅游产品。在农村，打造生态水系和森林旅游景观，积极开发水上观光和森林度假项目。在城市，改造非徽派建筑，重点对老城区进行保护规划，采取改建、翻建、修复等模式，逐步恢复千年古城风貌，逐步打造“古城游”。加快实施“一江两岸”工程，形成酒吧街、美食街、古玩街等一系列旅游特色街。不断挖掘夏季、秋季和冬季旅游资源的潜力，不断形成新的特色“卖点”，逐步实现“步步皆景、四季宜游”的旅游新格局。

二是要优化产品结构。做好旅游产品的优化升级，深入推动“旅游+”，既要深入挖掘农业与旅游融合的潜力，建设一批以大地景观、农田科普、观光采摘、农艺体验等为特色的休闲农业示范点，也要加快发展智慧旅游，打造高铁经济圈，促进旅游与现代服务业深入融合，不断提高旅游产品附加值，形成内容丰富、形式多样的旅游产业链。

三是找准定位，实现差异化发展。充分利用婺源与黄山、景德镇、三清山等著名旅游区地理距离近的优势，发展现代观光农业、体验式农庄、古建筑民宿等特色产业，做到“人无我有，人有我优，人优我特”，吸引这些名山大川的外溢游客。

7. 提高效率，做好旅游资源开发“外资”和“内资”的平衡

一是提高旅游资源的利用效率。比如之前转让给企业的旅游资源，现在面临闲置和低效开发问题，政府可出台“可持续投入和可持续开发”的新规则，进行“双赢”式回购，将资源转让给当地能人进行负责任、可持续、有监督的精深开发。

二是引入战略投资者。引进有实力、有品位、有经验的大企业、大集团

参与重大旅游项目投资与建设。吸引国际知名酒店管理集团到婺源开立分店，引导诸如爱彼迎等民宿企业开拓婺源市场，形成高低搭配、内容丰富的旅游住宿体系。值得强调的是，引入大型旅游集团，必须完善当地居民利益保障机制和健全旅游资源开发的退出机制。

三是做好引入大型旅游集团和扶持本地中小旅游企业成长之间的平衡。政府在吸引外来投资的同时，也要兼顾对本地旅游企业的扶持。尤其是要注重对本土的旅游企业和村集体旅游经济的扶持，为其发展壮大创造条件，要处理好外来企业与本土企业之间、大型集团与小微企业之间的关系，切实解决他们发展道路上的瓶颈问题。

8. 突出重点，解决制约当地旅游发展的难点与瓶颈问题

一是通过点状供地的方式解决小块土地的招拍挂问题。

二是特事特办，用地方性法规破解旅游企业在发展过程中面临的难题，如旧宅的产权问题、民宿的消防问题、外地居民购买本地房屋的问题。

三是创新融资方式，既要鼓励银行资金支持旅游企业发展，也要通过设立旅游基金的方式，为旅游企业发展提供低成本、低门槛的杠杆支持，引入战略投资者、尝试 PPP 等新模式，不断扩大当地旅游企业的融资来源，优化资本结构。

9. 通过全域旅游加强乡村治理，最终实现乡村振兴

一是通过全域旅游做好古村落保护。古村落与徽派旧建筑，是婺源宝贵的旅游资源。可以推广思溪延村明训堂和厚塘庄园的做法，并借鉴意大利等国以及国家文物局、故宫博物院等机构的先进经验，把关注点更多地放在“遗产活化”和“繁荣保护”上。通过在民宿古村落建设系统化的文化创意、时尚经济和现代商业综合体系，“以用代管、以营代保”，以民宿开发为核心，将古村落打造成多业态、中心化、具有“业态核”的适合当地居民现代化居住、适合外来游客深入化体验的“传统文化综合体”，把保护古村落和提升经济效益结合起来，最终走向化衰败为繁荣的美丽乡村道路。

二是通过全域旅游解决就业问题。在推动就业方面，组织酒店服务、农

产品种植、电子商务等系列培训，让居民在家门口就业、致富。充分发挥旅游业的经济拉动作用，让当地居民成为旅游业中的一环，通过出售农产品、开家庭旅馆、做餐饮服务等实现利益共享，获得更多的就业机会。

三是通过全域旅游助力贫困户脱贫工作。把发展旅游同扶贫结合起来，对于贫困人口，尤其是残疾人员，为他们送培训上门，提供其他创业支持，也让贫困人员分享旅游发展的“蛋糕”。重点可参考京东“跑步鸡”的模式和篁岭景区“整体搬迁、精准返迁、产业融动”三部曲模式，持续增强贫困户的内生发展动力。

四是通过发展旅游提高居民整体素质。把德治、法治和村民自治有机结合起来，继续加强村民自治，政府重点对基层村民自治组织的负责人进行把关，发现培育一批“新乡贤”，带动农民致富和乡村旅游发展。加快农村社会信用体系建设，探索实行农家乐和民宿失信黑名单制度。同时，加强普法教育，提高村民的整体素质，重拳整治“欺客宰客”等旅游市场乱象，做到“不让一位游客在婺源受委屈”，维护健康的婺源旅游市场秩序。通过旅游带来的经济效应和社会效应，全面夯实乡村振兴的根基。

四、体会与思考

（一）几点体会

1. 婺源之变，折射出我国乡村千年未有之变局，可窥见乡村振兴之未来

波澜壮阔的改革开放萌芽于乡村。改革开放 40 年来，从内地到沿海、从山区到平原，我国乡村发生了巨大而深刻的变化，正处于“千年未有之变局”。作为一个传统的山区农业县，婺源生动地演绎了农村社会从封闭走向开放、农民生活从贫穷走向富裕、农业生产从传统走向现代的伟大变迁。婺源的变迁，既源于我国改革开放的整体推动，也源于婺源人探索适合自身特色发展道路的不懈努力。当前，党和国家提出实施乡村振兴战略。乡村振兴

既是乡村发展到今天的必然要求，也是日后继续推动乡村变迁的基本方向。在此背景下，回溯婺源的发展历程，通过解剖麻雀式的观察和解析，总结经验，提出问题，系统思考，探寻答案，不仅能够促进婺源实现农业全面升级、农村全面进步、农民全面发展，而且对全国其他类似地区具有重要借鉴意义。

2. 重视乡村内在价值，通过旅游加以有效转化，是婺源成功变迁的关键

乡村是兼具生产性、生活性、生态性、社会性、行政性的载体，在食品生产、生态保护、文化传承、社会治理等方面具有不可替代的价值。正是依托“看得见山，望得见水，记得住乡愁”的乡村特色，婺源才吸引了向往返璞归真生活的八方游客；正是依靠发展旅游，婺源才找到了既能够保护传统古村落，又能够利用徽州文化特色，既能够保护“绿水青山”这座“金山银山”，又能够把“绿水青山”转化为“金山银山”的有效途径。出于历史的偶然，更是历史的必然，婺源较早地发现了乡村所蕴含的文化、生态、审美等价值，并通过旅游加以充分利用和有效转化，从而实现了从封闭到开放、从落后到现代、从贫穷到富裕、从单一到多元的历史变迁。回顾过往，美丽乡村为旅游发展提供了良好条件并使之独具特色，旅游发展则为美丽乡村建设提供了有效载体和不竭动力；展望未来，乡村振兴是旅游发展的目标所在，发展旅游则是乡村振兴的重要途径。可以说，婺源变迁的战略选择，生动地展现了乡村之于中国的重要价值，佐证了乡村振兴与旅游发展的相互关系。

3. 围绕“最美乡村”进行长期系统建设，方有婺源“旅游强县”之今日

依托乡村特色发展旅游，以旅游发展促进乡村建设。在近三十年的发展过程中，婺源紧紧围绕“最美乡村”这一定位，在品牌建设、资源挖掘、环境改善、产品开发、业态完善、社会支持等各个方面不懈努力。不管是“全县经济工作都围绕乡村旅游来抓，全县所有产业都围绕乡村旅游来培育”等发展理念的推广，还是城镇、乡村、人文、青山、绿水、树木、田园、道路

提升工程的实施，不管是32个景观村的打造，还是把全县作为一个大景区来谋划，婺源始终以“最美乡村”为定位，进行长期、系统的建设。“最美乡村”既是一个品牌，又不仅仅是一个品牌，在一定意义上成为配置各类资源的标准;“最美乡村”既关乎旅游，又不限于旅游，已渗透到社会经济发展的方方面面。作为山区农业县，婺源在走向现代化的进程中，在第二产业尚未完全发展起来的情况下，直接跨越式发展第三产业，并从一个农业小县发展为全国知名的旅游强县。这与其对自身发展条件和外部发展环境的准确判断以及在产业结构布局、资源要素配置、社会共识凝聚、社会力量聚集、整体环境营造等方面的系统推进密切相关。实际上，美丽乡村建设和旅游发展皆是系统工程，实现二者之间的良性互促，更需长期努力。可以说，婺源变迁的诸多成就，证明了主动作为和坚持不懈的重要性。

4. 面对现实问题，不同发展阶段采取不同的发展策略，不断突破发展瓶颈

婺源旅游经历了“放手发展”、“整合经营”、“共建共享”三个阶段，分别致力于实现从小到大、从大到强、从强到优的转变。20世纪90年代初，婺源的摄影图片通过口耳相传和网络传播，为全国乃至世界所认识，旅游得以发轫与起步。彼时的旅游开发，纯属市场自发行为，政府并无直接涉入，开发主体分散，发展速度缓慢，开发水平较低。进入21世纪，面对国内旅游的迅猛发展，政府按照“谁投资、谁受益”原则，出台多项举措，“放手民营，多元投入”。一时间，引来各类民间资本涌入。2002年江湾景区声名鹊起，婺源旅游呈现井喷式发展，大小景点和旅游接待设施遍地开花。由于景点分属不同利益主体，低价竞争、欺客宰客成风。为此，地方政府提出“一个集团、一张门票、一大品牌”，组建公司，通过股份合作、股份收购等方式整合十个重要景区资源。随着时间的推移，“三统一”制度和旅游公司对各主要景区的管理难以适应新的发展需要，目前又在探索政府引导下的多元化发展和多主体共建、共治、共享模式，回购景区被提上议事日程。实际上，包括整个改革开放进程在内，任何事物的发展，都不是一劳永逸的。唯

有审时度势，直面发展中的新问题，不断调整和探索创新，方能有所突破。对于婺源不同时期所采取的不同发展策略，要用历史的眼光加以审视和评判。可以说，婺源变迁的曲折历程，既体现了地方政府较强的主观能动性，也揭示了旅游发展的客观规律性。

5.“人”是乡村建设和旅游发展的根本，“为了谁”、“依靠谁”是核心命题

改革为了人民，改革也要依靠人民。美丽乡村建设和旅游发展同样如此。一方面，美丽乡村建设和旅游发展是婺源县人民的共同事业，必须依靠和调动老百姓的积极性；另一方面，美丽乡村建设和旅游发展的目的是为了婺源县人民，他们的公平感、安全感、获得感、幸福感是衡量各项事业是否成功的重要标尺。在“为了谁”和“依靠谁”的问题上，土生土长的婺源人——严田村党支部书记李其良——的话颇具代表性，“要把人尤其是老百姓放到‘帅’位，才能真正实现美丽乡村……经济要发展，村庄要得到建设，人是最重要的”。只有让当地老百姓广泛参与、公平受益，才能使其普遍满意；只有老百姓普遍满意，美丽乡村建设和旅游发展才能长久持续。可以说，婺源变迁的微观实践，体现了“以人民为中心”改革思想的重要性；而婺源发展的美好前景，也寄托在36万婺源人民身上。

6. 自治、法治、德治“三治”融合，正式制度和非正式制度、引导和规范并举

乡村是最基本的治理单元，是国家治理的重要组成部分。与城市相比，乡村治理有其特定的社会环境、社会结构和治理方式，而乡村治理方式和治理体系又是决定美丽乡村建设（乡村振兴）和旅游发展（尤其是乡村旅游发展）成败的重要因素。婺源在发展过程中，逐步探索形成了一套独特而有效的乡村治理模式。概括而言，便是三个结合。一是自治、法治、德治相结合，在实施村民自治的基础上，实现法治，践行德治，以法治保障自治、规范德治，用德治支撑法治、滋养自治，在走向乡村善治道路上积极努力。二是将法律、合同、条约、规则、契约等正式制度与价值信念、风俗习惯、文

化传统等非正式制度相结合。三是将强制性的规范和激励性的引导相结合，将行政、法律等“硬治理”与调解、说服、协商等“软治理”相结合。上述三个方面的融合与结合，为美丽乡村建设和旅游发展提供了坚实的社会基础，营造了良好的社会氛围。可以说，婺源变迁的实践，充分反映了乡村治理的独特性和复杂性，证明了构建兼具乡土性与现代性的现代乡村治理模式的必要性和重要性。

（二）若干思考

1. 如何发挥乡村发展主体的自主性，并不断培育新主体？

乡村首先是当地人的生产空间和生活空间，其次才是治理空间、投资空间和消费空间。美丽乡村建设既是政府的重要工作，也涉及全体农村居民的世代生活；旅游发展既需要政府、企业、投资者、旅游者共同努力，也依赖当地人的参与，同时也决定了他们的生活环境、生活方式和生活状态。因此，不管是美丽乡村建设还是旅游发展，其主体都应该是当地人，尤其是当地农民群众。

从发展主体的角度来看，包括婺源在内的广大农村地区，面临如下重要问题：一是就当地农民整体而言，如何提升其参与乡村治理、集体经济、旅游发展等的自觉意识、自主能力？如何提升其自我成长、自我发展和实现自我价值的能力？二是对于在资本、知识、信息、社会资源、综合能力等方面处于不同水平的当地农民而言，如何使其共同参与、公平受益、同步发展？三是随着城乡交流的不断加强，不少具备城市生活经验和现代管理才能的人士回到或者来到乡村，或生活，或经营。不管是从乡村走出去、现已退休的党政干部和教师，还是在改革开放中进入城市而后又回乡创业的中青年，在农村发展中涌现出的具有公共服务精神和能力的新一代村民，以及因热爱中国乡村环境和生活而前来投资的外国人，均可被视作“新乡贤”或“新村民”。如何在商业才能和经济价值之外，更好地发挥他们在乡村振兴中的综合作用，如何促进其与乡村社会结构有机融合，这些都是值得深入思考的问题。

2. 如何实现不同利益相关者共生、共建、共享、共赢？

美丽乡村建设和旅游发展涉及政府、企业、个人等各类利益相关者，而每一类利益相关者又可进一步细分。以婺源为例：政府方面，涉及县、乡、镇等不同层级和不同政府部门；企业方面，包括当地和外来的各类投资商、规模不一的经营者以及旅游小企业、家庭作坊；个人方面，既包括土生土长的当地人，也包括外来的“新农人”、“新村民”，当地人则包括参与和不参与旅游发展的老百姓与村干部。这些利益相关者在参与美丽乡村建设和旅游发展中，掌握不同的资源，抱有不同的诉求，不同利益相关者之间存在复杂的互动关系。如何通过制度性和非制度性的安排，实现所有利益相关者共生、共建、共享、共赢，如何实现乡村治理与旅游开发的相互促进，这些也是我国广大农村面临的共同问题。

3. 如何理解并放大美丽乡村建设和旅游发展的综合效应？

美丽乡村建设和旅游发展具有经济、社会、文化、生态等多重效应。从理论上讲，这些效应之间并不矛盾，而是相互促进的，不过在具体问题上，有时可能并不完全一致，尤其是不同主体在不同阶段对不同效应有不同理解和不同诉求。比如，在经济效应方面，如何处理好旅游经济“做蛋糕”和“分蛋糕”的问题？如何平衡长期经济效益和短期经济效益的关系？旅游发展是否存在“富民不强县”的问题？在社会效应方面，如何通过旅游发展，重构乡村社会结构，发展新的乡村文明？在文化效应方面，如何看待对传统文化的创新性利用？目前普遍采用的古村落和古建筑“易地搬迁”方式是否会造成某种程度的文化失真？如何看待旅游发展中的过度商业化和“舞台表演化”问题？在生态效应方面，如何处理好旅游发展与生态环境的关系？如何解决环境保护方面“我保护，他受益”的问题？在综合效应方面，在城乡一体化、城镇化与“去城镇化”并存的背景下，如何全面展示并综合利用乡村的文化价值、生态价值、产业价值、美学价值？如何真正实现乡村资源的活化及对其的利用？实际上，对这些看似务虚的问题进行深入思考和综合平衡，是乡村振兴战略和旅游发展实践取得成功的重要前提。

4. 如何避免旅游开发的同质化和过度商业化，实现旅游的可持续发展？

旅游业是一个高度竞争、市场性强、商业特征突出的行业。不管是目的地之间的竞争，还是同一目的地内部不同景区、主体之间的竞争，都非常激烈。面对激烈的市场竞争，旅游开发很容易走向单一化、同质化的道路，从而陷入低价竞争的泥沼。高度竞争也容易导致过度商业化。从早期的古村落观光热、景点低价竞争，到初露端倪的古民宿热，婺源的旅游发展说明处理好这一问题极为重要。如何避免高度同质化和过度商业化，如何形成不同层次、不同类型的多元化供给，如何在商业竞争中不丧失文化特色，避免导致社会关系紧张，也是关乎乡村旅游可持续发展的重要问题。

5. 如何发挥旅游的综合带动作用，实现从美丽乡村到美丽经济的迁跃？

旅游发展不仅可以改善农村环境，提高农民素质和生活水平，而且能够带动农业生产方式的现代化，优化农产品结构，提高其经济价值。优质农产品销售既可以丰富旅游消费的内容，也能够解决我国农产品销售面临的老大难问题——农产品销售难、环境溢价水平低、优质不优价等。未来发展中，如何进一步提升农旅融合水平，以农促旅、以旅强农，如何使旅游发展带动农产品生产和加工等实体经济的发展，如何通过旅游发展为农业生产和农产品销售注入新的活力，培育乡村的自主发展能力和自生发展能力，也是值得研究的问题。

6. 如何增强村级集体经济实力？

村级集体经济是保证农村经济发展的基础，也是促进农村精神文明建设的经济保证。随着农村各项改革的不断深入，农村集体经济的重要性愈发凸显。然而遗憾的是，由于各种历史原因，我国农村集体经济状况总体欠佳，不少地方集体资产很少甚至负债，资源匮乏，“造血”功能不足，难以发挥村级组织为群众谋取利益的作用。婺源的部分村也存在这种问题。村集体经济实力不强，看似一个经济问题，实则兼具政治意义。正如习近平总书记所指出的那样，“要注意增强乡村两级集体经济实力”。如何营造发展集体经济的整体氛围，为其提供必要的政策支持和制度保障，如何提高村干部的开拓创新能力，如何扩大村集体经济来源，如何规范村集体资产的管理，都是值得研究的问题。

乡村是一个复杂的综合体，乡村变迁也是综合性的、渐进性的。在思考和解答上述问题时，我们需要既着眼于长远目标，又立足当前实际，既寻求发展规律，又尊重地方个性。在此过程中，我们要充分尊重乡村发展演进规律，按照产业兴旺、生态宜居、乡风文明、治理有效、生活富裕的总要求，统筹推进农村经济建设、政治建设、文化建设、社会建设、生态文明建设和党的建设，加快推进乡村治理体系和治理能力现代化，走中国特色社会主义乡村振兴道路。

改革开放

与中国县域发展

GAIGEKAIFANG

山东曲阜

SHANDONG QUFU

弘扬中华优秀传统文化，推进经济社会健康发展

中国社会科学院财计局

曲阜是孔子故乡，是儒家文化的发源地，是国务院首批公布的24个历史文化名城之一，以丰厚的文化积淀、悠久的历史、丰富的文物珍藏，以及“礼仪之邦”“信义之乡”著称。早在公元前11世纪，周武王封“周公旦于少昊之虚曲阜，是为鲁公”，曲阜成为我国当时重要的政治、经济、文化中心。春秋末期，孔子曾在此开私人讲学之风，并倡导仁、义、礼、智、信。在孔子的影响下，曲阜成为当时的教育中心。在两千多年漫长的历史长河中，以孔子思想为代表的儒家文化，逐渐成为中国的正统文化，并影响东亚和东南亚各国，成为整个东方文化的基石，也为曲阜的经济社会发展提供了丰富的精神文化滋养。

改革开放40年，曲阜的发展大致可以分为两个阶段。一是1978年到20世纪90年代初，是曲阜改革的起步与探索阶段。在这一阶段，经济发展更多地得益于一系列改革措施的推行，尤其是农村家庭联产承包责任制的落实唤醒了曲阜农村经济的活力，为曲阜经济发展奠定了坚实的基础。这一阶段，曲阜扭转了“批林批孔”运动所造成的对优秀传统文化的错误认识，但优秀传统文化对经济发展的促进作用有限。二是自20世纪90年代至今，这一阶段是曲阜改革的快速发展与全面深化阶段。这一阶段，曲阜不仅实现了经济社会的全面发展，文化对于经济社会发展的影响也更加明显。

尤其是党的十八大以来，曲阜市积极赋予中华优秀传统文化时代内涵，以文化助力经济社会全面发展。2013 年 11 月 26 日，习近平总书记视察曲阜时指出，一个国家、一个民族的强盛总是以文化兴盛为支撑，中华民族伟大复兴需要以中华文化发展繁荣为条件，并提出了将孔子故里建成“首善之区”的殷切期望。曲阜全市上下深入学习贯彻习近平总书记视察曲阜重要讲话精神，围绕建设“东方圣城・首善之区”的目标定位，主动担当、积极作为，全市呈现经济持续发展、事业不断进步、社会和谐安定的良好局面。

一、曲阜市改革开放 40 年历史成就和十八大以来经济社会发展

（一）改革开放 40 年来曲阜的发展

改革开放新时期以来，曲阜人民通过自力更生、艰苦奋斗，坚持党的领导，把握改革开放带来的发展机遇，在经济、社会、文化等方面都取得了长足的发展和进步。从经济发展角度而言，经过改革开放 40 年的发展，曲阜的地区生产总值从 1978 年的 2.43 亿元，增长到 2017 年的 450.35 亿元，增长了 184 倍；地方财政收入从改革开放初期的 0.51 亿元，增加到 2017 年的 25.39 亿元，增长了近 49 倍；产业结构也得到了优化调整，一二三产业的比重由改革开放初期的 50∶26.6∶23.4，调整到 2017 年的 8.5∶32.4∶59.1，农业占国民生产总值的比重显著下降，工业比重稳步提升，服务业比重大幅增长。从社会民生角度而言，曲阜的人均 GDP 从 1978 年的 481 元增长到 2017 年的 6.87 万元，增长近 142 倍，人民的生活水平得到了显著的提高。从文化发展的角度而言，改革开放一举扭转了“文化大革命”时期“批孔”的局面，重新开始重视儒家文化和孔子思想，在传承文化的同时更加注重深入挖掘文化资源对经济、社会发展的助推作用。特别是十八大以来，曲阜经济社会发展更是取得了全面进步。改革开放 40 年来曲阜经济社会发展状况对比情况见表 1。

表 1　改革开放 40 年来曲阜经济社会发展状况对比

	GDP	人均 GDP	财政收入	农业占比	城镇化率	社会消费品零售总额
1978 年	2.43 亿元	481 元	0.51 亿元	50%	4.7%	0.37 亿元
2017 年	450.35 亿元	6.87 万元	25.39 亿元	8.5%	62.77%	217.77 亿元
增长倍数	184	142	49	–0.83	12.4	587.6

1. 起步与探索阶段

改革开放至 90 年代初期，得益于家庭联产承包制等经济体制改革，曲阜经济开始迸发出勃勃的生机，社会民生，尤其是农民生活水平得到了大幅提高；与此同时，对传统文化的认识也经历了拨乱反正，重新回到正轨。这一阶段为曲阜的发展夯实了基础，奠定了基石。

党的十一届三中全会做出了将工作重点转移到以经济建设为中心的社会主义现代化建设上来的战略决策，曲阜根据党中央的方针和本地的实际情况，逐步开展了经济体制改革的工作，在 1980 年前后基本落实了家庭联产承包责任制，农业生产迸发出活力，农民生活显著改善。在农村改革的带动下，集体经济和乡镇企业快速发展；同时，随着城市经济体制改革，城市中国营、集体、个体企业发展迅速，私营经济的发展也为曲阜农村劳动力创造了大量就业机会，逐渐构成了非农收入的主要来源。

在一系列改革措施的带动下，曲阜市经济发展迅速，1990 年 GDP 达 35126 万元，比 1980 年增长 152%，10 年平均增速达 9.7%。经济发展带动了居民生活水平的改善，农民人均收入从改革开放初期 1978 年的 67.2 元提高到 1990 年的 641 元，增幅 8.5% 倍。耐用消费品也从最初的自行车、缝纫机、收音机，逐渐升级为 90 年代的洗衣机、电冰箱、录像机等。根据我们调研入户访谈的结果，1983 年曲阜农村居民的外出务工收入为每天 2.5 元，全月务工收入不足 60 元；到 1991 年，曲阜农村居民外出务工收入达每天 30 元，全月务工收入近 800 元，收入增长 12.3 倍。

同样，对于城镇居民，经济的迅速发展带来了职工生活水平的大幅提高。曲阜职工工资总额由改革开放初期1978年的924万元，上升到了1990年的6238万元（均以1980年不变价格计算），上升了5.75倍。储蓄余额由1978年的251万元，上升到1990年的18042万元，增长了近71倍。新建住宅竣工面积由1978年的655平方米增加到1990年的79876平方米。与此同时，社会福利和保险事业都得到了发展。

在以经济建设为中心的主旋律带动下，曲阜的文化事业也得到了快速的发展。1980年以后，曲阜书画篆刻研究会、孔子故里书画院等艺术团体相继成立，经常举办各类艺术展览。从1984年起在历届“孔子诞辰故里游活动”和“孔子文化节”期间，文化部门都举办一系列以纪念孔子为主题的展览活动，受到中外来宾的好评。

总体来看，改革开放之初到20世纪90年代初期这十余年间，曲阜逐渐形成了以公有制为主体、个体经济作补充、多种经营方式共同发展的经济所有制结构；尤其是农村家庭联产承包责任制为今后曲阜经济的快速发展奠定了坚实的基础。在这一阶段，优秀传统文化处于逐渐恢复和重塑阶段，对经济社会发展的助力仍然有限，经济发展更多地得益于一系列改革措施的推行和落实。

2. 快速发展与全面深化改革开放阶段

1992年以来，我国改革开放走向全面深化的关键期。在这段时期，大到中国全域，小到一城一池，经济发展之迅速、社会进步之巨大、文化发展之繁荣，都值得记录与歌颂。曲阜在这一阶段，经济、社会、文化等方面也实现了长足的发展，同时，在这一阶段，曲阜经济社会发展与传统文化的发展呈现出相互交织、互相促进的特征，文化对于曲阜经济社会发展的贡献越发凸显。

经过了改革开放前十年的探索与谋篇定局，曲阜在20世纪90年代以后，经济迅猛发展。1990年曲阜市GDP为3.5亿元，到1993年，GDP增长至16.6亿元，三年累计增长3.7倍。2000年以来，曲阜进入全面增长阶段，十余年来，曲阜市GDP从2000年的63.6亿元，增长至2017年的450.3亿元，增长 6.1 倍。财政收入也随之快速增长。

相比前一阶段，经济社会全面发展是曲阜改革开放第二阶段的主要特征，尤其是社会保障体系的建立提高了人民的幸福感。在经济快速增长的前提下，曲阜在保证职工工资发放、机构正常运转和重点支出的同时，加大了对社会保障、救灾扶贫、城区改造、科技教育、文化旅游、卫生事业、乡村建设、城乡基础设施建设投入力度，建立起较完善的城乡最低生活保障、城乡居民医疗保险、义务教育和公共卫生、城乡扶贫救助等各类体系，人民的获得感稳步提升。

曲阜改革开放第二阶段的另一特征是文化在经济社会发展中的作用日益凸显。20 世纪 90 年代以来，尤其是十八大以来，曲阜充分发挥优秀传统文化和孔子文化品牌这一资源优势，通过制定重大文化项目引领战略，实施资源整合、资本运作，推动文化产业的发展。1985 年以来，曲阜成功举办了“孔子故里游”“国际孔子文化节”，1998 年曲阜荣获“中国优秀旅游城市”称号，2000 年曲阜孔庙孔府孔林旅游区被评为首批国家 4A 级旅游区，并兴建国家级文化产业示范园、举办文化产业活动、成立文化集团、兴办孔儒国学机构等，不仅使得孔子文化这一特色资源得以进一步发扬光大，也发挥了文化对于经济社会发展的正向促进作用。

3. 改革开放 40 年经验总结

回顾 40 年改革开放发展历程，曲阜最大的亮点在于同时抓牢“经济”与“文化”两大抓手，在经济保持长足增长的同时牢牢坚守传统文化价值观，不顾此失彼，又相得益彰。

第一，经济体制改革激发了曲阜经济的活力。经济体制改革首先体现在 80 年代初农村家庭联产承包责任制的推广和落实，作为传统的农业大县，曲阜的改革开放始于农村，家庭联产承包责任制的落实不仅激发了农村经济的活力，提高了农民收入水平，还解放了大量农村劳动力，从而加速了农村外出务工和乡镇企业、民营经济的发展。可以说，始于 80 年代的农村体制改革为后来的曲阜经济社会全面健康发展做了充分准备。

其次，经济体制改革激发曲阜经济活力还体现在乡镇企业的发展上。十一届三中全会以后，借改革开放政策的东风，曲阜乡镇企业因地制宜，以多种生产经营方式，登上了二、三产业的大舞台。虽然在1989年至1991年三年治理整顿期间，曲阜乡镇企业增长速度放慢，但1992年初，邓小平同志南方谈话为乡镇企业的改革与发展提供了空前良好的外部环境，乡镇企业进入一个新的发展阶段，曲阜乡镇企业和乡村工业发展迅速，形成了“十矿百厂”的繁荣格局。1996年以后，乡镇企业遇到效益下降，亏损增加的严峻形势，曲阜市对乡镇企业加大了改革调整力度，一方面优化结构和布局，另一方面引入现代企业制度，自此乡镇企业的发展又掀开了新的篇章，进入了平稳有序的增长阶段。

最后，曲阜经济快速发展也是充分释放了民营经济活力的结果。改革开放40年来，曲阜民营经济从无到有，规模和效益都在不断扩大。从1978年公有制经济一统天下，到2015年，民营经济总户数已达到3.75万户，其中民营企业发展到4128家，个体工商户3.34万户。上缴税金23.9亿元，占全市财政总收入60%以上，民营经济增加值占GDP的比重超过70%。

第二，牢记弘扬优秀传统文化的“初心”。深厚的文化底蕴是曲阜区别于其他地区最重要的特点，改革开放40年来，正是曲阜对优秀传统文化的坚定信念和矢志不渝的精神，支撑了曲阜经济社会实现全面健康发展。

曲阜始终把弘扬优秀传统文化和社会主义精神文明建设摆在首位。回顾改革开放40年的历程，无论是在改革开放初期经济发展水平较低的阶段，还是在当前，曲阜始终将弘扬优秀传统文化视为己任，将优秀传统文化融入社会主义精神文明建设的实践中去，并以更为生动的形式落实到曲阜的家家户户，实现了百姓儒学全覆盖，曲阜不仅仅是将文化作为经济发展的新引擎，更是将文化上升到社会主义精神文明建设的高度，充分体现了曲阜弘扬优秀传统文化的决心和初心。

优秀传统文化为曲阜经济的发展提供了新平台。“文化搭台，经济唱戏”完美地诠释了曲阜发展双轴联动的工作机制。自改革开放以来，曲阜以文化为招牌，大力发展旅游产业，努力打造文化旅游经济高地。曲阜还结合文化特色，大力建设文化产业园区，兴办文化企业，引入文化产业项目，通过资源整合、资本运作，加快重点项目建设，推动园区发展，曲阜的文化产业发展进入了一个高标准、大思路、大手笔的新阶段。

（二）十八大以来经济社会发展及文化的助推作用

党的十八大报告中指出："文化是民族的血脉，是人民的精神家园。"十九大报告中更明确提出："中国特色社会主义文化，源自中华民族五千多年文明历史所孕育的中华优秀传统文化。"这些都充分说明了文化对于当前阶段社会主义建设的重要性。

十八大以来，曲阜市积极赋予中华优秀传统文化时代内涵，以文化助力经济社会全面发展。习近平总书记视察曲阜时，对推进社会主义核心价值体系建设、弘扬优秀传统文化传统美德、加强儒学研究与传播提出殷切期望。曲阜市按照习近平总书记的要求，深入实施儒学工程，将儒学深入至街道、乡村，实现百姓儒学全覆盖。在儒家优秀传统文化的带动下，曲阜形成了勤俭、仁孝、诚信、和谐的社会风尚，在生动地践行社会主义核心价值观的同时，有力推动了曲阜市经济社会全面发展。

1. 总体经济增长迅速，人民生活显著改善

2012～2017 年，地区生产总值由 298.4 亿元增加到 445.4 亿元，年均增长 10.4%；截至 2017 年年底，曲阜市人均生产总值达到 63869.7 元，是 2012 年的 1.63 倍。以 GDP 的绝对值来看，曲阜市 GDP 占全省比重约为 0.6%；在 GDP 增速方面，如图 1 所示，自 2012 年以来，曲阜市 GDP 增速虽然呈现回落趋势，但平均仍达到 10% 左右，明显高于全国及山东省 GDP 增速。

在人民生活方面，2012 年以来，曲阜市社会消费品零售总额快速增长，2017 年，曲阜市实现社会消费品零售总额 217.77 亿元，较 2016 年增长 7.7%。图 2 显示，曲阜市社会消费品零售总额的增速高出山东省及全国平均增速，但增速本身有所下滑。

图 1 曲阜市 GDP 及增速的对比

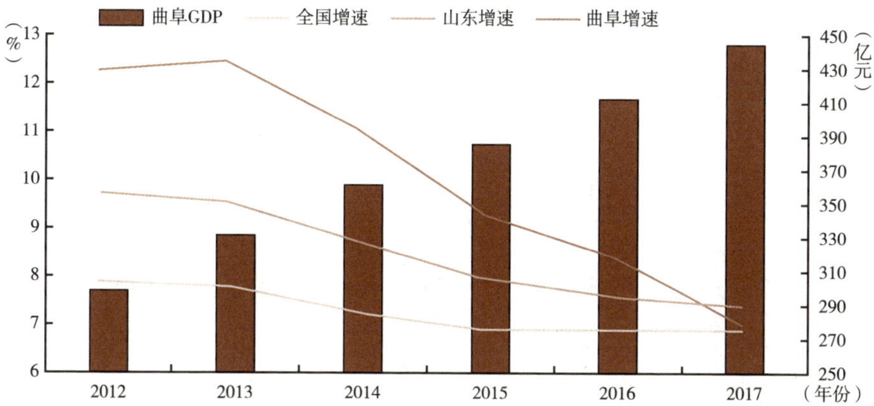

注：曲阜市 GDP 为右轴，其他为左轴。

图 2 曲阜市社会消费品零售总额及增速的对比

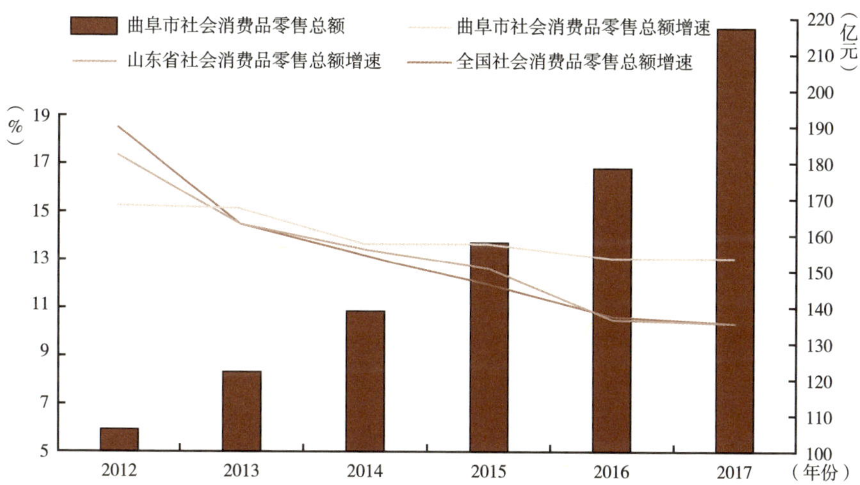

注：曲阜市社会消费品零售总额为右轴，其他为左轴。

消费结构的升级是曲阜市民生改善的另一个特点，尤其是农村居民消费的质量升级现象明显。图 3 显示，曲阜农村恩格尔系数从 2013 年的 34.4% 降低到 2017 年的 27.8%，反映出在农村居民的食品支出明显降低，消费结构进一步优化；相比之下，全国农村的恩格尔系数从 2013 年的 39.3% 降低到 32.2%。曲阜市农村恩格尔系数反映出曲阜农村居民生活质量明显高于全国平均水平。

图 3　曲阜市及全国农村消费的恩格尔系数

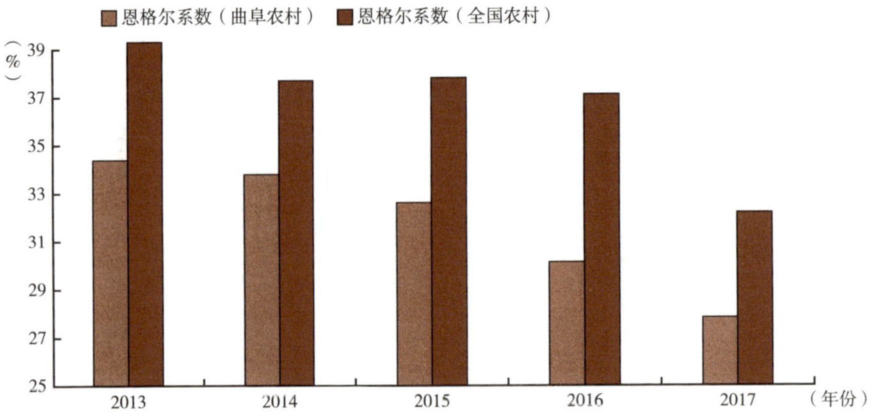

2. 产业结构优化明显，城镇化稳步提升

曲阜市产业结构转型优化明显，产业调整的特征呈现第一产业稳定、第二产业优化和第三产业扩张的特点。图 4 显示，2011 年曲阜市第一、第二、第三产业的比重分别为 9.9%、40% 和 50.1%；至 2017 年曲阜市第一、第二、第三产业的比重分别为 8.5%、32.4% 和 59.1%，产业结构明显优化。

曲阜市产业结构优化不仅反映在三大产业的比重调整上，还体现在工业和服务业质量提升上。在工业方面，曲阜市新型工业加快发展，规模以上工

图 4　2011 年和 2017 年曲阜市产业结构对比

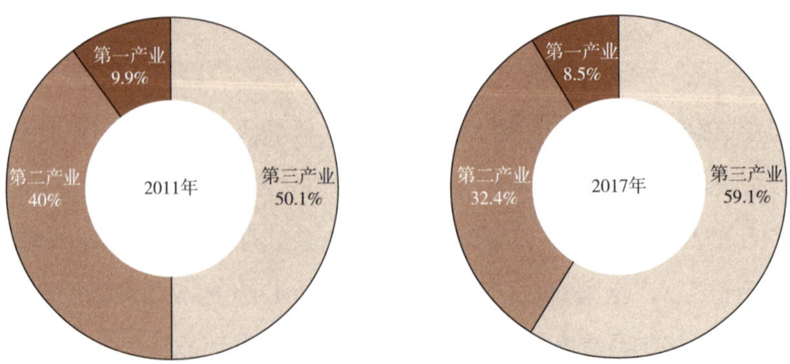

业增加值年均增长 11.2%，税收过千万元企业突破 30 家，国家级高新技术企业达到 20 家，高新技术产业产值占比达 31.9%，成功创建山东省台湾工业园、电子信息产业园和全省首批物联网产业基地，荣获全国科技进步先进市称号。在服务业方面，现代服务业取得突破，规模以上服务业企业增加 103 家，达 227 家，实现第三产业增加值 215.37 亿元，年均增长 13%，成功创建国家级海峡两岸交流基地和尼山省级文化旅游度假区。

随着产业发展水平的提高，曲阜市城镇化水平不断提高。2000 年至 2017 年，曲阜市城镇人口的比重从 20% 提升至 62.77%，城镇化率已超过全国平均水平，城镇化明显加速。

3. 人均收入水平明显提升，教育、就业情况表现稳定

在产业优化和城镇化的带动下，曲阜市居民收入水平明显提升。2017 年，曲阜市城镇居民人均可支配收入和农村人均纯收入年均分别为 27390 元和 14324 元，较 2016 年增长 9.1% 和 8%。同期，全国城镇居民可支配收入和农村人均纯收入分别为 33616.25 元和 11633.76 元。由此可见，曲阜市城镇居民收入较全国城镇居民收入偏低，但农村人均纯收入高于全国平均水平。

随着收入的提高，曲阜市城乡居民消费更为多样化。在城乡居民消费方面，2017 年曲阜市居民人均消费 10485 元。其中，食品和交通通信支出

图 5　曲阜市及全国的居民收入水平

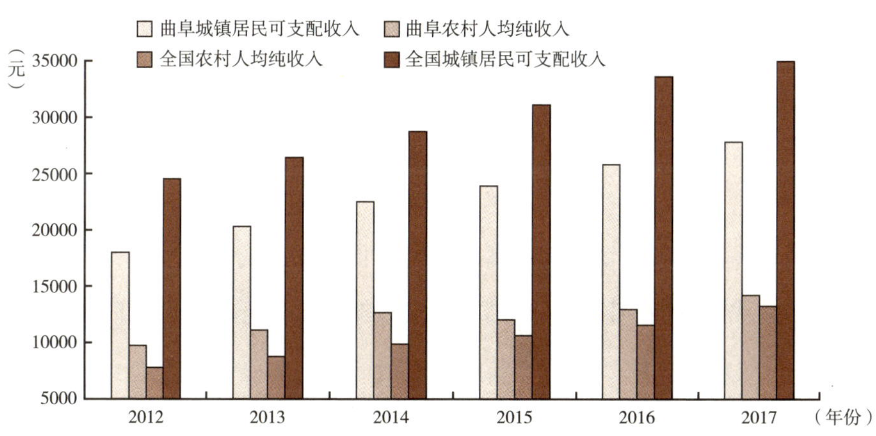

构成最高消费支出部分，分别为 2793 元和 2852 元，两者占比合计近 54%；其次为居住支出和文教娱乐用品支出，分别为 1693 元和 1195 元，占比分别为 16% 和 12%；医疗保健支出位居第五位，为 760 元，占比 7%；最后，衣着和家庭设备及用品支出分别为 570 元和 514 元，占比均为 5%。

图 6　2017 年曲阜市居民消费支出

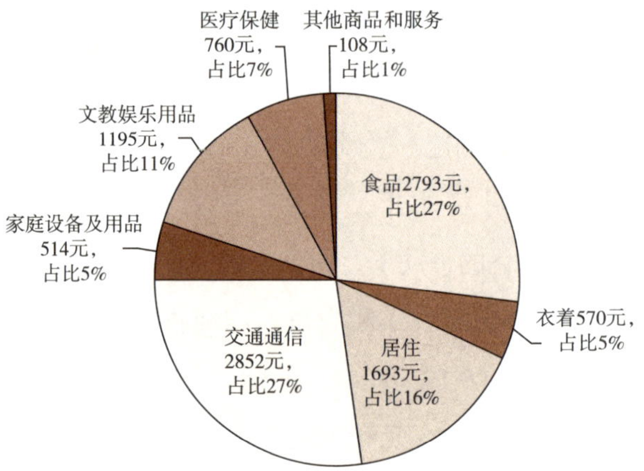

在教育方面，作为儒家文化的发源地，曲阜市学前教育、义务教育、高中教育、职业教育、特殊教育、民办教育均实现蓬勃发展。2017 年全市小学、初中适龄儿童入学率达 100%，学前三年教育入园率达到 97%，高中阶段教育普及率达到 90% 以上，明显高于全国平均水平。在就业方面，近年来曲阜市毕业生总体就业率达 95% 以上；同时，曲阜市又大力实施了高校毕业生创业引领计划，鼓励支持大学生自主创业，并制定完善了一系列的创业扶持政策，已成功帮扶 400 余名大学生成功创业。

4. 优秀传统文化构成曲阜经济社会发展的动力

曲阜市经济社会的快速发展离不开优秀传统文化的贡献，优秀传统文化通过文化产业的发展、树立文化品牌、打造城市形象等途径助力曲阜市经济增长。

第一，文化产业、文化项目快速发展。曲阜市文化产业近年来发展迅速。2017年全市文化及相关产业增加值26亿元，占GDP比重为6.5%。全市登记在册文化产业企业共有十大类956家，具体涉及文化旅游、教育培训、文化艺术品、古建筑设计创意等产业，文化产业规模不断扩大，产业聚焦效应加速呈现。以文化项目为例，近年来曲阜市打造了尼山圣境项目，并对特色鲜明、成长性好的山东儒源文化发展集团等企业通过出台土地、税收、规划、金融等相关优惠政策，进行重点培育和扶持。同时，曲阜市利用丰富文化资源，推动传统文化与旅游融合，实施旅游业转型升级，打造了"拜圣习儒修学之旅""孔子圣迹体验之旅""中华成人礼之旅"等文化旅游品牌，积极推动传统文化与教育培训融合，大力发展国学教育产业，并以曲阜国家级文化产业示范区为载体，培育会展节庆、文化创意、健康养生三大潜力产业，提升演艺娱乐、艺术品、影视传媒、数字动漫四大新兴产业。

第二，树立文化品牌，打造城市形象。曲阜市通过文化产业实现了经济发展与文化品牌建设的有效结合。具体而言，曲阜市以建设曲阜国家级文化产业示范园为载体，结合区域内文化资源禀赋，确立文化产业发展重点，实施大项目带动，培植一批规模大、实力强、有影响力和竞争力的大企业、大集团，着力构建文化经济发展新格局。同时，曲阜还兼顾到了国际社会的认同，遴选出对投资者有足够的吸引力的文化项目，如阙里宾舍的《阙里古乐舞》、六艺城的《孔子六艺乐舞》，以及每周六举行的大型旅游活动——明故城开城仪式和祭孔活动等文化演艺业的发展，展现了儒家文化精髓，通过培育文化企业和文化项目将曲阜的文化品牌推广至全国乃至国际。

第三，践行社会主义核心价值观，助力和谐社会建设。曲阜市通过"彬彬有礼道德城市"等活动，大力弘扬优秀传统文化；深入实施"勤善公和"四大工程，开展"全民修身""全民守法"教育实践活动，加快建设道德"首善之区"，健全社会诚信体系和舆论引导机制，形成诚信建设的"曲阜模式"，践行社会主义核心价值观。在农村，曲阜各个村镇都建起了自己的核心价值观文化墙，内容各具特色，这些文化符号把村庄装扮得更加漂亮，增添了浓浓的文化氛围，使村民在潜移默化中提升文化素养。

在和谐社会建设方面，曲阜市深入实施“百姓儒学”工程，建成50个“乐和家园”试点村，办好百姓儒学节；在街道和村层面建设镇街历史文化展馆和孔子学堂，实现百姓儒学全覆盖。结合曲阜农业大县的特点，结合美丽乡村建设，曲阜市强力推进“学儒家文化、建乐和家园”活动，村村配备一名儒学讲师，村村举办国学讲座，大力推进“村村演”“村村响”“村村和”等活动，倡导形成“村村讲儒学、户户颂和风”的新景象。

二、优秀传统文化促进经济社会发展的曲阜经验

曲阜市注重发挥文化旅游资源优势，在传承弘扬优秀传统文化，促进经济社会发展方面收获丰硕，形成了优秀传统文化创造性转化、创新性发展，社会主义核心价值观全面融入的发展局面。

（一）家庭与村落

党的十九大报告指出“农业农村农民问题是关系国计民生的根本性问题，必须始终把解决好‘三农’问题作为全党工作重中之重”，而作为社会细胞的家庭和作为政治基本单位的村落成为实施乡村振兴战略的具体政策落脚点，是解决“三农”问题的重要一环。作为农业大县的曲阜，孔子文化在此地传承千年，同时也深深地打上了农耕文化的烙印，家庭与村落成为物质文化和非物质文化的综合载体。曲阜市将传播和发扬优秀传统文化融入解决三农问题之中，在实现乡村振兴战略方面积累了较为丰富的经验。

1. 发挥人情礼仪乡规民约的教化功能，强化文化活动的组织作用

曲阜市实施“四德工程”，通过推进“好媳妇”、“好婆婆”、“好儿女”和“文明示范家庭”等评选活动，增强了村民的荣辱观念，提高了处理好家庭内部关系和邻里关系的积极性。如北元疃村每年创新“四德榜”评选标准，是否常年给老人买新衣、是否让父母住暗房、是否让老人盖干净被子等都在列。

一些婆婆在儿媳妇未能被评为“好媳妇”后，还积极向村委解释儿媳妇的良好表现并申请“好媳妇”名额。

曲阜结合深厚的儒家文化和农耕文化底蕴，用家风家训营造和谐气氛。家风家训中多体现“忠孝”、“德行”、“勤俭”和“治学”等内容，比如北元疃村的袁氏家训“恭信、敏惠、廉洁、谦让、温睿、智聪、俊远、仁义胜贵金”，就从德行养成等方面对家族成员进行了规诫。此外，曲阜市为培育孔子故里好家风，还组织了写家训、晒家风活动，超过 1 万个家庭积极参与到这一活动中。

曲阜通过日常生活中的教育活动，弘扬社会主义核心价值观，推动农村移风易俗，改善村风民风。

首先，提倡喜事新办、丧事简办、反对铺张浪费，倡导家庭和谐。比如，北元疃村就婚宴费用标准进行了规范：婚宴自请厨师操办的，每桌不得超过 360 元（含烟酒）；确需酒店操办的，每桌不得超过 500 元（含烟酒）。武家村村民结婚时，主持人让新郎新娘学习孝悌礼仪，签署孝敬老人承诺书并裱贴在墙上，也教育公公和婆婆要礼待儿媳，比如儿媳回娘家时，婆婆给儿媳一些钱用于购买礼品等。

其次，开展邻里宴和重阳节老人宴等活动，促进邻里关系更加和谐融洽，增强孝亲爱老观念。在敬老爱老方面，钱家村不仅将原村委大院改造成老人互助院，供孤寡老人居住，还为 65 岁以上老人发放生活补贴。

最后，树立社会公德，发扬光大正能量。武家村在家长放学接孩子的等待时间内，宣传交通安全知识，增强村民遵守交通规则、维护交通秩序的自觉性。宫家村一年举办两次全体村民大会，年末那次还组织村子里的春晚，增强了村民对党组织、对新时代的向心力和凝聚力。

2. 完善文化公共服务供给，发展农村经济，奠定文化发展物质基础

曲阜市在文化基础设施的建设上深下功夫。如北元疃村建设了农家书屋、儿童学习室、乡村剧场、健身场所等文化体育基础设施，聘请了教师辅

导功课，寓教于乐自编自演身边事。武家村和钱家村的乡村记忆博物馆展现了村子发展历史，增强了村民的奋发意识和外出工作年轻人的归属感。除文化基础设施外，曲阜积极推动美丽乡村建设以改善农村居住环境。圣源村、宫家村、北元疃村、武家村等村均对村容村貌进行了综合改造；曲阜还大力推动改厨、改厕、煤改气工程，改善了农村的卫生环境。2017 年曲阜完成农村改厕 23440 户。

曲阜积极通过土地共同经营和土地流转等方式发展农村集体经济。钱家村以土地流转为主抓手，大力发展集体经济。2014 年至今，钱家村共向巨力铁路轨道有限公司和百灵空调厂等四家大型企业流转沟、路、渠、地等集体土地 1000 亩，为集体带来了每年 40 多万元的稳定收入，村集体经济收入较五年前增长 97%。同时，土地流转释放了农村富余劳动力，大批劳动力进入工厂上班，获得土地流转和工资双重收入。除了将集体空置土地租给企业做厂房外，书院街道宫家村还借助泗河开发机遇，划出一片土地用于莲藕种植。同时，百亩荷花池的建设也为发展乡村旅游提供了资源。

曲阜市在发展集体经济的同时，弘扬儒家文化促进经济发展。王庄镇毕家村的曲阜市康达粮食种植专业合作社现已发展社员 540 人，建设粮食生产基地 4500 多亩，2015 年小麦总产 540 万斤，比合作社成立前农户单干增加 135 万斤，增加农民收入 21 万元。专业合作社不仅增加了粮食产量，带动了农民致富，还很好地践行了“和”与“信”的优秀传统文化理念。村民基于对集体的信任把土地交给专业化合作社，同时，专业化合作社实现了对土地的高效经营，减轻了外出务工村民来回奔波的负担，缓解了留守老人和留守儿童耕作土地的压力，营造了农村和谐氛围。

曲阜市也大力支持农村个体经济的发展，实现精神文明与物质文明的双丰收。宫家村村支书凭借在外经商经验，在村子建了一个小型加工厂，发扬孝老爱亲和扶贫济困的优良传统，优先安置困难户、女性和年龄较大而不便外出就业的村民，不仅实现了盈利，还带动了宫家村及附近村约 100 人的就业。

3. 充分发挥基层组织和基层领导的作用

曲阜市践行“德法兼治”理念，将优秀儒家文化应用于基层社会治理，推进基层善治，充分发挥“和为贵”调解室的作用。曲阜市在12个街镇457个行政村和民生部门广泛建立“和为贵”调解室431家，共调解矛盾纠纷4000多起，调解成功率98%，获评“全国社会治理创新最佳案例”，被评为“孔子故里的农村版‘小法庭’”。“和为贵”调解室以传统文化中的“和”为解决问题的钥匙，当事双方先到调解室谈，调解不成再走法律程序，做到了小矛盾不出村，大矛盾不出镇。宫家村有两户村民因口角动了手，互不退让，一方家属要报警，后来经村支书的调解，双方在“和为贵”调解室心平气和地沟通，打人方道歉并补偿了对方误工费和医药费。“和为贵”调解室效果显著，近一两年宫家村村内矛盾纠纷大幅减少。

曲阜充分发挥村民参事议事的主动性和积极性，推行“全民公决”和“一约四会”等新的农村治理方式。宫家村推行“全民公决”制度，对村子重大工作事项进行全民表决，如就如何分配土地做出了详细规定。同时，曲阜在农村推动“一约四会”组织机构的建设。北元疃村建立了包括红白理事会、道德评议会、禁毒禁赌会、村民议事会、村规民约管理委员会在内的“一约四会”机制，对村民的一些行为进行规范。

曲阜市在乡村治理中还较好地发挥了村干部和党员的积极作用。多数村干部在农村生活多年且均有在外经商务工的经历，能够较好地运用朴素的民间智慧和传统的人情义礼解决实际问题。如武家村村支书在处理村民间家禽归属问题时，将家禽放开，让家禽自己选择，当事双方都心服口服。宫家村村支书办事公道不避亲，为拖欠村集体十几万元的事，把自己的叔叔告到法庭，当庭据理力争，但出了法庭就主动请叔叔吃饭，不仅村集体的欠款全部收回，他叔叔还成了支持村集体的积极分子。党员在乡村治理中的作用也得到了充分体现，钱家村首创的“党员划片定岗联户”制度实现了党员职责、党员面貌、党员管理以及党群关系四个方面的转变。一个已年过80岁的老党员，尽管行动不便，但仍坚持为村民服务，发挥了联户党员的作用，充分体现了党员的甘于奉献精神。

4. 用“精神扶贫”引领“精准扶贫”，发挥社会组织在乡村治理中的作用

近年来，曲阜市立足儒家传统道德，加大物质扶贫力度，实现物质和精神“双脱贫”。第一，大力完善贫困村文化基础设施建设，加大贫困村公共文化服务供给。圣源村曾是远近闻名的贫困村，2008 年整村搬迁到现在位置，对房屋与街区统一规划，初步形成了与景点景区配套融合的乡村旅游景象。第二，扶贫先“扶志”。曲阜市在“好媳妇”和“好婆婆”等评选活动中注重向贫困户倾斜，帮助他们找回自尊；通过百家宴等活动，让贫困户走出家门，融入大家庭，重拾生活信心。第三，用传统文化“扶智”，通过加强对贫困家庭儿童的优秀传统文化教育，树立通过上学改变命运的信念，切断代际贫困。第四，提供工作机会，增加贫困家庭收入。钱家村将 12 个贫困户分别安置在村子入股的企业和村内的清洁工、保洁员、看守员等岗位上，保证了贫困家庭的基本收入。第五，大力开展扶贫旅游，扶持村庄村民发展民宿、特色采摘等乡村特色旅游产业，带动了部分贫困户脱贫致富。

此外，社会组织的发展为乡村公共产品的供给提供了新的渠道，减轻了政府财政压力，为乡村治理和经济发展提供了有益补充。曲阜市于 2014 年携手公益组织北京地球村启动了“学儒家文化、建乐和家园”工程。积极倡导“仁者爱人”“远亲不如近邻”等优秀传统文化理念，在 15 个村试点建设以村（居）民为主体、优秀传统文化为主脉、社工服务为主力的“乐和家园”，推广以“耕读居养礼乐”为核心的“新六艺”，带动群众 10 万余人。其中，宫家村和钱家村让政治立场坚定、更为熟悉村子情况的党员成为“乐和家园”的义工，“乐和家园”模式成为发挥党员积极作用的抓手，经过多年的健康有序运营，“乐和家园”经验入选全国宣传思想文化工作示范社区 100 例。

（二）企业与产业

近年来，曲阜市坚持“两创”方针要求，紧紧围绕儒家文化的挖掘和阐

发，现有各类文化企业近 100 家，其中规模以上文化产业企业 47 家，孔子文化旅游、孔子文化复仿制品业、孔府美食等旅游服务业初具规模，尼山砚、楷木雕、三孔碑帖、祭孔乐舞等孔子文化特色产品达 300 余种。

1. 推动企业成为传播优秀传统文化主体

曲阜市三孔文化旅游服务有限责任公司作为一家综合性国有文化旅游企业，经过近十年的改革与发展，依托并整合曲阜丰厚文化和旅游资源优势，年经营收入由 2006 年的 50 万元增加到 2017 年的 1 亿元，上缴税金由每年 2 万元增加到 1000 余万元，解决社会就业岗位 800 多个，取得了经济效益和社会效益双丰收。

曲阜市实施“互联网 +”，推动文化企业大数据、物联网应用，变革经营模式，发展文化电商。其中，孔府印阁产品远销日本、韩国和新加坡等国家和地区，年销售印章达 400 多万枚，2017 年实现销售额破亿目标，解决就业 1000 多人。同时，孔府印阁还加强对有潜力的年轻员工的技艺培训，不仅增强了员工对优秀传统文化的理解，同时使得篆刻技艺得以传承和发扬。

儒源集团依托优秀传统文化，搭载曲阜市“文化强市”战略，成为教育培训业内翘楚。儒源集团围绕“传承儒家思想精华、弘扬优秀传统文化”这一宗旨，开展了传统文化教育与推广、古礼与现代礼仪教育、研学旅游、修学体验、文化衍生品研发与销售等一系列相关业务和服务，2014 年儒源集团被评为“国家文化产业示范基地”。

曲阜市将传统文化中的哲学精髓与现代企业管理相结合，提升企业管理水平。儒家思想主张的“仁、义、礼、信、和”等思想精髓包含了丰富的管理哲学，为现代企业管理打下了丰富的理论基础。山东东宏管业股份有限公司和山东晶导微电子股份有限公司等高科技企业将儒家优秀传统文化应用于企业管理之中，在确保经济效益的同时，增强了企业社会责任感和使命感。

2. 以“融合发展”和“全域化”理念重点培育特色产业

第一，曲阜市实现了文化与教育、科技、建筑业和对外交流的跨界融合。曲阜市首先是推动文化与教育融合，发展研学旅游。2006年，曲阜率先发起“孔子修学游”、孔子六艺城“快乐学六艺”等文化项目。10多年来，全市累计接待修学游团队21万个，参加修学游客超过500万人次。不仅如此，还促进了文化与科技融合，发展新兴产业，包括文化电商、精美文物复制品、孔子文化演艺产业、创意旅游产品和文化创意动漫等；同时，加强了文化与建筑产业融合，发展古建产业，在设计现代新古城时，注重延续城市文脉；同时推动园林古建、三孔古建等古建企业走出去；最后是实现了文化与交流融合，推动儒家文化走出去。曲阜市已多次举办孔子国际文化节、世界儒学大会、尼山世界文明论坛等国际性活动。

第二，曲阜市以“全域化”理念为引领，从依赖“三孔”向依托“三孔”转变，打破单一“三孔”旅游格局。首先是实现从观瞻旅游向文化体验旅游和“圣城朝圣”转变，从门票经济向旅游经济转变，创建国家全域旅游示范区。其次是提升景区展陈，丰富游客体验，推出祭孔展演和孔府唱大戏等景区演艺，策划开发中华成人礼和“背论语免费游三孔”等产品。同时，着力发展文化旅游产品、特色餐饮、文化主题酒店。其中，依托儒家文化而发明的孔府菜系，已成为中国饮食文化重要组成部分，2015年，“孔府菜”正式申请加入世界非物质文化遗产名录。曲阜市还推动全域旅游，发展乡村旅游，开放周公庙、寿丘少昊陵等外围文物景区，将传统文化保护较好的村落纳入旅游区中，发展乡村民宿旅游和观光农业旅游。

第三，曲阜市坚持培育发展主导产业和特色产业，坚持以新时代的历史观挖掘和彰显孔子文化特色，突出文化旅游、教育培训等主导产业，重点发展会展演艺、文物复仿、古玩交易、园林古建、孔府菜餐饮等特色产业。其中，全市各类文化企业近1000家，儒源儒家文化体验基地、吃亏是福孔子学苑、儒学新苑等一批专业教育培训机构加快发展，2017年培训人次超过2万。

（三）政府与社会

由于公共产品提供的稀缺性，曲阜市在优秀传统文化与经济社会融合发展过程中，涉及的许多公共产品无法完全由市场提供，因此，如何最大限度发挥政府和社会的作用，成为优秀传统文化促进经济社会发展中的关键。

1. 完善旅游基础设施和重大文化项目建设

曲阜市积极建设“曲阜优秀传统文化传承发展示范区”和孔子学院总部体验基地，全力推进国家级文化产业示范园区核心区基础设施的充实和完善。目前，示范园区规划面积约 80 平方公里，其核心区内企业 67 家，其中文化类企业 42 家。

曲阜市依托世界文化遗产、国家首批 5A 级景区“明故城”三孔景区，相继建设了孔子研究院、孔子六艺城、孔子文化园、蓼河二十里儒家文化街区等景区，启动实施了孔子博物馆、明故城保护复兴、鲁国故城国家考古遗址公园、鲁班文化园等文化旅游项目。

曲阜市以尼山圣境为引领，推进省级文化旅游度假区项目建设。尼山圣境项目位于孔子诞生地，集文化体验、休闲旅游、生态旅游、休闲度假于一体，建成后将形成一个完整的儒家文化主题体验体系。目前尼山圣境已成功承办“尼山世界文明论坛”“亚洲食学论坛”等多项国际性文化交流活动。2018 年中央电视台中秋节晚会也在尼山圣境举办。

2. 践行“诚信曲阜”理念，打造诚信品牌，提升社会文明程度

曲阜市初步创新探索出符合县域特点的诚信管理新机制，形成诚信建设的“曲阜模式”。

第一，在旅游领域建立旅游诚信体系。曲阜市持续开展“旅游诚信体系建设年和优化年”活动，并出台了《曲阜市旅游行业诚信“红黑榜”评定标准》《曲阜市诚信星级旅行社评分标准》等；此外，还开通了旅游诚信网，建立了旅行社和星级饭店诚信档案和从业人员诚信档案。

第二，从优秀传统文化中汲取思想智慧，不断改善营商环境。首先，曲阜市借鉴儒家文化“仁义礼智信”，推进企业营商环境改善，在与企业签

订合同后，推行全程“代办制”，严格执行“四零工程”“马上就办”等制度。其次，曲阜市积极组织开展“十佳儒商”“厚道儒商——十佳中小微企业”等活动，提升企业家的社会责任感和社会担当意识。着眼于培养企业中高层人员的文化素养和企业管理能力，曲阜市持续举办了“儒学助力企业管理”“终身做企业不亦乐乎”等优秀传统文化专题报告会和培训班。

3. 探索“干部教育 + 儒家文化”，倡导以德为政

在中国优秀传统文化中，“政德”始终是重要的为官标准。儒家文化蕴含着丰富的治国安邦、为官从政、修身养性等宝贵思想，把以儒家思想为代表的优秀传统文化应用到干部教育培训中，让干部回到优秀传统文化的原点汲取力量，加强道德修养，对于建设高素质的干部队伍具有非常重要的意义。

2012 年以来，曲阜市积极探索利用儒家思想对党员干部进行政德教育，作为加强党的政治建设、思想建设的重要内容，推进干部政德教育基地建设。干部政德学院已形成课堂教学、现场教学、体验教学、礼乐教学“四位一体”的教学体系。课堂教学方面，曲阜市打造了“儒家文化的特点及其当代价值”、“传承儒家思想精髓涵养干部为政之德”等十多堂专题课程，编撰出版了《政德教育读本》《论语译注》等辅导教材。现场教学方面，曲阜市以“修身、齐家、治国、平天下”为主线，依托曲阜“三孔”、邹城“两孟”、嘉祥曾庙和孔子研究院等，开发了 20 多处现场教学点，分别讲述儒家仁政思想、规矩之道等。体验教学方面，曲阜市设立了 10 多处“优秀传统文化传承体验村居”教学点，生动展现儒家思想在社会管理、乡村治理等方面的传承和运用。礼乐教学方面，为传承儒家礼乐教化思想，曲阜市与中宣部合作拍摄了专题教学片《政德的力量》，汇集地方传统曲艺打造了儒家思想组合剧目《儒风雅韵》等。2016 年以来，曲阜市已承接国家有关部委和全国 24 个省份的各类班次 860 多期，培训学员 4.7 万多人。

4. 在基础教育中弘扬优秀传统文化

曲阜市以“继承传统精髓，光大国学文化”为主题，积极推进区域性国学经典教育，实现了三个结合。第一，传统文化与学校教育结合。曲阜市坚

持“三个一”，其中“一校一导师”指的是每个学校明确一位国学导师，负责开展优秀传统文化进校园活动，组织学校国学经典教育活动的开展。第二，传统文化与校本教材结合。其中实验小学的“和乐致美”比较具有代表性，依托校本教材《杏坛魂》，扎实推进优秀儒家文化进课堂，建构了以“四书五经”为主体，以其他优秀儒家文化为补充的校本课程。第三，传统文化与教师队伍教育结合。曲阜市选派校长参加国家教育行政学院组织的国学经典教育培训，各学校还成立教师经典读书会，加强了教师队伍对传统文化的深入学习和理解。

5. 新时代文明实践中心、乡村学堂等大兴教化文明之风

曲阜市实施了“一村一名儒学教师”工程，招募500余人的儒学讲师志愿队伍，在全市675所“人人彬彬有礼教育学校”、405个孔子学堂常态化开展儒学培训。此外，曲阜市连续四年成功举办“百姓儒学节”，超过23万人次参加文明礼仪大培训，形成了人人学儒学的良好氛围。

曲阜市探索推进“新时代文明实践中心”建设，以“新时代、新思想、新农民、新生活”为主题，整合农村党员活动室、“孔子学堂”、乡村学堂、“人人彬彬有礼教育学校”、尼山书屋、“和为贵”调解室等现有场所、设施和功能，用群众喜闻乐见的形式宣传普及党的理论政策、社会主义核心价值观、法律法规，以及现代科技、文化和文明生活方式等，深入挖掘优秀传统文化中蕴含的人文精神和道德规范，广泛开展家风培育、环境卫生进家庭等活动，传习文明乡风、良好家风、淳朴民风。曲阜市现已在小雪、息陬和尼山三个片区20个试点村建立了“新时代文明实践中心”，以实践中心为基础，开展新时代文明实践文艺展演，组织优秀讲师举办专题讲座。截至目前，曲阜市新创文明实践内容的小品、小剧和快板共14件，为小雪街道配备音响20台，腰鼓、镲等演出设备，实践中心示范片区开展活动186场次。

三、思考与体会

文化是经济社会发展的动力源泉，优秀传统文化是当前阶段我国经济社会发展的助推器，弘扬中华优秀传统文化，不仅有助于生动活泼地践行社会主义核心价值观，落实乡村振兴战略；还可以通过经济发展实现文化传承，将经济发展和精神文明建设协调起来，从而实现高质量发展。

（一）优秀传统文化是经济社会持续健康发展的源泉和动力

曲阜经济社会发展离不开以儒家文化为主体的中华优秀传统文化的支持。儒家文化是以儒家思想为指导的文化流派。儒家学说由春秋时期孔丘所创，倡导“血亲人伦、现世事功、修身存养、道德理性”，以培养君子人格，成为贤人圣人为最高理想。儒家文化之所以能够成为中国传统文化的主流，引导中华文明的前进与发展，是因其自身具有独特的魅力和强大的生命力、凝聚力和引导力。

在人类历史发展过程中，经济发展与文化发展是密切相连的，经济发展不仅是投入产出的物质问题，也包含着一定的意识形态和社会因素，没有文化支持的经济发展是不可能存在的。德国哲学家雅斯贝尔斯（Karl Jaspers）在对世界各国文化进行分析之后提出“超越突破”的概念，并认为一种文明只有实现“超越突破”之后才能够实现稳定的长期繁荣，而“超越突破”可以分为希伯来文化和印度宗教、古希腊的求知理性和中国儒家这四种基本类型。

具体到儒家文化，儒家主张民本思想，以民为中心，言天地讲道德，注重民生疾苦，呼唤仁政、德政和礼政；倡导中庸之道，讲究全面、适度，避免过和不及，追求人与自然、人与人以及每个人内心的和谐等，维护国家、民族的和谐；崇尚理性，重教育，认为教育是学习传统文化成果的途径；主张知行合一，反对知行分离，所学知识均须身体力行，务实事、重实效、追求经世致用。

总的来看，儒家文化具有理性、勤俭等优秀传统，同时还能够通过以家庭为单位实现社会整合，这些都是现代经济发展所必需的，是现代经济全面发展的助推器。“亚洲四小龙”经济发展过程中儒家文化的痕迹十分明显。不仅如此，市场经济具有一定的盲目性、利己性、放任性和目的性，而儒家文化能够通过规范约束和价值引导，调节各种经济活动准则和社会利益关系，实现国家、企业、个人利益的最佳结合，推进国家利益、企业利益和个人利益最大化与合理化。

对于社会主义市场经济而言，以儒家文化为代表的中国传统文化具有丰富的意识形态和社会整合文化功能，它不仅规范约束人的行为，更能给人及人的精神和行为注入活力，其思想观念和道德价值能够指导人们的经济行为，使经济活动为人的生存发展服务，能够在经济发展中彰显人的尊严和价值，为经济发展提供鲜活动力，这也应该是中国社会主义市场经济的民族特色所在。因此，深入研究中国传统文化，挖掘和吸收其中有价值的思想成果，是当代中国特色社会主义文化建设的重要任务。

具体到曲阜，儒家文化因素对曲阜经济社会发展的促进作用主要体现在社会环境和社会整合功能上。在社会环境方面，曲阜市通过大力开展儒商企业家大评比活动，将诚信建设和弘扬优秀传统文化相结合，引导企业诚信经营、和谐管理、勇担责任、创新发展。在社会整合方面，曲阜市通过在乡村和社会基层推广优秀传统文化，实现了农村和基层的有效社会整合，不仅增强了政府对农村和社会基层的控制力，还有助于实现精准脱贫和乡村振兴。

（二）以优秀传统文化践行社会主义核心价值观

1. 社会主义核心价值观与儒家文化的内核同构

党的十八大把社会主义核心价值观的基本内容概括为“三个倡导”，即：在国家层面上倡导“富强、民主、文明、和谐”，在社会层面上倡导“自由、平等、公正、法治”，在公民个人层面上倡导“爱国、敬业、诚信、友善”。

这“三个倡导”概括出的社会主义核心价值观取向，既体现出了建设中国特色社会主义的政治理想，也体现出了对中华优秀传统文化和民族精神的传承和血脉延续。

第一，儒家文化作为中华文化的精髓，蕴含着极其丰富的思想道德资源，成为社会主义核心价值观的深厚土壤和精神源泉。比如，儒家文化中“仁者爱人”的“仁爱”思想，“民为贵”的民本思想，“天下兴亡，匹夫有责”的爱国精神，“言必信，行必果”的诚信态度，“鞠躬尽瘁，死而后已”的奉献意识，“民惟邦本，本固邦宁”的治国理念，“不以一己之利为利，而使天下受其利”的无私情怀，“不以规矩，不能成方圆”的自律观念，“和而不同”的包容思想，等等，都凝结着中华民族的共同价值诉求，也构成了社会主义核心价值观中的思想精髓。

第二，社会主义核心价值观是对中华优秀传统文化的传承和升华。比如，从国家和社会层面来看，社会主义核心价值观所倡导的“富强”“民主”，就是对中华文化中历来强调的“民惟邦本，本固邦宁”“民为贵”“使民富足”等民本思想的一种升华。再如，社会主义核心价值观中的“文明”“和谐”既是我国社会主义的本质属性，也是儒家思想中的“仁”和“礼”的直接体现。最后，社会主义核心价值观中的“爱国”“敬业”“诚信”“友善”这一层面的词语更是直接来自中国传统文化，直接体现了儒家“修齐治平”思想。

2. 社会主义核心价值观的建设需要发挥优秀传统文化作用

从曲阜的案例中可以看到，通过传承优秀传统文化，汲取儒家文化格物致知、诚意正心、修齐治平等思想精华和道德精髓，将有助于推动国家、社会、公民的价值要求融为一体，弘扬传统美德，引导社会思潮，凝聚民族精神，使优秀传统文化成为涵养社会主义核心价值观的重要源泉。正因如此，培育和践行社会主义核心价值观应从中华优秀传统文化中汲取营养，充分发挥优秀传统文化怡情养志、涵育文明的重要作用。

第一，通过全面的社会治理，形成健康向上、崇德向善的正风正气。借鉴曲阜“全民修身”、“全民守法”以及“诚信曲阜”等经验做法，应以多种方式引导民众树立正确的义利观、荣辱观、是非观，推动形成知荣辱、讲正气、促和谐的社会风尚。尤其应按照社会主义核心价值观的基本要求，健全各行各业规章制度，完善市民公约、乡规民约等行为准则，使社会主义核心价值观成为人们日常工作生活的基本遵循。同时，加快推进政务诚信、商务诚信、社会诚信和司法公信建设，建立覆盖全社会的征信体系，鼓励守信、惩戒失信。

第二，改造和转化传统文化，赋予传统文化新内涵。中国传统文化是中华民族历史上各种思想文化、观念形态的总体表现，集精华与糟粕于一身，并且很难截然分开，对经济发展的影响是复杂的、双重的。应该看到，儒家文化作为陆地文化所具有的对内统一和对外封闭性，更使中国人失去了对外拓展和对外交流的热情，并形成了温顺保守的国民性格，无法为中国近代科技革命和工业革命的发展提供肥沃土壤和有效环境。因此，在社会主义文化建设的过程中，应当根据文化的传承性特点和特殊的文化国情，采取古为今用的科学态度，经过取其精华、去其糟粕的深度加工，挖掘其符合人性的丰富内涵和仍然具有现代价值的核心内容，并赋予其新的时代内涵，使其能够在构建和谐社会的实践中发挥应有的价值。

第三，坚持把传承和弘扬优秀传统文化与培育和践行社会主义核心价值观贯穿于人们的日常生活。社会主义核心价值体系建设重在践行和可操作性，要将这一理论体系，生活化、通俗化、大众化，并融入民众的生活。在这方面，曲阜做了有益尝试。例如，曲阜市利用优秀传统文化推进社会治理创新，继承和发扬“礼之用、和为贵”等儒家思想精髓，提升457个行政村“和为贵”调解室，引导群众通过非诉讼途径化解矛盾纠纷，将儒家传统文化精髓与当代社会价值相结合；再如，曲阜市大力推进“乐和家园”建设，采取“党委领导、政府主导、村民主体、社会参与”的模式，通过设立社工站，建立互助会和联席会，开展“读、耕、居、养、礼、乐”六项活动，弘扬真善美、传播正能量，改善了村风民风，推进了农村基层社会治理现代化。

（三）以优秀传统文化推动高质量发展

1. 协同文化发展和经济增长

从曲阜市的情况来看，近五年来，曲阜市经济经历了一个增长速度从高速逐步回落的过程，经济增速由 2012 年的 12.3% 回落至 2017 年的 7%。在经济增速回落背后，是传统的资源驱动和要素驱动增长方式的衰减。面对经济发展方式调整的契机，凭借文化资源比较优势，曲阜可以以文化作为突破口，通过文化产业的发展实现产业转型升级，推动经济实现高质量发展。但另一方面，曲阜把传统文化和文化产业作为实现高质量发展的突破口，还存在产业、财政等方面的障碍，这构成了曲阜经济社会发展所面临的主要矛盾。

第一，在产业选择上，曲阜市面临传统工业和以文化产业为代表的第三产业的两难困境。曲阜是农业大县、文化强县，工业实力相对较弱。但从经济发展阶段来看，2017 年曲阜市人均 GDP 为 6.88 万元，在山东省 136 个县排名 59 位，仅处于中游水平，几乎是荣成市和长岛县人均 GDP 的 1/3，仍有较大提升空间。在曲阜经济发展中，文化产业和服务业的比重虽然不断提高，但经济辐射力和带动作用不及第二产业的工业。

图 7 显示，从经济增长的产业弹性来看，第二产业每增长 1% 会带动 1.5% 的 GDP 增长，也就是说第二产业有 1.5 倍的 GDP 带动效应；相比之下，第三产业的 GDP 带动效应仅为 1.1 倍左右。尤其考虑到曲阜经济发展水平与省内强县有着较大差距，曲阜市仍需要通过工业的发展来实现赶超。

但从产业分工和区位角度来看，曲阜发展工业并不具备优势。为了分析曲阜市产业在全省区域分工中的地位，我们采用区位商来分析其产业的专业化部门及专业化水平，区位商大于 1，表明和全省的平均水平相比，该地区某产业或部门的专业化程度较高，是该地区的生产专门化部门；相反，区位商小于 1 说明该地区的某产业或部门的专门化程度比较低，是非专业化部门。

图 7　曲阜市经济增长的产业弹性

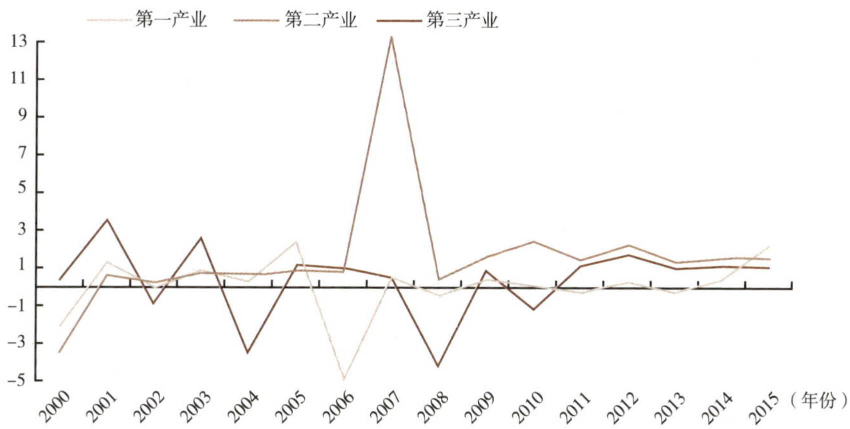

资料来源：曲阜市统计年鉴（2000～2017 年）。

表 2　曲阜市和山东省的三大产业区位商

	第一产业	第二产业	第三产业
曲阜市	1.12	0.74	1.34
山东省	0.9	1.16	1.18

资料来源：《曲阜市统计年鉴（2017）》、《山东省统计年鉴（2017）》。

表 2 显示，曲阜市在第一产业和第三产业的区位商大于 1，而第二产业的区位商仅为 0.74。和山东省的数据相对比，曲阜市仅在第一产业区位商明显高于山东省平均水平，第二产业的区位商则明显低于山东省的平均水平，而第三产业的区位商略高于山东省平均水平。由此可见，曲阜市工业在全省来看缺乏比较优势，但对曲阜市的经济辐射力更强；而服务业更具比较优势，但经济带动作用更弱。因此，曲阜市经济发展中面临工业和以文化产业为代表的现代服务业的选择难题。

第二，曲阜文化和文化企业的发展面临财政瓶颈。与经济增长所面临的问题类似，曲阜市多数文化企业尚处于初创阶段，为市财政带来的收入非常有限。不仅如此，曲阜市还需要在文化产业和文化项目开发中投入大量资金，例如，为推动文化旅游，曲阜市不仅调低了“三孔”门票价格，还推出背《论语》免费游“三孔”，曲阜市民、孔子后裔、全国教师等群体免费游“三孔”系列活动。这强化了“三孔”文物资源的教化功能，但却带来财政收入的下降。

图 8 显示，在地方一般公共预算层面上，曲阜市财政资金缺口越来越大。截至 2017 年，曲阜市一般公共预算收入 25.39 亿元，同期一般公共预算支出为 41.79 亿元，财政资金缺口达 16.4 亿元。尤其在地方财政依赖增值税的间接税制下，财政资金更加依赖于工业而非服务业。因此，曲阜的文化和文化产业发展面临较为严重的财政瓶颈。

图 8　曲阜市财政收支和财政资金缺口

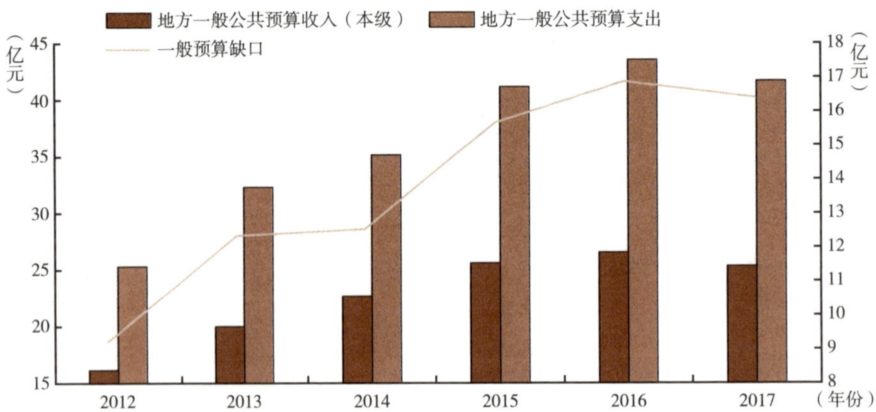

注：曲阜市财政资金缺口为右轴，其他为左轴。

2. 以高质量发展理念破解经济社会发展中的矛盾

习近平同志在党的十九大报告中指出：“我国经济已由高速增长阶段转向高质量发展阶段，正处在转变发展方式、优化经济结构、转换增长动力的攻关期。”这是对我国经济发展阶段变化和现在所处关口做出的一个重大判断，为今后我国经济发展指明方向。

高质量发展理念为曲阜破解文化产业和传统工业的产业矛盾以及文化发展和财政收支矛盾提供了方向性的指导。对于曲阜这类文化名城而言，所谓高质量发展，就应该淡化传统的以 GDP 增长论成败的地方政绩考核方式，彻底改变以要素驱动的经济增长方式，以文化和文化产业为突破口，实现创新型增长、协调式增长和绿色增长。

第一，实现创新型增长。曲阜应贯彻习近平总书记视察曲阜时提出的殷切期望，贯彻创新发展理念，推动优秀传统文化和文化产业在曲阜的发展。为了解决文化和文化产业在曲阜发展中的深层次矛盾，建议国家和山东省针对曲阜这类文化型城市建立推动高质量发展的政绩考核体系，进行分类考核。在考核体系设计中，弱化速度指标，坚持质量第一、文化优先。这样才能切实破除唯 GDP 论，实现曲阜经济高质量发展。

第二，贯彻协调发展理念。对曲阜这类文化名城而言，所谓协调发展，一方面，曲阜应加强物质文明和精神文明协调发展，继续发挥优秀传统文化的意识形态支持和社会整合功能，通过优秀传统文化教育践行社会主义核心价值观；另一方面，曲阜应以文化和文化产业为突破口，坚持新型工业化、信息化、城镇化、农业现代化同步发展，实现城乡发展一体化。为了解决曲阜发展中的精神文明与物质文明建设不协调问题，尤其是财政资源瓶颈，建议中央财政以精神文明基金等形式下发财政专项基金予以支持，山东省层面也可以增加一般性转移支付，支持曲阜的精神文明发展。

第三，推动绿色增长。所谓绿色增长，就是要转变传统的要素驱动和能源消耗性增长方式，注重经济增长的环境质量。对曲阜而言，曲阜可以通过推动文化和文化产业发展降低经济增长的能源消耗，实现清洁增长。为此，可以以绿色债券和绿色信贷等金融手段解决曲阜的文化项目和文化产业的融资难题，发改委和人民银行可以在政策上对曲阜这类文化型城市给予倾斜，鼓励其实现高质量增长。

不仅如此，曲阜市还应加强环境监管，坚决制止和惩处破坏生态环境行为，推动环境成本内部化，在更好发挥政府作用基础上，充分发挥市场机制在推动绿色发展中的作用。同时，构建市场导向绿色技术创新体系，推动和参与能源生产和消费革命，以创新推动绿色发展。

（四）以优秀传统文化促进文化产业发展

1. 优秀传统文化通过文化产业带动经济增长

作为儒家文化的发源地，曲阜借用丰富的文化资源和文化优势实现了文化产业的快速发展，成功带动产业转型升级，推动了经济快速增长。截至2017 年年底，全市文化及相关产业增加值 26 亿元，占 GDP 比重为 6.5%；曲阜全市各类文化企业近 1000 家，具体涉及文化旅游、教育培训、文化艺术品、古建筑设计创意等产业。

文化不仅通过产业发展促进曲阜经济增长，同时，儒家文化作为曲阜的一张名片，直接或间接地带动了曲阜的发展。例如，在曲阜传统文化的带动下，2017 年曲阜接待游客近 400 万人次，旅游收入达 203 亿元，占 GDP 比重接近 50%。预计 2020 年，曲阜市文化产业将进一步增长，从业人数达到 20 万人，文化产业年生产总值达到 50 亿元，文化产业增加值占比将达到10%，年接待游客人数达到 500 万人次，高新技术产业产值占比也将达到40%。

总体来看，曲阜的儒家文化具有极高的现代经济价值和文化价值，曲阜发展文化产业的优势是独特的、明显的。但曲阜发展文化产业的劣势也是客观存在的、不容忽视的。

第一，市场化运作水平低，文化资源优势未能充分挖掘。曲阜文化产业的市场导向程度低，产业网络庞大而结构分散，经济效益低下，没有突出优势环节和加强核心能力的培养，缺乏跨行业、跨地区的文化集团实现文化资源整合。

第二，产品开发的深度和广度不够。丰富的文化资源以及深厚的文化底蕴是曲阜文化产业发展的特色和优势所在，但曲阜市的文化企业更多是在消费儒家文化品牌，文化产品开发缺乏创新、参与性差，对文化产品研发投入不足，新产品开发能力较弱，特色商品少、品种雷同、档次不高。由此造成曲阜的文化产品缺乏整体性，对积淀深厚的曲阜文化缺乏深刻理解，内涵挖掘深度不够。

第三，文化产业链发展不平衡。文化资源的盲目开发较严重，使得文化产业链各环节的文化植入不够、内涵挖掘不深，未能有效地提升产品或服务的附加值，导致曲阜的文化优势未能充分挖掘，产品单一，缺乏特色，更未形成系列，不利于文化产业链的延伸。以文化旅游为例，曲阜文化旅游资源以人文景观为主，结构较为单一，后备高品位资源较少，缺乏参与性，很难吸引目前旺盛的休闲度假市场，游客重游率低。在旅游购物方面，由于高级旅游产品研发、设计、营销、管理人才的缺乏，旅游商品、纪念品的策划、研发、营销等方面的发展滞后，且曲阜的购物环境也不令人满意。曲阜的旅游娱乐产业还相对弱小，无论是旅游娱乐设施建设，还是旅游娱乐活动种类都缺乏地方文化特色、形式单一，不能满足游客需求，由此导致游客在曲阜的停留时间不断缩短，从一日游变为半日游，甚至 3 小时就结束行程，逗留时间的缩短大大降低了旅游业的获益能力。

2. 文化产业发展需要补齐商业文化和基础设施短板

儒家文化，一方面作为曲阜的城市品牌为曲阜提供了丰富的文化资源；另一方面，曲阜市经济发展中的薄弱环节也暴露出儒家文化缺乏商业氛围、创新竞争意识，以及曲阜市文化基础设施和文化整合力的缺失。因此，要进一步发展文化产业，增强文化产业的经济推动力，就需要补齐商业文化和文化基础设施的短板。

第一，补齐商业文化短板，培育壮大市场主体。儒家文化中传统的“义利观”和“重农抑商”精神抑制了商业文化的发展，这也反映在曲阜文化产业的市场导向程度低，政府作用过大等方面。因此，曲阜市文化产业的发展亟须培养商业氛围，同时，加快政府职能转变，逐步使政府变管理为服务。

在培育市场主体方面，曲阜市应积极引导企业以资本、资产等为纽带组建综合型企业集团，形成规模集中、品牌突出、竞争力强的文化企业集团。同时，曲阜市应抓住经济结构调整和产业转型升级的重大机遇，鼓励和引导周边煤炭、电力等工业企业和民营企业进军文化产业，通过投资、参股、资产重组等方式参与文化产业项目建设，形成多元投资格局。除此之外，曲阜还应充分发挥区位交通、文化资源、优惠政策等优势，策划包装一批大项目、好项目，开展招商引资，引进一批国内外大型文化企业。

第二，补齐基础设施短板，整合区域文化资源。曲阜具有特殊的文化内涵及文化资源，因此，应争取国内外大量投资，完善各项基础设施，应逐步加大文化产业开发的深度和广度，逐步形成以文化旅游、文创产业为引导的合理的产业结构体。

同时，曲阜还应注重区域整体价值的提升，通过文化产业链在空间上的延伸，可以在更大的地理范围内配置文化资源，实现区域联动。曲阜可以从山东甚至全国范围整合文化资源，以儒家思想为核心的文化圣地，借助国家级文化产业示范园区的建设适当把规划范围延伸到其他具有儒家文化符号的区域，改变目前因分散经营而各自为战的状态，形成特色区块，并按照文化产业经济圈的大战略来发展曲阜的文化产业，将其融入区域经济中，加强与区域文化产业的沟通链接。同时，引入新理念，加强产品营销策划与市场推广，建立成熟的销售网络，进一步推进区域文化产业的协同整合，发挥整体优势。

（五）以优秀传统文化实现乡村振兴

十九大报告中提出的乡村振兴战略是全面建成小康社会，实现第二个百年奋斗目标的战略安排。2017 年 12 月的中央农村工作会议也指出了乡村振兴的七条道路，包括“必须继承发展提升农耕文明，走乡村文化兴盛之路”，“必须创新乡村治理体系，走乡村善治之路”。曲阜以弘扬优秀传统文化为抓手，推动乡村文化兴盛和乡村善治的经验，丰实了乡村振兴的实践维度。建立在儒家传统文化基础之上以社会主义核心价值观为精神源泉的乡村善治具有典型的中国特色。一方面，对于维护农村稳定和社会和谐发挥着关键性的作用，在很大程度上影响着国家治理体系和治理能力现代化的实现进程。另一方面，优秀传统文化是走向现代化的根基和土壤，现代化程度越高，越是需要优秀传统文化的精神给养。乡村振兴的关键在于乡村善治，优秀传统文化是善治的思想源泉。

1. 儒家思想与乡村善治的内在逻辑一致

第一，“以民为本”是儒家德治的思想基础，具有历史延续性。所谓民本思想就是认识人民的重要地位，重视人民的利益和疾苦。孔子提出的“节用而爱人，使民以时”的思想，发展到孟子时“民为贵，社稷次之，君为轻”的仁政思想，告诫统治者“爱民”、“利民”，轻刑薄赋，听政于民，与民同乐，均体现了强烈的民本思想。处于执政地位的中国共产党立党为公，执政为民，一直以来把民众的冷暖、安危放在心头，这与儒家民本思想的内在逻辑是一致的。

第二，乡村善治中的传统“礼治”与“法治”互相促进补充。维护社会的繁荣稳定既要靠“礼”的教化也要靠“法”的规制。中国传统社会的秩序基本上是建立在以“礼”为核心的宗法制基础上的，儒家所推崇的“礼治”模式使以血缘纽带联系起来的“家”和以官僚科层结构联系起来的“国”同构起来。随着经济发展，利益和思想多元化的冲击导致农村内部矛盾有增多的苗头，其中有一些矛盾是可以通过法律途径解决的，但是更多的矛盾是法律所触及不到的，需要村民发扬恭让精神通过协商协调来解决。因此，乡规民约、乡风民俗等一些德行养成的措施在农村社会能够更有效地发挥作用。

2. 合理利用乡村治理模式实现乡村振兴

一般认为，中国乡村治理模式的演进经历了 1949 年以前国家统治下的“县政绅治”、1949 年之后国家主导下的“政社合一”和 1978 年以来国家治理下的“乡政村治”三个阶段。这一过程是从传统的政治统治转向政治管理最终过渡到现代的公共治理过程，特别是在十九大提出乡村治理战略之后，中国乡村治理模式又将迎来一次全新的嬗变，将更加侧重政府主导作用下的“多元共治”，推进乡村治理体系与治理能力的现代化。

第一，加强乡村文化、价值观和理念建设，重塑村民精神家园。曲阜坚持“文化强市”战略，推动优秀传统文化浸润乡村精神文明，为构建乡村软性治理体制奠定了文化和精神基础。卓有成效的建设乡村民主自治文化，依赖于村民科学文化素质的提高、村民公民道德素养的提升和乡村社会文明体系的构建。改革开放以来，我国农村经济显著发展，但精神文明建设却远远落后于经济发展，成为影响乡村振兴的重要障碍。曲阜市的经验为重塑乡村精神家园提供了新思路。

第二，加强和完善党在乡村治理体制中的领导。曲阜通过完善“村两委”的职能，采取“党员划片定岗联户”等措施，加强了乡村治理的群众基础。中国共产党在乡村治理体制中的领导地位不仅是推动乡村治理现代化取得成功的关键，也是促进社会秩序安定有序的保证。多元共治型乡村治理体制的构建进一步激发了乡村社会内生性自主力量在乡村治理中的活力与作用。曲阜乐和家园的经验较好地诠释了加强党的领导不是一句空话，而是实现乡村善治的有力保障。

第三，充分发挥乡规民约在乡村治理中的作用。曲阜市积极规范完善乡规民约，建立“一约四会”等机制，提取出传统乡规民约中的有益成分，从而使得乡村治理制度体系更为完备。我国几千年文明孕育了丰富的基层社会治理经验，这些经验对今天的基层治理仍具有相当大的参考价值，而其中乡规民约就是一种重要方式。乡规民约通过民主议事、行为规范及赏罚等措施规范人们的行为，调整乡土社会的生活秩序，是推进乡村善治的有效手段。

第四，促进新乡贤和乡村精英参与乡村治理。曲阜在乡村治理中推选一批以“老干部、老战士、老专家、老教师、老模范”等为主要成员的新乡贤队伍，充分发挥乡贤的威望、威信教育人、引导人、鞭策人，引导其带头参与“乐和家园”、“和为贵”调解室、移风易俗、遵守村规民约、推动乡村发展等乡村治理的各项工作。乡贤们通过以身作则、规劝调解、引导鞭策等方式，在乡村社会建设、风习教化、公共事务中发挥着重要作用，维护着传统农村社会秩序和稳定，是维系基层乡村治理的重要力量。“十三五”规划中明确提出要培育“新乡贤文化”，这是对乡贤地位的重大肯定，同时又将传统的乡贤文化赋予了新的时代内涵。新乡贤和乡村精英是乡村善治的基本依靠力量。

第五，鼓励农村社会组织的发展，提高农村的组织化程度。一方面，曲阜市充分发挥社会组织“乐和家园”的作用，逐步探索建立自治、法制、德治相结合的乡村善治新体系。另一方面，曲阜市积极支持发展包括专业化合作社在内的农民协会组织，反映农民的诉求，维护农民的合法权益。乡村社会民主治理和自主治理实现的内生动力主要来源于农民和乡村社会组织积极作用的发挥，乡村社会组织是乡村善治的重要实现方式。

改革开放与中国县域发展

GAIGEKAIFANG

河南兰考

HENANLANKAO

“兰考之问”的新时代答卷

中国社会科学院新闻与传播研究所

导言

1962 年的一个冬夜，时任兰考县县委书记焦裕禄首次提出了“兰考之问”：“改变兰考面貌的主要问题在哪里？”他和班子成员连夜讨论并给出了答案：“关键在于县委领导核心的思想改变。”

2014 年 5 月 8 日，在党的群众路线教育实践活动常委班子专题民主生活会上，兰考县委领导再一次发出“兰考之问”：“为什么守着焦裕禄精神这笔财富，50 年了经济仍比较落后，至今还戴着贫困县的帽子？”

2009 年 4 月至 2014 年 5 月，习近平同志五年三赴兰考调研并指导工作。他在详细考察了兰考县的情况之后，对“兰考之问”做出了时代之答：把学习弘扬焦裕禄精神作为一条红线贯穿始终，把强县和富民统一起来，把改革和发展结合起来，把城镇和乡村贯通起来，探索一条县域治理的改革发展创新之路。

为探索总结从“兰考之问”到“兰考之干”再到“兰考之变”的历程，中国社会科学院新闻与传播研究所调研组联合郑州大学新闻与传播学院于 2018 年 5～7 月赴兰考开展了实地考察调研，形成了本报告。

一、基本情况与成就

兰考县位于河南省东北部，北濒黄河，南贯陇海，西邻开封，东通商丘，辖 3 个街道、5 个镇、8 个乡、454 个行政村（社区），总人口 85.9 万，总面积 1116.2 平方公里。土地辽阔，河渠纵横，历史悠久，农产丰富。

（一）历史上的兰考

兰考是由历史上的兰阳、仪封、考城三县递合演变而成。传黄帝轩辕氏战蚩尤、大禹治水途经县境，黄帝子青阳氏（少昊）亡后葬在青陵岗（现红庙镇），距今已有五千余年。1954 年 6 月合并区划建立兰考县。

截至新中国成立，有文字记载的兰考境内黄河决口泛滥就达 143 次，其中大的改道 8 次。两淹兰阳、三淹仪封、六淹考城。“泛滥所至，一片汪洋。远近村落，半露树梢屋脊，即渐有涸出者，亦俱稀泥嫩滩，人马不能驻足。”

常年持续的河患泛滥使得下游地区生态环境遭到严重破坏，留下了风沙、盐碱、内涝“三害”。“冬季风沙旺，夏秋水汪汪，一年劳动半年粮，交租纳税恨官堂。扶老携幼去逃荒，卖了儿和女，饿死爹和娘。”这首民歌正是新中国成立前兰考人民生活的真实写照。

（二）改革开放前的兰考

中华人民共和国成立后，黄河河情和兰考人民成了新中国领导人的牵挂。1952 年 10 月 29 日，毛泽东抵达兰考视察。翌日上午，毛泽东健步登上东坝头黄河大堤，面对滔滔黄河，发出了“要把黄河的事情办好”这一伟大号召。1958 年 8 月 7 日，毛泽东再次到兰考视察黄河治理和农田水利基础建设，了解沿黄人民的生产生活情况。

1962 年冬，焦裕禄受党的委派来到兰考。面对重重困难，焦裕禄以实事求是的态度，深入群众调查研究，依靠群众团结抗灾，掀起了挖河排涝、封闭沙丘、根治盐碱的除“三害”斗争。他忍着肝病折磨，带头查风口、探流沙、追洪水，总结群众同自然灾害斗争的宝贵经验，摸清了"三害"规律，制定出一套科学的治理规划方案。这些成为全县人民战胜灾害的有力武器。他开创的水利工程，经后来引黄淤灌，最终让 20 多万亩盐碱地变为良田；为了防风固沙栽种的泡桐树也成了一个特色产业。他发现和培育了五个典型：韩村的精神、秦寨的决心、赵垛楼的干劲、双杨树的道路、坝子的风格，并在此基础上树起了"四面红旗"。他临终前对组织提出的唯一要求是"把我运回兰考，埋在沙堆上，活着我没有治好沙丘，死了也要看着你们把沙丘治好"，为兰考留下了熠熠闪光的焦裕禄精神。

（三）改革开放后的兰考

党的十一届三中全会以来，兰考率先实行以家庭经营为主的联产承包责任制，激发了农民的积极性，农业生产出现了新的飞跃。1989 年，全县粮食总产量已由 1962 年的 1265.5 万公斤提高到 19808 万公斤，兰考人民告别了吃粮靠统销、花钱靠救济的时代；全县工农业总产值达到 30475 万元，财政总收入 2826 万元；城镇居民人均纯收入 605.25 元，农村居民人均纯收入 416 元，比 1978 年的 43 元增长 8.6 倍。从 20 世纪 90 年代以来，兰考积极推进社会主义和谐社会建设和新农村建设，全县国民经济持续快速发展（见表 1）。

表 1　改革开放后至党的十八大期间（1978～2012 年）历年生产总值及构成

年份	单位（万元）				生产总值构成（%）			人均生产总值（元）
	生产总值	第一产业	第二产业	第三产业	第一产业	第二产业	第三产业	
1978	7853	4775	1170	1908	60.8	14.9	24.3	154
1979	8646	4964	1429	2253	57.4	16.5	26.1	167
1980	12717	8359	1547	2811	65.7	12.2	22.1	242
1981	14305	9243	1807	3254	64.6	12.6	22.8	268
1982	18708	11457	3088	4163	61.2	16.5	22.3	344
1983	23539	16307	2205	5027	69.3	9.4	21.3	425

续表

年份	单位（万元）				生产总值构成（%）			人均生产总值（元）
	生产总值	第一产业	第二产业	第三产业	第一产业	第二产业	第三产业	
1984	28985	19634	3070	6281	67.7	10.6	21.7	516
1985	28123	18073	4198	6853	61.9	14.5	23.6	510
1986	30689	16163	5673	8853	52.7	18.5	28.8	532
1987	35776	19837	6728	9211	55.4	18.8	25.8	610
1988	39117	19039	9375	10703	48.7	24	27.3	653
1989	43644	23688	7901	12055	54.3	18.1	27.6	713
1990	46308	26676	7785	11847	57.6	18.8	25.6	699
1991	52917	32530	8423	11964	61.5	15.9	22.6	785
1992	51335	27226	10730	13379	53	20.9	26.1	751
1993	66677	36212	14077	16388	54.3	21.1	24.6	962
1994	90119	42811	24441	22867	47.5	27.1	25.4	1289
1995	138335	63596	40292	34447	47.9	26.2	25.9	1959
1996	182505	84311	51922	46272	45.2	27.8	27	2563
1997	229323	90863	69182	69278	39.6	30.2	30.2	3198
1998	253633	96921	80442	76270	38.2	31.7	30.1	3523
1999	262321	98247	78719	85355	37.5	30	32.5	3737
2000	300996	105057	102030	97909	34.4	33.5	32.1	4155
2001	326523	11348	112514	108661	33.5	33.8	32.7	4489
2002	344374	108465	124083	123826	30.3	33.9	35.8	4781
2003	355490	89191	139342	142957	24	37.5	38.5	4951
2004	419606	103637	166981	165202	23.8	38.3	37.9	5485
2005	500197	119074	215696	165427	23.8	43.1	33.1	6653
2006	569745	131940	251561	196761	22.7	43.4	33.9	7803
2007	723438	167198	309719	246521	23.1	42.8	34.1	9607
2008	908508	184456	414360	309692	20.3	45.6	34.1	12120
2009	1008487	194383	455114	358990	19.3	45.1	35.6	13384
2010	1248439	270058	549344	429037	21.6	44	34.4	17429

续表

年份	单位（万元）				生产总值构成（%）			人均生产总值（元）
	生产总值	第一产业	第二产业	第三产业	第一产业	第二产业	第三产业	
2011	1497729	295703	692466	509560	19.7	46.2	34	22393
2012	1689846	321370	799494	568982	19	47.3	33.7	25235

（四）新时代的兰考

党的十八大以来，兰考进入了新的发展阶段。2014 年 1 月 1 日，兰考县全面施行省直管县体制，并被定为国家级扶贫开发重点县，享受国家扶贫开发政策。这些为兰考的脱贫攻坚和全面发展提供了难得的政策优势和机遇。

习近平总书记将兰考作为第二批群众路线教育实践活动中的联系点，兰考人民备受鼓舞。2014 年 3 月 17～18 日和 5 月 9 日，习近平总书记先后两次视察兰考指导工作，兰考做出了“三年脱贫、七年小康”的庄重承诺。此后，兰考以习近平总书记调研兰考重要讲话精神为指引，坚持把强县和富民统一起来，把改革和发展结合起来，把城镇和乡村贯通起来，以脱贫攻坚统揽经济社会发展全局，深学细照笃行新时代焦裕禄精神，积极探索县域治理特色发展之路，全县经济社会发展迈出坚实步伐。从打造“一村一品”“一乡一业”到建设产业集聚区、特色产业园，从小微企业遍地开花到多家上市公司落户，兰考实现了一、二、三产业融合发展和经济社会全面发展。2017 年 2 月 27 日，经国务院扶贫开发领导小组评估并经省政府批准，兰考县正式退出贫困县，如期兑现了“三年脱贫”的郑重承诺。

1. 实现率先脱贫目标，奔向小康二次创业

四年多来，兰考把脱贫攻坚作为头等大事和第一民生工程，组织实施“三年脱贫攻坚计划”，以脱贫攻坚统揽经济社会发展全局，抓住产业发展的“牛鼻子”，选派 680 名县乡干部开展精准帮扶，围绕“六个精准”，精准识别，创建“一户一档”，综合施策，靶向治疗，切实做到扶真贫、真扶贫、真脱贫。

兰考县坚持政府、市场、农户、科技、金融“五轮”驱动。2013～2017 年五年间，县财政共投入资金 8.76 亿元，集中用于脱贫攻坚，有效解决贫困户的教育、医疗、住房、产业发展等问题，完成整村推进扶贫 151 个村。县财政拨出 4950 万元风险补偿金，落实扶贫贷款 3.57 亿元，培育壮大小微企业和新型农业经营主体 2567 家，有效带动贫困户稳定增收，并制定了保险、产业扶贫、外出务工补助、大学生补贴、危房改造、光伏扶贫等 12 项有针对性的帮扶政策，对已脱贫户、未脱贫户、兜底户等进行定向帮扶。

政府还调动社会力量积极参与扶贫工作。五年间，全县积极开展“春风行动”和“三联三全”活动[①]，各单位及社会力量投入扶贫资金 5800 多万元，按照“五净一规范”标准，大力改善贫困户生活条件。按照“1+7+2+5”贫困退出标准，扎实做好脱贫退出工作。同时，通过促进就业实现精准扶贫，18436 个贫困家庭每个家庭至少有 1 人转移就业，转移就业人口 32541 人，帮扶就业人口 14482 人。2017 年，全县完成生产总值 285.5 亿元，同比增长 10.1%；城镇居民、农村居民人均可支配收入分别达到 23068 元、10907 元，分别增长 9.2%、9.7%。2018 年上半年，全县完成生产总值 142.52 亿元，同比增长 9.4%（见表 2、表 3、表 4）。

表 2　2013～2017 年历年生产总值及构成

年份	单位（万元）				生产总值构成（%）			人均生产总值（元）
	生产总值	第一产业	第二产业	第三产业	第一产业	第二产业	第三产业	
2013	1928483	350238	927323	650922	18.2	48.1	33.7	25235
2014	2139488	362207	986643	790638	16.9	46.1	37.0	33129
2015	2345618	390918	1032805	921916	16.7	44.2	39.1	37185

① 县级领导干部联系全县所有重点项目和贫困村，科级干部联系所有软弱涣散村和“兜底户”，机关党员联系所有贫困户。

续表

年份	单位（万元）				生产总值构成（%）			人均生产总值（元）
	生产总值	第一产业	第二产业	第三产业	第一产业	第二产业	第三产业	
2016	2592195	395802	1130459	1065934	15.3	43.6	41.1	40841
2017	2855034	409338	1208885	1236811	14.3	42.4	43.3	44645

表 3　2013～2017 年生产总值增加情况

（单位：亿元）

年份	2013	2014	2015	2016	2017	2018 年 1～6 月
生产总值	192.85	213.95	234.56	259.22	285.50	142.52
增长率	11.1%	11.1%	10.1%	9.4%	9.5%	9.4%

表 4　近年来兰考扶贫资金划拨使用情况表

（单位：万元）

年度	安排资金合计	中省资金	县级资金
2012	3466.94	3296.94	170
2013	4163.3	3998.3	165
2014	7384.9	7194.9	190
2015	10364.4	7764.4	2600
2016	26787.12	17119.1	9668.02
2017	23168.55	20708.38	2460.17
2018 年 1～6 月	40501.11	36742.11	3759
合计	115836.32	96824.13	19012.19

每年安排的项目主要有：整村推进、到户增收、贷款贴息、产业发展、雨露计划、风险补偿金、教育补助、医疗救助、临时救助等。

经第三方评估确认，兰考县贫困人口从 2011 年的 11 万人减少到 2017 年底的 7046 人，贫困发生率从 16.5% 降到 1.27%，兰考在全国首批率先脱贫。焦裕禄当年的梦想正在逐步变为现实。

在实现三年脱贫后，当下的目标是带领全县人民奔小康。兰考县选派了1039名优秀年轻党员干部和入党积极分子，组成454个“稳定脱贫奔小康”驻村工作队，确保兰考2020年与全国同步全面建成小康社会。

2. 城乡巨变，协调发展

党的十八大以来，建设宜居城市和美丽乡村是兰考县的重要建设目标。五年来，全县累计投入95亿元用于旧城改造和新区开发，城市规划区建成面积由2011年的19平方公里扩大到41.8平方公里，城镇化率达到39.53%，比2011年提高11.54%。实施“棚户区”和“城中村”改造项目48个，建设商品房580万平方米；建成中心广场、仙霞池、兰阳西湖、星河公园、凤鸣湖湿地公园、青莲湖公园等一批公园绿地，比2012年新增绿地面积843.4万平方米[①]；对13个乡镇政府所在地进行城市化改造；建成9个“美丽乡村”试点和44个生态示范村、72个达标村。农村人居环境持续改善，城乡面貌显著改观，初步实现了由一个“县”到一座“城”的转变。

3. 产业转型，打造产业支撑体系

围绕完善体系，路径创新，兰考构建了以家居制造及木业加工、食品及农副产品深加工、战略性新兴产业为主导，连接产业集聚区、乡镇创业园区、专业村及农户的产业体系。成立企业服务中心，跟踪解决项目审批、征地、建设中的问题，确保项目顺利落地。围绕重点工程，创新融资工作，强化资金保障。树立产业为基、金融为器的理念，持续创新产融结合方式，成立城投、工投、农投等7个融资平台，累计融资94.9亿元。通过建立转贷资金池、土地入股等方式，吸引中原最大的板材加工企业鼎丰木业等一批知名企业落户兰考。5年共引进亿元以上项目142个，引进省外资金278亿元。

目前，品牌企业和配套项目不断在兰考集聚发展。家具制造及木业加工、食品及农副产品深加工两大主导产业不断壮大，循环经济、高新技术项目组团入驻，战略性新兴产业实现重大突破，产业集聚区入驻企业达到168

① 2012年底绿地面积为588.6万平方米，目前为1432万平方米。

家，瑞华电力、博源电器在新三板成功挂牌，在中原股权交易中心集中挂牌35家。2017年，规模以上工业企业主营业务收入完成319.29亿元，同比增长18.32%；税收收入完成5.3亿元，增长29.26%；从业人员达到4.5万人，增长19%。产业发展质量和效益大幅提升，初步形成了“2+1”主导产业群。[①]2017年底，三次产业比例由2013年底的18.2∶48.1∶33.8调整为14.3∶42.4∶43.3，产业结构进一步优化，综合实力不断迈上新台阶，兰考开始从农业大县向工业立县转变（见表5）。

表5　2005～2017年兰考三次产业贡献率

年份	生产总值	第一产业	第二产业	#工业	第三产业
2005	100.0	24.0	75.7	28.8	0.3
2006	100.0	18.7	47.7	46.1	33.6
2007	100.0	22.9	37.8	35.1	32.4
2008	100.0	9.3	56.5	49.9	34.1
2009	100.0	9.9	40.8	35.8	49.3
2010	100.0	28.7	44.2	42.9	27.1
2011	100.0	6.8	60.2	57.7	33.0
2012	100.0	9.6	60.1	54.9	30.3
2013	100.0	12.1	53.6	50.0	34.3
2014	100.0	10.0	37.9	33.5	52.1
2015	100.0	7.5	46.9	42.3	45.6
2016	100.0	7.5	42.7	39.4	49.8
2017	100.0	5.2	29.8	22.5	65.0

① 以恒大家居联盟产业园、TATA木门为主的家具及木制品加工产业，以兰考禾丰产业园、兰考正大食品产业园为主的食品及农产品深加工产业，以沐桐环保循环经济产业园、富士康兰考科技园为主的战略新型产业。

如今，兰考是河南“一极两圈三层”中“半小时交通圈”的重要组成部分，形成了以铁路、高速铁路、高速公路、国道、省道为骨架，以县、乡、村道路为脉络的交通网络。东临京九铁路，西依京广铁路，陇海铁路、郑徐高铁横贯全境，106、240、310 三条国道在县域交汇，连霍、日南两条高速公路穿境而过。这些为兰考经济发展提供了独特的便利条件。

在加快转变经济发展方式，全面建成小康社会的道路上，兰考进入了实现跨越发展的关键时期，面临着历史上难得的发展机遇，即将迎来大有可为的战略机遇期和经济发展的高速增长期。兰考将继续弘扬焦裕禄精神，准确把握发展机遇，有效化解矛盾，积极破解难题，以加快转变经济发展方式为主线，以建设科学发展先进县为目标，着力扩大开放，加速推进新型工业化、新型城镇化和农业现代化进程，努力建设经济发达、生态良好、文明和谐、人民富裕、全面协调可持续发展的新兰考。

二、典型经验与特色做法

兰考是焦裕禄精神的发源地，是习近平总书记第二批党的群众路线教育实践活动联系点，还是国家新型城镇化综合试点县、全国普惠金融改革试验区，全国省直管县体制改革试点县、河南省改革发展和加强党的建设综合试验示范县。兰考的发展自然会受到全国各方面的高度关注和大力支持。

兰考人也深深认识到，兰考的发展是等不来靠不来的。只有深入贯彻习近平总书记“三个起来”重要指示精神，在新时代大力传承弘扬焦裕禄精神，坚持以人民为中心的发展思想，在县域治理发展上探路示范，突出以新发展理念为引领，以稳定脱贫奔小康为总目标，以供给侧结构性改革为主线，以重点项目建设为抓手，以改革创新为手段，以优化发展环境和提升服务能力为支撑，着力推进独具兰考特色的产业体系、新型城镇化体系、公共治理服务体系建设，真正把总书记治国理政新理念、新思想、新战略落实到科学发展和县域治理的各个层面，才能真正不负重托，确保稳定脱贫奔小康，成为科学发展和县域治理排头兵。

（一）贯彻习近平“三个起来”重要指示：为兰考实现脱贫奔小康指明发展方向

1. 弘扬焦裕禄精神是习近平关注、重视并牵挂兰考发展的初心

习近平五年内三赴兰考，对焦裕禄精神做出了新时代的概括，并号召党员干部学习和弘扬焦裕禄精神。

（1）任何时候都要弘扬焦裕禄精神

2009 年 4 月 1 日，时任国家副主席习近平在视察兰考时，曾就学习弘扬焦裕禄精神发表过重要讲话。他把焦裕禄精神概括为 20 个字：“亲民爱民、艰苦奋斗、科学求实、迎难而上、无私奉献”，深刻揭示了焦裕禄精神的内涵。习近平指出：“无论过去、现在还是将来，都永远是亿万人们心中一座永不磨灭的丰碑，永远是鼓舞我们艰苦奋斗、执政为民的强大思想动力，永远是激励我们求真务实、开拓进取的宝贵精神财富，永远不会过时。”

（2）努力做焦裕禄式的好党员、好干部

2014 年 3 月 17～18 日，习近平在兰考县调研指导党的群众路线教育实践活动时指出，焦裕禄同志是县委书记的榜样，也是全党的榜样，他虽然离开我们 50 年了，但他的事迹永远为人们传颂，他的精神同井冈山精神、延安精神、雷锋精神等革命传统和伟大精神一样，过去是、现在是、将来仍然是我们党的宝贵精神财富，我们要永远向他学习。要组织党员、干部把焦裕禄精神作为一面镜子，努力向焦裕禄看齐，像焦裕禄那样对待群众、对待组织、对待事业、对待同志、对待亲属、对待自己，像焦裕禄同志那样生命不息、奋斗不止，努力做焦裕禄式的好党员、好干部。

（3）按照“三个起来”指示探索兰考县域发展新模式

2014 年 3 月 18 日，习近平在参加兰考县委常委（扩大）会议时，对兰考结合教育实践活动抓好改革发展工作提出了三点要求：把强县和富民统一起来，把改革和发展结合起来，把城镇和乡村贯通起来；并强调，教育实践

活动的成果，要用改革发展的实际成效来检验。

（4）抓常、抓细、抓长，建设党员干部良好工作作风

2014 年 5 月 9 日上午，习近平在兰考县参加并指导县委常委班子专题民主生活会时指出，作风建设关键是要在抓常、抓细、抓长上下功夫，要标本兼治，经常抓、见常态，深入抓、见实效，持久抓、见长效。习近平指出，县一级承上启下，要素完整，功能齐备，在我们党执政兴国中具有十分重要的作用，在国家治理中居于重要地位，县一级领导同志要珍惜岗位，秉公用权，安身、安心、安业，多为老百姓造福；乡镇岗位锻炼人，要稳得住心神，耐得住寂寞，同乡亲们一起苦干实干，练就金刚不坏之身。

2. 以“三个起来”重要指示作为兰考发展的根本遵循，破解新时代的“兰考之问”

（1）把强县和富民统一起来，脱贫攻坚奔小康

习近平指出，实现强县和富民统一，要在发展路径选择和发展成果共享上全面把握，既善于集中资源办大事、增强县域经济综合实力和竞争力，又注重激励城乡居民创业增收和勤劳致富，持续提高城乡居民生活水平。

兰考县紧扣供给侧结构性改革，立足当地发展优势，围绕家具制造及木制品加工、食品及农副产品深加工和战略性新兴产业，坚持招大引强，突出龙头带动，逐步壮大“产业链更完整、配套更完善、竞争力更强”的特色产业体系，城乡统筹，一、二、三产融合发展的产业布局已经基本形成。过去 4 年，兰考全县生产总值年均增长 10.0%，规模以上工业增加值年均增长 11.3%，一般公共预算收入年均增长 21.5%，固定资产投资年均增长 17.8%，社会消费品零售总额年均增长 13.4%，城镇居民人均可支配收入年均增长 9.5%，农村居民人均可支配收入年均增长 11.1%，金融机构各项存款余额年均增长 17.8%，各项贷款余额年均增长 35.2%。

（2）把改革和发展结合起来，督察考核保落实

习近平指出，把兰考发展潜力转化为发展优势，根本靠改革。兰考县坚持破解影响县域发展的体制机制障碍，在积极推进上级部署改革事项的基础

上，结合兰考实际，自主谋划了以“服务发展、服务基层、服务群众”为主线的改革，以改革促县域经济社会发展，释放活力。

2014 年县委深改领导小组成立以来，累计召开会议 20 次，各专项小组召开专题会议 86 次，已研究重要改革事项 115 项，审议出台改革文件 56 个。解决了许多长期想解决而没有解决的难题，办成了许多过去想办而没有办成的大事，形成了领导领着干、干部抢着干、群众跟着干的良好局面。改革，有力推动了兰考经济社会等各领域的发展；改革，使兰考人民群众的获得感和幸福感得到显著提升。

（3）把城镇和乡村贯通起来，统筹城乡促发展

习近平指出，推进新型城镇化，一个重要方面就是要以城带乡、以乡促城，实现城乡一体化发展。要打破城乡分割的规划格局，建立城乡一体化、县域一盘棋的规划管理和实施体制。要推动城镇基础设施向农村延伸，城镇公共服务向农村覆盖，城镇现代文明向农村辐射，推动人才下乡、资金下乡、技术下乡，推动农村人口有序流动、产业有序集聚，形成城乡互动、良性循环的发展机制。作为国家新型城镇化综合试点，兰考构建了以中心城区为核心、中心镇为重点、一般乡镇为支点的新型城镇化体系。通过大力实施城市综合提升工程，截至 2017 年，城镇化率已达 39.53%。

（二）探索兰考发展治理模式：聚焦民生、勇于改革、不断创新，以新时代焦裕禄精神凝聚实现超常规发展的不竭动力

四年多来，习近平总书记的“三个起来”指示精神已成为兰考县新时代创业奋进的根本遵循和行动指南。按照指示要求，兰考干部群众弘扬焦裕禄精神，真抓实干，在实践中探索了一套县域治理和发展的兰考模式。

1. 政治改革：提高站位，建章立制，开创县域治理的新模式

（1）推行领导小组负责制。2014 年 1 月 26 日成立了由县委书记任组长的县委全面深化改革领导小组，下设 4 个专项小组，现调整细化为经济体制和生态文明体制改革、党风廉政建设改革、社会治理改革、党的建设改革、

农村改革、文化体制改革、推进人大工作与时俱进、推进完善协商民主以及党的群团改革9个专项小组，形成了上下贯通、齐抓共管的改革领导机构体系。深改领导小组立足改革，建章立制，围绕工作例会、信息报送、督察督办等出台了一系列制度和措施，建立了小组成员领衔推动重大改革项目制度，带动各级领导干部落实改革责任。深改领导小组还通过中心组学习、兰考讲堂等形式向全县干部职工传递改革声音，分析改革形势，研判改革方向，确保了各项改革工作紧跟中央步伐。

（2）建立大督查机制。整合成立县委县政府督查局，对重点工作和项目实行台账式管理、常态化督查，打破“上级监督太远，同级监督太软，下级监督太难”的“瓶颈”，实现公开、公平、公正，确保各项决策和政策落到实处，干部干到实处。

（3）改革行政审批制度。成立企业服务中心，实行“局长+1”管理模式，全程代理企业手续办理。在发改委、国土资源局等10个部门设置行政审批科。成立26个重点项目服务组，实行“保姆式”服务，有效助推项目建设进度，加快产业发展。红星美凯龙项目入驻兰考3年来，见证了兰考县行政审批制度的变化，合作方负责人陈玉恒深受其益：“过去我们从立项到审批手续办结要用两三个月时间，现在只用了不到一周的时间就全部办完了手续，尤其是规划、房管、国土部门实行三测合一，县发改委又成立了投资项目联合审验服务中心，不但节省了企业项目审批和验收时间，费用也大大降低。”

（4）改革便民服务体制。以“为群众办好事，让群众好办事”为目标，加强“两大厅一中心”三级便民服务体系建设，下放35项审批、服务事项，拓宽乡镇便民服务中心审批范围；按照综合性党群服务中心“七项标准”[①]，县乡财政拿出4700多万元，改造提升272个村党群服务中心，2017年县财

① 拆除“两委”围墙大门，建设文化广场，设置诊所、超市，建设公共卫生间，设立旗杆悬挂国旗，实施绿化亮化，配齐音响等文体器材。

政又拿出近2700万元新建党群服务中心98个，并配备村级代办员，使党群服务中心真正成为“便民直通车”“为民连心桥”；推进政务服务改革，把不同部门的多个办事大厅向一个集中、不同业务多个办事窗口向综合窗口集中，打造新型办事服务大厅，为群众提供更加便捷、高效、人性化的政务服务。

兰考县还创新社情民意服务机制，县领导及各单位一把手电话对社会公布，实行县、乡领导在中心值班、办公制度，实现群众诉求与政府服务无缝对接。自2017年7月成立到年底的5个月，中心共接到群众诉求信息12400多条，帮助群众解决实际问题2600多件，预防化解矛盾纠纷480多起，向县委、县政府提出建议、意见72条，其中58条成为县委、县政府决策依据，同时，16个乡镇（街道）也设立了社情民意服务中心。

（5）探索考核激励机制。发挥榜样引领、典型带动效应，激励创先争优、晋位升级，推动基层组织和党员干部发挥战斗堡垒和先锋模范作用。兰考县以“双提升工程”为抓手，着力提升基层组织服务能力和村集体经济实力，围绕脱贫攻坚、基层党建、产业发展、美丽村庄建设，每半年开展一次“四面红旗村”评选表彰活动，每年评选10～20名“学习焦裕禄精神好干部”。这一用人导向和干部考评机制，让踏踏实实干工作在全县蔚然成风。在5批获得406面“四面红旗”的123个村两委、70名“驻村扶贫工作标兵”和50名脱贫奔小康工作标兵的带动下，全县基层党组织和广大党员干部服务发展、服务群众的热情和干劲被大大调动起来了。

案例解析　新“四面红旗”：加强基层党组织建设

2016年7月，为响应乡村振兴战略“产业兴旺、生态宜居、乡风文明、治理有效、生活富裕”的总要求，兰考县委参照焦裕禄同志当年树立“四面红旗”的做法，结合当前的发展要求，树立新“四面红旗”——基层党建红旗村、产业发展红旗村、稳定脱贫奔小康红旗村、美丽村庄红旗村。各村每评上一面“红旗”，所在村党支部书记工作报酬标准每人每月上调500元，其他村干部上调300元，上调数额可重复累计。评选新一批“四面红旗”村的同时，对已获得“四面红旗”的村进行复核。通过每半年一次的“红旗村”评选活动，发挥典型示范引领作用，激发基层干部比学赶超的竞争意识，摆脱过去“等、靠、要”的消极心态，全面加强基层组织建设水平，努力提升基层工作综合服务能力、农村经济发展水平和群众满意度。

2. 经济发展：紧扣供给侧改革，立足特色，实现一、二、三产融合发展

（1）创新招商引资模式，强化创业就业扶持

兰考改革传统招商模式，由招企业转变为招产业，由传统招商转变为资本招商，由优惠政策招商转变为优化环境招商。在“局长 +1”管理模式下，企业服务中心和重点项目服务组跟踪解决问题，确保项目顺利落地，有效助推项目进展。相继引进了富士康、光大、正大、恒大、华润、航天信息、红星美凯龙等一批行业龙头企业，形成了以家居制造及木业加工、食品及农副产品深加工、战略性新兴产业为主导，连接产业集聚区、乡镇创业园区、专业村及农户的产业体系。截至2017年底，三个主导产业产值分别达到107.60亿元、23.35亿元、70.74亿元，初步形成城乡统筹、融合发展的产业布局。

兰考县推出了产业发展与稳定就业相结合的策略。对有产业发展能力的人群，出台奖补政策，大力发展瓜菜、食用菌等农业特色产业，提高其经营性收入；对有就业能力的人群，通过技能培训，推介就业1.25万人；对长期留守人群，建设标准化厂房90多万平方米，吸引其在家门口就业；对年龄偏大、劳动力较弱的人群，设置“美丽家园管护员”等公益性岗位就业3000多人。兰考县通过幸福兰考、居得商城等10家本地科技、电商平台，推动万众创新；通过700多家乡镇电商服务中心和村级电商服务站，带动大

众创业；通过支持农民工等人员返乡创业试点，实施返乡创业特色园区和专业村创建、“小老板”培训等专项行动，推进返乡创业工作深入开展。截至2018年6月，全县农民工返乡创业28374人，创办实体20937个，创业带动就业8.6万人。

（2）开展“一乡一业”“一村一品”，推动乡镇专业园区建设

兰考县着力增强村集体实力，制定22项扶持措施，投入5480万元资金，利用光伏发电、廊道育林、废弃坑塘鱼塘、闲置集体用地、村级集体合作社等，激发了集体经济发展活力，强化了村级组织服务群众的实力。在乡镇，按照“一乡一业”原则，加快推动6个乡镇专业园区建设，带动就业近6000人；在农村，按照“一村一品”原则，大力发展群创产业，重点培育堌阳镇徐场村、南彰镇周庄村等特色专业村28个，新发展各类合作社416家，农业产业化经营组织达2600家。

（3）健全金融扶贫机制，推动企业做优做强

兰考县建立政府引导、金融主导、企业发展的贫困户增收金融脱贫模式，由县财政出资设立风险补偿金，撬动银行贷款，支持企业发展脱贫产业，带动贫困群众就业。县财政先后拿出7575万元风险补偿金，撬动银行发放贷款7.2亿元，培育壮大小微企业和新型农业经营主体1119家，带动7000余户贫困家庭增收脱贫；积极推进普惠金融工作，建成普惠金融服务站218个，发放普惠授信贷款2.93亿元，普惠金融指数居全省第二位；充分利用证监会IPO扶贫政策，扶持瑞华电力、博源电气等企业做优做强，龙头企业带动群众脱贫致富的能力进一步增强。

（4）推动行业扶贫，提升基础设施和公共服务水平

兰考县以脱贫攻坚统揽经济社会发展全局，推动农村交通、水利、电力等基础设施日益完善，广播电视、公共文化、网络宽带等公共服务逐步健全，低保、教育、医疗、住房、保险等社会保障落实到位。兰考县不断加大统筹力度，完善了“先诊疗后付费”政策，开展医疗救助3.3万人次；对低保对象实行动态管理，实现了低保、贫困两线合一；完成1488户贫困户安

全饮水项目；完成村内道路 42 公里，机井电力配套 2022 眼，农村基础设施和公共服务水平整体提升。

（5）探索“1+3”模式，着力推进社会扶贫

兰考县探索实施了以“爱心美德公益超市”为平台，以“巧媳妇”工程、人居环境扶贫、助学扶贫为支撑的“1+3”社会扶贫模式。建立“爱心美德公益超市”31 家，实现社会捐赠与贫困需求的有效对接；开展人居环境扶贫，动员 154 家爱心企业帮助 1715 个贫困家庭改善生活基本面；实施“巧媳妇”工程，新建改造服装类、手工制品类等“巧媳妇”就业基地 139 个，带动就业 7600 多人，实现年增收 1.26 亿元；开展助学扶贫，建立 1200 个贫困生资源库，动员爱心人士资助学生 896 名。截至 2018 年 2 月，兰考县共有 584 家爱心企业捐赠 3700 多万元，受助群众 1.1 万户。“群众干、干部扶、社会帮”的合力攻坚格局在兰考逐步形成。

案例解析　爱心美德公益超市：改进精准帮扶，助力社会治理

以往对贫困群众的帮扶方式大多是送物送钱，贫困户也是被动接受，出现了“你送的不一定是我要的”等帮扶不对称的问题。针对这类问题，兰考成立工会牵头的社会扶贫组织，整合各类社会救济、救助资源，在 16 个乡镇（街道）设立 31 家爱心美德公益超市，开展生活用品、学习用具等物品捐赠活动，动员鼓励爱心企业主动承担社会责任，形成了货物供给的长效机制。爱心美德公益超市具有线上线下功能，线下是指超市实体店，为困难群众提供日常生活用品。线上是指爱心 e 家网站，搜集困难群众的微心愿、救助信息、用工信息等，在网上公开发布，提高爱心人士参与捐助的针对性。兜底户每月可领到面值 50 分的“爱心卡”，持卡到爱心美德公益超市可以兑换所需的日常生活用品，变被动给予为按需挑选，有效破解了“供”“需”不对称问题。同时，对县乡倡导的工作以爱心积分作为奖励引导，凭积分可

到爱心美德公益超市兑换所需生活用品，发挥“积分改变习惯，勤劳改变生活，自强改变形象”的积极作用，实现了贫困户从被动等待到积极争分的转变，进而助力了县乡社会治理。

3. 文化建设：聚焦焦裕禄文化，公共文化服务与文化产业协同发展

围绕稳定脱贫奔小康工作大局，兰考县文化事业夯基础、建队伍、强服务，全面加强县乡村三级公共文化基础设施建设，积极传播焦裕禄文化，不断完善公共文化服务体系，充分发挥思想文化舆论阵地作用，为稳定脱贫奔小康凝心聚力，使文化产业成为兰考国民经济发展新的增长点。

（1）传播焦裕禄文化。硬件方面，2016 年底建成并投入使用了“三馆一基地”的宣传体系，包括焦裕禄纪念园、兰考县展览馆、四面红旗馆和焦裕禄精神体验教育基地。软件方面，成立焦裕禄精神宣讲团，平均每年宣讲近 100 场；与全国各地的博物馆、纪念馆开办焦裕禄事迹联合展览；开通焦裕禄纪念园微博、焦裕禄同志纪念馆微信公众号，以微博、微信为载体宣传焦裕禄精神。同时，开展清明文化节、“5 · 14”焦裕禄逝世纪念日、国际博物馆日、文化遗产日、“红色旅游月”、革命烈士公祭日等系列文化活动。

（2）完善公共文化服务体系。在城区，先后建设了人民广场、文化交流中心、兰阳湖公园广场等文化广场 13 处，总面积达 5 万多平方米；建成“兰考文化云”数字平台；改造提升“三馆两场”，文化馆、图书馆被评为国家一级馆；建设 24 小时“文化驿站”17 处，初步形成了“十分钟阅读圈”。在乡镇，提升综合文化站服务水准，设立了图书馆分馆，新增电子借阅机等设备。在村庄，按照“七个一”标准建设文化广场 664 处，总面积达 45 万余平方米；完善文化活动室设施设备，在全省率先为“农家书屋”配备了电子借阅机，动员鼓励帮扶单位、爱心群体捐献，保障每个书屋图书达到 2000 册以上，形成了“5 公里文化圈”。2017 年，兰考县成功创建“省级公共文化服务体系示范区”，通过“河南省文化先进县”验收。

（3）开展群众性精神文明创建。2016 年，启动“文化礼堂、幸福兰考”项目，累计为群众免费演出 500 余场次，每年接待观众 15 万人左右。文化部门指导各乡镇（街道）每半年组织一次文艺汇演或文艺赛事，全县成立广场舞、盘鼓等各类文艺队伍 700 余支，参加人数达 30000 余人，全年开展各类文化活动2400多场，受众达60余万人，实现“村村有活动、人人可参与”。每个村都建起标准化村室、文化活动广场，配备文体器材，设 454 名村级协管员，丰富了村民的文化生活。

（4）文化创作与文化传播。兰考县国家级非遗项目“麒麟舞”获得“中国深圳麒麟王大赛”金奖，全国巡演 300 余场次，并走进北京人民大会堂汇报演出；多届“兰考春晚”获得省政府“牡丹奖”；“张良杯”象棋国际公开赛吸引了来自泰国、马来西亚等多个国家的象棋爱好者参加。兰考电台、电视台紧跟新时代、新形势，开办了“推动十九大精神落地生根”“我的脱贫故事”“砥砺奋进的五年”“百城提质进行时”等一系列专题栏目，为全县中心工作开展营造浓厚的舆论氛围。同时，兰考还创作了豫剧现代戏《黄河湾湾》、戏曲小品《喜唱兰考新变化》、歌曲《扶贫赞》、快板《说扶贫》等一批接地气、形式活的文艺精品，为全县稳定脱贫奔小康、文明城市创建等工作提供强大的精神动力。

（5）繁荣文化产业。2016 年 7 月，兰考县成立文化旅游投资有限公司和焦桐乐器有限公司，助推文化产业快速发展。全县民族乐器生产企业已达 215 家，年产值 20 多亿元，产品包括古筝、琵琶、扬琴、二胡、柳琴、古琴等 20 多个系列，40 多个品种，年产量 80 万台（把）；以桐裕印务有限公司为龙头的印刷、包装装潢产业年实现利税 2 亿元；五农好酱、堌阳馒头、齐氏大刀面、毛家香油、兰考豆腐乳、孟家渣饼等项目年产值达 30 亿元。在旅游产业发展方面，兰考整合全县的文化、旅游资源，着力将堌阳镇民族乐器产业园打造为河南省文化产业示范基地，以全县 130 多家民族乐器制造企业为基础，打造堌阳音乐小镇；建设黄河安澜音乐度假区、毛主席 1952 年视察黄河处的“乐动马拉松”环线，打造沿黄生态观光游览区；整合焦裕禄纪念园、兰考展览馆、四面红旗馆、焦裕禄精神体验基地、毛主席纪念亭、梦里张庄，打造红色旅游区。

4. 社会治理：以新型城镇化为引领，以服务贯穿治理，把改善民生作为县域治理的最终目标和核心要务

（1）改善民生条件，做大做强中心城区

坚持做大做强中心城区。以全省百城建设提质工程为抓手，以创建全国文明城市为载体，坚持以水润城、以绿荫城、以文化城、以业兴城，持续推进城市综合提升。从2015年起启动了城市综合提升工程，从规划、建设、管理三个方面完成城市总体规划、海绵城市等40多个专项规划、中心城区控规全覆盖、城市顶层设计、总体城市设计以及重点区域城市设计；不断加大水、电、气、路等基础设施建设，完成市政道路建设项目55个，城市环线基本闭合；同步完善医疗卫生、文化体育、娱乐休闲等公共服务功能，努力建设10分钟生活圈、休闲圈、阅读圈和健身圈；打造智慧数字化城市管理系统，覆盖县城规划区42平方公里，城市管理效能进一步提升。

（2）完善社会保障，决胜全面小康。优化教育规划布局，投资20多亿元，完善教育基础设施。实行教育资助扩充计划，兰考所属全日制高中、中职、技工学校实际就读的兰考籍学生每生每年资助1000元，从2017年起，全县考入专科、本科的考生分别资助2000元、3000元。兰考通过政府出资3000万元，实施全民健康保险；投资12亿元，实施县中医院、妇幼保健院、中心医院迁建及16所乡镇卫生院服务能力综合提升工程，解决了让群众看得好病的问题；为所有参加医保的城乡居民购买健康保险，解决因病致贫、返贫问题。建立由惠及建档立卡贫困户向全县群众全覆盖的医疗保障体系，将医疗报销系统、医疗救助系统、大病补充救助系统、全民健康保险系统连线并网，从2017年12月1日起，在县内27家定点医疗机构全面实施“一站式”结算服务，全县贫困户已实行先诊疗后付费，住院只需交纳自己应负担的费用。投资近2亿元，改造提升已建敬老院和新建8所敬老院，构建了以社会福利中心、老年养护中心、社会救助管理站、

未成年人保护中心、惠德颐养院、敬老院、残疾人托养中心和老年公寓为一体的社会保障体系。探索设施农业参保机制，2018 年以来，县政府出资 444.6 万元购买设施农业保险，增强产业发展保险保障，目前已理赔 234 起，共 280 万元。

（3）抓实“巧媳妇”工程，持家就业两不误，促家风带社风

针对留守妇女缺少信息、技术，农闲时无所事事等问题，兰考县发挥妇联的组织优势和职能作用，坚持能人带动，鼓励社会参与，整合闲置厂房、院落、学校等，收集、选择适合留守妇女操作的来料加工等项目，实施“巧媳妇工程”。目前，改造、新建“巧媳妇”就业基地 139 座，整合资金 2300 万元，其中中国证监会援助近 1000 万元，用于新建、改造“巧媳妇”标准化厂房 139 座，当年实现 1.34 万个留守妇女在家门口就业。同时，开展“最美巧媳妇”评选活动，举办“农村妇女致富公开课”，在发布信息和培训技术的同时，加强宣传教育，引导大家听党话、跟党走，探索党建带妇建、带群建的互促共赢、融合发展新路子。在当地流传着这样的顺口溜：“巧媳妇工程就是好，兼顾庄稼和老小”“巧媳妇们守住了家，留住了妈，看住了娃，乐开了花。”

5. 生态建设：提升人居环境，共建美丽乡村，通过生态改造建立群众的生态文明获得感

兰考特别注重通过生态建设增强农业农村发展的活力和动力。他们编制《兰考县乡村振兴总体规划》，启动了第一轮 5 个乡镇全域乡村振兴规划，谋划了一批特色小镇、田园综合体、精品示范村试点示范。通过制定下发《兰考县人居环境改善实施方案》，严格按照“四议两公开”工作法，确定了 1715 户人居环境改善帮扶对象，由 154 家爱心企业提供资金和工人，就地取材、因地制宜，利用贫困户家里旧砖旧瓦改变旧面貌，使贫困群众的家居环境达到“五净一规范”的要求。

全县第一批 36 个美丽乡村建设已基本完成，第二批 84 个美丽乡村正在建设。兰考先后荣获全国绿化模范县、河南省林业推进生态文明建设示范

县，成功创建了国家园林县城、国家卫生县城、全国双拥模范县、全国文明县城提名城市、省级生态县。

（三）激发党员干部为民干事创业的“精气神”：兰考经济社会发展的精神动力和成功秘诀

2014 年 3 月 17 日，习近平在与焦裕禄干部学院和兰考县基层服务型党组织建设培训班学员座谈时指出，我们要深入思考一个问题，焦裕禄在兰考工作时间并不长，但给我们留下这么多精神财富，我们应该给后人留下什么样的精神财富？习近平再次强调，焦裕禄精神的实质是党员干部牢固树立始终与群众心连心、与人民保持血肉联系的宗旨意识。

四年多来，为了破解“兰考之问”，兰考的党员干部上下求索，最终从习近平总书记的重要指示中找到了破解难题的答案：将学习弘扬焦裕禄精神作为一条红线贯穿活动始终，以焦裕禄精神为标杆，深学、细照、笃行，调动起每一名党员干部全心全意为兰考人民服务创业干事的“精气神”。调研组从一个个小小的案例中不断体验感悟着这种“精气神”的氛围和内涵。

案例一　一个城市的风格见证了经典精神的文化传承和时代弘扬

进入兰考县城，一幅“红白灰”的现代城市文化气象扑面而来——红色寓意精神传承，灰色代表稳重求实，白色表明了风清气正。以红为主，以灰为底，以白相衬的城市主色调展示兰考人民时刻牢记总书记嘱托，传承弘扬焦裕禄精神，以功成不必在我的豁达，打造崇尚文明、真诚友善、包容开放新兰考的决心。同时，以习近平提出的五种精神概括制作了城市标志，用城市文化形象向人们宣示着以“为民服务、拼搏创新”为核心的兰考城市精神，塑造城市之魂。

案例二 一杯白开水见证了制度约束的政治生态

调研组在兰考县委常委会议室开座谈会时发现，主席台上的每一个杯子上都印着焦裕禄的形象和提炼的焦裕禄精神，杯子里只有白开水，没有茶叶。虽然这只是一个小事，但却是政治生态和制度机制的反映。据了解，兰考县先后制定了《兰考县党政机关国内公务接待实施办法》《中共兰考县委关于贯彻中央八项规定精神深入推进作风建设的八项实施细则》等，全面贯彻中央八项规定，强化“以人民为中心”的服务理念，以严明的制度机制和纯净的政治生态推动作风建设落到实处。

案例三 一枚党徽见证了党员干部的宗旨意识和信念信仰

在兰考，每个党员干部胸前都别着一枚党徽，时刻向人们提醒和宣示着他们的党员身份。透过这枚党徽，调研组采集到一个又一个为民服务的故事，领略了一个又一个党员干部的风采。郭洁，从一个机关科室干部成为驻村第一书记，两年多时间里，她走遍了三义寨乡付楼村4个自然村，为百姓办成了一件又一件实事：建村民健身游乐场，她跑项目、要资金、买乐器；发展养殖种植，为全村82户村民上门服务；村民的孩子得了白血病，她联系新农合，帮忙解决医疗报销问题，并鼓励发展家庭养殖，减少家庭负担；对于外地来村的投资商，她全程服务，让这个外地人信服了“真没想到不花钱，没熟人在这里也能办成事！”多少个日夜，她坚守在工作岗位，年幼的孩子抱怨她，她只能告诉孩子“等你长大了，你就会明白”。在兰考，像郭洁这样的故事实在太多了，他们的心目中都有一个共同的榜样：焦裕禄！

案例四　一个贫困户见证了基层干部精准扶贫的责任和情怀

在葡萄架乡杜寨村，我们听到一个驻村干部帮扶贫困户的故事。村民毛各拉今年61岁，早年因家庭原因生活不顺，过起了“原始人”的生活，失去了衣食住行的正常秩序：衣不蔽体，白水泡馍，有床不住，自我封闭，脏乱不堪，甚至因和人不交流，连说话都不会了。驻村工作队队长张静听说后，不顾村里人的劝阻，主动带队上门，帮他整修庭院，种上花草，洗碗刷锅，打扫卫生。还把自己父亲的衣服拿给他穿，帮他在美丽乡村建设项目中谋到打扫村路的差事，申请了光伏扶贫项目，使他的日常生活有了固定收入保障。如今，毛各拉不仅主动和人打招呼，还主动到果园打工挣钱，种植作物，赶集做饭，逐步恢复了“现代人”的正常生活。

这样的案例还有很多，细微之处反映了兰考干部干事创业的“精气神”。调研组在兰考调研期间进行了问卷调查，向基层干部和群众发放问卷1172份，以期了解兰考干部群众对焦裕禄精神及党员干部服务百姓干事创业的“精气神”的评价和认知情况。从收回的问卷看，当地群众对兰考干部的满意度很高，按百分制计算，平均分达97分，兰考干部与焦裕禄精神的相符度平均分为96.75分。应该说这是一个非常高的评价，也给了我们深入调研探究这一现象的理由（见图1、图2）。

那么，这种自觉为民服务干事创业的“精气神”来自哪里，又是如何练就的？调研组总结了以下几点。

1. 组织机制是养成兰考党员干部“精气神”的重要保障

为贯彻落实“以人民为中心”的发展思想，兰考已形成了一系列的制度。他们创新社情民意服务机制，在县乡镇（街道）设立社情民意服务中心，县领导及各单位一把手的电话对社会公布，实行县、乡领导在中心值班、办公制度，整合综治办、信访办、司法所、派出所等行政资源，接待群众、收集

图 1　群众对兰考当地干部满意度分数（百分制）

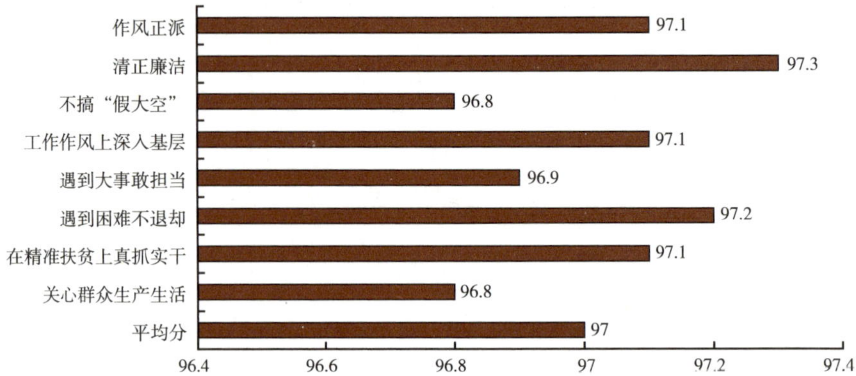

图 2　兰考干部与焦裕禄精神相符程度

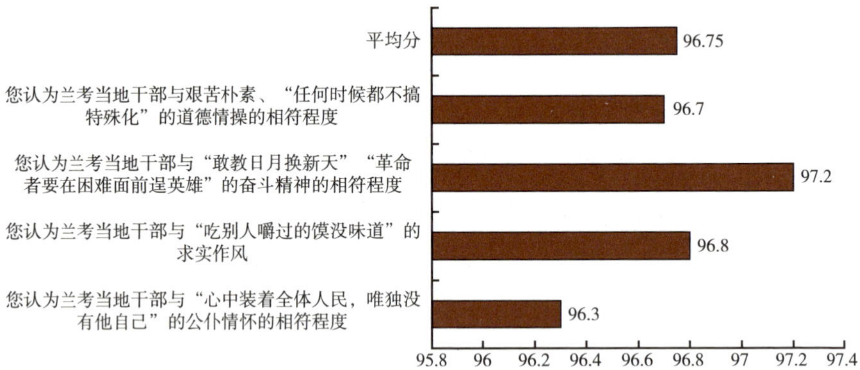

民意、解决群众问题。兰考县委政法委书记张振国认为：“社情民意工作就是贯彻落实‘以人民为中心’的发展思想，把被动处理信访问题向主动排查、化解群众问题的社情民意工作转变，有效地将群众问题前置、下沉，实现群众问题‘有人接、有人管、有人办，可跟踪、能解决’的办理效果，突出服务群众，确保社会大局和谐稳定。”

为了做好脱贫攻坚工作，兰考改革完善了驻村扶贫机制。[①] 自 2016 年 8

① 2016 年 4 月 14 日，兰考县制定了《兰考脱贫攻坚提升工程实施方案》，明确要求：建立县级领导联系贫困村和社区制度，每名县级干部联系 2～3 个贫困村或者社区，每周至少在村里住一晚上，定期走访贫困户，召开群众座谈会，研究脱贫政策，及时解决对口联系点脱贫工作中面临的问题，并认真做好扶贫工作笔记，拍照存档。

月“脱贫百日攻坚”以来，县委书记蔡松涛等54名县级党员干部率先垂范，带头每周住村1天，白天在一线解决问题，晚上召开会议研讨、协调、部署工作，并将这一机制坚持至今，给驻村干部带了头，打了样。同时，全县选派115支驻村扶贫工作队，实行“五天四夜”驻村工作法。一开始有些县城机关干部不适应甚至坚持不了，但县委下定决心形成铁的纪律和机制，要求每个驻村干部必须做到，绝不能“驻村不住村”“住村不入户”，绝不能搞形式主义。这一机制深受群众好评。

兰考县机关单位还建立和坚持了扶贫第一书记长效机制。全县选派115名优秀党员干部担任贫困村第一书记，通过强化教育培训、健全制度机制、严格考核奖惩，推出“三晒、三比、三查、三评”的管理模式。[①] 通过严格有效管理，驻村第一书记认真履职尽责，充分发挥自身部门优势和资源优势，帮助所驻村建班子、带队伍、找症结、理思路、助发展，取得了实实在在的效果。

几年来，兰考实施和形成一系列类似驻村扶贫、第一书记这样的服务机制，保障养成了兰考党员干部独特的“精气神”。

2. 制度激励是激发兰考党员干部“精气神”的外在动力

兰考县委县政府出台了相关规章制度，在选人用人上向一线倾斜，让干事创业常态化制度化。兰考县结合实际，有效盘活存量，深化用人制度改革，从2017年开始，计划利用5年时间，在县直自筹和差供编制人员[②]中，逐年选派他们到乡镇及部分县直单位一线岗位工作，通过竞争性绩效考核方式，真正实现“能上能下、能进能出”的用人机制。兰考县人社局局长史天佑谈道：“2017年，我们通过公开报名考试，选派了1259名自筹和差供编制

① 入村“三晒”：晒身份，晒职责，晒承诺；工作“三比”：比对村情民意的熟悉程度，比与群众同吃同住同劳动的次数，比协调争取项目资金、培育特色产业、解决民生问题的多少；督导“三查”：相关领导经常指导检查，组织部和乡镇党委不定期明察暗访，督查局建工作台账专题督查；考核“三评”：述职考评，领导点评，组织综评。

② 纳入兰考县政府财政预算管理的事业单位在编差供和在编自收自支工作人员（卫生系统的医院和卫生学校除外）。

人员，充实到基层一线岗位。”

在选人用人方面，兰考坚持“事业为上、公道正派，为党和人民事业选人用人”要求，大力培养选拔专业能力、专业精神强的干部，无论是乡科级岗位还是股级岗位，包括村一级，都坚持以岗择人、以事择人。为确保脱贫攻坚任务圆满完成，择优选派 345 名县乡优秀干部组成 115 个工作队驻村开展帮扶。3 年多来，132 名成绩突出、作风过硬的驻村干部得到提拔重用。结合行政审批制度改革，县委拿出 10 个负责审批职能委局副职岗位，专门面向驻村扶贫标兵、城市管理先进个人、项目服务组成员等进行竞争性选拔。在乡镇党委换届中，14 名“三类人员”（优秀农村党支部书记、大学生村干部、优秀事业编制人员）进入乡镇党委领导班子。2018 年，又在稳定脱贫奔小康驻村工作队中选拔标兵 50 名。通过这一系列选人用人新举措，真正把“重基层、重一线、重实绩”的鲜明用人导向落到了实处。

3. 责任自觉是保持兰考党员干部“精气神”的内在根本

兰考的党员干部之所以表现出独特的“精气神”，是因为他们始终强调弘扬传承焦裕禄精神，自觉以焦裕禄为镜，不断查找思想境界和道德修养上的不足，不断提高为民服务的责任心，增强守正修德的自觉性。这一责任自觉已经内化为兰考党员干部的道德力量、信仰力量，为承担“五加二”“白加黑”工作重压提供了内在动力。

兰考党员干部的责任自觉体现在服务基层工作中，那是一种牢牢把握“为了谁、依靠谁、我是谁”的宗旨意识、群众立场和责任担当。这在承担扶贫攻坚任务的驻村干部身上体现得最充分。他们白天到田间地头、进农家找群众聊天谈心，晚上找村里的党员和村组干部研究办法，积极发动基层群众，通过群众评议、入户调查、公示公告、抽查等多种方式，进行贫困户精准识别，摸清农村贫困人口的底子，建立扶贫工作台账。从派驻 115 个驻村扶贫工作队到所有行政村全覆盖，从建立“一户一档”，到创新金融扶贫，再到制定落实 12 项帮扶措施，到处都有驻村干部忙碌的身影。在兰考，党员干部在群众中好像自带“气场”，即使挂职干部也会很快被“感染”。东坝头乡张庄村的第一书记王晓楠是中国证监会的派驻干部，为做好工作解决实际问题，她和其他驻村干部一样，把自己的便民联系卡和电话号码张贴在村头，便于群众随时联络，这使得乡村建设既“接天线”又“接地气”。张庄村在短短几年焕然一新，与她争取的金融支持、扶贫政策资金、扶贫项目等方面的投入息息相关。她还根据张庄村民的意见和实际，注重乡村文化建设，开发了“梦里张庄”乡村旅游，成立了村艺术团，建造“桐花书馆”，让张庄实现了从贫困村到幸福村的跨越。

4. 党风政气是保持兰考党员干部“精气神”的生态营养

政治生态是兰考党建的重点。只有政治清明、公正公开公平才会引导社会正气的建立，促进社会的健康清明和良性发展。“越是进行脱贫攻坚战，越是要加强和改善党的领导。”兰考以实施基层党建“双提升工程”（提升基层组织服务能力，提升村级集体经济实力）为抓手，推出系列举措建强基层组织。脱贫攻坚期间，他们在全县倒排出 90 个软弱涣散村党支部，开展“三联三全”活动，实现问题全覆盖和专项整治无死角；从返乡创业者、专业大户、退伍军人等优秀党员中选拔村党支部书记，改善村党支部的整体素质，提升基层组织凝聚力和战斗力。截至 2017 年底，全县基层党委 27 个，党总支 56 个，党支部 1132 个（包含非公组织党支部 61 个），在扶贫攻坚中发挥了战斗堡垒的作用。

有了阵地，更要有优秀的干部去坚守去建设。兰考从配齐配强队伍、提升工作能力、增强工作动力、激发工作活力入手，打破干部任用壁垒，按照“三有三带”标准配强“带头人”队伍。全县 454 名村党支部书记中，“双强”支部书记 301 名，占 67%。大力培养后备干部，择优选定 523 名农村优秀党员、942 名农村优秀人才，组建了农村党支部书记后备库和其他村干部后备库。为消除年轻干部成长进步中的“隐形台阶”，兰考出台了《关于深化乡镇（街道）工作运行管理模式改革的实施意见》等规定，使乡级领导干部回归主业、术业专攻，激发乡镇（街道）干部干事创业的活力。他们还以能力提升为目标，通过“兰考讲堂”、专题培训班、微信推送等方式深入宣传扶贫政策措施，提升村干部和驻村工作队员的责任意识和政策水平。对全县454名村党支部书记开展集中轮训，切实提高脱贫攻坚、产业发展、基层党建、深入群众的能力。建立绩酬激励机制，将村干部报酬从每人每月300元、400元、500元提高到900元、1200元、1500元，将离任村党支部书记生活补贴标准提高50%。

案例解析　代玉建：商人回乡参与扶贫的典型

他2014年回到代庄村，出资修建村两委办公楼，带领村民创业。他从几个月和村民见不上一面的“飞鸽牌”干部，最终转变成一位扎根代庄村的“学习弘扬焦裕禄精神的好干部”。他组织村民发展林下养鹅、鱼藕混养、农产品加工等农业项目，率领全村28户贫困户成功脱贫。他创办了兰考县怡心农民合作社，全力打造“怡心”品牌。他说，“怡心”意味着“一心为民服务，绝不让村民失望”。合作社成立以来，流转土地400多亩，村集体经济收入三年内实现了从0到16万元的突破。代庄村先后获得河南省四项机制示范村、平安建设示范村等荣誉称号。

三、建议与展望

本次调研在记录总结兰考县发展变化经验的同时，也发现了一些问题，并提出如下三点建议。

（一）在县域干部任用退养方面建立长效机制，保证政策的稳定性与持续性，保护干部的工作积极性

兰考因焦裕禄而成为“政治明星”。一直以来，兰考县委书记的地位也非同一般，焦裕禄之后，历任县委书记在开封的政治地位都比同级别官员

高，按照过往经验，河南省委均会给兰考配备最优秀的干部，但同时历任兰考县委书记更换频繁，大多都只任职两到三年。与兰考“政治明星”身份错位的是，兰考的经济社会发展一直是大难题。曾任兰考县委书记的黄道功在其著作《县委书记如何认识县情》中总结：兰考财政支出远远大于财政收入，属“要饭型”财政，没有国家的转移支付，维持人员供养和机构运行都很困难。兰考经济发展缓慢的另一个重要原因是县外资本提升不足，对外开放和招商引资力度不够。加上主要领导更换频繁，政策的连贯性很容易受到影响。

在这一轮脱贫攻坚过程中，兰考县开创性地探索了一系列的制度，丰富了县域治理的经验与模式。但如何保证这些制度在“摘帽”之后依然发挥作用，这考验着兰考县领导干部的政治智慧。

比如，在 2018 年 3 月的督查调研中，驻村工作队就暴露出一些问题。一是驻村不在村的现象较普遍。工作队全部在岗的仅有 44 个村，占比 47.8%，部分在岗的占比 31.5%，不在岗的占比 20.7%。大多数不在岗的人员都是因为本单位工作给乡镇（街道）请假，但并未按照要求在组织部进行备案。二是部分工作队作用发挥不好，不能熟练掌握扶贫政策，说不全、说不清现象普遍存在。例如，抽查的 73 个驻村工作队，对 12 项政策和 8 项措施熟练掌握的占比 59%，能说出部分内容的占比 41%。三是部分工作队没有工作思路或思路不开阔。只是一味地听取上级安排工作，对村内如何发展，如何带领群众致富，说不清；部分工作队有思路、有想法，但主动作为不够，只是停留在口头上，没有付诸实施，村内变化不大。例如，抽查的 73 个驻村工作队中，49 个工作队对村内有帮扶思路，占比 67%；24 个工作队对村内帮扶思路不清晰，占比 33%。四是部分工作队队员素质不高，动机不纯，有的驻村只是为了提拔。例如，在随机抽查的 205 名工作队员中，有 92 名工作队队员担心长期驻村会影响自己在本单位的评优评先；有 24 名工作队队员担心自己在单位的岗位或职务被调整；有 83 名工作队队员认为所驻村基础差不易出成绩；垂直部门、企业单位的工作队队员认为县里的评先评优对自己在本单位进步没有太大的实际意义。同时，在村镇（街道）方面，也存在直接将很多“两委”日常性工作安排给工作队的情况，导致工作队成了“保姆”，村干部成了“甩手掌柜”，工作队被日常工作占用了太多时间，没有时间外出考察项目、专心谋划产业发展。

调研组还了解到，一些乡镇主要领导干部工作经验丰富，工作作风扎实，脱贫工作成绩突出，在辖区内村民群众中享有较高威信，但按照成文或不成文的规定因为年龄原因就要退居二线，某种意义上是党的干部资源的浪费。一些村支书、村委主任带领群众脱贫致富成效显著，但还没有一条从村干部到国家干部的制度性通道。

再比如，村“两委”方面存在“能上不能下”的问题，有的村干部任职时间长达几十年，年龄偏大且思想不够解放，主动发展的意识不强，但如果退出“两委”工作，因为没有制度性的收入保障则会令其丧失长期稳定的收入、待遇。在农村人际关系比较紧密的情况下，形成合情合理的村“两委”退职收入保障机制是有待进一步解决的问题。

（二）产业结构有待进一步优化，实现经济效益、社会效益和生态效益的有机统一

目前兰考县的主导型农业产品是蜜瓜和红薯，与周边县市同质化程度较高。兰考县各乡镇在进行农业产业发展布局时，应放宽眼界，清晰定位，尽量找到能够体现各乡镇优势，且不可复制的或难以复制的农业产业发展项目，在避免全县各乡镇同质化竞争的同时，更要注意避免和其他县市区的同质化竞争。

在上游，应寻找更适合自己的农业产品；在中游，应进一步精耕细作，提升品质；在下游，一方面，线下进一步对接市场，打通渠道，另一方面，线上大力发展农村电商。此外，应当考虑的是，注重经济效益、社会效益和生态效益的协同发展：兰考县始终将防风治沙作为环境整治的重要任务，是否有可能发展花木、景观产业？如果发展花木、景观产业，是否既能带来生

态环境方面的效益，还能带来旅游观光，以及中药、精油、保健品的开发？这些都需要进一步论证和探索。

（三）重视兰考干部群众对党员干部的评价，在成绩面前不能自满，要进一步解放思想，塑造新兰考的美好形象

近两年，兰考发展成绩显著，干群关系良好，群众对党员干部的评价很高。但是，也应该看到，群众对党员干部的期望和党员干部的自我评价还是存在一定差异的。调研数据显示，党员干部的自我评价和群众的评价虽然相差不多，但几乎每一项都是自我评价分值高于群众的评价分值（见图 3、图 4）。这

图 3　党员与非党员、干部与群众对兰考干部满意度评分比较

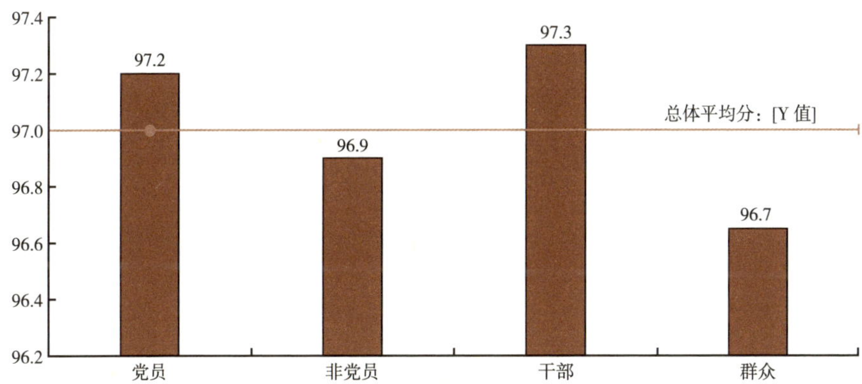

图 4　党员与非党员、干部与群众对兰考干部与焦裕禄精神相符度评分比较

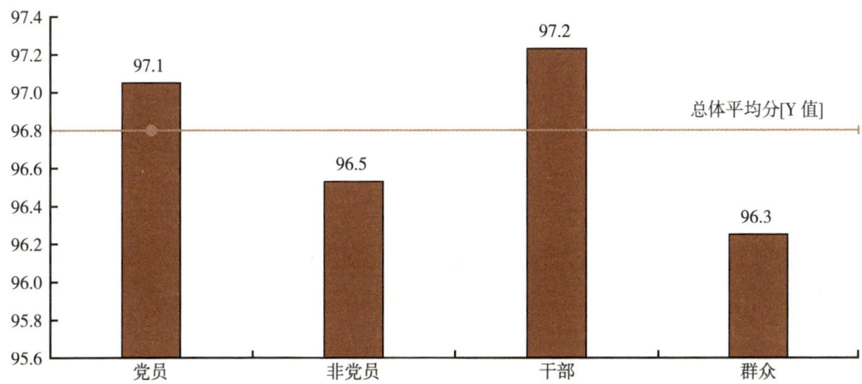

说明，党员干部要正确认识自己的成绩，进一步提高对“以人民为中心”要求的认识。

兰考虽然脱贫了，但与全面建成小康社会的目标还有不小差距。特别是整体脱贫之后，还有6924人生活在贫困线以下，2万人刚刚跨过贫困线，脱贫基础还不牢固，因灾因病因学返贫随时可能发生。这些问题是急需补齐的工作短板，更是全面建成小康社会的关键制约。

此外，兰考的城市形象过于模式化、刻板化。长期以来，兰考在媒体上要么被描述成贫穷落后的形象，要么被描述成高大上的正面形象，不断重复历史中的焦裕禄精神，不接地气，缺乏与时代的对话，缺乏对现实的解释力。近年来，兰考人鼓足精气神，稳定脱贫奔小康，除了传统主流媒体报道外，社会媒体等其他渠道很少跟进，以至于兰考县在人们心中的刻板印象并没有得到相应的修正。

新时代，兰考县应着力于干好兰考的实事，讲好兰考的故事，塑造新兰考的美好形象，努力成为中国特色社会主义县域治理的引领者。

改革开放与中国县域发展

GAIGEKAIFANG

湖北大冶

HUBEI DAYE

资源枯竭型城市的转型发展

中国社会科学院考古研究所

一、大冶市基本情况与显著成就

（一）基本情况

1. 历史沿革

大冶取“大兴炉冶”之意而得名，有着3000多年的采冶史，1000多年的建县史。唐天佑二年（905），吴武昌节度使秦裴置采矿冶炼机构青山场院。宋乾德五年（967）升青山场院为县，定县名为“大冶”。1949年5月，大冶解放，因袭旧制，设大冶县，作为新中国重要的矿冶原材料基地。1994年2月，经国务院批准，大冶撤县设市。全市国土面积1566平方公里，总人口98万，现辖10个乡镇、4个街道办事处、1个国家级高新技术产业开发区和1个国有农场。

2. 地理位置

大冶市位于湖北省东南部的长江南岸，距省会武汉仅90公里，属武汉1小时经济圈，是长江中游城市群及武汉城市圈的重要支点。沪蓉高速公路距市区20公里，106国道、武九高铁、山南铁路、大广高速公路、蕲嘉高速、沪汉高铁贯穿全境，长江流经市境东隅，船舶经大冶湖闸可通江达海，已形成公路、铁路、航运三大交通网络。

3. 自然条件

大冶处于鄂赣两省交界地区，属长江中游江汉平原的近山地区，气候为典型的大陆性季风气候，冬冷夏热，四季分明，光照充足，雨量充沛。大冶市素有“百里黄金地，江南聚宝盆”美誉，境内蕴藏有53种金属和非金属矿产，系中国6大铜矿生产基地和10大铁矿生产基地之一。其中黄金、白银产量居湖北省之冠，硅灰石产量居世界第二，是江南地区重要的冶金与建材工业的原料基地。

4. 发展概况

一个多世纪前，湖广总督张之洞在这里创办“汉冶萍公司”，一批钢铁、水泥、煤炭企业随之诞生，拉开了近代中国民族工业的序幕。中华人民共和国成立后，大冶这座“因矿闻名、因矿而兴”的城市，曾经为新中国的发展做出了巨大贡献。毛泽东主席曾两次到大冶铁矿和大冶钢厂视察。历史发展至今，矿产资源既有价更有限，几千年生生不息的炉火，铸就了大冶昔日的辉煌，也带来了“矿竭城衰”的现实威胁。

在此情况下，资源日益枯竭的大冶大胆探索，勇立潮头，抓住机遇，走出了一条资源枯竭型城市的转型发展之路。特别是在国家首批资源枯竭转型试点城市的政策背景下，大冶励精图治，开拓创新，重构优势，成功破解了资源型城市转型这一世界性难题，谱写了一曲资源城市浴火重生、凤凰涅槃的崛起乐章，率先提交了一份资源型城市如何从一座矿冶城市向美丽家园成功转型的答卷。目前，大冶是唯一成功创建“全国文明城市”和被国务院授予“国家高新技术产业开发区”的资源枯竭型县级市，也是成功跻身全国县域经济百强的两个资源枯竭型县市之一。

（二）转型发展的主要成就

1. 经济发展稳步前进，成功跻身全国百强县

2012年，大冶市以第97位的排名跻身全国县域经济基本竞争力百强行列，成为湖北省首个入围全国百强的县市。此后6年，大冶的排名逐年

上升，至2017年，攀升至第79位。近年来，大冶产业结构持续优化，至2017年，第一、第二、第三产业比重调整为9.4∶65.4∶25.2。民营经济快速发展，新兴产业逐步壮大，2017年，民营经济实现增加值540.71亿元，占GDP比重为91.5%；实现税收51.18亿元，占全市税收总额的95.1%；吸纳就业人数占全部就业人口的80%以上，民营经济已成为大冶县域经济的重要支撑。此外，在该市经济发展过程中，创新驱动能力不断增强，截至2017年，全市高新技术企业达42家，占规模以上企业总数的12.61%，生产高新技术产品企业66家，黄石市级以上科技创新平台33家。

2. 乡村治理渐入佳境，基层基础更加巩固

大冶推进"党建引领·活力村庄"改革，探索构建以村党组织为领导核心，以"村委会—村庄理事会—农户"三级自治架构的治理体系，形成了"村党支部领导、理事会搭台、村民广泛参与"的农村基层党建新模式。经过近几年来的发展和完善，该市乡村治理改革取得了较好的效果，既巩固了党组织在村级事务中的领导作用，又推动了农村的发展和基础设施建设。这些成功经验先后得到中组部、民政部、农业部和省委组织部的肯定，大冶被列为"全国农村社区治理实验区"。2017年10月，黄石市在"大冶经验"的基础上，规范运行机制，在全市998个村全面推进"党建引领·活力村庄"建设。2018年2月27日《光明日报》以"来大冶，感受活力乡村的脉动"为题，对大冶"党建引领·活力村庄"建设进行报道。《农民日报》、中国农业新闻网以"湖北大冶：党建春风唤醒乡村活力"为题，介绍了大冶乡村治理模式。2018年4月，湖北省委政研室（省改革办）调研组深入大冶调研，形成《乡村治理的"大冶样本"》调研报告，对大冶乡村治理模式进行总结推广。

3. 城乡发展日益协调，民生福祉稳步提升

十八大以来，该市在城乡基础设施建设、民生工程、社会保障等方面取得了一系列成绩。截至目前，大冶大道改造工程等一批路网和排污设施建设全面完成，市域"半小时交通圈"和"六纵六横"交通网络基本完善，城乡交通一体化格局已经形成。尹家湖、熊家洲、铜绿山、三里七湖"四大片区"

等民生工程项目建设加快推进，现代化中等城市格局全面展开。王英水库引水工程建成通水，百万城乡居民喝上了优质I类水。“一主三动”[①]的城乡一体化做法，激活了转型发展的内生动力。民生保障持续加强，城乡居民人均纯收入逐年大幅提升，城乡居民人均可支配收入从1978年的531元、89元，增加到2017年的36192元、18346元。精准扶贫成效初显，全市8984户17658名贫困人口以及67个贫困村实现高质量脱贫。

4. 生态环境持续改善，矿冶城市转型为国家园林城市

2012年以来，大冶市的“五小”企业[②]全面关停。2015年以来，城区空气质量优良天数达到260天以上，森林覆盖率达到27%以上。2016年大冶市荣获“国家园林城市”称号。总体上来看，持续的环境治理促使该市由此结束了“三个历史”：结束了近半个世纪“光灰城市”的历史，结束了能耗持续攀升的历史，结束了水土严重污染的历史。

5. 文明创建蓬勃开展，摘取“全国文明城市”桂冠

截至目前，大冶市拥有全国文明村镇、文明单位9家，省级文明村镇、文明单位31家，市级以上道德模范、楷模好人97人，“十星级文明户”1.8万余户，市民素质和社会文明程度持续提升。2017年11月，大冶市被中央文明办评为第五批“全国文明城市”。

二、大冶市转型发展的历程

（一）1978～1995年：积累发展时期

改革开放以来，大冶抓住国家政策机遇，坚持以强化农业为基础，以大办乡镇工业为重点，推动地方经济快速、持续、健康发展。一是树立“大农

---

①“一主三动”是指：充分发挥群众的主体作用，坚持产业带动、镇村联动、创新驱动。

②“五小”：浪费资源、技术落后、质量低劣、污染严重的小煤矿、小炼油、小水泥、小玻璃、小火电等。

业”观念，打造“飞鸟型”[①]农村经济新格局。为贯彻落实中央“以粮为纲、全面发展、因地制宜、适当集中”和农林牧副渔并举的方针政策，大冶积极调整农业经济格局，树立“大农业”观念，在保证种植业产量稳定增长的前提下，逐步建立起了以耕地种植业为主体，以山场林果畜牧、水域养殖及其加工业为两翼的农业经济新格局，农业经济实现了由单一的种植业经济向综合经济发展的转变。二是强化大办工业意识，实现工业企业“镇办镇管”[②]，为工业经济发展积蓄了力量。大冶立足本地丰富的矿产资源，大力发展煤炭、铁矿石开采和非金属矿产开发加工，初步形成了多层次、多行业、多门类的较为完整的企业结构。陈贵华灵集团、灵乡矿业、还地桥秀山集团等一批规模以上乡镇企业，快速发展壮大起来，工业经济实力不断增强。截至1995年，大冶的生产总值达到23.5亿元（当年价），年均递增18.6%；人均生产总值达到2665元，年均递增26%；工业总产值达到27.7亿元，年均递增25.4%；农业总产值达到5.4亿元，年均递增7.4%；乡镇企业总产值31亿元，年均递增28.2%；财政收入过亿元，年均递增12.6%。

（二）1995～2006年：快速发展时期

这一时期大冶镇域经济快速发展，在20世纪70年代末和80年代初，大冶的经济就一度雄踞全省第二位，发展“五小”工业的经验受到中央文件的肯定。然而，在传统计划经济体制向社会主义市场经济体制转轨的新时期，大冶的乡镇企业总产值和乡镇企业工业总产值在全省的排名不断下降。

① “飞鸟型”农业：大冶市总结当地的农业经验为飞鸟型农业，将农业现代化比作一只飞鸟，由四个方面构成一个有机整体。第一，“主体”，即以种植业为主体，是整个农村经济发展的基础。第二，“两翼”，一个翅膀是农、林、牧、副、渔全面发展，另一个翅膀是农工商综合经营。第三，“立足点”，一是生态环境的改善，包括种树、种草、农田基本建设、提高土壤肥力；二是基础设施建设，包括能源、交通；三是小城镇的建设。第四，“鸟头”，即社会主义精神文明，是中枢神经。

② “镇办镇管”：陈贵镇是全省乡镇企业“十强乡镇”之一。1996年矿业秩序整顿以来，矿业经济迅猛发展，矿业生产实行“镇办镇管，股份合作”的“陈贵模式”。

“九五”时期，大冶市及时调整思路，引导各乡镇抓好“工业主导与多业并举”、“依托矿业与广辟资源”、“铺天盖地与顶天立地”、“对内开发与对外开放”、“新上项目与启动存量”、“深化改革与强化管理”这“六大关系”的调整，大力推进乡镇企业“二次创业”。截至2006年底，该市已形成了以资源开采和延伸加工工业为主导的单一型经济结构，呈现“3个80%”。具体而言，资源开采及关联产业规模以上工业产值和税收占总量的比重很大，其中采矿业、黑色金属冶炼及压延加工业、有色金属冶炼及压延加工业、非金属矿物及制品业四大行业，实现产值占规模以上工业总产值的82.1%，税收占80.6%，年平均从业人员数占84.3%。高度的资源依赖性，导致了工业经济结构重型化，轻重工业比重为16.8∶83.2。

（三）2006～2012年：转型发展时期

面对资源枯竭的困境和经济结构“一矿独大”的弊端，2006年6月借编制“十一五”规划之机，大冶市委市政府在黄金湖召开会议，研究讨论“资源枯竭以后，大冶经济何去何从”这个关乎大冶命运的问题。会议认真分析前苏联的石油城巴库及我国云南省东川市“矿竭城衰”的历史，并对德国鲁尔区以及我国的河南焦作、河北唐山、江苏徐州等城市成功转型的经验加以研究，及时做出了“资源型城市要实现可持续发展，必然要走经济转型之路”的判断。自此，大冶开始启动转型工作，实施“以经济转型为重点，推动经济社会可持续发展”的战略，在着力打造发展新平台、培植新的产业支撑点、加快对内对外开放步伐、加大环境建设力度、争取国家和省里支持等方面，做了大量基础性和长远性的工作。

2007年，党的十七大报告中提出“帮助资源枯竭地区实现经济转型”的战略思想，并在东北试点的基础上对资源枯竭城市转型工作做出了整体部署。2007年12月，国务院下发了《关于促进资源型城市可持续发展的若干意见》（国发〔2007〕38号），并于2018年3月确定了首批12家“资源枯竭城市”，大冶作为县级市被列入首批资源枯竭城市名单。这标志着该市自发实施的经济转型，上升为国家政策支持下的全方位城市转型，获得了国家层面更多的政策和资金支持，大冶开启了资源枯竭城市转型新历程。

（四）2012 年至今：绿色发展时期

在 2012 年跻身全国百强县市后，大冶市深入贯彻落实党的十八大精神，坚持以转变经济发展方式为主线，以提高经济发展质量和改善生态环境质量为核心，做出了推进“生态立市、产业强市、改革活市，建设美丽大冶”的战略部署，明确了建设美丽大冶的目标与路径。特别是 2016 年 10 月，党的十八届五中全会提出了“创新、协调、绿色、开放、共享”五大发展理念，大冶市全面贯彻党中央的决策部署，不断深化对资源型城市转型升级的认识，抓住“一带一路”、长江中游城市群、“两圈两带”、大冶湖生态新区建设等国家、湖北省、黄石市战略机遇，审时度势提出了“坚持生态优先，推进城市国际化、产业高端化、生活品质化”的“一优三化”发展战略。2017 年 7 月，面对经济下行的压力，大冶开展了以“学习劲牌、解放思想、全面转型、加快发展”为主题的大讨论活动，调整思维，主动适应新常态。

目前来看，该市十八大以来经济结构逐渐从“一矿为主、工业独大”过渡到了“三产并进、协调发展”，产业结构更加绿色、更加生态、更加协调、更有活力、更具综合竞争力，总体实现了从依托资源创业到超越资源发展的转变，走出了一条经济平稳增长与结构优化升级、新旧动能有效转换的转型之路。

三、大冶市转型发展的经验和做法

（一）经济转型

1. 优化产业结构

在产业结构优化方面，该市的经验主要体现在以下四个方面。

一是大力提升传统产业。发展思路上，该市开展“进企业、增信心、解难题”活动，出台了“加快推进传统产业改造升级”等意见办法，有力支持了企业技术改造、加快发展。具体措施包括：实施百亿产业和百亿企业提升工程，推进机电制造、饮品食品、新型建材、纺织服装四大传统产业集群，向特色化、规模化、品牌化方向发展。目前，大冶的四大产业集群产值占全市规模以上工业产值的 80% 以上，已成为经济转型的重要支撑。

二是加快培育新兴产业。大冶围绕构建“4+1+2”[①] 产业体系，加快布局高端装备制造、生命健康、节能环保、新材料四大战略性新兴产业，首辆“大冶造”汉龙汽车整车于 2017 年 7 月顺利下线并成功量产，汽车发动机、轮毂等配套产业园项目建设进展迅速，湖北融通高科一期顺利投产。2017 年，四大新兴产业完成产值 695.3 亿元，增长 16.5%，占全市工业总产值的 69.47%。

三是全面发展现代服务业。大冶以“重点突出、层次合理、资源整合、专业集聚”为导向，重点发展生态文化旅游、商贸流通等产业，以构建“各具特色、各成体系”的现代服务业发展格局。一些大型商贸综合体，如武商、中商、雨润中央商场、欧蓓莎、联润商业城等先后进驻大冶，实现了商贸业提档升级；乡村园博会、果博会、桃花节、荷花节、玫瑰花节、香李节等节会活动促成了“一区两园七朵金花”[②] 乡村旅游格局；同时，金融、物流、电商等服务业蓬勃发展。

四是着力发展现代农业。为落实中央政策，该市逐渐深化农业供给侧结构性改革，不断调整优化农业结构，大力推进优质粮油生产、优质林果苗木花卉种植、特种水产和畜禽养殖等产业发展。目前，大冶的新型农业经营主体快速发展，现代农业经营主体达 2680 户，形成了以“瑞晟”、“富农”、“鑫

---

① “4+1+2”：“4”即着力打造 1000 亿高端装备制造产业集群，500 亿生命健康产业集群，200 亿节能环保和 200 亿新材料产业集群；“1”即 100 亿电子信息产业集群；“2”即发展现代服务业和生态文化旅游、健康养生养老产业。

② “一区两园七朵金花”：保安湖生态新区，铜绿山大遗址公园、金湖生态产业园；刘仁八龙凤山庄、茗山玫瑰花基地、沼山乡村公园、金湖上冯九古奇村、灵乡梅红度假区、陈贵雷山景区、金牛金华山庄。

东”等为代表的“三产融合”发展样板。2017年，大冶全市规模以上农产品加工企业达66家，总产值220亿元，连续5年被评为“湖北省先进农产品加工园区”。改革开放40年来，大冶经济发展方式不断转变，产业结构不断优化。1978～2017年，第一、二、三产业比重由34.97∶48.39∶16.64，逐步调整到9.21∶66.56∶24.23。相应地，对资源的依赖逐年减弱，采矿业产值占工业总产值的比重由37%下降到11.91%，服务业增加值占GDP的比重由16.64%上升到24.43%。

2. 发展民营经济

为发展民营经济，大冶除国家明令禁止的领域外，全面向私营企业和个体户敞开大门，全市民营经济迅速发展。特别是在20世纪90年代，积极鼓励私营企业向国有企业和集体企业渗透扩张，鼓励私企收购兼并或参股控股国有企业。根据省委提出的“县域经济以民营为主，让民营经济唱主角、挑大梁”的要求，大冶市突破思想束缚、打破条条框框，围绕变“公有公营”为“民有民营”的问题进行了深入探索，转变原来“先放两头、突破中间”（好企业先放一下、难企业先缓一步，不好不坏的企业实行先改）的改革思维，提出“靓女先嫁”[①]的企业改革理念。其中，最具代表性的就是公有企业劲牌公司改制。

劲牌公司的改革探索实践并非一帆风顺。改制方案一经推出，便立即引起了中央、省市20多家媒体的关注，特别是《人民日报》就此发表了题为《不能一卖了之》的评论员文章，矛头直指大冶市变卖国有资产，引起全国轰动，群众对此也是众说纷纭。为此，先有省委政研室调研组来劲牌公司调研，客观、实事求是地向省委反映情况，省委书记贾志杰表示“可以先试、摸着石头过河、不打压、不追究”。有了省委主要领导和权威部门的意见后，大冶市更加坚定了改制劲牌公司的决心和信心，劲牌公司改

① “靓女先嫁”：1998年大冶市启动企业民营化改革时，一改过去那种“改差不改好、改亏不改盈、改弱不改强”的思维定式，实行靓女先嫁、好企先改。

制得以顺利推进。20 年来，劲牌公司发展迅速，从一家国营小酒厂一跃成为中国保健酒第一品牌，上缴税金从 1997 年的 740 万元剧增至 2017 年的 25.8 亿元。

近些年来，该市陆续制定出台系列政策，释放了民营经济的发展活力。截至 2017 年，全市共有民营市场主体 56314 户。

3. 推动科技创新

十八大以后，该市首先实施创新驱动战略，不断提升自主创新能力，着力实施创新主体培育工程，通过项目支持、资金支持、政策支持来引导企业加大研发投入，积极开发新产品，引进新品种，应用新工艺，增强企业自主创新能力。

其次，加强创新平台建设，培育引导规模以上工业企业建立研发中心，鼓励企业加快现有创新平台提质升级，推行创新平台标准化运行管理，提升创新能级和创新效率；与高校开展紧密合作，重点在生命健康、新能源及新能源汽车、换热器、电子信息、芳香健康等产业加强科研协作，推动构建“产业研究院 + 专业孵化器 + 产业园”模式的新型创新平台。

再次，深化科技体制改革，切实加强科技体制改革顶层设计和整体谋划，完善“科技十八条”、“1+3”人才政策等激励机制，使科技创新的巨大潜力得到充分释放。

最后，着力发展高新技术产业，2007～2017 年，大冶高新技术产业增加值从 0.07 亿元上升到 72.51 亿元，高新技术产业增加值占 GDP 的比重从 1.05% 上升到 13.27%，提高了 12.22 个百分点；研究开发投入占 GDP 比重从 0.23% 上升到 1.32%，提高了 1.09 个百分点。

4. 大力发展替代产业

十八大以来，该市不断调整优化产业结构，推进产业集聚，通过搭建发展平台和大力招商引资，促进接续替代产业加快发展，增强资源型城市可持续发展的能力。具体措施主要包括两个方面。

第一，推进产业园区建设与发展。近几年来，大冶市陆续投入 60 亿元

图 1　2007～2016 年大冶市高技术产业增加值与研究开发投入 GDP 占比情况

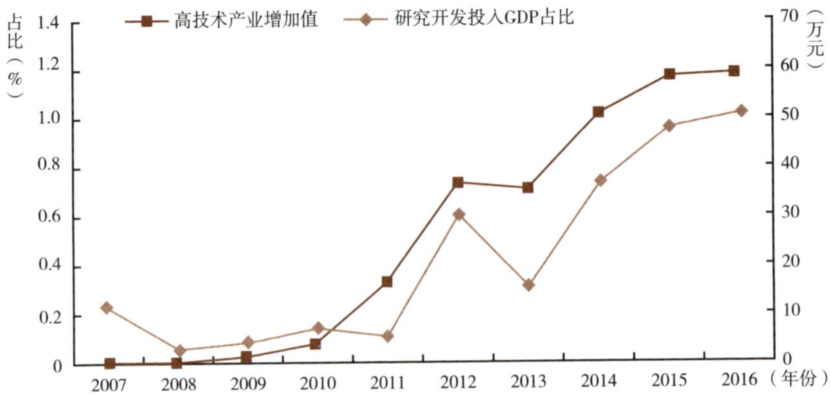

建设大冶湖高新区。2018 年 2 月 28 日国务院批准大冶湖高新技术产业园区升级为国家级高新技术产业开发区，为大冶大力发展接续替代产业夯实了发展平台。截至目前，园区入住高新技术企业累计 31 家，高新产品企业累计达 40 家，高新技术产业产值达 248 亿元，申报专利 503 件，授权专利 178 件，高新区成为带动区域经济结构调整和经济发展方式转变的强大引擎。同时，按照“一镇一主业、一乡一品牌”的发展思路，建成了灵乡灵成特钢模具装备制造产业园、还地桥金桥机电制造产业园、陈贵雨润食品产业园和纺织服装新区、金湖非金属产业园、保安镇金塘电子产业园、殷祖古建材料产业园、刘仁八生态农业产业园、茗山芳香产业园等众多乡镇产业园区。

第二，逐渐推进全领域、产业链招商。近年来，该市从单一招引企业向招产业、招园区、招集群转变，全力构建上下联动、条块整合的招商大格局。其结果是，汉龙汽车落户大冶并开工建设，武汉重冶复工复产焕发生机，武汉当代瞄准保安湖生态新区，鄂旅投布局铜绿山，北京乐祥、江苏枫彩、北京德丰利达先后投资大冶。2007～2017 年，大冶全市引进亿元以上项目 365个，实际利用市外资金 1186亿元；新开工项目近 500个，投产项目近 400个。2018 年上半年，随着一批优质项目的全面开工建设，大冶各项经济指数走出了阶段性低迷而迎来了新曙光，主要经济指标实现了两位数以上增长。

目前，大冶的经济转型取得了阶段性成果。通过与 8 个国家资源枯竭城市试点县级市进行对比分析，大冶总量指标、速度指标和收入水平等均处于前列，经济结构与转型成效总体上优于其他县级市。

表 1　2017 年 9 个国家资源型城市试点主要经济指标对比

城市	GDP		规模以上工业增加值		固定资产投资额		社会消费品零售总额		地方一般公共预算收入	
	总量（亿元）	增速（%）	总量（亿元）	增速（%）	总量（亿元）	增速（%）	总量（亿元）	增速（%）	总量（亿元）	增速（%）
湖北大冶市	590.94	8.6	277.36	8.6	859.7	15.6	234.25	13	50.7	4.6
江西大余县	112.88	9	47.17	7.5	114.04	5.1	30.76	11.2	7.87	–5.5
河南灵宝市	526.1	7.2	284.7	9.1	429	7	173.3	11.7	21.8	11.8
湖南常宁市	330.96	8.7	133.3	9	214.84	20	98.91	10.9	14.3	–15.1
湖南冷水江市	301.6	7.6	190	6	236.3	8	103.4	10.7	17.6	3.7
海南昌江县	114.64	8.3	37.66	14.5	55.68	11	19.38	10.2	18.38	3.6
云南易门县	100.51	17.6	32.29	29.9	100.98	32.1	20.93	12.6	6.07	5.1
云南个旧市	243.48	9.3	104.4	8.5	319	20.1	81.63	12.4	12.05	6.2
陕西潼关县	45.77	7.6	20.02	11.7	78.63	23	17.73	13.2	2.1	–5.8
平均水平	222.0	9.3	106.2	12.0	193.6	15.8	86.7	11.8	12.5	1.0

资料来源：由大冶市统计局提供数据。

（二）社会转型

1. 全面推进城乡基础设施建设

改革开放以来，大冶积极践行围绕矿山和采冶工业布设交通网络的理念，以最便捷地运输矿石和成品为目的，乘借资源类企业蓬勃发展之机，大力推进城乡铁路和县级公路建设，有效提升了大冶城乡的交通运输能力。2006 年实施经济转型以来，大冶围绕“长江中游城市群和武汉城市圈重要节点”的城市定位，以打造“武汉城市圈冶金建材走廊重要节点”为目标，重点发展以高速公路和快速支线的陆路交通为核心，配合铁路客运与货运专线，“十二五”时期实现了高速公路零的突破，“十三五”时期城乡交通一体化格局基本形成，市域“半小时交通圈”和“六纵六横”[①]交通网络基本形成，全面实现了“村村通客车、组组通水泥路”的目标。

2. 推进城乡一体化试点

2010年初，为落实中央政策，该市在推进“城市转型”的基础上，提出实施“城乡统筹发展”战略，同年5月大冶被纳入全省城乡一体化扩大试点县市。大冶在“以工促农、以城带乡、三化同步、一体发展”总体思路的指引下，充分激活发展的内生动力，充分发挥群众的主体作用，坚持产业带动、镇村联动、创新驱动，切实保障了城乡居民的合法权益，成功打造了政府主导型的“灵乡镇谈桥村模式”、园区带动型的“陈贵镇堰贩桥村模式”、村民自发型的“经济开发区大林山村模式”和企业拉动型的“大箕铺镇叶家庄村模式”，有力推进了城乡均衡发展，为解决城乡社会不平衡问题、促进社会转型提供了有益探索，大冶市“一主三动”的做法，在湖北省全面推广。

3. 不断健全社会保障体系

改革开放以来，大冶不断健全社会保障体系，先后经历了以优抚和救济、城市居民最低生活保障制度、养老和失业五险同步发展为重点的不同阶段，社会保障水平不断得到提高。2006年大冶实施经济转型以来，不断加快社会保障网的构建，实现了各类社会群体的“应保尽保”，目前“五险”综合参保率达到99.99%，新农合参合率达到100%。在就业方面，通过改革开放初期进行的农村经济体制改革和农村产业结构调整，不断完善就业服务体系，城乡就业压力得到明显缓解。近年来，大冶持续增加民生支出，坚持将新增财力的70%用于改善民生，民生支出年均增长11%以上。

4. 加快发展教育医疗等社会事业

教育方面，大冶市坚持办群众满意教育，设立“劲牌大冶教育发展基金”，充分调动教师队伍的工作积极性，全市教育质量显著提升。同时，全

---

① “六纵六横”：“六纵”即高铁大道、106国道、大广高速、保灵公路、鄂咸高速、毛圻公路；“六横”即黄鄂公路、锦冶大道、314省道铁贺线、349省道河金线、黄咸高速公路、201省道刘金线。

图 2　1996～2006 年大冶市一般公共预算及部分项目支出情况

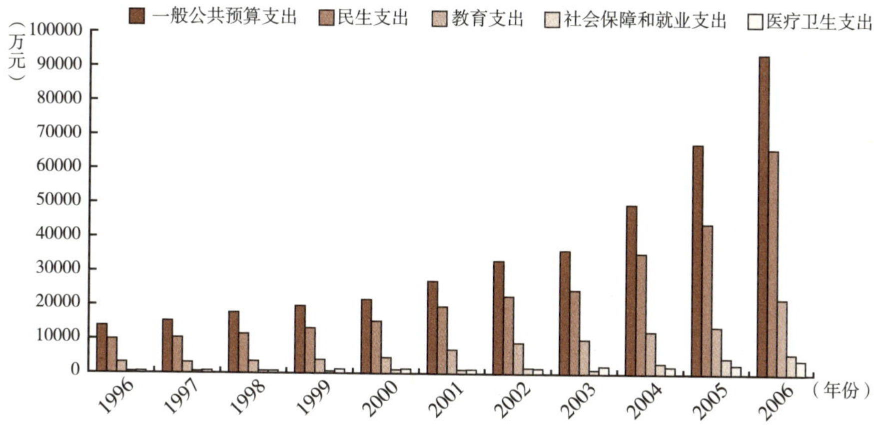

图 3　2007～2017 年大冶市一般公共预算支出及部分项目支出情况

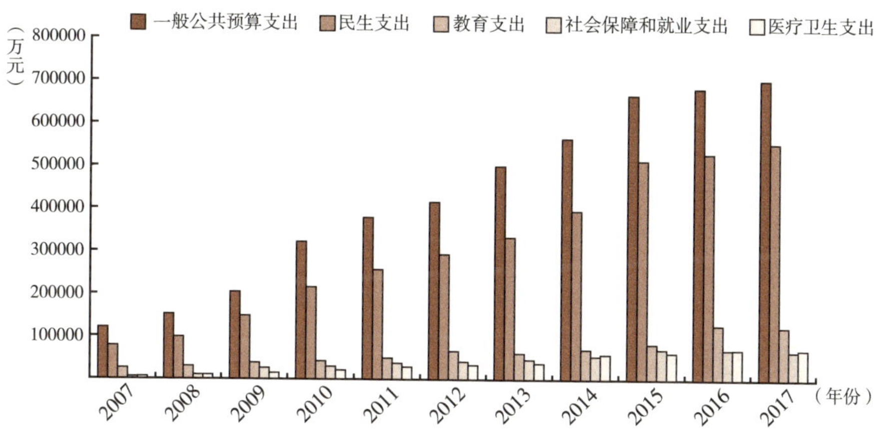

面实施了农村义务教育学校“全面改薄”工程，探索推进实验小学、滨湖学校等城区学校集团化办学，有效解决了城区“大班额”、“择校热”问题，与此同时，创建“城乡联动，均衡发展”的教研工作模式，该市 2015 年因此被评为“全国义务教育发展基本均衡县（市）”。

医疗方面，大冶市坚持办群众满意医疗，深入推进医药卫生体制改革，推行“公卫 + 医疗 + 签约服务”模式，实行分级诊疗，群众“看病难、看病贵”问题得到有效缓解；组建的大冶市总医院，新增“群众满意乡镇卫生院”6

所，新建村卫生室54个，进一步提高了城乡医疗卫生事业和公共医疗服务均等化水平；全面对接华中科技大学同济医院、协和医院、武汉大学人民医院、中南医院等一流医疗资源，成立了大冶医疗卫生发展专家（武汉）顾问团，让市民在家门口便可享受优质的医疗服务。

（三）文化转型

1. 推进基本公共文化服务标准化、均等化

改革开放40年来，大冶紧扣改革和发展两大主题，明确“适应社会主义经济建设、文化建设新高潮的形势和需要”的发展思路，贯彻执行“百花齐放、百家争鸣”、“古为今用、洋为中用”和“推陈出新”的方针，建设了一批文化馆站、图书馆、广播站室，成立了一批机关厂矿俱乐部、乡镇剧团和文学艺术团体，创作了一批颇受群众欢迎的精彩歌曲、剧目和期刊，开辟了一批自然景观和人文景观，使大冶城乡居民享受到了丰富多彩的文化产品和文化服务。党的十八大以来，大冶以构建社会主义核心价值体系为根本任务，以满足人民群众精神文化需求为落脚点，利用出台《关于推进文化强市建设的意见》和《关于印发〈大冶市公共文化服务社会发展促进办法〉〈大冶市乡镇（场）、街办综合文体站管理办法〉的通知》这一契机，大力促进文化事业繁荣发展，加强资金和政策保障，统筹规划城乡文体设施建设和改造，改造新建了图书馆、艺术剧院、体育公园、综合文化站、村文化室群众文化馆、农民体育健身工程等一批公共文体设施，深入实施了广播电视村村通、“农家书屋”、农村影院等一批文化惠民工程，逐渐形成了完备的城乡公共文化服务体系，促进了基本公共文化服务标准化、均等化。2015年，大冶被列为湖北省第一批公共文化服务体系示范区。

2. 发展文化产业

改革开放之初，大冶的文化产业尚处于一种萌芽和待开发阶段，诸如鄂王城遗址、南山碑林、红三军团旧址等一批文物古迹和红色旧址逐渐成为大冶的文化名片。2006年经济转型后，大冶开始重塑铜绿山古铜矿这一文化

品牌，积极开展规划保护和利用开发，国家文物局先后批准了大冶铜绿山古铜矿遗址保护规划和考古工作计划。党的十八大以来，大冶依托文化资源优势，大力发展文化产业。一方面，大力实施文化产业开发工程，扶持发展重点文化企业，如铜都雕塑院等青铜产业企业不断发展，殷祖古建成为带动文化产业发展的重要引擎，石开工艺在武汉光谷成功挂牌。另一方面，积极申报非物质文化遗产项目，刘小红刺绣、尹解元石雕、大冶舞龙、佛像雕塑技艺、孔门拳等先后被列入省、国家非遗项目名录。

3. 挖掘大冶特色文化

围绕铜绿山古铜矿遗址这一厚重的城市文化地标，大冶积极挖掘矿冶历史文化，向世人展示了中国青铜时代的技术成就。从 2016 年开始，大冶全面推进总投资 100 亿元、规划区总面积 24.34 平方公里的铜绿山古铜矿遗址国家考古遗址公园建设工作，全力打造展示大冶“青铜文化源、古建之乡、民间文化”城市名片。围绕目前现存历史较早的上冯村、水南湾村等古民居和古村落，推进相应的保护和适度的开发，使当地村民收获了旅游开发带来的经济效益与社会效益。对于鄂王城、五里界古城、草王古城等遗址，大冶也加大了遗址文化的保护和申遗力度。

4. 争创全国文明城市

大冶紧紧围绕发展与惠民两大主题，把创建全国文明城市作为保障和改善民生、提升群众幸福感获得感的重要抓手。2011 年以来，大冶把争创全国文明城市写进了党代会报告和政府工作报告，并始终坚持把全国文明城市创建工作作为首要工程。2015 年 2 月，大冶被列为全国文明城市提名城市后，又明确了“一年打基础、两年上台阶、三年见成效”的“时间表”和创建工作的“路线图”，成立了市委书记、市长分别担任政委、总指挥长的创建总指挥部，全力开展创建冲刺工作。在创建过程中，该市把培育和践行社会主义核心价值观相结合，从宣传教育、文化熏陶、示范引领、实践养成几个方面入手，推动核心价值观的落实。具体做法上，主要包括以下措施。

第一，坚持精细管理，通过全面推行环卫保洁市场化改革、深化城市管理综合执法改革、首创“三定四有五到位”[①]的管理模式，并扎实开展基础设施建设、市容环境整治、交通秩序优化、市场秩序治理、公共卫生及文化环境提升、文明创建众创、宣传教育引领等“七大行动”，解决城市治理的顽症难题。

第二，大冶坚持城乡一体整体推进，持续深入推进文明城市、文明城镇、文明村居“三级联创”工作，扎实抓好文明单位、文明窗口、文明校园、文明家庭等方面的创建工作，整体推进“党建引领·活力村庄”基层治理创新，大力推进新农村建设和村庄环境整治。

第三，大冶还坚持共建共享，充分发挥人民群众的首创精神和主体作用，重点推出“大冶楷模”、“大冶好人”等先进典型，广泛调动 3.3 万余名志愿者开展志愿服务，扎实开展诚信建设，及时建立先进示范典型激励表彰和结果运用机制，在全社会形成了崇德向善、人人参与创建、人人争做文明市民的浓厚氛围。

（四）生态转型

1. 牢固树立生态优先绿色发展理念

面对矿冶经济蓬勃发展后带来的地质灾害、空气污染、水体污染、土壤污染等生态压力，大冶市委痛下决心，吸取历史沉痛教训，认为宁可减缓发展速度，也绝不以牺牲环境为代价；宁可减少财政收入，也绝不追求带“血”的 GDP。大冶的生态理念因此不断变革，从 1992 年提出“加强环境保护”，到 2002 年提出要“加大生态环境建设和生态保护”，到 2006 年提出全力打造“生态大冶”，到 2013 年的“生态立市”，再到 2016 年按照习近平总书记对长江经济带“共抓大保护、不搞大开发”的要求，提出“一优三化”战略，

① “三定四有五到位”：“三定”即定路段、定人员、定任务标准；“四有”即实行每一条路建立一套数据库，每条路配备一台执法仪器，每名执法人员有一张执法记录卡，每名执法人员携带一本处罚单；“五到位”即排查建档到位、法制宣传到位、督促整改到位、处罚强制到位、严格打击到位。

将“生态优先”摆在大冶发展战略的首位。从此，全市开展生态建设，牢固树立了“绿水青山就是金山银山”的发展理念。同时，通过提高4个限制开发乡镇的生态环保考核指标权重，建立了生态环境损害责任终身追究制，使全市上下牢固树立了“绿色政绩观”。

表2 2012～2017年生态投入

（单位：万元，%）

项目	2012年	2013年	2014年	2015年	2016年	2017年
一般公共预算支出	415636	502589	567116	668939	684617	704773
生态投入	66682	75109	81135	127514	108981	142470
生态投入所占比重	16.0	14.9	14.3	19.1	15.9	20.2

2. 全面实施“治山、治土、治水、治气”工程

在治山方面，以“严禁新开露天矿山，加强对矿山开采区、尾砂库的环境整治和生态修复，有计划地关停沿湖、沿港和沿重要交通干线等重点区域80%以上矿山”为目标，积极实施天然林保护工程，大力实施“绿满铜都”[①]行动，开展封山育林、植树造林、退耕还林，建设南部山区、北部湖区两个生态保护区，加速林区生态环境的恢复和生态功能的提高。植树造林18.76万亩，森林覆盖率提高4.84个百分点。

在治水方面，确定的目标是“加强重点港渠、湖泊、水库的水环境保护，确保集中式饮用水水源地水质达标率保持100%；封堵大冶湖流域排污口，确保工业废水集中收集处理，生活污水截污处理，结束工业废水、生活污水直排大冶湖的历史”。据此，抓河湖长制各项任务的落实，加强水体生态保护和建设，规划控制好水体的开发和利用，推进城镇生活污水处理和垃圾无害化处理设施建设。

① “绿满铜都”：开展植树造林、封山育林、退耕还林和土地复垦，持续推进荒山和远山绿化。

图 4　大冶市 2006～2017 年森林覆盖率变化趋势

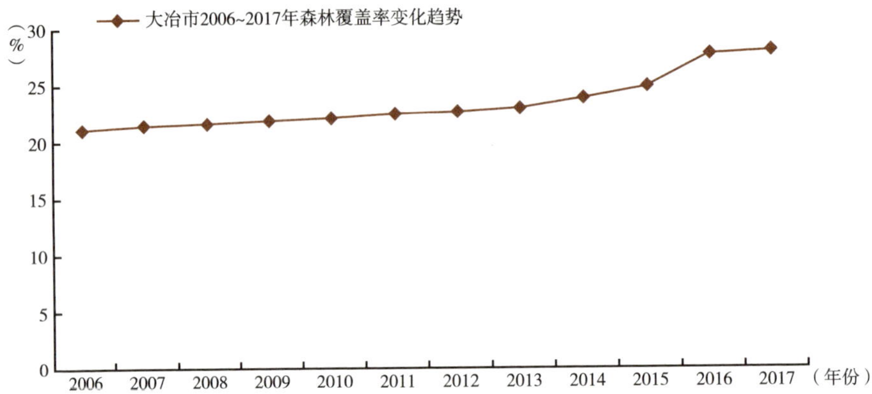

在治土方面，以“加大水土流失治理力度，全面开展重点区域流域重金属污染整治和土壤生态修复”为目标，按照“五边三化”[①]要求，通过加强国土整治和地质灾害治理，加大工矿废弃地修复力度，增加耕地面积 1.83 万亩。

在治气方面，以“加快工业企业脱硫脱硝，加快餐饮服务业、黄标车、城市扬尘和细颗粒物治理，提高地区空气质量”为目标，加大 PM10 浓度监控，全面开展工地扬尘、黄标车限行、秸秆禁烧、企业废气治理等工作，实施城区禁放烟花爆竹，空气环境质量得到明显改善。

3. 开展“五小”企业整治

2008 年以来，大冶面对“五小”企业无序建设投产所导致的乱采乱挖、毁坏农田、破坏植被和污染环境等一系列问题，采取重拳出击、铁腕整治，制定印发《大冶市“五小”企业整治专项行动实施方案》，明确整治工作实行分步淘汰的原则，将 971 家“五小”企业纳入整治范围，对在重点水源和重点道路附近、占用基本农田，以及各级督办指示、环保设施不达标、群众投诉强烈和从事炼钒的“五小”企业，分批次列入取缔名单，严格执行“拔

① “五边三化”：在河湖边、城区边、干道边、集镇边、名胜风景区边进行绿化、洁化、美化行动。

杆子、拆房子、搬机子、毁池子、平场子”的措施，彻底整治“五小”企业。目前，全市“五小”企业已全部取缔，为推进高质量发展腾出了巨大空间。通过全域关停“五小”企业，大冶市域优良天气天数，由2007年的290天上升到2016年的314天，GDP能耗同比下降3.5%，在全省考核中获得县级市第一名。

4. 积极开展环保绿色创建活动

大冶大力创建“省森林城市”、“国家生态市”，成功创建“国家园林城市”。通过积极争取上级资金、政府配套资金等方式，深入推进省市绿色示范村创建工作。“十二五”期间，大冶累计创建了省级生态镇1个、省级生态村18个、黄石市级生态镇1个、黄石市级生态村60个。还地桥镇、灵乡镇坳头村成功入选“全国第四批美丽宜居小镇、美丽宜居村庄”，陈贵镇、还地桥镇被评为2017“十大荆楚最美小镇”。谈桥村等18个村被评为“省级绿色示范村”，上冯村入选“全国美丽宜居村庄示范村”，沼山村、彭晚村被评为“全省新农村建设示范村”。如今，这些山清水秀、生态宜居的美好家园在大冶随处可见。

（五）机制转型

1. 推进投融资改革

党的十八大以来，大冶着眼于经济社会发展全局，切实做好投融资改革的顶层设计和整体谋划，一方面，通过出台《关于深化投融资改革的意见》，明确了改革总体目标、基本原则、工作任务和改革路径；另一方面，通过成立大冶市深化投融资改革领导小组、大冶市投融资决策和债务管理委员会，科学决策和统筹协调推进投融资改革的各项工作。同时，通过拓宽融资渠道、优化投融资结构，进一步打造强城投公司、国资公司、交投公司、房投公司、高新投公司等投融资平台。目前，投融资平台总资产已达566.18亿元，近三年各平台共投入城市基础设施建设资金262.81亿元，为大冶转型发展提供了强大动力。在金融产品创新上，大冶创新推出“甘霖贷”[①]，累计发放资金3.54亿元，有效解决了实体经济发展中的资金难题。在“三农”金融服务上，大冶在全省率先建立“产权＋金融”的农村金融创新机制，积极探索农村土地“三权分置”[②]路径，有效解决了新型农业经营主体融资难、融资贵、融资慢问题，激发了“三农”发展活力，为全面实施乡村振兴战略奠定了坚实基础。

2.深化党建领域改革

随着农村经济社会结构、农民生产生活方式发生深刻变化，面对基层党建和乡村治理出现的新问题，大冶以贯彻落实中办、国办《关于以村民小组或自然村为基本单元的村民自治试点方案》和《中共中央国务院关于加强和完善城乡社区治理的意见》为契机，围绕加强党的领导、完善治理结构、提升服务功能、激发基层活力等方面，全市推进“党建引领·活力村庄”和“党建引领·幸福小区”改革。在农村，组建村庄理事会，把政府主导与农民主体有机统一起来，发挥理事会和群众的主体作用，干什么和怎么干则由群众自己定，真正把好事办到群众心上。在社区，组建社区大党委、小区共建委，建立“双线四级”[③]治理新体系，探索“大治理”、“微服务”的模式，形成了党建带社建促共建的整体合力。

3.深化“放管服”改革

围绕推动工作、破解难题，大冶加大自主改革创新力度，深化“放管服”改革，全面提升服务效能，在过去实施企业“五证合一”的基础上，再新

---

①“甘霖贷”：将政府融资平台的资金，委托银行低息贷给优势中小企业，用于生产性资金流动周转，一年期内收回、可续贷。

②“三权分置”：指形成所有权、承包权、经营权三权分置，经营权流转的格局。“三权分置”下，所有权、承包权和经营权既存在整体效用，又有各自功能。从当前实际出发，实施“三权分置”的重点是放活经营权，核心要义就是明晰赋予经营权应有的法律地位和权能。

③“双线四级”：大冶创新地把治理平台前移到社区，形成了“社区党组织—小区党支部—楼栋党小组—党员中心户”四级组织架构和“社区居委会—小区共建委员会—楼栋小组—居民”的四级治理架构的“双线四级”组织体系和治理体系，将社区离退休党员、进城务工党员、驻区单位党员、下岗失业党员、流动党员和热心居民全部归入党的组织，形成了城市社区基层党建新格局。

增24项由相关职能部门办理的涉及企业的登记和备案事项，实行“29证合一”，真正实现“让数据多跑路、让群众少跑腿”。此外，还在全省率先实行工业项目先建后验机制，推行“五联合”审批，建立工业项目“中介超市”[①]，对涉及工业项目建设的26项中介服务，由政府统一买单。坚持服务提速和企业减负“两手抓”，每年为企业减负6000多万元。大冶探索出的“先建后验”[②]、“中介超市”经验，得到国家发改委调研组的充分肯定，可供其他地区借鉴。

4. 推进工作机制创新

建立“领导小组＋指挥部”运行机制，设立13个重点工作领导小组和30个项目指挥部，实行目标项目化、项目责任化、责任清单化，大冶市的领导班子成员也都人人有重担和责任。推行“高位督查”月督查机制，成立由市委常委任组长的四个高位督查专班，对重点项目、重点工程实行一月一督查，加强过程管理、节点控制。此外，还建立了“紧盯目标、守住底线”季度分析会制度，以及全年“增量考核”机制，其考核结果作为领导班子和领导干部调整、提拔、重用的依据。增量的正增长，紧盯项目新开工、新投产等内容；增量的负增长，紧盯安全生产隐患、信访维稳等问题，有效推进了工作落实。

---

① “中介超市”：大冶市招商引资工业项目均可进“超市选购”相关行政审批中介服务。纳入“中介超市”的业务包括项目审批所涉及的节能评估报告、环境影响评价、安全评价、土地评估等26项中介服务，涵盖项目签约到开工建设、投产全过程。所有的中介服务项目，均由政府买单。按照“非禁即入、自愿入驻、公平公开”的市场准则，凡涉及工业项目行政审批中介业务的中介机构，均可报名申请入驻该“中介超市”。

② “先建后验”：为切实解决项目建设审批环节严审批、轻监管、以审批代监管，成本高、环节多、效率低等问题，大冶市在吸收省、市“先建后验”等先进经验的基础上创新举措，对工业项目各审批重点环节的流程“再造”，出台了《大冶市工业项目审批模式改革实施方案》，并在全市范围内推行“先建后验”。“先建后验”实施后，凡经过大冶市入园预审的工业项目，从签订合同之日起，可在两个月内完成所有开工前期的中介服务事项及其他事项的办理，平均缩短时间3/5以上，极大地优化了办事流程，减轻了企业负担。

四、大冶市转型发展的重要启示

改革开放40年来特别是党的十八大以来，大冶在阔步前行中主动、率先转型，在全面转型中创新发展、实现跨越，走出了一条资源枯竭城市成功转型发展之路，打造出一个独特的区域经济社会可持续发展的成功“样本”。大冶经验内涵丰富、特色鲜明。这些经验，对全国资源型城市推进城市转型，有着诸多的借鉴意义。

（一）推进转型发展，要有持续精神

一个地方的崛起必有它所秉承的战略思维，一个县域的跨越也必有它所坚持的奋斗活力。作为资源枯竭型城市，转型发展是大冶发展一以贯之的主线。从2006年的自发转型到2008年列入全国首批资源枯竭型试点城市，从自闭的转型到开放的国家层面政策支持的转型，从单纯的经济转型到经济、文化、生态、社会、体制机制“五位一体”的城市转型，从“一主三动”的城乡一体统筹发展到“一优三化”的转型升级，大冶始终坚持转型目标不动摇。大冶从经济转型到城市转型，再到如今的生态优先，转型不断提档升级。特别是党的十八大来，大冶在推进生态立市、强化生态保护、培育绿色产业等方面，创造了更多的“绿色福利”和“绿色效益”。全国县域经济百强排名从2012年的97位进位到79位。历届大冶市委市政府本着这种精神境界和历史担当，发扬“钉子精神”，一张蓝图绘到底，在实现转型跨越发展上创造了无愧于时代的新业绩。实践证明，这种持久永恒的战略定力，是大冶推进转型发展的有力保障。

（二）推进转型发展，要有突破精神

大冶的每一次转变，都诠释了改革开放的真谛；每一次决策，都闪耀着解放思想的火花；每一次奋进，都紧跟着大时代的步伐。在推进转型的进程中，大冶市两度召开“黄金湖会议”，一次是2006年，主要是研讨“转”与

"不转"的问题；一次是2016年，主要是研讨"十三五"以及更长一段时期的发展问题，实质上也是城市转型的升华和延伸问题。这两次会议对大冶转型发展都具有里程碑意义。由此，大冶干群思想资源被充分激活，在转型思想指引下，营造了"比学赶超、勇于担当、主动作为"的氛围。汉龙顺利引进、高新区成功获批、全国文明城市创建成功，这些都得益于大冶市领导的解放思想。同时，大冶跳出资源困境，求新求变，毫不犹豫抛弃了旧有的模式，突破体制机制壁垒，主动转方式、调结构。比如，敢于突破城乡二元结构障碍，建立了"三个对接"[①]、"三个置换"[②]机制；敢于破除安于现状的思想，建立"高位督查"、"领导小组+指挥部"工作机制，等等。通过解放思想、敢破敢立，大冶从过去的招商"拿来主义"到新兴产业汉龙、中兴新的引进，从镇镇设园到一镇一品的功能划分，从"人有我无"到"人有我特"的产业布局，都是逐步从因循守旧、故步自封的状态中突破出来的。马克思主义的基本观点认为，世界是不断发展的，除了发展外，没有任何一成不变的绝对的东西。改革开放40年其实也是一个解放思想、勇于创新的过程，大冶的转型历程只是改革开放历程中的一个缩影，但是从这一个缩影中，我们就可以得出一个结论：那就是凡是反复被实践证明是错误的和跟不上新形势需要的东西，一定要敢于破除；凡是有利于发展生产力、有利于提高人民生活水平、有利于社会和谐的，都要勇于去树立。基于此，大冶值得其他资源型城市学习借鉴。

（三）推进转型发展，要有牺牲精神

因长期的粗放式开发，大冶市地质灾害频发，生态环境日益恶化。截至

① "三个对接"：在统筹城乡社会保障过程中，推行新型农村合作医疗与城镇居民基本医疗保险逐步对接，新型农村养老保险与城镇居民养老保险、城镇职工基本养老保险逐步对接，农村低保与城市低保逐步对接。

② "三个置换"：在土地流转过程中，农民可以以宅基地置换住房、以土地承包经营权置换社保、以土地承包经营权置换股份。

2006年，全市共有塌陷区80多处，滑坡、泥石流30多处，地质灾害重点防治区约180平方公里，特别是金山店伏山村、陈贵大广山和金湖鸡冠咀等矿区地质灾害频发。水土流失严重，流失面积占全市国土面积的33%。由于河道淤塞、河床抬高、地表水下降、重金属污染等，致使大量农田无法耕种，受灾面积达8万亩以上。全市排放"三废"的厂矿企业200多个，主要港渠受到不同程度的污染，主要矿区粉尘污染严重，大气环境质量下降，尾砂库安全隐患突出。这些问题，直接威胁到人民群众的生产生活和生命财产安全，也对社会稳定带来了严重影响。生态环境和经济发展之间的博弈，往往让许多地方领导干部难以取舍，但是大冶市委牢固树立"绿水青山就是金山银山"的理念，坚持生态优先，毅然决然用压倒一切的高压态势治理污染。通过关停并转，全面整治近千家"五小"企业，这种宁可牺牲政绩，也要还人民群众美丽家园的决心，是认真贯彻"绿水青山就是金山银山"的理念的具体体现，彰显了大冶市委市政府高度替历史负责的责任担当。

（四）推进转型发展，要有追求精神

从改革开放初期的乡镇企业兴盛繁荣，到1999年进入湖北省"十强县市"，大冶依赖的是矿产资源带来的经济总量，但是依赖资源"一矿独大"，带来的是产业结构严重失衡、增长方式落后、社会矛盾突出。随着武钢、大冶有色等中央企业的撤离，大冶曾经繁华的小镇铜绿山、铜山口、龙角山，逐步萧条直至撤并。资源终会枯竭，当资源之"利"已成资源之"累"时，大冶面临资源困境。截至2006年，大冶资源型产业经济总量占工业经济总量的80%左右，80%左右的工业增加值仍然来源于铁矿石采选、钢铁和水泥三大行业。在"十五"时期工业累计投资的55.2亿元中，80%左右的投资涉及钢铁、水泥、铝材，这种投资模式导致全市工业经济加重了对能源、矿产资源的依赖性。其时，大冶面临的一个重要课题是，如何尽快摆脱"荷

兰病”[①]的阴影，快速发展接续替代产业来缓解转型之痛。汉龙汽车整车项目的引进，即是集中了全市资源，并建立在民主决策和集体意愿之上。不转型面临的唯一命运就是矿竭城衰，反之则有可能迎来新的发展机遇。一个县级市，敢于引进整车企业的落户，难度和阻力是空前巨大的。但正是带着一种“拼劲”，才让大冶在向千亿新能源汽车产业布局的道路上迈开了坚实步伐；也正是因为这样，才让大冶在一矿独大的困境中突围，形成了自己鲜明的产业特色和接续替代产业体系。

（五）推进转型发展，要有落实精神

人要有精神才能推动事业进步，事业发展也需要干劲才能战胜困难出成绩。纵观大冶市近年来的发展历程，不难看出，一切成绩的取得，都是全市同心同德、团结协作、务实肯干、真抓实干的结果。第一，党员干部是关键。近年来，大冶市委在科学理解“德才兼备、以德为先，五湖四海、任人唯贤，事业为上、公道正派”的基础上，坚定政治优先、基层优先、项目优先、口碑优先的选人用人导向，并从学识、经历、性别、年龄、党派等五个方面，优化干部结构，有效调动干部热情、激发干部能量，让苦干实干的干部得到成长、看到希望。同时，大冶市领导秉承“不分一线二线、同在发展前线”理念，形成了一张蓝图绘到底、一门心思抓发展的生动局面。第二，作风建设是前提。党风不纯、作风不正，直接影响事业进程。大冶市的转型之路每迈出一步，都要付出艰辛的努力。大冶的城市转型之所以能够久久为功、一步一个脚印地踏步向前，一个关键的因素就是作风建设。比如，严格遵守中央“八项规定”，市领导以“从我做起、向我看齐、对我监督”为主题，

① “荷兰病”是指一国（特别是指中小国家）经济的某一初级产品部门异常繁荣而导致其他部门衰落的现象。20 世纪 50 年代，已是制成品出口主要国家的荷兰发现大量石油和天然气，荷兰政府大力发展石油、天然气业，出口剧增，国际收支出现顺差，经济显现繁荣景象。但蓬勃发展的天然气业却严重打击了荷兰的农业和其他工业部门，削弱了出口行业的国际竞争力，到 20 世纪 80 年代初期，荷兰遭受到通货膨胀上升、制成品出口下降、收入增长率降低、失业率增加的困扰，国际上称之为“荷兰病”。

向全市做出坚持廉洁从政、反对“四风”的廉政承诺和主体责任履责承诺；每季度召开“紧盯目标、守住底线”分析会，促进各督促检查部门依法依纪履职尽责，改作风、提效能；在全市有针对性地开展“六项坚决整治”，即坚决整治有令不行、有禁不止问题，违规选人用人进人问题，“人情风”与“红包风”问题，“为官不为”问题，损害群众利益的突出问题，“两个责任”落实不力问题。一些群众反映强烈的突出问题得到有效解决，一些长期难以刹住的歪风得到有效治理，为转型发展提供了作风保证。第三，真抓实干是根本。“道虽迩，不行不至；事虽小，不为不成。”脚踏实地，真抓实干，是时代的要求，也是推动转型发展的核心所在。大冶的干部群众，始终有一种“功成不必在我”、“功成必定有我”的精神境界和历史担当，始终有一种“钉子精神”，一种敢于攻坚的闯劲、勇于攻坚的拼劲、乐于攻坚的韧劲，一种“抓铁有痕、踏石留印”力度。无论是技术创新、产品升级，还是动能转换、结构再造，无论是生态文明建设，还是新优势产业的培育，都需一一落实和解决。特别是明晰的责任体系，保证了将各项目标任务分解到单位、具体到项目、落实到岗位、量化到个人，并通过“高位督查”机制进行督查落实，形成人人有责任、层层抓落实的工作格局。习近平总书记多次指出，“空谈误国，实干兴邦”，“一分部署，九分落实”，“幸福都是奋斗出来的”。在大冶，正是因为求真务实，层层落实，才形成了上下一心、共谋发展的生动局面。

改革开放40年来，大冶的发展波澜壮阔，气势恢宏。摆脱资源束缚的大冶，在习近平新时代中国特色社会主义思想的指引下，正在积极践行创新、协调、绿色、开放、共享的发展理念，努力打造资源枯竭型城市转型发展的“大冶样本”，奋力谱写新时代高质量发展的篇章。

改革开放

与中国县域发展

GAIGEKAIFANG

湖南长沙

HUNAN CHANGSHA

兴产惠民高质量发展领跑中西部

中国社会科学院数量经济与技术经济研究所

改革开放 40 年来，我国经济社会发生了翻天覆地的变化，社会主要矛盾也发生了历史性的变化。当前，正值全面建成小康社会的决胜阶段、中国特色社会主义进入新时代的关键时期，大力推进高质量发展，是“解决好发展不平衡、不充分问题”的必由之路，是“实现‘两个一百年’奋斗目标、实现中华民族伟大复兴的中国梦”的必然要求。长沙县是全国 18 个改革开放典型地区之一，培育了长沙经济技术开发区（以下简称“经开区”）、临空经济示范区、现代农业创新示范区、黄花综合保税区等四家国家级园区。近年来更是坚持发展新理念，通过深入实施“千亿企业、千亿产业、千亿园区”发展战略，走出了一条创新驱动、绿色引领、协调有序、积极开放、共同富裕的高质量发展道路。长沙县的高质量发展经验极具典型性和代表性，非常值得总结和推广。

一、基本情况与成就

长沙县隶属湖南省会长沙市，位于湖南省东部偏北，湘江下游东岸，县域总面积 1756 平方公里，辖 18 个镇（街道），总人口 104 万人，是闻名遐迩的“中西部第一县”。长沙县气候温和、风景优美、土壤肥沃、物产丰富，自然条件非常优越。

长沙县是一方历史悠久、人文荟萃、久负盛名的发展热土。春秋晚期已成为楚国的南方重镇。1922 年长沙县直属湖南省，长沙县城为湖南省省会。1933 年建长沙市，市县分治。中华人民共和国成立后，长沙县曾隶属长沙专区（1952 年改名湘潭专区），1959 年改隶长沙市。长沙县自古文脉昌盛，曾涌现出一大批文化名家，近代以来更有黄兴、杨开慧、李维汉、徐特立、柳直荀、许光达、田汉等无数仁人志士。

中华人民共和国成立至改革开放前，长沙县先后开展了减租退押、土改、农业合作化等一系列运动，国民经济得到了恢复和发展，人民生活水平显著改善。大规模的农田水利建设、良种推广、耕种制度改革等措施，使长沙县的农业生产发展较快。全县围绕农业办工业，兴办了许多国有企业和集体企业，以农具、粮油、食品、轻纺、建材为主体的工业得到了一定发展。同时，新修多条县乡级公路，并形成以供销合作商业为主体的商业网络。但是，改革开放前，长沙县国民经济发展总体上不够稳定，经济波动幅度较大。

改革开放后，长沙县的经济活力得到释放，国民经济进入全面持续稳定发展时期。改革开放初期，大力兴办乡镇企业使长沙县一跃成为“三湘第一县”。1992 年邓小平南方谈话后，长沙县进一步解放思想，提出“搬县城、达小康、进百强”的目标，实施开发区带动战略，结束了“有县无城”的千年历史，创建了国家级园区——经开区，产业结构持续优化，农业现代化稳步推进，主导产业迅猛发展，园区聚集效应日趋明显。特别是党的十八大以来，面对经济发展新常态，长沙县按“五位一体”总布局，坚持协调推进“四个全面”“四化两型”①等战略布局，以“三个共同”②“三

---

①“四化”即新型工业化、新型城镇化、农业现代化、信息化；“两型”即资源节约型、环境友好型。

②“三个共同”：幸福与经济共同增长、乡村与城市共同繁荣和生态宜居与发展建设共同推进。

个共享”[①]“三个率先”[②]为追求，始终围绕“强南富北[③]、民生立县、挺进五强”发展主线，坚持创新引领，奋力开放崛起，扬优势、补短板，强保障、惠民生，率先在湖南省实现全面小康，成为享誉全国的经济强县和文明、美丽、幸福之城。2017 年在全国县域经济基本竞争力、2018 年在中国中小城市综合实力百强排名中分别位列第五位、第六位（如表 1 所示），连续多年稳居中西部地区第一名。

表 1　长沙县基本经济竞争力和综合实力排名

（单位：位）

年份	2007	2009	2011	2012	2013	2014	2015	2016	2017	2018
基本经济竞争力	45	34	18	15	13	9	8	7	6	暂未出
综合实力	58	53	17	13	8	7	6	6	6	5

注：“基本经济竞争力排名”是指全国县域经济基本竞争力排名（中郡研究所发布）；“综合实力排名”是指中国中小城市综合实力排名，该排名由中国城市经济学会中小城市发展委员会等单位发布。

二、长沙县高质量发展特色做法与典型经验

（一）特色做法和成就

改革开放 40 年来，长沙县从一个比较封闭落后的农业县成长为“中西部第一县”，在政治、经济、社会、文化、生态等各方面都取得了令人瞩目的成就，其主要特色做法如下。

1. 创建园区平台，打造产业发展新引擎

谈及长沙县的高质量发展，不能不提的是其着力培育的四个园区。这四

① “三个共享”：全民共享经济发展成果、全民共享基本公共服务和全民共享平等发展机遇。

② “三个率先”：率先建成全面小康社会、率先建成两型社会和率先实现基本现代化。

③ 长沙县南部是其城区，交通便利，经开区、临空经济示范区、黄花综合保税区及相应的主导产业均集聚在此；其北部则是乡村地区，生态环境优美。

个园区不仅是长沙县招商引资、招才引智的高层次平台，也是长沙县实施“产业强县”等重大发展战略的主战场。

在创建园区的过程中，长沙县特别重视通过加强基础设施和公共服务体系建设推进产城融合，优化园区的发展硬环境。以创建最早的经开区为例，该园区一直按照“高起点规划、高标准建设、高水平管理”的理念精心建设。经过 20 多年的努力，已经形成了“十纵十横”的道路骨架格局，教育、医疗、交通、网络、商贸、金融、公租房、限价房、生态公园、休闲娱乐等公共服务体系建设也得到了长足发展。如今，经开区已经成为一座“供水好、排水畅、电力稳、道路通、信息灵、绿化佳、设施全、环境美”的生态工业新城。

长沙县特别重视营造“亲商、安商、扶商、富商”的良好发展氛围，对各地来的创新创业者一视同仁，使长沙县成为吸引人才和投资的洼地。一是努力创建服务型政府，提高政务服务水平。园区在成立政务服务中心的基础上，推进“互联网 + 政务服务”平台建设，通过“一网通办”、现场办理、政务快递、全程代办等方式实现“一站式服务”。同时，实施“最多跑一次”改革，已惠及园区 127 项政务服务事项中的 125 项。二是不断革新审批模式，提高行政效率。按照“两集中、两到位”要求，积极推行绿色通道、容缺受理、并联审批、无条件预审等审批模式，将园区行政审批时限全部压缩至法定时限 2/3 以内，工商登记全面实行即时办理。三是在设立产业发展基金、完善政策奖励、依法保护投资者合法权益等方面持续发力，吸引总部经济入驻、鼓励园区企业上市、鼓励小微企业创新创业以及人才引进。

随着发展环境的持续改善，四大园区也吸引了国内外诸多企业和投资者来此开创事业，特别是经开区一跃成为长沙市乃至湖南省工业经济的重要驱动力和核心增长极。2011 年，经开区就已经实现工业总产值 1245 亿元，成为国家级开发区千亿园区“俱乐部”的一员。2017 年，经开区工业总产值突破 2300 亿元。近年来，经开区引进企业的数量和质量均持续上升（如表 2 所示），不仅有德国博世等 31 家世界 500 强企业，也有三一重工、上汽大众、蓝思科技等数十家国内知名企业。同时，长沙县也培养出梁稳根、周群飞等一大批优秀的创新创业者。不俗的成就使经开区赢得了“湖南工业看长沙、长沙工业看星沙”的美誉，还先后荣膺“中国最具投资潜力十强开发区”“湖南省优化经济发展环境示范区”“湖南省发展开放型经济先进单位”等称号。

表 2 经开区规模年份以上工业企业数目变化情况

（单位：家）

	2012 年	2017 年	2012 ~ 2017 年变化
规模以上工业企业	104	188	+84
产值亿元以上企业	50	93	+43
产值 10 亿元以上企业	9	23	+14
产值 100 亿元以上企业	1	7	+6
世界 500 强企业	25	31	+6

资料来源：经开区提供。

临空经济示范区，创建一年多，已引进以厦门航空、圆通速递、联通数字阅读基地、百联奥特莱斯购物广场等航空服务、物流、高端服务业领域的重大项目 29 个，总投资达 400 亿元。黄花综合保税区注册企业已达 196 家，运营投产 70 多家，2017 年完成进出口报关 11.9 亿美元，实现进出口额 7.69 亿美元，仅用半年时间就跃居全省 7 个海关特殊监管区第二位。现代农业创新示范区自 2008 年成立以来，先后建立现代农庄为 86 家，培育农产品加工企业 254 家，其中国家级龙头企业 2 家、省级龙头企业 18 家、市级龙头企业 81 家。拥有国家地理标识 1 个（罗代黑猪），中国驰名商标 6 个、湖南省著名商标 34 个，有机产品认证基地 5 个。

2. 振兴实体经济，培育高质量发展新动能

长沙县围绕产业强县来调整招商引资策略，注重招大引强，努力壮大主导产业，积极发展配套产业，并形成了“着力引大、以大引小、成龙配套、梯次推进”的方针，逐步建立起多元支撑、高端高效的现代产业体系。

表 3 长沙县三次产业占地区生产总值比例变化

（单位：%）

	1978 年	1992 年	2002 年	2012 年	2017 年
第一产业份额	52	40	18	7	5
第二产业份额	32	43	54	72	64
第三产业份额	16	17	28	21	31

资料来源：1978～2002 年数据依据《长沙县志 1988～2002》；2012～2017 年数据来自相应年份的《长沙县国民经济和社会发展统计公报》。

突出新型工业化，推动转型升级，提质增效。改革开放以来，第二产业为长沙县的经济发展做出了巨大贡献（如表 3 所示）。近年来，长沙县以高端化、国际化和集群化为方向，加大技术创新力度，拉伸产业链条，提高本地配套能力，使第二产业的核心竞争力不断提升（如图 1 所示）。一是持续做大做强工程机械。通过支持中联重科、三一重工、山河智能等企业整合资源，开发高端产品，完善和延伸产业链，提高本地配套率，积极开拓海外市场，2017 年工程机械产值接近千亿元。二是大力推进“产业链发展”战略，打造中国汽车产业集群新板块。以上汽大众、广汽三菱、长丰猎豹等龙头企业为重点，通过实施整车带动、零部件推动与升级策略，基本形成了以轿车

图 1 2017 年长沙县第二产业总产值构成

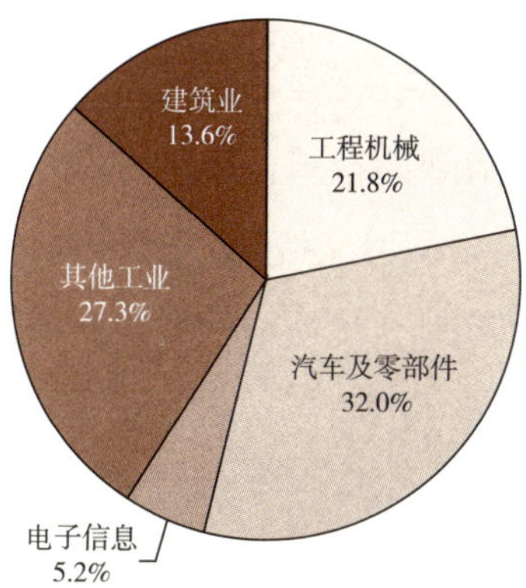

资料来源：根据 2017 年《长沙县国民经济和社会发展统计公报》数据计算。

等整车为核心的全要素、多类型、高效益的汽车产业集群，2017 年汽车产业产值已超过千亿元。三是通过实施“以点带面、集群发展”战略促进电子信息产业快速优质发展。依托蓝思科技、国科微电子、纽曼科技、维胜科技等企业着力拉升智能终端的上游链条，围绕移动终端、物联网、云电视等领域培育和引进中小配套项目。快速壮大的电子信息产业集群，有望成为长沙县第三个千亿产业。此外，还不断改造提升食品饮料、建材和印刷包装等传统产业的发展层级，着力壮大新材料、节能环保、住宅工业、北斗导航工业等战略新兴产业，并培育出建筑业特级企业一家、一级企业十余家，成为著名的建筑业大县。

突出现代服务业，拓展新业态，补齐短板。一是依托交通优势，以园区和黄花空港新城等功能区为载体，重点培育包括公路货运物流、航空物流、生产性物流、农产品及消费品物流等现代物流业。二是依托星沙松雅湖商务区等功能区及城市主干道，积极发展金融、咨询、设计、总部经济、楼宇经济、服务外包等商务服务业。三是充分发挥特色资源优势和地处市郊的区位优势，重点发展全域旅游，着力打造“长沙市的后花园”。四是依托中南汽车世界等商业中心加快发展商贸餐饮业，构建城乡一体的商业连锁经营网络。此外，还着力推进房地产业健康发展、鼓励发展社区服务业、精心培育文化创意产业。2017 年，服务业产值达到 437.2 亿元，在县域经济社会发展中发挥着越来越重要的作用。

突出现代农业，提升优势，做强特色。长沙县一直注重巩固农业的基础地位，通过推动农业供给侧结构改革，逐渐构建出“一区两廊三带”[①] 现代农业发展格局。一是提升优势农业。主要以现代化农业示范区为平台，在北部几个乡镇重点建设了有机茶叶、优质稻、甜糯玉米、特种红薯、罗代黑猪等一批优势农产品基地，打造了“金井”“湘丰”“高桥银峰”等中国驰名品牌。

---

① “一区两廊三带”：“一区”即长沙县国家现代农业示范区，“两廊”指百里茶叶走廊和花卉苗木走廊，“三带”指将 S207、黄兴大道北延、G107 打造成三条特色现代农业综合示范带。

二是发展特色农业。通过出台扶持政策，大力发展设施蔬菜、有机蔬菜、反季节蔬菜基地，花卉苗木产业基地和市场，生态果园以及食用菌基地。三是大力提升农产品加工水平，重点发展茶叶、粮油、蔬果、食用菌等农产品精深加工业，农产品加工产值已超过 100 亿元。四是健全农业服务体系，包括建立县、乡镇（街道）、村（社区）三级与农业相关的产品质量安全、技术、市场信息、金融等服务体系。

3. 统筹城乡发展，“强南富北”振兴新农村

长沙县通过全面推进“六个统筹”[①]、“六个集中”[②] 城乡统筹发展策略，形成了以城带乡、以工促农、城乡一体、融合发展的新型城乡关系和发展方式（其中浔龙河成为全国首个以乡村振兴品牌入选新华社民族品牌工程的企业），成为湖南省统筹城乡一体化发展的先导基地，全国城乡融合发展的先行示范区。

完善基础设施建设。一是持续完善覆盖城乡的道路交通网络和综合运输体系，积极改造提级现有农村公路，全县公路达 339 公里，实现了组组通公路，获评“全国农村四好公路示范县”。二是大力加强乡镇公共客运体系建设，实行村村通公交，站点到村。三是不断推进城乡供水体系建设，城乡水厂提质改造，延伸农村供水管网。四是高度重视城乡水利设施建设，通过推广农村管网灌溉等措施，提高了水资源的利用率。五是通过农村电网改造、推广沼气、风能、太阳能等措施，优化了农村能源利用结构。六是加强信息基础设施建设，绝大部分行政村已经实现 4G 信号覆盖和光纤通达。七是加强农村教育、医疗卫生、文化体育等基本公共服务设施建设。目前，长沙县已基本形成城乡共建、城乡联网、城乡共享的基础设施和公共服务设施网络，形成了“农业强、农村美、农民富”的农村发展局面。

壮大农村集体经济。一是着力打通城市工商资本、技术人才进入农村的

---

① “六个统筹”：统筹城乡规划、基础设施建设、产业发展、社会事业、公共服务、生态体系建设。

② “六个集中”：资本集中下乡、土地集中流转、产业集中发展、农民集中居住、生态集中保护、公共服务集中推进。

通道，为北部农村集体发展特色农业、园区和产业项目配套型服务产业、旅游业提供强劲的内生动力。二是积极探索跨区域土地和项目开发、“村级合作组＋农户”“龙头企业＋村集体”等集体经济实现形式，做好“乡镇、村级集体经济和新型农业经营组织”三篇文章。三是通过建立城乡统一的用地、人力资源市场，积极推进户籍制度改革，加快建设普惠“三农”的金融体系，引导发展要素向农村集聚，进一步解放农村生产力。四是推进村级体制改革试点工作，如县对乡镇的税收分成机制、农村集体产权制度改革、推进村社两账独立核算等。

提升乡村治理能力。一是加强村庄规划和庭院整治，主要包括危旧房改造，规范管理农民建房，整治农村闲置、废弃、私搭乱建住宅。二是实施乡村清洁和美化工程，包括引导农民开展秸秆综合利用，规范废弃物管理，推行养猪大户退出机制，持续推动农村污水、垃圾处理全覆盖工程，对垃圾站、厕所进行提质改造，通过开展山、水、田、林、路综合整治等行动美化村庄。三是通过构建“三位一体、多元治理”格局（以基层党组织为核心、村民自治组织依法自治、社会组织有效参与），探索以“三事分流”[①]为核心的村级公共事务实施方式，全面加强村级治理。

4. 推动生态文明，坚持绿色发展新理念

长沙县始终坚持经济和环境“双赢”的原则，一直把建设“两型”（资源节约型、环境友好型）社会作为转变经济发展方式、推进生态文明建设和绿色发展的重要着力点，创造了良好的生态环境质量（已位居中国十佳“两型”中小城市榜首），成功创建了湖南省首个国家级生态县，并获得了国家卫生县城、国家园林县城、“中国人居环境范例奖”等多项荣誉。

全面推进资源节约。倡导“两型”生活方式，率先在全省探索建立县级“两型”建设指标体系。一是力推能源利用的节约化和清洁化，如加快构建节能型产业体系，深入推进建筑节能，加快淘汰各种黄标车和老旧车辆，严

① “三事分流”即“大事政府办，小事互助会办，私事自己办”。

格落实“两型机关”制度，引导农业和农村节能，大力推广太阳能、沼气等新能源和可再生能源的规模应用。二是节约集约用地，主要包括建立健全节约集约用地政策体系，加强闲置土地的管理，建立健全新增项目土地利用强度标准，探索土地综合开发利用模式等。三是节约水资源，如大力推广工农业节水技术、设备和工艺，鼓励城市中水循环利用与废水处理再利用，推广应用节水产品等。四是节约使用材料，如推行产品生态化设计、推广新型建筑结构体系和新型墙材、加快发展再生资源产业、发展循环经济等。

大力改善生态环境。通过对生态建设和环境治理不懈地努力，长沙县的生态环境质量已经达到国内先进水平。一是大力推进城乡环境治理，如全面推广“分户收集、分类处理、村民自治、政府补贴、合作社运营”的农村环保自治模式，试点推行有害垃圾集中回收和无害化处置工程，确保每个乡镇有一座污水处理厂。全面打响蓝天保卫战，重点治理工业企业污染和畜禽养殖大户污染等。二是不断加强生态建设，包括率先建立生态补偿机制，全面实施封山育林，大力实施“两河”（浏阳河、捞刀河长沙县段）流域综合治理、生态湿地建设等重大工程。截至 2017 年，全县已完成道路绿化 280 公里，建成生态河道 240 公里、生态湿地 3 处，完成山塘清淤 5 万亩，森林覆盖率达到 49.6%，县城建成区绿化覆盖率达 40%，镇街饮用水源保护区水质达标率 100%，国家级生态乡镇实现全覆盖。

5. 着眼群众需求，建设民生幸福新工程

长沙县将新增财力的 80% 都用在了民生工程，荣获中国最具幸福感城市（县级）永久荣誉。

保障投入，着力实施“大民生”工程（如图 2 所示）。一是大力促进就业增收，如对就业容量大的产业和企业发展给予支持，不断加大对创业企业的服务和支持力度，全力实施居民收入倍增计划等。2017 年长沙县的城镇登记失业率已低于 3%，居民人均可支配收入（36977 元）[①] 在 2007 年的基础

① 《长沙县 2017 年国民经济和社会发展统计公报》。

图 2　2017 年长沙县一般公共财政实际支出情况

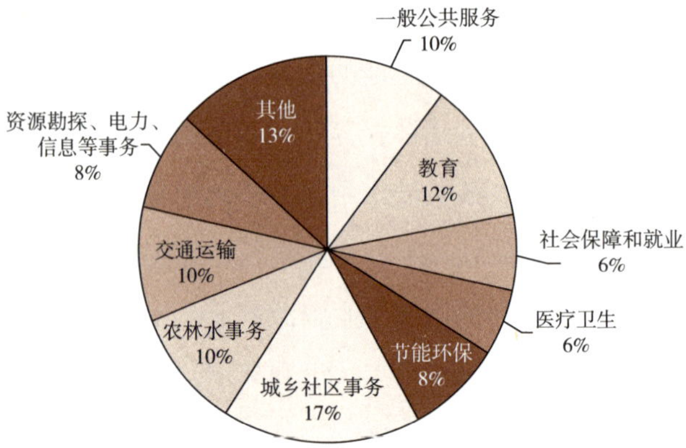

资料来源：根据《关于长沙县 2017 年财政预算执行情况及 2018 年财政预算（草案）的报告》数据计算。

上实现了翻番。二是健全社会保障体系，主要包括健全城镇职工基本养老、医疗、生育、失业、工伤保险制度，被征地农民社会保障制度和城乡居民最低生活保障制度，为全县居民提供有条件的免费医疗服务，持续加大社会福利基础设施投入，加强困难群众综合帮扶，不断完善住房保障体系。三是不断提升社会事业水平，通过加大教育投入力度、引进国际国内优质教育资源等措施成为湖南省“教育强县”，通过构建一体化管理的基本卫生服务体系等综合措施使居民健康水平与卫生服务指标达到国内先进水平，通过兴建公益性文体设施、乡镇（街道）综合文化站、村（社区）文体活动中心等措施成为“全国文化先进县”“全国群众体育先进单位”“全国县级文明城市（提名）”“全国公共文化双服务先进集体”。

群众参与，精准实施“微民生”工程。长沙县以“群众点菜，政府埋单”的形式实施“微民生”项目，主要是为了解决服务群众“最后一米”的问题。一是广开言路，科学决策。每年年初，各村（社区）发放和汇总问卷调查表，收集“群众点菜”内容，提交给所在镇（街道）党政班子研究后，报送至县委办，再由县委办将项目汇总并分解到各相关部门审查。二是重在落实，严控项目质量。各镇（街道）严格按规定实施项目建设，县委办定期督查、了解项目实施情况，并组织相关部门对竣工项目全面验收评审。三是落实专项资金，注重资金效益。县财政预算每年拿出不少于5000万元专项资金解决“微民生”问题，鼓励各镇（街道）通过以奖代投资、投资补助、特许经营、购买服务等方式吸引社会资本参与项目，调动群众广泛参与，提高资金效益。

（二）高质量发展形成特色的缘由与条件

长沙县的高质量发展之所以能够形成特色，除了国家以及省、市的大力支持外，主观上应归功于其与时俱进的发展思路，客观上则源于其自身独特的发展优势和国内外经济形势变化带来的战略机遇。

1. 自主改革，自我加压，做好顶层设计

思路决定出路。改革开放之初，长沙县积极响应党中央号召，通过对广东、江苏、浙江等地的考察、学习，确定了“以乡镇企业为主体，种养业为两翼”的“飞鸟型”经济发展模式，有力地促进了工业发展，为经济腾飞夯实了基础。1992年，在邓小平南方谈话精神的鼓舞下，长沙县制定了“以开发开放带动县城建设，实现全县经济腾飞”的战略，开始大力兴建开发区（即后来的经开区），将国民经济导入快速发展轨道，很快成为全省第一批小康县，并成为全国闻名的经济百强县。

党的十六大召开后，长沙县坚持以科学发展观为统领，紧紧围绕“领跑中西部”的战略目标，提出“三个共同”的发展理念和“一县两区、南工北农”主体功能分区方案，同时，创造性地实施“四化两型”战略，率先取消长沙县地区生产总值考核指标，采取不同区域“分类考核”的制度，从而形成了“仅以1%的土地创造财富，99%的土地用来保护生态环境”的土地集约发展局面。科学发展也使长沙县连续多年“领跑中西部”。

党的十八大以来，长沙县按照中央“五位一体”总体布局，积极贯彻落实五大发展新理念，发挥湖南省桥头堡作用，率先找准“一带一部”先机，提出了“三个率先”“三个共享”的新目标。特别是2016年，提出“强南富北、民生立县、挺进五强”的发展思路，全面实施“改革活县、产业强县、民生

立县、生态美县、协调兴县、依法治县”六大发展战略，全面推进“二次创业”。长沙县的综合实力也随之继续大幅跃升，城乡品质明显提升，一些关键领域和重点环节改革取得新突破，在中国中小城市综合实力百强排名中持续多年稳居中西部第一。

2. 独特而优越的区位条件和自然、人文资源

长沙县极佳的区位优势十分有利于其实施高质量发展战略。从全国范围来看，长沙县位于华中腹地，具有贯通南北、承东启西的区位功能，是中部、长江经济带和泛珠三角经济区交会的中心地带。从湖南省内来看，该县从东、南、北三面环绕长沙市区，处于长株潭经济圈的核心地带。长沙市雄厚的科技资源、优越的公共服务系统，都能有效地辐射到长沙县。科技“高地”和投资“洼地”使长沙县在接受沿海地区产业梯度转移上具有无可比拟的优势。同时，从长沙城区到长沙县任何一个乡镇车程都在一个小时以内，使长沙县具备了发展成为都市副中心的先天优势。

长沙县境内十分便捷的立体化交通网络为其创办国家级园区和发展外向型经济奠定了坚实基础。其水运可依浏阳河、湘江经洞庭湖通江达海。京港澳等多条高速公路以及多条国道、省道，形成了长沙县“八纵十六横”的路网格局。京广高铁、沪昆高铁以及规划中的渝长厦高铁在长沙县交会，京广铁路紧邻长沙县。坐落于境内的长沙黄花国际机场是中国十二大干线机场之一，成为长沙县创建临空经济示范区和黄花综合保税区的基础。

长沙县优越的自然和人文条件也是支撑其高质量发展的重要因素。长沙县东西北三面环山，地势平缓，浏阳河和捞刀河横穿县境，自然风光十分秀美。高桥镇的白鹭湖、福临镇的影珠山等都是风景秀丽的旅游区。适宜农作物生长的气候和土壤，使长沙县产生了“湘丰”“金井”茶叶等一大批享誉国内外的特色产品。同时，长沙县还拥有一大批名胜古迹和名人故居，是发展红色旅游和文化旅游的宝贵资源。

3. 国内外市场需求变化和产业转移带来的战略机遇

长沙县深入研判国内外市场变化和产业兴替带来的战略机遇，或大力扶

持或提前布局，从而发展出以工程机械、汽车及零部件、电子信息为主导，“多业并重、重点带动、多点支撑”的现代化产业集群。

以工程机械产业为例。20 世纪 90 年代初，我国拉开了快速工业化、城镇化的序幕，各类工程纷纷上马，产生了巨大的工程机械市场需求。长沙县两大工程机械龙头企业——三一重工、中联重科就诞生于这一时期，并迅速成长起来。这两家龙头企业在不断做大做强的同时也产生了强大的集聚效应，吸引了大量工程机械配套企业，使长沙县的工程机械产业链不断完善。

汽车及零部件产业的发展与工程机械产业类似。20 世纪 90 年代中期，发达国家在中国的汽车产业开始由沿海向内陆地区转移。长沙县依托经开区和长期积累的人才、技术基础，在近 20 年内先后承接了沿海发达地区及国外转移来的广汽三菱、上汽大众、博世汽车等一大批知名汽车企业及零部件企业，从而使长沙县的汽车及零部件产业进入快速、优质发展时期，并率先成为全县第一个千亿级产业。

（三）典型经验

1. 坚持以党的领导强化高质量发展的政治基础

党的建设是保证高质量发展按正确的方向推进、落实到位的关键。长沙县之所以能够实现高质量的发展，一个非常重要的原因就是县委及各级党组织在经济社会发展过程中把准了方向、总揽了全局、建设了队伍。

一是始终坚定贯彻党中央制定的大政方针，不断优化发展目标和思路。长沙县坚持深刻领会党中央精神，及时优化发展目标和思路，始终沿着党中央制定的大政方针推进高质量发展，从而实现了一次又一次的飞跃。2012 年党的十八大提出全面建成小康社会的宏伟目标后，县委立即决定紧紧围绕“五位一体”的总体布局，加快推动经济转型升级、民主法治建设、文化建设、和谐社会建设、两型建设。在不到四年的时间里，长沙县就率先实现了全面建成小康社会的目标。

二是打造了一支特别能战斗的干部队伍，为高质量发展提供了坚实的组织保障。毛主席指出："政治路线确定之后，干部就是决定的因素。"长沙县坚持"书记抓、抓书记"，全面落实管党治党责任。认真落实四张清单、四个本子、四季督查和四级评议举措，建立分季督查和观摩点评制度，以实际行动传导压力，使"书记抓、抓书记"成为常态。通过不断加强和改进党的领导，把党的建设融入高质量发展的各个领域，健全"为担当者担当"长效机制，锻造了一支思想过硬、能力过硬、作风过硬的干部队伍，涌现了一大批敬业奉献的好干部。黄龙新村老支书王再德就是这些好干部中的优秀代表，他坚守黄龙新村近40年，带领村民将"三靠村"建设成为明星亿元村。

三是大力引进人才、实施人才强县战略，为高质量发展提供了人才保障。长沙县县委认真履行"党管人才"的职责，组织部牵头抓好统筹协调和全面对接工作，构建起"1+X"的人才政策体系，启动实施"智汇星沙"人才工程，有力保障了高质量发展的人才需求。例如，自2007年起，长沙县启动科技特派员派驻制度。如湖南农业大学将科技员派驻到柳吉现代农业科技有限公司后，指导企业进行锦鲤和金鱼育苗孵化及选育工作，并指导建立销售及信息服务平台，使该公司年产值达到3000万元。

2. 坚持以项目建设夯实高质量发展的产业基础

项目建设是把高质量发展从理念变为现实的关键环节，直接决定着高质量发展的产业基础。"失去一个项目，很可能错过一次机遇；错过一次机遇，很可能耽误一个时期。"正是基于这样的认识，长沙县把项目建设作为县域经济的第一支撑，坚持以项目促发展，以项目凝人心，为企业提供高效优质的"保姆式"服务，始终做到招大引强与扶持中小微企业发展并举，努力提高县域经济发展的活力、韧劲和抗市场风险的能力，走出了一条具有长沙县特色的发展之路。

一是坚持"精准招商"原则，通过引进优质项目推动产业集群集约发展和结构升级。围绕打造"工程机械之都"和"中国汽车产业集群新板块"，长沙县着力培育千亿企业、千亿产业，引进了一批具有全局性、基础性、战略性意义的大项目、好项目。2008 年，长沙县已经成为国内拥有最完整车系制造能力的地区之一，但长沙县并未就此止步。2012 年，长沙县又积极与上汽大众进行接洽，在不到一年的时间，完成了上汽大众（长沙）项目从项目洽谈、项目审核、规划调整、土地报批、拆迁腾地、场地平整的全过程。上汽大众（长沙）也成为中华人民共和国成立以来湖南引进的投资规模最大的产业项目，完全投产后的规模相当于再造一个经开区，极大地提升了长沙县汽车产业的竞争力。

二是强化创新创业项目扶持，鼓励全民创业和中小微企业发展。为有效加强创业富民工作，长沙县成立了创业办（现在的创业服务中心），通过税收减免、设立专项扶持基金、咨询服务等扶持创业项目，起到了“四两拨千斤”的作用，取得了良好的成效。长沙县两年投入 8200 多万元扶持农村创客企业发展。2015 年以来，长沙县依托国家现代农业示范区，在全国率先启动农村创客平台建设工作，累计扶持市县无偿资助项目 1782 个（次），扶持资金 8214.4 万元，安置社会人员就业 8826 人、大学生就业 1258 人，上缴税收 6859 万元。

三是通过项目建设推进新型工业化，促进制造业向“智造”业转型。近年来，长沙县一方面结合园区“两主一特”产业定位，全力推进智能制造项目引进、落地、建设，另一方面，大力支持企业创建国家级智能制造创新平台，已引进索恩格等一批智能制造重大项目，创建国家级智能制造示范企业（项目）3 家，省级智能制造企业 5 家、省级智能制造车间 1 个。其中，博世汽车全新第九代防抱死马达（ABS9）示范生产线是全省首家德国工业 4.0 标杆企业，生产效率提升 30% 以上，质量提升 30% 以上。三一集团建成全球最先进、亚洲最大的现代化数字工厂，其 ECC 企业控制中心被誉为“中国智造”的骄傲。铁建重工全电脑三臂凿岩台车则成为智能制造引领标杆。

3. 坚持以改革创新优化高质量发展的制度基础

高质量发展的推进是否顺畅取决于相应的体制机制是否健全。面对发展的新任务、新要求，长沙县坚持解放思想、与时俱进、锐意变革，基本建立起一个市场机制有效、微观主体有活力、政府调控有度的经济社会运行体系，解决了高质量发展推进过程中出现的困难和问题。以下三个关键领域的改革创新成效尤为突出。

一是通过明确县与国家级园区的分工，实施行政托管、以区带园等管理体制，理顺县区关系，实现区县融合发展。例如，经开区由长沙县创建，实行“长沙市与长沙县共同管理，由长沙市委托长沙县管理为主”的行政管理体制。通过行政托管机制，长沙县管理经开区的社会事务，确保经开区能集中精力抓好招商引资、项目建设等经济工作。通过以区带园机制，长沙县将几个乡镇工业园托管给经开区，主要用于承接经开区的产业转移、发展配套产业和解决重大项目用地问题，既有效拓宽了经开区的发展空间，又增强了经开区对县域经济特别是产业发展方面的辐射带动作用。

二是积极实施政府机构、城市管理、行政审批、政绩考核等体制机制改革，确保政府职能部门发挥“以服务促发展”的功能。长沙县的行政综合执法改革就极具代表性。2016 年，长沙县整合安全生产、资源环境、交通运输、城市建设等 23 个领域的行政处罚权，在省、市政府的重视支持下，组建了全省首个县级综合行政执法局——长沙县行政执法局，进一步强化了其他政府部门的服务职能，催生行政执法聚合效应，为经济发展护航。自成立以来的两年时间里，长沙县行政执法局共立案 1.5 万起，到位罚没款 1.4 亿元，未发生一起行政复议被撤销或行政诉讼败诉案。

三是大力推进所有制、财税体制、投融资体制的市场化改革，创新政府管理模式，搞活国有、集体企业和事业单位，激活社会资本。以投融资体制改革为例，为了缓解财政支出压力，强化了财政预算的约束力，控制和化解了地方债务，提高了公共产品供给效率。2014 年 12 月，长沙县一次性统一公开招投标 21 个政府和社会资本合作（PPP）项目，包括 8 个片区开发类项目、13 个公共服务及基础设施类项目，涵盖基础设施建设、公共服务、城镇化建设、棚改等。如今，这些项目中很多已经成为长沙县城市建设的标杆，如长沙黄花综合保税区基础设施项目。

4. 坚持以绿水青山厚积高质量发展的生态基础

绿水青山既是高质量发展的必然要求，也能使高质量发展拥有更大的战略空间。长沙县围绕“让城市融入自然、让自然涵养城市”的目标，大力推进生态文明建设，不仅提升了生态环境质量、美化了城乡风貌、改善了群众生活品质，而且为高质量发展创造了不可估量的绿色资本。

一是大力推进美丽乡村建设，为发展现代农业、生态旅游奠定基础。长沙县的北部乡村曾经是一幅“山清水不秀，处处猪粪臭。垃圾靠风刮，污水靠蒸发”的景象。自 2010 年起，长沙县通过划定禁养区、生态补偿、鼓励退养户发展新型农业等措施，有效控制了生猪养殖规模。2014 年，长沙县又对全县 12 个镇 80 多个村（社区）近 2000 户养殖户按“栏舍雨污分流改造 + 干湿分离 + 沼气池 + 净化池 + 生态湿地”的模式治理，使猪粪水达到农业用水的标准。同时，政府派人定期以 2 元 / 袋的价格上门收购干猪粪，送往黄花镇新建的有机肥厂。治理后，乡镇恢复了美丽风貌，成为省会市民短途休闲旅游的首选之地，农业也实现了转型升级。

二是污染行业全面退出，为现代高端产业腾出发展空间。近年来，长沙县关闭和搬迁 60 多家高污染、高耗能企业，对近 100 家新引进项目实施环保“一票否决”，显著改善了工业园区的环境质量，同时吸引了一批高端制造业入驻园区。位于长沙县东南部的黄兴镇在 20 世纪 90 年代曾经是硫酸锰生产企业密集地区，其硫酸锰产量约占全国的一半，每年对长沙县财政收入的贡献超过 10%。然而，硫酸锰企业造成的污染也相当严重，使当地居民苦不堪言。为此，长沙县痛下决心，在 2000 年依法全面关停硫酸锰企业，并进行环境整治。这也为黄兴镇发展现代高端产业腾出了空间。如今，上汽大众等一批现代化产业项目已经落户黄兴镇，该镇的“现代市场群”“文化产业园”“高铁会展经济区”“汽车及配套产业走廊”四大经济板块正在快速形成。

三是积极创建绿色生态城市名片，打造高端服务业发展平台。松雅湖国家湿地公园是长沙县生态建设的代表作。松雅湖位于县城北部捞刀河流域的星沙镇万明村团结垸，该垸地势低洼，经常形成内涝灾害。2008 年底，长沙县顺应民意，退田还湖，投资23亿余元完成了1200户6000余人、11000亩的拆迁任务。然后，长沙县按照“现代理念、人文情怀、世界眼光、国际水准”的建设要求，将松雅湖建设成为全省最大的生态湿地湖泊，使其集防洪调蓄、城市安全饮水、改善生态环境、完善城市功能配套布局、提升城市生活品位等诸多功能于一体。围绕松雅湖建设的松雅湖国际生态宜居新城更成为长沙县的八大现代服务业发展平台之一，其写字楼、住宅、酒店、零售四大商业功能已开始显现。

5. 坚持以富民惠民赢得高质量发展的群众基础

富民惠民是高质量发展的根本目的，只有富民惠民才能为高质量发展打下坚实的群众基础。改革开放以来，长沙县始终牢固树立“以人为本、民生至上”的理念，实施了一大批民生重点项目，赢得了人民的信赖和拥护，极大地激发了广大群众参与发展的积极性和创造性，办成了一批群众多年想办而没有办成的事。

一是坚持经济发展让群众受益，通过富民惠民争取群众对全县经济发展重大项目的大力支持，使一些具有挑战性的发展任务也能顺利完成。黄花镇的建设发展就是一个典型案例。位于空港城腹地的黄花镇一度曾因“群众基数大、服务与管理难”“群众诉求多、满足与实现难”“群众要求高、满意与点赞难”三大难题使经济发展举步维艰。为此，黄花镇通过打造人民东路、黄花敬老院、社区文化公园、居家养老服务中心等一系列大大小小的民生工程，畅通了道路、美化了环境、增加了群众收入、解决了群众实际生活困难，成功地吸引了群众的注意力，将群众的智慧和力量汇集到黄花镇发展建设的大潮中。2014年以来，黄花镇七大经济板块、三大功能区近百个征地拆迁项目，累计腾地超过2万亩，动迁人口逾万人，实现了“零上访、零强拆、零阻工、零事故”。如今，黄花镇已经成为空铁联运的枢纽核心，长沙县经济总量第二大镇，还赢得了“国家级重点镇”“国家级生态乡镇”“全省最具民生幸福感乡镇”等一系列美誉。

二是以“集体增收、农民致富”为主要途径，调动农民积极参与乡村建设，探索出灵活多样的乡村振兴模式。以开慧镇为代表的乡村旅游就是一个成功模式。开慧镇锡福村引进长沙慧润乡村酒店管理有限公司，采用“村委会+企业+农户”合作的新型公司化运作模式发展民宿产业，建成了喻家洞、大明湖和新桃源3个民宿区，20个民宿旅游点，107间客房，拥有126个床位，1栋乡村酒吧和1个魔方营地。自2015年营业以来接待游客超过10万人次，营业收入近千万元。民宿产业凝聚了农民的合力，变资源为资产，变农民为合伙人，收入按村委会10%、企业30%、农户60%的比例进行分配，极大地调动了农民参与民宿业发展的积极性，“变要我干为我要干”。

（四）长沙县高质量发展经验的启示

党政军民学，东西南北中，党是领导一切的。党的领导是实现经济社会持续健康发展的根本政治保证。面对新时代新任务、新机遇新挑战，长沙县牢固树立“四个意识”，坚持加强党的集中统一领导，把准方向，总揽全局，科学谋划，务实创新，走出了具有特色的高质量发展之路。

1. 实现高质量发展，必须坚持科学谋划

高质量发展离不开科学思维方法下的精心谋划。党的十八大以来，习近平总书记多次要求党政领导努力学习掌握科学的思维方法，以保障改革和社会主义各项事业的顺利推进。在党的十九大报告中，习近平总书记强调，要增强政治领导本领，坚持战略思维、创新思维、辩证思维、法治思维、底线思维，科学制定和坚决执行党的路线方针政策，把党总揽全局、协调各方落到实处。习近平总书记指出，发展必须是遵循经济规律的科学发展，必须是遵循自然规律的可持续发展。自改革开放以来，长沙县在每一次重大决策中都坚持认真学习领会和贯彻落实党中央的精神，注重分析国内外发展大势，坚持从本地实际出发，制定适合自身特点的发展战略，坚持用法律营造良好的发展环境，坚持超前布局以应对可能的风险。正是善于应用科学的思维方法，长沙县抓住了一次又一次机遇。长沙县在发展的每一个阶段，始终遵循经济社会发展的规律，精准把握时代脉搏，有效破解发展难题，解放思想先

人一步，抢抓机遇快人一拍，不断提高推进改革开放、领导经济社会发展、提高经济社会发展质量和效益的能力和水平。2013 年 11 月初，习近平总书记在湖南省考察时，对湖南省提出了“一带一部”战略定位。长沙县深刻领会，让“过渡带”“结合部”优势真正发挥出来，当好承接产业转移的“领头雁”，推动“一带一部”战略定位落实、落细、落地。

2. 实现高质量发展，必须坚持求真务实

高质量发展需要科学谋划，更离不开真抓实干。习近平总书记多次强调“空谈误国、实干兴邦”，并号召各级领导班子和领导干部要“发扬钉钉子的精神，一张好的蓝图一干到底”。长沙县从一个相对落后的农业县发展为以现代制造业为主的经济强县，其中一条重要经验启示就是各届党委和政府朝着既定的规划目标，一届接着一届干。长沙县的真抓实干就是把高质量发展战略落实到一个个具体项目当中，始终坚持稳中求进的工作总基调，强化风险意识，提升防控能力，坚持精明增长、精细管理，防止短期行为和急功近利，既注重充分发挥现有优势，量力而行、尽力而为，又注重不断为培育新优势创造条件，着眼长远、久久为功，从而打造出四个国家级园区，培育出千亿级的现代制造业集群，并成为全国 18 个改革开放典型地区之一。可以说，长沙县的高质量发展就是实干创造实绩的典范。

3. 实现高质量发展，必须坚持产业强实

产业强实是高质量发展的基础。强实的产业体系是当前我国建立现代化经济体系、实现经济高质量发展必须补齐的短板。2018 年两会期间，习近平总书记进一步强调：“推动经济高质量发展，要把重点放在推动产业结构转型升级上，把实体经济做实做强做优……构建多元发展、多极支撑的现代产业新体系。”现代产业新体系就是具有强大竞争力的产业体系，也就是党的十九大提出的“实体经济、科技创新、现代金融、人力资源协同发展”的产业体系。加快发展先进制造业和培育若干世界级先进制造业集群、支持传统产业优化升级、加快发展现代服务业等则是打造强实产业体系的关键途径。长期以来，长沙县一直注重通过招大引强、集群发展、新型工业化等途

径来打造具有特色和竞争力的现代产业体系，形成了以工程机械、汽车及零部件、电子信息产业为支柱，多极支撑的制造业体系，现代服务业和现代农业也处于蓄势待发阶段。正是强实的产业支撑着长沙县一路挺进全国县域十强经济强县，继而带动整个县域的全面发展，成为全国闻名的幸福之城。

4. 实现高质量发展，必须坚持生态优先

生态优先是高质量发展必须遵循的原则。党的十八大以来，以习近平同志为核心的党中央将生态文明建设纳入“五位一体”总布局，将绿色发展确立为指导国家发展的新理念，把建立健全绿色低碳循环发展的经济体系作为建设现代化强国的重要任务。显然，优良的生态环境是高质量发展不可或缺的内涵，即“既要绿水青山又要金山银山”。同时，生态环保红线是高质量发展不可突破的硬约束，即“宁要绿水青山不要金山银山”。而且“绿水青山就是金山银山”，良好的生态环境十分有助于发展高端产业，继而促进高质量发展。长沙县由于处在我国“两型社会建设”示范区核心地带，很早就实施了绿色发展战略，并率先成为国家生态建设示范县。良好的生态环境质量也为长沙县的现代农业发展和现代服务业发展创造了极大的优势，大大促进了长沙县产业强县战略、乡村振兴战略的实施。长沙县的经验表明，走好高质量发展之路，绿色发展须先行一步。

5. 实现高质量发展，必须坚持以人民为中心

发展为了人民、发展依靠人民、发展成果由人民共享，是习近平新时代中国特色社会主义经济思想贯穿始终的一条“红线”。习近平总书记号召全党，必须始终把人民的利益摆在至高无上的地位，让改革发展成果更多更公平地惠及全体人民，朝着实现全体人民共同富裕不断迈进。长沙县始终坚持把人民对美好生活的向往作为奋斗目标，把以人民为中心的发展思想贯彻落实到经济社会发展的各领域各环节，实施了一大批民生重点项目，赢得了人民的信赖和拥护，为高质量发展奠定了坚实的群众基础。在调研长沙县高质量发展的过程中，我们能深切感受到长沙县各级党组织和党员干部一心一意富民惠民、为民解忧的为民情怀，也能感受到人民群众感党恩、听党话、跟

党走的坚定信念。近年来，长沙县将“民生立县”作为主要发展思路，这既体现了党中央坚持以人民为中心的方略，更是对长沙县高质量发展成功经验的高度概括和总结。

（五）存在的主要问题：挑战与困难

改革开放 40 年来，尽管取得了巨大的发展成就，但长沙县也仍然存在一些发展不平衡、不充分的问题，主要有如下几个方面。

1. 产业体系的现代化转型仍任重道远

实体经济特别是制造业，是目前支撑长沙县高质量发展的最重要的力量，但制造业多点多业的支撑能力和抗风险能力还有待加强。工程机械产业受宏观经济形势影响，还处于复苏阶段。自主创新能力强、智能制造水平高的企业也还比较少，制造业的核心竞争力亟待进一步加强。同时，现代服务业还处于发展的起步阶段，还没有出现影响力较大的龙头企业。此外，支撑产业发展的人才、土地及其他要素的约束也日益趋紧。

2. 开放型经济体系刚刚起步

整个湖南的外向型经济还较薄弱。作为内陆城市，长沙县的外向型经济发展取得了长足进展，但是离“开放崛起，打造开放高地新引擎，大力建设内陆开放高地”的目标还有较大差距。一是进出口总额和外贸依存度不高，与沿海发达县(市）的差距还比较大[①]，特别是外贸依存度甚至低于全国平均水平。二是在国际市场上具有品牌效应和竞争力的产品还比较缺乏，企业出口乏力。三是开放型经济平台支撑乏力，黄花综合保税区尚未完全建成，通关、退税、物流等外贸服务还有待进一步完善；特别是黄花机场国际货运航

① 根据 2017 年国家、昆山市、张家港市、江阴市、长沙县的《国民经济和社会发展统计公报》相关数据估算，2017 年全国、昆山市、江阴县、长沙县的外贸依存度分别为 34%、167%、81%、41%、22%。2017 年昆山市、江阴市和长沙县的进出口总额分别为 873 亿美元、211 亿美元和 46.5 亿美元。

班较少，主要靠客运航班附带货物，与重庆、郑州等地差距较大[①]。

3. 城乡融合发展质量仍需大力提高

长沙县的居民收入近年来增长迅速，但居民收入增长率还明显低于地区生产总值的增长率，可支配收入水平与义乌等一些东部发达县相比仍然较低。城市规划建设管理水平与经济发展层次还不匹配，城乡品质有待提升。主要问题包括城镇基础设施建设配套不完备，项目承载能力不强，小城镇建设对外引资能力和对外来人才的吸引力不大。公共服务供给有待进一步提高质量，且仍存在一定的南北差距、城乡差距。

4. 一些重要的体制机制尚待理顺

长沙县敢为人先，许多方面的体制机制改革创新都走在了全国前列，但随着经济社会发展和各种深层次矛盾的日益显现，仍然有不少体制机制问题迫切需要理顺。几个国家级园区的管理体制问题，对县区融合发展有一定影响。经开区由长沙市与长沙县共同管理，而临空经济示范区的管理体制尚未明确，且相关组织机构也还不完善，增加了长沙县发展战略谋划的不确定性。黄花综合保税区与黄花机场实现了物理上的联通，信息及监管上的联通推进滞后。省市拟出台的航线补贴、跨境电商等优惠政策还处在研究制定阶段，尚未落地。总体来看，长沙县具有地级市的经济总量和公共事务，但只是县级行政架构，“脚大鞋子小”，统筹资源能力有限，难以做到优势优先发展。

三、建议与展望

根据自身优势、面临的挑战和困难以及国内外形势，长沙县要深入推进高质量发展、率先基本实现现代化，应着力做好如下三方面的工作。

一是积极融入国家和省、市重大发展战略，加快实体经济的现代化转型。重点是做优汽车及零部件产业、做强工程机械产业、着力提升电子信息

① 重庆已开通 11 个国际货运航班，郑州开通全货机航线 24 条。

产业发展速度和技术含量、积极培育战略信息产业。近期内抓住“中部崛起”的战略机遇，深度融入“长江经济带”和“泛珠三角经济带”产业分工协作，做好承接长三角和珠三角电子信息产业转移的准备；长期内则应加强电子信息产业核心技术的研发，提升产业在全国乃至全球价值链中的位置。配合国家构建“绿色低碳循环发展”经济体系的导向，加大新能源汽车研发力度，抢抓新能源汽车发展机遇，发挥智能制造优势，加大研发投入，创新研发模式，通过信息技术、自动化技术和智能化技术的应用，特别是要在新能源汽车电池、电机、电控等关键技术领域谋求突破，抢占产业制高点。推动整个产业转型升级，推动汽车产业高效、绿色、可持续发展。响应对湖南“一带一部”定位，鼓励辖区企业特别是工程机械类龙头企业积极走出国门，既开拓海外市场，又可以消化过剩产能。发挥建筑业传统优势，鼓励龙头企业积极参与“雄安新区”“粤港澳大湾区”建设，与工程机械类企业组团走出去。加大品牌、营销渠道、创客平台建设力度，促进现代农业快速、健康发展。

二是依托自身区位、交通、制造业、生态和历史文化优势，加快推进现代服务业发展。抓住湖南省“开放崛起”战略机遇，加快推进临空经济示范区建设，加大航空物流、飞机维修、总部商务、会展经济、餐饮购物等临空服务业发展力度。加强与省民航局的沟通协调，争取近期内黄花机场增开货运航班，特别是洲际货运航班。抓住建设长沙市副中心的机遇，充分发挥水、陆、空、铁、磁（悬浮）立体交通优势，加快发展松雅湖国际生态宜居新城高端商务服务业、中南汽车城汽车配套服务业、星沙城北新区生态商务与健康产业、黄兴现代市场群生活消费品物流业、星沙产业基地现代商业和房地产业。积极开展与省内外特别是长沙市高校和科研院所合作，加大对技术研发和创新的支持力度，促进检验检测、研发测试、工程设计等生产性服务业发展。继续加大生态文明建设和文化建设力度，厚植生态、文化优势，促进全域旅游、养老、养生产业发展，带动乡村振兴。

三是进一步深化改革，创造更加优越的发展环境。一是积极探索不同类型国家级园区的开发模式，加强县区融合发展。发展成熟的园区（如经开区）

可考虑借鉴发达国家经验，进行企业化改制，吸收园区龙头企作为战略投资者，从而进一步强化园区的经济开发功能，发挥市场机制的决定性作用，使园区与长沙县的分工协作关系更加顺畅。二是尽快优化新建园区的发展软环境。加快出台临空经济示范区项目审批、税收、用地、人才引进等配套政策；争取获得省级层面的支持，进一步加大对黄花综合保税区的优惠政策力度；理顺黄花综合保税区与黄花机场的协作关系，提升综合保税区与机场的一体化水平，努力达到优势互补、功能配套、资源共享、设施同步、通关一体的最佳效果。三是把乡村振兴战略放在更加突出的位置，积极探索建立农村土地经营权、宅基地价值变现制度，下乡资本项目的权益保障制度，建立健全鼓励开发新型农产品的技术认定标准体系及政策，进一步激发乡村发展潜力。

从未来一段时期国内外发展大趋势及自身条件来看，只要应对得当，长沙县一定能够再次实现跨越式发展。

一方面，新时代的来临为长沙县的进一步高质量发展提供了广阔的空间，创造了良好的外部环境。首先，习近平新时代中国特色社会主义思想提出的系列新理念、新战略、新目标为长沙县的高质量发展提供了新的战略机遇。其次，“长江经济带”发展战略以及湖南省、长沙市同步实施的“一带一部”“一区一廊”[①]“创新引领、开放崛起”等区域发展战略的深入实施，将为长沙县的高质量发展注入强劲动力。最后，国家“一带一路”倡议在国际社会的广泛认可和实施力度的不断加大，为长沙县企业的走出去创造了良好的外部环境，必将大大促进长沙县的对外开放水平。

另一方面，长沙县越来越坚实的发展优势和充足的内源性动力，为抓抢新机遇创造了更优越的条件。首先，长沙县综合实力和发展水平有了显著提升，电子信息、航空物流、高端商务、全域旅游、会展经济等新的增长动力正在加速形成。其次，“强南富北”战略使长沙县的发展格局不断优化、方向更加明确、路径更加清晰。其三，随着与长沙市主城区 28 个对接口的逐

① “一区”指位于长沙市西部的湖南湘江新区，“一廊”指长沙市东部的开放型经济走廊。

步联通，地铁 3 号线与京广、沪昆高铁的无缝对接，长沙县独特的区位优势将进一步加强。其四，随着四大国家级园区不断做大做强，长沙县的人流、物流、资金流优势将加速凸显。其五，长沙县持之以恒抓党建，培养了一大批想干事、能干事的优秀党员干部，营造了风清气正的政治生态。

当前，长沙县正处于全面深化改革的攻坚时期，也是率先建成全面小康社会、率先建成两型社会、率先基本实现现代化的决战时期。长沙县将按党中央“五位一体”总体布局、“四个全面”战略布局，在坚持五大新发展理念的基础上推进其“十三五”发展规划。预计“十三五”期间经济增长率为 10%。到 2020 年，财政总收入达到 400 亿元；高新技术产业增加值、服务业增加值占全县生产总值的比例分别达到 40%、24.5%；万元 GDP 二氧化碳排放强度与 2015 年的水平相比累计下降 27%；空气质量达标率达到 96.35%；城镇居民和农村居民人均可支配收入分别达到 5 万元和 3.9 万元。当 2020 年这些目标实现时，长沙县将成为实力强、活力足、品质高、现代化的省会副中心，产业融合、产城融合、城乡融合发展的先行示范区，全国最具幸福感的三湘“首善之地”。

改革开放与中国县域发展

GAIGEKAIFANG

湖南韶山

HUNANSHAOSHAN

红色圣地的不忘初心和与时俱进

中国社会科学院社会学研究所

自1978年党的十一届三中全会以来，我国的改革开放事业已进入第40个年头，成就举世瞩目，全国各族人民在中国共产党“走自己的路、建设中国特色社会主义”的伟大号召指引下，勠力同心，不懈奋斗，迎来了从站起来、富起来到强起来的伟大飞跃，谱写了波澜壮阔的共和国新篇章，中国特色社会主义进入了新时代。

40年间，神州大地上，解放思想、创新实践犹如星火燎原，因地制宜，锐意革新，产生了不少宝贵的实践经验和发展模式。在这场伟大的改革实践中，改革开放是具体手段，人民富裕、国家强盛是实际目标，而源自坚定信仰的精神力量是内在的驱动力，即在中国共产党领导下坚定不移地走建设中国特色社会主义道路。

湖南韶山作为主席故里、红色土地，承载了光荣的历史记忆、优良的革命传统，不忘初心，发扬光大毛泽东思想，牢牢把握正确的路线指引。在改革开放40年间，韶山人以“主席家乡人”为荣，以“为有牺牲多壮志、敢叫日月换新天”的精神，甘于奉献，敢为人先，大力加强经济与社会建设，树立良好道德风尚，大力开发、利用、保护红色资源，走科学发展的道路。

韶山的实践、韶山人的经验，是全国人民改革开放的伟大功业中不可缺少的历史篇章。在研读了地方统计资料、地方史志等文献资料，掌握了基本情况之后，调研组于2018年6月前往韶山进行实地考察，先后组织了与韶山市委市政府多个部门、韶山管理局等相关部门、企业与社会组织等的多次座谈，前往韶山高新开发区、旅游开发区、农村生态园等考察地方经济发展，在韶山所属四个乡镇（韶山、杨林、银田、清溪）选择7个村（韶山村、韶阳村、石屏村、团田村、银田村、华南村、狮山村）、1个社区（火车站社区）进行入户调研。

一、韶山市基本情况

（一）韶山市的自然条件与历史沿革

韶山市，隶属于湖南省湘潭市，位于湘中低山丘陵区。总的地貌轮廓是以韶峰山脉和韶河、石狮江两水为骨架，构成西部隆起，往东及东南倾斜的地势，山、丘、岗、平原齐备；韶山山脉由南往北，曲折延伸，于韶山冲内虎踞龙盘，遂构成众多的冲、洞、谷、壑等，最高峰韶峰位于韶山西南角，距毛泽东故居约5公里。韶山既是重要的革命纪念地、全国青少年革命传统教育基地、国家重点革命文物保护单位，也是享誉中外的景色秀丽的旅游胜地，受到中国人民和世界人民的广泛关注。

隋、唐以前，韶山行政区划无考。明洪十四年（1381），韶山属湘潭县移风乡。清顺治九年（1652）起，属湘潭县七都。1893年（光绪十九年）12月26日，毛泽东诞生于上七都（今属韶山市）韶山冲南岸上屋场。民国初年，韶山属湘潭县西乡第二区，境内历来以农业经济为主，水稻种植是主业，土地归少数人所有，农民生活贫困。境内工业比较繁荣的，有今属银田镇的铸造、煤炭、石灰业，有永义、韶山乡的铁业，有清溪镇的榨油、酿酒业，有如意镇的陶瓷业，杨林乡则是土布集中产区，基本上都是生产和生活必需品的制造业，发展水平较低。

新中国成立以后，韶山建制曾多有变化，1949年时韶山为湘潭县属区；1968年，韶山被升格为湖南省政府直接管辖的地级行政区，简称韶山区，直属湖南省领导；1981年起，省辖韶山区被撤销，韶山仍为湘潭县属区；1990年12月26日，经国务院批准，撤销湘潭市韶山区，建立县级韶山市，属湖南省辖，由湘潭市代管。截至2017年，韶山市域面积247.3平方千米，由原来7个乡镇61个行政村撤并为4个乡镇33个村，全市户籍人口119007人，年末全市常住人口数10.02万人。

（二）韶山市改革开放40年的历史性巨变与成就

改革开放以来，韶山锐意进取，开拓奋进，在湖南率先实施家庭联产承包责任制，开启了经济建设的新篇章，以均衡发展、特色发展、协同发展为目标，以努力提高人民生活水平、改善社会环境为使命，把牢基础，创新思路，走出了一条科学的、普惠的发展之路。

1. 经济显著发展，经济结构有所改善

改革开放让韶山人民解放了思想，积极进行经济建设。从地区生产总值的变化可见，韶山1991年GDP总量为1.27亿元；到2007年，韶山全年实现地区生产总值19.2亿元，人均地区生产总值为18466元；2017年，GDP总量达到86.18亿元，按常住人口数计算，人均地区生产总值86007元。[①]

图1　韶山市1991～2017年农业总产值和粮食产量

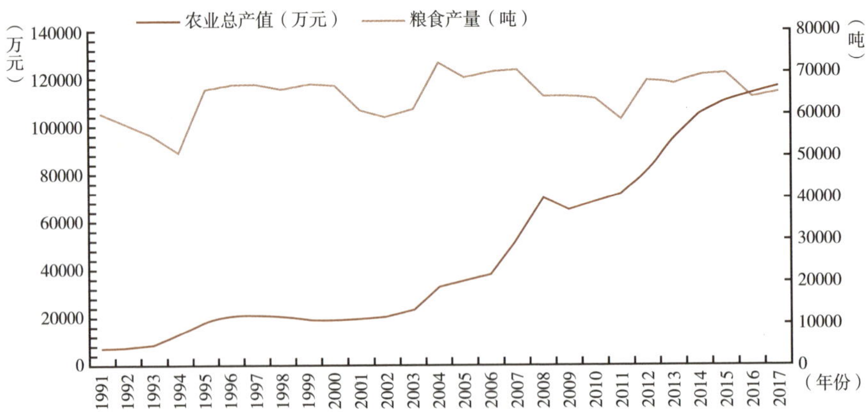

① 韶山市统计局：《韶山市2017年国民经济和社会发展统计公报》。

改革开放之初，韶山的主体产业是传统农业，主要粮食作物是水稻，油菜、蔬菜等经济作物种植面积不大；畜牧产品主要是生猪养殖。1982 年，为了贯彻中共中央"关于湖南问题座谈纪要"，韶山开始全面推行"联产承包责任制"，实行土地集体所有制，完善家庭经营为主、集体经营为辅的双层经营体制。经过不懈努力，1997 年韶山成为全省第一个"农村基本小康县(市)"。近些年来，随着农业农村改革不断深化，韶山农业从单一向业态多样跨越。农业产业化进程加快，土地流转规范有序；农村一、二、三产业融合发展势头强劲，成为港、澳等地的肉制品供应重要基地，2016 年创成全国出口食品农产品质量安全示范区。由于种植业结构调整，减少双季稻栽种面积，韶山市主要农作物水稻的产量虽略有波动，但是农业总产值呈迅速提升的态势，从 1991 年的 7469 万元增加到 2017 年的 116743 万元。

同时，韶山市大力发展社会主义市场经济，全面深化改革，发展工业经济和旅游经济，全市经济结构不断发生变化，曾为主体经济的第一产业农业，到了 2017 年从产值来看已经下降到比重不超过 10%，三个产业所占比重分别为 7.8%、53.2%、39%。此外，从人口普查数据可以发现，一、二、三产从业人口比例发生相应的改变，由 2000 年人口普查时的 63.50%、15.56%、20.94%，转变为 2010 年普查的 41.75%、21.62%、36.63%，非农

图 2　韶山市 1991～2017 年三次产业收入占比情况

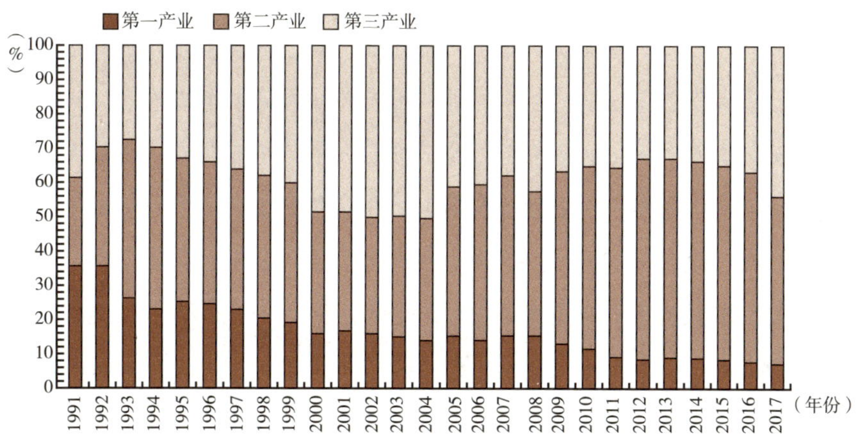

就业人口比例明显提升。

作为毛泽东主席的出生地，韶山具有独特的红色旅游资源。2011 年 3 月，习近平同志到韶山考察时候强调，要遵循农业稳村、科技兴村、旅游富村的发展思路，充分发挥主席故里的优势，大力加强基础设施建设，大力发展红色旅游，大力发展集体经济，使韶山在科学发展的道路上迈上新的台阶。通过红色旅游融合发展、国际合作，以及全域旅游推进等做法，韶山市旅游业取得了丰硕的成果，2017 年韶山市接待游客 2052 万人次，实现旅游综合收入 60.28 亿，比上年分别增长了 9.21% 与 14.13%。[①]

图 3　韶山市 1991～2017 年旅游收入情况

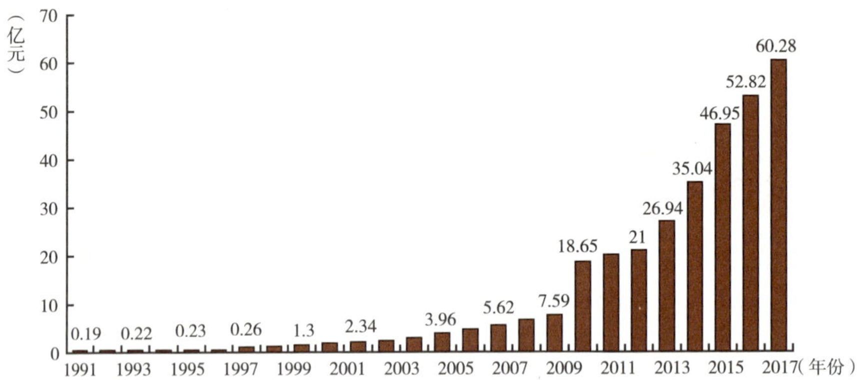

旅游与其他产业结合，比如在红色旅游与农业的融合发展方面，形成“旅游 + 现代农业 + 餐饮服务业 + 食品加工 + 商贸服务”的融合发展模式，在红色旅游与人文的融合发展方面，形成“演艺 + 教育培训 + 文化创意”的融合发展模式；在红色旅游与工业的融合发展方面，形成“旅游 + 工业 + 旅游商品 + 文化创意”的融合发展模式；在红色旅游与生态建设的融合发展方面，形成“旅游 + 种养业 + 环保业 + 园艺业”的融合发展模式，建成集观光旅游、现代农业、园艺种植、环保推广等于一体的特色农业和特色集

① 数据来自《韶山市 2017 年国民经济和社会发展统计公报》。

图 4　1991～2017 年城乡居民收入情况

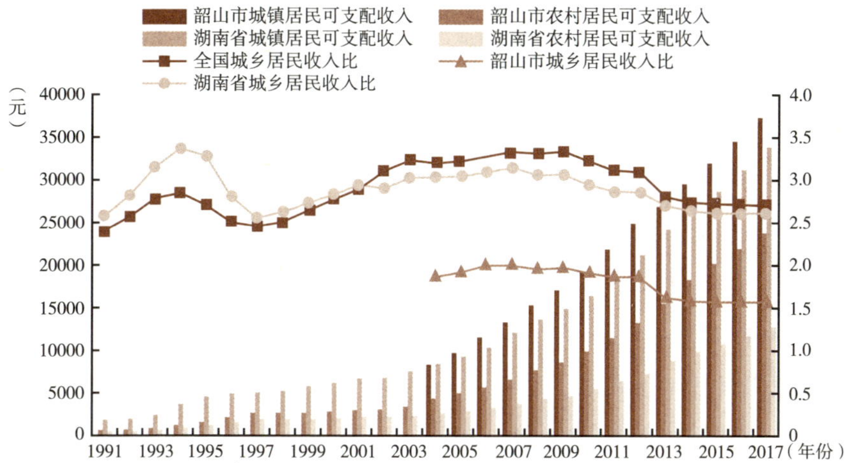

镇。旅游及配套产业的发展从不同方面带动了韶山民众的就业，藏富于民，提高了人民生活水平。

2. 以全面小康为目标，改善民生

民生是人民幸福之基、社会和谐之本。改革开放以来，韶山经济和社会的持续快速发展，居民家庭收入大幅度增长。2017 年韶山城镇居民人均可支配收入达 32611 元，比 1978 年的 456 元增长 70.5 倍；农民人均纯收入达 20819 元，居全省第一，比 1978 年的 80 元增长了 259 倍，城乡居民人均收入高于湖南省和湘潭市的平均水平。

韶山的城乡居民收入不断增长的同时，城乡收入差距也处于逐渐缩小的过程中。从全国看，1990 年以来城乡居民收入差距比长期在 2.4～3.4 倍之间波动，湖南省在 2.6～3.4 倍之间。韶山市 2004 年以来城乡收入差距从 1.88 倍略有上升，而后又持续降低，2016 年起降低到 1.56 倍。

韶山城乡居民收入差距较小的原因与韶山农民人均纯收入较高有关。从城镇居民收入来看，韶山市略高于湖南省，但韶山的农村居民人均纯收入要高于湖南省的平均水平，2004 年为湖南省的 1.58 倍，2012 年起提高到 1.8 倍，2013 年起在 1.84 倍以上。可见，韶山农民收入水平远超湖南省平均水平，缩小了城乡居民收入差距。

韶山农民收入的提高与农村脱贫工作有很大关联。2016 年，4 个省定贫困村全部摘帽，全面小康实现率达到 90.4%。对比湘潭市、湖南省和全国的 2017 年国民经济和社会发展统计公报可以看到，2017 年农村居民人均可支配收入达到 20819 元，超过了 2017 年湘潭市农村居民人均可支配收入 17885 元、湖南省的 12396 元和全国的 13432 元。

3. 推进公共服务均等化，提高民众获得感

改革开放之前，韶山还是一个偏僻的小城镇，城区面积不足 1 平方公里，城镇内只有 4 条道路。改革开放后，韶山着力在强化基础设施、完善城区功能上下功夫。尤其是 2003 年以来，按照“东城西景”的规划布局，加大了城市扩容提质力度，城市道路、城市标志性建筑、城市配套设施建设步伐不断加快。随着韶山高速公路的建成通车，韶山融入了长株潭一小时经济圈，带来了更好的发展机遇。在农村“组组通、户户通”工作中修建公路 821 公里，开通城乡一体公交，形成外通内畅的交通网络。

韶山坚持民生事业财政托底的原则，民生支出占财政总支出的比重达 72.6%。以“幼有所养、学有所教、劳有所得、病有所医、住有所居、弱有所扶”为目标，使人民群众得到更多实实在在的好处。

教育是国计，也是民生。韶山市教育均衡协调发展，小学和初中净入学率 100%，小学生辍学率实现了零指标，政策范围内农村义务教育阶段学生杂费免除 100%，全面完成义务教育合格学校建设，在全省率先实行 12 年免费教育，成为全省学前教育先进市、全国义务教育均衡发展市。

医疗服务水平不断提高，医疗保险不断完善，保持“零就业家庭”动态清零，基本养老服务补贴覆盖率 100%，低保和特困供养标准与湘潭市城区持平，在全省率先实行城乡最低生活保障一体化，城乡居民养老保险经办服务工作获人社部推广。

住房保障加快推进，抓好农村危房改造和城市棚户区改造。村级文体广场实现全覆盖，全民健身中心、公共体育场深受群众喜爱，免费电影、免费

艺术培训、免费无线数字电视覆盖等文化惠民工程持续推进，群众性文化活动和全民健身活动广泛开展。

韶山市在各方面的工作获得了肯定，先后获得了“国家可持续发展实验区”、“全国民政工作先进市”、“全国双拥模范市”、“全国科技进步先进市”、“全国农村中医工作先进市”、“全国计划生育优质服务先进单位”、“全国平安建设先进市”等荣誉称号。

韶山市的成就离不开党的领导。韶山市各级党组织积极适应世情、国情、党情的深刻变化，不断开拓党建新形式，丰富党建新思维，推动党建新发展。尤其是党的十八大以来，党建质量明显提升，基层战斗堡垒作用发挥明显。

二、立足革命传统，传承红色基因

韶山是毛泽东的故乡，具有独特的历史地位，是全党、全国人民爱国情感的重要依托。韶山人立足于革命传统，不忘初心、与时俱进，改革开放之初，在湖南率先实行家庭联产承包制，作为红色圣地，挖掘内部潜力、开掘外部合作联系，探索发展红色旅游、文化产业等，切切实实地按照习近平总书记指示，在各项工作中，努力“把红色资源利用好、把红色传统发扬好、把红色基因传承好”。

第一，发扬红色传统。韶山不仅孕育了毛泽东这样一位时代伟人，更是毛泽东思想的早期实践地。在这个意义上，韶山是红色传统的一个重要发祥地。毛泽东同志 1925 年在韶山建立了中国最早的农村党支部之一。自那时起，韶山就一直与中国共产党同呼吸共命运。近些年来，韶山市狠抓党建工作，通过党建工作来引领经济与社会发展，正是“把红色传统发扬好”的集中体现。

第二，利用红色资源。红色资源是韶山得天独厚的比较优势，韶山将文化旅游产业作为中心工作来抓，大力实施“红色引领、旅游主导、创新驱动、城乡统筹”发展战略，全力打造经典景区、品质城区、活力园区、美丽乡村，努力将韶山建设成为“世界知名旅游目的地”。在打造红色旅游的韶山品牌的同时，韶山还充分利用自身山清水秀的特点，进一步拓展生态旅游资源，使得旅游业向“红绿结合”方向发展，推动旅游产品多样化，走出了一条以红色旅游为基础的文化旅游经济发展之路。

第三，传承红色基因。韶山积极扶植红色文化教育培训，通过党性教育、干部教育等精品课程培训，让来韶学员与韶山当地的干部群众接受灵魂洗礼，坚定理想信念，这正是落实“把红色基因传承好”的重要举措。同时，红色文化教育培训也推动了当地餐饮、交通与住宿业的联动发展，形成了新的经济增长点。

正是在革命传统和红色基因的引导下，韶山的经济水平、旅游等产业、“三农”建设等成绩斐然，获得了有特色、有质量的发展。

（一）深入挖掘红色资源，打造韶山名片

通过不断深入挖掘、延伸红色资源的内涵和外延，韶山市抓了两项富有创造性的工作。一方面，将韶山的名片从“主席故里”拓宽到“毛泽东思想策源地”和“党的初心所在地”。韶山不断挖掘和提炼毛泽东早年活动轨迹，比如韶山村开办的“中共韶山特别支部”陈列馆，就已经成为各地党员干部赴韶山接受爱国主义教育时的一个重要学习场所。还如毛泽东 1927 年回湖南进行农民运动考察时，开办过农民夜校的银田寺等。通过这些事迹与景点的开发，将成功使韶山从“主席故里”进一步升华为“毛泽东思想策源地”及“党的初心所在地”，从而进一步提升韶山的吸引力，加大韶山在革命传统与爱国主义教育领域中的分量。

另一方面，将红色革命文化与上古德治文化、传统湖湘文化连接起来，拓宽旅游资源的延伸度。上古德治文化方面，明、清两代方志里记载，相传舜帝南巡，在韶峰演奏韶乐以化解战争、安抚苗蛮，韶山因此得名。韶山人相信毛泽东思想中的“为人民服务”与舜帝“苦忧人、只为苍生不为身”的

精神一脉相承。新世纪初开始，韶山的有识之士就筚路蓝缕、从无到有，兴建了韶乐宫，重新发掘、研发出庄重优雅的大型韶乐演出，为韶山红色旅游资源利用添加了浓墨重彩的一笔。明清湖湘文化方面，韶山境内的韶峰，恰好是古湘语（湘乡话）、新湘语（韶山话）的分界，湘乡是湖湘文化繁荣昌盛之地，也是曾国藩的出生地，因此毛泽东离开韶山外出求学的第一站就是湘乡的东山学堂，毛泽东少年时曾言“愚于近人，独服曾文正”，也曾深情回忆说“我虽然是湘潭人，但受的是湘乡人的教育”。在这个意义上，韶山正在规划打造的毛泽东求索之路、求学之路，如“毛泽东少年出乡关”、“毛泽东小道”等，把红色革命文化和优秀传统文化结合在一起，具有重要的理论和现实意义。

（二）狠抓基层党建，引领全面发展

改革开放初期，韶山的基层党组织主要集中在农村、国有集体企业和机关事业单位三大领域。随着市场经济持续发展和城市化进程的不断深入，韶山市委积极适应新的形势，因地制宜、灵活多样地设置党组织，把党的基层组织从传统领域逐步延伸到社区、新经济组织、新社会组织、农民合作社、农业企业、农业社会化服务组织等新的领域，探索构建城乡统筹发展的区域型党建新格局。实现党组织全面覆盖截至 2017 年，韶山共有市管党（工）委 15 个，基层党委 6 个，基层党总支 87 个，基层党支部 296 个。改革开放 40 年来，韶山市党员数量大幅增加，党员的能力与素质、党性观念和党员意识都大大提高。

韶山的党建工作依托红色资源、丰富的政治优势，通过强化基层党组织的政治引领作用和基层治理能力，引导和推动基层经济组织、自治组织、群团组织、社会组织积极落实党和国家各项决策部署；党建工作“参与”“渗透”到经济工作及各项业务中去，通过大力发展红色旅游，搞活个体经济，带动韶山经济社会快速发展；党的领导全面落实到融入乡村振兴、精准扶贫、社会治理、小康建设等各领域各方面各环节，逐步克服了党建、业务“两张皮”

的问题，使基层党组织逐步成为推动经济社会发展的核心力量；韶山市基层党组织积极践行毛泽东同志的人民主体思想和人民情怀，不仅引导韶山人民发扬“合群奋斗”[①]精神、带领群众追求美好幸福生活，更加注重精神引领，在人民群众中广泛培育“我是主席家乡人，我为主席家乡添光彩”等理念，培育民众政治参与的精神、自我管理的能力，使基层党组织逐步成为团结群众、凝聚人心的核心力量。

韶山市积极探索“智慧化”党建新模式。从早期的“热线电话”“党建手机报”，到互联网时代的建立“党建网站”“党建网络”以及党员在线学习、在线管理、在线服务，再到新媒体时代的微信公众号、党建 APP，韶山市逐步通过技术革新带动党建创新，使基层党建工作逐步打破时间、地域等条件限制，建立起了更加开放、更加科学、更加便捷、更加高效的党建工作新模式。2017 年，韶山市在“互联网 + 党建”模式的基础上，打造了集党务、村务、政务、商务为一体的“映山红”党建 APP 平台，基层党组织、经济组织、社会组织和党员群众可以同时进入平台开展互动交流，为基层党组织搭建了有效的信息交流平台、学习教育平台、沟通参与平台和管理服务平台，基本上实现了信息共享“零距离”、党员管理“零距离”、参政议政“零距离”和服务群众“零距离”。

韶山的基层党建，抓到了实处、要害处，有力促使经济社会发展更加有质量、基层治理更加有水平，使人民群众更加有获得感、精神生活更加富足。

三、开发利用红色资源，发展红色旅游

韶山市红色资源的利用与开发，集中体现在发展红色旅游事业上，这既是各级政府创造条件、善加引导的产物，也是村民集体、企业及个人共同努

① 1937 年，毛泽东从延安写给韶山人民的信里指出：“唯有合群奋斗，驱除日本帝国主义，才有生路。”见《毛泽东书信选集》，人民出版社，1983，第 114 页。

力的结果。与此同时，各类主体也在红色旅游教育事业发展中收获了巨大的获得感。

（一）以观念和机制创新促进红色旅游大发展

韶山市善于审时度势，解放思想，不断通过观念和机制创新来促进红色旅游大发展。例如，主动积极地开展红色旅游国内国际合作，形成更大规模的品牌效应。在国内合作层面，韶山与邓小平故里广安市、孙中山故里中山市等地区建立了良好旅游合作关系，并促成建立了“三山联盟”（韶山、衡山、井冈山）与“伟人故里红三角”（其他两个为相邻的宁乡刘少奇故居、湘潭彭德怀故居）；在国际合作层面，以友城关系为纽带，相继与列宁家乡、胡志明家乡、戴高乐家乡等国际知名城市开展国际合作，推动红色旅游“请进来”与“走出去”相结合。韶山也由此被国家旅游局授予了全国首个红色旅游国际合作创建区。

（二）以创新举措提高旅游管理水平

通过创新，韶山实现了“联合执法”向“综合执法”的过渡，2017 年成立了旅游发展委员会，明确为政府组成部门且位列所有单位前列，提升了综合协调、考核、督查等方面职能；率先在全省成立了旅游警察大队、旅游市场监管大队、旅游巡回法庭、旅游纠纷人民调解委员会四个旅游市场管理保障机构，旅游管理体制改革走在了全省各县市区前列。

执法及旅游服务体系也敢为人先。一是出台“先行赔付”制。韶山设立了赔付基金，对在旅游景区发生的损害消费者合法权益的行为，旅游市场监管部门直接对消费者先行赔付，再依法对有关经营者进行处理。目前已在游客中心、毛泽东广场、故居等最醒目的位置设立了赔付点，2017 年国庆长假期间，受到央视的点赞报道。二是制定“七天无理由退货”制。游客在韶山范围内对购买的商品及服务不满意的，可以在七日内提交相关资料向商品销售者或者旅游市场监管部门申请无理由退货。事实证明，这一举措是完全可行的，从 2017 年实施以来，共计先行赔付 53 起，金额 10831.76 元；七天无理由退货 73 起，金额 21829 元（含退门票 47 起，金额 8493 元）。这一举措有效震慑了不法商家，政府赔付的风险又完全可控，更重要的是广大人民群众由衷赞叹“主席的故乡就是不一样”，产生了良好的社会效益。

（三）以韶山乡为抓手，以经济发展弘扬革命传统

以韶山乡为推动和抓手，韶山村集体经济在红色资源利用、红色传统发扬、红色基因传承方面发挥了巨大的能动作用。他们的主要经验是，在改革开放的不同历史时期，善于顺应历史潮流，抓住历史机遇，因时制宜地发展不同成分的经济，从而实现民生发展。

韶山村是毛泽东同志青少年时期生活、学习和早期从事革命活动的地方，是全国爱国主义教育基地和革命纪念地。韶山村地处韶山冲核心景区，曾先后荣获“全国民主法制示范村”、“全国文明村镇”、“全国先进基层党组织”等称号。韶山村充分利用丰富的红色文化资源，以基层党组织建设为引领，以两型建设、产业融合为抓手，有效促进了全村经济社会健康快速发展。村内有韶山村投资公司、生态旅游开发公司、毛泽东纪念园以及村属门店等多家集体经济实体(或股份制经营)。2017 年村级集体收入超过 800 万元，村民人均收入 3.18 万元。

不过，在改革开放初期，全国农村的联产承包责任制已经如火如荼，但是韶山大队的村民们怀着对人民公社的特殊情感，对分田到户还是难以接受，1983 年，村民人均年收入只有 290 元。当时的副主任兼会计毛雨时和班子成员们认定，脱贫致富要先做通党员的思想工作，通过党员带动村民解放思想观念，终于顺利实现了包产到户。村干部们又积极鼓励村民们各显神通，灵活经营，如小船出海、百舸争流。直到今天，依托红色旅游成为个体老板的农户仍有三百多户，从事个体私营服务的村民仍占 48%。

但是，依托韶山红色旅游发展起来的小规模家户经济也引发许多问题，如交通堵塞、卫生环境恶化、消费纠纷增多、破坏主席故里形象等。村党总

支决心通过发展集体经济来提升村民素质，化解内外矛盾，于是村里修了大型停车场，成立了建筑公司，并且于毛泽东诞辰一百周年之际，决议全村集资 5000 万元兴建毛泽东纪念园，如今光一年的门票收入就有六七百万元。2016 年初村里决定拆除毛泽东故居后的零散商品摊位，韶山小组 30 多户村民每年减少收入 300 多万元。但是党员带头，村民们也信服。

韶山村还未雨绸缪，加入旅游业提质升级的大合唱，引入大国资、大风投基金，发展具有国内、国际竞争力的红色旅游。一是引入国有韶山市旅发集团，统一收购毛泽东纪念园的个体股份（约占全部股份的 65%），并开始了提质改造工程。二是大力推动土地流转，引入一系列产业项目。三是引进国际知名的投资与艺术团队，打造文旅综合体项目。通过一系列的动作，韶山村红色旅游经济实现了跨越式发展。

（四）发展红色文化教育培训，加强革命历史教育

韶山市充分利用自身作为主席故乡、革命圣地的特色和优势，积极扶植红色文化教育培训事业，努力开拓党性教育、思想研修等高品质培训课程，形成红色教育的韶山品牌，将韶山建设成全国党员干部党性教育基地、中小学生研学旅行基地。

一方面，红色文化教育培训是红色旅游产业链条的进一步延伸。以前，来韶山的游客不少、人气很旺，但是往往都是短暂停留，真正在韶山停留超过一日以上的游客大约只占到 30%。[①] 针对这种情况，韶山市积极推动旅游产业供给侧改革，提高服务保障水平，加快基础设施建设，提高接待能力。另一方面，大力发展红色文化教育培训。据统计，截至 2018 年 6 月，韶山市共有 15 家经过注册和认证的红色培训教育机构，其中 6 家机构由教育部门审批、民政部门登记注册，9 家机构由工商部门审批注册，15 家机构中已有 6 家成立了党支部。2017 年全年培训人数约 8 万人（以政府机关、国有

① 韶山市旅发委曾主任访谈（2018 年 6 月 26 日）。

企业和事业单位、大中专院校人员为主），产值上亿元。

韶山市的红培机构不仅充分利用韶山本地的红色资源，而且以中国共产党和毛泽东同志的革命历程为线索，在贵州遵义、浙江嘉兴和湖南怀化等地设立了分支机构，连点成线，使红色培训产生联动效应、规模效应。

另一方面，在红色培训事业的发展过程中，尤其重要的是处理好追求经济效益与确保教育培训的正确导向之间的关系。对此，韶山市进行了全方位的管理，成立了市红色文化教育培训协调领导小组，在市委宣传部下设韶山红色文化教育培训协调小组办公室（简称“红培办”），为红色教育培训的健康发展提供了组织保障和制度保障，严格控制行业门槛和准入条件，做好日常监管工作，积极发挥行业自律作用。

红色文化教育培训的发展，根本着眼点在于提高培训内容的竞争力。一方面，教育部门对各机构的课程、课件进行审核备案，以确保红色文化教育培训规范运行；另一方面，韶山市积极进取，狠抓课程体系建设与内容创新。在课程形式上，将专题教学与现场教学相结合；在培训内容上，则以毛泽东思想和习近平新时代中国特色社会主义思想为根本，着力打造和完善具有韶山特色和韶山精神的红色文化教育培训体系，开拓了统战、“三农”、组织、人大代表履职能力提升等新的专题培训课程，[①]逐步丰富红色文化教育培训教学内容，提高教学培训水平，开辟多样化的教学点，使学员“带着朝圣的心情来，带着启迪的智慧走”。

通过组织监督、行业自律和内容创新，红色文化教育培训一方面与红色旅游业形成产业联动，构成新的经济增长点；另一方面，更重要的是，向来自全国各地的学员宣传和巩固了中国共产党优秀的革命传统，成为红色基因传承中的重要力量。

① 韶山市干部教育学院负责人访谈（2018 年 6 月 22 日）。

四、传承红色基因，建设全面小康

传承红色基因，就要在发展中树立爱民、为民的发展目标，处理好经济效益与社会效益的关系，以人民的幸福感、获得感作为衡量成就的基本尺度，真正实现全面小康。

（一）发展新型工业，促进就业安置

改革开放初期，韶山市工业总产值只有1433万元，2008年达到30.24亿元，2010年增长至55.93亿元。随着绿色发展理念的提出，韶山在保护好青山绿水的基础上适度发展工业。经过多年的发展，韶山形成了以机械电子、肉食加工、冶金铸造、生物医药为支柱的工业产业格局，有中国驰名商标“新韶光电器”，湖南省著名商标“滴水洞电器”、“毛府酒”等。

韶山高新产业园区以“生态园区、人文园区、效益园区”为发展目标，以生物医药、先进制造、新能源等高科产业为主产业，自2006年9月奠基以来，已成为韶山产业发展的集聚地，确立了以高新区为中小企业创业基地及韶山创新成果产业化基地，重点扶持恒欣企业、高翔重工等龙头企业发展壮大，吸纳失地农民、城乡就业困难人员等。

韶山市长期以来发展的地方特色产业也带动了就业，以银田镇为例，这个镇因电杆和电杆钢模制造业闻名全国，素有“电杆之乡”的美誉，有100多名企业家在全国各地从事电杆行业，本地的农民也随着电杆项目的拓展扩大了就业。

近年来还出现了返乡农民工回乡创业的成功案例，例如银田镇华南村余伟强返乡从事种养殖业工作，经营果园100多亩，油茶林50亩，花卉苗木30亩，养殖水面30多亩，忙时能安排20～30人劳动就业，闲时能安排10多人工作，并通过示范带动周边农民种植水果苗木、养殖畜禽的积极性高涨，发展壮大几十户，面积增加上千亩。

（二）加快城乡建设，建立文明宜居家园

改革开放后，韶山加快了城市建设步伐。尤其是2003年以来，韶山城市建设步入飞速发展时期，加快城乡一体发展进程，以人的城镇化为核心，统筹推进品质城区、活力园区、美丽乡村、特色小镇协调发展，实现城乡建设景观化、个性化，城乡管理人性化、智能化，不断缩小在基础设施、公共服务、民生保障等方面的城乡差别，创建以城带乡、以旅促农、融合发展、共同富裕的样板。

围绕美丽乡村实施乡村振兴工程，大力改善城乡基础设施和生态环境，打造生态宜居的农村环境，重点推进农村水系治理、污水处理、生活垃圾分类处理，守牢绿色底线，加强工业和生活污水无害化处理，清理整治环保违规建设，成为全国农村污水处理示范市。33个行政村普及垃圾分类点、分类房，50%的村垃圾不出村，整县推进模式成为湖南省样板，获评全国农村污水处理示范市。

加强农房管控和风貌引导，实施“除险安居”工程，全面推进村庄规划、村庄设计和农房设计，建设一批具有乡土气息、江南韵味的韶山民居，农村危房改造整县推进和美丽乡村示范村建设成为全省标杆。创建34个美丽屋场，建设村级文体广场、室外健身路径全市覆盖，使得人们纷纷离开麻将桌，走进文体广场，跳起广场舞，改善了农村的文化环境。

（三）加大教育投入，培养革命接班人

目前韶山市所辖的2乡2镇共有各级各类学校20所，其中，义务教育阶段学校共有18所。改革开放以来，改善教育设施与完善教育设备一直都是各级政府和教育部门的重点工作，近年来，韶山市认真开展全面改善贫困地区义务教育薄弱学校基本办学条件。

例如，韶山乡城前学校原隶属于湘乡市，2012年划入韶山时，学校只有一栋破旧的教学楼和一间平房，办学条件十分简陋。韶山市人民政府及教育部门多方筹集资金，投入2000多万元，对学校进行提质改造。2013年以

来，学校新建了教师周转房、教学楼、食堂以及塑胶操场，建成了合格学校，缩小了与城区学校的差距。

近年来韶山市着力推进教育公平资助体系，全面实施教育精准扶贫工程，出台了教育帮扶措施，借助学生资助中心及金秋爱心助学、希望工程等平台，整合社会资源，引导广大市民、社会团体、企事业单位通过多种形式向贫困学生提供直接帮扶。近三年扶助学生 2314 人，扶助资金达 458 万元，帮许多孩子圆了上学梦。

韶山是伟人故里，全国爱国主义教育基地，拥有得天独厚的红色资源优势。近年来，韶山教育工作坚持红色文化引领，把弘扬“为有牺牲多壮志，敢教日月换新天”的韶山精神作为德育主线，开展了“传承红色文化，构建和谐校园”主题德育活动，逐步形成了多元化、多样化的德育工作特色，构建了以伟人故里红色文化为底色的校园文化，提升了学校思想道德建设水平。

（四）以红色基因指引发展方向的典型：毛家饭店

从个人、家庭到企业，其实是一个与时俱进、不断演化的渐变光谱，一方面体现了红色基因的传承，另一方面也反映了改革开放的力量。从汤瑞仁老人到她的大家庭，再到今天规模庞大的毛家饭店（毛氏食品）发展有限公司，正是改革开放 40 年中涌现出来的典范。

汤瑞仁老人的经历充分体现了利用红色资源发展民生经济的思维，她本身就是红色资源的一部分。汤瑞仁的家与毛泽东故居隔塘相望、近在咫尺，早在 1950 年代汤瑞仁就被当地政府安排担任义务接待员，主要负责接待中央和外国的客人，接待过金日成、胡志明等人率领的代表团。1959 年毛泽东同志回韶山，在她家堂屋留下了《领袖与乡亲》的著名照片，照片中抱着孩子的妇女正是汤瑞仁。她 1984 年凭借 1.7 元的本金开始熬绿豆粥叫卖，1987 年在自己家里开办“毛家饭店”，秉承的正是对毛泽东主席的感恩之心以及“接待好毛主席的每一位客人”的朴素情感。1993 年，在毛泽东百年诞辰之际，毛家饭店的第一个加盟店在北京开办，1999 年正式成立毛家饭店发展有限公司，以此为起点，到 2018 年全国共有 300 多家分店（其中韶山、长沙、深圳、珠海 4 家是直营店），接纳了过万下岗工人再就业，创造税收上亿元。2008 年毛家饭店在韶山高新技术园区又开办了毛家食品、毛家酒业等产业，以“旅游 + 现代农业 + 餐饮服务业 + 食品加工 + 品牌输出”为主导模式，力争成为红色旅游融合发展中创新驱动的典型。

这种红色传统表现为两方面，一方面是“为有牺牲多壮志，敢教日月换新天”的坚韧精神，这在上述毛家筚路蓝缕、砥砺前行的征途中已经有了深切的体现，另一方面是民胞物与、拥军爱国的大爱。多年来，毛家先后出资数百万设立或支持教育基金、残疾人基金、老年人基金，截至 2017 年已经资助 2700 名学龄儿童，并收养百多名孤儿；从 1949 年至今，她以慰问部队战士为己任，和部队指战员建立了深厚的鱼水情。2017 年，毛家饭店响应党中央“精准扶贫”的号召，牵手湘西土家族苗族自治州的五十多名残疾人，不计成本倾力为他们制作的手工布鞋寻找市场出路，同时还组织近 200 名农村妇女手工纳制鞋底，发展 1500 多亩丝瓜种植基地，赢得了社会各界的尊重。在毛家人看来，每一个毛家饭店同时也是弘扬毛泽东“全心全意为人民服务”思想的平台。

五、实践红色精神，兴农富农助振兴

韶山传统上是一个农业为主的地方，农村人口占多数，韶山发展的重要成就就是农村发展较好，农民收入较高，扶贫效果显著，缩小了城乡差距，走以城带乡、协同发展之路，通过产业扶持、技术提升、金融支持等多种手段发展农村经济，努力实现乡村振兴。

（一）产业富农：推动农业产业化，加快产业融合发展，带动贫困户脱贫

韶山市把产业发展当作全市经济发展的龙头和核心，在工业化进程不断推进、耕地面积相应减少的情况下，韶山农业发展也着力于推动农业产业化，推进农业供给侧结构性改革，培育优势农业产业化龙头企业。2017 年，全市农业化总产值 87.6 亿元，农产品加工总产值 72.4 亿元，均增长 11%。全市规模化农业产业化龙头企业达 13 家。这些企业生产总值达 53.8 亿元，实现销售收入 53.2 亿元，出口创汇 17356 万元。

同时，韶山利用红色旅游和红色文化的优势，大力培育休闲农业、乡村旅游、农家乐、精品民宿等美丽经济新业态，着力建设集循环农业、创意农业、农事体验于一体的平里村和韶山村田园综合体，推进“农业文化旅游”融合发展。到目前为止，较大规模的休闲农庄有 11 家，其中国家五星级 1 家、省四星级 4 家、省三星级 6 家，全市休闲农业企业实现营业收入 1.13 亿元，接待游客 75.6 万人次。以规模化种植为基础，打造银田、韶河两个万亩现代农业示范园，统筹推进大坪、杨林现代农业示范园建设，形成集“生产、加工、科技、销售”于一体的全产业链发展模式。

由于人口基数较小，韶山市贫困人口也相对较少。2015 年建档立卡贫困户 1588 户 4620 人，合乡并村后有 4 个省定贫困村，即韶阳村、韶前村、平里村和团田村。培育和扶持产业发展，一直是韶山市脱贫攻坚的着力点，他们在实践中充分发挥了龙头企业对于贫困户的辐射带动作用。韶山市目前发展了农民专业合作社 220 家，带动贫困户 1200 户，就业 800 人，户平均增收 8000 元。2016 年产业发展总投入 6990.8 万元，2017 年总投入 4600 万元，用于在省定贫困村培育产业，新型农业经营主体，发展水稻、油茶、湘莲、蔬菜、生猪等特色种养殖产业和竹木加工业等。

这些产业发展不仅富裕了农户，而且提升了贫困村集体经济的收入。产业扶贫，加上强化贫困村的基础设施建设，提供技能培训，以及完善社会保障，2017 年，韶山市 4 个省定贫困村各村年人均可支配收入均达到 10000

元以上，村集体经济年收入达到40000元以上，基本公共服务主要领域指标接近全市平均水平。2015年贫困户已经全部实现脱贫，2016年贫困村全部实现“摘帽”。

（二）科技兴农：以现代科技驱动现代高效农业发展

科技兴村，是习近平同志2011年到韶山考察的时候提出的韶山发展的思路之一。科技兴农，通过现代科技驱动现代高效农业发展，在耕地面积减少的情况下提高农产品的附加值，这也是韶山在三农建设中一直遵循的理念。

2017年，韶山市为了提高农业生产科技的含量，努力加强各项关键技术的完善、组装、配套，因地制宜推广优良品种，加大推广高效栽培技术，大力发展设施农业。全年粮食播种总面积14.52万亩，平均单产480.7公斤，总产量6.98万吨。高档优质稻种植面积2.32万亩，早稻专业化集中育秧3.02万亩。推进节水农业，改化肥撒施、表施为深施，采用农机与农艺相结合的施肥方式，在蔬菜、瓜果等经济作物上大力推广机械施肥和水肥一体化技术，韶山还建立了银田现代农业综合示范园、韶河现代农业产业示范园等科技兴农的典型，整合了土地、技术、资金与销售等资源。

（三）金融支农：推动资本下乡，解决农户融资困境

党的十七届三中全会通过的《中共中央关于推进农村改革发展若干重大问题的决定》中明确指出“农村金融是现代农村经济的核心”。通过培育农村金融市场，实现对于农村发展的金融支持，推动农村产业经济的发展，是形成可持续的脱贫模式的重要因素。

从2014年开始，在人民银行的支持下，韶山市委市政府开始探索如何自下而上建立农村信用体系的，搭建给予农户提供小额信贷的融资平台。韶山市采取以点带面的工作思路，以狮山村带动永义乡，进而复制推广，建立了具有本地特色的“狮山模式”，并于“狮山模式”之后，分阶段覆盖全市。

狮山村的个体户比较多，自己创业的比较多，对于资金的需求比较大，因此 2014 年的试点选择在合村之前的老狮山村进行。村组干部走村串户搞宣传，告诉农户如何通过贷款来扶贫、致富和发展。农户信息采集小组由村干部、村两委干部和村内德高望重的人组成，对农户逐一评级授信。2014 年，该村评级授信农户 337 户。农户贷款积极性很高，主要用于种养殖业，当年即有 24 户获得 136 万元的信贷支持。

2015 年，“狮山样本”推广至 9 个要求精准扶贫的村，2016 年铺开到全市。截至 2017 年末，全市已采集 33 个行政村农户信息 25030 户，占全市农户的 97.85%，评级授信 23871 户，评级授信率 93.32%，授信额度 91763 万元，信用农户用信 507 户，累计用信额度 3731 万元。并对全市 32 个新型农村经营主体进行评级授信，授信额度 1246 万元，用信额度 610 万元。改善了农村金融用信环境，提高了农户融资获得率。

韶山农村信用体系建设满足了不同层次农户和实体经济的融资需求，提高了韶山农村金融服务能力和金融普惠水平。狮山村的农户被授信后，农民年均收入由试点前的 14500 元提高到 24700 元，村级集体经济收入由 1.5 万元提高到 200 多万元。

通过“创业带动就业，产业带动经济，经济实现脱贫”的思路，将征信体系与韶山的特色产业相结合，打造“征信体系 + 小额信用贷款 + 特色产业”的新模式，加快推进了农村产业化进程；韶山农村信用体系建设实现了金融产业的精准扶贫，打通了服务农户的“最后一公里”，使农户特别是贫困户获得了普惠的金融服务。

通过农村信用体系建设，韶山构建了包含所有农户评级授信电子数据在内的数据平台，初步开发了一套符合韶山实际的单机版管理系统，并进一步探讨制作了符合信息采集指标的农村经营主体的评级授信表，提供主办行充实该系统应用功能。通过不断完善，至 2017 年末，该系统收集了全市所有评级授信农户电子数据与已评级的 32 家农村经营主体信息，并开通至全市所有的农村金融网点，实现了查询与应用功能。

（四）制度促农：深化农村制度改革，为促进农业农村发展提供制度保障

无论是通过基地化推动农业发展，还是产业化带动农业发展，都要建立在深化农村制度改革的基础上，都需要有坚实的制度性保障。按照“落实集体所有权，稳定农户承包权，放活土地经营权”的改革基本方向，韶山市出台了一系列规定，为韶山市农业农村改革和发展提供了政策支撑，确保土地确权工作任务顺利完成，大力推进土地流转。

土地流转的时候，村集体和村干部发挥了保护农民利益的作用。当地村干部认为，土地集体流转抗风险的能力更高，因为农户单独面对公司都会太弱势。而且集体流转，耕地、林地、池塘都可以算面积。2017 年，韶山市累计流转耕地 5.6 万亩，占耕地总面积的 54%；流转林地 1.5 万亩，占林地面积的 9%；流转水面 0.9 万亩，占水面的 50%。已成立 30 个村级土地股份合作社，指导农业现代示范园完成 4800 亩土地的流转。

韶山市是全国第三批农村集体产权制度改革试点市。结合韶山市的实际，制定并出台了《韶山市全面推进农村集体产权制度改革工作实施方案》，提出为了推动各种现代生产要素向农业积聚，建立适应生产力发展要求的农村集体产权制度，加快发展现代农业，要明晰农村集体产权归属，维护农村集体经济组织成员权利，完善农民对集体资产股份占有、收益、有偿退出、抵押、担保、继承权六项权能。以推进集体经营性资产改革为重点，探索集体经济新的实现形式和运行机制。

（五）健康惠农：实施健康扶贫，减少因病致贫返贫忧虑，增强农民的幸福感

因病致贫、因病返贫成为脱贫攻坚的“硬骨头”。我们在下面调查发现，农民现在最为忧虑的事情就是生病和医疗。如何通过健康扶贫助力打赢脱贫攻坚战？韶山市健康扶贫方面的经验，在一定程度上解决了因病治病、因病返贫的问题，切实为贫困群众提供了帮助。

韶山市健康扶贫的举措首先是实现“三个一批”。即：大病集中救治一批，慢病签约服务管理一批，重病兜底保障一批。同时，全市所有贫困人口（包括建档立卡贫困人口、低保户、特困人员等）参加城乡居民医保，完成贫困人口的系统标识，建档立卡贫困人口住院报销比例提高 10%。截至 2018 年，已经享受报销比例提高 10% 优惠政策 1524 人次，城乡医保基金补偿 442.9 万元；享受大病保险付线降低 50%，优惠政策 170 人，城乡医保基金补偿 48.9 万元。民政救助对象 54 人次，发放救助金 26.76 万元。

（六）生态靓农：全域宜游，生态宜居，建设美丽乡村

韶山市在改革开放之前是以农业为主要产业。改革开放后，政府大力推动工业发展，但是为韶山保留下来了绿水青山，坚持绿色发展，坚持生态发展，塑造宜游宜居的环境。

2007 年，开展“五改五整三化”（改路、改水、改栏、改厕、改灶，整治棚架乱搭、整治房屋乱建、整治杂物乱放、整治垃圾乱倒、整治污水乱流，绿化、净化、美化），村容村貌和农民生产生活条件明显改善。2015 年，实施“美丽乡村 · 魅力韶山”三年行动计划，完成青年水库、韶河水污染、农村环境综合整治等重大环保项目建设。实施民居改造、庭院美化工程，推进省级危房改造整体示范点建设，实施农村环境综合整治整县推进项目，全力打造以韶北村等 6 个村为重点的美丽乡村建设样板，积极推广节能环保生活方式。2017 年，以创建国家全域旅游示范区为契机，韶山市加快推进全域美丽乡村建设，力争将其打造成为全域旅游的景观基底。2017 年黄田村被评为全国百佳美丽乡村，大坪村荣获“湖南省美丽乡村”称号。

六、狠抓基层党建，输送红色动力

韶山是毛泽东同志的故乡，也是党的初心所在，早在 1925 年，毛泽东同志就在韶山亲手创建了中国农村最早的党支部之一——中共韶山特别支

部，并亲自指导该支部开展农民运动和革命斗争。韶山基层党建的核心经验在于发掘、利用红色资源，抓到了实处、要害处，有力促使经济社会发展更加有质量、基层治理更加有水平，使人民群众更加有获得感、精神生活更加富足。

韶山的基层党组织从传统领域逐步延伸到社区、新经济组织、新社会组织、农民合作社、农业企业、农业社会化服务组织等新的领域，实现党组织全面覆盖，韶山市党员由1980年的4086名增加到2017年的7071名，占总人口的比例也由1980年的4.5%增加到2017年的5.9%，党员的能力与素质、党性观念和党员意识都大大提高，截至2017年底，韶山市具有大专以上学历的党员已达2904名，占党员总数的41%。

通过强化基层党组织的政治引领作用和基层治理能力，韶山将党建工作“参与”“渗透”到经济工作及各项业务中去，大力发展红色旅游，搞活个体经济，带动韶山经济社会快速发展；韶山市基层党组织积极践行毛泽东同志的人民主体思想和人民情怀，不仅引导韶山人民发扬“合群奋斗”精神、带领群众追求美好幸福生活，更加注重精神引领，在人民群众中广泛培育“我是主席家乡人，我为主席家乡添光彩”等理念，培育民众政治参与的精神、自我管理的能力，使基层党组织逐步成为团结群众、凝聚人心的核心力量。

韶山市积极探索“智慧化”党建新模式。从早期的“热线电话”“党建手机报”，到互联网时代的建立“党建网站”“党建网络”以及党员在线学习、在线管理、在线服务，再到新媒体时代的微信公众号、党建APP，韶山市逐步通过技术革新带动党建创新，使基层党建工作逐步打破时间、地域等条件限制，建立起了更加开放、更加科学、更加便捷、更加高效的党建工作新模式。2017年，韶山市在“互联网+党建”模式的基础上，打造了集党务、村务、政务、商务为一体的“映山红”党建APP平台，基本上实现了信息共享“零距离”、党员管理“零距离”、参政议政“零距离”和服务群众“零距离”。

（一）把红色资源转化为党建资源，着力提升基层党组织的思想凝聚力

红色资源、红色传统、红色基因是韶山人民的宝贵财富，也是韶山党建工作的重要支撑。韶山市按照习近平总书记“把红色资源利用好、把红色传统发扬好、把红色基因传承好”的要求，努力把红色资源转化为党建资源，不断为基层党组织建设注入“红色动力”。

将红色资源作为基层党组织教育的重要内容。韶山市坚持思想教育与仪式教育相结合，组织党员在毛泽东故居、铜像广场、纪念馆等爱国主义教育基地，现场听党课、重温入党誓词，以此增强和提升党员的政治和责任意识、荣誉感和使命感。将红色资源融入基层党组织生活。韶山市将每月 26 日作为基层党支部的主题党日，严肃认真地开展组织生活，强化对党员的思想认同、情感激励和行为塑造。

将红色文化传播作为基层党组织建设的重要使命。韶山市专门创办了韶山干部教育学院，建立了一支力量精干、业务精通的“红色讲师”队伍，打造了“流动党校”“农民夜校”，定期送党课进村入组。韶山还精心提炼各个红色景区解说词，编写内容翔实、体系科学的党性教育教学教材，建立韶山党性教育资源特色专题库，使每一位到韶山的党员能够受到红色教育、感受红色力量，接受精神洗礼。

（二）以“党建标准化”推动“党建科学化”，着力提升基层党组织的整体战斗力

韶山是湖南省唯一的全国党建标准化试点市。近年来，韶山牢固树立“党的一切工作到支部”的鲜明导向，探索实施以“组织设置标准化、组织生活正常化、管理服务精细化、工作制度体系化、阵地建设规范化”为内容的党支部“五化”建设，对基层党支部进行整体“提质改造”，对党建业务进行重新分类归总，制定了 258 条建设标准，对 30 项制度和文件用标准化的语言进行重新编写，制作了诸如《发展党员工作指导手册》等统一的常用党建文书格式和范本，让每个基层党支部“定有标尺、干有方向、评有依

据”，深入实施了“党建＋三农工作”“党建＋公共服务”“党建＋精神文明建设”等一批“党建＋”工程，使党建引领贯穿于各项实际工作中，推动党建成果逐步转化为经济社会发展成果。

1. 党建领航经济发展

韶山市着力培育好基层发展带头人，重点提升基层领导班子整体功能，选优配强村级党组织班子，提高带领群众兴产业、促发展的本领。在实施乡村振兴和精准脱贫战略中，韶山市开展“党建结对共建”活动，全市27家规模企业对口帮扶26个村，在产业帮扶、公益事业、项目建设等方面实现优势互补、资源共享、共同发展。韶山村党委开展了“四联四帮”活动[①]，充分发挥党员干部在促推农村经济社会发展、带领农民创业致富上的示范带头作用。为解决发展中的融资难题，市财政专门设立了红色孵化基金，帮助支持村级集体经济发展。

2. 党建领航基层治理

在城市社区，韶山市探索开展了“党建＋网格治理”的社区治理模式，以社区网格党小组作为基本治理单元，全面推行社区党委、党支部、党员入网格，实现组织覆盖与治理网格深度融合。韶山将全市2129户社区居民划分为22个网格党小组，把组织、综治、信访、公安、民政、人社等涉及基层社会治理的部门按社区准入事项审批要求纳入网格，每个网格明确有镇级网格长、社区网格长、网格民警、网格理事长、网格理事员等五级联动组织架构。在农村治理方面，银田村探索开展了“1410”[②]乡村治理模式，通过发挥基层党支部的核心领导作用以及党员的模范带头作用，构筑起了一套行之有效的基层治理机制，带动村民和其他社会力量共同参与乡村治理，有效地

① “四联四帮”即：党委委员联络村级企业，帮助拓宽发展思路；支委委员联络个体户，帮助提高创新意识；党小组长联络党员，帮助提高带头能力；党员联络困难户，帮助提高致富本领。

② “1410”即：党支部一个核心，党员大会、村民议事会、村务联席会、村民代表大会四种议事形式以及为民全程代理服务制度、村民意见建议反馈制度等十项工作制度。

促进了村级治理的科学化、法治化、民主化。

3. 党建领航公共服务

韶山市把基层党组织开展公共服务作为基本职责和自觉追求，通过完善服务场所、服务载体、服务机制，搭建有效的公共服务平台，打通服务群众的“最后一公里”。韶山市实行了在职党员到社区（村）报到制度，全市67个单位的1200多名在职党员分批、分区域到社区（村）报到，利用“8小时以外”的休息时间，深入群众开展“四个一”服务（一次入户宣讲、一次文明劝导、一次志愿服务、一次爱心帮扶），组建映山红党员志愿服务队和各种应急处理的党员志愿服务队，形成“居民点单、社区下单、党员接单”的服务新模式。

（三）以“再组织”重构基层“新秩序”，全面提升基层党组织的社会动员力

韶山市把动员群众参与、得到群众拥护作为发挥基层党组织战斗堡垒作用的重要着力点，不断提升基层党组织“组织群众、宣传群众、凝聚群众、服务群众”的能力和水平。

1. 充分发挥基层党组织的社会“再组织”功能，提高社区(村）自治水平，逐步打破单位党建、社区(村）党建、经济组织和社会组织党建的壁垒界限，将单位资源导入到社会领域各类组织党建工作中来，并将这些资源转化为惠及各方的治理资源；通过党组织积极培育和发展社会组织，在社区（村）“物业管理协会”“和事佬调解协会”“老年人协会”“关心下一代协会”“科普协会”“志愿者协会”等一系列协会，让更多的社会力量组织引领居民群众参与到社会治理中来，实现互助服务和自治管理。

2. 充分发挥基层党组织的文化“再组织”功能，坚持红色文化引领，带动社风民风逐步向善向好。社区（农村）党组织和党员带头开展“移风易俗”活动，带头抵制婚丧嫁娶中奢侈浪费、攀比斗富的不良风气，在村（社区）均成立了红白理事会、道德评议会、村民议事会、禁毒禁赌会，将涉及社会

治安、村民风俗、邻里关爱、敬老爱幼、婚姻家庭等方面的要求纳入村规民约，以提高村民的法律意识、道德意识和自我约束意识。各村（社区）组织还定期组织开展“道德讲堂”以及“星级文明户”“五好家庭”“文明卫生户”“好儿媳”“好公婆”“好邻居”等文明评比活动，通过正面引导和示范带动，传递精神文明的“正能量”，培育乡村文明新风。

3. 充分发挥基层党组织的群众“再组织”功能，激发广大群众的内生动力。韶山市广泛宣传弘扬“我是主席家乡人，我为主席家乡添光彩”的理念和“为有牺牲多壮志、敢教日月换新天”的韶山精神，在人民群众中持续形成甘于奉献、合群奋斗、敢为人先的社会价值认同，引导和鼓励人民群众在全面建成小康社会、乡村振兴、脱贫攻坚等工作中积极作为，充分发挥主体作用。

七、展望与建议

改革开放40年来，韶山市政府和韶山市人民立足红色革命传统，继承和发扬韶山精神，努力推动思想建设、经济建设和社会建设等方方面面的工作，提高了城乡广大人民群众的生活水平和获得感，改革的硕果累累，未来的成就可期。

进入建设中国特色社会主义的新时代，在党的十九大各项路线方针的指引下，韶山将迎来新的发展机遇，对此，特提出几点对策建议。

第一，深入挖掘韶山的红色精神资源，从中国共产党和中华人民共和国革命历史的高度进一步思考韶山的红色意涵，在中华传统文化、湖湘地方文化等背景下挖掘保护韶山的文化意义、道德价值，并且在韶山的各项建设中体现并传承红色基因。可以说，这种“韶山精神”植根于中华传统文化，尤其是湖湘文化，与毛泽东思想有共同的文化根源，同时又受到毛泽东早期革命实践的直接影响，承接了毛泽东同志对国家与人民的根本关怀，延续了重视基层党组织建设、重视实地调查科学决策等工作方法，传承了红色基因。

第二，在红色旅游业提质升级的过程中，需要处理好净化景区环境与保护村民收益之间、项目开发与居民参与之间、核心景区发展与周边乡村共赢之间的平衡，做到协调发展、科学发展。红色产业如“毛家饭店”近年遭遇如“毛家湾”、“毛阿婆”等品牌辨识度混淆之忧，红色文化教育培训机构管理过程中，意识形态阵地占领与依法行政、经济效益与社会效益之间的存在张力。

在行政与体制层面，需要进一步理顺韶山管理局与韶山市的关系。韶山管理局主要负责纪念地等核心景区的管理、保护和建设。长期以来，两个机构形成了“剪不断理还乱”的关系。举两个简单的例子：根据韶山市实施的“七天无理由退货制”，曾经有游客退了滴水洞的门票，但是滴水洞是韶山管理局属下的产业，绝大部分游客对这一管理体制划分一无所知；再如韶山市换乘中心启用后，在管理局属下的韶山宾馆消费却可以人车不分离，不但对景区内的其他经营主体造成不公平竞争，对于普通游客的观感也是一种挑战，区别对待势必影响韶山的整体形象。未来，韶山市应与韶山管理局在明确彼此边界和权责的前提下，通力合作，共同推动韶山经济社会发展。

第三，在经济发展过程中需要提前做好制度设计，避免可能的风险、困境及一系列连锁反应。例如，农业产业化是以高效农业生产为基础的，但是农业生产抗风险能力比较差。在农业生产面临减产的情况下，农业产业化龙头企业的生产如何维系？反过来，这些龙头企业也面临着巨大的市场风险。在产业面临着资金链断裂或者资金不足的情况，如何处理已经流转的土地等相关事宜？产业融合、土地流转等过程中，同样存在发展的瓶颈，如何因地制宜、规避风险，达到稳定发展，是需要多加研究的问题。

改革开放 40 年，是韶山经济与社会取得巨大成功的 40 年。在短短 40 年中，韶山人民以甘于奉献、敢为人先的精神，立足红色资源，建立了均衡、共进的经济发展格局，建立了独具特色的红色旅游体系，民生福祉得到很大提升。韶山的经验在红色，韶山的未来也将充分彰显红色基因的优胜。

改革开放
与中国县域发展
GAIGEKAIFANG

湖南花垣

HUNAN HUAYUAN

精准扶贫之路

中国社会科学院马克思主义研究院

随着我国进入全面小康建设攻坚时期，我国的扶贫工作方式也从原来的“大水漫灌”的粗放式扶贫调整到“精准滴灌”精准化扶贫阶段，扶贫工作进入“啃硬骨头、攻坚拔寨”的冲刺期。剩下的都是难啃的“硬骨头”，传统的扶贫模式已难见成效，减贫难度越来越大。2013 年 11 月 3 日，习近平总书记在湖南湘西土家族苗族自治州花垣县排碧乡十八洞村考察扶贫开发工作时，做出了“实事求是、因地制宜、分类指导、精准扶贫”的重要指示，首次提出了“精准扶贫”思想，为我国扶贫攻坚新阶段——“啃硬骨头”阶段指明了方向。随即“精准扶贫”思想在花垣县落地开花。

贫困是一个相对的、动态的概念，扶贫工作也不会是一个一蹴而就的事业。花垣县创新精准扶贫新模式的核心理念，就是对“可持续发展”的执着追求。

一、花垣县基本情况与精准扶贫取得的成就

（一）花垣县基本情况

花垣县位于湖南省湘西土家族苗族自治州西北部，地处云贵高原东部边缘、武陵山腹地。东接临保靖、吉首，南连凤凰，西邻贵州松桃和重庆秀山，北靠保靖，有“一脚踏三省”“湘楚西南门户”之称。2016 年，全县总

面积 1109.35 平方公里，辖 12 个乡镇 217 个村 24 个社区（居委会），总人口约 31.5 万人，其中苗族人口占 77.3%，是苗族聚居县、革命老区县、国家扶贫开发工作重点县。

花垣县属于亚热带季风山地湿润气候区，气候温和，四季分明，光照充足，雨水充沛。夏季降雨集中，雨热同期，年平均降雨量 1363.8 毫米，其中 4～9 月降雨量 998.6 毫米，占全年降雨量的 73%。年平均无霜期 279 天，全年日照充足。花垣县以山原地形为主，属于喀斯特地貌。地势东、南、西三面高，北部低，中部缓，形成高山台地、丘陵地带和沿河平川 3 个台阶型地貌带，平均海拔 500 米，最高的莲花山海拔 1159 米，最低的狮子桥海拔 212 米。境内溪河纵横其间，有花垣河、兄弟河、牛角河等大小河流 32 条。

这种气候和地理条件造就了花垣境内层峦叠嶂，山水秀美，风光秀丽，景色宜人。但是，喀斯特地貌导致这里尽管雨水充沛、河流众多，地表上却几乎存不住水，大大小小的喀斯特孔洞“吸”走了大部分流水；而且在流水不断地冲刷下，地表层土大量流失，可用于耕地的土壤少，而且分布零散。同时，连绵山峦造成行路难，正如杨万里的诗所写：“莫言下岭便无难，赚得行人错喜欢。政入万山围子里，一山放出一山拦。”没有现代化的大交通，要走出山区谈何容易。

花垣县矿产资源丰富。已探明锰、锌、页岩气等矿产 20 余种，特别是锰、锌等资源丰富，其中锰矿储量居全省第一、全国第二，铅锌矿储量居全省第二、全国第三，2011 年新探明铅锌矿远景储量 1300 万吨，有“东方锰都”“有色金属之乡”之美誉。锰、锌等矿产资源开发和利用曾是花垣县的支柱产业。

花垣少数民族文化浓郁，作为苗族聚居县，花垣县自古有“百里苗乡”之称，拥有苗族古歌等 5 项国家级非物质文化遗产保护项目，苗族武术等 12 项省级非物质文化遗产保护项目，苗族群众的重大节日“苗族赶秋”已列入联合国非遗名录。

历史上，苗族人民由于不断迁徙，磨炼了顽强意志，具有吃苦耐劳精神，团结互助传统；但不断迁徙，也造成苗族方言众多，没有本民族文字。新中国成立之前，这里的苗族、土家族人民受到深重的阶级压迫和民族压迫，又加上匪患猖獗，自然灾害不断，苗族的社会生产力长期处于低速发展状态，人民生活贫困。新中国成立之后，在中国共产党领导下，苗族、土家族、汉族人民团结奋斗，不断改变贫穷落后面貌。

（二）精准扶贫工作的成就

十八大后，以习近平同志为核心的党中央把脱贫攻坚摆到治国理政突出位置，做出了到 2020 年农村贫困人口全部脱贫的庄严承诺。花垣县地处我国 14 个集中连片特殊困难地区之一的武陵山区腹地，长期以来处于贫困状态。2013 年 11 月 3 日，习近平总书记来到花垣县排碧乡十八洞村，走访了贫困户家庭，并在低保户施成付家院子里和村干部、村民代表等座谈。在座谈会上，习近平总书记首次提出了“精准扶贫”的战略思想，对扶贫工作做出了“实事求是、因地制宜、分类指导、精准扶贫”的重要指示。花垣县由此成为习近平总书记精准扶贫思想的首倡地。

作为“精准扶贫”的首倡地，花垣县委县人民政府认真贯彻落实习近平总书记精准扶贫战略思想及中央、省、州精准扶贫有关文件会议精神，把脱贫攻坚作为最重大的政治任务、最紧要的民生工程来抓。自 2014 年精准脱贫工作开展以来，全县的贫困状况得到显著改善，脱贫工作取得了重大成就。2014 年初，全县共精准识别贫困人口 74715 人，贫困发生率为 28.6%，贫困村 162 个(2016 年并村后 142 个)。2015 年全县减少贫困人口 14045 人，贫困发生率下降到 17.8%；2016 年，花垣县累计脱贫 39365 人，贫困发生率从 2014 年的 28.6% 下降到 14.8%，农民人均纯收入增加到 7055 元，获评“全省脱贫攻坚先进县”。2017 年底，全县已累计脱贫 54372 人，贫困村退出 87 个，贫困发生率降到 11.4%。

表1　花垣县2014～2017年贫困人口脱贫情况

年份	农民人均收入（元）	脱贫人口（人）	累计脱贫人口（人）	贫困发生率（%）
2014	5509	—	—	28.6
2015	6276	14045	27181	17.8
2016	7055	12184	39365	14.8
2017	7859	15007	54372	11.4

资料来源：根据《花垣县国民经济和社会发展统计公报》、花垣县汇报材料整理。

花垣县脱贫工作按照“四个切实”“五个一批”“六个精准”[①]的要求，整合各种涉农财政资金，以发展产业、转移就业、社会保障等“十项工程”为抓手实施脱贫攻坚。

在产业扶贫工程方面，大力推广“资金跟着贫困户走、贫困户跟着能人走、能人跟着产业项目走、产业项目跟着市场走”的“四跟四走”产业扶贫模式，支持龙头企业、合作社、家庭农牧场及能人大户发展，带动贫困群众脱贫致富。到2018年7月，142个贫困村发展产业项目700多个，联结贫困人口3.6万人。

在乡村旅游脱贫工程方面，着力打造“边城茶峒”“古苗河”“紫霞湖”“蚩尤部落群”“崇山老卫城”五大旅游板块，将旅游资源优势转化为旅游经济优势，带领贫困户脱贫。2016年11月30日，“苗族赶秋”被列入联合国教科文组织非遗名录；2018年5月1日，十八洞旅游景区试运营。2017年花垣县旅游接待人数300.02万人次，收入10.01亿元；2018年上半年，旅游接待人数138万人次，收入7.32亿元，预计再辐射带动脱贫约3000人。

① “四个切实”是指切实落实领导责任、切实做到精准扶贫、切实强化社会合力、切实加强基层组织；“五个一批”是指通过扶持生产和就业发展一批，通过易地扶贫搬迁安置一批，通过教育扶贫脱贫一批，通过医疗救助扶持一批，通过低保政策兜底一批；“六个精准”是指扶持对象精准、项目安排精准、资金使用精准、措施到户精准、因村派人（即第一书记）精准、脱贫成效精准。

在转移就业脱贫工程方面，花垣县出台了一系列转移就业政策，努力实现劳动力转移由无序向有序转变、劳动力输出由体能型向技能型转变。在广东等地设立劳务输出服务中心，积极与广东等地区开展劳务输出协作。目前，全县建档立卡贫困户转移就业 2.36 万人，年人均工资 3 万元以上。转移就业成为花垣贫困群众脱贫的最快途径。

在易地搬迁脱贫工程方面，以“搬得出、稳得住、能致富”为原则，以居住在生态条件恶劣、偏远分散等地方有搬迁意愿住户为对象（建档立卡贫困人口优先），根据不同情况按照统规统建、统规自建、分散自建的方式进行搬迁建设。2016 年实施搬迁 628 户 2828 人；2017 年实施搬迁 525 户 2120 人，其中超半数为建档立卡贫困户。对搬迁后的群众通过多种渠道进行帮扶，以实现“稳得住、能致富”。

在教育发展脱贫工程方面，率先在湖南省对建档立卡贫困户和城乡低保户子女实行学前至高中阶段 15 年免费教育，贫困生救助实现全覆盖。2017 年为 16743 名贫困学生发放各类补助 3663.2 万元；2018 上半年，为 17871 名贫困学生发放各类补助 1726.85 万元。

在医疗救助帮扶工程方面，实现贫困人口 100% 参加合作医疗和大病保险，农村贫困人口患者在县乡公立医院住院实施“先诊疗后付费”方式，出院时医疗费用由基本医疗保险、大病保险、民政疾病应急救助、医疗救助实行“一站式”结算。建档立卡贫困户报销率达 90% 以上，兜底户、特困户报销比例达 100%。创建“百元治病”机制，城乡参保居民在乡镇卫生院住院治疗费用只需支付 100 元，其余（除城乡合作医疗局报销外）全部由财政补贴，实现“百元看大病”，有效减少因病致贫、因病返贫现象的发生。

生态补偿脱贫工程方面，积极实施生态建设工程，提高贫困人口在生态建设工程中的参与度，安排贫困人口转岗为生态护林员。2016～2018 年花垣县共选聘建档立卡贫困人口 755 名转岗为生态护林员，全面落实 63.7 万亩生态公益林补偿政策，惠及林农 5 万多人。

在社会保障兜底工程方面，实现应兜尽兜，应保尽保，并不断提升兜底标准。至2018年7月，全县共有7003户22579人纳入农村低保，1503户4156人纳入低保兜底保障范围，县慈爱园集中供养孤儿217名，9304名留守儿童得到跟踪帮扶，低保兜底标准已提升到每人每月289元。

在基础设施配套工程方面，全县贫困村农村公路提质改造完成386.99公里，安保工程完成600公里，实现了所有行政村和自然寨100%通水泥路，建制村通客班车率98.6%，入户路硬化达96%，基本实现“外通内联、通村畅乡、班车到村、安全便捷”的农村交通网络体系。93%的村完成农网改造，全县农村自来水普及率达81.92%，累计解决21万农村人口饮水安全问题。深入推进信息化精准扶贫工程，全县所有村实现宽带、4G全覆盖。

在公共服务保障工程方面，高标准建成县、乡、村（社区）网格化管理服务三级平台，完成111个农村网格工作站、162个金融扶贫服务站、13个高标准村级综合文化服务中心的建设。扎实开展农村环境综合整治，不断改善农村人居环境。当前正在实施农村广播“村村响”工程和广播电视“户户通”工程，预计2018年底可以全部完成。2018年也将实现142个贫困村电子商务服务站点全覆盖。

花垣县委县人民政府按照习近平总书记“不栽盆景、不搭风景”的要求，以十八洞村为“试点”，努力探索出可复制、可推广的扶贫经验，取得了重大成就。精准扶贫的“花垣经验”可以概括为：全县各级政府、领导干部深度参与，打造一支“永不走的扶贫工作队”，在强有力的组织保障基础上，激发贫困人口的内生动力和创造力，因地制宜，打造突出本地区特色的产业集群，推动地区经济持续、快速发展，从而从根本上解决贫困问题。

二、精准扶贫典型经验与特色做法

“精准扶贫”是相对传统的粗放式扶贫而言的，其核心内涵就是瞄准扶贫对象、分类施策，即因人因地而施策，因贫困原因、贫困类型等而施策。

（一）精准识别是基础

过去粗放式扶贫，扶贫的对象主要为贫困县、贫困村、集中连片特困区等行政区域，而不是具体的贫困户；政府一元主导，注重资金的投入，又往往因为缺乏科学规划而导致扶贫项目脱离一些贫困户的实际需要；同时，静态的单向的管理模式，使扶贫方与被扶贫方缺乏真正有效的互动，导致扶贫工作投入虽高，但针对一些“硬骨头”贫困户的效率却不高。因此，将扶贫对象具体化到每个贫困户，摸清底数，精准施策，明确扶贫资金和项目指向，提高针对性，才能啃下扶贫攻坚战的“硬骨头”。

因此，要做到精准扶贫，首先就要明确：“谁是贫困者、贫困原因是什么”；其次是明确对贫困户“如何有针对性帮扶”；最后就是要明确“帮扶效果如何持续发展”。因此，精准识别，摸清贫困人口的底数，是精准扶贫第一步，是全部精准扶贫工作的前提和基础。所谓精准识别，就是按照统一标准、通过规范的程序，找到真正的贫困户，再了解其贫困状况、分析其贫困原因，明确其帮扶需要，采取有针对性的帮扶。

但是，贫困是一个动态的过程，也是一个相对的概念，要准确识别贫困对象，就需要普查，需要监督和计量每个家庭的收入结构，并平衡各个方面的情况，划定一个标准。要在收入水平、贫困状况相差不大的家庭中，确定出哪个家庭在贫困标准线以里，哪个家庭在贫困标准线以外，这绝非易事。对此，花垣县创新了一套工作模式。

这一创新首先源自十八洞村的探索。2014 年 3 月，十八洞村率先制订出《十八洞村精准识别贫困户工作办法》，提出了“七步法”和“九不评”（或者也称“三榜三审九个不评”）的精准识别贫困人口标准。首先，排除不能参加评选村户，包括“九不评”，如在城镇购有商品房的不评、打牌赌博成性的不评、不赡养老人的不评、阻挠公益事业建设的不评、全家外出打工的不评、家里有拿工资的不评等。这“九不评”是驻村工作队通过多次调研、听取群众意见而总结出来的。然后，再从剩余的村户中评选出贫困户建档立卡，主要程序是：首先村民户主自主提出申请，然后以村民小组为单位组织召开群众大会，由群众投票评选，当场公布结果。同时，为了防止优亲厚友、欺上瞒下等现象出现，工作队对全村所有农户走访调查，核实情况，并由村民代表、村支两委成员、乡党委政府代表及县扶贫工作队组建成评议小组，进行评议、审核，再将结果公告公示至少7日之后，上报乡镇审核，县级审批，入户登记。

以十八洞村先行先试经验为基础，花垣县科学制定了扶贫对象识别的评选标准，将评定流程规范化：农户申请→村评议公示→乡镇审核→县级扶贫部门复核→县级人民政府审定。①由农户申请，其中提出申请有困难的孤寡老人、残疾人、孤儿等由村民小组推荐；②村评议公示，即经村民代表大会推荐的评议小组组织评议，公示评议结果，公示时间不得少于七日；③乡镇审核，即乡镇人民政府、街道办事处审核，公示结果，公示时间不得少于七日；④复核，即县级扶贫部门县级扶贫办与民政、住建交警、工商等部门进行信息比对，进行复核，并报县级人民政府审定；⑤县级审定，经县级人民政府审定后，将审定结果在贫困户所在村和村民小组公告，并逐级上报湖南省人民政府农村扶贫开发工作机构备案，公示和公告时间均不少于七日。总之，坚持公开、公平的原则，客观公正地评选出贫困户，确保真扶贫，扶真贫。

随着精准扶贫工作实践的不断推进，扶贫对象的状态也在不断发生变化，建档立卡贫困人口并不是一评不变的。对此，花垣县提出了“有进有出、动态管理”工作模式，对建档立卡户动态提出了规范化管理，做到“应进则进、应退则退、有进有出”，以“识真贫”确保“扶真贫”。花垣县通过确定识贫、校贫、定贫“三部曲”，开展“大排查、大诊断、大整改”专项行动，对已建档立卡的贫困人口，通过有效帮扶达到脱贫标准并按程序核实验收后，及时在建档立卡系统中标记脱贫退出；对新致贫的人口，通过识别程序及时纳入并建档立卡，对返贫的人口采取有效措施进行帮扶。

（二）产业扶贫是核心

表面上看，贫困地区脱贫最快，最明显、最直接的途径是劳务输出，一人在外务工，全家可脱贫。但外出务工存在着“受年龄限制”“不能照顾老小”等问题；农民工带回的钱也主要是用来改善居住和生活环境，很难对贫困农村、对农业长远发展有根本改变；而且大部分农民工都难以真正融入当地城市，却又荒了家乡的田地，这对贫困地区长远发展来讲，得不偿失。鉴于此，花垣县因地制宜、致力于自身的产业发展，把产业扶贫作为精准扶贫工作的核心内容。产业是区域经济发展的根基，是振兴农村经济的关键。产业如同发动机，带动农村经济全面腾飞；缺乏产业支撑，是贫困山区长期贫困的根本原因。花垣县精准扶贫工作经验最根本的就是找到了最适合本地区发展的产业扶贫路径，以产业的持续发展带动扶贫工作的持续发展。

第一，探索产业扶贫的精准模式：“四跟四走”。

过去产业扶贫实行普惠政策，谁能把企业做好，就支持谁，结果贫困人口因为自身条件有限往往参与不进来，而被边缘化。过去给钱给物的“撒胡椒面”式的帮扶方式也很难奏效，贫困群众往往因为缺资金、缺技术、缺管理、缺销售门路，也很难搞好产业项目。如何把贫困人口真正带入市场、使扶贫产业成为可持续发展的产业，是需要深入思考的问题。由此，花垣县探索了“四跟四走”的新模式，即扶贫资金跟着穷人（贫困户）走，穷人（贫困户）跟着能人（龙头企业、合作社）走，能人（龙头企业、合作社）跟着产业项目走，产业项目跟着市场走。

扶贫资金跟着穷人走，穷人跟着能人走，即引导龙头企业、合作社等与扶贫资金联结，助推农户脱贫致富。针对部分贫困群众自身发展能力不强、扶贫资金到户投入产出效益不高等问题，花垣县扶贫资金使用方式由“撒胡椒面”向“握指成拳”转变，政府引导整合产业扶贫资金、贫困对象帮扶资金等，通过股份合作、委托帮扶等形式加入龙头企业进行产业建设；贫困户通过扶贫资金入股，“资金变股金”，每年获得股金分红。这既解决了企业发展所需部分资金问题，又提高了贫困户收入水平，助推贫困户脱贫。

具体帮扶模式包括股份合作、委托帮扶、直接帮扶等。股份合作帮扶模式：如2014年，十八洞村与县苗汉子合作社进行股份合作，苗汉子合作社出资 306 万元，占股 51%，国家财扶资金支持村民和村集体出资 294 万元，占股 49%，在农业园区流转土地 1197 亩种植猕猴桃。2017 年开始挂果销售，十八洞村受益 74.05 万元，贫困户人均分红 1000 元。到丰果期，人均可年增收 5000 元以上，村集体可增收 150 余万元。委托帮扶模式：县扶贫开发办与县内 3 家龙头企业（德农牧业、兴盛果蔬、恒远生化）签订委托帮扶协议书，明确受托方购买扶贫社会服务后，对贫困户履行脱贫帮扶责任，同时附上帮扶贫困户的名册。从 2015 年开始，3 家龙头企业按照每人每年分红金额不低于 500 元的标准，帮扶贫困户。

此外，花垣县还引导龙头企业、合作社与涉农资金联结，带动村集体经济发展。花垣县整合涉农资金 2400 万元，每村 40 万元入股恒远生化等 9 家矿企转型龙头企业，按照前四年每年 5 万元、后六年每年 4 万元的标准保底返还给村集体，十年后按实际股份进行分红，收入计入 60 个贫困村村集体。同时，引导龙头企业与贫困村资源联结，“资源变资产”，依托龙头企业发展村级集体经济。例如，十八洞村将本村优质水资源转变为有形资产，引入步步高集团建成十八洞村山泉水厂，山泉水厂每年将按“50+1”形式给村集体分红，2017 年度已实现村集体分红 50.18 万元。最后，花垣县政府积极引导龙头企业与农户发展“订单”农业，建立风险共担、利益共享的联结机制，提高产业和农民进入市场的组织化程度，破解分散的“小农户”与“大市场”对接难题，解决农产品“卖难”问题。

“穷人能人跟着产业项目走、产业项目跟着市场走”，为确保贫困农户跟着能人搞项目、闯市场，防止资金投向不准、扶贫效益不高等问题出现，花垣县建立了一系列的防范机制，如制定《关于引导和支持新型农业经营主体参与精准扶贫实施细则》，规定参与产业扶贫的新型农业经营主体需有一定产业规模，经营状况良好，有抵御产业风险的基本能力，市场前景好，带动能力强；参与产业扶贫新型农业经营主体须经县农村经营服务站审核备案、认定，并公示；全程跟踪监督项目实施情况，及时公示项目帮扶情况、执行情况和效益情况，确保贫困农户合法权益得到保障。

第二，突出特色，打造现代生态农业为核心的产业集群。

花垣矿产资源丰富，长期以来，矿业一直是花垣的支柱产业。近年来，国内外经济形势发生重要变化，环保法规也日趋严格，矿业受到重大影响，矿业发展陷于困境。在此背景下，花垣县加快产业结构调整，着力破解“一矿独大”困境，以花垣县传统农业发展为基础，因地制宜，大力发展特色现代农业。花垣县独特的地理环境造成这里的农业是后发展农业，不同于发达地区被化肥农药污染的农业，花垣的传统农业是纯天然、无污染的农业。在人们普遍追求绿色食品、讲究餐桌安全的现代社会，发展绿色生态农业无疑是正确的方向。

花垣县根据“农民自愿、合理流转”的原则，积极探索农村土地流转政策，引导农村土地承包经营权有序流转进入规模特色农业、高效农业和无公害农业龙头企业、合作社等新型农业经营主体，有效激活土地和劳动力两大生产要素。目前，全县土地流转面积达 9.6 万亩，涉及农户 2.4 万余户。与此同时，花垣鼓励县工业集中区、农业园区、合作社等吸纳贫困劳动力就业，对吸纳贫困劳动力稳定就业的，给予不同奖励。目前，400 余家农业企业以及专业合作社雇用贫困农户 5000 多户，年户均工资 1 万元左右。“失地”农民一边获得土地流转收入，一边家门口务工赚钱，成为“双薪族”。花垣县还引导龙头企业等围绕农业生产经营管理、科学种养殖技术、新品种和新技术示范推广应用等，加大对贫困群众的培训力度，从生产资料、技术服务等方面予以帮扶指导，促进贫困群众向懂经营、会管理的技能达人转变。

花垣县通过“政府扶助、企业带动、群众发展”的政、企、农“三位一体”关系，形成了多元化的“公司 + 农户”扶贫产业发展模式。例如，花垣德农牧业集团通过“龙头企业（担保）+ 合作社 + 基地（家庭牧场）+ 农户（土地流转入股等）”的经营模式，内联基地、外联市场、种养结合，大力推进湘西黄牛绿色生态产业建设。目前，公司已建成了年产 3 万头肉牛屠宰加工生产线，逐渐形成从基地到餐桌、从深加工到市场的产业链体系，带动种养殖人数 16750 人，带动玉米秸秆等牧草订单种植 6.7 万亩。

在生态农业发展过程中，花垣县立足于农产品“纯天然、无污染”的特色，严格把握住绿色生产环节，将种植业、畜牧业、渔业等与加工业有机联系起来，综合经营，建立立体生态农业生产模式。例如，德农牧业集团用玉米秸秆等绿色植物养殖的湘西黄牛所产生的粪便，通过专业有机肥生产线，生产出沼肥——超越传统农家肥的农作物肥料，供给“十八洞猕猴桃”、“十八洞黄金茶”及其他水果、蔬菜、油茶等农业园使用，如此，保证了农产品品质，实现了生态农业立体生产。

第三，发挥优势，打造旅游业带动的产业链条。

花垣县地处武陵山腹地，没有深厚的产业基础，但是这里风光秀美、移步换景，且民风淳朴、苗族和土家族文化浓郁，这本身就是巨大的资源，为花垣县发展旅游业提供了基本条件。花垣县从实际出发，立足县情，利用旅游资源丰富这一优势，争取各方资金投资，发展生态文化乡村旅游业，全力推进乡村旅游脱贫工程，发展以农家乐、特色民宿、民俗活动等为主的旅游服务业。

花垣县在开发乡村旅游业过程中，积极促进旅游产业开发“三结合”：一是旅游开发与特色现代农业发展相结合。利用当地自然资源优势，大力发展绿色生态农业，积极实施生态补偿、退耕还林、天然林保护、湿地保护等，培育油茶、木本药材和花卉苗木等特色经济林，使观光农业与特色景点互为依托，集旅游、观光、生态于一体，在此基础上开发具有特色的旅游产品，拉长产业链，实现旅游业和现代农业的协同一体发展。二是旅游开发与特色文化相结合，花垣县是苗族、土家族聚集区，“蚩尤故里、世界边城”享誉海内外。浓郁的特色文化与青山绿水的自然风光融为一体。花垣县把本地特色文化作为旅游的一个重要组成部分，积极引导群众把本地特色文化产品如苗绣等与旅游消费对接，提升本地特色文化的知名度。花垣县还通过组织“过苗年”、“桃花节”、“赶秋”、“樱桃会”、边城龙舟赛等传统民俗节会，不断掀起乡村旅游高潮。三是旅游开发与乡村振兴相结合，既考虑农户生产生活需要，又考虑游客食、宿、行需要，积极促进以农家乐为代表的住宿餐饮业以及交通业、银行邮政等居民服务业等第三产业发展，大力改善乡村路、水、电、通信、文化等公共配套基础设施。

乡村旅游业“三结合”拉长了旅游产业链条，优化了产业结构，提高了旅游产业的附加值，增加了农民收入，同时乡村基础设施公共服务等也得到大力改善，带动了农户脱贫奔小康，带动了当地经济社会全面发展。

（三）扶志：思想道德建设是保证

贫困是一个事实，也往往是一种精神状态，对于“硬骨头”贫困户来说更是如此。文化素质较低，观念保守，思想僵化，“等、靠、要”思想严重；对一些贫困户来说，政府多年的扶贫工作就好像仅仅是政府一方的事情，脱贫不是自己要脱贫，而是别人要自己脱贫。当年，十八洞村扶贫工作队就遇到过村民们这样的议论：“习总书记来过的村，看看你们怎么扶贫?”好像扶贫仅仅是工作队的事。精神生活的贫困比物质生活的贫困更可怕。中国传统文化强调“自强不息”，强调“人必自助而后人助之”“为仁由己”，强调主体自觉的重要性。脱贫的主体是贫困户自己，是内因，政府等外界力量的扶助再重要也属于外因。外因通过内因而起作用。脱贫工作最终成效如何，关键在于贫困主体的自觉性、自主性和创造性的发挥。因此，欲扶其贫，先扶其志，扶起贫困群众的精气神——这是扶贫工作持续健康发展的基本保证。为此，花垣县创新了一系列内在相连的工作机制。

首先，通过开展“讲文明树新风”“我们的节日”等多种主题活动，增进村民交流，凝聚团结奋斗的合力。

过去，村民们各种自家田，彼此之间缺少平台和机会进行深度交往，容易形成封闭、保守、僵化的心理状态，局限于“一家一户”的窄小天地。对此，花垣县通过开展各种主题活动，搭建平台，促进村民之间的交流。例如，“我们的节日”主题活动，利用春节、端午节等传统节日和苗年等民族节日，组织开展民俗展示、文化娱乐活动。苗年是苗族人民特有的节日，逢苗年盛日，花垣县及各乡镇、村组织过苗年活动，摆迎宾拦门酒、打苗鼓、唱苗歌、打糍粑、跳苗族舞、展示苗族服饰、摆苗族牛头长桌宴等，通过这些极具苗族特色的传统文化活动，搭建人们交流的平台，丰富人民的精神世界。再如，由4个村寨合并成的十八洞村通过组织各种文化活动：赶秋、主题画展、篮球比赛、相亲大会等，让全村人们一起张罗，每个人参与其中，都献出自己的智慧和热情，无形中村民们的心理距离拉近了。如今村里的事业：拓宽道路、建停车场、办猕猴桃等专业合作社，村民都会积极参与，保证了公共事业顺利展开。

其次，通过开展“乡村道德讲堂”、道德演讲、基层巡讲等活动，借助媒体宣传、公益广告等形式，加强村民社会公德、职业道德、家庭美德、个人品德等的宣传教育。

花垣县以“创建文明单位、共建文明村寨”活动为契机，重点开展以苗族“玛汝”（苗语：好、美好）习俗助推文明乡风进苗寨活动，例如，文明创建单位与结对帮扶贫困村共同举办“乡村道德讲堂”活动，仅2018年1～7月就有27个文明创建单位与结对贫困村共同举办了35场次。县文明办、县纪委、县民政局联合出台《关于在全县开展文明节俭操办婚丧喜庆事宜的工作方案》，大力弘扬勤俭节约的传统美德，推动移风易俗，破除陈规陋习，促进党风政风和社会民风持续向善向上。

思想道德建设包括的内容涉及各个方面。例如，十八洞村制定了《十八洞村村规民约》，内容包括：社会公德方面，在全村开展“告别手中的不文明行为”，解决乱堆乱搭、乱扔乱倒、乱贴乱画、乱停乱放、损坏公物等不良道德问题；开展“告别脚下的不文明行为”，解决践踏农地、加塞抢座等不良道德问题；开展“告别口中的不文明行为”，重点解决随地吐痰、肆意攻击等不良道德问题等。在职业道德教育方面，组织村民开展自查自纠活动，通过主题学习、座谈会、问卷调查等形式，促进村民反思是否存在在岗不敬业、思想懒散等表现，是否存在不关心全村大事、不思进取的现象；在为人处世方面，是否动辄指责他人，是否不乐意听取他人合理意见和建议，是否不团结尊重他人甚至无理取闹、挑拨是非，等等。内容具体，且有针对性，对村民的道德建设指导也是实在的。

最后，通过举行思想道德星级化评比、模范人物评选等活动，将思想道德建设落到实处。

从本质上讲，思想道德建设并不是一种观念建设，它只有体现在人们的自觉行为中才是现实有效的。花垣县通过评选道德模范人物、通过思想道德星级化评比等活动，将思想道德建设落在实处。例如十八洞村的思想道德量化评比，是以组为单位、对18岁以上的村民互相评分，评分内容包括支持公益、遵纪守法、社会公德、职业道德、家庭美德、个人品德六个方面，共分为四个星级，得分90分以上为五星级，得分80～90分为四星级，得分70～79为三星级，得分69分以下为二星级。评分结果当场宣布，张榜公布，并实行每户家庭挂牌管理。这对村民的思想道德建设是一个极大的促动，村民尊老爱幼、助人为乐、热心公益等事迹越来越多，一个美好的乡村风貌日益呈现。

在调研中也了解到，因为思想道德星级评比结果具有较强的真实性和可信性，能够较为准确地反映一个人的人品和德性，因此常常被公司、企业作为选择合作对象的参照——谁都愿意与星级评比高、思想道德品质好的人合作共事。这样，思想道德建设就既关涉人们的“面子”，又与经济利益相挂钩，这无疑从根本上促进了思想道德建设。道德教育不是一种空洞的说教，也不仅是思想升华，还是与切身利益相联系的实实在在的生活要求，这种落在实处的思想道德建设内在地激发了人们的精神力量，更持久绵长。

（四）扶智：教育扶贫是根本

习近平总书记指出：“扶贫必扶智。让贫困地区的孩子们接受良好教育，是扶贫开发的重要任务，也是阻断贫困代际传递的重要途径。”“扶智”的教育扶贫是阻断贫困代际传递的治本之策，是保证精准扶贫工作成果可持续发展的根本。

人的因素是生产力发展中最革命、最有决定性意义的因素。教育的重要性就在于，教育是对人的能力的培养，是对人的综合文化素质的全面提高。研究表明，人均受教育年限与人均 GDP 的相关系数为 0.562；受教育水平越高、综合文化素质越高，对劳动生产率的提高和促进作用就越强。很多贫困地区的现实状况也表明，这些地区资源丰富，特色突出，在多年的扶贫开发中创建了许多项目，但是由于生产中劳动者的管理水平、知识储备、文化素养等综合素质水平低，扶贫开发效果也不明显。

作为贫困山区，花垣县对于教育的重要性有着更加深刻的认识和理解，在精准扶贫工作中，把教育扶贫提到最高层次加以强调。从强化组织保障入手，成立了由分管副县长任组长，县教体局局长为副组长，扶贫办、发改、财政、人社、审计等部门主要负责人为成员的县教育发展脱贫工程协调小组，同时，乡镇、学校相应成立教育发展脱贫工程办公室，全面统筹协调教育扶贫工作，坚持教育投入优先落实、教育问题优先解决。

一是创建贫困教育人口基础信息平台，构建教育资助体系。以国办系统为基础，创建了花垣县“互联网＋教育扶贫信息平台”，发动全县学校和当地政府包村入户核查全县适龄学生基本信息，特别是建档立卡、城乡低保、特困救助、残疾等贫困教育人口基本信息，全部录入平台，做到不漏一户，不错一人。学生的基本信息类别全、信息准，这就为资助、控辍保学工作打下了坚实基础。同时，由于学生基本信息每年都发生变化，花垣县加大了信息动态管理力度，及时更新信息平台。由此实现了教育贫困人口基本信息、贫困学生资助信息、控辍保学信息等资源共享，口径一致，使用快捷，管理规范。

对教育贫困人口如何资助？花垣县构建了教育资助体系，从幼儿园到大学，对具有花垣户籍，且正在全日制学校就读的建档立卡贫困家庭及城乡低保户子女实施资助全覆盖，资助标准：学前保教费按照每生每年 1500 元免除；小学、初中按国家标准免除学杂费和教科书费；省级示范性高中、一般普通高中分别按每人每年 2000 元、1600 元标准免除学杂费。对于学前、小学、初中、高中、中职学段的贫困家庭学生，每生每年分别给予 1000 元、

1500元、2000元、3000元的生活补助。对于当年考取本科、专科的贫困户子女一次性分别资助5000元、3000元等。此外，从2018年春季开始，花垣县为贫困家庭学生免费发放教辅材料，惠及小学、初中和高中三个学段的学生。同时，花垣县认真实施农村义务教育学生营养计划，不断提高“营养午餐”供管水平；从2018年春季开始，每日上午10点半在试点学校为学生提供课间营养餐。

二是坚持教育均质、平等原则，加强学校教育硬件建设。首先，全力改善办学条件，围绕化解“大班额”和标准化教学点建设，加大投入，使办学条件不断完善。其次，全力推进教师队伍建设。教师队伍是学校教育的关键，贫困地区学校普遍存在缺少优秀教师的状况。对此，花垣县一方面面向社会公开招录、引进优秀教师，全面落实优秀教师引进的16万元安家补助待遇；并实施特岗计划，落实20名特岗教师聘任岗位。另一方面，在引进的同时，加强本地教师的培训力度，不断拓展培训渠道，如派出骨干教师外出跟班学习，参加国培、省培和州培，与北大培文等北京优质学校签订教师帮扶交流工作协议，互派跟班，交流学习。同时，花垣县强化师德师风建设，狠刹有偿补课、违规办学等一系列百姓关注的问题。为保证教育的均质和公平，花垣县加强城乡教师交流，促进城乡学校的校长、教师交流轮岗，优化城乡师资配置，全县实现了农村教学点公办教师派遣、支教全覆盖，实现了贫困乡镇城乡交流全覆盖，农村教学点公办教师派驻、支教全覆盖。

三是根据实际需要，加强职业教育，务实强本。对于贫困山区来说，职业教育具有特别的重要性。授人以鱼，不如授人以渔。对于完成义务教育、不继续深造的青年人来说，学习、掌握一门技艺，就成为安身立命的根本，也成为贫困家庭摆脱困窘的希望。花垣县高度重视职业教育发展，不断加大投入力度，充分发挥职业教育技能培养培训优势。对此，花垣县大力推进县职业高中发展，先后投入1.3亿多元，完善学校实训大楼、学生公寓、图书办公大楼、艺体馆、标准运动场和相关附属设施建设，改善办学条件，吸引更多的适龄学生到这里学习。到县职高来学习的学生绝大部分是农村的孩子，孤儿、单亲、留守儿童占了学校学生总数近 2/3。一方面，学校努力通过国家免学费政策、国家助学金政策、雨露计划、教育基金、建档立卡户和低保户的优惠政策，以及积极争取的社会捐资等，多渠道筹集资金，确保每一个困难家庭的学生都能得到资助。另一方面，在校园管理上，学校强化校园管理，制定明确的校规校纪，无论是谁违反，该开除的开除，以确保校园有一个和谐的学习环境。同时，学校极强调素质教育，尊重每个学生的兴趣和特长，因材施教。为此，学校不断创新教学模式，引入苗秀、上刀梯、舞龙、舞狮、苗族歌舞等等富有少数民族特色的课程，寓教于乐，激发学生的兴趣，让每一个走出校园的学生，都不仅掌握喜欢的专业技术，还有至少培养一项民族文化特长，全面提高学生们的综合素质。这使花垣职高的毕业生成为人才市场的“抢手货”。

（五）全县干部深度参与是关键

精准扶贫是一项系统工程。如果没有一个充满活力和智慧的组织、协调、指挥的中枢系统，要完成这项浩繁工程是不可能的。花垣县精准扶贫工作取得重大成就的关键就在于全县各级机关、领导干部充满热情与激情地全面深度参与，着力打造了一支“永不走的扶贫工作队”，形成了强有力的组织保障。

第一，创建全县领导干部全员参与的工作机制。

花垣全县各级机关、企事业单位及有条件的非公有制经济组织都要积极参加精准扶贫，并选派政治素质高、工作作风实、综合能力强且身体健康的精兵强将承担具体扶贫工作。

每个贫困村都组建一个工作队，每个驻村扶贫工作队不少于 3 人，1 人担任驻点村第一书记，要求一般年龄不超过 50 岁、热爱并熟悉农村工作的党员干部或科级后备党员干部。驻村工作队在责任后盾单位的领导下，与相关部门衔接，抓好各项驻村扶贫工作。工作职责包括：一是学习宣讲。深入学习宣传中央、省、州、县有关精准脱贫的文件精神，做好贫困群众思想发动、宣传教育和情感沟通工作，激发群众摆脱贫困的内生动力。二是精准识别。配合县、乡镇做好精准识别、精准退出工作，形成常态化工作机制，实现对建档立卡户的动态管理。三是精准帮扶。实现建档立卡贫困户结对帮扶全覆盖，每名帮扶责任人原则上帮扶未脱贫贫困户不超过 5 户，做到帮扶措施到户到人、政策落实到户到人、台账管理到户到人。四是产业发展。实现每个村部都能培养出 5 名以上的致富带头人，每个贫困户有 1 个以上稳定增收产业项目。五是党建引领。加强村级组织建设，强化党组织在农村的核心领导地位，选优配强村“两委”班子特别是村党组织书记等。此外，除驻村工作队，花垣县还选派别驻村扶贫干部、驻村锻炼干部来协助村支“两委”、驻村帮扶工作队抓好脱贫攻坚各项工作。驻村扶贫干部、驻村锻炼干部必须与原单位工作脱钩，每月在村工作时间必须达到 20 天以上，晚上宿村必须 15 晚以上，并写好“干部日志”，做好考勤登记。

每个工作队都有后盾责任单位（乡镇责任单位）领导和支持，负责各级驻村扶贫工作队、驻村锻炼干部日常管理职责。责任单位切实履行“一把手”责任制，把驻点村工作与本单位工作同研究、同部署、同安排。责任单位“一把手”每月至少到村调研 1 次，每季度至少召开 1 次党委（组）会研究驻村扶贫工作；分管领导每半月至少到村指导 1 次，帮助工作队、驻村锻炼干部解决实际问题。责任单位要从人、财、物等各方面关心支持驻村扶贫工作，安排驻点村工作经费，等等。

与此同时，花垣县制定、执行县直机关部门、乡镇党员干部与贫困户结对帮扶制度，规定县级领导干部联系 5 户，科级干部联系 3 户，一般干部联系 1 户。实现建档立卡贫困户结对帮扶全覆盖，特别是当年预脱贫户必须由驻村帮扶责任单位干部帮扶，建立健全帮扶台账。通过帮扶干部全过程记录台账，促进帮扶干部同结对户的联系，避免简单的送钱送物，要沉下身子与结对联系户拉家常、讲政策、谋发展，在帮助贫困群众摆脱思想贫困的基础上，着力打通脱贫致富门槛，确保帮扶措施见实效。

责任单位、驻村工作队和帮扶干部要坚持以建档立卡贫困户为主导，紧扣“一超过、两不愁、三保障”标准，因户施策、因人施策，做到“逐户调查摸底把脉、逐户建立工作台账、逐户制订帮扶计划、逐户记录帮扶过程、逐户考核脱贫效果”，避免“数字脱贫”、被脱贫等现象，确保贫困人口高质量脱贫。

第二，压实责任，确保工作实效。

为实现“精准扶贫、不落一人”的目标，花垣县制定了层层脱贫攻坚工作责任制，确立了“单位联村、干部结对、责任到人”的工作机制，形成了“上下贯通、横向到边、纵向到底”的责任体系，县级领导包乡镇、县直单位包贫困村、党员干部包贫困户。花垣县施行脱贫攻坚县级领导、县直部门、乡镇、村支“两委”、工作队（组）及帮扶干部五级责任制，县乡两级成立精准脱贫攻坚领导小组，由县乡党委书记挂帅，层层签订“脱贫攻坚责任书”，层层压实责任，级级传导压力。

县级领导干部广泛参与扶贫脱贫。县委常委、县人大常委会主任、县政协主席、县人武部政委联系乡镇负责扶贫工作，例如，花垣县委书记罗明、县委办主任麻学清联系负责补抽乡，花垣县长隆立新联系负责边城镇，等等。县级干部包村负责扶贫工作，例如，花垣县委书记罗明包补抽乡合兴村、吉久村、夯尚村，花垣县长隆立新包边城镇板栗村、踏沙村、南太村等。

县直责任单位工作职责。县直责任单位全部参与扶贫脱贫，对扶贫脱贫工作各司其职。例如，县委脱贫攻坚办：负责脱贫攻坚工作的统筹协调、工作调度、督查考评。县扶贫开发办：负责扶贫业务工作。县委组织部：负责组织驻村扶贫、结对帮扶全覆盖，完成村级公共服务平台建设、村支两委班子建设和党员队伍管理等工作。县驻村办：负责驻村扶贫工作队和结对帮扶工作全覆盖。县纪委监察委：负责脱贫攻坚监督执纪问责和扶贫领域腐败与作风问题专项巡察整治等工作。县委宣传部：负责扶贫宣传各项工作等。

乡镇责任。乡镇脱贫攻坚工作实行党政“一把手”负总责，党委副书记、分管副乡镇长专抓，乡镇干部分工负责包村到户，确保每个村都有乡镇干部包村，工作重点放在村组和贫困户。乡镇党委书记统筹抓好本乡镇脱贫攻坚工作，对各级驻村扶贫工作队（组）行使调度指挥权和考评建议权。乡镇要督促指导村支两委开展脱贫攻坚工作，落实村支部书记抓脱贫攻坚工作责任。此外，花垣县在全省率先设立乡镇扶贫办并配备专干 2 名以上，2018 年组建 221 支驻村扶贫工作队（组）分别进驻 142 个贫困村、75 个非贫困村和 4 个社区帮扶脱贫。

县直单位结对帮扶责任。县直单位结对帮扶，派遣工作队（组）及帮扶干部驻村参与扶贫脱贫。县直单位按要求履行包村职责，实现每个贫困村、非贫困村都有单位帮扶，每户贫困户都有干部帮扶。县直单位须履行好行业扶贫和驻村扶贫责任，派遣驻村扶贫工作队（组）员参与扶贫。

村（社区）级干部参与。村（社区）支部书记为脱贫攻坚工作第一责任人，负责本村（社区）脱贫攻坚工作的组织领导，抓好贫困人口的精准识别和精准退出、帮扶措施的制定落实、村（社区）党组织建设、脱贫巩固提升等工作。村（社区）支部书记要会同驻村工作队（组）每月组织召开 1 次群众会，宣传脱贫攻坚政策、引导群众自力更生、解答群众疑难困惑。

全县各级干部广泛深入参与，“村村有工作队，户户有干部帮”，实现了帮扶贫困人口全覆盖、贫困村全覆盖、非贫困村全覆盖和贫困退出巩固力量全覆盖“四个全覆盖”，有力推动贫困群众脱贫奔小康。

第三，执行最为严格的监督、考核制度。

花垣县制定了“花垣县脱贫攻坚工作问责办法”“花垣县精准扶贫精准脱贫工作问责实施细则”“花垣县脱贫攻坚工作考核管理实施方案”等制度，把脱贫攻坚工作纳入五个文明绩效考核及全县四项重点工作“流动红旗”考评“第一内容”，每月考核一次，每两月排名定等一次，排名在前予以工作经费奖励；对于任务未完成，一次提醒，二次诫勉谈话，三次启动实施问责。

关于驻村工作队、村支两委的考核。花垣县制定了《花垣县驻村帮扶工作考核实施细则》，规定：一是关于驻村单位领导力度（10 分）：帮扶责任单位每月召开 1 次以上党委（组）会或全体干部例会专题研究驻村帮扶工作，每少一次扣 1 分，扣完为止；帮扶责任单位“一把手”每月到村蹲点扶贫 1 天以上，分管领导每半个月到村直接调度工作1天以上，每少一次，扣2分，扣完为止；等等。二是关于工作队员出勤考核（10 分）：驻村队员每月在村工作必须达到 20 天，宿村 15 晚，每少 1 天或 1 晚的扣 1 分，扣完为止；工作队员“帮扶一月一走访，问题一月一清零，工作一月一汇报”，驻村“一月一例会”四项工作全完成的，计 3 分，每少一项扣 1 分，扣完为止；工作队员未按时间要求完成上级（含各乡镇）交办的各项工作任务的，每次扣 0.5 分，扣完为止；工作队员每月走遍贫困户 1 次以上，每少一次（户）扣0.5分，扣完为止。三是关于减贫措施和实效（20 分）：贫困户脱贫因户施策，一户一策，落实到户产业或就业，确保贫困户实现“一超过、两不愁、三保障”；必须户建立台账，缺 1 户扣 1 分，等等。四是关于结对帮扶实效（20 分）：帮扶责任人最多只能联系 5 户建档立卡贫困户，年内走访帮扶对象 6 次以上（外出务工帮扶对象以电话记录为准），每少走访一次，扣 1 分；结对帮扶干部不了解帮扶户家庭情况的，每人次扣 1 分，扣完为止，等等。五是群众满意度（20 分）：群众满意度达 90% 为合格，计 10 分；群众满意度低于 90% 为不合格，计 0 分。群众满意度在 90% 以上，每增加一个百分点，按比例计 2 分，最多加 10 分，加满为止。六是政策知晓度（10 分）：政策知晓度达 90% 为合格，计 5 分；政策知晓度低于 90% 为不合格，得 0 分。政策知晓度在 90% 以上，每增加 1 个百分点，计 0.2 分，最多加 5 分，加满为止。

《花垣县脱贫攻坚问责实施细则》中，还详细规定了在各级督查、暗访、调研和第三方评估过程中发现各种问题，依据其严重程度的不同，相应地予以提醒谈话、约谈、责令做出书面检查、通报批评和诫勉谈话等问责。

综上，从表面上看，花垣县精准扶贫改进了工作方法，提高了工作效率；实质上反映的是领导干部的群众观念和执政理念的重大转变，是党的群众路线的真正落实。花垣县精准扶贫有了这样强有力的组织保障，一届接着一届干，就一定会在促进地区经济持续发展的基础上，不断创造辉煌。

三、建议与展望

（一）突出地方特色，通过科技创新、文化创意，提升产业品质

地区经济的持续健康发展依赖于产业的发展，产业是贫困地区实现脱贫、赶上发达地区的基础和依托。传统产业基础薄弱的花垣县要发展现代产业最为根本的就是立足于自身情况，把握地区优势和特色。

花垣的优势和特色是什么？正如前文介绍的，地处大山深处的花垣是一个尚未被污染的纯净之地，这里的绿水青山天然而成，这里的一花一草自然而就。由此，花垣县立足绿色生产打造生态农业，立足于山水美景打造特色旅游业，这是正确的选择，目前发展也很好。不过，着眼于未来发展，如何将生态农业和特色旅游业做得与众不同，在与其他地区的竞争中卓然胜出，却是一个需要深入思考的问题。

绿色生态农业是一个不同于设施农业、大规模农业等的后现代农业。有人认为，生态农业就是回到原始自然农业去，把它等同于传统农业甚至是古代农业，认为施用农家肥、不打农药、长着虫子眼儿的蔬菜才是绿色蔬菜。这是对绿色生态农业的简单理解。绿色农业是对古代农业的超越，它保留的是传统农业的天人合一的理念，但并不是用原始的方式实现它，而是通过现代科学技术实现它。绿色科技是在利用自然规律的基础上，通过科技创新，使科学技术既能满足人类不断增长的需要，又能实现可持续发展的要求。例如，洁净能源技术，如太阳能、风能、生物质能等的开发利用技术；环境友好技术即环境无害化技术，以及绝大部分生物技术都是名副其实的绿色技术。绿色农业不是要退回到古代的原始农业中去，原始农业产量低，不能养活众多人口，并不是人类追求的目标，而是要在充分利用绿色科技的基础上，实现农业的高效发展。花垣县现代生态农业要实现可持续发展、带动贫困群众脱贫，必须要在如何创新农业科技方面下功夫，在充分利用绿色技术上下功夫，确保绿色生态农业的高效性，才能保证贫困群众脱贫致富。

花垣县的旅游业也是一个正在开发的新兴产业，很多景区处于基础建设

过程中。原始的自然美景有如埋藏在地层中的璞玉，如何挖掘、如何打磨，使其熠熠生辉、与众不同，并不是简单就能做到的。因为全省范围及至全国很多地区这样的璞玉并不少见，如果没有特色，看见人家怎么做就跟着怎么做，亦步亦趋，人云亦云，千景一面，最终会使璞玉失去光辉。所以，花垣县精品旅游业的发展关键在于文化创意，要避免雷同，特别是要防止同质化竞争。这既需要加强行业指导，有远景规划，统筹考虑，还需要有审美思维和艺术眼光。

（二）加强电商平台等信息化基础设施建设，借助互联网，融入大世界

当前我们正处在大数据互联网迅猛发展的时代。大数据互联网导致人类物质生产方式产生了根本性的变革，它正在实现生产与消费的一体化，推动新的消费经济的出现，形成去中介化、减少流通环节的新商业模式，使经济单位呈现出网状分工体系，形成小微化、自组织化等为特征的新组织形式。近些年，依托互联网技术的电子商务在我国蓬勃发展，对实体经济起到了巨大推动作用。大数据互联网对贫困地区的脱贫具有重要的意义。对于传统农业来说，除了农业生产效率低和农产品附加值不高外，面临的另一难题是农产品的市场问题。长期以来，农产品信息不畅、销售渠道单一、经营分散，导致农产品滞销，已成为制约贫困地区农民脱贫的关键因素。因此，近年来各地方政府都在纷纷推动“互联网＋扶贫”新模式，鼓励当地农民借助电子商务平台脱贫。

花垣县拥有得天独厚的优良自然环境，非常利于绿色生态农业的发展，本地特有农产品市场前景看好，电子商务的发展对于花垣县扶贫脱贫工作来说更为必要。花垣县也十分重视电子商务平台建设，县委专门成立了电商办，负责所有贫困村电子商务服务站点全覆盖。2016 年，全县建立了村级电商扶贫服务站及网店 40 个，2017 年增加村级电商扶贫服务站 33 个，合作平台为苏宁和淘宝。县农业科技园的农产品也都可通过网店销售，一些入驻企业甚至拥有自己的网上旗舰店，比如德农牧业的牛肉制品、香味园食品

公司的腌菜类产品，线上销售业绩均不俗。

电商平台建设首先要解决的是硬件问题，包括物流点房屋、电脑硬件设施、货架、基本的草根物流及相关人员。目前，花垣县电商建设存在的问题：一是物流点建设不足。虽然全县已共建73个物流点，但未及拟建设额的一半，还有96个物流点没有建。二是建设资金缺乏。先前湖南省有200多万元的专项资金，可用于电商平台建设，但从2018年起专项资金被整合统筹，且电商平台作为公共服务没有被纳入扶贫资金支出的基础设施范围，故无法再享受该政策优惠。三是缺乏必要的电商服务人员。县许多村寨青壮年劳动力外出务工现象非常普遍，留守的多是老人和儿童，他们对电脑和网络操作不甚熟悉，更谈不上经营网店。这些因素大大制约了本地农户的家庭农产品线上销售。除了电商前期必需的硬件投入不足外，主流电子商务平台如淘宝、京东牟利性过强，对个体经营者准入门槛过高，通常要收10%～15%的管理费，对贫困地区的农户来说算不上理想的合作平台。

基于此，我们认为，在建设和发展贫困地区大数据互联网和电子商务上，需要地方政府和中央政府协同推进。从地方政府层面，需要专项资金支持或将互联网和电子商务作为基础设施纳入国家扶贫资金使用范围，以解决贫困地区硬件投入资金缺乏问题。从国家层面，可以考虑由中央有关部门如扶贫办，或联合工信部、网信办共同开发一个精准扶贫APP，建立一个全国性的电商平台，可下设专门机构负责开发、维护和管理。这个电商平台具有纯粹的公益性，专门服务于精准扶贫。拟入驻的经营者只要经过县以下的扶贫办认可，把数据报上来并通过严格审核，便可免费开通，在平台上销售产品。这样就会极大方便贫困山区群众销售产品，解决他们“卖难”的问题；同时，这个平台也必将成为贫困山区群众与外面世界相连接的平台，成为他们真正融入市场、融入大世界的平台。

（三）要把精准扶贫开发与农村就地城市化建设结合起来

实施精准扶贫开发，就是要彻底改变贫困山区落后面貌，改造传统农村贫困落后状态。那么，贫困农村改造的方向是什么？脱贫后群众的生活方式是什么样的？这不是远景，是需要现在就要考虑的问题。这个远景，它绝不会是传统农村，而只能是现代化城市。

自古以来，城市就是人类先进文明的象征，特别是工业化以来，它更是现代文明的集中体现。城市的开放、便捷、舒适远远超越农村，自古以来也都是普通农民心向往之的生活居处。但是，当前中国现代大城市病日益显现，令人苦不堪言，同时我国农村人口众多，现有大城市无法全部吸纳。拥挤、污染的大城市和封闭落后的传统村庄一样，同样不是人类追求的幸福居所。因此，传统农业区就地城市化是我国城市化发展的一个必然趋势。这需要对传统的僵化的城市化理论进行重新理解。传统城市化理论坚持工业化是城市化的推动力，认为农业是低效产业，农村是落后地区，农民是要被转移到非农业领域的群体；认为从事种植业和养殖业等地方的就是农村，城市居民从事非农业产业。其僵化、错误的地方在于没有深刻理解现代化大农业的本质。现代化农业是以高新科学技术为基础，运用现代商品生产的经营方式和理念，实现了商品化和社会化的农业。这种现代化农业与工业并没有本质区别，只不过生产的商品不同而已。花垣县调研表明，农民在农业园工作，成为园区工人。因此，现代化农业可以成为带动传统农村就地城市化的基础和力量。

随着现代农业的发展、传统农业生产方式的根本转变，传统农村与现代城市的根本区别表现为农民能否享受到和城市居民一样的水电气、道路交通、通信等公共基础设施，及养老、医疗保险等社会保障，教育、文化、医疗、公共管理等公共产品和公共服务，也就是农民传统生活方式根本改变，过上和城市居民一样的生活。这种生活环境改变对农民的意义在于，一方面，公共产品和公共服务能够降低农村经济活动的生产成本和交易成本，促进农村经济发展，增加农民收入。另一方面，自来水、燃气、电力电信、道路交通等日常生活设施省时省力又方便，可以使农民从繁重又烦琐的家务劳动中解放出来，极大提高农民的生活质量，使他们有更多时间和精力从事更大更有创造性的工作，从而促进自身全面发展。

因此，花垣县在精准扶贫开发过程，应该自觉地、有意识地把产业发展、基础设施建设、公共产品和公共服务的供给等与新型城市化结合起来，以精准扶贫为契机，引导贫困农民适当聚居。在花垣县，传统村庄都是自然形成，布局分散、零乱，有些村庄生活条件恶劣，有些村庄三五户、几十户人家，人数相对较少。为了保证这些地区获得优质足量的公共产品和公共服务，适时适度引导村庄合并就是大势所趋，否则，政府怎样聚力向村民"点式"的村庄提供"树状式"的基础设施建设配套资金和资产维护费用?因此，对农民住房布局进行空间上的重新调整、引导农民适当聚集是大势所趋。

花垣县政府可以一方面，以易地搬迁为契机，加强农村住房集聚建设，通过科学合理规划，建设新型小城镇；另一方面，通过在中心村、中心镇等适合聚集的地方，设置幼儿园、中小学校等优质教育资源，提供医院、银行、邮局、便利的交通等公共服务设施等，引导农民向这些地方集中。经过规划，在马上到来的"未来"，这里将成为既具有城市的高效和便捷，又具有乡村的宁静与清新，适合人类诗意栖居的田园城市。

改革开放

与中国县域发展

GAIGEKAIFANG

广东南沙

GUANGDONG NANSHA

新发展理念指导下的成功范例

中国社会科学院经济研究所

十八大以来，我国各级党委和政府都把全面深化改革、转变经济发展方式、深入推进各领域的体制机制创新，作为工作中的重点来抓落实，在具体的实践中，党的政策已经深入人心，产生了很好的影响，全国各地出现了一些具体行业或具体工作方面的典型。为了纪念改革开放 40 周年，我们前往广州市南沙区开展调研，经过两次实地调研、10 天的实地体验，我们认为，南沙区是落实十八大以来全面深化改革工作的一面旗帜，是改革开放再出发征程中一个很好的典型。

一、建区 13 年来取得的成绩

21 世纪初，还隶属于广州市番禺区下的南沙地区被广州人戏称为番禺的“西伯利亚”，这里几乎是一片尚未开发的处女地。人们认为这里人口稀少、路途遥远、交通不便，一般的投资商很少光顾这里，甚至一般的商人认为这里没有开发的价值。正是在这样一片土地上，中央政府和广东省、广州市开始探索新的发展模式。自 2005 年建区以来，经过十几年的发展，南沙区发生了翻天覆地的变化。

（一）经济建设取得巨大成就

至2017年底，只有72.5万常住人口的南沙区全年实现地区生产总值1391.89亿元，比2005年增长了11.3倍。每年的经济增速始终保持着两位数，特别是近四年来，一直在广州市各区县的排名中处于第一名的位置。2017年，该区的高新技术产品产值占规模以上工业产值的比重约53%，先进制造业产值占规模以上工业产值的比重约45%；2017年完成固定资产投资744.93亿元，是2005年的4.6倍；一般预算收入70.66亿元，是2005年的12.8倍；商品销售总额1473.9亿元，是2005年的75.5倍；税收总额471.96亿元，是2005年的28倍；进出口总额287.48亿元，是2005年的9.1倍，去年的总量进出口已经占广州全市的1/5；实际利用外资10.42亿美元，是2005年的2.6倍，总量占广州全市的1/6。

表1　南沙区重要历史节点的经济指标数据

指标	1993年	2002年	2005年	2012年	2017年	2017年规模是1993年的倍数
地区生产总值（亿元）	2.37	61.73	134.08	808.69	1391.89	587
工业总产值（亿元）	1.60	108.08	251.40	2051.83	2292.10	1433
一般预算收入（亿元）	0.14	2.00	5.50	46.73	70.66	505
固定资产投资（亿元）	5.56	13.72	163.64	191.40	744.93	134
进出口总额（亿元）	0.28	11.26	31.43	137.99	287.48	1027
实际利用外资（亿美元）	0.33	0.65	4.06	9.14	10.42	32

资料来源：南沙区统计局。

从经济发展的成绩来看，南沙区取得的成就是巨大的，这里已经成为广州市经济增长的引擎。虽然这里的经济总量无法和深圳特区相比，但作为区县一级的行政单位，南沙目前已然成为拉动整个珠江西岸地区经济发展的火车头，也是粤港澳大湾区最有活力的地区。

（二）社会事业与民生工程覆盖全部人口

十八大以来，之前长期踯躅不前的文、教、体、卫等社会民生事业转换思路，取得了突飞猛进的发展。特别是去年，引进了广东外语外贸大学附设南沙外国语学校、广州二中（南沙）实验学校、广大附中（南沙）实验学校等一批名校项目和中山大学附属第一（南沙）医院、省中医院南沙分院、市妇女儿童医疗中心南沙院区、光华口腔专科医院等一批优质医疗项目，广州修仕倍励国际实验学校已启动建设，新增中小学（幼儿园）学位 2025 个，高考升大率为 96.9%，中考平均分超过全市平均分。区养老院有完善的居家养老服务体系，日间托老服务中心和农村老年人活动站点实现全覆盖，低保、五保等困难群体实现“应保尽保”。满足养老服务需求的“时间银行”计划被确定为省社区治理十大创新成果，全区老人的基础养老条件与养老服务水平在国内达到一流水准。

2018 年，全区 41.54 万户籍人口中长期稳定就业参保者达 9.9 万人，其余人口全部由城镇居民养老保险与城镇居民医疗保险项目覆盖。该区去年又新增城镇就业人口 1.4 万人，户籍应届高校毕业生就业率已高达 97.6%，就业工作目标责任制考核排名始终位列全市第一。创新构建“政企联动、四层辐射、立体多维、便民快捷”的社保经办体系，城乡居民养老保险医保参保任务完成率超 100%。

（三）立体化的基础设施体系不断完善

说到交通，这是老南沙人最不愿意提的事情。就在不远的 20 年前，南沙人去一趟广州，需要乘船逆珠江而上，小舢板船载着乘客，清晨 6 点出发，下午 4 点多才能抵达广州市区，那个时候去一趟广州，一般需要两天时间。现在南沙的交通基础设施已经十分完善，地铁 4 号线南延段已通车运营，这条地铁线连接着广州大学城，融入了整个广州市的地铁网络，现在南沙人去一趟广州市区，只需要40分钟。目前，该区新的在建轨道交通还有3条（段），约76.4公里。此外，南沙港铁路也在建设中，地铁22号线南延线、18号线中山延伸线、15号线正开展前期研究工作。高快速公路新（在）建4条，达52公里，黄榄干线已完工通车，虎门二桥大沙水道钢箱梁顺利合龙，广中江高速等项目进展顺利，深中通道主体隧道工程已开工，“三高三快”通道加快建设。新增通车市政道路超50公里，凤凰一、二、三桥及万新大道（出口加工区段）建成通车，沙仔二桥全线贯通，明珠湾大桥正在招标。新规划的明珠湾跨江通道已完成规划论证工作。商务机场前期工作顺利推进。开通南沙至白云机场快线，优化增开24条公交线路。特别是自贸试验区获批之后，当地政府推进了一个总投资2505亿元包括91个重大交通基础设施的项目，大大加快了建设粤港澳大湾区“半小时交通圈”的步伐，自贸试验区各区块顺利推进，完善的城市设施更加宜居。

滨江临海的城市，如何发挥特殊的地理优势呢？至去年底，南沙区顺利完成了国际航运中心建设的三年行动计划，南沙港区三期全面建成投产，深水航道拓宽一期工程投入使用，南沙港区四期、邮轮母港等项目加快推进。目前，该区有国际班轮航线85条、内贸航线32条和“穿梭巴士”支线60条，新建无水港33个，多式联运和集疏运体系辐射整个泛珠地区。去年一年，南沙港区实现集装箱吞吐量1406万标箱，货物吞吐量3.35亿吨，成为南中国最大的单体港，助力广州港进入全球2000万标箱俱乐部。累计出入境邮轮122艘次，出入境旅客超40万人次，邮轮旅客吞吐量位居全国第三。

（四）生态建设与环境保护工作实现质的飞跃

近些年来，南沙区认真开展大气污染防治，强制锅炉淘汰，加强挥发性有机化合物整治、扬尘污染控制等工作，2017年全年空气质量优良天数达到307天，PM2.5浓度31微克/立方米。在推进水环境治理和贯彻河长制的同时，建成100公里自贸区生态景观廊道，建成区绿化覆盖率达43.18%，率先在全市推出城市VR全景展示平台。在环境治理方面，依托物联网标识管理公共服务平台，整合市政、水利设施及交通等城市管理数字化平台，为干净整洁、平安有序的城市环境提供了有力的技术支撑。

在全区的最南端万顷沙镇的南沙湿地公园（也是广州市的最南端），在珠江出海口的西岸上，南沙区在万顷沙镇十八涌与十九涌之间，总面积约10000 亩的滩涂建成了湿地公园，这里是候鸟迁徙的重要停息地之一，常年住有 3 万多只鸟儿，每年前来越冬的候鸟有 10 万多只。加上为了防风固堤而种植的生态植物——红树林，这里宛若人间仙境，短短十年间，这里从围海造田尚未完工的烂泥滩，变成了周边游客一年四季都向往的旅游好去处。南方地区最大的旅游公司南湖国旅总经理布立凯先生说："南沙区以'无中生有'的方式，在一个原本没有什么传统旅游资源的地方，开发出如此优质的旅游度假条件，超越了我们这些做旅游的人的思维，希望当地进一步打造旅游配套设施，否则我们只能限制进入的游客规模。"

（五）地方特色鲜明的文化事业蓬勃发展

作为一个新建立的行政区，南沙的文化事业与那些历史悠久的地区相比有很大的不同。当地最著名的古迹是南沙天后宫，始建于明朝，在 20 世纪40 年代日本侵华时遭到毁坏，1995 年由爱国人士霍英东先生捐款重建。从此，这里成为一年一度大陆、台湾、香港妈祖文化交流的平台，成为当地人与港澳同胞交流感情的重要场所，也成为现代文化与传统文化进行交流对话的重要桥梁。这里每年都会举办广州南沙国际帆船节、自邮行水上嘉年华、夏日趁墟等大型活动。仅去年一年，全区就举办各类群众文化体育活动 43 场。

作为流动人口的输入地，一些跟随着到南沙工作的子女来安享晚年的老人组织了文化团体，如南沙进港大道蝴蝶洲社区的"情缘艺术团"，除了自娱自乐外，还为当地的其他群体义务演出。南沙俏夕阳舞蹈队专为颂扬环卫工人而创编的舞蹈《黄玫瑰》，在今年 6 月参加中国民族艺术发展联合会举办的全国中老年文艺大赛中，夺得舞蹈类第一名和最佳编导奖，值得一提的是，他们的这些文化节目题材直接来源于今日南沙的真实生活，打磨成文化作品后，又回到生活中，成为教育青少年积极向上的好工具。

文化建设的目的是树人，南沙区的志愿服务在全国志愿服务（义务工作）领域也走在全国前列。当地利用“志愿者之城”等项目推动粤港澳大湾区城市群青年志愿服务（义务工作）深度发展，助力广东、广州、南沙营造共建共治共享社会治理格局。近年来，南沙坚持探索具有国家新区、自贸区特色的志愿服务发展模式，以阵地建设、项目开发、供需对接为主要路径，推动青年志愿服务“处处可为”、“时时可为”、“人人可为”，取得明显成效。广州志愿者学院原党总支书记杨伟雄说：“作为国家级新区和广东自贸区最大片区，南沙已经成为湾区志愿服务（义务工作）区域合作的重大平台”。

（六）在服务港澳与周边地区的过程中发展自己

南沙是粤港澳大湾区地理几何中心，毗邻香港、澳门，有着特殊的地理区位优势，是广东省开展大湾区建设的一个重要载体平台。根据设立南沙新区的初衷，南沙区承担了不断深化内地与港澳合作的示范区任务。截至2017年底，已落户港澳投资企业1357家，投资总额306.9亿美元；启动建设粤港澳深度合作区起步区，推动成立港澳专业服务联盟，在法律、会计、金融、咨询服务等领域集聚了一批港澳专业服务提供者，为企业“走出去”提供专业服务。南沙区专为香港准大学生开展的“湾区追梦·南沙启航”百企千人实习计划，每年都吸引千名港澳青年学生前来南沙基地实习，这些活动深化了内地与港澳青年的交流合作，培育了港澳青年学生在内地创业发展的意愿，增强了港澳青年的国家意识和爱国精神。

当地积极参与粤港澳大湾区城市群发展规划的编制工作，直接在珠江西岸的城市，甚至与广西合作建设无水港口。与贵安新区、川南自贸片区签订了战略合作协议，不断加强在产业、政策共享、联合创新、生态环境保护、开放平台等方面的合作，引领带动“珠江－西江经济带”的发展。

南沙区的发展历史并不长，但是当地在经济发展方面取得的成就却是引人注目的，最近三四年的发展速度，不是一个单纯的数字，而是体现在当地老百姓引以为豪的各种福利感受中。去实地看了南沙的发展史，我们发现，当地的发展模式完全不同于传统的经济发展思路，当地走的发展道路完全不能用经典的发展经济学教科书中的理论进行解释。南沙究竟做对了什么？当地的发展经验是否具有普遍意义？能否为中国其他地区的建设与发展提供一定的借鉴？解开这些疑问，成为我们调研工作中的主要任务。

二、确定错位发展思路的过程

在调研中，当地干部一再和我们说，南沙在走着一条和其他经济新区完全不一样的道路。早在2012年国家批准的《广州南沙新区发展规划》就规定，南沙“要成为深化粤港澳全面合作的示范区，要求南沙与港澳的发展中要实现错位发展、层次分明的合作”。从中可以看出，南沙新区的首要任务是服务内地。为了完成服务内地的任务，在珠三角的一体化进程中、在珠三角的产业转型升级中、在珠三角转变经济发展方式的过程中发挥作用，南沙又必须与内地的其他地区错位发展。简单点说，国家希望南沙与港澳全面合作。从这个维度看，南沙的发展模式需要与港澳地区现有的发展模式相区别，南沙要用自身的内地优势资源，为港澳地区做好服务；作为内地区县，南沙又必须找准定位，明确自己的竞争优势，和传统工业强县(区）实现错位发展。

（一）放弃传统开发思维，挖掘自身竞争优势

客观而言，南沙虽然地理位置优越，但它错过了改革开放之初各种有利的政策环境。虽然这里拥有广州市最丰富的土地资源，但主要是新中国成立后围海造田形成的土地，水网交织，交通不便，少有人关注，所以才有了广州的“西伯利亚”之称。

1993年，霍英东集团与南沙当地政府合资成立大型综合性开发型企业——广州南沙开发建设有限公司（霍英东集团占51%股权，南沙区政府

占 49%），致力于面积达 22 平方公里的南沙东部滨海新城的规划和开发建设。这一地块的开发，掀开了南沙开发的序幕。但是，霍英东集团一直关注的是“小南沙”建设（霍英东集团开发的那块地域在当地被称为“小南沙”），而 21 世纪初广州市政府主导开发的是“大南沙”计划。当时已经准备把南沙开发作为广州南拓战略的重要内容，按照规划，这里将依托深水港建设临港工业区，主要发展高科技工业和资金密集型对外加工业，适当发展重工业，协调发展商业、旅游业和转口贸易业。时任广州市市长林树森同志对南沙开发寄予厚望，在一次新闻发布会上，他提出，“加快南部地区开发，再造一个新广州”。在他的设想中，通过南沙开发，广州的城市布局和产业布局都将得到调整。开发南沙，能拓展广州的城市空间，并且使广州从沿河城市变成滨海城市。南沙可以作为老城区重化工业的转移基地，并发展为高新技术产业基地，从而带动广州全市的产业结构调整。

2001 年 8 月 21 日，广州南沙开发区建设指挥部成立，作为广州市人民政府的派出机构，全权负责开发区范围内的规划、用地、开发、建设、管理以及招商引资等工作，享有广州市市级审批管理权限，时任广州市常务副市长担任首任总指挥。2002 年 4 月 28～29 日，中共广东省委、省政府在南沙召开广州南沙开发现场会，时任省委书记李长春在会上讲话，明确了南沙开发对广州和珠三角发展所具有的重要意义。2008 年 3 月，广州南沙经济技术开发区重新成立管理委员会，广州市为南沙开发战略投入了巨大的精力。随着南沙开发被提升到广州市的层面，发展局面为之一新。南沙开发的区域扩大了，不再局限于南沙岛的 54 平方公里陆地。2005 年 4 月，广州调整行政区划，新设立南沙区，将原属番禺区的南沙街道、黄阁镇、万顷沙镇、横沥镇以及其他一些村划入南沙区。南沙区总面积 527.65 平方公里，其中陆地面积 336.52 平方公里，水域面积 191.13 平方公里。在广州市规划局 2005 年 3 月公示的《南沙地区发展规划》（2001 年提出，2003 年 10 月颁布实施）中，南沙地区的规划范围比南沙区更大，还包括南沙区以北属番禺区的几个镇，直到沙湾水道，规划区总用地 797 平方公里，其中陆地 585 平方公里。

在这个规划中，南沙区范围属于规划控制区，而番禺区范围主要是规划协调发展区。

有了大量的土地资源，加上广州市政府的直接关照，南沙引进的项目规模更大、层次更高。南沙被纳入广州市的产业体系，成为机械装备、石油化工、钢铁等重化工业的转移基地，加上南沙拥有优良的港口，因此，一些大项目落户南沙，主要有广汽丰田、中船龙穴造船基地、东方重机、JFE 钢板等。2010 年，南沙规模以上工业总产值为 1407 亿元，其中有 61.2% 是装备制造业创造的，10.6% 是化工制造业创造的。在装备制造业中，汽车制造业是重头。目前，广汽丰田汽车有限公司是南沙产值最大的工业企业，广汽丰田发动机有限公司也在“工业企业产值排行榜”上名列前茅。广汽丰田还带动了汽车产业链在南沙的发展。2010 年，南沙汽车制造业的产值已经达到 708 亿元，占全区规模以上工业总产值的 50.3%，起到了大项目的拉动作用。

但是，这个时期，广州市政府主导的南沙开发仍然以发展工业为重点。2010 年，南沙的地区生产总值为 486 亿元，其中工业占 76.44%。这似乎与之前番禺市的发展思路相似。可是，南沙至今仍是地广人稀，全区常住人口约 26 万，其中户籍人口 15 万，因此，南沙人均 GDP 高而总量少，地区生产总值在广州十区中排在末位。依靠传统的发展思路，肯定无法形成自身的竞争优势，也无法完成国家赋予南沙新区的任务。

（二）放弃眼前利益，认清自身发展条件

随着广州“南拓”战略的实施和南沙开发建设的推进，南沙的投资环境不断完善，吸引了一批国内外工业企业投资，促进了南沙工业快速发展。在独立建区前的 2004 年，南沙工业总产值达 170.1 亿元，但南沙产业内部发展水平不高，传统产业所占比重较大，产业创新力和竞争力不强，工业化水平低，第三产业比重偏低，农业基本上还是以传统方式进行生产。听闻南沙要独立建区，20 多个国家和地区的大客商在南沙投资建设项目 300 多个，投资总额超过 40 亿美元。仅 2004 年一年，南沙就批了内外资工业项目 59

个，其中外资有44个，合同利用外资4.88亿美元。当时落户南沙的国外知名企业有日本丰田、JFE钢板、三菱重工、名幸电子、新石油，美国通用、埃克森等跨国公司，国内企业有中船、东凌、国通、立白、广钢等，主要投资发展的产业有汽车、钢铁、造船、机械装备、化工、高新科技以及港口物流七大产业。

但是，南沙区政府很快发现，如果在当地继续发展重化工业，可能面临如下的困难：周边地区重型产业基地建设竞争激烈，重型工业化发展和新型工业化战略的实施，使重化工业、高新技术产业、装备制造业、现代物流业、服务业等被周边各城市列为当地竞争发展的主要产业领域。当时钢铁产业由于全球钢铁产能过剩危机，加上世界钢铁市场的不确定性因素的影响和国内钢铁工业的发展，尤其是珠海西区、湛江2000万元投资的钢铁厂的筹建，使南沙钢铁业的招商引资及发展面临很大的压力；石化产业同样如此，不少国际性石化项目已经在华南布局，如落户惠州的壳牌石化基地（乙烯生产规模80万吨）于2006年正式投产，埃克森美孚60万吨“乙烯－炼油一体化”项目已落户福建泉州。大亚湾石化区、汕潮揭沿海化工基地、崖门口沿岸重化产业带（珠海西区、江门新会东区）、茂湛沿海重化产业带等正在抓紧建设，广石化改扩建工程（新增炼油1300吨、乙烯60万吨）正在实施，很可能会对南沙石化工业基地建设造成冲击。南沙高新技术产业、重型机械装备制造、现代物流业基地的建设也面临周边地区发展的激烈竞争与挑战。此外，国内各级政府对资源和环境的约束越来越严格。随着我国工业化及经济的快速发展，国内一些战略性原材料出现短缺，一些原材料价格大幅上涨，电、煤、油等资源的供求矛盾越来越突出，广东及珠三角资源供应和生态环境保护的压力也越来越大，这给南沙重化工基地建设及工业化战略的继续实施带来了巨大的压力。

此外，南沙围海造田生出来的土地较多，地质条件较差，土地开发及产业基地建设的成本亦较高，加上南沙本地以农业人口为主，人口总体素质偏低，劳动力素质与发展重化工业的要求存在差距。因此，广州市政府和南沙区政府当机立断，决定放弃到手的利益，守住自身发展的底线。

（三）以错位发展思路转变发展方式

原国家发改委副秘书长范恒山曾指出，“南沙新区的竞争力在于错位发展，只有错位发展，才能充分发挥自身的比较优势，实现与香港的优势互补，共同发展”。这个思路，放在南沙如何充分用好内地资源、做好内地市场方面，都具有指导意义。

在 2012 年广州市南沙新区申请获批的时候，社会各界就已经提出了错位发展的建议，专家们比较集中地认为南沙应该更多地注重打造产业化创新平台、在生产性服务业等方面发展。随后，南沙开始在服务贸易自由化、商业服务中心、科技创新服务、国际教育合作、现代航运物流产业集聚区及高端医疗六个方面深化与香港业界及香港特别行政区政府的全方位合作。

当时，还有两个问题被提了出来——“如果发展金融业，广州目前已规划了多个金融集聚区，南沙再发展金融究竟有何优势?”“发展现代服务业的话，到底服务哪些对象呢?”为了回答第一个问题，南沙人选择了发展金融租赁行业，在开展贸易融资项下跨境资产转让、跨境人民币直贷等多项跨境金融创新试点的同时，通过 SPV 方式引进落地 37 架飞机，成为华南地区最大的飞机租赁集聚地，还开展了全国首单美元结算的跨境船舶租赁资产交易。在破解第二个问题时，南沙人把目光瞄准珠江西岸，粤西，甚至广西的纵深腹地，通过与这些内陆城市合作建无水港，解决了服务对象的问题，与这些地区实现了共同发展。广东自贸试验区由三个板块组成，横琴以旅游文化娱乐产业为主，主要立足于支持澳门的产业多元化；前海主要是在金融商务方面支持香港国际金融中心的地位；而南沙的定位是，打造产业化和创新平台、在生产性服务业等方面发展。

在生产性服务业逐步发展的同时，当地仍然坚持发展先进制造业，这缘于当初批复特区时承担的一项任务。在放弃重化工业后，这个难题一直困扰着当地政府。深入分析本地的产业布局条件之后，当地政府目标坚定地发展新一代信息技术和人工智能产业。但是，当地没有高校资源，缺乏专业人才，如何在人工智能领域实现突围呢？南沙现任区委书记蔡朝林同志这样告诉我们：南沙区有足够的土地资源，可以为相关企业提供广阔的产业发展空间；因为南沙气温比广州市区低，已建有广州云谷数据中心、国家超算广州中心南沙分中心（已通过 MSTP 线路接入香港高校），有充裕的计算和存储资源，并筹划与国内一流的云服务企业合作建设城市云平台；当地已部署 LoRa 物联传感网试验网，即将实现南沙全区域覆盖，支持规模化的物联网应用。南沙还将结合产业需求，高标准地启动新一轮的骨干光纤网、4G/5G 基站和 Wi-Fi 热点等互联网基础设施建设，信息基础设施将更为完备；物联网、云计算、大数据与 AI（人工智能）的联系非常紧密，通过物联网产生、收集海量的数据存储于云平台，再通过大数据分析，可以为更高形式的人工智能产业做好服务。同时，南沙的人工智能产业与其他区是互补和相互促进的关系，并按照广州科技创新轴统一规划，各有侧重。南沙的人工智能产业，以建设“AI+ 城市”的新型智慧城市为契机，建设互联网和物联网信息基础设施，布局统一和开放式的大数据平台，打造物联网企业集聚的物联网小镇，创造理想的 AI 应用环境，打造未来的智能城市，推动 AI 应用和核心产业发展。因为当地人工成本比广州市区低，也有利于为相关产业员工的生产活动及生活提供更好的服务。

由于实施了高新技术企业培育行动计划，全区高新技术企业总数达 365 家，数量连续两年翻番。积极推进全省首个科技服务体系建设试点，启动建设华南技术转移中心。2017 年发起设立规模 100 亿元的人工智能产业基金，云从科技、小马智行等 30 多个人工智能项目落户南沙。2017 年以来成立了广州国际人工智能产业研究院和广州智能软件产业研究院，规划建设人工智能产业集聚区、中国电子国家健康医疗大数据中心产业园、科大讯飞华南人工智能研究院、智能语音国家人工智能开放平台、认知智能国家重点实验室、云从人工智能视觉图像创新研发中心、微软云暨移动技术孵化计划——广州云暨移动应用孵化平台等平台，以及牛津（广州）创新发展中心，通过这些机构，引入国际优质科研成果和项目，为打造千亿级人工智能产业集群打下了基础。从 2016 年起，以云计算、大数据、物联网为代表的新一代信息技术产业相继落户南沙，目前，当地的广州云谷数据中心、国家物联网标识管理公共服务平台等重大产业项目以及奥飞数据等 8 家科技型企业在新三板挂牌上市，实现了科技型企业参与资本市场的突破。2017 年南沙还承办了广州人工智能圆桌会议，开始筹建国际人工智能产业研究院。

在高新科技的支撑下，该区采取“EPC+PPP”模式的万顷沙、大岗 2 个综合开发项目现已开工，海尔智能制造、北京精雕、联瑞制药等一批行业领军企业已落户，广汽丰田第三生产线顺利投产，向欧洲出口了我国首台低压核电加热器，世界首艘 2000 吨级纯电动散货船在南沙下水……先进的制造业体系在这里逐渐建立起来。

自建区以来，当地大力推动现代服务业发展，致力于打造以先进生产性服务业作为主导产业的高地。自从南沙自贸区的申请获批以来，为建设先进生产性服务业高地的各项工作加快了速度，航运物流、创新金融等现代服务业企业加快集聚，带动了全区服务业形成快速发展态势。仅仅在 2017 年一年内，新落户航运物流企业 1515 家，世界航运巨头马士基集团在南沙设立粤港澳大湾区全球优品国际分拨中心，中远海运航运总部及物流基地系列项目也明确在南沙落户。相应地，配套金融机构也加快集聚，已落户金融和类金融机构 3300 家，其中融资租赁企业已开设 489 家，累计业务合同余额超 1700 亿元，融资租赁企业数量和业务规模占广州全市业务量的八成。

总体而言，可将南沙的发展思路概括为四个错位：在追赶港澳方面，发挥内地资源优势，做好服务工作；在做好内地市场方面，发挥枢纽港口优势，做好先进生产性服务行业；在与广东自贸试验区内其他片区的竞争中，发挥土地资源丰富的优势，做好区域港口群的分工协作与协同发展；在珠三角先进制造业和高附加值产业竞争领域，充分发挥“两区”政策环境优势，争抢机构落户南沙。南沙有经济特区的特殊政策，有自贸试验区的政策资源。但是，如何充分利用好自身的这些优势，让政策资源转化为现实世界中的吸引力呢？很大程度上，靠的是南沙区政府不一样的基础设施建设思路。

三、以“人”为中心的基础设施建设思路

一般的经济发展理论都建议地方政府在搞经济开发时，从道路、工业园区的基础设施建设入手，一切基础设施建设都是服务于将来的工业生产需要的，更进一步说，基础设施建设，是直接服务于未来 GDP 产出需要的。在我国其他地方早些年的经济发展中，这种发展思路产生了巨大的影响，在指导地方经济发展的过程中获得了巨大的成功。但是，进入新时代以来，我国社会的主要矛盾已经转化为人民日益增长的美好生活需要和不平衡不充分的发展之间的矛盾。南沙地区的人民最缺什么？在我们的调研中，所有南沙土生土长的人都告诉我们：“过去这里的交通条件太差了。我们很难出去一趟，外面也没人愿意来我们这里。”或许是因为有广汽丰田项目这样一个意外的机会，这个机会被南沙人牢牢抓住，并循着这个思路探索新的发展道路。

（一）服务于人口活动的交通设施

南沙区的基础设施建设思路和经典的发展经济学理论大相径庭。这里，第一条现代化的交通工程是地铁 4 号线，这条地铁线，是广州市政府为了吸引丰田公司落户南沙配套修建的一个附加项目，随后，南沙交通初步规划出台，提出要在南沙修建铁路、地铁、高快速路网络，包括 5 条高快速路。2003 年 1 月，广州地铁 4 号线与南沙港快速路开工，2005 年通车，立即改善了南沙居民的交通出行问题。现在南沙有 4 条干道（番禺大道、南沙港快速、京珠高速、东新高速）与广州市区相连。这些道路，完全以服务于人的工作与生活而建。可是，意想不到的是，自从这条地铁以及随后通往广州市区的高速公路修好以来，当地的经济活动人口显著增多。2012 年成立国家新区之前到 2016 年末，南沙常住人口从 26 万增至 68.74 万，四年间增长近 3 倍。

领悟到以“人”为中心的基础设施建设思路的作用后，2018 年，在湾区条条大路通往南沙的基础上，5 月中旬市国规委提出“构建粤港澳大湾区路网骨架”，广州 1 号公路规划正式出台。大广州 1 号公路将串联南沙和广州第二 CBD 等重点片区，打通粤港澳大湾区“任督二脉”，把南沙建设成广州唯一副中心的步伐显著加快。这个规划提出以南沙为中心的大湾区半小时交通圈概念，准备将南沙建设成粤港澳大湾区的半小时交通枢纽。未来三年内，从南沙东去深圳、东莞，西去中山及珠澳都只需要 30 分钟车程。新的地铁线可把南沙与广州南站的车程缩短至 25 分钟。未来地铁庆盛站将接驳高铁直通香港，立体化交通枢纽，构筑起整个粤港澳地区的“1 小时生活圈”。在项目设计方面，高铁与地铁衔接口的距离仅 50 米，直接考虑到人们活动的便利性。

（二）服务全人口的优质医疗服务体系

在相对完善的城市交通的助力下，来南沙的经济活动人口逐渐增多。为了让这些人安心留下来，成为稳定的本地经济人口，南沙区政府开始把提升教育、卫生设施的水平作为工作重心。原先南沙只是区县级行政单位，医疗设施很差，依靠自我积累，慢慢发展医疗服务体系的思路难以满足现实的需求。当地政府干脆放弃了传统发展思路，从广州市区引入最符合南沙当下人口健康需求的医疗资源，打造现代医疗服务体系。

2017 年，当地政府引入了中山大学附属第一（南沙）医院、省中医院南沙分院、市妇儿院区、光华口腔专科医院等一批优质医疗项目。《广州市促进健康及养老产业发展行动计划（2017～2020 年）》提出，将南沙区域内的港澳养老机构审批权下放到南沙，目标是将南沙建成国际医药保税港及具有世界先进水平的国际医疗综合服务枢纽和粤港澳大湾区医疗卫生新高地。审批权限的下放，直接有利于南沙聚集港澳的优质养老、医疗资源。南沙积极引进多家顶级医院，以医疗集团为抓手推动公立医院改革，集聚国际高端优质医疗资源，围绕粤港澳大湾区医疗卫生新高地的目标进行深度布局。

针对广东人偏爱中医的地方特色，广东省中医院开始在南沙开建新院区，该院院长陈达灿说：“南沙的区域优势和定位是吸引我们落户的重要因素。我们将通过突出中医药材的优势，在重大疾病领域发挥中医应有的作用，在治未病、慢病防治方面发挥引领作用，助力南沙抢占粤港澳大湾区医疗高地。”中山大学一附院是华南地区医疗保健与疑难重症救治、医学人才培养和医学科学研究的重要基地。南沙区政府与中山一院合作，中山大学附属第一医院国际医院将选址南沙区明珠湾区建设非营利性质公立医院，建设用地约 250 亩，设置 1500 张床位，按国际先进、国内一流标准在院内建设国际医学中心、医学研究与成果转化中心（包括独立的科研大楼、动物实验中心）、学术交流中心等。这些综合性医院的建设，一下子使南沙区的医疗卫生水平达到国内一流的水准。

值得关注的是，在南沙开设的新医院和老医院的新院区，一概实行新的医院人事管理、内部分配、运营管理制度，2017 年，南沙又以医疗集团为抓手推动公立医院改革，建立一整套现代医院管理制度。以集团岗位设置、薪酬体系绩效考核制度为抓手，取消了医院行政级别和院领导职数，打破公立医院行政职务、专业技术职务终身制。在南沙，医院的开发、经营、管理由当地的医疗国资公司全权负责，通过集团形式，整合医疗资源，一个集医疗、保健、康复、研发、产业于一体的实体型现代化国际医疗产业园区已经初具雏形。广州城区那些老医院长期积累的问题，在南沙新医疗服务体系中不见了踪影。

除了满足基本医疗卫生服务需求外，当地还积极发展医疗产业，广东医谷——南沙产业孵化器项目于 2016 年落户南沙区。广东医谷产业园投资管理股份有限公司执行总裁谢嘉生介绍，该项目总投资约 20 亿元，总建筑面积 17 万平方米，目前项目已经完成了一期 5 万平方米的建设。目前这个园区有 30 多个项目进驻，去年产值超过 3 亿元，已经引进包括医疗器械、生物医药、医药流通、移动医疗、再生医学等项目。未来还将计划在园区投资设立公共检验检测平台、公共实验室和专业医疗投资基金，打造全链条医疗产业服务生态圈。谢嘉生告诉我们，“我们希望在南沙打造一个世界一流的医疗产业创新中心”。

南沙区自贸办的负责人沈薇同志告诉我们：“医疗产业集团化的好处是南沙更灵活地运用金融工具，开创性地设立投融资平台，组建医疗投资控股公司或设立医疗产业基金，根据园区项目需要，进行参股投资或灵活募集，通过市场化融资，不仅撬动了大量的社会资本参与园区的开发建设，同时也能借助合作方的经验与资源，进一步提升园区的产业能级。”

（三）解决人才后顾之忧的高水平基础教育体系

“精准定位全区教育发展，构建合理多元教育体系，抓好重点教育项目建设，打造粤港澳教育高地”是这一届南沙区政府给当地教育定下的发展目标。

有了完善的交通网络，当地一些经济条件好的家庭，更愿意把孩子送到广州市区去念书，他们抱怨当地的教育资源差；而当地在发展经济的同时，一些年轻人无法让孩子就近入学，也成了头疼事。为了提升当地的教育福利水平，同时也为了吸引人才，当地政府实施跨越式教育发展战略，直接从广州市区引进优质学校资源，一方面疏解广州老城区的人口压力，另一方面把南沙的教育从劣势和“短板”变为南沙发展的优势和“长板”，为南沙新区自贸区开发建设提供更好的人才保障、智力服务和科技支撑。

从 2013 年至 2016 年，南沙新区在教育项目建设上的投入超过 100 亿元。其中，建设教育实验区，投入 3000 多万元；建设 35 个教育设施项目，加强学校硬件和软件建设，划拨约 1000 亩土地，并投入约 100 亿元，用现代化的教育硬件设施引进了一批省市名校，如广州外国语学校、华南师范大学第二附属中学及其附属小学、幼儿园和广东优联教育集团已成功进入南沙办学。

目前全区共有中小学 86 所，在校生约 6.5 万人，教职工约 4600 人。幼儿园共 101 所，在园幼儿约 2.5 万人，教职工约 3500 人。全区普通高中市一级及以上优质学位率为 100%，义务教育学校标准化达标率为 100%，“校安工程”完工率为100%，适龄儿童入学率为100%。当地的教育投入与教育质量在全广州市处于领先水平。

《广州市南沙新区“十三五”教育事业发展规划专题六——中小学布局及建设规划专题》提出：2020年南沙区规划提供11.4万个学位，引进一批省市名校，以满足“十三五”期间南沙130万常住人口家庭的学位需求。

“教育国际化是南沙教育的一大亮点，正逐步建立从幼儿园到大学的国际教育发展路径。”此外，还有一个亮点：区内公办学校全部实施十二年免费教育，让当地的居民和引进人才能够在这里安居乐业。

四、建设真正的服务型政府

当年国家发改委批准建设南沙新区时，明确提出：“广州南沙新区的比较优势不一样，所以我们对它的定位也不一样，国家给予的支持，除了和一般功能区一样，鼓励它先行先试之外，我们特别重视它在推进新型城市化建设、推进社会管理和科技体制创新、推进粤港澳合作等方面开展一些先行先试和一些创造性的工作。”如何在具体的工作中落实这一要求，关键看新区政府自身的建设。

（一）审批权的承接与下放释放政策红利

2015年，广州市向自贸区南沙新区片区下放58项市级管理权限，外商项目核准、工商注册登记等可在自贸区南沙片区直接获批。这是广州市首次针对自贸区南沙片区建设下放市级权限，一夜之间，自贸区南沙新区片区几乎享受了广州市近三成的市级审批权，其中，外商企业项目核准和工商注册两条是最有价值的。此前须报省、国家审批的外商企业项目在权限下放后，改由南沙片区审批；广州市工商局将公司（企业法人）注册登记权下放，申请人可根据自身需要选择到市局或者南沙办理，市级企业名称预先核准，其受理、初审权也下放到南沙，这为企业的注册登记提供了更便捷的通道。广州市政府考虑到自贸区南沙片区发展现状和其事权承接能力基础，坚持“应放尽放”原则，兼顾可操作性和经济合理性，与南沙区政府重新分配市、区事权配置。那么，下放到南沙区政府及其部门的相关权限，南沙一级政府又如何做好承接呢?

经过一年多的探索与思考，南沙区成立了行政审批局，这是南沙区委、区政府落实党中央、国务院和省委、省政府及市委、市政府深化“放管服”改革的重要举措，为进一步深化相对集中行政许可权改革、转变政府职能、促进南沙经济社会发展做好了准备。首批纳入相对集中行政许可权改革和服务、实行“一颗印章管审批”的审批事项包括企业投资项目核准、建设用地规划许可证核发、建设项目环境影响评价文件审批、建筑工程施工许可证核发等，共计 143 项，营造出真正市场化、国际化的法治化营商环境。

此外，当地还通过实施“互联网 +”计划，为企业设立“一口受理”平台，通过完善表单的在线填报功能，拓展网上办事渠道，实施电子签名，配套 EMS 双向快递，实现在有互联网的地方就可以办理营业执照。对 22 项行政审批事项实行即审即办，相关业务经审批后台受理后，2 个小时内即可完成审批，大大缩短了群众的等待时间。以市场监管局的“换照”为例，若进驻集中审批办公室后由审批人员终审，将大大缩短事项流转、呈批的时间，现在，只要申报人提交的资料齐全，2 个小时内即可在前台办结，比原承诺办结时间(3 天）缩短 70 个小时。比如在企业设立方面，一是推行全程电子化、电子签名认证。进一步深化商事制度改革，推行商事登记全程电子化、电子签名认证，提高企业注册的信息化、便利化水平，激发市场主体创新创业活力。二是实施港澳投资客足不出户在南沙设立企业，提高港澳投资客在南沙设立企业的便利度、快捷度。三是推出异地办理营业执照服务。通过政银商事服务“跨境通”平台，广州南沙自贸区商事服务进一步升级，依托中国工商银行的全球化网络，实现企业异国异地营业执照的办理，进一步提升了南沙自贸区的改革开放和国际化水平。

（二）对标国际标准的商事改革取得良好的效果

世界银行每年发布全球营商报告，他们建立了营商环境评价指标体系，涉及开办企业、办理施工许可等 10 个方面。他们每年对全球 190 个经济体的营商环境进行打分排名，其中“开办企业”作为企业生命周期的起点，其便利度是影响营商环境的首要因素，与总体营商环境的表现成正相关关系，世行将其列在评价指标的首位。世行《2017 年营商环境报告》显示，我国开办企业涉及工商登记、刻制公章、银行开户、社保登记等 9 个环节，开办时间 28.9 天，“开办企业便利度”在全球排名第 127 位。

在 2017 年改革之前，南沙开办企业涉及工商、公安、人民银行、国税、地税、社保 6 个部门和商业银行、刻章机构 2 个企业共 8 个单位，实际办理中，通过企业设立登记“一口受理”服务模式，申请人通过网上预约、填报申请信息，往返政务中心“一口受理”窗口两趟及到商业银行网点完成面签，就可以完成商事登记、刻章、银行开户，一般需 7 天左右（名称自主申报 + 设立登记 0.5～1 天，刻章 0.5～1 天，银行开户 1～5 天），无最低实缴注册资本要求及其他行政事业性收费，南沙企业登记便利度已在广州市处于较高水平。但是，对标国际先进营商规则，与新西兰、中国香港、新加坡等世行“开办企业便利度排名”靠前的国家和地区比较，南沙在企业开办便利度方面仍有很大差距[①]，还存在办照不够便利的问题，表现在对企业名称的限制较多，企业住所（经营场地）证明材料过多、过杂，刻章、开户要依次办理，耗时较长。

为了贯彻落实习近平总书记关于广东工作的重要批示精神，以“四个坚持、三个支撑、两个走在前列”为总纲，对标国际先进规则，打造对外开放门户枢纽、建设广州城市副中心，以商事制度改革为引领，全面深化“放管服”改革，2017 年 7 月制定出台《关于印发中国（广东）自由贸易试

① 新西兰 1 个程序，0.5 天；中国香港 2 个程序，1.5 天；新加坡 3 个程序，2.5 天；南沙 3 个程序，1～7 天。

验区广州南沙新区片区深化商事制度改革先行先试若干规定的通知》和配套实施细则，将企业申请开办时间压缩多少、审批提速多少、群众办事方便多少作为研究制定改革具体措施的出发点和着力点，竭力为企业“松绑”、为群众“解绊”、为市场“腾位”，也为政府廉政“强身”，激发“双创”活力。商事登记便利化改革成为当地努力破题的重要工作。为了把市场准入门槛降低、简化程序、缓解办照难问题，南沙充分利用国家新区与自贸试验区“双区”叠加优势，积极探索商事制度改革、体制机制创新，用国际化、市场化、法治化的思维，率先推出“‘一照一码’拓展至八个部门”、“一口受理、十三证三章联办”、“商事登记窗口与银行网点一体化”、“商事服务‘香港通’”、“证照分离”、“工商登记异地协同办理”等改革，不断提升企业注册便利化程度，降低市场准入制度性成本。对照世行对中国开办企业主要环节的分析，南沙在商事制度改革进程中，对其中的大部分环节做了取消、简化或优化，自 2016 年 4 月起联合中国人民银行广州分行试行“账户 e 路通”改革以来，南沙开办企业程序已调整为 3 个主要环节（程序）：(1) 企业名称自主申报、“一照一码、五证合一”商事登记（含采集税务部门、社保登记信息）；(2) 刻章（含公安部门刻章许可和印章刻制机构刻制公章）；(3) 银行开户（含人民银行开立基本账户许可和商业银行开立基本账户）。此后，在广州南沙开公司不再实行审批制度，一般企业设立改为商事登记确认制；开办企业从登记、刻章、开户 3 个程序调整为 1 个程序，1 天内可领到营业执照。

在自贸区政策的框架内，以负面清单管理为核心的投资管理制度进一步完善。南沙先后推出了“一口受理、多证联办”、“一照一码”、“人工智能 + 机器人”全程电子化登记等商事制度改革。实现“二十证六章”，不断深化“证照分离”改革，创新自下而上的改革示范样本。开启了商事服务“香港通”，通过推进“境外营商通”，将商事服务窗口从港澳延伸至美国、英国、日本、新加坡等。这项制度，不仅极大地提升了开办企业的便利化程度，充分利用了“双区”叠加优势，也提升了南沙市场的活力。仅 2017

年一年，新设企业22736家（2015年自贸区挂牌以来共设企业43961家），增长60%；新增注册资本近5500亿元，增长246%。引进了33个世界500强企业投资项目，落户总部型企业103家，重点在谈项目98个，形成了好项目、大项目加快集聚态势，当地的投资创业活跃度提高，企业规模扩大，市场活力迅速增强。

（三）高效的港口通关服务体系已然建立

南沙港以“智慧口岸”为重点的贸易便利化改革成为全国先进典型。推进国际贸易“单一窗口”标准版的推广应用，在全国率先推出并实施“互联网+易通关”，建立了粤港跨境货栈。2017年上海财经大学联合商务部国际贸易经济合作研究院共同发布的《中国（广东）自由贸易试验区广州南沙新区片区三周年运行评估报告》认为，南沙港的通关时效提高50%以上，构建了全国首个进出口商品全球质量溯源体系，实施了“CEPA食品”检验监管新模式，通检效率提升80倍。2017年，南沙网购保税跨境电商进口额占广州全市的84.9%；3年来，平行进口整车到港累计2.4万台，成为全国平行进口汽车第二大口岸。

为应对交易量越来越大的跨境电商业务，海关部门仔细研究了电子商务的特点，广州海关技术团队在南沙港开展了3次大规模的数据测压，与菜鸟网络等大型跨境电商企业合作，让“双十一”期间海关系统能灵活自如地“吞吐”，日均峰值高达2000万票清单。

同时，为了尽快将消费者购买的商品送达消费者手中，南沙海关实现了跨境电商与保税港区卡口联动，保税电商货物可以24小时智能验放出区，满足全天候作业的需求。通过广州南沙保税港区在全国首创的进出口商品全球质量溯源体系，通关效率得到极大的提升，跨境电商通检仅需29秒。以“一个平台、三个系统”（即“智检口岸”公共服务平台和质量信息接入、溯源码标识、质量溯源查询系统）为技术支撑，海关工作人员只要手持读码机扫一扫溯源码，商品的原产地、质量信息、通关口岸、物流信息等就一目了然。有了精准的监管信息，货品验放速度迅速提升；同时，消费者、企业等也可以通过溯源码或网站查询商品订单号，即可获取全链条的溯源信息。2017 年“双十一”期间，卓志跨境南沙仓在接到电商平台的推送订单后就生成确认信息，接下来包裹分拣、打包、海关查验、出区各个环节的操作时间均以秒计，再加上快递公司的给力配送，25 分钟就完成了包裹从下架出仓到消费者的“极限速度”。现在，天猫、京东、唯品会等各大跨境电商纷纷在南沙设立仓库。

（四）国际化的仲裁服务激发了新的市场活力

仲裁，是自古以来一种天然的纠纷解决方式，具备高效、灵活和保密的特性，这种制度契合了贸易主体在纠纷解决中的关注点，因而在国际社会很受欢迎。在西方发达经济体中，在处理经济纠纷时，最常用的手段是寻求仲裁，而不是像我国主要以法律诉讼为主的纠纷处理模式。

南沙于2012年和2014年先后获批成为国家新区和自贸试验区后，在“双区”叠加的政策优势驱动下，新增企业数量及新增注册资本额持续飙升，商事活动的急速增长也带来了商事纠纷的增加，特别是南沙港的巨量国际业务中潜藏着仲裁服务的需求。虽然这里成立了全国第一家自贸区法院，但国际商人更偏爱采用仲裁手段解决经济纠纷。基于此，南沙不得不为仲裁活动创造更好的司法环境，提升仲裁的国际影响力和话语权。

在内在需求、外部政策条件的许可下，广州仲裁委员会联合港澳仲裁机构共同设立的南沙国际仲裁中心，采用国际化的《仲裁通则》和开放的仲裁员名册，率先实现企业自主选择港澳和内地三种庭审模式进行商事仲裁，可以最大限度地满足因法律体系不同而产生的多元需求。在南沙国际仲裁中心，可以自由选择仲裁的法律体系，可以自由选择仲裁服务语言，这些创新活动，为南沙的法治化营商环境建设做出了巨大贡献。中国南沙国际仲裁中心主席陈忠谦认为，“南沙作为环珠江出海口的几何中心，其优越的地理位置和语言文化对粤港澳大湾区建设具有重要意义”。同时，南沙国际仲裁中心还利用数字化、网络化技术，开发了网络仲裁形式，广州仲裁委员会推出的仲裁云平台 2.0 有效地为仲裁案件的处理提速，充分发挥了仲裁的力量，为当地经济特别是湾区航运事业的发展注入了新的活力。

五、南沙发展的几点启示

（一）深入研究，准确定位

自 1993 年霍英东集团在南沙实施经济开发活动以来，香港人一度想把南沙发展为“香港的后花园”，南沙人也为自己的身份纠结了 10 年：到底是附属于番禺的一个乡镇，还是做“香港的后花园”，抑或是争做地区发展的枢纽？这个问题长期困扰着南沙人和南沙的政府部门。2005 年，南沙正式成为广州市直属的一个行政区后，开始以广州市的一个普通行政区为自己定位，但仍然没有获得快速的发展，“香港的后花园”梦想无法实现。直到十八大以后，中央明确赋予南沙新区和自贸区两个身份，南沙终于从政治身份上明确了自身的定位，各种资源和区位优势迸发出了潜能。

虽然新区的多项任务中有一项要求南沙服务港澳与带动港澳一起发展，但是想要为作为国际金融城的香港提供服务并不容易；同时，香港的生态和环保要求比较高，发展空间有限，想与香港一起发展的思路受到现实的约束；深圳作为已经发展近四十年的特区，在生态、环保、可持续发展上已经没有太大的空间，而南沙在生态和环保方面一直做得比较好，可持续发展的增长点比其他地方多。

基于对当下内外部条件的考虑，南沙把自己定位在与周边城市共同承载珠三角改革和转型的功能上，把和周边城市几十年合作的基础、相同的社会文化认同感，在产业合作、社会文化和体制衔接上的合作可能性充分挖掘出来。虽然错过了改革开放第一拨政策条件，但在其他地方充分工业化、已无发展空间的时候，南沙人把自己定位在了周边地区资源大通道、人员交通核心枢纽的位置。

（二）根据自身条件，界定新的发展意涵

在明确自身定位的前提下，选择什么样的发展道路，还取决于当地决策者对发展概念的理解。南沙人对于自然资源的守卫，超过对短期经济增长的渴望。在我们访谈当地一个 28 岁的年轻人黎文华的时候，他直接告诉我们："我上中学的时候，我们镇上有几家小化工厂，污染得不像样，后来搬走了，今后我们再也不允许那样的企业来我家乡了，给再多钱也不要。"当地人不再把单纯的经济收入看作发展，这已成为南沙上上下下的共识。区委书记蔡朝林说，"不能给老百姓带来福利的那些项目，我们一概不要"。"污染的项目更是不允许在南沙立足，即使能创造再多的 GDP，我们也不稀罕。"

这里对发展的意义与内涵的理解，越来越聚焦到以"人"为中心，并考虑到具体的时代背景。"创新、协调、绿色、开放、共享"的发展理念，在南沙的发展历程中，得到了体现。

（三）根据时代主题，及时调整发展模式

从马克思的地租理论来看，在不同的时代，土地资源的价值是不一样的。过去的南沙，滩涂地块不适合开发成规模的工业园区，但正因如此，也帮助南沙守住了宝贵的土地资源。进入新时代以来，即使香港也不支持南沙大力发展工业，希望在规划南沙的时候更多地考虑生态、环保因素，保留这个"璀璨的明珠"。为了搭建经济的基本骨架，南沙仍然需要发展必要的工业制造业，最终南沙新区选择了高端服务业、港口工业、滨海居住区、生态保护区。

这些行业，都是十八大以来中央大力推进的产业。在这方面，南沙的经验是：注重研究内外部条件，为自己寻找最佳发展道路，提供实时的决策支持。他们充分发挥广州市区科研院所多、人才集聚的优势，用足、用好外脑，鼓励学术界参与南沙发展的争论，始终让南沙的决策者处于被信息激活的状态，推动决策者们选择最新的有利于南沙发展的政策方向。

（四）不断突破，勇于创新改革

有人说，南沙的发展，是在霍英东先生“小南沙”项目基础之上的一篇杰作；也有人认为，今天南沙的发展得益于广东省和广州市全面开发南沙的计划。围绕这个问题的争论，体现出两种观点：是选择建设重心围绕着把“小南沙”发展为滨海新城的思路，还是选择把大南沙建设为服务整个粤港澳大湾区的发展思路。在开发南沙的初期，没有人有后者这样的开阔视野。随着时代的变化，随着周边地区在发展中遇到的掣肘因素不断凸显，需要我们站在更高的层次上去思考区域发展的问题时，就会迅速打开一个个小区域发展的新思路。南沙的发展史，就是一个典型的例子。

但是，有了发展思路，不等于能够落实这种发展思路。南沙的经验在于，能够壮士断腕，放弃眼前利益，这才有了今天越来越开阔的发展空间；此外，当地政府能够不断改革创新，打破成规，这才有了今天越来越吸引人的具有南沙特色的制度环境。

六、下一步要突破的方向

虽然南沙的发展态势非常令人振奋，但是人们常说“机遇中也潜藏着风险”，广东省经济体制改革研究会会长周林生就认为“南沙的优势也有可能成为短板。如果各种资源在南沙经过得太容易，那么各种资源也不一定能够沉淀下来。搞得不好，还可能是给别人作嫁衣裳”。对于南沙而言，未来一段时间，如果自身的实体经济机构数量不够多、实力不够强的话，很可能出现这样的情况，到时候，周边城市瓜分南沙建设的红利，加重南沙经济负担的可能性也是存在的。结合目前面临的挑战，下一步南沙需要在如下三个方面实现突破。

（1）未来一段时间内，需要迅速加大聚拢“人气”的工作力度。当地的人口数量与经济发展规模之间不太匹配，因为“两区”政策叠加后，这里的经济保持旺盛活力，但是没有聚拢相应的稳定人口，这给未来发展带来了一定的风险，特别是会给一些投资商的信心造成负面影响。

（2）服务港澳的发展定位，需要进一步强化，当地所谓“优质生活圈、新型城市化典范、现代产业新高地、具有世界先进水平的综合服务枢纽、社会管理服务创新试验区”的五大功能定位，都离不开服务港澳工作的全面深化。只要把服务港澳的工作做实做深，才能有力推动五大功能全面落实。

（3）政府改革力度需要进一步加大，虽然南沙区在过去的几年中改革速度很快，自贸区出台的改革措施也非常多，但是其他地区学习追赶的速度也很快，这些政策措施带来的红利消失的速度会很快。一旦南沙有所懈怠，就会丧失前期改革带来的各种优势条件。

今天，社会主义中国已经进入崭新的时代，在新的历史起点上，南沙也将再出发，在历史前进的逻辑中，如何把握时代潮流，探索发展规律，总结发展经验，努力为人民的幸福继续求索，仍然是包括南沙人民在内的所有中国人需要继续思考的问题。

改革开放

与中国县域发展

GAIGEKAIFANG

广东前海深港现代服务业合作区

GUANGDONG QIANHAI SHENGANG XIANDAI FUWUYE HEZUOQU

“金融与科技”的融合发展

中国社会科学院金融研究所

导言

深圳是中国改革开放的桥头堡，发挥改革实验田和对外窗口的巨大作用。习近平总书记在党的十八大后离京视察第一站就到前海，对前海开放做出重要指示，要求充分发扬特区敢为天下先的精神，落实比特区还要特的先行先试政策。在此背景下，根据中宣部《关于组织开展庆祝改革开放40周年“百城百县百企”调研活动工作方案》，中国社会科学院金融研究所党委书记王立民教授带领专家学者对深圳前海地区开展了为期两周的调研活动，深入前海金控、平安银行、微众银行、招联金融、翰德金融、大数金融以及前海股权交易中心等代表性机构和企业进行实地调研，完成了调研报告。调研报告总结分析深圳及前海金融和科技融合发展的典型经验，揭示深圳及前海深港合作区现代金融、高新科技以及金融科技融合发展的规律和根源，并提出金融科技融合发展的对策建议。

四十年沧海桑田，四十年岁月如歌。40年前，发轫于1978年，从沿海到内地，从农村到城市，改革开放大潮席卷中国大地，深圳经济特区正是从这场决定中国国运的伟大改革开放中从无到有，应运而生，创造了世界工业化、城市化、现代化史上的罕见奇迹，“深圳速度”和“深圳质量”成为我国改革开放和现代化建设中的亮丽名片。随着中国经济社会的发展和进步，改革进入深水区，开放也上了新层次，党中央、国务院审时度势，英明决策，深圳前海又一次被选定为“深化改革，扩大开放”的试验田和桥头堡。

2012年7月，国务院批复《关于支持深圳前海深港现代服务业合作区开发开放有关政策》，支持前海实行比经济特区更加特殊的先行先试政策。2012年12月，习近平总书记视察前海，强调要“依托香港，服务内地，面向世界”，这是十八大后习近平总书记基层视察的第一站。2015年3月，时任中共深圳市委书记马兴瑞来深圳工作调研前海，明确指出要牢记习近平总书记“空谈误国、实干兴邦”要求，强调要把前海开发作为头等大事，进一步解放思想、合力攻坚、抓住关键、做大做实，确保实现“一年一个样”，为深圳创造“四个全面”新业绩、为全国新一轮改革开放做出新贡献。前海可以说是新时代国家改革开放的战略平台，党中央、国务院对前海始终高度重视、寄予厚望，被誉为“特区中的特区”。

前海深港现代服务业合作区作为国家新一轮改革的战略前沿、开放的热土和创新的高地，金融和现代高科技行业是两大支柱产业。促进金融与科技深度融合发展，建设和完善金融科技生态圈，提高金融服务实体经济效率和能力是前海深化改革，走向世界的重要任务和内容。为此，值逢“改革开放四十年百县（市、区）重大调研”展开之际，对深圳前海的调研主要围绕着“金融与科技融合发展”主题展开。总结和分析深圳以及前海金融和科技融合发展的典型经验，深刻揭示深圳市和前海深港合作区现代金融、高新科技以及金融科技融合发展的规律和根源，不仅具有重要的理论指导意义，也具有重大的现实和经验推广意义。

一、背景分析：前海发展金融科技的基础条件

作为“特区中的特区”，前海深港现代服务业合作区自开发开放以来已迈入第8个年头，过去的8年里，合作区从无到有，从一片滩涂到高楼大厦

林立，快速发展。过去几年，前海结合国家“深港合作”、“一带一路”、“自贸试验区”三大战略，利用深港合作区、自贸区、保税港区的政策优势，以制度创新、现代服务业的集聚发展以及深港合作为核心，不断地开发开放，取得了丰硕的成果。

纵观当今全球发展趋势，湾区经济已成为一种重要的滨海经济形态，是当今国际经济版图的突出亮点，是一国沿海经济的重要战略部署，目前世界公认的纽约、伦敦、东京三大“全球城市”都依托湾区凸显为世界级都会区。湾区经济有利于整合区内经济链条，推动全球经济要素的流动、集聚与优化配置，主导着全球经济发展走向。而金融科技创新正成为许多湾区的品牌和核心竞争力，如旧金山湾区（硅谷）的金融科技优秀企业数量、资本实力等均位列全球第一。前海作为当前金融改革与科技创新的窗口和试验田，发展金融科技产业具有得天独厚的条件和优势。

（一）新形势下前海战略定位清晰明确

作为新时期中国推进对外开放的重要平台，前海开发开放已经成为国家重要的战略。2010 年 8 月 26 日，国务院正式批复设立深圳前海深港现代服务业合作区；2012 年 12 月 7 日，习近平总书记在前海视察时提出前海要“依托香港、服务内地、面向世界”，要把前海建设为粤港合作、深港合作的新平台；2015 年 3 月 28 日，随着《推动共建丝绸之路经济带和 21 世纪海上丝绸之路的愿景与行动》的出台，前海合作区被定位为“一带一路”战略的重要节点；2015 年 4 月 21 日，前海合作区作为广东自贸区试验区的重要组成部分被纳入国家自贸区发展战略。短短的 8 年，随着“深港现代服务业合作区”、“一带一路”、“国家自贸区试验区”等国家战略的陆续实施，前海合作区也相继被赋予“粤港现代服务业创新合作示范区”、“一带一路的桥头堡”、“自贸试验区”等重大使命，成为叠加国家三大战略实施的改革前沿阵地。

1.“深港现代服务业合作区”战略对前海的战略定位

在“一国两制”框架下，深化与香港合作，构建更具活力的体制机制，以生产性服务业为重点，推动现代服务业集聚发展，促进珠三角地区产业结构优化升级，提升粤港澳合作水平，努力打造“粤港现代服务业创新合作示范区”。将前海合作区打造成现代服务业体制机制创新区、现代服务业发展集聚区、香港与内地紧密合作先导区以及珠三角地区产业升级引领区。

2. 国家“一带一路”战略对前海的战略定位

积极利用现有双多边合作机制，推动“一带一路”建设，促进区域合作蓬勃发展，发挥前海合作论坛平台的建设性作用；充分发挥深圳前海等开放合作区作用，深化与港澳台合作，打造粤港澳大湾区。

3. 国家自贸试验区战略对前海的战略定位

依托港澳、服务内地、面向世界，围绕建设粤港澳深度合作示范区、“21 世纪海上丝绸之路”重要枢纽和全国新一轮改革开放先行地的总目标，重点发展金融、现代物流、信息服务、科技服务等战略性新兴服务业，努力打造我国金融业对外开放试验示范窗口、世界服务贸易重要基地和国际性枢纽港。

综观国家三大战略对前海的定位，可以将其归纳为以下三个方面。一是以机制体制创新为核心内容。作为全国新一轮改革开放的桥头堡，前海合作区肩负着机制体制创新的艰巨任务。二是以现代服务业尤其是金融业、现代物流业为重点发展产业金融、现代物流、信息服务、科技服务和专业服务等现代服务业的集聚发展是国家在前海的产业定位。三是以深化深港合作为制度创新、产业发展的重要途径。在全国掀起新一轮改革开放的当下，依托前海合作区平台深化与香港在社会、经济、人才流动等方面的合作，推进国际化、法治化、市场化建设，发展生产性服务业，加快产业转型，联合香港共同服务“一带一路”倡议。

（二）前海拥有良好的金融体制创新基因

深圳经济特区是我国改革开放和社会主义现代化建设的重要起源地，更是我国体制机制创新的忠实践行地。前海继承了深圳开放包容、兼收并蓄的创新精神，在金融制度、法律制度等方面的体制机制创新，为改革的再出发提供了强有力的抓手。

金融改革是前海合作区开发开放的重要内容。近年来，前海围绕建设中国金融业对外开放试验示范窗口的战略定位，持续推进以跨境人民币业务为核心的金融创新，实现多个全国第一，形成了一大批可复制可推广的先进经验。其中，在资本项目开放与人民币国际化、深港合作与金融业开放创新、金融服务实体经济与供给侧结构性改革、普惠金融与绿色金融、金融科技与金融安全等方面的经验尤为显著，吸引了大批企业入驻。截至 2017 年 10 月份，前海自贸区入驻企业约 14 万家，其中金融类公司 5 万多家。2017 年 6 月份，前海蛇口自贸区注册持牌金融机构 213 家（含分支机构），类金融机构及金融相关服务机构 5.46 万家。

一是跨境人民币贷款方面。2012 年 12 月，前海跨境人民币贷款在全国率先破冰，开创人民币资本项目回流先河。截至 2017 年末，前海跨境人民币贷款业务累计提款金额逾 370 亿元。该政策被复制推广到上海自贸区、苏州工业园等地，充分发挥了前海“试验田”作用。二是跨境人民币结算方面。2014 年 9 月，经国家外汇管理局批准，深圳排放权交易所全国率先实现境外投资者以外汇或跨境人民币直接参与碳排放权交易。2014 年 11 月，前海正式开展跨境双向人民币资金池业务和经常项目下跨境人民币集中收付业务试点。截至 2017 年末，前海共有 14 家跨国企业集团办理跨境双向人民币资金池业务备案，涉及成员企业 346 家，为企业节约了资金成本。三是外债宏观审慎管理方面。2015 年 3 月，前海作为首批三个试点区域之一率先启动外债宏观审慎管理试点。2016 年 5 月，该项试点升级为全口径跨境融资宏观审慎管理，并在全国范围内推广。四是互联网银行创新方面。2014 年 12 月 16 日，全国首家民营互联网银行前海微众银行股份有限公司正式成立。截至 2017 年末，实现总资产 817 亿元，比上年末增长 57%；注册用户超过 6000 万人，比上年末增长 2.14 倍；累计向近 1200 万人在线发放贷款达 8700 亿元，分别同比增长 1.7 倍和 3.27 倍。虽 2017 年市场融资成本上升很快，但微众银行贷款平均利率反而下降45个基点。贷款不良率为0.64%，远低于银行业1.74%的平均水平。另外，2017年12月，前海正式上线国家互联网金融风险分析技术平台——前海监控系统。2018年2月，开展资本项目收入的支付审核便利化试点。2018年4月，前海管理局与香港品质保证局签署了《深港绿色金融合作备忘录》，深港携手促进绿色金融发展。

这一系列金融体制机制改革创新的成果与经验，将助推前海在新时代金融高质量发展的道路上稳步前行，为建设粤港澳大湾区提供强大动力。

（三）前海具备良好的营商政策环境

前海为企业提供税收优惠、土地、口岸、社会保障、人才等多种政策支持，营造高标准营商环境。

一是税收优惠。注册在深圳的保险企业向注册在前海的企业提供国际航运保险业务取得的收入，免征营业税；注册在前海的企业从事离岸服务外包业务取得的收入，免征营业税；注册在前海的符合规定条件的现代物流企业享受试点物流企业按差额征收营业税的政策；结合国家电子商务示范城市建设的优惠政策，探索鼓励电子商务发展的财税政策。完善技术先进型服务企业认定标准，经认定的技术先进型服务企业按15%的优惠税率征收企业所得税，其发生的职工教育培训经费按不超过企业工资总额8%的比例据实在企业所得税税前扣除。二是土地支持。创新土地管理体制和土地整备模式，鼓励地上地下一体化开发和土地功能复合利用。根据前海开发建设的需要，在不突破土地利用总体规划确定的建设用地规模、不影响河口泄洪纳潮安全、不破坏海洋生态环境的前提下，可依法适当围填海，用于发展建设。三是口岸服务。加强深港口岸合作，创新海关、检验检疫、边检等口岸部门监管合作模式，探索建立口岸监管结果共享机制。加快“电子口岸”建设，加快“大通关”进程，为前海的人员、货物和车辆出入境创造更加便捷的通关服务环境。四是社会保障。鼓励在教育、医疗、社会保障等方面开展合作，为境外人员到内地工作和生活提供便利。内地社会保险经办机构依法为香港雇员提供优质、高效、便捷的社会保险管理服务。五是人才环境。建立健全有利于现代服务业人才集聚的机制，研究制订各类吸引高层次、高技能服务业人才的配套措施；加强深港两地信息交流和人才培训，积极探索两地从业人员的资格互认，营造良好、便利的工作和生活环境；加大对教育和培训的投入力度，加强生产性、生活性服务业相关学科专业建设，加快形成与前海现代服务业集聚发展相适应的技能人才和创新人才培养体系，为前海现代服务业合作区建设提供人才支撑。

（四）与香港紧密合作、协同联动

深化与香港的紧密合作是前海制度创新、现代服务业集聚发展的重要途径。2017 年，前海深入推进深港更加紧密合作，紧紧围绕“深港合作年”主题，谋划落实“粤港澳深度合作示范区”新定位，积极融入粤港澳大湾区规划建设，有效拓展前海国家战略平台功能。2017 年，前海蛇口自贸片区新增注册港资企业 2482 家，新增注册资本 3140.32 亿元；全年片区注册港资企业增加值 486 亿元，占比 23.9%；纳税 91.87 亿元，占比 26.63%；完成固定资产投资 161.24 亿元，占比 37.43%；实际利用港资 43.30 亿美元，占比 97.36%。截至 2017 年底，片区累计注册港资企业 7102 家，注册资本 8705.42 亿元。

一是加快建设深港合作战略新平台。前海扎实做好粤港澳服务贸易自由化示范基地建设，被省港澳办评定为优秀粤港澳服务贸易自由化示范基地。推动港人港企数据认证服务平台上线，成为国内首个支持香港数字证书的电子政务应用。启动深港设计创意产业园项目，与香港设计总会、前海蛇口自贸投资发展有限公司和香港启客集团共同签署四方战略合作框架协议。

二是“1234”港资港企服务模式正式启动。通过搭建一个前海与港企对话服务的平台，深入了解港资企业的需求，通过举办定期联席会议或不定期沙龙两种渠道，深化税务局和企业的沟通交流。此外通过培训、调研、辅导三种形式，切实解决港企涉税诉求和通过前海国税局、前海地税局、前海管理局香港事务处及前海香港商会四方联合，形成紧密的联络机制。“1234”服务模式，主要为前海港资企业提供政策宣讲、港企走访、税收风险提示、联合服务“引进来需求”和探索创新服务方式五大服务内容。

三是为港企拓展发展空间。前海合作区成立以来累计面向港企出让土地 15 宗，面积 34.08 公顷，占比 47.4%，建筑面积约 256.9 万平方米，占比 48.8%。前海以深港创新城为载体，打造港资企业集聚区和转型升级引领区，汇聚汇丰集团、东亚银行、港交所、嘉里集团、周大福、新世界、九龙仓等一大批知名港企。随着前海深港基金小镇揭牌，瑞士银行、东亚联丰投资等首批 21 家财富管理机构明确入驻意向入驻、13 家首批第三方金融服务机构签署了战略合作协议。

四是打造深港澳青年共同成长平台。现代服务业发展的成功说到底在于专业人才的培养、引进。香港拥有发达的现代服务业和众多高素质的现代服务专业人才，吸引香港专业人才到前海就业是前海现代服务业发展的关键。前海深港青年梦工场作为全国唯一的“青年创新创业跨境合作示范区”，打造了“创业服务平台、孵化器集群平台、投融资平台、宣传推广平台、国际路演中心平台、创业导师智库平台”六大平台。并建立与港澳科技协会、青年社团、高校、科研机构的联系，加大合作力度，全年共引进港澳创业团队 81 家。截至 2017 年 12 月底，梦工场累计孵化团队 304 家，其中港澳国际团队 158 家。玖明智控团队获得 1 亿元人民币、2000 万美元两笔融资。

（五）法治创新为前海保驾护航

现代服务业的集聚健康发展，需要一个“公正、廉洁、透明”的法治环境来保驾护航。前海依托深港合作，学习借鉴香港的法治建设经验，在立法、司法、执法等方面不断创新，为营造法治化的营商环境打下了良好基础。

首先，司法体制方面。作为前海法庭的升级版本，2015 年 1 月前海法院落户前海合作区。之后前海公证处、华南（前海）海事物流仲裁中心和金融仲裁中心也陆续入驻前海。至此，前海合作区内形成了以前海法院、前海廉政监督局、深圳国际仲裁、前海公证处、华南(前海）海事物流仲裁中心、金融仲裁中心为主体，提供包括预防、咨询、调解、仲裁、诉讼、监督一整套的法律服务，并初步建立了以“调解 + 仲裁”为主的多元化商业纠纷解决机制。其次，廉政监督体制方面。廉洁的政府可以为市场主体营造一个公正的营商环境。继建立前海廉政监督局、成立前海廉政咨询委员会之后，前海合作区又颁布了《党风廉政建设主体责任实施办法》，并成立了前海开发开放制度评估委员会，从制度创新和制度建设创新的角度推进廉政监督工作。《党风廉政建设主体责任实施办法》推出了“建立多眼观察与独立评价制度，设立举报贪腐专项基金与奖励标准”等创新举措，为廉政建设提供制度保障；前海廉政监督局通过前海开发开放制度评估委员会，引入智库的力量，对前海的制度内容进行有效的评估审查，优化制度建设，从而在源头上防治腐败。

金融科技是金融创新的重要领域，也是当前全球金融界最关心的话题，全球各大金融中心都在大力发展金融科技。深圳及前海作为金融改革与科技创新的窗口，已经汇聚了大量金融科技企业，基本形成了金融科技发展生态。因此，要充分发挥好合作区“三区”叠加的区位和政策优势，稳步实现前海金融科技创新实现新突破，确保在新一轮改革中助推前海成为全国金融与科技深度融合发展的桥头堡和实验田。

二、深圳及前海自贸区金融与科技融合发展现状

深圳及前海自贸区是“先行先试”改革开放的试验田和窗口。促进和提升金融与科技融合发展对前海、深圳、广东乃至全国都具有及其重要的战略意义。深圳市金融业有“一、十五、二十”的特点，即深圳市金融业有 1% 的人口，15% 的 GDP 贡献和 20% 的税收贡献。显然，金融业在深圳市经济中拥有举足轻重的地位。截至 2018 年第一季度，前海自贸区片区累计注册

金融类企业6万家，其中持牌金融机构228家，商业保理、融资租赁等金融相关服务机构5万多家，成为全国最大的新金融、类金融机构集聚地。深圳市的互联网、人工智能、设备等软硬件行业的增加值也很大，2016年全年行业增加值为1250亿元，全年增长17%。截至2018年4月份，前海蛇口自贸片区累计注册企业17.01万家，开业运营7.30万家。前海自贸区片区已基本形成产业结构优化、高端要素集聚、经济活跃度高的现代服务业体系。

科技和金融融合发展已经成为深圳及前海自贸区促进经济社会发展的重要要素。在金融体系支持科技创新（科技金融）方面，一是推动科技与金融深度结合，落实创新驱动发展战略。深圳及前海自贸区通过实施科技研发资金投入方式改革，在银、政、企合作、科技保险、天使投资、完善科技金融服务体系以及股权资助等方面，将银行、担保、保险、创投、技术、企业和服务形成联动机制，以此撬动全社会资源投入科技创新。2017年，深圳市安排科技金融项目83个，同时，通过银、政、企合作梯级贴息项目，用4000万元贴息资金调动超过60亿贷款，投向科技型中小微企业。二是整合金融资源，通过建设财政服务企业融资平台，推动政府采购订单融资等措施，分担融资风险，支持实体经济（尤其是科技型中小微企业）发展。2015年8月深圳市财政出资310亿元，成立深圳市政府投资引导资金，投向以创新创业、新兴产业发展等为主要投资方向的子基金，旨在引导各类金融资源投入科技创新、人才创业以及创新型企业的并购重组。2009~2017年，深圳市通过建立自主创新信用再担保体系，累计受理5016家（次）中小企业银行贷款和集合债再担保业务，撬动银行信贷资金合计410亿元。2016年，深圳启动政府采购订单融资改革，目前，已有数十家银行签订了合作协议，政府采购订单融资贷款金额超过10亿元，有效地帮助了中小型科技企业建立了融资渠道，降低了融资成本。

从金融利用科技推动金融创新（金融科技）方面看，深圳及前海自贸区作为改革开放的“桥头堡”，肩负了粤港澳大湾区建设战略支点的角色定位，抓住全球金融科技高速发展的重要机遇，以坚持服务实体经济为原则，以发展普惠金融为导向，将金融科技作为打造现代金融产业高地的重要突破口，充分发挥国家金融科技的示范田作用，提升深圳及前海金融科技国际影响力。金融科技（Fintech）是深圳市重要的创新领域，国内A股上市公司与互联网金融和金融科技相关的企业有58家，深市有46家，沪市有12家，在这58家上市公司中，在深圳注册的多达12家。2016年12月20日，深圳市政府牵头举办金融科技全球峰会，前海在峰会上宣布成立金融科技先导区，随即各类金融科技相关的联盟、研究院、金融创客大赛和各类研讨相继展开。作为全球领先的金融科技企业深圳证券交易所，其最新的第五代核心交易系统完全自主研发，支持每秒30万笔交易，具有分布式、低时延、成本低、效率高的先进特征。作为金融科技和互联网金融行业典型代表的微众银行，其信息系统架构经过革新，业务成本低，具有从事小额资金业务优势特点。早在2014年，平安银行就确立了“做互联网时代的新金融”战略，坚持“跳出银行办银行”，将“互联网金融”作为该行潜心打造的四大业务特色之一。目前已经构建了“橙e网”、“平安口袋银行”、“平安橙子”、“行e通”、“金橙俱乐部”等面向公司、零售、同业、投行四大客户群体的互联网门户，形成了强大的互联网金融线上服务能力。

深圳大力推动金融与科技深度融合，有效集聚创新资源，促进经济转型升级，实现持续健康发展。前海自贸区业已加快利用自身“特区中的特区”优势，引进和培育金融机构，建立健全金融科技业务链条，政策体系不断完善，金融产品日趋丰富，实现优质金融资源集聚，带动科技和产业跨越发展。

三、深圳及前海自贸区金融与科技融合发展的政策措施与支持手段

科技和金融融合发展已经成为促进经济社会发展的要素。深圳及前海自贸区大力推动金融与科技深度融合，有效集聚创新资源，促进经济转型升

级，实现持续健康发展。当前，前海一方面加快引进和培育金融机构，建立健全金融科技业务链条，政策体系不断完善，金融产品日趋丰富，实现优质金融资源集聚，带动科技和产业跨越发展。同时，利用自身的高新技术优势，推动金融科技创新发展，提升普惠金融的广度和高度，更好地服务实体经济。

（一）立足科技创新特点和优势，构建现代化和国际化科技金融服务体系。

面对中国经济进入新常态，以习近平同志为核心的党中央审时度势，明确指出中国经济已进入新常态，科技创新已成为未来推动国家经济向前发展的主旋律。深圳及前海自贸区作为新一代国家实施金融改革战略的重要窗口和“先行先试”试验区，积极探索如何通过金融创新，建立和完善相应的扶持科技型企业的金融服务和支持体系。为此，深圳及前海自贸区采取了一系列切实可行的具体举措来推动金融、支持高新技术企业发展战略，包括搭建科技金融服务平台，鼓励创新创业企业借力资本市场，支持企业在前海股权交易中心、全国中小企业股份转让系统、深交所、港交所等境内外多层次资本市场挂牌或上市，建立健全财政资金支持形成的知识产权处置和收益机制，促进创新要素自由流动，依托前海深港青年梦工场、创业创新产业带等项目，发挥以PE/VC基金为代表的前海基金集群优势等，积极实施金融政策与制度的创新，吸引大量金融机构与企业集聚。

在国务院和国家各部委出台支持前海金融创新72条政策的基础上，深圳及前海自贸区率先在全国推动实现跨境双向股权投资、跨境资产转让、跨境人民币贷款、跨境双向发债和跨境双向资金池“五个跨境”。截至2017年底，前海企业跨境人民币贷款累计提款371亿元。在跨境双向股权投资方面，前海在全国率先重启QDIE，累计注册QFLP企业和基金148家，注册资本342亿元。目前，港交所前海联合交易中心落户前海，前海深港基金小镇揭牌，瑞士银行、东亚联丰投资等首批21家财富管理机构明确了入驻意向，13 家首批第三方金融服务机构已签署了战略合作协议。汇丰前海证券、东亚前海证券正式获证监会批复，加上已经落户的招联消费金融公司、恒生前海基金公司，CEPA 框架下金融业对港澳地区开放措施在前海已全面落地。

（二）凭借高新技术优势，促进金融科技创新发展。

金融科技与互联网金融组织、产品和业务模式不断创新，专业化服务平台基本建立，带动创新资源不断集聚。目前，深圳及前海自贸区已研究制定支持金融科技创新发展的政策，推动百行征信（信联）等重要金融科技基础设施项目落户前海。同时，支持微众银行、招商银行等持牌金融机构开展金融科技项目创新，实现国内首单区块链跨境支付业务、首个区块链跨机构金融应用项目在前海落地。

另外，前海还利用自身“二次开放”的窗口优势，吸引港交所等金融科技项目组进驻前海，初步建立具有创新集聚功能的金融科技生态圈。搭建金融创新交流平台，开展前海金融创新案例评选，并系统性发布了 23 个优秀金融创新案例。

（三）借助金融科技创新和理念，提升中小企业金融服务体系

深圳及前海自贸区支持和鼓励银行、证券、保险机构利用现代金融科技手段和金融科技创新工具解决中小企业融资难题，探索建立服务高效、业务创新、覆盖全产业链的金融科技和数字金融服务体系，创新发展二元融资、供应链融资、行业平台担保、互助平台担保、小额贷款保证保险、仓单订单质押、知识产权质押等融资业务，充分利用集合债券、集合票据、集合依托等工具，多形式、多渠道解决企业融资问题，支持和促进成长性好、商业模式创新的尚处于初创期和成长期的企业快速、健康发展。

目前，深圳及前海自贸区建设和认定一批金融创新集聚区，建立促进科技与金融有效融合的工作协调机制，为企业开展项目对接、财务顾问、

融资中介、专业培训提供一整套服务，打造科技与金融资源互动交流平台，产生了一批国内领先的新机构、新产品和新业务模式。腾讯等企业共同发起设立国内首家互联网银行——微众银行，完全通过移动端为普通大众、小微企业和创业企业提供银行服务。“大家投”互联网股权私募平台首创的“领投 + 跟投”已成为业界主流运作模式。截至 2018 年第一季度，前海自贸区累计注册金融类企业 6 万家，其中持牌金融机构 228 家，商业保理、融资租赁等金融相关服务机构 5 万多家，成为全国最大的新金融、类金融机构集聚地。

（四）利用监管科技手段和方法，防范和化解金融（经济）风险

深圳及前海自贸区依托“一带一路”战略支点建设，积极探索利用现代科技创新监管手段（监管科技），搭建公共服务和管理平台，强化金融（经济）风险防范。在公共服务和管理平台建设方面，启动了建设走出去公共服务平台，整合对外投资审批管理、国别贸易投资指南、境外项目信息数据、主权信用评级、跨境投融资服务、境外法律税收服务、快速通关服务、纠纷调解和快速维权服务等功能。截至 2017 年底，共有来自“一带一路”沿线国家中 36 个国家在前海蛇口自贸片区投资设立 262 家企业，注册资本 121.20 亿元。前海企业累计向“一带一路”15 个国家直接投资设立企业（机构）39 家，中方协议投资额 12.21 亿美元。

在金融风险防范和监管方面，着力从体制、监管、技术和排查模式四个维度创新推进风险防控工作，在全国率先建立了具有地方特色的金融风险防控“前海模式”。同时，积极引进监管科技，提升监管效率。如，推进与国家计算机网络应急技术处理协调中心战略合作；引入全国首家发改委批复的国家互联网金融风险分析技术平台建设前海监控系统，利用大数据技术监测防控金融风险；与南山区建立金融风险防控协同机制，实现金融风险防控信息共享与协同排查；深化监管合作，推动深圳私募基金信息服务平台上线，为前海私募领域在线监测预警提供有力支撑；积极响应和执行中央实施的互

联网金融专项整治政策，深入开展专项检查工作，现场检查 P2P 机构、未经批准的要素交易场所等 98 家，排查现金贷企业、股票配资等企业 72 家；等等。

四、深圳及前海自贸区金融与科技融合发展生态圈建设与完善

作为习近平总书记亲手缔造、亲自决策成立的新时代国家改革开放战略平台，金融与科技深度融合发展一直是前海自贸区锐意改革和发展创新的主要抓手。深圳及前海自贸区在总结现有经验基础上，充分发挥主观能动性，构建形式多样、内容丰富的载体和平台，促进金融科技融合发展，支持经济转型发展的外延不断深化。深圳及前海自贸区从更宽广的视角，以“粤、港、澳大湾区”建设为契机，以金融创新为核心，率先推进现代金融业、高新技术产业和先进装备和制造业“三融合”，形成“珠三角”和“粤、港、澳大湾区”科技金融融合发展网络体系。同时，运用高科技与互联网技术手段，提升完善金融体系，构建地方性金融机构、产业基金、风险投资以及债券市场在内的多层次融资平台；以建设深圳“全球金融科技中心”为契机，构建前海金融科技生态“蜂巢”系统，推动金融科技成果转化和业务落地。另外，在新的金融与科技融合创新环境下，争取金融监管体制的改革试点，探索金融监管深圳（前海）模式。

（一）通过政策和立法顶层设计，打造金融与科技融合发展生态圈

立法和政策是顶层设计的重要手段，拥有特区立法权则是深圳及前海自贸区优势之一，也是打造和完善深圳及前海自贸区金融科技融合发展生态圈的基础和前提条件。2011 年 6 月以来，深圳已出台《深圳特区前海合作区条例》、《深圳市前海管理局暂行办法》、《深圳前海湾保税港区管理暂行办法》，构建了前海法治建设基本框架。最高人民法院第一巡回法庭落户前海，挂牌成立前海法院、前海检察院、深圳国际仲裁院。前海在国内首创庭前会

议制度、港籍陪审员制度。

目前，前海汇聚26家律师事务所（及分所），其中，全国11家粤港澳联营律师事务所7家落户前海。建立国际法律服务体系则是前海构建法治示范区的另一路径。前海推动《联合国贸法会仲裁规则》首次在中国落地，组建全国唯一的自贸区仲裁联盟，同时，前海也正在积极争取第一国际贸易法庭和中国（深圳）知识产权保护中心落户前海。2017年，前海蛇口自贸片区又出台了全国首份自贸区法治建设的系统规划文件《前海中国特色社会主义法治建设示范区规划纲要（2017–2020）》，并成立了前海法治建设示范区推进工作领导小组，这势必进一步提高和完善深圳及前海自贸区金融科技生态圈建设的法治环境和水平。

（二）以制度创新为抓手，营造金融与科技深度融合的发展环境

制度创新是深圳及前海自贸区高效发展的核心，也是前海自贸区金融科技融合创新与发展的抓手。深圳及前海自贸区积极推动投资便利化、贸易便利化、跨境金融、事中事后监管、法治建设和体制机制六大板块创新。前海已累计推出358项制度创新成果，全国首创或领先达133项，全国复制推广9项，全省复制推广62项，全市复制推广79项，充分彰显了前海“制度创新策源地”和“改革开放试验田”的作用。

按照精简高效、机制灵活的原则，中央和广东省及深圳市依法设立法定机构——前海管理局，并与招商局集团共同组建合资公司，建立起以法定机构为主导的“政府职能+前海法定机构+蛇口企业机构”的市场化政府治理新格局。在此基础上，加快推进强区放权和简政放权改革。同时，利用互联网、大数据和人工智能技术构建社会信用体系，当前，前海自贸区已启动公共信用平台（二期）项目建设，汇集全市77个信源单位的400多万条企业信用数据，建立企业信用风险分类及预警机制。此外，深圳及前海自贸区积极推进营商环境改革，制定并发布了前海《探索打造最佳营商环境改革行动方案》，从推动程序类流程再造、落实实体类改革措施、推进法治类制度

建设三大任务共 32 项具体措施着手，努力营造全国最佳营商环境。前海已初步形成具有地方特色的行政审批制度体系、政务服务体系和事中事后监管体系。

（三）以金融科技手段和方法，促进金融创新和服务实体经济

金融创新是金融系统促进科技创新和服务实体经济的关键，也是深圳及前海自贸区金融与科技融合发展的主要目标，而金融科技则是深圳及前海自贸区金融与科技融合发展的生态圈建设的主要业态和特征。深圳作为改革开放的领跑者，一直保持着与时俱进、改革创新特色。目前，借助科技推动金融创新，深圳再次在金融科技创新和发展方面处于全国领先地位，涌现出平安金融科技、微众银行、招联金融等一大批优秀的金融科技公司。微信支付、云闪付、消费金融等金融科技正在改变传统的金融生态，远程开户、人脸识别技术已成为可能，大数据、云计算、区块链正成为金融业转型升级的巨大推动力。目前，前海区注册企业接近 12 万家，增长速度很快，其中，约半数为金融（科技）企业或与金融（科技）相关的服务类企业。

深圳及前海自贸区金融科技与互联网金融可以用总结的三个关键词来表述：强龙头、全业态、广基础。具体而言，深圳市落地实现的首单、首家、首笔新业务业态较多，如微众银行（第一家民营互联网银行）、招联消费金融（第一家互联网消费金融公司）、中顺易金融（第一家互联网信托公司，由中信信托、顺丰、网易合资）、众惠财产相互保险（首批相互保险公司）、前海再保险（第一家民营资本主导的再保险公司）、百行征信（首家互联网个人征信平台）等较强龙头企业。以腾讯为代表的互联网第三方支付规模占据全国半壁江山。全业态是指各类业态的覆盖广泛、均有涉及，如持牌互联网保险易安财险。广基础是说由行业衍生出来的服务公司多，产业基础好。深圳及前海自贸区对信息服务业和科技服务业实施财税优惠政策和人员、注册资本金等优惠政策，吸引了大量金融科技类公司在此注册。前海区在金融职能上带有两块牌子，一是我国金融业对外示范窗口，二是人民币跨境业务

创新实验区，主要是在跨境和创新两个维度进行一些探索，取得经验从而在其他地区复制。

（四）以建设金融（科技）创新中心为手段，促进金融与科技生态圈演化

金融科技中心建设是金融业依托科技力量向更高形态现代金融演化的必然要求，也是深圳及前海自贸区金融科技融合发展的生态圈建设的集中体现。2016 年 12 月，深圳举办了首届“中国深圳金融科技（FinTech）峰会”，会上宣布深圳将筹建“中国（深圳）FinTech 数字货币联盟”及“中国（深圳）FinTech 研究院”，拟将其建设成为业界最具权威性、影响力的联盟组织和金融智库，推动深圳建设成为具有全球影响力的金融（科技）创新中心。落户在前海自贸区内的金融科技（FinTech）先导区也同时成立，将为前海金融科技企业成长提供广阔的发展空间。

2017 年 3 月，深圳市率先出台《关于促进福田区金融科技快速健康创新发展的若干意见》，该政策成为我国地方政府首个发布的金融科技专项政策。在政策中，提出了深圳金融科技发展目标，可以概括为打造“一个中心”，形成“四个区”，建设“七个平台”，种好“三块田”：力争在五年内将深圳打造成为有国际影响力的金融科技中心，成为国内金融科技研发核心区、总部聚集区、企业孵化区、创新政策试验区，建设智能算法、资讯数据、智库培训、信披监管、融资路演、沙箱标准和争议解决七大服务平台，构建充满活力的蜂巢生态体系，充分发挥国家金融科技的试验田、示范田和高产田作用。

同样，也在 2017 年 3 月，国内首单区块链跨境支付业务创新落地深圳前海蛇口自贸区。招商银行通过首创区块链直联跨境支付应用技术，为前海蛇口自贸片区注册企业南海控股有限公司，通过永隆银行向其在香港同名账户实现跨境支付，这标志着国内首个区块链跨境领域项目在前海蛇口自贸片区落地应用。同期，深圳前海与金丝雀码头集团签订战略合作协议，双方拟

在前海打造“中英金融科技城”。

为反映深圳市场金融科技相关上市公司整体表现，向市场提供更丰富的业绩基准和投资标的，深圳市与深圳证券信息有限公司联合开发了香蜜湖金融科技指数。2017 年 6 月，香蜜湖金融科技指数上市仪式于深交所上市大厅举行，并同时成立专家咨询委员会。自 2011 年 12 月底至 2017 年 4 月底，金融科技指数实现累计收益 199%，同期沪深 300 累计收益为 46.64%，金融科技相关的上市公司得到了市场的广泛认同。在粤港澳大湾区国家战略发展布局的背景下，深圳还将打造香蜜湖国际金融街、河套“港深创新及科技园”。

金融与科技融合前景值得期待，金融科技改变现代金融的发展和生态。而深圳作为金融创新的先锋，已有越来越多的金融机构正在以金融科技为核心构建竞争力。

五、深圳及前海自贸区金融与科技融合发展：实践与案例

（一）微众银行：金融与科技融合发展的探索者与先行者

银行是我国金融体系的主体，也是传统银行业的代表。深圳前海微众银行股份有限公司（简称“微众银行”）于 2014 年 12 月成立，是国内第一家互联网银行，也是国内首家开业的民营银行。与传统银行不同，微众银行着力打造一个基于“互联网 +”思维的普惠金融生态圈。以“科技 · 普惠 · 连接”为愿景，深度应用科技和数据，通过连接互联网平台和金融机构，共同服务大众和小微企业。作为国内第一家互联网银行，微众银行将金融科技提升至未来银行发展的战略高度，从 AI（人工智能）、BlockChain（区块链技术）、Cloud Computing（云计算）、Big Data（大数据）等方面进行了积极的探索，是利用金融科技对传统银行业务进行创新的典型。截至 2017 年末，微众银行资产规模达到 817 亿元，比上年末增长 57%；各项贷款余额 477 亿元，比上年末增长 55%；各项存款余额 53 亿元，比上年末增长 62%；注册用

户超过6000万人，比上年末增长了2.14倍，覆盖了31个省、市、自治区的567座城市；授信客户超过3400万人，比上年末增长1.20倍，累计向近1200万人在线发放贷款达到8700亿元。主要客户中，78%为大专及以下学历，76%为非白领从业人员，92%的贷款余额低于5万元。贷款不良率0.64%，远低于行业平均水平。

1. 人工智能技术

作为一家纯线上的创新型互联网银行，微众银行没有营业网点和柜面人员。针对这种情况，微众银行在依法合规的前提下，将人工智能、生物识别技术应用到远程客户身份认证、智能客户服务等领域。

在远程客户认证方面，微众银行基于公安部公民身份信息库和身份联网核查系统，结合腾讯优图的人脸识别及活体检测技术，建成了一套准确度较高的闭环式远程身份识别系统。该系统可自动识别并采取多因子核身手段，保障用户资金安全，整体差错率被控制在接近百万分之一。

在智能客服方面，微众银行联合腾讯云推出智能云客服“微金小云”。该智能客服的问答引擎基于亿级的聊天消息量，通过深度学习模型训练而成。目前，微众银行1个智能机器人可替代8位人工客服，98%的客服服务由智能云客服完成，不仅有效支撑了海量客户需求，而且极大地节约了人工成本。

2. 区块链技术

目前微众银行在区块链技术应用场景的探索方面主要包括以下几个方面。

一是联合国内同业推出区块链开源底层BCOS平台，并实现完全开源。该平台可以为其他致力于开发区块链应用的机构提供一个通用的底层技术。与国外的区块链底层平台相比，BCOS平台更加关注在中国国情下的商业可行性与监管要求，对并发用户数、访问量、吞吐量、响应时间、可用性、安全性等模块或指标都做了优化。在链接同业方面，微众银行牵头成立的金融区块链合作联盟（深圳）的成员已扩充至六大类行业。

二是推出微众银行区块链BaaS云服务。该服务以云计算为底层基础设施，构建标准化的区块链云服务，使客户能够共享区块链的底层设施、技术、软件和代码等，减少重复投入，并有效改善开发和管理的体验。

三是联合同业推出机构间对账平台。该平台通过区块链与分布式账本技术，大大优化了微粒贷中机构间对账流程。该平台和原有银行核心系统在逻辑层和物理层独立隔离、互不影响，数据通信与存储均经过加密处理，在保证数据安全方面满足了银行业信息技术的监管与安全要求。

3. 云计算技术

在云计算领域，微众银行搭建起一套分布式银行核心架构。该分布式银行核心架构具备一定的灵活性和可扩展性。目前，微众银行已实现通过此分布式架构支持处理亿级的海量客户和高并发交易，并已通过此架构成功将微众银行边际 IT 成本有效降低为接近传统银行的 10% 的水平。在性能方面，该架构支持微粒贷秒级授信放款以及手机银行毫秒级交易体验，由机器人管家负责资源调配，仅需几名运维人员就可以管理数千台服务器。在运营方面，微众银行产品的运行稳定率达到 99.99%，并将风险损失和故障率维持在较低水平，做到数据零丢失。

此外，微众银行还建立了“微动力”（SaaS+）开放平台，为合作银行提供科技支撑。合作银行可将“微动力”平台集成到自身手机银行中，快速获得了人脸识别、人工智能、互联网数据分析等科技能力，并为客户提供更广泛的产品选择和更好的购买体验。该平台协助中小银行更快、更低成本地实现“互联网 +”战略，具备了通过远程和科技手段落实普惠金融的能力。

4. 大数据技术

微众银行大数据平台主要分基础平台和功能工具两层构建，主要用于处理海量大数据，为大数据的应用提供基础设施。可提供海量数据的集成、中转、存储和计算服务，在此基础上逐步建立了业务分析、数据管理、平台管理等各级用户的完整工具系统，帮助用户更简单便捷地获取数据价值。

微众银行推出的首款拳头产品“微粒贷”即是基于大数据的典型应用。该产品依托传统的信贷经验和数据，结合互联网的大数据收集和应用，以机器学习算法和统计方法建立了一套信用风险评价体系。微众银行据此可对海量客户的基础画像、人脉关系、游戏偏好、社交圈、兴趣爱好等多个维度进行综合的判断和评价，并利用机器学习算法和统计方法，对客户进行社交信用评级，从而使微众银行依托互联网和大数据服务普惠金融成为可能。经过一系列创新，从客户申请、开户到最后成功借款，微粒贷已实现100%纯线上操作，无须面签即可放贷，并实现7×24小时无间断服务。截至2017年末，微粒贷主动授信客户超1.3亿人，累计借款客户超过1100万人，笔均贷款仅8200元，贷款人群覆盖全国31个省市23岁以上的用户，受信额度从500元到30万不等，日利率在万分之二至万分之五，用户可以随借随还。从用户点击获取额度按钮，到出额度一般就3秒钟左右。微粒贷每天基本上有15万笔借贷产生，最高的时候超过20万笔；同时，每天有20万笔还款。每笔借款时间大概是0.3秒，几乎是实时的。

微众银行还借助大数据技术构建了监管报送和反洗钱应用平台，支持亿级客户、亿级账户、单日千万笔交易的监管报送需求。整个报送平台基于Hadoop组件、Hive数据仓库、PC Server服务器搭建，支持海量数据处理能力的扩展和存储容量的自由伸缩；在成本方面，平台未使用小型机、Oracle等商用数据库，以及高端共享SAN存储等昂贵商业产品，只用普通的PC Server即可满足要求，因此降低了平台的运行成本。

（二）招联金融：以金融科技促进消费和服务实体

随着我国居民消费的转型升级，消费金融是近年来我国金融业快速发展的一个新兴领域。招联消费金融有限公司（以下简称“招联金融”）由中国联通与招商银行共同组建，是我国第一家在《内地与香港关于建立更紧密经贸关系的安排》（CEPA）框架下成立的消费金融公司。招联金融以“微金融、新互联”为经营理念，以“普惠使命、创新驱动、核心能力、极致体验”为战略目标，依托出色的互联网产品设计能力、基于大数据云计算的在线风控能力、自主研发快速响应的IT业支撑能力和标准化、集约化、自动化、智能化的专业运营能力，创新打造了互联网、轻运营的发展模式。招联金融旗下“好期贷”、“信用付”和“零零花”三大产品体系，以线上模式为主，兼具O2O模式，搭建了购物、旅游、教育、装修等多元化的消费场景，为广大客户提供全线上、免担保、低利率的普惠消费信贷服务。截至2018年5月末，招联金融累计发放贷款超过3200亿元，贷款余额579亿元。

1. 利用金融科技打造核心竞争力

一是创新系统架构。招联金融充分考虑线上消费金融的场景切入需求和产品迭代快、瞬时峰值高等特点，在系统架构上坚持高开放性、伸缩性和可用性，搭建了支撑风控、产品和运营的大数据等平台。此外，招联金融率先在消费金融公司中实现“去IOE”，建立了以“云技术”为基础的统一运营服务体系，实现了集约、高效、快速的客户服务和业务支撑，同时也给行业内的IT系统建设开创了新的模式。

二是创新线上验证方式。招联金融基于云计算、大数据、人工智能等技术，自主构建了一整套消费金融系统，支持“纯线上”的消费金融业务模式。招联金融没有营业网点，但业务已覆盖全国多数省份，这得益于公司“纯线上”的业务模式。客户可通过手机线上申请，操作便捷，即时审核放款，客户体验好。同时，招联金融后台系统可以自动根据客户提交的资料及其他相关信息，确定用户身份和额度，控制风险，保障交易安全。

三是建立联合实验室。招联金融与中国科学院深圳先进技术研究院联合成立的“智慧金融联合实验室”，是国内首家消费金融机构牵头发起成立的智慧实验室，力求在人工智能、大数据、区块链等领域进行深入挖掘，结合各自领域及行业优势，更好地推进消费金融行业创新发展。

2. 运用先进技术提升风险控制能力

为应对复杂的外部环境，招联金融运用金融科技不断提升风险管理能力，构建了公司快速稳健发展且维持较低风险水平的核心竞争力。

一是创新线上风控体系。招联金融利用大数据征信和云计算，创新推出了基于互联网大数据深度挖掘的“风云”风控系统，根据不同风险的客户、不同场景的消费进行智能分级、自动校验、模型评分，通过抓取用户的社交行为及第三方征信数据，对客户风险画像，制订不同的风险策略，对欺诈、伪冒、套现等行为予以有效拦截，形成了多维度、分层次、更灵活的风控管理体系。同时，招联金融使用深度学习技术，开发出一系列具有自主知识产权的风控模型，如客户风险模型、反欺诈模型等，有效保障了公司的业务安全。

二是创新反欺诈风控体系。招联金融创新性地研发出"招联反欺诈 GPS 渔网与机器学习创新应用项目"，能够动态识别本人欺诈、伪冒等多类团伙的高风险活动区域。划分黑灰格子，并对黑灰格子进行精确管控，有效拦截团伙批量攻击。该项目实现了对有监督和无监督两类机器学习算法的应用，使招联金融的反欺诈风险防控能力走在行业前沿。

三是创新互联网征信模式。招联金融携手中国联通共同打造了首例运营商客户信用评分体系——"沃信用分"，筛选并预授信近亿白名单客户。客户凭借沃信用分能享受话费白条、分期购机、永不停机、贷款借还、话费充值优惠等信用特权，并能通过存量经营平台或精准营销平台实现内外部客户的精准触达。预授信模式大大缩短了用户申请流程，用户体验获得快速提升。"沃信用分"是互联网经济和大数据时代征信模式的创新，是对传统征信模式的有效补充，能够让没有传统信贷记录的人群也享受到消费金融的便利，使招联金融在践行普惠金融工作方面迈上了新台阶。

（三）平安集团：依靠"移动互联网＋大数据征信"助力农村金融服务

农村金融一直是我国金融体系的薄弱环节。农村金融客户涵盖 4 万个乡镇，共计 8 亿农村人口，潜在客户群预计达 4 亿至 5 亿人，涉及逾万亿元的市场规模，潜力巨大。继 2015 年 11 月，《中共中央国务院关于打赢脱贫攻坚战的决定》出台后，2016 年 3 月，人民银行等七部门又联合印发了《关于金融助推脱贫攻坚的实施意见》，重点解决农村贫困问题。为响应脱贫攻坚战略部署，积极配合国家解决"三农"问题的一系列重要举措，中国平安专门成立“农村金融服务发展委员会”（以下简称“农金会”），全面启动农村金融服务体系工作。中国平安“农金会”将利用现代技术发展农村普惠金融，为广大低收入者、农村消费者，提供全面、便捷、低成本、个性化的综合金融服务，分为农村保险、农村大病、农村医保、农村银行、农村互联网金融五个专项小组，积极参与农村金融体系建设。

农村金融市场因其特有的客户群体和组织结构，面临着比城市金融市场更大的挑战。其中，具体表现为主体多元、分散，各地发展不平衡；产品期限短、频率高、数额小；金融服务成本较高；信息不对称现象严重；缺乏有效担保及传统抵押品；正规金融机构覆盖面小、渗透率低等。中国平安认为，农村金融不能简单移植城市金融的过往模式和经验，而需要从渠道、产品、服务等环节开创全新的农村金融业态。为此，中国平安针对农村金融的特点和发展趋势，开创区别于城市的差异化模式，利用两大现代科技重点发展农村普惠金融。一是利用移动互联网技术，以降低农村消费者接触门槛，降低服务、交易、运营成本，建立少物理或无物理网点模式，适应新农村经济发展需要。二是利用大数据征信技术，以增强风险管控手段和效果，提升用户体验。

农村普惠金融的关键是增强贫困地区农户、微型企业金融服务的可获得性，这是农村金融的重大难题。中国平安在移动互联网技术、大数据征信技术的应用，将为解决这一难题创造机会和空间，并将业务发展重点聚焦四大板块。

首先，是“保险下乡”业务，平安寿险将持续推进农村保险市场的开拓和建设，有针对性地提供小额、简单人身险产品以及移动互联网远程服务与管理；平安产险计划创新开发农村小额财险、责任险、农机具保险及天气指数保险等新险种。平安人寿在县域、乡镇地区已开设网点近 2000 个，范围覆盖 31 个省、直辖市、自治区。

其次，是“医保下乡”业务，平安养老险可提供农村大病医保服务、附加医疗意外险保障。同时可开展“新农合”服务，为新农合提供医保服务、管理系统建设。目前，平安养老险已实现大病保险业务在全国各地市级城市的全面覆盖。

再次，是“银行下乡”业务，银行“一账通”业务将为村镇银行提供移动化前台系统、获客、征信、风控等服务，平安银行可提供面向“三农”的银行存贷产品及服务，搭建村镇手机银行体系，同时平安融资租赁将推广农机具等生产材料的融资租赁服务。

最后，是“互联网金融下乡”业务，平安普惠、陆金所的平台将为农民、农户、小微企业提供小额信贷、P2P、理财、农产品 / 农场众筹及咨询、支付清算服务，将城镇资金引向广大农村市场。

六、结论与政策启示

深圳作为伴随改革开放应运而生的经济特区，“敢为人先、求实创新”是深圳与生俱来的城市基因，前海作为“先试先行”的特区中的特区，更是承担着新时代下中国深化改革、扩大开放探路者和先锋队的使命，这也是深圳及前海自贸区经济、社会保持生机和活力的关键所在。深圳及前海自贸区金融与科技融合发展的基础好、后劲足，在技术创新能力、业务研发水平、应用推广效果等方面都堪称全国的标杆和典范，业务与技术深度融合，创新成果层出不穷，科技创新与金融创新的结合已成为推动深圳及前海金融促进科技创新以及金融业现代化发展的强大动力。深圳及前海自贸区与广东和全国其他地区一样，正处于经济社会转型升级的关键时期，当以全面深化改革为契机，加快金融、科技和产业深度融合，做大做强实体经济，增强金融、经济综合实力和产业竞争力。

深圳及前海自贸区作为改革开放的领跑者，一直保持着与时俱进和改革创新的锐气，金融科技融合和金融发展与创新领域更是站在潮流的风口浪尖。2015 年 1 月 4 日，李克强总理在深圳前海微众银行敲下电脑回车键，标志着微众银行作为国内首家开业的互联网民营银行完成第一笔放贷业务，也使这个动作成为深圳乃至全国金融与科技融合发展的典型缩影。随即，平安集团、招商银行这样的传统机构依托营销渠道和经营模式，利用互联网和信息技术加速金融服务和产品创新。同时，被称为民营“草根”的互联网金融平台也迅速崛起。目前，深圳及前海借助科技推动金融创新，涌现出如平安金融科技、微众银行、招联金融等大批优秀的金融科技公司。微信支付、云闪付、消费金融等金融科技正在改变传统的金融生态，远程开户、人脸识别技术已成为现实，而大数据、云计算、区块链正成为金融业转型升级的巨大推动力。

2016 年 12 月 20 日，深圳举办了首届“中国深圳金融科技（FinTech）峰会”，正式宣布推动深圳建设成为具有全球影响力的金融（科技）创新中心。同时，FinTech 先导区也正式落户于前海合作区内的前海深港基金小镇，未来势必为深圳及前海金融与科技融合发展以及深圳及前海自贸区的创新、创业提供广阔发展空间。深圳及前海地区促进金融与科技的深度融合，着力建设全球金融（科技）创新中心有着独特的资源与优势。

其一，深圳及前海金融与科技的深度融合和创新发展得益于其独有的区位优势。深圳市在短短十数年的发展中就初步建成了全国性甚至全球性的金融中心，这为金融业服务实体经济，促进科技创新以及金融科技行业发展奠定了坚实基础。而背靠香港、位居珠三角地带，更是给深圳及前海带来了前所有未的创新与开放优势。经济的发展与特有的区位优势使得深圳市发展金融科技中心的愿景落地，而不是停留在空中楼阁的设想之中。深圳强大的经济金融发展动力为金融与科技的深度融合以及金融（科技）创新中心赋予了驱动力，而与香港国际金融中心的结合则为深圳金融（科技）创新中心增强了影响力。近年来，深圳金融中心建设所取得的巨大成就与进展有目共睹。随着前海合作区开放、开发成为国家战略，前海先行、先试政策效应开始释放。前海率先实施跨境人民币贷款发展，首家民营互联网银行——前海微众银行——成立，以及汇丰银行、渣打银行、恒生银行、东亚银行等超过万家金融及类金融机构在前海的集聚，正在成为深圳及前海金融与科技融合发展和金融（科技）创新中心建设的新突破口和增长点。

其二，深圳及前海金融与科技融合发展得益于科技产业与金融行业格局优势。金融与科技深度融合与创新发展离不开两大重要产业基础：一是科技，二是金融。深圳则集两大产业于一身，不但有着全国乃至全球领先的科技产业，还坐拥强大的金融产业。在科技产业方面，深圳无论在科技人才资源还是科技创新氛围上，都有着可与硅谷相媲美的高新科技产业园（如南山区、蛇口工业区等）。在金融产业方面，深圳市不仅有着丰富的传统金融产业资源（如福田区），前海自贸区更是有着发达的离岸金融以及创新金融机构与资源。金融业与科技业的协同效益，为深圳及前海自贸区金融科技深度融合以及建设金融（科技）创新中心奠定了坚实基础。

其三，深圳及前海金融科技融合发展得益于行业合理监管与政策有效扶持。在深圳，无论在金融促进科技创新（科技金融）上还是金融运用科技手段进行金融创新（金融科技）上都有着完善的监管政策与机制、行业自律组织和各项产业扶持政策，为深圳市发展金融与科技搭建了完整的上层建筑体系，确保深圳市的金融科技可以实现长远的健康发展目标。2017 年 7 月 3 日晚间，深圳市金融办公布《深圳市网络借贷信息中介机构备案登记管理办法（征求意见稿）》，向社会征求意见。深圳此次公布的征求意见稿堪称“史上最严”，明确了银行存管、高管负面清单，注册地和经营地一致等要求。2017 年 3 月 21 日，深圳出台中国第一个地方金融科技专项扶持政策《关于促进福田区金融科技快速健康创新发展的若干意见》，提出从发展金融科技的总体要求入手，以大力发展金融科技业态、加大对金融科技的扶持力度、营造良好的金融科技发展环境为目标，力争在五年内将福田区打造成为有国际影响力的金融科技中心。深圳前海管理局也起草了《中国（广东）自由贸易试验区深圳前海蛇口片区“双自联动”科技创新行动计划（2017–2020）》，其明确指出前海将突出自贸试验区和自主创新示范区联动，依托前海金融优势资源，着力打造“科技与金融”协同发展高地。

党的“十八大”以来，深圳及前海自贸区坚持推动金融、科技和产业融合创新发展，建立以创新驱动为主推动经济增长的新发展模式，促进深圳及前海深化改革，扩大开放，提升经济发展的质量和水平。当前，深圳及前海自贸区在金融、科技和产业三融合的统筹规划、制度建设、产品创新等方面取得了重要突破，获得值得推广的经验模式，在政策方面具有重要启示和意义。

其一，坚持学懂弄通做实，自觉以习近平新时代中国特色社会主义思想指导和引领各项工作。深圳及前海坚持以习近平新时代中国特色社会主义思想统领一切工作，用党的十九大精神统一思想、凝聚力量、引领发展，系统总结梳理了习近平总书记视察前海 5 年来的工作，形成总结报告，在省委、市委大力支持下上报至党中央。近期，围绕贯彻习近平总书记在参加十三届全国人大一次会议广东代表团审议时的重要讲话精神，以及总书记在博鳌亚洲论坛和海南建省办经济特区 30 周年大会上的重要讲话精神，深圳市和前海自贸区研究制订了《推动前海“改革开放再出发”实施方案》，全面实施六大专项行动，推进前海改革创新和开发开放各项工作继续走在全国前列。

其二，建章立制，完善政策制度顶层设计。一是科学制定金融科技行业发展扶植政策，吸引聚集金融科技企业、培养引进金融科技人才、支持金融科技企业融资、培育金融科技重大项目，完善前海金融科技生态圈。二是充分利用深圳及前海自贸区“金融业对外开放试验示范窗口”和“跨境人民币业务创新示范区”的特殊定位，不断健全金融体制，增强金融科技企业的金融属性，鼓励前海金融科技企业创新发展。三是准确理解金融科技的金融功能和风险属性，兼顾金融科技的发展效率，研究金融科技监管体制或模式，平衡金融科技创新和风险防范的关系。四是逐步解决信息孤岛问题。通过清洗原始数据、过滤敏感数据，在确保数据安全条件下，适度开放政府部门数据，助力前海金融科技企业信用评估和风险管理。

其三，遵循科技创新和金融创新客观规律，运用信息科技和互联网技术改造和提升金融服务模式和效率，为社会、企业和个人提供全方位、多层次的金融服务。金融与科技融合发展既是金融行业发展的方向，也是金融服务实体经济的必然要求。为此，以服务和产品创新为突破口，进一步优化科技和金融组织体系，开展多种形式的金融科技创新，打造科技金融合作综合服务平台。同时，以多层次资本市场建设为突破口，进一步强化科技创新和金融创新支撑力，运用现代科技手段提升金融服务的范围和层次，支持发展创业投资，努力形成以政府资本为引导、社会资本为主体的多元化格局。围绕产业调整振兴与转型升级，进一步加快金融与实体产业的融合对接，发挥市场化金融工具的价值发现和资源调配功能，努力探索适合现代产业特点的金融产品和服务方式。当前，深圳及前海正构建以高新技术产业为主导、服务经济为引领、先进制造业为支撑的现代产业体系，以提供全方位、强有力的金融科技体系为契机，以完善创新担保方式为突破口，充分利用各类信用增级、融资担保等市场中介服务组织的发展，探索适合现代服务业自身发展特点的信贷产品和服务方式，支持和引导金融与科技的深度融合，培育金融新业态。

其四，伴随着金融与科技深度融合，借助监管科技（Regtech）提升金融监管的效率和水平。金融和科技创新层出不穷，对金融监管部门的监管方式、技术和流程提出了新的要求，监管科技应运而生。作为金融科技的重要分支，监管科技采用新技术在监管部门与金融机构之间建立可信赖、可持续、可执行的监管协议与合规性评估机制，旨在提高监管部门的监管效能，降低金融机构的合规成本。从监管角度来看，前海金融监管部门通过运用大数据、云计算、人工智能等技术，能够更好地感知金融风险态势，提升监管数据收集、整合、共享的实时性，有效发现违规操作、高风险交易等潜在问题，提升风险识别的准确性和风险防范的有效性。从合规角度来看，前海金融机构采取应用对接、系统嵌入等方式，将规章制度、监管政策和合规要求“翻译”成数字协议，以自动化方式减少人工干预，以标准化方式减少理解歧义，更加高效、便捷、准确地操作和执行，有效降低了合规成本、提升合规效率。

其五，坚持锐意改革，扩大开放程度，集聚金融与科技融合发展的优质资源。一是大力引进国内外金融与科技领域的领军人才，对相关科研机构、高等学校、智库、企业在金融科技研发方面的投入实施专项补贴，夯实前海金融科技基础研究力量。二是加快前海金融与科技人才聚集。从落户、住房、教育、医疗等方面全方位支持，确保高层次金融人才引得进、留得住、用得好。三是培育前海金融与科技融合发展的生态产业群。加强金融监管部门、科技主管部门、工业园区、创业风险投资机构之间的联动，完善金融科技生态圈。对创业期金融企业，根据业务规模、客户流量、税收贡献程度，及产业联动效应，出台产业政策支持。四是加强深港金融、科技合作与发展，提升两地金融与科技前沿研发能力和全球资源整合能力，充分借鉴香港金融业在产品、服务、投资、人才等方面的先进经验和市场化模式，完善前海金融科技融合发展的产品和服务体系建设。

其六，充分利用金融科技和互联网金融理念，技术和手段，增强金融服务实体经济的能力，提高金融普惠性。以金融科技和互联网技术为手段，以有效增加金融资源供给为主线，以促进普惠金融和金融扶贫工作发展为目标，深入推进金融科技融合发展的组织创新、机制创新、产品和服务方式创新，推动金融资源向“三农”、小微企业和基层倾斜。当前，深圳及前海自贸区采取制订金融科技和互联网金融知识宣传教育的工作计划，通过广播、电视、网络等多个途径普及金融知识，宣传金融科技与互联网金融的相关政策，总结金融科技与互联网金融发展案例，以树典型、搭平台等形式促进人们正确认识金融与科技融合发展的特征与形式，提升金融科技促进普惠金融和服务实体经济的层次和水平。

总结

深圳是在邓小平理论指引下决定中国国运的“改革、开放”伟大成果典型缩影。前海是习近平总书记缔造的新时代国家改革开放战略平台，被誉为“特区中的特区”。前海深港现代服务业合作区作为国家新一轮改革的战略前沿、开放热土和创新高地，金融和现代高科技行业是它两大支柱产业。促进金融与科技深度融合发展，建设和完善金融与科技融合发展生态圈，提高金融服务实体经济的效率和能力是前海深化改革，走向世界的重要任务和内容，同时，其也具有得天独厚的条件和优势。作为习近平总书记缔造、决策成立的新时代国家改革开放战略平台，深圳及前海在总结现有经验基础上，充分发挥主观能动性，构建形式多样、内容丰富的载体和平台，促进金融与科技深度融合，支持经济转型发展外延不断深化。

科技和金融融合发展已经成为促进经济社会发展的重要要素。深圳及前海在促进金融科技深度融合与创新发展上已取得重要成绩：从金融体系支持科技创新（科技金融）方面，推动科技与金融深度结合，落实创新驱动发展战略，同时，整合金融资源，发展（数字）普惠金融，支持实体经济（尤其是科技型中小微企业）发展；从金融利用科技推动金融创新（金融科技）方面，深圳及前海抓住全球金融科技高速发展的重要机遇，将金融科技作为打造现代金融产业高地的重要突破口，充分发挥国家金融与科技的示范田作用，提升深圳及前海金融与科技的国际影响力。

深圳作为伴随改革开放应运而生的经济特区，“敢为人先、求实创新”是深圳与生俱来的城市基因，前海作为“先试先行”的特区中的特区，更是承担着新时代下中国深化改革、扩大开放的探路者和先锋队使命，这也是深圳及前海自贸区经济、社会保持生机和活力的关键所在。深圳及前海自贸区与广东和全国其他地区一样，正处于经济社会转型升级的关键时期，当以全面深化改革为契机，加快金融、科技和产业深度融合，做大做强实体经济，增强金融、经济综合实力和产业竞争力。

党的十八大以来，在习近平新时代中国特色社会主义思想指导和引领下，深圳及前海自贸区坚持推动金融、科技和产业融合创新发展，建立以创新驱动为主的推动经济增长的新发展模式，促进深圳及前海深化改革，扩大开放，提升经济发展的质量和水平。当前，深圳及前海自贸区在金融、科技和产业三融合的统筹规划、制度建设、产品创新等方面取得了重要突破，获得值得推广的经验模式，在政策方面具有重要启示和实践意义。